MONDE PRIMITIF,
ANALYSÉ ET COMPARÉ
AVEC LE MONDE MODERNE,
CONSIDÉRÉ

Dans divers OBJETS concernant l'Histoire, le Blason, les Monnoies, les Jeux, les Voyages des Phéniciens autour du Monde, les LANGUES AMÉRICAINES, &c.

OU
DISSERTATIONS MÊLÉES
TOME PREMIER,

REMPLIES DE DÉCOUVERTES INTÉRESSANTES;

Avec une CARTE, des PLANCHES, & un MONUMENT d'Amérique.

HUITIEME LIVRAISON.

A PARIS,

Chez GUILLAUME, rue de l'Eperon, n°. 12.

AN VII.

MONDE PRIMITIF,
ANALYSÉ ET COMPARÉ
AVEC LE MONDE MODERNE,
CONSIDÉRÉ

Dans divers OBJETS concernant l'Histoire, le Blason, les Monnoies, les Jeux, les Voyages des Phéniciens autour du Monde, les LANGUES AMÉRICAINES, &c.

OU

DISSERTATIONS MÊLÉES
TOME PREMIER,

REMPLIES DE DÉCOUVERTES INTÉRESSANTES;

Avec une CARTE, *des* PLANCHES, *& un* MONUMENT *d'Amérique.*

PAR M. COURT DE GEBELIN,

 DE DIVERSES ACADÉMIES, CENSEUR ROYAL.

A PARIS,

Chez { L'Auteur, rue Poupée, Maison de M. Boucher, Secrétaire du Roi.
VALEYRE l'aîné, Imprimeur-Libraire, rue de la vieille Bouclerie.
SORIN, Libraire, rue Saint Jacques.

M. DCC. LXXXI.
AVEC APPROBATION ET PRIVILEGE DU ROI.

LETTRE
A L'AUTEUR ANONYME

DE DEUX PRÉTENDUS EXTRAITS

INSÉRÉS dans le Journal des Savans des mois de Nov. & Déc. 1773.

PUBLIÉS

CONTRE LE PLAN GÉNÉRAL ET RAISONNÉ

du Monde Primitif analifé & comparé avec le Monde Moderne,

ET CONTRE LES ALLÉGORIES ORIENTALES

ou le Fragment de Sanchoniaton, &c.

PAR M. COURT DE GEBELIN,

DE DIVERSES ACADÉMIES, CENSEUR ROYAL.

NOUVELLE ÉDITION.

Non ego mordaci diftrinxi carmine quemquam. OVID. Trift. L. II. 563.

A PARIS,

De l'Imprimerie de VALLEYRE l'aîné, Imprimeur-Libraire, rue de la vieille-Bouclerie, à l'Arbre de Jeffé.

M. DCC. LXXXI.

LETTRE
A L'AUTEUR ANONYME
DE DEUX PRÉTENDUS EXTRAITS
DU MONDE PRIMITIF.

» J'Avois réfolu, Monfieur, de garder le filence, (1) parce que mon deffein
» n'eft pas de m'engager dans aucune *difpute* littéraire, & que j'aime beaucoup
» mieux m'approcher de mon but, que de m'arrêter ainfi dans la route.... Mais
» comme on fait naître des difficultés pour avoir le plaifir de les combattre,
» qu'on me fait dire ce que je n'ai pas dit, qu'on déguife en plufieurs occa-
» fions la vérité, & que par-là on ne laiffe pas que d'en impofer à la partie
» du Public qui n'entreprend pas d'examiner à fond cette matiere, j'ai cru
» devoir répondre en peu de mots, afin de détruire les impreffions que *vos*
» *Extraits* peuvent faire naître.

» Je cherche la vérité fans détours : je ferai charmé que mes obfervations
» fe trouvent fondées ; mais fi par hafard je venois à en découvrir le faux,
» je ferois le premier à m'en défifter. Je recevrai avec plaifir les avis *folides*
» dont on voudra bien me faire part : j'en ferai ufage ; mais, je le répete, je
» ne veux point combattre perpétuellement des réflexions trop *precipitées* &
» qui n'ont point été *méditées*.

Je penfe comme M. de Guignes, & c'eft avec beaucoup de regret que je vais confacrer à la défenfe de mon ouvrage, un tems qu'il m'eût été plus agréable d'employer plus utilement & pour les autres & pour moi.

---

(1) Réponfe de M. de Guignes aux doutes propofés, &c. Paris, chez Michel Lambert, 1757.

LETTRE

Si le désir & l'espérance de contribuer par mes recherches à l'accroissement des connoissances humaines, ne me font pas illusion, je crois pouvoir dire que tout vous appartient, Monsieur, dans l'idée que vous voulez donner au Public du *Monde Primitif*. L'ouvrage est par-tout en contradiction avec vos Extraits; & je ne connois aucun Ecrivain versé dans ces matieres, qui ne me paroisse avoir contredit d'avance le jugement que vous en avez porté. Cependant je n'en veux rien conclure contre votre critique; il est possible que je me sois mal exprimé, ou que j'aye mal saisi l'esprit de nos Maîtres dans ce genre de littérature & d'érudition. Mais comme il m'en couteroit, je l'avoue, pour sacrifier sans examen le travail de toute ma vie, vous ne trouverez pas mauvais sans doute, que je fasse devant le Public une espèce de recensement des principes que j'ai suivis: peut-être serai-je assez heureux pour qu'il m'affermisse dans une route où vous ne montrez que des sujets de découragement.

J'ai rassemblé beaucoup de matériaux sans autre dessein que celui de me rendre utile: dois-je supposer que c'est aussi pour vous rendre utile que vous avez rassemblé contre moi tous les traits de la censure la plus aigre & la moins instructive? Vous avertissez le Public dans vos deux Extraits, que je suis *ignorant*, *présomptueux*, dominé par une *imagination* qui *m'égare sans cesse*; que *tout mon travail* n'est propre qu'à *jetter du ridicule sur la bonne érudition*; enfin, que je suis un *enthousiaste*, un *visionnaire*, & que *le simple exposé de mes idées*, *en est la réfutation*. Je vais tâcher de mettre nos Lecteurs en état d'apprécier le service que vous avez voulu leur rendre.

LANGUE PRIMITIVE.

La Langue qu'ont parlé les premiers hommes ne peut être distinguée plus clairement de toutes les autres, qu'en la nommant *Langue Primitive*. Si cette Langue s'étoit conservée toute entiere chez un Peuple connu, elle n'auroit rien perdu de son antériorité; ainsi quoique ce fût une Langue actuellement parlée, il faudroit encore la nommer *Langue Primitive*.

Si en examinant les mots essentiels des Langues mortes & des Langues vivantes, on parvenoit à découvrir qu'en tout tems & par-tout, ces mots ont eu & ont encore à peu près le même son, & qu'ils ont conservé le même sens; que les altérations qu'ils ont reçues chez les différens Peuples sont fondées sur le génie de la Langue composée qu'ont parlé ou que parlent encore ces Peuples, ne seroit-il pas évident que la *Langue Primitive* a toujours existé, qu'elle existe aujourd'hui, quoique disséminée entre toutes les Nations, qu'il suffiroit de rassembler les mots épars qu'ont employés les premiers hommes, & qui servent de base à toutes les Langues connues, pour former le Vocabulaire de la Langue Primitive ? J'ai osé le penser, j'ai osé le dire, j'ai osé promettre de donner ce Vocabulaire.

Pour vous, Monsieur, vous avez pris une route plus courte, moins fatiguante. *Nous osons le dire*, ce sont vos propres termes, *l'intelligence de SA Langue Primitive* & *de son Génie Allégorique*, ne sont *que de pures imaginations*. Dussiez-vous encore m'accuser de *présomption*, je vous avouerai que, malgré la confiance avec laquelle vous dictez au Public le Jugement qu'il doit porter, mes espérances sont toujours les mêmes. J'ajouterai de plus, qu'elles se sont fortifiées par l'attention, je pourrois peut-être dire, par la prudence avec laquelle vous attaquez tout dans vos deux Extraits, sans jamais entrer en *preuves*, sans vous exposer même à entrer en discussion sur rien. Je crois devoir suivre, en me défendant, une méthode plus modeste & plus persuasive. Voici ma profession de foi & ses garants.

» *Toutes* nos Langues, *depuis l'Océan jusqu'au Japon*, offrent les *vestiges* d'une ancienne Langue *répandue dans toutes ces Contrées*..... Ainsi les mots communs aux Bretons, aux Germains, aux Latins, aux Grecs, aux Esclavons, aux Finnons, aux Tartares, aux Arabes, &c. *& le nombre en est grand*, sont *un reste* d'une Langue ancienne *commune à tous ces Peuples* : ensorte qu'on est forcé de convenir qu'il y eut un tems où l'*Europe & l'Asie* ne formerent qu'un seul Empire où l'on parloit la même Langue, ou plutôt que TOUS LES PEUPLES n'ont été que des Colonies *d'une même souche* ».

» On peut diviser *toutes les Langues* d'Europe & d'Asie en deux grandes Classes ; les *Japhétiques* & les *Araméennes*. Les premieres renferment *toutes* celles de l'Europe & du Septentrion de l'Asie : les secondes sont les Langues du Midi. Ainsi les Langues Arabe, Syriaque, Chaldaïque, Hébraïque, Punique, Ethiopienne, Egyptienne, Persanne, Arménienne & Géorgienne *sont sœurs* (1). »

Il est vrai que la Langue primitive n'existe nulle part ; » mais on en trouve » les *débris* & les *restes* dans *toutes* les Langues (2) ».

» L'Hébreu se parle encore & se publie dans une infinité d'Ouvrages par

---

(1) Miscellan. Berolin. T. I. Essai sur les Origines des Peuples par la Comparaison des Langues, de LEIBNITZ.

(2) GROTIUS, Comment. sur la Gen. Ch. XI. 15.

» ses dialectes, le Syriaque, le Chaldaïque, le Cophte, l'Ethiopien, qui en font si peu différens que le nom de Chaldéen leur est commun à tous.... Il ne faut que médiocrement d'esprit & une attention peut-être un peu plus que médiocre, pour entendre toutes ces Langues l'une par l'autre. » (1)

» Les Langues Phénicienne, Syrienne & Grecque, ne sont que des *Dialectes d'une Langue générale*, répandue autrefois *dans l'Orient & en Afrique*; & qui, suivant la diversité des pays, a pris le nom de Langue Phénicienne, Punique, Syriaque, Chaldaïque, Palmyrenienne, Hébraïque, Arabe, Ethiopienne..... Je ne crains pas d'avancer que la conformité de la Syntaxe Egyptienne, avec celle des autres Langues de l'Orient, est très-grande.... Il y a donc *une chaîne* qui aboutit de la Chine à l'Egypte, & qui de-là se replie dans la Phénicie, dans la Gréce, & *peut-être plus loin* encore. (2)

» Si l'on trouve des vestiges de tous ces Dialectes Orientaux (les Langues de Lydie, de Phrygie, de Phénicie, d'Egypte, de Syrie, &c.) dans la Langue Etrusque, on doit les rapporter à la *Langue Primitive* dont les semences se répandirent de tous côtés & dans toutes les Contrées du Monde. » (3)

» On ne peut douter que *la premiere Langue* n'ait été *très-simple* & sans *aucune* composition. Il semble que toutes ces qualités conviennent mieux à la Langue Hébraïque qu'à aucune autre : car les mots de cette Langue n'ont jamais dans leur origine plus de trois lettres ou de deux syllabes; & il y a même de l'apparence qu'il y avoit dans les commencemens beaucoup plus de monosyllabes. On commença à dire *had* (un) au lieu qu'on dit maintenant *ahad*... La Langue Hébraïque est plus simple que l'Arabe & le Chaldéen, & ces deux dernieres sont plus simples que la Grecque & la Latine.... Pourvu qu'on distingue exactement les Lettres principales qui ont composé dans les commencemens chaque mot, d'avec celles qui y ont été ajoutées, *on remontera AISÉMENT à la premiere Langue*.... Si je ne craignois d'être trop long.......... je montrerois par *différens exemples*, de quelle maniere les Langues qui

---

(1) THOMASSIN, Méthode d'étudier & d'enseigner les Langues. Paris, 1693. T. I. p. 35. 37.

(2) Mém. de l'Acad. des Inscr. & Bel. Let. Tom. XXXII. Diss. de M. l'Abbé BARTHELEMY sur le Rapport des Langues.

(3) Traité de Jean-Baptiste PASSARI sur le Rapport de la Langue Etrusque avec la Langue Grecque, inséré dans le second Tome des Symboles Littéraires de Florence.

étoient fort simples dans leur origine, se sont augmentées peu à peu. » (1).

» Les premiers hommes ont parlé vraisemblablement *par-tout* le premier jargon qu'ils avoient formé pour leur usage, & qu'ils ont appris à leurs enfans. Ce Langage *aussi ancien que le monde*, ces termes originaux doivent donc *se retrouver chez tous les Peuples*, & les racines Hébraïques doivent être aussi es racines de tout l'Univers ».

» Un homme transplanté hos de sa Patrie, conserve jusqu'à la mort sa Langue maternelle..... Pourquoi ne dirions-nous pas des Peuples entiers, ce qui est si vrai à l'égard de chaque particulier ? Ils ont porté avec eux dans leurs migrations *leur premier langage*, ces termes *courts*, simples, qui *peignent les sentimens & les objets*, que la Nature encore brute suggéroit aux premiers hommes & qu'ils ont transmis d'abord *à leurs enfans*. Ceux-ci les ont *différemment combinés* pour exprimer leurs nouvelles connoissances.... *C'est ce qui fait encore aujourd'hui* LE FOND *de toutes les Langues*. Le Genre-Humain, divisé en tant de Familles nombreuses, n'a point oublié l'ancien jargon de la Maison paternelle : il prononce dans sa vieillesse *les mêmes sons* qu'il a bégayés dans son enfance ».

» Ceci est une question de fait. Trouve-t-on... dans le Grec, par exemple, dans le Latin, dans le François, *ces mots primitifs & monosyllabes* que je prétends être les vrais élémens de la Langue Hébraïque ? *Y conservent-ils le même sens, ou du moins un sens analogue ?* Si l'on peut le faire voir, la question est décidée ; ces mots sont *les restes précieux de la premiere Langue*, par conséquent *la clef de toutes les Langues du Monde*. Ils n'appartiennnent pas plus à celle des Hébreux qu'à toute autre ; mais ils y sont plus reconnoissables, parce que l'Hébreu étant une des plus anciennes Langues, *elle approche plus qu'une autre de la Langue Primitive*. » (2).

» Je ne saurois souscrire au sentiment de ceux qui croyent qu'à l'époque de la confusion universelle des Langues, il en naquit d'inconnues jusqu'alors, & qui n'avoient rien de commun avec la premiere ; car *l'examen* des Langues *démontre que les principales sont nées de l'ancien Hébreu*, par les rapports qu'on apperçoit *entre la plûpart de leurs mots*. Il y a un autre sentiment beaucoup plus conforme aux loix de la Nature & *adopté par les Savans*. C'est que *la Langue*

---

(1) Hist. Crit. du V. T. par le P. SIMON, Liv. I. Ch. IX.

(2) Elém. Primit. des Langues, par M. l'Abbé BERGIER, I. Diss. S. V. Paris 1764.

Primitive ne fut point abolie, mais qu'elle se subdivisa en une multitude de Dialectes. » (1)

» Il n'existe aucune Langue qui n'ait droit *aux racines primitives* & qui n'en ait *conservé la valeur* : il n'en est aucune qui ait des mots radicaux qui n'appartiennent qu'à elle, & qui puisse dire, tel mot est à moi..... Toutes les Langues de l'Orient sont parfaitement semblables dans leurs racines aux Langues du Nord, de l'Asie & de l'Europe... sans en excepter la Langue Chinoise elle-même.... Conformité d'autant moins surprenante, que la Nature produit elle-même ces *sons primitifs* dont la signification a le rapport le plus intime avec les organes mêmes. » (2)

» L'examen ATTENTIF que j'ai fait de DIVERSES Langues.... m'a CONVAINCU que TOUTES ces Langues... avoient une ORIGINE COMMUNE, c'est-à-dire, que les Langues *descendent les unes des autres* d'une maniere indirecte. » (3)

Voilà, Monsieur, bien des *Savans* au nombre desquels il s'en rencontrera sûrement qui vous paroîtront mériter des ménagemens. Ne s'en trouvât-il qu'un seul, il m'assureroit le suffrage de tous, & le vôtre même ; parce qu'ils tiennent tous le même langage ; que ce langage est le mien ; & que vous ne pourriez désapprouver dans les uns, ce que vous approuveriez dans un autre.

Au reste, pour vous épargner le désagrément de vous compromettre une seconde fois, je crois devoir vous prévenir, qu'après avoir attaqué mes Principes comme isolés & inconnus à tous les Savans, il ne vous suffiroit pas de traiter avec dédain Leibnitz, Grotius, Thomassin, Passari, le P. Simon, Henselius, Fulda, M. l'Abbé Barthelemy, M. l'Abbé Bergier, M. de Guignes. Je ne manquerois pas de vous opposer de nouveaux témoins qui déposeroient que ce n'est pas dans mon *imagination* qu'a germé pour la premiere fois l'idée d'une *Langue Primitive* ; & qu'en me l'attribuant exclusivement par cette expression l'*Auteur avec* SA *Langue Primitive*, vous donneriez lieu à des reclamations aussi nombreuses que justes. Vous pouvez vous en convaincre en par-

---

(1) HENSELIUS, Harmonie des Langues, seconde Edit. Nuremb. 1757. p. 27.
(2) FULDA, sur les deux Dialectes Primitifs de l'Allemand, & en Allem. in-4°. Leipsick 1773. S. 19. & 25.
(3) Mém. de l'Acad. des Inscr. & Bell. Lett. T. XXIX. Mém. de M. de GUIGNES pour établir que la Nation Chinoise est une Colonie Egyptienne.

courant la note que je mets ici sous vos yeux (†). Elle vous paroîtra peut-être longue & imposante : cependant je dois encore vous prévenir qu'il me sera fort aisé de la décupler. Je me borne, quant à présent, à vous faire ces représentations au sujet de la *Langue Primitive*, sauf à y revenir, si vous insistez.

Génie Symbolique et Allégorique de l'Antiquité.

Lorsque vous avez annoncé dans le Journal des Savans du mois de Novembre 1773 le PLAN de l'Ouvrage intitulé *Monde Primitif*, ce *Plan* étoit l'unique objet, je ne dirai pas de votre critique, mais de votre censure. Substituant l'idée d'un ouvrage exécuté & livré au jugement du Public, à celle d'un *Plan*, vous avez trouvé mauvais que l'annonce du *Monde Primitif* ne contînt pas tous les *développemens* que je me bornois à indiquer. J'avois cru caractériser suffisamment l'Antiquité Allégorique, en disant que l'Allégorie.... sans multiplier les *signes*, double nos connoissances.... qu'elle les étend.... qu'elle s'éleve à des *objets* que ces *signes* seroient incapables d'exprimer par eux seuls ; qu'elle nous offre *sous l'écorce* d'un Monde *apparent*, un monde nouveau, infiniment *supérieur au premier*, autant au-dessus de lui que l'*intelligence* est au-dessus de la *simple* VUE ». Il faut que je me sois trompé bien grossièrement sur l'idée que je m'étois faite du *Plan* d'un ouvrage.

Ce style énigmatique, dites-vous, *a besoin d'explication, & peu de Lecteurs entendront ce que l'Auteur veut dire*. Heureusement vous vous placez à la tête de ces Lecteurs, qui, à force de pénétration, peuvent parvenir à m'entendre. *Nous pensons*, (c'est-à-dire, *vous pensez*, & je pourrois ajouter qu'il ne s'agit que de *vous*, & que vous pensez seul) *nous pensons que l'Allégorie, loin de doubler nos connoissances..... nous replonge dans l'ignorance.* Après cet aveu, croyez-vous, Monsieur, qu'il me fût bien difficile de vous conduire à avouer que *vous pensez* qu'on a retréci le cercle des connoissances humaines, en faisant passer presque tous les mots de toutes les Langues connues, du sens *propre*, au sens figuré ?

» Comment ce Génie Allégorique a-t-il pu échapper, dites-vous, à tous

---

(†) Alvarez Semedo. Besold. Boxhornius. Bourguet. Casaubon. Cluvier. Fourmont, Huet. Jablonski. Junius. La Croze. Le Clerc. Masson. Morin. Parsons. Pockocke. Pfeifer. Ravis. Rudbeck. Saumaise. Sharp. Tanzini. Wachter. Webb. Victor Cajetan. Vitringa, &c. &c. &c. qui tous soutiennent l'existence d'une Langue Primitive, & crurent la retrouver dans celles qui subsistent.

» ceux qui ont jufqu'à préfent travaillé fur l'Antiquité ? En le *développant*, notre Auteur ne devroit-il pas fe mettre un peu plus à la portée de tout le monde ?.... Prétendre découvrir ainfi tant de chofes dans l'Antiquité, n'eft-ce pas aller trop loin ? C'eft fe livrer à des conjectures *frivoles & hazardées*.... Son *imagination* lui fait appercevoir ce que les plus grands hommes... n'ont pû découvrir.... Toujours *myftérieux & enveloppé*, il ne propofe que des chofes *à faire & n'indique rien*.... Telles font les promeffes de l'Auteur qui ne veut point laiffer échapper *un feul mot* qui puiffe nous inftruire *d'avance*.... Peut-on, après les efforts *inutiles* des plus favans hommes, s'exprimer avec tant de confiance ? Le ton qui regne dans tout cet Ouvrage, eft bien éloigné *de la modeftie d'un vrai Savant*... nous ofons le dire : l'intelligence de SA *Langue Primitive* & de SON *Génie allégorique*, NE SONT QUE DE PURES IMAGINATIONS.... L'Auteur fe flatte de pouvoir aller plus loin avec SA Langue primitive & fon Génie Allégorique. Mais en voilà *affez* fur cet Ouvrage ».

Je puis, Monfieur, vous donner ici une leçon très-fage par la bouche d'un homme célebre & à qui vous donnez furement une place diftinguée parmi les *Savans*. Il avoit publié un Mémoire par lequel il annonçoit de grandes découvertes : il s'éleva contre lui, non pas un Cenfeur anonyme, mais un Adverfaire qui fe nomma. » M*** fe preffoit un peu trop, dit l'Auteur du Mémoire. » Il falloit attendre un ouvrage plus étendu que la petite Brochure que j'ai » donnée & qui n'eft qu'une annonce. C'eft comme fi, *d'après un Profpectus*, » on alloit *fe plaindre* qu'un Auteur *n'a pas donné la folution de toutes les* » *difficultés que préfente la matiere* (1).

Si je pouvois perdre de vue le fonds d'un travail que je crois devoir être de quelqu'utilité ; fi le refpect dû au Public me permettoit de n'envifager que vous dans cette Satyre, comme vous n'avez envifagé que moi en l'écrivant, vous feriez expofé à des repréfailles bien juftes, mais bien humiliantes. Comment ne vous êtes-vous pas apperçu que par votre maniere de me juger, vous déclariez ouvertement aux Savans de toutes les Nations, que vous n'ignorez rien de tout ce qui eft fû ; que vous êtes en état de mefurer avec certitude tout ce qu'il eft poffible ou impoffible d'ajouter aux connoiffances acquifes : que l'étendue de vos connoiffances eft telle, que fur le fimple *plan*, fur la fimple annonce d'un Ouvrage, il ne vous manque rien pour l'apprécier, & pour affurer d'avance qu'il ne contiendra que des *conjectures* FRIVOLES & HAZARDÉES,

---

(1) Rép. de M. de GUIGNES, aux Doutes, &c.

qu'il

A UN ANONYME.

qu'il n'aura pour point d'appui *que de pures imaginations* ; que l'infaillibilité de ces décisions vous dispense d'en développer & même d'en déclarer les motifs ; que vous vous sentez une supériorité assez marquée pour être en droit d'exiger de vos Lecteurs, qu'ils oublient qu'un très-grand nombre d'hommes savenroit que vous affirmez que jamais personne n'a sû ni ne pourra savoir. Il ne fer ce que trop aisé de faire sentir combien *ce ton est éloigné de la modestie d'un vrai Savant*, & que quand on *ose* le prendre, il faudroit être moins *mystérieux*, moins *enveloppé*, dicter ses arrêts avec moins de *confiance*, & se résoudre à *laisser échapper quelques mots qui pussent instruire d'avance* les Lecteurs. Mais le Public ne retireroit aucun avantage de ces représailles, au lieu qu'il a beaucoup d'intérêt à savoir si le Génie Allégorique est, comme vous l'affirmez, une clef inconnue jusqu'à présent, & dont le besoin ne se soit jamais fait sentir à ceux qui ont cherché à pénétrer dans les avenues de l'Antiquité. Ceci est une question de fait ; vous affirmez ce fait, je le nie ; le Public décidera.

Je ne tirerai aucun avantage des autorités que j'ai employées depuis la page 33. jusqu'à la page 64. de la Dissertation sur le Génie Allégorique que j'ai publié au mois de Juillet de l'année derniere. Il est juste de vous laisser le plaisir de dicter aux Savans de l'Europe ce qu'ils en doivent penser. Je me borne donc à vous indiquer le nom des Auteurs qui sont mes garants (†), & je me contenterai de remettre sous vos yeux le précis de quelques autorités que vous trouverez avec plus d'étendue dans ma Dissertation.

» Les Allégories Grecques renferment une Philosophie réelle.... Elles *dévoilent* les mystères de la *Nature*... & fournissent un grand nombre de sujets de morale. » (1).

» Si Homère n'a pensé, à l'égard des Dieux, que ce qu'il dit... c'est un impie, un sacrilége, un enragé : c'est un vrai Salmonée & un second Tantale.... Ne prenons donc point pour guide les *ignorans* qui *ne se doutent point du* Génie Allégorique *d'Homère*.... qui s'arrêtant à *l'écorce de la fable*, ne sont jamais parvenus à connoître *la Philosophie sublime qu'elle renferme.* » (2).

(†) Parmi les Anciens, Denys d'Halicarnasse, Plutarque, Strabon, Dion Chrysostôme, Phurnutus, Salluste le Philosophe, Clément d'Aléxandrie ; plusieurs Peres de l'Eglise ; Maimonides, Josephe, les Stoïciens. Parmi les Modernes, le Chancelier Bacon, Blackwell, l'Abbé Conty, l'Abbé Bergier, le P. Houbigant, M. Forbes, &c. &c.

(1) Denys d'Halicarnasse.

2) Heraclides, entre les petits Mythologues.

» On doit *ramener à la vérité* tout ce qu'on a dit *de fabuleux sur les Dieux....* Les *Anciens* n'étoient pas des hommes *d'une sagesse ordinaire.....* Ils avoient fait une étude profonde *de la Nature*, & le choix le plus heureux des *Symboles* & des *Enigmes* les plus propres *pour en parler en Philosophes.* » (1).

» Les Fables, pareilles aux biens sensibles, *sont pour le Vulgaire* & les *Artisans*; au lieu que l'intelligence... des mystères que renferme la Théologie *Symbolique*, est réservée *aux Sages*. A proprement parler, le Monde lui-même n'est qu'une *Allégorie*; car il est composé de corps & d'esprits : les corps se voient ; mais les esprits sont invisibles, & on ne les connoît que par l'étude (2).

» L'*Antiquité Primitive*, relativement au tems, mérite la plus haute vénération ; & relativement à sa manière d'enseigner, elle mérite notre admiration, renfermant *dans l'Allégorie*, comme dans une riche cassette, *tout ce que les sciences ont de plus précieux,* & devenant par cette Philosophie *la gloire du Genre-Humain....* Je regarde ces *Allégories* comme la connoissance la plus excellente après la Religion.... J'avoue sans peine, que je suis *persuadé* que *dès leur origine* les *Fables anciennes* furent allégoriques.... Si quelqu'un *s'obstine* à n'y *vouloir* rien appercevoir de pareil, nous ne le tourmenterons point pour penser comme nous ; mais nous le plaindrons d'avoir *la vue si trouble* & *l'entendement si bouché & si lourd* » (3).

» Les Fables sont de *pures Allégories*... c'est *l'Histoire Naturelle*.... déguisée sous des expressions dont on ne comprit pas ensuite le sens, ou dont on abusa volontairement.... Une physique grossière, les équivoques & l'abus de l'ancien langage, sont les seules ressources qui restent pour débrouiller le cahos de la Mythologie. » (4).

Dans ma Dissertation sur *le Génie Allégorique des Anciens*, j'aurois pu produire un bien plus grand nombre de Partisans de cette opinion qui vous paroît si nouvelle & si méprisable ; je pourrois revenir sur cet article & les appeller tous à mon secours : mais il sera, sans doute, plus amusant pour vous d'avoir sous les yeux quelques nouvelles autorités tirées des Anciens & des Modernes. Elles suffiront, je l'espere, à quantité de Lecteurs éclairés : cepen-

---

(1) PHURNUTUS, *ib.*
(2) SALLUSTE le Philosophe.
(3) Le Chancelier BACON.
(4) M. l'Abbé BERGIER.

dant, comme j'ai fort à cœur de ramener, s'il est possible, un adversaire tel que vous, je puis vous promettre que si ce que vous allez lire ne suffisoit pas, il me feroit aisé d'invoquer de nouveaux témoignages.

» TELLUS (c'est-à-dire, *la Terre cultivée*,) est appellée OPS pour désigner la fécondité qu'elle acquiert par les travaux des hommes : *Mere des Dieux* & GRANDE-MERE, parce qu'elle est la source de toute nourriture..... Les tours qu'elle porte sur la tête représentent les Villes..... Si elle est servie par des Prêtres eunuques, c'est pour apprendre aux hommes que, pour avoir des grains & des semences, il faut cultiver la Terre, parce que tout se trouve dans son sein; & s'ils s'agitent & se trémoussent sans cesse en sa présence, c'est pour marquer que le travail de la Terre ne permet pas d'être un moment dans l'inaction. Le son de leurs cymbales représente le bruit des outils du labourage ; & afin de le mieux imiter, elles sont d'airain, comme ils étoient dans l'origine. Les Lions apprivoisés qui la suivent, apprennent aux hommes qu'il n'y a aucune Terre qui ne puisse être domptée & mise en valeur. » (1).

» Proserpine est la puissance *qui développe les semences* : Pluton est le *Soleil d'Hyver*, qui emmene avec lui Proserpine & qui oblige ainsi Cérès à *la chercher*. » (2).

» Celui qui prétend qu'elle fut enlevée par Pluton, n'enseigne pas que ce fut par une passion honteuse ; mais que quand on a confié les semences à la Terre, la Nature & le Soleil d'hyver, d'accord en cela, comme s'ils étoient unis par les liens du mariage, les rendent féconds. » (3).

» La Philosophie des Egyptiens couvroit plusieurs mystères *sous le voile des Fables* & sous des propos (4) qui obscurément montroient & donnoient à voir à travers, la vérité ; comme eux-mêmes donnent taisiblement à entendre quand ils mettent devant les portes de leurs Temples des Sphinx, voulant dire que toute leur Théologie contient, sous paroles énigmatiques & couvertes, les secrets de Sapience .... Quand donc tu entendras parler de certaines vagabondes *pérégrinations & erreurs & démenbremens & telles autres fictions*, (les voyages d'Isis, d'Osiris, de Cérès, les mutilations d'Osiris, de Cœlus, des enfans de Saturne,) il te faudra souvenir de ce que nous avons dit, & estimer qu'ils ne

---

(1) Passage de VARRON, rapporté par S. Augustin, Liv. VII. de la Cité de Dieu.
(2) PORPHYRE, cité par Eusebe, Prép. Evang. Liv. III.
(3) Discours des Payens dans ARNOBE, Liv. V. p. 171. Anvers 1604.
(4) PLUTARQUE, dans son Traité d'Isis & d'Osiris, Traduct. d'Amyot.

» veulent pas entendre *que jamais rien ait été de cela ainſi*, ni *qu'il ait oncques été fait.* Car ils ne diſent pas que Mercure proprement ſoit un chien, ains la nature de cette bête qui eſt de garder, d'être vigilant, ſage à diſcerner & chercher, eſtimer & juger l'ami ou l'ennemi, celui qui eſt connu ou inconnu; ſuivant ce que dit Platon, ils accomparent le chien au plus docte des Dieux. Et ſi ne penſent pas que de l'écorce d'un aliſier ſorte un petit enfant ne faiſant que naître; mais ils peignent ainſi *le Soleil levant*, donnant à entendre *ſous cette figure couverte*, que le Soleil ſortant des eaux de la mer, ſe vient à rallumer.... Et en écoutant donc & recevant ainſi ceux qui t'expoſeront *ſainctement & doctement la Fable* (Mython).... tu éviteras par ce moyen la *ſuperſtition*, laquelle n'eſt point *moindre mal* ni péché, que l'impiété de ne croire point qu'il y ait des Dieux ».

» Tout le monde ſait (1) qu'il y a deux manieres d'enſeigner la vérité aux hommes; l'une *couverte* & *myſtérieuſe*, l'autre *dévoilée* & *toute ſimple*. Les Anciens étoient *idolâtres* de la premiere; nous nous ſommes déclarés pour la ſeconde..... Il eſt certain que dans les *premiers tems*, tout ce qu'il y avoit de plus excellens Ecrivains, *dans quelque genre que ce pût être*, aimoient à *déguiſer* leurs enſeignemens ſous des *fictions* agréables & ingénieuſes. Non-ſeulement les Auteurs profanes, *mais les Auteurs ſacrés*, en ont uſé de la ſorte: l'Ecriture *eſt pleine* de paraboles & de figures... ».

» Si l'on recherche quel pouvoit être le principe de cette *paſſion* que les *Anciens* avoient pour les *allégories* & les fictions, on trouveroit qu'elle venoit *d'une grande connoiſſance de la Nature*..... Ils s'accommoderent à notre foibleſſe.... Ils nous préſenterent le faux *en apparence*, & le vrai *dans le fonds*.... C'eſt par cette raiſon qu'Homère, celui de tous qui a le mieux connu le cœur humain, a rempli ſes ouvrages *d'un ſi grand nombre d'allégories*. Nous avons l'intelligence des plus conſidérales. *Qui ne voit* que cette merveilleuſe chaîne d'or avec laquelle Jupiter ſe vante *d'enlever le Ciel & la Terre, les Dieux & les hommes*, nous marque la diſproportion infinie de tous les êtres réunis enſemble, à l'Etre Souverain; que les diſputes & les diſſenſions éternelles des Dieux, nous repréſentent cette oppoſition & cette guerre qui ſe trouve entre les premiers principes dont tous les corps ſont compoſés?..... S'il y en a quelques-unes que nous n'entendons pas aujourd'hui, n'en accuſons pas ce grand Poëte, qui étoit intelligible de ſon tems: craignons qu'il n'y ait en cela plus de *notre*

---

(1) M. l'Abbé Massieu, Mém. de l'Acad. des Bell. Let. T. II. pag. 3.

» *ignorance* que de sa faute. Reconnoissons du moins *de bonne foi* qu'il a prétendu *cacher un sens sous ces dehors*, & que *son intention n'a jamais été* qu'on prît *à la lettre* des aventures *si manifestement fabuleuses*. Les Poëtes qui sont venus depuis, se sont formés sur ce grand modèle ; & à son exemple, ils ont enfermé dans des *fictions* presque tous les secrets de la *Théologie*, de la *Morale* & de la *Physique* : mais en se servant de ces fictions, ils n'ont eu en vue que la vérité. »

» Ce n'étoit point pour se cacher (1), c'étoit plutôt pour se faire mieux entendre, que les Orientaux employoient leur style figuré, les Egyptiens leurs *hieroglyphes*, les Poëtes leurs images, & les Philosophes la singularité de leurs discours. Nous trouvons *dans le témoignage des Ecrivains*, les raisons naturelles de ces façons de penser, qui, mal-à-propos, nous paroissent remplies de mystères. Les Orientaux parloient, & parlent encore aujourd'hui un langage figuré, parce que c'est leur langage ordinaire : le climat qu'ils habitent tournant leur génie & leur goût du côté de *l'allégorie* & de la parabole. Les Egyptiens employoient leurs hiéroglyphes pour représenter leurs idées, indépendamment de la parole, & pour rendre leurs sciences & leurs découvertes *d'un usage plus général* dans des lieux & dans des tems où leur Langue auroit pu n'être pas entendue. Le langage des Poëtes est dans son origine une maniere agréable d'instruire le Peuple, & de lui faciliter par des images l'intelligence de la Religion, de la Morale & de l'Histoire. Les Philosophes usoient aussi de symboles pour mieux approfondir la Religion & la Nature, & pour les expliquer ensuite aux autres d'une maniere plus sensible. »

» Qu'il y ait eu de l'historique dans la Mythologie Egyptienne (2), qu'il y ait eu du Physique, du Moral, bien loin de nous en défendre, nous croyons que cela n'a pas besoin de preuve ; mais nous croyons en même tems que si le récit Egyptien s'adapte plus naturellement aux idées cosmologiques qu'à toutes les autres, on doit en conclure que les *symboles* ont *été inventés pour elles dans l'origine*, & qu'ils n'ont été appliqués aux autres objets que par analogie. »

» Un siecle environ avant Alexandre (3), la Philosophie commença à faire retourner les Egyptiens sur leurs pas. La divinité fut ôtée aux animaux, qu'on

---

(1) M. DE LA NAUZE, Mém. de l'Acad. des Bell. Let. T. IX, pag. 37.
(2) Hist. des Causes premieres, par M. l'Abbé BATTEUX, Paris 1769, pag. 69.
(3) *Ib.* pag. 86.

» réduisit à la simple qualité de symboles...... Tout ce vaste édifice de fables, d'allégories, de symboles, s'évanouit comme un enchantement. »

La Théologie d'Hésiode *n'est autre chose qu'une Cosmogonie* (1).... *Du cahos sortirent l'Erebe & la Nuit ; & du commerce de l'Erebe avec la Nuit naquirent l'Ether & le Jour..... La Terre engendra le Ciel..... Elle engendra ensuite les hautes montagnes.... Il est inutile d'avertir que ces naissances prétendues ne peuvent être autre chose que le développement successif des parties du cahos présentées sous la forme poétique d'actions & de personnages.*

M. l'Abbé Batteux rapporte ensuite la guerre des *Géans* & la victoire de *Jupiter*. « C'est, dit-il (2), le tableau du Monde même, ordonné comme il l'est, & conservé dans son état, par l'action & la sagesse de Dieu. Le Poëte usant des priviléges de son art, a peint les forces mouvantes de la Nature & les attributs de Dieu sous des formes humaines, parce que sans cela, la peinture des actions eût été impossible. »

C'est d'après ces principes lumineux & si conformes à la droite raison, que ce savant Académicien explique la Mythologie des Egyptiens sur Osiris, Isis & Typhon, ainsi que celle des Grecs sur les causes premieres.

Telle étoit aussi la façon de voir & de juger du savant FRERET : il expliquoit, d'après les mêmes principes, la Mythologie Egyptienne. « Les Poëtes Grecs ont célébré les conquêtes de Bacchus (3); ils supposent qu'il *a soumis le Monde entier*, moins par la terreur de ses armes [car ils lui donnent des soldats peu redoutables,] que par la douceur de sa musique & par les charmes d'un breuvage dont les hommes ignoroient alors le pouvoir. C'étoit par-là qu'il les avoit obligés de se soumettre à lui, & de recevoir les loix qu'il leur dictoit, & par lesquelles il les retiroit de cette barbarie dans laquelle ils avoient vécu avant lui. »

« *Il est aisé de voir* qu'il n'y a là-dedans qu'*une fable morale*, inventée *pour* exprimer d'une maniere poëtique & *allégorique*, que le *bonheur des hommes dépend de leur union en diverses sociétés politiques.* Le vin, qui fait le charme des repas, & qui, pris avec sagesse, est le plus sûr remède de tous les chagrins, est un *symbole* bien naturel des avantages que trouvent les hommes dans une liaison qui assure le repos public & le bonheur des Particuliers.

---

(1) *Ib.* p. 170. *& suiv.*
(2) *Ib.* p. 177.
(3) Nouv. Observ. de M. FRERET contre le Syst. Chron. de M. Newton, p. 322.

« La superstition des Peuples (1), & les fictions extravagantes de la Poésie folle des Orientaux, avoient *ensuite personifié* ces êtres *métaphysiques*, & les avoient représentés *sous des images allégoriques.* »

« Dès le tems de Plutarque (2), il y avoit des Gens en Egypte qui regardoient ces fables religieuses *comme une ancienne histoire*, altérée par la tradition qui en avoit altéré les événemens, en attribuant aux Dieux les aventures de quelques-uns des anciens Rois : mais Plutarque nous apprend aussi que cette explication *étoit rejettée* par les gens religieux, comme une doctrine impie. »

Il doit m'être permis de croire, Monsieur, que si je publiois des faits si contraires à vos décisions, sans vous avertir que je copie les expressions d'hommes célèbres que les Savans sont accoutumés à respecter, vous feriez imprimer que je suis en délire ; l'épithète de *visionnaire* vous paroîtroit trop douce & trop foible. Je ne puis cependant résister au besoin de vous mettre encore en regard avec M. Freret : ma citation sera longue, instructive, & par conséquent désagréable ; il est fâcheux que vous l'ayez rendue nécessaire.

« Outre les deux premiers principes, *Osiris* & *Isis* (3), les Egyptiens en reconnoissoient un troisième qu'ils appelloient *Seth*, *Bebon* & *Smu* : les Grecs l'appelloient *Typhon*. Plutarque nous apprend que tous ces noms marquoient *la destruction*, *la violence*, *la corruption*, *la résistance au bien & à l'ordre*. Typhon étoit frere d'Osiris & d'Isis, ce qui marquoit le vice radical inhérent à la matiere, l'imperfection nécessairement attachée aux êtres produits. ».

« Typhon, ou *le principe de l'imperfection*, épousa sa sœur *Nephté* .... & Plutarque nous apprend que Nephté signifioit, en Egyptien, *la fin*, *la destruction*, *ou la mort*.... Devenue amoureuse d'Osiris .... & se faisant passer pour Isis, elle l'amena dans son lit. Typhon se croyant outragé, ôta la vie à Osiris & mit son corps en piéces. Il tua Orus (fils d'Osiris & d'Isis), & demeura maître de l'Univers, obligeant même Isis de se soumettre à lui, & de reconnoître son pouvoir. »

« Cette fable est *manifestement* un récit *allégorique* de la destruction de l'ancien Monde, qui a précédé celui où nous sommes. Les amours de Nephté & d'Osiris, ou l'union du principe démiourgique avec la matiere impure &

---

(1) *Ibid.* p. 333.
(2) *Ibid.* p. 363.
(3) *Ibid.* p. 310. *& suiv.*

» incapable d'arrangement organique, *marquent le commencement de l'altération arrivée dans l'économie de l'Univers.* Par cette altération, les mouvemens devinrent moins réguliers, & l'harmonie & le concert de toutes ses parties furent détruites.... *La contrariété & l'irrégularité des mouvemens détruisant l'harmonie, toutes choses tomberent dans le cahos.* Le corps d'Osiris fut mis en pièces; Typhon ôta la vie à Orus, & détruisit l'ordre & l'arrangement de l'Univers; après quoi, Isis ou la matiere fut contrainte de se soumettre aux loix de Typhon. »

« Isis... chercha les parties du corps d'Osiris éparses dans l'Univers.... mais ses efforts furent inutiles.... Celles qui sont le principe des productions & des générations avoient été jettées dans le Nil......

« Osiris revint des Enfers, & rappellant Orus à la vie, lui donna des armes pour combattre & vaincre Typhon, c'est-à-dire que *la force de l'intelligence démiourgique ayant repris ses droits, elle fit cesser le désordre,* & rendit à l'Univers *sa beauté & son harmonie.* Orus surmonta Typhon; mais il ne put le détruire; il l'enchaîna seulement, & Isis lui ayant donné les moyens de se sauver, il demeura caché dans l'Univers, & il ne cessa d'en troubler l'ordre & l'harmonie... Orus irrité contre Isis,.. lui ôta le diadême dont Osiris l'avoit ornée. Anubis, fils d'Osiris & de Nephté... essaya de réparer cet outrage & lui donna un diadême formé d'une tête de bœuf. *Cela veut dire que la Terre, depuis qu'elle avoit été soumise à Typhon, avoit perdu sa fertilité primordiale. Au lieu que dans l'ancien Monde, elle produisoit d'elle-même & sans culture, des fruits propres à nourrir les hommes,* (ce que marquoit la couronne de Lotos); *elle ne leur en donna plus que par le moyen du travail.... La tête de bœuf qu'Anubis lui donna pour diadême, est un emblême du LABOURAGE.* »

« La partie du corps d'Osiris jettée dans le Nil, lui avoit communiqué quelque chose de sa vertu; & c'est de-là que venoit la prodigieuse fertilité des terres sur lesquelles ses eaux se répandoient. C'étoit un reste de la fertilité de l'ancien Monde. »

« C'est ainsi, disoit M. Freret, qu'on doit expliquer la *Cosmogonie Poétique* des Egyptiens, autant qu'il est possible de la concevoir, en perçant à travers *les emblèmes* qui la couvrent. C'étoit aussi par-là qu'ils essayoient de rendre raison de l'origine du mal physique & moral, & de l'état actuel d'imperfection dans lequel se trouve l'ouvrage d'un Être également sage & bienfaisant...... »

« Telle étoit en général la Théologie sublime des Egyptiens, & la Cosmogonie *enveloppée* sous les ALLÉGORIES dont les Prêtres Egyptiens *couvroient* jusqu'aux choses *les plus communes*..... »

» Les

A UN ANONYME.

» Les Cosmogonies des Philosophes religieux des Nations Orientales, ne supposoient pas seulement l'action générale de la suprême intelligence dans la production, & dans la formation primordiale de l'Univers. Elles supposoient encore que toutes les productions & les formations particulieres, étoient une continuation & une répétition de cette action primordiale. Il est vrai que ces *Cosmogonies* ne sont venues jusqu'à nous que *sous l'enveloppe des* ALLÉGORIES *& fictions poétiques dont l'imagination enflammée des* hommes de ces pays, AIME A REVÊTIR les objets les plus simples. C'est pour cela qu'elle représente l'action du souverain Être *dans la production de l'Univers,* non comme une *création,* idée philosophique sur laquelle l'imagination ne peut avoir de prise ; mais *comme une* GÉNÉRATION, c'est-à-dire, comme une chose qui a *quelqu'analogie* avec cette espèce de production, *dont nous sommes tous les jours les témoins....* »

» Les caractères Egyptiens étoient *tous des peintures* & des *images* des êtres corporels. Ces caractères servoient d'abord pour présenter *directement* & indépendamment de la parole, *les choses dont ils étoient les images.* Dans la suite on les employa pour exprimer d'une maniere *figurée* les idées les plus *abstraites* & les plus *incorporelles.* Cette écriture *accoutumoit* les hommes à tout *personnifier* : à tout *corporaliser....* L'habitude faisoit que les gens habiles n'étoient *presque plus frappés des images,* & que leur esprit se portoit *rapidement & presque naturellement* aux choses *exprimées* par ces images.... Le peuple grossier, & *ceux qui n'étoient pas accoutumés à cette écriture,* s'arrêtoient aux images mêmes, & n'alloient pas *au-delà de l'écorce* qui les frappoit. »

» On conçoit sans peine que la Cosmogonie & la Théogonie exprimées dans le style le plus simple & le plus naturel, devenoient, dès qu'elles étoient écrites dans ce caractère Egyptien, la poésie la plus *outrée* & la plus *extravagante* aux yeux du Vulgaire. Cette poésie remplissoit la tête des hommes de fictions que le peuple prenoit au sens *littéral,* malgré *l'absurdité* dont il étoit frappé.... »

» Les plus crédules & les moins éclairés des Prêtres Egyptiens, à force de débiter ces Fables au Peuple, vinrent à les regarder du même œil que lui... Nous voyons ce qui se passe aux Indes Orientales parmi les *Brames,* les *Talapoins,* les *Bonzes,* & les *Lamas.* Les Fables les plus *absurdes* & les *fictions* les plus *impudentes* sont devenues pour eux des objets *d'un respect religieux,* & les *motifs* de la dévotion *la plus outrée.* » (1)

---

(1) Défenses de la Chron. contre Newton, p. 370. — 377. & suiv.

C

» Suivant l'idée que nous nous formons aujourd'hui de *l'ancienne* idolâtrie, il ne pouvoit y avoir que *la plus vile & la plus grossière populace* qui eût quelque sentiment de religion.... ».

Je crois, Monsieur, pouvoir m'arrêter ici & vous faire remarquer que nous devons aux Ecrivains de l'Antiquité les plus imposans par leur esprit de recherche & par la solidité de leur jugement, la clef générale des premieres *Allégories*, que c'est eux qui nous ont conservé un assez grand nombre de clefs particulieres, pour entendre les parties principales de ces Allégories. Je pourrois aussi vous faire remarquer que parmi les modernes, il seroit difficile de vous opposer un homme plus savant que M. Freret & plus propre à vous faire impression sur l'objet que vous avez jugé à propos de réduire à une si mince valeur. Ce qu'il dit sur le Génie *Allégorique* qui caractérise l'Antiquité la plus reculée ; sur les moyens de découvrir la vérité *en perçant à travers les emblêmes qui la couvrent* ; sur *l'absurdité* de prendre ces Allégories dans le sens *littéral* ; absurdité si palpable, que cet Académicien établit comme une conséquence évidente qu'il *ne pouvoit y avoir que la plus vile & la plus grossiere populace* qui eût quelque sentiment de religion, suivant l'idée que nous nous faisons aujourd'hui de l'ancienne idolâtrie, tout cet ensemble, dis-je, n'est point un système qu'il propose, un rapprochement de matériaux adroitement combinés pour faire valoir une opinion qui lui soit propre. Ce sont des faits reconnus, & d'une autorité si incontestable, qu'il fait de leur notoriété la base d'une de ses plus fortes objections contre son Adversaire. Et quel Adversaire ? Ce n'étoit pas un stérile Erudit, borné aux mots ou aux idées qu'il avoit trouvées dans les Livres. M. Freret attaquoit le plus redoutable Athlète, avec lequel il fût possible de se mesurer : un homme transcendant du côté du *savoir* & du côté du *génie* ; Newton. Il le combattoit à visage découvert ; il s'étoit nommé ; ainsi il n'auroit pu se dérober à la honte d'avoir osé employer des armes méprisables. C'est donc de tout leur poids que retombent sur vous l'érudition, la sagacité, l'autorité d'un Savant du premier ordre.

J'espere que vous jugerez favorablement, Monsieur, par le nombre & par la réputation des Ecrivains que je réunis pour les opposer à votre opinion, de l'idée que je me suis faite de votre supériorité. J'espere aussi que vous regretterez, avec cette sensibilité que fait naître un amour vif & pur pour la gloire des lettres, l'Arrêt par lequel vous avez traité de *visions* les explications de la Mythologie, fondées sur ce *Génie Allégorique* auquel se sont abandonnés les Ecrivains de la plus haute Antiquité. J'ai senti, & vous sentirez comme moi, que du même trait de plume, vous avez dénoncé à l'Europe savante comme des *Visionnaires*, non-seulement *Varron*, *Strabon*, *Denys d'Halicarnasse*, *Plutarque*, le Chancelier *Bacon*, l'Abbé *Massieu*, M. l'Abbé *le Batteux*, *Freret*; mais une multitude d'autres Ecrivains anciens & modernes, tous recommandables par la profondeur de leur savoir, par la finesse de leur pénétration, & par la solidité de leur discernement.

Cet étonnant arrêt me feroit craindre qu'on ne s'armât contre vous de vos propres expressions, & qu'on se hazardât à vous dire : *il faut avouer que c'est vouloir couvrir de ridicule l'Erudition*. Peut-être même se trouveroit-il des gens disposés à aller plus loin, & qui regarderoient comme une espèce de blasphême d'avoir étendu ce titre de *Visionnaires* à des Peres de l'Eglise. Car vous savez que plusieurs d'entr'eux se sont appuyés sur le *Génie Allégorique*, soit contre les Auteurs Profanes, soit dans l'explication de beaucoup de passages & de récits qui se trouvent dans l'Ecriture Sainte. Quoi qu'il en soit, je crois vous avoir mis à portée de persévérer dans la qualification de *Visionnaires*, ou de la retracter, ou de tâcher de la fixer sur moi seul.

Je persiste donc à croire que l'empreinte du Génie Allégorique, est profondément marquée dans les écrits qui nous viennent de la plus haute Antiquité. J'y retrouve tout ce que dans l'état des choses, ils pouvoient contenir. Je n'y vois point avec vous une longue suite de Rois, parce que ce seroit me jetter dans un cercle vicieux historique : plusieurs générations de Rois supposeroient évidemment l'existence d'une Antiquité plus reculée encore, dans laquelle les premieres sociétés humaines, consolidées par l'invention des Arts de premier besoin, auroient précédé la formation des prétendus Empires, gouvernés par ces Souverains qu'anéantissent tous les monumens. Je retrouve, au contraire, dans ces écrits, la description des Arts sans lesquels aucune Société n'auroit pu subsister & se fortifier. Ainsi la Nature même remplace ici nos monumens, & je suis sûr de tenir le premier anneau de la chaîne sociale. Eh ! comment pourrois-je m'y méprendre, quand je vois que l'Auteur même de l'Allégorie a pris les mesures les plus justes pour m'empêcher de prendre ses récits dans un sens historique ? Tous les personnages qu'il fait entrer en scène, ont des noms significatifs. Ces noms sont tous, ou la dénomination propre, ou la qualification d'objets qui appartiennent aux Arts de premiere utilité. Ce n'est pas tout encore ; je vois que la réunion de ces noms & de ces qualifications forme l'inventaire complet de toutes les parties, de tous les instrumens d'un même Art. Trouveriez-vous, Monsieur, dans l'histoire de quelque Peuple que ce soit, une suite de Rois dont les noms, tous significatifs, pussent s'adapter avec ordre, avec convenance, aux principes & aux effets de quelqu'Art que ce soit, & à plus forte raison à des Arts dont le besoin, la découverte, le perfectionnement répondissent avec exactitude aux tems où ces générations de Rois seroient placées par les Ecrivains & par les monumens historiques ? j'ose vous assurer qu'il est impossible d'en fournir un seul exemple, & je crois pouvoir ajouter que s'il en existoit un seul, la convenance de tant de rapports entre les noms d'hommes, les noms des choses, les moyens & les résultats d'un Art quelconque, suffiroit pour rendre les faits plus que suspects à tous les Critiques. J'ose en conclure que le Public doit être moins disposé à me regarder comme un *Visionnaire*, qu'à traiter d'aveugles-nés ou volontaires, ceux qui ne seroient pas frappés de la lumiere que répand l'intelligence du Génie Allégorique des Anciens, ou qui en écarteroient leurs regards.

Décisions du Journaliste sur l'Origine du Langage, sur la Langue Primitive, sur le rapport des Langues entr'elles, &c.

Si je ne me fais pas illusion, s'il est aussi évident que je le crois, que la Langue qu'ont parlé les premiers hommes, existe toute entiere, quoique disséminée dans les Langues mortes & dans les Langues vivantes; qu'il ne s'agiroit que de l'en extraire pour former le Vocabulaire de la *Langue Primitive*; qu'à l'égard des Arts primitifs & des institutions originaires formées par les premieres sociétés humaines, la description en est écrite dans les Fables de la plus haute Antiquité & dans celles de tems plus modernes, quoique très-reculés; qu'il suffiroit de les dégager des enveloppes qui nous les cachent & d'écarter les parties accessoires ou étrangeres qu'y ont associé les Poëtes Grecs, pour les retrouver tels qu'ils ont existé originairement, avec les accroissemens graduels qu'ils ont reçus dans les premiers âges; il me paroît d'une égale évidence que la connoissance de cette *Langue Primitive* & du *Génie Allégorique*, seroient des moyens sûrs de connoître le *Monde Primitif* & de le *comparer* avec le *Monde Moderne*.

Je crois devoir en conclure qu'il n'y a aucune objection raisonnable à faire contre le fonds de mon entreprise, & qu'on ne peut l'attaquer que du côté de l'exécution.

Ce genre d'attaque ne présentoit que deux côtés à votre censure. L'un, de prouver *l'impossibilité* de retrouver la Langue Primitive, de démêler dans le cabos de la Mythologie un sens raisonnable, & la description du berceau du Genre-Humain; de s'assurer du fil propre à se conduire dans les détours de ce labyrinthe, en se pénétrant de cet esprit Allégorique qui caractérise les Ecri-

A UN ANONYME.

vains des premiers âges, esprit qu'ont reconnu & quelquefois développé une multitude d'Anciens & de Modernes.

Vous vous êtes bien gardé, Monsieur, de vous engager à prouver qu'il fût *impossible* de remplir cette tâche; vous vous êtes restraint à indiquer les principales difficultés que rencontreroient ceux qui voudroient l'entreprendre. Ainsi vous avez tout fait pour fortifier le découragement, & rien pour *prouver* qu'il ne suffiroit pas d'avoir de l'application, de la patience & du courage pour vaincre les obstacles qui paroissent vous avoir effrayé. Vous êtes donc resté muet sur cet article essentiel que l'exécution de mon entreprise est *impossible*; que par conséquent, mes efforts & ceux que des gens plus habiles & plus pénétrans que moi pourroient faire, seroient *impuissans* en prenant ce terme en rigueur. Il en résulte, que de votre aveu, quand je n'ajouterois que quelques mots de la *Langue Primitive* à ceux qui ont été déjà recueillis, & quelques nouveaux rapprochemens à ceux qui ont été faits pour fixer le sens raisonnable de quelques articles de Mythologie dont la lettre ne présente que des Fables extravagantes, mon travail ne seroit pas entiérement inutile. J'aurois du moins apporté quelques matériaux de plus dans l'attellier où il est *possible* d'achever cet édifice, dont la reconstruction contribueroit si fort à la gloire des Lettres & feroit tant d'honneur à l'érudition qu'il vous a plu de débiter que je *voulois couvrir de ridicule*. Comment voulez-vous que je regarde comme une preuve de votre respect pour l'érudition, les efforts que vous avez faits pour m'empêcher de concourir à son utilité, & pour essayer de *couvrir de ridicule* des tentatives dont vous êtes hors d'état de juger, puisque je ne les ai pas encore rendu publiques? Penseriez-vous autrement que l'Académicien célèbre que je vous ai déjà cité, & qui a dit pour sa propre défense qu'il y auroit une précipitation bien étrange *à se plaindre, d'après un Prospectus, de ce qu'un Auteur n'a pas donné la solution de toutes les difficultés que présente sa matiere*?

Ayant eu la prudence de ne pas attaquer mon Ouvrage du côté de l'*impossibilité* de retrouver la Langue Primitive, & d'entendre les Allégories des Anciens, votre unique ressource étoit de l'attaquer du côté de l'exécution. J'avoue que vos excursions sur ce j'ai dit & sur ce que vous me faites dire vous ont amplement dédommagé. Vous n'avez osé dire que mon projet en lui-même fût absurde; mais à combien de reprises n'avez-vous pas répété que je l'avois exécuté en *ignorant*, en *enthousiaste*, en *visionnaire*! Je sens combien il importe peu au Public de savoir si vous ou moi sommes des *ignorans*, ou si nous le sommes l'un & l'autre: il ne lui importe pas plus de savoir si je suis un *enthousiaste*, un *visionnaire*. Mais il m'importe beaucoup de publier que ce font-là de simples décisions qui ne sont appuyées d'aucune discussion, d'aucune preuve, & par conséquent de simples injures. L'essentiel étoit de mettre à couvert le fonds des choses; je l'ai fait. Il ne s'agit donc plus que de prononcer sur votre éminente supériorité, ou sur mon ineptie & mes écarts.

Un Savant qui a étudié *les Langues*, sur-tout l'Hébreu & le Grec, avec l'ardeur d'un homme de Lettres & le zèle d'un Citoyen religieux & bienfaisant, a saisi avec ce coup-d'œil rapide & sûr que donne le génie, l'étroite dépendance qu'elles ont entr'elles. Un Erudit se charge la mémoire d'une multitude de mots, & croit savoir différentes Langues; mais un homme de génie ne tarde pas à s'appercevoir, qu'en s'appliquant à ce genre d'études, on n'apprend que différens dialectes d'une Langue primitive & unique; que tous ces idiomes ne sont que les rameaux inséparables d'un tronc commun, qui a renfermé & dispensé une sève commune qu'on ne peut méconnoître. Il en a conclu que » l'étude des *Elémens Primitifs* des Langues, & leur *comparaison*, peuvent ser- » vir à dissiper peu à peu les ténèbres répandues sur *l'Histoire des Anciens Peu-* » *ples*, & nous faire distinguer avec plus de certitude les évènemens réels » d'avec les imaginations fabuleuses ». Il a rassemblé les preuves les plus solides de ce principe lumineux dans un volume publié en 1764. auquel il a donné le titre d'*Elémens Primitifs des Langues*.

Cet Ouvrage fût, je ne dirai pas *attaqué*, cette expression seroit bien foible, mais *décrié* avec ce ton de dédain qui sert si souvent de masque à l'envie ou à l'ignorance.

Comme ce ton n'apporte aucune lumiere, qu'il augmenteroit même l'obscurité s'il en imposoit aux Savans qu'on cherche à blesser & à décourager, l'Auteur des Elémens Primitifs des Langues continua tranquillement la route qu'il avoit commencé à applanir, & à l'extrémité de laquelle il voyoit distinctement le but dont un Myope lui nioit froidement l'existence. Deux volumes publiés sur *l'Origine des Dieux du Paganisme & le sens des Fables*, répandirent en 1767 un nouveau jour sur les principes de l'Auteur, mais il ne dissimula pas qu'en donnant au Public un ouvrage utile, & par la raison même qu'il étoit utile, il devoit trouver des Censeurs injustes & amers.

» Quand ce principe, dit-il, seroit encore plus évidemment *démontré* dans cet ouvrage, il sera toujours *fort aisé* de le *tourner en ridicule*, en suivant la méthode employée par quelques Savans pour *décrier* ce genre d'érudition. L'on *affectera* de *choisir* quelques-unes des Etymologies qui *paroîtront* les moins plausibles *au premier coup-d'œil*, en les *détachant* de ce qui peut les *appuyer* & les rendre *probables*. On présentera ces lambeaux *décousus* & dé-

» *placés*, comme un *échantillon* par lequel *on peut juger du reste*. On conclura que toutes ces observations grammaticales sont absolument *destituées de la plus légère vraisemblance*. On pourra étayer encore cette *décision* par des réflexions *générales* sur les *abus* de la science étymologique, sur *l'incertitude* de ses applications, sur le *danger* de s'y livrer. Le Lecteur ainsi *prévenu* par le compte *infidele* qu'on lui rend d'un système dont on ne combat que *l'accessoire*, ne se donnera pas la peine de consulter le Livre même, d'en examiner les principes, d'en suivre les conséquences, de voir s'il raisonne de suite, ou s'il *s'écarte de propos délibéré*, comme on l'en accuse.

» Par ce procédé *peu équitable*.... l'on parviendra très-sûrement.... à faire *mépriser* l'étude des anciennes Langues, à *décréditer* toute espèce d'érudition, & à *ne plus estimer* d'autre talent que celui d'écrire avec légereté.... Avec cette prévention, quel livre, quel genre d'étude peut être à l'abri de la *critique* & du *mépris* des Censeurs *les plus ignorans* ? » (1).

Ces justes plaintes avoient pour objet un article du Journal des Savans du mois de Juin 1764. Deux autres articles des mois de Mars, & d'Avril 1766 de ce même Journal, contre *le Traité de la formation méchanique des Langues* (2), auroient pu donner lieu à des plaintes semblables, malgré les ménagemens qu'on crut devoir garder pour l'Auteur, ménagemens dont il est aisé de pénétrer les motifs. Enfin pour avoir osé entrer dans la même carriere, je me suis attiré une condamnation si despotique, qu'il semble que l'*Auteur* (†) de ces différens extraits, ait contracté l'engagement de fermer pour jamais les routes de l'Antiquité qu'il n'a pas fréquentées. Je me garderai bien de pren-

---

(1) Origine des Dieux du Pagan, par M. BERGIER, Doct. en Théol. Tom. I. Part. II. pag. 90.

(2) Par M. le P. des B. de l'Acad. des Bel. Let.

(†) Personne n'a une plus haute idée que moi du *Journal des Savans*, parce que personne peut-être n'en a plus éprouvé l'utilité. Profondeur de connoissances dans tous les genres de Science & de Litérature ; solidité & impartialité dans les jugemens ; vues nouvelles & étendues pour encourager, guider ou affermir les Savans dans la carriere qu'ils ont choisie : critique saine & instructive ; voilà ce qui distingue si éminemment cette précieuse Collection. Pénétré de respect & de reconnoissance pour les Hommes distingués à qui le Public la doit, j'avoue qu'il m'est impossible de croire que les Extraits que je viens d'indiquer soient de différentes mains. Il suffit de les lire avec quelqu'attention pour être persuadé qu'ils sont du même *Auteur*. Dans cette hypothèse, l'antipathie marquée pour le travail dont je m'occupe, ne seroit qu'une disposition personnelle,

dre la défense des Elemens primitifs, & du Traité de la formation méchanique des Langues. L'accueil que ces excellens Ouvrages ont reçu dans l'Europe, est un hommage rendu au mérite des Savans à qui nous les devons, & mes applaudiffemens perfonnels ne pourroient entrer que comme un infiniment petit dans la fomme des éloges qu'ils ont reçus. Par rapport à moi, Monfieur, qui n'ai publié qu'une partie de mon travail & que vous vous êtes hâté de dénoncer comme un *ignorant* & un *vifionnaire*, j'ai le plus grand intérêt à détruire les fauffes idées que vous avez cherché à acréditer d'avance & contre l'Ouvrage & contre l'Auteur. J'espere qu'en difcutant quelques-uns de vos arrêts, j'obtiendrai

---

fondée peut-être fur des motifs ou des intérêts perfonnels ; & ce ne feroit plus du *Journal des Savans* proprement dit que nous aurions à nous plaindre, mais d'un feul Ecrivain. Je pourrois appuyer ma conjecture de différentes preuves. La briéveté d'une Note me force à me borner à l'uniformité de tours, de ton & de ftyle de ces Extraits ; en voici quelques exemples.

Contre M. BERGIER; Juin 1764.

Mais n'eft-ce pas trop nous arrêter fur un fujet *qui porte avec lui fa réfutation ?*

Mais c'eft affez nous étendre fur ces minu-cies grammaticales, abfolument deftituées de la plus légère vraifemblance.

En général, *il femble* PAR-TOUT *s'égarer de propos délibéré.*

Hâtons-nous de paffer fur cette Differtation, de même que fur les deux fuivantes... Il nous feroit *impoffible de le fuivre* dans *tout* ce travail.

Celles que nous avons citées (les Etymo-logies) fuffifent *pour faire juger de celles que nous paffons fous filence.*

Mais *c'en eft affez fur cette matière.*

Contre le MONDE PRIM. Nov. & Déc. 1773.

Le fimple *expofé de pareilles idées, en eft la réfutation.*

Mais *c'eft nous arrêter trop long-tems fur des détails de cette efpèce.*

L'imagination & l'efprit de fyftême font SANS CESSE *égarer l'Auteur... Il femble que toute fa fagacité ne ferve qu'à le trom-per.*

Nous ne pouvons nous réfoudre à copier ici tout ce que l'Auteur dit de l'A... Nous ne pouvons le *fuivre* dans le détail de *toutes* ces explications.

Une telle explication n'eft qu'une pure chimère... Et ainfi du refte.

Mais en voilà affez fur cet Ouvrage.

On trouve dans le jugement du Traité de la Formation Méchanique des Langues, le même dédain, & les mêmes expreffions. » L'Auteur donne ici une foule d'Etymologies... » mais nous ne pouvons nous réfoudre à les extraire.... Mais en voilà affez fur cette Partie.... » Au milieu de tant d'écarts, &c, &c.

A UN ANONYME.

du moins du Public qu'il juge lui-même du dégré de folidité & d'honnêteté de vos décifions.

J'ai dit, entr'autres chofes, en expofant fommairement les Elémens dont le Langage eft compofé, que les fons ou voyelles immuables forment une férie compofée de *fept* voix ou fons aigus, graves & moyens (1); que les intonations ou articulations forment deux féries différentes, l'une de confonnes fortes, l'autre de confonnes foibles; que chacune de ces féries eft compofée de *fept* confonnes qui correfpondent à autant de touches de l'Inftrument vocal; que dans ces féries, chaque confonne forte répond à une douce; d'où il réfulte un Alphabet naturel, immuable & univerfel de *vingt-une* lettres; c'eft-à-dire, de *fept* voyelles & de *quatorze* confonnes. J'ignore pourquoi, mais il eft aifé de voir que ces détails vous ont déplu.

EXPRESSIONS DU JOURNALISTE.	RÉPONSES.
» Le nombre fept joue, comme on le voit, un grand rôle (2). »	Il s'agit ici d'un point de fait : il falloit attaquer ce que j'avance, ou fe difpenfer de faire une obfervation qui ne peut être d'aucune utilité pour qui que ce foit. Cette efpèce de plaifanterie, fi elle étoit bonne, auroit la commodité de pouvoir s'appliquer à quantité de fujets. Car on pourroit dire avec le même fuccès aux Critiques, aux Phyficiens, aux Philologues qui écriroient fur les *fept* jours qui forment la femaine; fur les femaines de *fept* années; fur les *fept* planettes; fur les *fept* couleurs de la lumiere décompofée par le prifme; fur les *fept* dégrés de l'octave muficale, &c. &c. *Le nombre* SEPT *joue, comme on le voit, un grand rôle.* Quel avantage pourroient retirer de cette obfervation les Ariftarques ou les Zoïles, les Auteurs & le Public ?
» De-là, les premiers mots fimples & néceffaires (3).... Ces premiers mots devinrent la bafe immuable de toutes les Langues; ils n'ont point été l'effet du choix de l'homme, du ca-	Oui, Monfieur, c'eft dans les effets néceffaires de l'Inftrument vocal qu'il faut chercher la *Langue Primitive*; & c'eft parce qu'ils font fondés fur la Nature même, que les mots de cette

---

(1) Plan gén. du Monde Prim. p. 9 & 10.
(2) Nov. 1773. p. 2177, édit. in-12.
(3) *Ib.* p. 2179.

D

price, ou du hafard. Voilà la *Langue Primitive* compofée de mots *d'une ou de deux fyllabes.* » Langue font prefque tous d'une ou de deux fyllabes. Ce caractère qui lui eft propre, eft non-feulement une indication pour la reconnoître à travers les déguifemens qui pourroient nous la cacher dans les Langues anciennes, & modernes ; mais de plus, un moyen général de comparaifon qui ne permet pas de la méconnoître, par-tout où le même monofyllabe a confervé l'identité de fon & de fens. Pour peu qu'on foit verfé dans l'étude des Langues, on n'ignore pas que dans les voyelles, la fubftitution d'un fon aigu à un fon grave, & dans les confonnes la fubftitution d'une articulation forte à une articulation foible, ne changent rien à l'identité de fon ; & que l'identité de fens n'eft point altérée, lorfque le même monofyllabe ne préfente de différence d'une Langue à une autre, que celle du fens propre au fens figuré, de l'indication d'un tout à l'indication d'une de fes principales parties.

Je ne puis croire que vous ayez dit fans motif, qu'après m'être flatté de retrouver des mots d'une ou de deux fyllabes, je me flattois, de plus, de faire connoître *l'abondance*, *l'harmonie*, *la beauté de ce langage*. Le ton continu de vos Extraits ne me fournit que trop de raifons de foupçonner qu'il vous a paru abfurde, ou tout au moins *ridicule*, d'afpirer à trouver tant d'utilité & tant d'agrément dans une Langue prefque toute compofée de monofyllabes. Voici ma réponfe.

Les Savans qui ont vu nettement que la *Langue Primitive* exiftoit dans les Langues mortes ou vivantes, ont tous publié qu'elle étoit compofée de *monofyllabes*. C'eft un des principaux caractères auxquels ils ont reconnu les mots primitifs qu'ils ont donnés pour exemple de leur obfervation & de leur affertion. Le CHINOIS eft, de toutes les Langues parlées, la plus ancienne que nous connoiffions : elle fe rapproche donc plus qu'aucune autre de la première Langue qui ait été parlée. Or » la Langue des Chinois ne fuit pas une marche auffi » favante que leur écriture. Compofée *d'un PETIT nombre de monofyllabes &* » *de fons qui ne diffèrent dans la prononciation que par des tons ; elle femble* » *ne reconnoître aucune règle, n'être affujettie à aucun principe* ; on n'y voit, » ni conjugaifons, ni déclinaifons (1) ». Le Chinois prouve donc que le caractère principal des Langues les plus anciennes eft d'être monofyllabiques. Mais,

---

(1) Mém. dans lequel on prouve que les Chinois font une Colonie Egyptienne, par M. de Guignes, Paris 1759. p. 57.

A UN ANONYME.

me direz-vous peut-être, où trouvera-t-on la preuve que cette Langue soit abondante, harmonieuse ? Dans une Lettre que vous connoissiez, peut-être, lorsque vous avez publié vos deux Extraits, & que je ne connoissois certainement pas lorsque j'ai publié le Prospectus, ou le *Plan général du Monde Primitif*. Vous allez voir que cette Lettre & une des notes que l'Auteur y a jointes, me fournissent tout ce que je pouvois désirer (1).

» La Langue Chinoise est une des plus anciennes du Monde; la seule probablement qui ait *toujours été parlée* & soit *encore vivante*.... Il paroît que le petit nombre & la *briéveté* de ses mots ont dû la préserver de bien des altérations. Les plus grandes n'ont guères pu tomber *que sur la prononciation*.... Malgré ses variétés, la Langue Chinoise *ne compte que 330 mots environ*. On en conclut en Europe qu'elle est peu abondante, monotone & difficile à entendre ; mais il faut savoir que les quatre accens nommés.... *uni*.... *élevé*.... *diminué*.... *rentrant*, quadruplent presque tous les mots par une inflexion de voix, difficile à faire comprendre à un Européen... Les Chinois font plus, ils donnent une certaine *harmonie* & une *cadence marquée* aux mots *les plus ordinaires*. Pour la clarté, voici ce qui décide. Les Chinois parlent aussi vite que nous, disent *plus de choses en moins de mots*, & *s'entendent*. »

» On peut croire en Europe que les éloges qu'on donne à la Langue Chinoise sont *un peu exagérés*, peut-être même *outrés* ; mais j'ose assurer que ce qui est bien écrit, est *au-dessus de tout ce qu'on en peut dire*. Toutes nos Langues de l'Europe n'ont rien qui puisse donner idée *de la force & du laconisme pittoresque* de certains morceaux. Un seul caractère fait tableau. Les bons Ecrivains connoissent & employent avec succès toutes les figures que les Grecs & les Romains ont employées avec tant d'art dans leurs ouvrages. Le génie de la Langue Chinoise... leur donne une nouvelle force. *Les vers réunissent tout à la fois la mesure, la rime, & une sorte de brèves & de longues* PLUS *délicates encore que celles du Grec & du Latin*.... La Poësie Chinoise exprime, sans sortir du style le plus sublime, les choses les plus triviales, & que nous ne pouvons nommer dans nos vers. On a voulu douter qu'elle eût de *l'harmonie*, étant composée de mots tous *monosyllabes* : je n'ai que ce mot à dire. Ceux

---

(1) Pag. 8. & 41. de l'Ouvrage intitulé, *Lettre de Pekin sur le Génie de la Langue Chinoise comparée avec celle des anciens Egyptiens*, en réponse à celle de la Soc. Royale de Londres sur le même sujet; par un P. de la Comp. de Jes. Missionnaire à Pekin, in-4°. Bruxelles, 1773. Elle est datée du 20 Octobre 1764.

D ij

» qui lifent le mieux nos vers, découfent pour ainfi dire les fyllabes des mots &
péfent fur chacune, de façon qu'ils femblent *prefque* ne lire que des monofyllabes.... Si on l'examinoit bien, peut-être trouveroit-on que les mots *les plus
essentiels* ont été & font encore fort courts.... Je ne défefpérerois pas d'expliquer *par le Chinois*, comment nous les avons *allongés*; mais ce n'eft pas ici
le lieu d'en faire l'effai ».

Vous n'exigerez pas, fans doute, que j'articule les raifons qui doivent déterminer à préférer le témoignage & le jugement d'un Savant Miffionnaire
établi depuis long-tems à Pekin, qui a des motifs fi puiffans de bien étudier,
de bien connoître la Langue Chinoife, à tout ce que pourroit débiter fur le
génie, la force & l'harmonie de cette Langue, un Européen qui n'auroit
jamais été à la Chine.

» *Il suffit d'expofer toutes ces idées.* Le Public les jugera: nous ne deman-derons pas même à l'Auteur comment il a pu retrouver ces mots primitifs fournis par la nature? *Nous le laiffons*, à cet égard, *fe livrer à toute fon ima-gination* ».

Non, Monfieur, un extrait étran-glé, tronqué, je pourrois dire infi-dele, d'un Profpectus qui n'eft lui-même qu'un Extrait, *ne fuffit pas* pour mettre le Public en état de *juger*. M. de Guignes, dans un cas à peu près pareil, mais avec cette différence que
fon Ouvrage avoit été attaqué avec
les égards que fe doivent des gens honnêtes, & que fon Adverfaire s'étoit nommé, vous a dit d'avance que vous vous êtes *preffé un peu trop*; *qu'il falloit
attendre un ouvrage plus étendu que fa petite brochure qui n'eft qu'une annonce;
que c'eft comme fi, d'après un Profpectus, on alloit fe plaindre qu'un Auteur n'a
pas donné la folution de toutes les difficultés que préfente fa matiere*. D'ailleurs,
fi vous paroiffez vous rappeller un inftant les égards que vous devez au Public
en difant qu'il *jugera*, vous les oubliez bien vite, en lui dictant ce même jugement que vous feignez d'attendre de lui. *Nous ne demanderons pas même
à l'Auteur*, dites-vous, *comment il a pu retrouver ces mots primitifs, fournis par la nature; nous le laiffons, à cet égard, fe livrer à toute fon imagination.* Voilà un jugement bien dédaigneux; je pourrois ajouter, & de bien mauvais exemple; car quel eft l'homme, quelqu'ignorant qu'il fût, qui ne pût
exercer contre tous les gens de Lettres, un empire fi facile à ufurper?

» Il parle enfuite & avec le même *enthoufiafme* de l'Origine de l'Ecriture qui ne fut qu'une peinture des objets.

Vous vous délectez furement à mettre du dédain & de l'amertume dans vos décifions; mais, Monfieur,

» *Mais tâchons de ne pas nous égarer avec lui* (1). » qu'il me soit permis de vous demander, si vous croyez sérieusement que je *m'égare* lorsque je dis que dans l'origine l'Ecriture ne fut que la peinture des objets ? Ce point de critique méritoit bien que vous prissiez la peine de le discuter, puisqu'il vous reste des doutes sur cet article : & vos preuves, si vous prétendez en avoir, devoient au moins être indiquées. Pour moi, j'offre de vous prouver qu'il n'y a pas deux opinions sur cet article entre tous les Savans de tous les siécles, de tous les Pays. Tous ont dit & répété que la premiere écriture imaginée par les hommes, n'étoit que la peinture des objets. Je crois pouvoir me borner au témoignage de deux Auteurs qui, sans doute, ne vous seront pas suspects.

» Le caractère radical (des Chinois) qui désigne aujourd'hui une *tortue*,
» n'étoit *anciennement que la figure même de cet animal*. De-là ; il est aisé de
» conclure que plusieurs des caractères Chinois ont été dans l'origine de purs
» hiéroglyphes, des signes représentatifs des objets (2) ». M. de Guignes dont j'oppose l'autorité à votre opinion, ne se borne pas à cette assertion ; il en tire de plus cette conséquence, que *l'on apperçoit déja la plus grande conformité entre l'écriture des Chinois & celle des Egyptiens*. Cette conformité porte sur ce que *anciennement*, dans son origine, l'écriture de ces deux Nations qui touchent de si près aux Tems primitifs, consistoit à tracer *la figure même* d'un objet, pour désigner cet objet. L'unique maniere de désigner une *Tortue*, étoit de tracer le dessein d'une *Tortue*. Croyez-vous que ce Savant Académicien se soit *égaré*, ou ce qui revient au même, que vous devez *tâcher de ne pas vous égarer avec moi*, lorsque je me déclare pour une opinion qui est évidemment la sienne ? Voici le second témoignage que je vous ai promis.

» Pour répandre encore plus de jour sur cette matiere... je vais placer ici quelques observations... d'après le Grammairien Chinois. Les idées simples des objets *sensibles* ont été les plus faciles à *exprimer*. La *figure* d'un Cheval, par exemple, *indique un Cheval*, celle de *l'œil* indique *l'œil*, &c. Mais il y a loin de-là, jusqu'à peindre les idées abstraites.... Que faire donc ? ce qu'ont fait les Chinois avec beaucoup d'intelligence & de goût.... Fixer le nombre des *images* & des *symboles* ; puis opérer sur ce nombre par différentes combinaisons, en mettant,.... deux arbres, par exemple, pour désigner un *bosquet* ; trois pour une *forêt*. » (3).

_____

(1) *Ib*. p. 2180.
(2) Précis du Mém. de M. de Guignes sur l'Origine des Chinois, p. 59.
(3) Lett. de Pekin, p. 11. 12.

» J'ai actuellement sous les yeux un livre où l'on a recueilli plusieurs caractères *kou-ouen*, qui ont échappé au naufrage des autres. Il me paroît *démontré sur leur figure & conformation que les anciens caracteres étoient de vraies images & symboles, & non des signes représentatifs arbitraires, sans aucun rapport avec la chose signifiée.* Ceux qui ont traité le plus à fond cette matiere *parmi les Chinois* désignent les anciens caractères par les noms de SIANG, *image*; HING, *figure*, & gémissent de ce que la plûpart sont perdus. (1) ».

Si ces autorités en matiere de faits & d'opinion, ne vous suffisoient pas, faites-moi la grace de me le dire; établissez avec franchise ce qui vous fait craindre de vous *égarer* en suivant un sentier si battu, & le seul qu'on puisse suivre à cet égard : je vous fournirai abondamment des calmans de toute espèce, & je crois pouvoir espérer qu'ils dissiperont vos frayeurs.

» Nous ne pouvons nous résoudre (2) à COPIER ici tout ce que l'Auteur dit de l'A, premier mot de son Dictionnaire; nous n'en citerons qu'une étymologie. C'est celle du mot *abandon*. Voulant donner la valeur de l'A à la tête des mots, il dit qu'*abandon* est composé de trois mots *a*, *ban*, *don*, qui signifient un *don fait à ban*, c'està-dire au Public, une chose qu'on livre au premier qui voudra s'en emparer ».

Ceux qui voudront bien jetter les yeux sur le Plan général du *Monde Primitif*, verront qu'en me resserrant autant que je l'ai pû, l'article de la lettre A s'est étendu à IX. Sections, qui remplissent sept grandes pages in-4°. imprimées en petit caractère. Ils n'auront pas de peine à comprendre pourquoi vous n'avez pas *copié* dans votre Extrait tout ce que j'ai dit sur cette lettre. Le travail d'un bon Journaliste & celui d'un bon Copiste ne doivent pas se ressembler. Mais l'excès en tout est un défaut. Vous n'en avez évité un que pour avoir le plaisir de vous jetter dans un autre; & sous ce prétexte qu'il eût été ridicule de *copier* dans un *Extrait*, *tout* le texte de l'Ouvrage, vous en avez détaché & présenté avec votre adresse ordinaire, une seule étymologie. Par quelle singularité faites-vous entendre que c'est uniquement par dégoût ? Vous n'avez pu *vous résoudre*, dites-vous, *à copier tout* ce que j'ai dit sur cette lettre ! Mais pourquoi ce prétendu dégoût a-t-il cessé en faveur de l'article *abandon* ? Avouez-le, Monsieur,

---

(1) *Ib.* aux Notes, p. 41.
(2) Pag. 2181.

A UN ANONYME.

vous vous êtes flatté de mettre une certaine claſſe de rieurs de vôtre côté. Je vais tâcher de mettre du mien des rieurs d'une autre claſſe.

J'ai dit dans la Vme. Section de l'article où je parle de l'A, que cette lettre eſt ajoutée à un grand nombre de mots; quelquefois, pour en rendre le ſon plus harmonieux; ſouvent, pour exprimer de nouvelles idées, ou des idées plus compoſées. J'en ai fourni quelques exemples. J'ai dit enſuite que l'A entroit quelquefois comme partie *eſſentielle* dans les mots compoſés: j'ai cité les mots *affaire*, *avenir*, *abandon*. Vous n'avez pas trouvé bon que j'euſſe avancé, au ſujet du dernier, qu'il étoit compoſé de *trois* mots *A*, *ban*, *don*; que ces trois mots ſubſiſtoient *tous trois* dans notre Langue; que le ſecond ſignifie *Public*, le *Public*, la choſe *publique*; qu'en les réuniſſant, ils ſignifient un DON fait A BAN (au Public), une choſe livrée au premier qui voudra s'en emparer. Vous allez voir que je ne ſuis pas le ſeul à qui cette étymologie ſe ſoit préſentée: auſſi m'arrive-t-il ſouvent dans la carrière que je parcours de retrouver après-coup dans des Ecrivains dont je reſpecte le ſavoir & la pénétration, ce que m'avoient fourni mes propres réflexions, & je ne diſſimule point que c'eſt pour moi un grand encouragement, un puiſſant motif de ſécurité.

Il eſt d'uſage dans pluſieurs Provinces de France d'*abandonner* au bétail les Terres qui ne ſont pas cultivées, ou dont le Propriétaire vient d'enlever la récolte. La liberté dont les habitans jouiſſent en commun d'envoyer le bétail ſur le terrein d'autrui, ſe nomme aſſez communément *droit de vaine pâture*, & quelquefois *droit de parcours*. En Normandie, où ce droit paroît avoir exiſté de tout tems, il ſe nommoit BANON. Le grand Coutumier de cette Province nous apprend (†) que la *vaine pâture* & le *parcours* ſont interdits depuis la mi-Mars juſqu'à la Sainte-Croix en Septembre; que dans tout autre tems de l'année, les terres ſont *communes*; qu'on nomme *tems de Banon*, celui où le bétail peut être abandonné indiſtinctement & *ſans Paſteur* dans les champs de tous les Propriétaires; que *nul* ne peut défendre ou interdire le *parcours* dans ſa terre, *en tems de Banon*; que le BANON doit ceſſer dans toutes les terres, dès que les ſemences commencent à lever.

(†) " Terres ſont en aulcun tems en *défens*, & en aultre ſont *communes*. Toutes
" Terres cultivées ſont en défens, de quoi beſtes peuent légièrement tollir les fruitz.
" Vuides Terres ſont en *défens* depuis la mi-Mars juſques à la Sainte-Croix en Septem-
" bre. En aultre tems elles ſont *communes*. Le temps en quoy les Terres ſont communes
" eſt appellé *tems de* BANON, en quoy les bêtes peuent aller *communément* par les

GUILLAUME ROUILLÉ, qui a commenté le grand Coutumier de Normandie, se propose deux difficultés ; l'une à l'égard d'un propriétaire qui auroit planté des *porées* dans son champ ; l'autre à l'égard d'un cultivateur qui auroit négligé d'enlever ses bleds en *tems de banon*. » Ne pourroit-on pas prétendre, dit ce » Commentateur, que, suivant l'esprit de la Loi, le bétail ne peut aller sans » *Pasteur* dans l'un & dans l'autre champ, même en *tems de Banon* ? » Il se décide pour la négative ; parce que dans la premiere espèce, *il s'ensuivroit inconvénient au* BIEN PUBLIQUE *pour* CAS PARTICULIER, *qui ne se doit pas faire ; car le bien* COMMUN *doit préférer le bien* PRIVÉ; & parce que dans la seconde espèce, *c'est la faulte de cil qui a laissé lesdits ablez aux champs, lesquels il devoit emporter* EN TEMS DEU; *par quoi sa dicte faulte ne doit point porter préjudice* AU BIEN COMMUN.

Vous entrevoyez déjà, Monsieur, que la liberté de disposer des herbages que produit le champ d'autrui, est un *don* fait par la Loi, contre le droit qui devroit naturellement être réservé au seul propriétaire ; que ce *don* est fait à tous, au *Public* ; & que par conséquent *le tems de Banon* est devenu le tems de la *chose publique*, le tems de l'usage du *don* fait au *Public*.

Vous resteroit-il quelque doute fondé sur ce que le mot *Banon* differe un peu du mot *ban* qui fait la seconde syllabe d'*abandon* ? Le plus savant Commentateur de la Coutume de Normandie, Basnage, vous applanira cette difficulté. Vous verrez que dans son Commentaire, il a substitué le mot BAN au mot BANON qui a été retranché de la Nouvelle Coutume. Vous y verrez aussi que ce profond Jurisconsulte a senti que cette Loi étoit contraire au droit commun ; que le droit de *Parcours* étoit un *don* fait au Public au détriment du Propriétaire : mais qu'il a cru en même tems, que l'intérêt *public* devoit prévaloir & justifioit ce don (†).

———

» champs sans Pasteur. Aucunes bestes sont qui n'ont point de *banon*, ains doibvent estre » gardées en tout temps.... Si, comme sont chiévres qui mangent les bourgeons des » vignes & la croissance des arbres ; & porcs qui fouissent les prez & les terres semées... » Nul ne peut *défendre sa terre en tems de banon*, se elle n'est close d'ancienneté..... » Banon doibt estre osté de toutes terres en quoy la blée est aparissant.... (Grand Coutumier de Normandie, Chap. VIII. de *Banon & défens*, in-fol. impress. Gothique, 1539.

(†) » Il semble que notre Coutume.... est contraire au droit commun, en *ôtant* aux » Propriétaires la libre disposition de leurs héritages, en les faisant servir au *profit* & à » la commodité d'autrui. Néanmoins l'intérêt *public* a prévalu sur la liberté des particu-

Au

A UN ANONYME.

Au cas que vous défiriez de nouveaux éclairciſſemens, je puis encore vous renvoyer au plus ſavant homme qu'il y ait eu peut-être dans le Monde, quoiqu'il ne ſût ni les Langues Orientales, ni le Chinois; à du Cange. Il vous aſſurera que dans l'ancienne Langue des Danois, Langue dont les monoſyllabes primitifs ont certainement précédé les tems où la Loi de la propriété n'a plus permis de regarder les productions ſpontanées de la terre comme un bien commun, le mot Ban, duquel ont été formés les mots *Banon* & *Banonium*, ſignifioit les *Champs*, le *Territoire* (†). Il vous aſſurera auſſi que dans des tems poſtérieurs, quoique fort éloignés, le même mot a fait former ceux-ci, *abandum*, *abandonum*, *habandonum* (††), & qu'il traduit par ces mots François, *choſe* ABANDONNÉE. Enfin vous y trouverez qu'*Etienne Paſquier* a dit que ce mot *abandon* étoit compoſé de trois mots, *a*, *ban*, *don*, dans le même ſens que ceux-ci, *don fait à ban*, & qu'il a fondé cette étymologie ſur le ſens du mot *Bannum* (1).

Pour ménager votre tems & votre travail, lorſque vous vérifierez les autorités que je vous indique, je crois devoir dire que l'explication du mot *abandum*, dans le Gloſſaire de du Cange, n'eſt pas en entier de ce ſavant Homme. Tout le monde ſait que des Bénédictins, fort ſavans eux-mêmes, ont fait des additions à cet Ouvrage. Leurs additions ſur le mot dont il s'agit, démontrent que les divers ſens qu'il a reçus, tiennent tous, plus ou moins, au ſens que j'y ai attaché dans l'endroit de mon *Plan Général* que vous avez attaqué : il ſignifie

---

» liers. Et comme le bétail fait une partie conſidérable du ménage & de la richeſſe des
» champs... par une conſidération de *police* & d'*utilité publique* on a rendu *communes*
» en certaines ſaiſons les terres vuides & non cultivées.

» TERRIEN étoit dans cette erreur... & il croyoit que l'on ne pouvoit clore ſa
» terre de nouveau *au préjudice du* BAN.

(Baſnage, ſur la Cout. de Norm. art. 82. Tom. I, p. 126. édit. de 1709.)

(†) BANO (melius *Banonium*, agri libertas ſeu communis agri depaſcendi liber uſus) Jura & Conſuetudines Normanniæ, cap. 8. *Tempus quo terræ ſunt communes*, tempus Banoni, &c.... *Tems de Banon*, in Gallicâ editione quo ſcilicet *Bannum* indicitur pro communi agrorum uſu.

Apud Hickeſium, Theſ. Ling. Sept. Tom. I. p. 163. Ban (undè *Banon & Banonium* in veteri Gotho-Scandico ſive Danico, pro agro & territorio frequenter accipitur, *Gloſſ. Ducang.* verbo BANO.

(††) Ibid. verb. ABANDUM.

(1) Recherches d'Et. Paſq. Liv. VIII. c. 36.

quelquefois *garantie*, *cautionnement*; quelquefois *hypothéquer*, *donner par assurance*, *abandonner*; expressions qui présentent toutes l'idée ou de choses délaissées dont chacun est maître de s'emparer, ou d'un droit volontairement *donné* à autrui sur des biens qui ne lui appartiennent pas, lequel droit *donné* par le Propriétaire sur sa chose, peut éventuellement la faire devenir la chose d'autrui, comme dans le cas de *cautionnement* & de *garantie*.

Si *l'enthousiasme* & *l'imagination* ne m'*égarent pas*, je crois que n'ayant pu vous *résoudre à copier tout* ce que j'ai dit de la lettre A, vous regretterez d'avoir changé de résolution pour le seul mot *abandon*. Au reste, Monsieur, daignez m'éclairer, si vous persistez à penser que je suis dans l'erreur; vous me trouverez toujours docile à d'utiles leçons.

» Dans le Dictionnaire Etymologique de la Langue Françoise (1) on voit que *Bedeau*, *répéter* & *inviter*, viennent d'une même racine, ou du mot primitif *Bed* qui désigne toute idée relative à invitation & demande. Les Latins en ont dérivé *Peto*, demander. »

Si j'avois cru devoir respecter l'oreille de mes Lecteurs plus que leur jugement, les raisons qui ont fixé votre attention sur le mot *Bedeau*, m'eussent averti de le retrancher d'une liste assez nombreuse, dans laquelle vous me donnez lieu de remarquer qu'il y a quelques mots doux, comme *Académie*, *appanage*, *disette*. Il m'eût été facile de rendre cette liste plus nombreuse encore, & de n'y faire entrer que des mots harmonieux. Mais j'avoue que j'aurois craint que cette affectation n'eût été plus choquante pour des Savans, que le son du mot *Bedeau*. Si vous étiez mon seul Juge, je verrois bien qu'il ne suffit pas de donner des étymologies vraies, & que l'essentiel est de ne donner que celles des mots nobles & sonores.

» Il y a des mots, suivant notre Auteur, dans la Langue Hébraïque (2). dont il retrouve la racine dans le François; ce qui paroîtra *contraire à* TOUTES *les idées reçues*. «

J'ai dit, en effet, que l'on retrouvoit dans la Langue Françoise des racines qui ne subsistoient plus dans la Langue Hébraïque, telle que nous l'avons. J'ai cité nos mots *bande*, *mal* (3), *chyle*, *munir*, *cher* (4), &c. On a dit qu'il falloit être Pyrrhonien outré pour douter que *pain* dérivât de *panis*; il faut l'être autant pour douter que les racines qui ont fait les mots hébreux *abend*, *amal*,

---

(1) Nov. p. 2182. (2) Ib. p. 2183.
(3) Plan gén. p. 27. (4) Ib. p. 50.

akil, *amun*, *ikar*, &c. ne se sont pas conservées dans ces mots *bande*, *mal*, *chyle*, *munir*, *carus* ou *cher*, qui offrent le même sens. Loin que cette assertion soit contraire *à toutes les idées reçues*, elle est une conséquence nécessaire de ce Principe admis par un si grand nombre de Savans, que toutes les Langues, mortes ou vivantes, ne sont que des dialectes d'une *Langue Primitive* qui existe encore, quoiqu'éparse parmi les différens Peuples. Qu'y a-t-il de contradictoire & d'absurde à soutenir, que telle racine qui a été altérée dans un dialecte, n'a pas subi des altérations dans un autre? D'ailleurs quand il seroit aisé de prouver que mes idées sont contraires à TOUTES *les idées reçues*, qu'en résulteroit-il contre mon Principe? Ouvrez les Mémoires de toutes les Académies, & vous verrez combien d'erreurs anciennes qu'on auroit pu qualifier, pendant long-tems, d'*idées reçues*, ont disparu devant des vérités découvertes & développées par des Modernes. Vous attaquez tout, vous n'entrez en discussion ou en preuves sur rien : toujours des décisions sèches & magistrales. Il semble que vous ayez fait vœu d'infaillibilité, & que vous exigiez de l'Univers le vœu d'obéissance aveugle. Je vais vous en donner quelques nouvelles preuves.

DÉCISIONS du Journaliste sur le Génie Allégorique & sur la possibilité ou l'impossibilité de pénétrer le sens des Allégories.

Vous regardez, Monsieur, comme une portion de l'ancienne Histoire, trois *Allégories* dont j'ai donné l'explication. Je crois au contraire, que ce n'est qu'en entrant dans l'esprit allégorique des Anciens, qu'on trouve un sens raisonnable, honnête, utile dans ces antiques narrations. Elles ne seroient qu'un ramas d'indécences & d'atrocités, si elles étoient regardées comme historiques. Ma sécurité vous étonne : je ne suis pas moins étonné qu'il existe un seul homme bien persuadé, qu'en lisant les aventures attribuées à Saturne, à Mercure, à Hercule, il a lu l'Histoire des premiers siécles du Monde.

Quelqu'impression que pussent produire les efforts que vous avez faits pour rendre mes explications ridicules, j'ai une répugnance invincible à discuter toutes vos décisions : &, pour me servir d'une de vos phrases, *j'avoue que je ne puis me résoudre à vous suivre dans tous ces écarts*. En effet, Monsieur, vous avez découpé des faits qui forment un ensemble dans mon Ouvrage; vous avez supprimé tout le détail qui auroit pu faire soupçonner que ces faits avoient entr'eux quelque liaison, & qu'ils s'éclairoient mutuellement; vous avez totalement isolé ceux que vous avez assez dénaturés, pour faire paroître absurde leur application à des objets physiques ou moraux. *J'aime beaucoup mieux m'approcher de mon but, que de m'arrêter ainsi dans une fausse route* (1).

Vous ne dites nulle part en quoi je me suis trompé; c'est par masse que vous persiflez dédaigneusement ce que j'ai publié : il faudroit donc que je transcrivisse une longue suite de pages de mes *Allégories Orientales* pour faire apprécier des jugemens souvent énoncés en une seule ligne. Je respecte trop le Public pour me livrer à ce genre de réfutation. Mais je conjure ceux qui aiment les Lettres, qui examinent sans partialité les Ecrits d'autrui, qui ont le cœur assez honnête, assez bienfaisant pour instruire & pour fortifier dans leur marche ceux qui cherchent à se rendre utiles, de lire de suite les trois Allégories que j'ai expliquées, & l'extrait prétendu que vous avez donné. Si, contre toute apparence, & contre l'opinion des plus savans hommes parmi les Anciens & les Modernes, on étoit de même avis que vous à l'égard du fonds, je suis bien sûr que le jugement différeroit entierement du vôtre à l'égard de la forme. Je crois vous devoir & me devoir à moi-même, de m'expliquer sur quelques phrases de vos extraits qui, par leur ton & leur tournure, ne semblent pas appartenir au XVIIIe. Siécle.

« Comment ce Génie (*allégorique*) a-t-il (2) pû échapper à *tous ceux qui ont jusqu'à présent travaillé sur l'Antiquité* ? »

Je crois pouvoir vous assurer qu'il n'a échappé à personne, pas même à ceux qui ont fabriqué des systêmes pour adapter à l'histoire, des récits qui résistoient de toutes parts aux prétendues identités que l'esprit systématique avoit cru saisir. Ce qui a échappé à beaucoup d'Ecrivains qui ont travaillé sur l'Antiquité, c'est la vraie clef de ces Allégories. Au milieu d'une obscurité profonde, & qu'ils rendoient permanente, ils ont apperçu des lueurs semblables à ces météores qui ont si souvent égaré des voyageurs. Ils se sont épuisés en efforts violens & continus pour assimiler ces lueurs trompeuses, à la lumiere d'un jour serein. On leur a vainement démontré l'inutilité de chercher des Empires, des successions de Rois, dans des tems où l'on ne trouve aucune trace de Nation, de Police, de Loix, où par conséquent il n'a pû exister de Souverains. Ces Ecrivains se sont obstinés à préférer un Edifice chimérique qui étoit leur ouvrage, à l'Edifice réel qu'ils avoient inutilement essayé de reconstruire. L'amour-propre ne fournit que trop d'exemples de pareilles mé-

---

(1) M. de Guignes, dans sa Réponse aux doutes, &c.
(2) Nov. p. 2185.

prises suivies de la même obstination. Mais, Monsieur, le sens allégorique qui substitue la raison & l'instruction aux extravagances & au scandale du prétendu sens historique, a-t-il *échappé* à Varron, à Ciceron, à Plutarque & à tant d'autres Ecrivains de l'Antiquité? A-t-il échappé à Massieu, à Freret, à Bougainville, à M. le Batteux, à une multitude de Savans modernes? De quels Ouvrages étoit composée la Bibliothéque où vous avez puisé vos lumieres? Vous, qui m'adressez cette étonnante Question, *comment le Génie allégorique a-t-il pu échapper* A TOUS CEUX *qui ont* JUSQU'A PRÉSENT *travaillé sur l'Antiquité?* Je vous le répete, il n'a échappé à personne.

» L'Auteur remarque (1) que tous ceux qui ont expliqué ce Monument (le Fragment de Sanchoniaton) n'y ont trouvé qu'une suite de Rois d'une même Famille qu'ils ont essayé de reconnoître. Dans son système, ce n'est point une Histoire, ni une suite de Générations qu'il y faut chercher; mais une Allégorie ingénieuse, liée à la Mythologie Orientale, mere de celle des Grecs & des Romains. Ainsi les infidélités d'Uranus à l'égard de sa femme & les atrocités qu'on reproche à Saturne, ne sont que des Allégories. «

Vous ne contestez pas, Monsieur, que l'explication que j'ai donnée au Fragment de Sanchoniaton, se trouve LIÉE à la Mythologie Orientale, mere de celle des Grecs & des Romains. Vous avez donc senti que c'étoit en *liant* étroitement différentes parties difléminées, que j'ai rendu sensible la justesse de mes explications. Il falloit briser ces liens, ou reconnoître la solidité de l'ensemble que j'avois formé. Quelle idée un Lecteur peut-il se faire, d'après le compte que vous lui rendez, & que je viens de copier en entier, de la liaison des faits que j'ai rapprochés? J'avoue que tout cet ensemble étant supprimé, il doit paroître assez ridicule que j'aye tiré pour unique conséquence de mes explications, que *les infidélités d'Uranus à l'égard de sa femme, & les atrocités qu'on reproche à Saturne, ne sont que des Allégories*. Mais ce bouleversement, cette incohérence, ne sont pas mon ouvrage; c'est le vôtre. Au reste, vous ne vous en tenez pas là, vous donnez *immédiatement* la réfutation savante, lumineuse de ce que j'ai fait pour lier, dans le plus grand détail, les différentes parties du Fragment à la Mythologie. Le Public jugera de la solidité & de l'élégance de cette réfutation.

» C'est *ainsi que quelques-uns* (2) ont voulu expliquer Homère & d'autres

Quiconque diroit que les Poëmes d'Homère ne contiennent *que des faits,*

---

(1) Décemb. p. 2576.
(2) Décemb. p. 2576.

„ Ouvrages anciens, allégoriquement, prétendant qu'ils ne contenoient pas des faits, mais les détails exacts des différens procédés du *grand-œuvre*; ici, c'est l'Agriculture; mais il y a apparence que cette explication ne fera pas plus fortune en ce genre que le *grand-œuvre*, & que ces systêmes ne passeront que pour des VISIONS. Peut-être viendra-t-il un tems que la Henriade sera expliquée de même. "

ne mériteroit pas qu'on perdît son tems à le détromper. On est inconvertible, lorsqu'on n'est pas capable d'écarter du premier coup-d'œil une absurdité si manifeste. « Quant à la Fable *allégo-*
» *rique*, si l'on considere (1) les secrets
» sans nombre que les fictions de l'I-
» liade expriment à leur maniere,
» quelle scène de prodiges vient nous
» charmer ? Quel fut le Génie qui sût
» peindre les propriétés des élémens,
» les facultés de l'esprit, les affections
» du cœur ; les vertus & les vices ; qui sût en faire *des Personnages constans*,
» & qui les mit *en action*, sans jamais leur faire de violence ? Nul Auteur n'est
» entré en lice avec Homère à cet égard «.

Quiconque diroit que ces Poëmes renferment & des *faits* & des *Allégories*, se trouveroit d'accord avec tous les Savans, avec tous les Gens de Lettres qui ne songent pas à se singulariser par des paradoxes. Ceux qui n'ont trouvé dans les Ouvrages immortels de ce Poëte sublime que les *détails exacts des différens procédés du grand-œuvre*, sont évidemment des *visionnaires*, puisqu'ils cherchoient à découvrir un secret qu'ils n'avoient pas, de l'existence duquel ils ne voyoient aucune trace au tems d'Homère ; & qu'ils ne pouvoient avoir aucune espérance de démêler, à travers des Allégories qu'ils forgeoient eux-mêmes, les procédés d'un Art qui leur étoit inconnu.

Des gens raisonnables & bien intentionnés, qui chercheroient & qui parviendroient à trouver sous l'enveloppe d'Allégories aussi brillantes qu'heureuses, ces vérités physiques, morales & politiques dont Homère est rempli, devroient-ils être confondus avec les gens dont vous parlez ? Il me semble que l'envie de blesser & d'humilier jette ici votre Logique dans d'étranges écarts. Denys d'Halicarnasse, Saluste le Philosophe, Varron, le Chancelier Bacon, l'Abbé Massieu, Freret, M. l'Abbé le Batteux, &c. ne seroient-ils que des *visionnaires* ? Et de combien de noms respectables ne pourrois-je pas grossir cette liste ? Je pourrois même vous objecter votre propre autorité. N'avez-vous pas été forcé de dire (2) qu'on *ne peut nier que dans la Mythologie ancienne, il n'y ait des traits allé-*

---

(1) Préface de l'Homère Anglois de Pope.
(2) Décemb. p. 2589.

goriques ? Vous les avez donc apperçus. Pourquoi refusez-vous aux autres le droit de les appercevoir ? Sont-ils devenus des visionnaires, parce qu'ils n'ont pas retenu pour eux seuls, des observations dont ils ont cru que le Public pouvoit profiter ; parce qu'ils ont respecté l'homme considéré en lui-même ; qu'ils ne l'ont pas regardé comme un monstre, & qu'ils n'ont pas cru qu'il ne pouvoit commettre que des actions monstrueuses, avant que l'esprit & le cœur humain eussent fait les immenses progrès dont nous jouissons ; parce qu'ils ont publié que les principes & les effets des Arts de premiere nécessité avoient été transmis d'une génération à l'autre sous le voile de l'Allégorie ; qu'il étoit puérile de travailler à se persuader que l'histoire des premiers âges étoit consignée dans des récits dont le sens littéral réuniroit l'atrocité à l'indécence, & prouveroit par conséquent que les Sociétés les moins nombreuses n'auroient pu subsister dans ces tems d'horreur & de destruction ; qu'au contraire, le sens manifestement allégorique de ces récits, étoit conforme en tout à la marche de la Nature ; qu'il se rapportoit aux premiers besoins des Sociétés naissantes, aux premiers moyens qu'il étoit possible d'employer pour les faire cesser, à l'accroissement des besoins même par la découverte successive des moyens de les satisfaire, & par le perfectionnement ou l'augmentation des ressources puisées dans la Nature contre une insuffisance individuelle, insuffisance que les premieres découvertes ne faisoient sentir que plus vivement ? Pourquoi s'obstiner à chercher les ténébres & le désordre, où les premiers traits de la lumiere & l'harmonie sociale éclatent de toutes parts ?

Je n'irai certainement pas chercher *les détails & les différens procédés du grand-œuvre* dans Homère ; mais j'ai cherché les détails & les principaux procédés *de l'Agriculture*, & je les ai trouvés dans le fragment de Sanchoniaton, Auteur plus ancien qu'Homère, & je les retrouve sans peine dans plusieurs autres écrits de l'Antiquité. Seroit-ce une *vision* que de soupçonner & même d'affirmer que le premier & le plus important objet pour les sociétés naissantes, a été le premier sujet de leurs chants & de leurs écrits ? Que les Hommes étant parvenus à se délivrer des inquiétudes & des fatigues qu'entraînoit la recherche de leur nourriture dans les productions spontanées de la terre, leur joie, leur admiration, l'amour des Peres pour leurs enfans, la reconnoissance envers la Divinité, dictèrent avant tout, la description d'un art qui affermissoit pour jamais la base jusqu'alors incertaine de leur réunion ? Comment pourrions-nous en douter ? Les transports de cette joie, de cette admiration, ne s'étoient même pas ralentis dans des siécles très-postérieurs à Sanchoniaton. Le corps entier de l'Histoire & de la Littérature dépose de ce fait essentiel. Ne faudroit-il pas, aucontraire, se faire une violence extrême pour supposer que les premiers chants & les premiers écrits des hommes, ont eu pour sujet des aventures atroces ou dégoûtantes, attribuées à une longue suite de Rois, & arrivées dans des tems & dans des pays, où il n'y avoit, ni ne pouvoit y avoir de Rois ? La découverte la plus importante à l'humanité, n'a cessé d'être un objet public d'applaudissement & de reconnoissance que dans des siécles très-postérieurs; & la Fable même prouve littéralement que l'Agriculture est le premier art que les hommes ayent inventé, & célébré par des fêtes publiques.

On trouveroit aujourd'hui des Erudits qui croiroient qu'en débrouillant ou en transportant d'un pays à un autre, la généalogie de Princes qui auroient régné dans quelque recoin du Monde, ils se sont rendus plus utiles que les Inventeurs des moyens d'assurer des subsistances aux sociétés les plus nombreuses; mais aujourd'hui même où l'Agriculture n'est pas traitée avec la même distinction que chez les Anciens, tous les gens sensés regarderoient ces Erudits comme des *Visionnaires*. Ils leur diroient avec un Ecrivain moderne: » l'ignorance & » l'ingratitude placent toujours (1) un Art au même niveau que les mains » grossières qui l'exercent. Mains respectables, par la nature des secours qu'elles » fournissent à l'humanité; méprisées, parce qu'aucun éclat n'appelle les yeux » sur ce qu'elles touchent. La multitude ne saura jamais que c'est du sein des » travaux en apparence les plus abjects, & souvent du sein de la misere & des » larmes, que sortent les richesses, la force & la splendeur des Empires ». Je n'ai donc à rougir, ni comme homme, ni comme Homme de Lettres, d'avoir montré l'Agriculture dans les écrits de la plus haute antiquité. Mais j'avoue que j'aurois à rougir de n'y avoir vû que l'Agriculture.

Elle avoit été célébrée de vive-voix avant la découverte des Symboles primitifs de la parole, & elle avoit certainement fait naître différens arts utiles, long-tems avant que l'Ecriture proprement dite eût été inventée. C'est par cette raison, puisée dans l'ordre naturel des choses, que les Ecrivains & les Monumens qui nous restent ont presque toujours fait entrer plusieurs Arts dans les symboles ou dans les descriptions de l'Agriculture (†); mais on la voit per-

---

(1) Corps d'Observat. de la Soc. d'Agricult. de Bretagne, ann. 1757. & 1758. p. 6. des Observ. Prélim.

(†) » Ces premiers Arts que les hommes apprirent d'abord... sont l'Agriculture, » l'Art Pastoral, celui de se vêtir, & peut-être celui de se loger. Aussi ne voyons-nous » pas le commencement de ces Arts en Orient, vers les lieux d'où le Genre-humain s'est » répandu. « (Disc. sur l'Hist. Univ. de BOSSUET, p. 10. édit. de Cramoisy, in-4°. 1681.)

sévéramment

sévéramment placée au devant du Tableau, comme le germe de toutes les autres découvertes. C'est ce qu'avoient remarqué avant moi des Savans, que personne encore ne s'étoit avisé de traiter de *Visionnaires*, & qu'il est incroyable que vous placiez sur la même ligne que ceux qui n'ont vû que le *grand œuvre* dans les Poëmes d'Homère.

Vous avez, sans doute, regardé comme une plaisanterie gaie & de bon ton, la prédiction qu'il *viendra un tems que la Henriade sera expliquée* DE MÊME. Si vous avez voulu dire qu'il se trouvera des *Visionnaires* qui prétendront y lire les procédés du *grand œuvre*, je crois pouvoir vous prédire à mon tour, que ce tems ne viendra jamais. Si vous avez voulu dire que *quelques-uns expliqueront* la Henriade *allégoriquement*, prétendant qu'elle ne contient pas des faits, mais les détails exacts des différens procédés de quelqu'Art chimérique, je vous prédis encore que ce tems n'arrivera pas. Mais je vous affirme, pour le présent & pour l'avenir, qu'on ne verra dans la Henriade que ce qu'elle est; c'est-à-dire, un Poëme dans lequel l'Auteur a réuni aux faits historiques les plus intéressans pour la Nation Françoise, les graces & la pompe des Allégories les plus nobles & les plus ingénieuses. On y distinguera, comme dans les Poëmes d'Homère, ce qui appartient à l'*Histoire* & ce qui appartient à l'*Allégorie*. A quel degré d'ignorance ou de stupidité ne faudroit-il pas être parvenu, pour ne pas voir que le massacre de la S. Barthélemy, l'assassinat de Henri III, la bataille d'Yvri, le siége & la famine de la Capitale, le retour des Parisiens à l'obéissance, après qu'Henri IV. se fût fait Catholique; & une foule d'événemens aussi vrais qu'extraordinaires, appartiennent à l'Histoire? Par quel renversement de bon sens pourroit-on ne pas reconnoître des récits purement allégoriques, en lisant le voyage de la *Discorde* à Rome; sa confédération avec la *Politique* qui régnoit au Vatican; leur course rapide à Paris pour armer, sous le masque de la Religion, la main parricide de Jacques Clément; le sommeil envoyé à Henri IV. pendant lequel Saint-Louis le transporte en esprit au ciel & aux enfers, lui fait voir dans le Palais des Destins, sa postérité & les grands Hommes que la France doit produire? Et quelles ressources de l'Allégorie ont été oubliées, dans un Poëme où l'intérieur & tous les dehors du Temple de l'Amour sont animés; où la Religion, les vertus, les vices sont personnifiés & mis en action?

Je crois qu'il suffit d'avoir une juste idée de l'esprit humain, d'avoir vécu avec des hommes éclairés, & de s'être nourri de la lecture de livres sages & profonds, pour se borner à ne voir *que des faits* dans des écrits anciens qu'il est impossible d'attribuer à des insensés, & qui cependant, sous un point de vûe purement historique, ne seroient qu'un ramas d'extravagances. J'ose vous le dire, l'acharnement à étayer un système qui s'écroule de toutes parts, seroit une des plus étonnantes *visions* dans un siecle aussi éclairé que le nôtre.

» On ne peut nier que dans la Mythologie ancienne, il n'y ait des traits allégoriques; mais que toutes les histoires des *différentes* Divinités chez les *différentes* Nations ne soient qu'une seule & même *allégorie rapportée à l'Agriculture & à ce qui en dépend*, c'est un système insoutenable ».

Je n'ai jamais dit & je n'ai jamais pensé que *toutes* les histoires des différentes Divinités ne fussent *qu'une seule & même allégorie rapportée à l'Agriculture & à ce qui en dépend*. Il est au moins étonnant que vous réduisiez à trois articles, Saturne, Mercure, Hercule, ces innombrables histoires. Encore n'y a-t-il dans les Allégories que j'ai développées que celle de Saturne qui se rapporte immédiatement à *l'Agriculture*; celle de Mercure se rapporte à *l'Astronomie*, & celle d'Hercule au défrichement, au desséchement des Terres. » AGRICULTURE, ai-je dit, étoit (1) le » mot de l'allégorie énigmatique que nous offroit Saturne & sa Fable. ASTRO» NOMIE sera le mot de celle que nous offre Thot ou Mercure ». Vous l'avez » remarqué vous-même, page 288 ». de votre Extrait du mois de Décembre.

Direz-vous, pour m'échapper, que vous ne qualifiez de *système insoutenable* que celui qui réduiroit tout à une *seule & même* Allégorie, rapportée à *l'Agriculture & à ce qui en dépend*; que l'Astronomie étant une dépendance de l'Agriculture, vous êtes en droit de m'imputer que c'est à cette *seule & même* Allégorie que j'ai tout rapporté? Mais, Monsieur, il y auroit pour le moins une énorme inexactitude dans votre expression. L'art de régler à propos les travaux agricoles *dépend* de l'observation assidue de l'ordre des saisons, & des signes célestes qui les précedent, les accompagnent & les suivent. Dans ce sens, l'Agriculture seroit une *dépendance* de l'Astronomie : mais jamais qui que ce soit ne s'est avisé de dire que cette science *dépendît* de l'Agriculture; on pourroit dire avec autant de justesse que l'Astronomie *dépend* de la *navigation*.

D'ailleurs, Monsieur, vous seriez tombé dans cette faute de raisonnement si souvent reprochée à ceux qui se laissent emporter par le désir d'avoir raison dans les cas où ils se trompent le plus visiblement, & l'on vous diroit, *qui prouve trop ne prouve rien*. En effet, si je trouvois dans une Allégorie ancienne la description d'un *Art* quelconque; si j'y reconnoissois, d'après leur désignation, ou par des usages & par des noms qui se fussent conservés jusqu'à nous, quelques instru-

---

(1) Page 190 des Allég. Orient.

mens ou quelques moyens qu'un Laboureur pût appliquer utilement à ſes travaux, vous pourriez ſoutenir avec autant de ſolidité, que j'ai rapporté cette Allégorie à l'Agriculture, & que l'*Art* dont j'aurois reconnu la deſcription en *dépend*. Mais je n'appuierai pas plus long-tems ſur cette mépriſe, quoiqu'elle paroiſſe volontaire. J'ai un reproche d'une toute autre importance à vous faire.

On ne peut nier, dites-vous, *que dans la Mythologie ancienne il n'y ait des traits Allégoriques*. A quoi les avez-vous diſtingués *ces traits* qui, ſelon vous, ſont d'un autre genre ? Ce diſcernement ne ſeroit-il difficile, ou même impoſſible qu'au reſte des hommes, & la Nature vous auroit-elle donné, à cet égard, un inſtinct, un tact excluſif ? Je n'uſerai pas de repréſailles, Monſieur, & je ne vous imputerai pas une prétention ſi exhorbitante, pour ne rien dire de plus. Mais vous me mettez en droit de vous ſommer de publier les règles qui vous ont conduit à démêler avec ſureté ce que vous dites être une ſource de mépriſes pour les Gens de Lettres. Cacher des inſtrumens de cette importance, c'eſt faire naître des doutes, & peut-être plus que des doutes ſur leur exiſtence. Vous affirmez à pluſieurs repriſes que la Mythologie *ancienne* eſt une branche de l'Hiſtoire. Vous avouez ici qu'on ne peut nier qu'elle ne renferme des traits Allégoriques. Pour peu qu'on vous preſſât, on vous forceroit à avouer que la ligne de démarcation entre l'Hiſtoire & l'Allégorie n'eſt pas toujours aſſez nettement prononcée pour diſſiper tous les doutes ; enſorte qu'il doit néceſſairement reſter plus ou moins de *traits* qu'il eſt très-difficile, ſelon vous, & peut-être impoſſible de claſſer avec ſureté. Si vous avez nettement diſtingué les uns & les autres, il faut que vous ayez eu des règles pour vous conduire. Si vous n'en aviez pas, vous ignoreriez la réalité des *traits Allégoriques*, & vous ne l'ignorez pas, puiſque vous établiſſez en maxime qu'*on ne peut la nier*. Croyez-vous qu'il eût été au-deſſous d'un Ecrivain qui a dicté tant d'arrêts ſur cette matière, de donner au moins une idée des principes infaillibles de critique qui l'ont dirigé ?

Ne dites pas que ces inſtructions vous euſſent mené au-delà des bornes d'un extrait; c'eſt l'appanage des hommes tranſcendans que d'éclairer toutes les routes avec quelques grands traits de cette lumière vive & féconde qui dirige & les contemporains & la poſtérité. D'ailleurs, il n'eſt pas ſi eſſentiel aux *Extraits* d'avilir les ouvrages qu'on examine, qu'il ne ſoit permis d'y faire entrer d'utiles inſtructions ; & quand même on tomberoit alors dans l'inconvénient de la longueur, ce ne ſeroit certainement pas la partie de l'Extrait la plus ennuyeuſe. Vous n'avez pas voulu diſſiper les ténèbres dont vous penſez que je ſuis enveloppé. Peut-être un défi me fera-t-il obtenir de votre amour-propre, ce que j'ai-

F ij

merois mieux devoir à votre amour pour les Lettres & pour ceux qui les cultivent. Je vous défie donc d'établir & de publier les régles de critique d'après lesquelles vous prétendez avoir distingué avec sureté dans la Mythologie *ancienne*, les traits Allégoriques, des faits historiques. Si vous gardez le silence, j'en conclurai, & j'espere que le Public en conclura avec moi, que tout ce que vous avez débité contre mon Ouvrage sur cet objet essentiel, est pour le moins hasardé. Si le sentiment de vos forces vous détermine, au contraire, à publier votre secret, comptez sur la promptitude de mon hommage : j'avouerai sans restriction que j'ai été égaré par les principes que j'ai suivis dans l'explication des Allégories Orientales sur Saturne, Mercure & Hercule. Vous voyez, Monsieur, que l'amour des Lettres est la seule passion qui m'anime.

Imputations d'incapacité, d'ignorance, de présomption, d'enthousiasme.
Persiflage, injures, &c.

» Dans le Plan de l'Ouvrage (1) on ne voit que des annonces & des promesses de Traités différens. Pour les exécuter, il faudroit *une Société des plus savans Hommes de toutes les Nations*, qui sussent toutes les Langues, qui eussent sous les yeux *tous les Monumens : nous doutons encore qu'ils pussent y réussir.* »

Il doit me suffire de vous répéter, d'après M. de Guignes, qu'un *Plan*, un *Prospectus*, une *Annonce*, ne peut & ne doit contenir que des *annonces & des promesses de Traités.*

A l'égard de la *Société des plus savans Hommes de toutes les Nations*, je l'ai trouvée, sur les matieres dont je m'occupe, dans mes livres, dans ceux de mes amis, dans les Bibliothéques de France & des Pays étrangers dont les livres m'ont été indiqués & communiqués par des Savans distingués. Ils ont même bien voulu m'aider de leurs observations & de leurs lumières. Ils m'ont persuadé, par ces actes d'honnêteté & de bienfaisance, qu'ils ne jugeoient pas de mon entreprise avec le mépris dont vous faites ostentation à chaque page de vos Extraits. Je dois à leur amour pour les Lettres, cette *Société* qui réunit éminemment les lumieres de *toutes* les Nations, la connoissance de *toutes* les Langues & de *tous* les Monumens : malgré ces avantages, je n'aspire nullement à vous troubler dans le plaisir de *douter* du succès de quelqu'Ouvrage que ce soit..

---

(1) Nov. p. 2186.

A UN ANONYME.

« L'Auteur *tout seul*, fans connoître (1) de ces Langues que *quelques mots*.... OSE *annoncer* un pareil travail. Pour parler exactement d'une Langue, il faut la connoître & l'entendre. Celui qui *n'en a que quelques mots* qu'il cherche *avec peine* dans un Dictionnaire, *s'en impose à lui-même* lorsqu'il veut en développer les origines. »

Vous venez de voir, Monsieur, que je ne suis pas *tout seul*; que j'ai commencé par me mettre en bonne & nombreuse Compagnie.

Les Bibliothèques des hommes les plus savans dans les Langues, contiennent des *Dictionnaires*; ce qui seroit fort étrange, & peut-être ridicule, s'il leur étoit interdit d'y avoir recours. Lisez le Mémoire de M. de Guignes dans lequel il *essaye d'établir... que la Nation Chinoise est une Colonie Egyptienne* (2). Vous y verrez (*pag.* 8, 9, 15, 16, 21) qu'il n'a pu se dispenser de recourir à des Dictionnaires, lorsqu'il a voulu comparer la forme, le sens, le son de mots & de lettres Hébraïques ou Phéniciennes, à la forme, au sens, au son de mots & de caractères Chinois. Il est vrai que, selon toute apparence, M. de Guignes trouve avec facilité tout ce qu'il veut dans ses Dictionnaires, au lieu que vous affirmez que je n'y *cherche qu'avec peine*.

Je n'ai qu'une réponse à vous faire : comment le savez-vous ? Comment pourriez-vous même le savoir ? Et ne le sachant pas, quelles peuvent être les dispositions d'esprit & de cœur qui vous ont porté à l'affirmer ? Regardez-vous ces dispositions ccomme essentielles à un Journaliste ?

» Prétendre découvrir (3) tant de choses dans l'Antiquité, n'est-ce pas aller trop loin ? C'est se livrer à des conjectures *frivoles & hasardées*.

J'ai peine à concevoir comment *prétendre découvrir*, ce soit *se livrer à des conjectures*. Peut-être avez-vous voulu dire que les découvertes que je prétendois pouvoir faire, ne seroient fondées que sur des conjectures *frivoles & hasardées*. Dans ce cas, je vous dirai que je comprends encore moins comment vous vous y prenez pour savoir d'avance ce qui entrera dans des Traités qui ne sont qu'*annoncés*, que vous n'avez pas vus, dans lesquels il peut entrer des conjectures, sans que tout y soit *conjectures*, & sans qu'elles soient toutes *frivoles* & en même tems *hasardées*.

---

(1) *Ib.* p. 2187.
(2) Mém. de l'Acad. des Insc. & Bell. Let. Tom. XXIX.
(3) Nov. p. 2189.

Prétendre découvrir tant de choses dans l'avenir, *n'est-ce pas aller trop loin* ? Et comment qualifier, sans vous blesser, les *conjectures* que vous croyez être en droit de former & de publier ?

Vous connoissez, sans doute, les Mémoires de l'Académie des Belles-Lettres, & le Journal des Savans. Il a dépendu de vous d'y chercher & d'y trouver une multitude de découvertes qui ont été faites depuis un siécle sur les Monumens les plus obscurs de l'Antiquité. Il y en a peu dans lesquelles il ne soit entré quelques conjectures pour lier plus étroitement des faits constans en eux-mêmes dont le rapprochement, la liaison & la connexité forment proprement les découvertes; mais les conjectures n'en sont pas la base. Quel honneur ç'eût été pour un Journaliste qui auroit vu *l'annonce* de ces Ouvrages avant leur publication, que de prédire au Public qu'il n'y trouveroit que des conjectures *frivoles* & *hazardées* ! Heureusement, les Ecrivains qui ne consultent qu'un amour-propre éclairé, ont la prudence de ne jamais dicter au Public des jugemens qu'il pourroit rejetter; & lorsqu'ils croient pouvoir *hazarder* le leur, ce n'est jamais, sur des ouvrages qu'ils n'ont point examinés, qu'ils ne connoissent même pas.

« *Doctrine Symbolique* [1] *des Nombres*.... Elle est fort obscure; mais après les efforts de notre Auteur, les résultats, dit-il, seront aussi *satisfaisans* que *lumineux*. Il faut avouer que son *imagination* lui fait appercevoir ce que les plus savans Hommes, *après des recherches profondes*, n'ont pu découvrir.

Voilà bien des Arrêts entassés en peu de lignes.

Cette Doctrine est *obscure* ou FORT *obscure* en raison de l'application avec laquelle on l'a étudiée, & des rapprochemens de faits que l'étude & l'application ont donné lieu de faire. Je n'ignore pas qu'elle est *obscure* pour beaucoup de gens; je vois bien qu'elle est *fort obscure* ou *très - obscure* pour vous; & je la crois d'une obscurité impénétrable pour tous ceux qui sont décisifs, quoique superficiels.

Vous avez cru ne pouvoir vous dispenser d'*avouer* que c'est mon *imagination* qui me fait appercevoir les résultats que j'annonce. Ce n'est point là un *aveu*, c'est une *décision*. Quel intérêt, ou quelle mission avez-vous pour faire un *aveu* qui ne seroit décent que dans la bouche d'un homme qui se seroit trompé, qu'on en auroit convaincu, & qui auroit la modestie d'en convenir ? J'avoue qu'il est possible que mes résultats ne soient pas aussi *satisfaisans*, aussi *lumineux* que je

---

(1) Nov. pag. 2189

j'ai espéré ; mais *avouez* aussi que votre décision est tout au moins précipitée, puisque vous ignorez ce que j'ai rassemblé, & ce que j'ai apperçu ou cru appercevoir dans la *Doctrine symbolique des Nombres*.

D'où partez-vous, Monsieur, pour me traiter avec si peu de ménagement ? De ce que j'annonce que j'ai *apperçu* ce que les plus savans Hommes, après des recherches profondes, n'ont pu *découvrir* ? N'êtes-vous pas effrayé de la singularité de votre dialectique ? Les plus savans Hommes n'ont pu découvrir une chose, donc personne ne la découvrira ! Ignoreriez-vous qu'en tout genre l'homme le plus ordinaire peut faire des découvertes qui ont échappé à des hommes supérieurs non-seulement en savoir, mais en pénétration ? Ignoreriez-vous que le concours & le rapprochement de vues éparses, d'observations ou de découvertes particulières, peut faire naître des idées qu'on n'auroit jamais eues sans ces premieres données ? En un mot, ignoreriez-vous qu'il n'y a peut-être pas autant de découvertes qu'on puisse attribuer à des Savans, & sur-tout à des recherches profondes, qu'à ce que nous nommons le *hazard* ? Ne savez-vous pas, d'ailleurs, *qu'une vue foible, & que sa foiblesse même rend attentive, apperçoit quelquefois ce qui avoit échappé à une vue étendue & rapide* (1)? Voulez-vous que je renferme dans un seul fait, une réponse tranchante à votre décision contre la possibilité des découvertes qui n'auroient pas encore été faites ? Voici ce fait que je crois digne de toute votre attention.

Le savant Evêque d'Avranches, M. Huet, pensoit que « si toute la Nation des » *Indiens & des Chinois* n'est pas descendue des *Egyptiens*, elle l'est du moins » *en la plus grande partie* (2). Entre tous ces *essaims d'Egyptiens*, qui inondè- » rent les Indes, les *Chinois*, dit-il, méritent d'être considérés en leur particu- » lier. On trouve chez eux *des marques bien sensibles de leur origine*, une gran- » de conformité de *Coutumes* avec celles des Egyptiens, leurs doubles lettres » *hiéroglyphiques & profanes*, quelqu'affinité même *de leurs langues*.... Quoi- » que *les Chinois soient sortis d'Eyptiens* en tout ou en partie, avec le reste » des Indiens, ils ont pourtant fait depuis long-tems un Peuple séparé ».

Ce n'étoit encore là qu'un germe ; & quoique présenté de bonne main, le tems du développement n'étoit point encore arrivé.

En 1732 & 1736, M. de Mairan, qui connoissoit l'Ouvrage de M. Huet, reprit la même matière, rassembla différens rapports pour établir que les Chinois

---

(1) Considér. sur les mœurs, par M. Duclos, ch. 3.
(2) Hist. du Comm. & de la Navig. des Anciens, ch. IX & X.

font une Colonie Egyptienne, un *essaim d'Egyptiens*. Le P. Parrenin, à qui il adressoit ses observations, & à qui il demandoit de nouveaux éclaircissemens pour fortifier & pour completter le paralléle de ces deux Peuples, n'étoit pas de son avis (1). Il y a lieu de croire que de fortes disconvenances peuvent empêcher les Savans de s'accorder sur ce paralléle : car M. de Guignes n'a pas caché au Public, que plus de vingt ans après, c'est-à-dire en 1758, il étoit encore persuadé, comme le P. Parrenin, qu'il n'avoit point *passé à la Chine de Colonies Egyptiennes* ; qu'il ne pouvoit s'imaginer *que les Chinois eussent jamais rien pris des Egyptiens*. Mais le tems de la découverte qui avoit échappé à M. Huet, à M. de Mairan, au P. Parrenin, à M. de Guignes lui-même, approchoit ; elle n'avoit besoin, pour éclore, que d'une autre découverte digne de la reconnoissance des Savans, & qu'ils doivent à M. l'Abbé BARTHELEMY.

Les recherches sur les Lettres Phéniciennes parurent. M. de Guignes se proposoit alors de travailler *sur la maniere dont les Lettres Alphabétiques avoient pû être formées*. Il avoit devant lui l'Alphabet des Lettres Phéniciennes. Pour *se délasser*, il s'avise de jetter les yeux sur un Dictionnaire Chinois qui contient la forme des Carctaères antiques. C'est dans cet heureux moment de *délassement* que la ressemblance d'*une* seule Figure Chinoise, à *une* seule Lettre Phénicienne, devient pour M. de Guignes la démonstration la plus *satisfaisante* & la plus *lumineuse* d'une foule de vérités. Rien n'est plus intéressant que l'entendre lui-mêue faire le récit de ses nombreuses & rapides découvertes.

» Je fus frappé tout-à-coup d'appercevoir *une* Figure (Chinoise) qui ressem-
» bloit à *une* Lettre Phénicienne (2). Je m'attachai *uniquement* à ce rapport : je
» le suivis & je fus étonné *de la foule de preuves* qui se présentoient à moi. Je fus
» alors *convaincu* que les *Caractères*, les *Loix* & la *forme du Gouvernement*, le
» *Souverain*, les *Ministres mêmes* qui gouvernoient sous lui, & l'*Empire entier*,
» étoient Egyptiens ; & que *toute* l'ancienne Histoire de la Chine *n'étoit autre*
» *chose que l'Histoire d'Egypte qu'on a mise à la tête de celle de la Chine*. Je
» trouvai encore les Caractères qui ont donné naissance à ceux des Hébreux, des
» Arabes, des Syriens, des Ethiopiens & des Phéniciens : c'est-à-dire, *les pre-*
» *miers Caractères du Monde, & une grande partie de la Langue Phénicienne* ».

---

(1) Lettres de M. de Mairan & du P. Parrenin, Paris, Imp. Roy. 1770. Et Recueil des Lettres Edif. Tom. XXIV.

(2) Mém. dans lequel on prouve que les Chinois sont une Colonie Egypt. pag. 36. de l'Avant-Propos.

Je

Je me fais un plaisir de remarquer que des découvertes si promptes, si multipliées, si importantes, furent présentées à l'Académie des Belles-Lettres avec la plus grande modestie. M. de Guignes ne donne son Mémoire qu'afin que cette savante Compagnie *juge s'il ne s'est point égaré* : il déclare que ce n'est qu'un *essai*; qu'il *ne se flatte point de réussir* dans son entreprise ; qu'il a *cru seulement pouvoir la tenter*.

Dans le *Précis* de son Mémoire, qu'il publia au commencement de l'année suivante (1), on retrouve à-peu-près la même retenue : cependant, il fut impossible à M. de Guignes de dissimuler plus long-tems qu'il regardoit ses observations comme des preuves, & les conséquences qu'il en tiroit comme des démonstrations : aussi s'expliqua-t-il dans des termes si mesurés, que je vais, Monsieur, les remettre sous vos yeux, de peur d'en diminuer le prix en les abrégeant.

« Qui sait jusqu'où pourra nous conduire la lumiere qui nous éclaire ? Qui
» sait si nous ne touchons pas au moment où bien des mystères vont se déve-
» lopper ? Je n'affirme rien. Cependant *la Langue* des hyéroglyphes, inconnue
» depuis si long-tems en Egypte, est encore *vivante* à la Chine, & j'ai tant
» de preuves que c'est de part & d'autre la même Langue...! Mais, je le ré-
» pete, je n'affirme rien. Me sera-t-il, du moins, permis de proposer la
» question suivante ?

« *Que deviennent les Chinois*, & cette durée immense qu'ils attribuent à leur
» Empire, & *toutes* ces divisions en tems historique, incertain & fabuleux, &
» *tous* ces Ouvrages qu'on a faits pour établir leur chronologie, & *tous* ceux
» qu'on a faits pour la détruire, & *toutes* les preuves qu'on en tire contre
» les Livres de Moyse, & *tous* les systêmes qu'on a produits pour défendre le
» témoignage de ce Législateur, & cette supériorité en *toutes* choses qu'on ac-
» corde aux Chinois, & *tout* ce qu'on a dit, & *tout ce qu'on diroit encore* sur
» un sujet si important ? *Tout cela disparoit*, & il ne reste plus qu'un fait simple :
» c'est que les anciens Sauvages de la Chine, ainsi que ceux de la Gréce, ont
» été policés par les Egyptiens ; mais qu'ils l'ont été plus tard, *parce que la*
» *Chine est plus éloignée de l'Egypte que la Gréce* ».

Je ne pouvois choisir un exemple plus propre à vous convaincre de trois

---

(1) L'impression de ce Précis étoit nécessaire pour que le Public fût promptement instruit des découvertes de M. de Guignes, parce que son Mémoire qu'il lut au mois d'Avril 1758. ne fut imprimé qu'en 1764.

G

vérités que j'ai avancées : l'une qu'on peut faire les découvertes les plus inespérées fur des matières dont des Savans se font fortement occupés : l'opinion contraire ne seroit propre qu'à décourager, & par conséquent à resserrer dans un cercle très-étroit la somme possible des connoissances humaines. L'autre, que les recherches & les vues des différens Savans de tous les siécles & de tous les pays, sont autant d'échelons pour saisir le but vers lequel ils ont marché, sans cependant parvenir à l'atteindre : le travail & l'application augmentent de jour en jour le nombre de ces échelons, & l'on parvient enfin au moment où il ne reste plus qu'un pas à faire. La troisiéme, qu'on doit souvent au *hazard* des découvertes qui se sont dérobées aux Savans & à leurs profondes recherches.

Effaçons des fastes de la Littérature quelques lignes de l'Histoire de la Navigation des Anciens de M. Huet, & quelques pages des Lettres de M. de Mairan, la découverte de M. de Guignes sera peut-être retardée d'un siécle. Allons plus loin, conservons aux Savans ce qu'ont écrit M. Huet & M. de Mairan sur les rapports entre les Nations Egyptienne & Chinoise ; mais supprimons la découverte de M. l'Abbé Barthelemy, nous retrouverons M. de Guignes au point où il étoit en 1758, c'est-à-dire, *persuadé* qu'il n'avoit point *passé de Colonie Egyptienne à la Chine, & ne pouvant s'imaginer que les Chinois eussent jamais rien pris des Egyptiens.*

J'ai trouvé, sans sortir de ma Bibliothéque, beaucoup plus de travail fait sur *la Doctrine Symbolique des Nombres*, que n'en avoit M. de Guignes sur cette Colonie Egyptienne qui a peuplé la Chine dans des siécles si éloignés du nôtre, à une distance si grande de l'Egypte, & par des routes inconnues à tout l'Univers. Pourquoi affirmez-vous qu'en lisant, en méditant les écrits des Savans qui nous ont précédés ; en rapprochant de leurs observations & de leurs découvertes, ce qui a été observé & découvert depuis, je ferai d'inutiles efforts pour avancer dans la route qu'ils ont ouverte & frayée ? Pourquoi chercher à engourdir, à mon occasion, tous les hommes laborieux, par des arrêts si décourageans ? *Il semble*, pour me servir des expressions d'un grand Seigneur qui a si bien connu & si bien peint les hommes (1), *il semble que vous ayez peur de trouver la vérité* dans l'Ouvrage que j'ai annoncé.

» Nous ne pouvons suivre l'Auteur   Vous renoncez enfin à la méthode
dans le détail de toutes ses explications   facile & prudente de tout méprifer,

_____
(1) Réflexions, Sentences, Maximes, &c. Paris, 1725. pag. 7.

A UN ANONYME.

« (*allégoriques*) dans lesquelles il montre continuellement combien il est *peu versé* dans la connoissance des Langues Orientales.... Nous nous bornerons à quelques observations particulieres. »

de tout proscrire sans rien discuter : vous entrez en lice pour prouver au Public combien je suis *peu versé* dans les Langues *Orientales*. Je crois pouvoir vous suivre dans cette route. Vous avertissez que mon ignorance se montre *continuellement* ; vous n'avez donc eu que l'embarras du choix, dans la multitude d'inepties qui vous ont frappé, & on ne vous soupçonnera pas d'avoir mal choisi par distraction, ou de propos délibéré. Examinons donc ces preuves d'élite qui doivent constater votre supériorité & mon ignorance dans les Langues Orientales.

« En parlant d'Elioun (1), mot Phénicien qui signifie le Dieu suprême, il dit que ce mot a le plus grand rapport avec *Ello-him* : il auroit dû dire *Elohim*. Au reste, ces mots n'ont aucun rapport entr'eux dans leurs racines ; & l'un & l'autre sont différens noms de la Divinité. »

Vous parlez ici en votre nom. Cependant, Monsieur, vous ne faites que répéter mes expressions. J'ai dit, ELION, *en Phénicien, signifie Dieu, le Dieu suprême*.

Le mot *Elion* a pour racine על qui se lit également *hol*, *el*, *al*, & qui signifie *sur*, en Latin *super* : il répond aux idées *d'élévation*, de *supériorité*.

ON, est quelquefois une simple terminaison. Lorsque c'est un mot radical, il répond aux idées de *force*, *puissance*, *richesses*, *gloire* : ainsi *Elion* peut être traduit par ces phrases, *la suprême puissance*, *le Dieu suprême*, *Dieu* (†).

Le mot ELOHIM a pour racine אל, qui se lit également *al* ou *el*, & qui répond aux idées de *supériorité* & de *force*.

HIM, est un radical qui signifie *immensité*, il est en même tems l'expression du *superlatif*, comme le mot IM-*us* des Latins, qui en effet en dérive, *turpis*, *turpiss-im-us*.

Il y a donc beaucoup plus que de l'inexactitude à dire qu'*Elion* & *Elohim* n'ont AUCUN rapport entr'eux *dans leurs racines* ? puisque la consonne radicale ל, L, est la même dans les deux mots. Aussi Moyse se sert-il & du

---

(1) Déc. p. 1577.
(2) Allég. Orient p. 23.
(†) *Elion*, dit Robertson au sujet des dix noms de Dieu, signifie *Elevé*, *Haut*, *Très-Haut*.

mot *Elion*, & du mot *Elohim*, pour exprimer le *Très-Haut* : d'où vous devez conclure de plus, qu'ils ont *le plus grand rapport* du côté du sens.

Enfin, s'il étoit question du simple rapport de son, je demanderois avec confiance à quiconque n'est pas sourd, s'il n'en trouve aucun entre *Elion* & *Elohim*. Et si, comme j'ai lieu de le croire, la réponse m'étoit favorable, il me semble que je pourrois assurer que dans leurs *racines*, leur *signification*, leur *son*, ces mots ont *le plus grand rapport entr'eux*.

Je n'ai écrit qu'une seule fois *Ello-him*. Par-tout ailleurs, vous avez dû voir dans mon Ouvrage, en caractères courans, majuscules & italiques, *Elohim*. L'équité seule devoit donc vous porter à penser que ce pouvoit être une faute d'impression, & que je n'avois pas besoin de cette grave leçon, *il auroit dû dire Elohim* : mais il ne tenoit qu'à vous d'appercevoir que j'avois écrit *Ello-him* de dessein prémédité, & pour me faire entendre plus aisément.

De quoi s'agissoit-il dans l'endroit où j'ai employé cette orthographe ? De faire sentir que le mot *Elion*, employé par Sanchoniaton, n'est point un nom d'homme ; que par conséquent, il falloit traduire ce mot & s'arrêter à sa signification propre, qui est *le Très-Haut*. J'ai dit que Philon, Traducteur de Sanchoniaton, n'ayant point trouvé de mot dans la Langue Grecque pour rendre *Elion*, l'avoit conservé & l'avoit paraphrasé sur le champ par le mot *Hypsistos*, qui signifie aussi *le Très-Haut* ; que Moyse avoit désigné le *Très-Haut*, la Divinité par *Elion* ; & qu'enfin ce mot avoit le plus grand rapport avec l'*Allah* des Arabes, dont la traduction littérale est le *Très-Haut*. Pour rendre ce dernier rapport plus frappant, j'ai redoublé la consonne radicale L ; & j'ai écrit *Ello-him*, parce que la même consonne est redoublée dans *Allah*, & que ce redoublement de la consonne est la seule différence qu'il y ait entre les deux mots dont il s'agit, de l'aveu même d'un grand nombre de Savans, & sur-tout de Golius dans son Dictionnaire Arabe, qui rapportent *Allah* au verbe *Aleh*, ou *Elah*, écrit par un L simple, & qui signifie *élever*, *cultiver*, *adorer*. AL, EL, HOL, sont les racines des mots *Elion*, *Elohim*, *Ello-him*, *Allah*, qui renferment tous l'idée d'*élévation*, de *supériorité*, & qui signifient tous *le Très-Haut*. Il étoit donc aisé de sentir pourquoi, en plaçant *Elohim* à côté d'*Allah*, j'avois orthographié *Ello-him* ; sur-tout en voyant que j'avois orthographié le même mot sans double L, & sans trait d'union, lorsque je n'ai pas eu besoin d'en marquer le rapport avec le mot Arabe qui signifie *le Très-Haut*.

Je supplie mes Lecteurs de pardonner à ma position forcée, la sécheresse & l'ennui inséparables d'une explication que vous leur auriez épargnée, si vous aviez examiné mon Ouvrage avec plus d'attention & moins d'humeur.

» Dans son système (1) *Elioun* est donc la Divinité, & *Berout*, femme d'*Elion*, n'est autre chose que la *Création*, ou l'acte de créer; ce qui est *assez singulier*, que l'acte par lequel Dieu crée, soit en même-tems sa femme. »

Que les opinions des Anciens sur la création ayent été fausses, mal digérées, incohérentes, cela nous est fort étranger; il nous suffit de savoir qu'elles étoient ces opinions, pour que nous puissions ranger dans la classe des faits, qu'ils avoient telle ou telle opinion.

Dans l'ordre des faits, la *singularité* ne change rien à la réalité. » Chaque » Nation a eu ses *Allégories* (2) & ses Fables sur *l'origine* du Monde, sur la *for-* » *mation* des êtres particuliers... Ces Cosmogonies ne sont venues jusqu'à nous » que sous l'enveloppe des *Allégories* & des fictions poétiques, dont l'imagina- » tion enflammée des hommes de ces pays, aime à revêtir les objets les plus » simples. C'est pour cela qu'elle représente *l'action du souverain Etre dans la* » *production de l'Univers*, non comme une *création*, idée philosophique sur » laquelle l'imagination ne peut avoir de prise, mais comme une GÉNÉRA- » TION, c'est-à-dire, comme une chose qui a *quelqu'analogie avec cette espèce* » *de production*, dont nous sommes tous les jours les témoins. »

D'après cette observation, il est évident que M. Freret n'eût rien trouvé de *singulier* dans la premiere phrase du fragment de Sanchoniaton. Il lui eût paru très-conforme à l'esprit oriental que le mot *Elion* signifiant *Très-Haut*, & le mot *Berouth* signifiant la *Création*, la premiere phrase de l'Allégorie de Saturne portât en termes exprès, *alors vivoit le* TRÈS-HAUT: *sa femme s'appelloit la* CRÉATION, *& d'eux naquirent le Ciel & la Terre*. Tant il est vrai que la *singularité* peut appartenir aux personnes aussi bien qu'aux choses. Vous pardonnerez à un ignorant de remarquer que le langage ordinaire des Anciens ne devroit pas paroître *singulier* à ceux qui se piquent d'érudition.

» En se laissant entraîner par son imagination, l'Auteur au moins ne devroit pas en imposer sur les textes, ni faire croire qu'il les a sous les yeux. Nous trouvons dans une Note cette remarque à l'occasion du mot *Bara*, ברא, qui signifie créer: «la phrase Phé-

Cette accusation est bien grave. Je serois inconsolable, si je n'étois pas en état de faire voir qu'elle suppose tout au moins un défaut d'attention qui, dans un Journaliste, équivaut à la mauvaise foi.

N'ayant aucune mission directe

---

(1) Déc. p. 2577.
(2) Défens. de la Chron. contre Newton, par Freret, p. 374.

» nicienne, dit-il, a plus de rapport » encore à celle où Moyse substi- » tuant au verbe *Bara*, le verbe קָנֵה » *Kané* (Gén. XIV. 19) , dit qu'E- » lioun engendra le Ciel & la Terre, » C'est le mot même dont se sert San- » choniaton. » Comment peut-on le savoir, puisque le texte de Sanchoniaton n'existe plus depuis bien des siécles ? N'est-ce pas en imposer à ceux qui l'ignorent ?

pour examiner mon Ouvrage , vous n'avez pu , sans manquer essentiellement au Public, en faire imprimer de prétendus Extraits, sans l'avoir lû attentivement. Un Journaliste *en imposeroit* à tous les Lecteurs, s'il s'avisoit de rendre compte, d'apprécier, de juger d'après une lecture inattentive, superficielle, dédaigneuse. Il faut donc que je suppose que vous avez lû mon Ouvrage avec attention, que vous l'avez lû tout entier, & que vous avez tâché de vous garantir des prestiges qui naîtroient de l'amour-propre, & qui conduiroient si aisément à la plus aveugle partialité.

Vous avez donc lû (pag 13 de mes Allégories Orientales) que ce qui nous restoit de Sanchoniaton, se réduisoit à *deux fragmens conservés* par Eusébe ; qu'Eusebe les *emprunta* de la TRADUCTION que Philon *en avoit faite en* GREC ; que malheureusement l'ORIGINAL *Phénicien* & la *Traduction Grecque* N'EXISTENT plus ; mais qu'il est impossible (page 17) de ne pas regarder le Texte *Grec* comme une *Traduction* d'un Ouvrage écrit *originairement* en Phénicien.

Après une exposition si claire, si précise, de la perte absolue de l'*Original* en Phénicien, & de la *Traduction* même, puisque j'avertis qu'il ne nous reste de celle-ci que *deux fragmens assez courts, conservés* par Eusébe, est-il croyable que vous ayez osé dire que *j'en impose sur les textes*, & que j'ai cherché à *faire croire que je les avois sous les yeux* ? Il étoit plus simple de m'accuser de démence, parce qu'en effet il faudroit être en démence, pour dire qu'un texte *n'existe plus*, & que cependant *on l'a sous les yeux*. Mais voyons ce qui vous a servi de prétexte pour risquer l'imputation, aussi odieuse que gratuite, que *j'en impose sur les textes*.

Dans le premier verset de la Genèse, Moyse dit que Dieu *créa* le Ciel & la Terre. Le texte Hébreu employe le verbe *Bara*, qui signifie *créer*.

Dans un autre texte de Moyse, où il est dit que Dieu créa le Ciel & la Terre (1), le Texte porte le verbe *Kané*, qui signifie *engendrer*.

---

(2) Gen. XIV. 19.

ce mot ne reparoît pas avec la lettre *n* au devant des mots qui commencent par une voyelle. Cet usage, considéré sous ce point de vue, est très-naturel & conforme au génie de toutes les Langues. Au lieu que la manière dont le présentent les Massoréthes, en fait un usage particulier à la Langue Hébraïque, usage dont on ne voit point la raison, & assujetti à des irrégularités, dont il est encore moins possible de rendre raison.

J'avoue que les Massoréthes ne pouvoient faire mieux dans leur siècle, tems où l'on ignoroit absolument qu'une Langue quelconque fût assujettie à des loix claires & fixes : mais il seroit bien étrange que, sous prétexte qu'ils ne pouvoient pas mieux faire alors, on prétendît nous asservir, dans un siècle aussi éclairé que le nôtre, à adopter aveuglément ce cahos de régles & d'exceptions qui ne serviroient qu'à embrouiller ce que nous voyons clairement.

Ainsi, au lieu de dire avec les Massoréthes & avec les Buxtorffs (1) que MI est une préposition inséparable qui a pris la place de *min*, & que par cette raison la consonne suivante se redouble ; au lieu d'ajouter ensuite (2) comme une exception à cette régle, que devant les voyelles on le prononce simplement *mi* ; enfin, au lieu d'ajouter encore (3) qu'alors il devient quelquefois *me* ; disons simplement que *mi* est une préposition qui fait redoubler la consonne au devant de laquelle il est placé. On aura une régle simple, claire, conforme à l'analogie des Langues, & qui ne donnera lieu à aucune exception.

Ces détails, & la Note que j'y ai jointe, vous convaincront, je l'espère, que le mot *mi* se trouve dans les Dictionnaires & dans les Grammaires ; qu'il signifie, entr'autres choses, *de*, & que je savois ce que je faisois en le traduisant & en le plaçant comme je l'ai fait.

Ce que je viens de vous dire au sujet des mots *Elion* & *mi*, doit, ce me semble, me dispenser d'entrer dans des détails de cette espèce sur quelques autres articles. Je n'ai pas oublié que pour avoir dit que *Mythologie* vouloit dire *Discours sacré* ou *respectable*, vous vous êtes écrié (4), où M. Gebelin a-t-il pris cette explication du mot MYTHOLOGIE ? Je l'ai prise, Monsieur, où tout le monde prend que *Bible*, mot qui signifie littéralement *Livre*, ne veut jamais dire autre chose que *Livre sacré* ou *respectable*, *le Livre par excellence*. Je n'ai

---

(1) Trés. Grammat. de la Langue Hébr. p. 538.
(2) Ibid. p. 549.
(3) Ibid. p. 551.
(4) Nov. p. 2186.

pas non plus oublié que vous vous êtes écrié *dans quel Auteur* (1) *M. Gebelin a-t-il pris de pareilles observations sur la racine* POT? *Où existe-t-elle?* Je ne les ai prises dans aucun Auteur. Ceux qui écrivent & qui se bornent à copier ce qu'ils trouvent dans les *Auteurs*, ne font que des plagiats, ou ne publient que d'inutiles centons. J'ai pris mes observations sur la racine Pot, dans une source où vous n'aimez pas qu'on aille puiser, c'est-à-dire, dans un grand nombre de Langues mortes & de Langues vivantes de l'Orient, du Nord & de l'Occident. J'y ai remarqué que ce monosyllabe entroit, comme base, dans la formation d'une foule de mots ; qu'il en étoit manifestement la racine, puisqu'il conservoit par-tout le même sens, au propre & au figuré ; que dans les mots plus éloignés du sens immédiat, celui-ci n'exigeoit qu'un peu d'attention, pour y être ramené par les régles communes de l'Analogie. Etoit-il nécessaire, pour que ces remarques fussent justes, que *des Auteurs* les eussent faites avant moi? Enfin, je n'ai pas oublié qu'ayant expliqué pourquoi *Biblos* signifioit dans Sanchoniaton *le Séjour de la lumière*, vous avez imaginé que j'aurois de la peine à produire des preuves (2) de cette explication, & qu'ayant donné un sens qui vous étoit inconnu, aux mots Il, *Bethyl, Dagon, Atlas*, vous vous en êtes vengé en disant (3), *une telle explication n'est qu'une pure chimère, démentie par l'analyse de la Langue Hébraïque*. Mais je ne m'engagerai point dans les petits défilés où s'éternisent ces petits combats qu'on nomme la petite guerre. L'homme le moins savant auroit le même droit & la même facilité que vous pour entasser questions sur questions, décisions sur décisions contre mon ouvrage. Des réponses instructives me prendroient beaucoup de tems : *j'aime beaucoup mieux*, pour me servir encore des expressions de M. de Guignes, *m'approcher de mon but, que de m'arrêter ainsi dans la route*. Je vous proteste que votre opinion *personnelle* sur ma profonde ignorance, ne m'inquiéte nullement sur le sort de mon entreprise ; mais si quelqu'un, sans esprit de *dénigrement*, me propose quelque doute ou quelque difficulté, je suis prêt à entrer en explication avec lui, ou à convenir que je me suis trompé. Les contradictions de cette espéce n'exciteront en moi que des mouvemens de reconnoissance.

» M. Gebelin appuie son systême (4)   J'ai des reproches de plus d'une

---

(1) Décemb. p. 2582.
(2) Décemb. p. 2580.
(3) *Ib*. p. 2581.
(4) Décemb. p. 2589.

» fur une foule d'étymologies, dont *quelques-unes* font *vraies*, mais *mal appliquées*; d'autres n'ont qu'une *cer- taine* vraisemblance, & *le plus grand nombre font fausses* ou *ridicules.* »

espéce à vous faire fur cette décision magistrale.

1°. Dans les parties de vos Extraits, où vous ne faites qu'indiquer les objets dont je m'occupe, vous me désignez par le mot *Auteur*. Nous ne pouvons fuivre *l'Auteur* .... il feroit à défirer que *l'Auteur* ... &c. Mais quand il convient à vos vues d'employer contre moi un ton d'aigreur & de fupériorité, il entre dans votre bienféance d'employer mon nom dans vos phrafes. *Où M. Gebelin a-t-il pris cette explication du mot Mythologie ?* .... *Où M. Gebelin a-t-il pris que* מי, MI, *fignifioit DE ?* .. *Dans quel Auteur M. Gebelin a-t-il pris de pareilles obfervations ?* ... &c. D'après ce fyftême de conduite, j'avoue que, pour être conféquent, vous ne pouviez vous difpenfer de me nommer dans une occafion où vous afpiriez à perfuader que dans ce que j'ai donné fur les Allégories de Saturne, de Mercure & d'Hercule, il n'y a ni jugement ni juftefle, & que le *ridicule* accompagne prefque par-tout mon ignorance en fait d'étymologies.

2°. Il y a beaucoup plus que de l'inexactitude à dire au Public que *j'appuie mon fyftême fur une foule d'étymologies*. Le mot *Etymologie* feroit-il pour vous le fynonyme de *Traduction* ? Pourquoi recourrois-je aux Etymologies dans ces occafions fi fréquentes, où il me fuffit, pour rendre à une Allégorie le fens clair qu'elle eut primitivement, de la débarraffer de la fauffe idée que des noms de chofes, font des noms d'hommes ? Que me faut-il de plus, que d'avertir par une fimple traduction de ces prétendus noms d'hommes (†), qu'on lit une *defcription* au lieu qu'on s'imaginoit lire une *hiftoire* ?

2°. Le principal devoir d'un Journalifte eft de faire une efpéce d'Analyfe ou d'Extrait, dans lequel il a foin d'expliquer le genre & l'étendue de la matière ; de fpécifier l'ordre & la méthode de l'Ouvrage ; d'indiquer les nouveautés & les fingularités des différentes parties ; & lorfqu'il s'agit d'Ouvrages de Littérature, de faire fentir le goût & le ftyle de chaque Ecrivain. Il doit, en travaillant, étouffer toute paffion & toute partialité ; fe dépouiller de fon propre intérêt &

(†) ELION, en Grec *hypfiftos*, *le Très-Haut*. *Berouth*, création. *Uranus*, le Ciel. *Ghé*, la Terre. *Thémis*, la Juftice. *Thétis*, la nourricière. *Latone*, la cachée. *Eimarmené*, la Fortune. *Hora*, la beauté. *Perée*, fertilité. *Muth*, mort. *Bethyl*, vierge. *Dagon*, froment. *Cabires*, forts, puiffans, en Latin *Magnates*, &c. &c.

de son propre goût; montrer en tout de la fidélité, de la droiture, de la bonne foi, vertus nécessaires à tout homme d'honneur, & *doublement nécessaires a tout Journaliste* (1).

On a mis en question, si un Journal ne devoit pas contenir *quelque manière de jugement, quelque sorte de jugement*. La raison de douter étoit que dans les éloges, dans les critiques, dans les jugemens, il seroit difficile d'éviter certain air d'autorité *qui ne sied jamais aux Particuliers*, ou certaine apparence de *présomption* qui révolte *toujours* l'orgueil *commun*; que les Gens de Lettres ne passeroient pas le seul nom de *Tribunal* où l'on *s'arrogeroit* une Jurisdiction *souveraine* sur ce que leur République a de plus précieux, leur renommée & leur amour-propre, parce qu'à leur égard *le Public est le seul Juge souverain*.

Cette question, si c'en est une, porte avec soi la réponse dans ces expressions, *quelque manière de jugement, quelque sorte de jugemens*. Quel est le Savant, quel est l'Homme de Lettres à qui il soit interdit de dire ce qu'il pense d'un Ouvrage qui paroît ? Et que seroit-ce qu'un Journaliste qui ne mériteroit pas le titre de Savant ou d'Homme de Lettres ? Mais en disant *ce qu'il pense* d'un Ouvrage, il ne publie proprement que son *opinion personnelle*. Il y auroit un orgueil insupportable à la proposer au Public comme un *jugement*. Cette *manière de jugement*, qui consiste à dire son opinion, seroit même un attentat aux droits du Public, si elle n'étoit pas accompagnée de circonspection & de modestie. La manière la plus décente & la plus utile de remplir ce devoir, est sans doute de rappeller au Lecteur, en faisant un Extrait, les principes semblables ou contraires, établis dans des Traités faits antérieurement sur la même matière; les discussions auxquelles la diversité des principes a donné lieu, & enfin l'opinion qui paroît avoir été la plus généralement adoptée sur les questions qui sont restées indécises. Il résulte de ce travail, lorsqu'il est fait par un Journaliste capable & impartial, qu'on a sous les yeux son avis, sa façon de penser, une *manière de jugement*, ou plutôt l'instruction préliminaire du jugement que doivent porter les Lecteurs. Alors la fonction du Journaliste n'est pas bornée à faire de *vagues Sommaires de Chapitres*, des espèces de *Tables froides & seches*; & le droit acquis au Public d'être le Juge des Ouvrages qui lui sont livrés, n'est pas orgueilleusement usurpé par un seul homme.

Tout Journaliste qui, par quelque motif que ce soit, croit devoir franchir ces limites, qui entreprend de contredire & de juger de son chef, qui ne rapporte

---

(1) Voyez le Journal des Savans du 9 Août 1706, p. 485. & *suiv.*

d'un Ouvrage que ce qui peut se prêter à ses contradictions, à son jugement; un tel Journaliste, dis-je, ne mérite plus la foi & les égards qui ne sont dûs qu'à l'impartialité. Ce n'est plus un Rapporteur; c'est un Adversaire. Devenu Ecrivain Polémique, il contracte envers le Public & envers l'Auteur qu'il attaque, l'obligation de justifier par des autorités & par des raisonnemens, le rôle étranger qu'il a volontairement préféré. Le Public n'eût jugé que l'Ouvrage; il faut le mettre en état de juger à la fois & l'Ouvrage & le Censeur généreux ou imprudent, qui s'est dévoué pour la gloire & l'utilité des Lettres, ou qui a abusé de sa fonction propre pour servir ses passions ou ses opinions.

D'après ces principes, que je crois fondés sur la raison & sur la bienséance, il ne sera pas difficile de tracer la conduite que vous deviez tenir.

Vous deviez indiquer quelques-unes des étymologies que vous reconnoissez pour *vraies*, & dire en quoi vous les jugez mal appliquées; marquer celles qui, selon vous, n'ont qu'*une certaine vraisemblance*; & expliquer ce que vous entendez par ces mots vagues, *une certaine vraisemblance*; donner des exemples de celles que vous imaginez être *fausses*, & dire pourquoi elles vous ont paru telles. Enfin, puisque vous n'avez pu résister au plaisir de publier qu'il y en avoit de *ridicules*, vous deviez tâcher de faire excuser, par des motifs quelconques, une épithète dont le moindre défaut seroit d'être superflue, & de déceler quelque passion secrette. En effet, Monsieur, si des étymologies étoient absolument fausses, croyez-vous que les Lecteurs que vous en auriez bien convaincus, eussent quelqu'intérêt à savoir de plus qu'elles sont *ridicules*? La preuve que vous donneriez, que *le plus grand nombre* des étymologies sont *fausses*, jetteroit l'Ouvrage dans un juste décri. La preuve qu'elles sont ridicules se réduiroit au dénigrement de l'Auteur, & je ne puis me persuader que vous ayez le plus léger droit de vous ériger en Censeur public des personnes. Des Gens de Lettres, qui s'y connoissent bien, ont fait imprimer en 1765, qu'un *Journaliste plaisant, est un plaisant Journaliste*. A quoi ils ajoutent, *qu'il laisse là le ton satyrique qui décèle* TOUJOURS *la* PARTIALITÉ !... *Qu'il sache remarquer les fautes, mais qu'il ne dissimule point les belles choses qui les rachétent... Qu'il ne prenne point la chicane de l'Art pour le fonds de l'Art.... Qu'il loue sans fadeur; qu'il reprenne sans offense.*

Permettez, Monsieur, que je revienne à la charge sur le devoir indispensable de rendre raison de vos opinions, au moment où vous avez dépouillé le caractère de Journaliste pour jouer le rôle de Juge. La seule excuse que vous puissiez apporter, est que vous avez cru devoir instruire le Public & le garantir du danger de supposer quelque solidité à mon travail. Mais comment avez-vous pu vous flatter d'*instruire* par des décisions séchement despotiques? Le Public verra-t-il nettement, en lisant six lignes au plus dans votre Extrait, qu'il me seroit facile de prouver, 1°. que celles de mes étymologies que vous avouez être *vraies*, sont en même tems bien appliquées; 2°. qu'avec un peu de savoir, un bon esprit & de l'impartialité, on reconnoît la vérité dans celles où vous n'avez entrevu qu'une *certaine vraisemblance*; 3°. que s'il m'est échappé quelques étymologies *fausses*, elles ne forment pas *le plus grand nombre* ; que par conséquent, les racines, le tronc, la tête de l'arbre que vous voudriez anéantir, subsisteroient en entier, quand même il faudroit en élaguer quelques branches surabondantes ; 4°. qu'il n'y en a aucune qui soit *ridicule* en elle-même, ni qui puisse l'être dans un Ouvrage de la nature du mien ; qu'elles ne vous ont paru *ridicules* que lorsqu'elles ont porté sur des mots d'un style familier ou populaire, ou peut-être lorsque vous n'en avez pas trouvé le son harmonieux ? Je sais qu'à des esprits d'un certain ordre, les mots de cette espéce peuvent paroître *ridicules* ; c'est peut-être dans ce dessein, que vous avez cité, sans cependant les qualifier, les mots *Damoisel* ou *Damoiseau*, *Bedeau*, *Matamore*, *Pot*, *Marché*, *Marqueur*. J'avoue que je ne puis penser que cette vraie ou fausse délicatesse d'oreille doive être comptée pour quelque chose dans un Ouvrage fondamental sur l'origine des Langues, sur les rapports qu'elles ont entr'elles, sur les mots radicaux qui les ramenent toutes à la Langue Primitive. Le plus grand & le plus méprisable des *ridicules* seroit peut-être de sacrifier le fond des choses par égard pour une sensibilité si puérile.

» L'enthousiasme, l'imagination, l'esprit de systême (1), sont *sans cesse* égarer l'Auteur.. Il ne voit, comme nous l'avons dit, que l'*Agriculture* dans la Mythologie; d'autres, dans ces derniers tems, n'y ont vu que le *grand-œuvre*... Ce sont des écarts de l'esprit humain, qui occupent *un moment* le Lecteur ; mais qui sont bientôt abandonnés, *pour tomber dans l'oubli.* »

Je ne répondrai point à cet amas d'injures: je vous rappellerai seulement que dans vos Extraits, tout infidéles qu'ils sont, vous avez été forcé d'avouer que l'*Agriculture* n'est pas le seul objet que j'ai vu dans la Mythologie. Je vous ai fait remarquer de plus qu'il n'a tenu qu'à vous de voir dans mes explications, le *Commerce maritime* dans l'histoire des *Dioscures*; l'*Astronomie* dans celle de *Mercure* ; & par l'idée que je donne des fables de Poseidon, de Bacchus, de Minerve,

---

(1) Dec. p. 2590.

d'Esculape,

d'Esculape, &c. vous vous feriez convaincu que j'y voyois l'histoire de la *Pêche*, de la *Vendange*, des *Fabriques* & des *Manufactures*, de la *Médecine*, de la *Chasse*, &c.

Je vous ai dit aussi ce que je pense & ce que penseront tous les gens sensés & honnêtes, du rapport exact que vous trouvez entre une foule d'Ecrivains aussi respectables par leur sagesse que par leur savoir, & quelques *Visionnaires* à qui les Ouvrages d'Homère n'ont paru qu'*un corps de doctrine, & une suite de procédés chymiques*. Je ne puis m'empêcher d'ajouter qu'il faut que l'assimilation de Philosophes éclairés, aux *Visionnaires* entêtés du *grand-œuvre*, vous ait paru bien juste, bien agréable, puisque vous y revenez avec tant de complaisance.

A l'égard de l'horoscope que vous faites de mon Ouvrage, on peut, ce me semble, regarder comme une imprudence astrologique, l'assurance que vous donnez au Public que c'est de ces *écarts de l'esprit humain, qui sont bientôt abandonnés pour tomber dans l'oubli*. Il se trouve de tems en tems, pour tous les genres de Littérature, des Astrologues qui réduisant la sphère du Public à la leur, débitent avec confiance des prédictions de l'espéce de la vôtre. *Ne dites point*, avec *l'Abbé de Saint-Pierre, que dans cinquante ans on ne jouera plus les Piéces de Racine* (1). C'est à un Journaliste qui demandoit des régles de conduite, qu'un homme très-supérieur a donné ce conseil. Il est suivi de beaucoup d'autres dont vous croirez peut-être devoir profiter.

» *Sur-tout*, en exposant des opinions, en les appuyant, en les combattant,
» *évitez les paroles injurieuses* qui irritent un Auteur, & souvent toute une
» Nation, *sans éclairer personne*....

» Vous vous garderez bien sans doute de suivre l'exemple de quelques Ecri-
» vains Périodiques, *qui cherchent à rabaisser tous leurs Contemporains*, & à
» *décourager* les Arts dont *un* BON *Journaliste doit être le soutien*....

» *Prouvez solidement* ce que *vous en pensez* (d'un Ouvrage), & *laissez au*
» *Public* le soin de prononcer l'*Arrêt*. Soyez *sûr que l'Arrêt sera contre vous*
» toutes les fois que vous *déciderez sans preuves*, quand même vous auriez rai-
» son ; car *ce n'est pas votre jugement qu'on demande*, mais le rapport d'un pro-
» cès *que le Public doit juger*. »

Ces préceptes sont si sages, que je n'aurois pu mieux faire que de m'y conformer dans cette Lettre, quoique je ne sois point Journaliste. Si, contre mon

---

(1) Œuvr. de M. de Voltaire.

intention, je m'en suis écarté, j'espere qu'on me croira digne de quelqu'indulgence. Je n'ai jamais eu de démêlés littéraires avec personne; ainsi quoique j'ignore votre nom, je puis assurer que je n'en ai jamais eu avec vous. Vous êtes l'aggresseur, & je n'exagererai rien en disant que vous êtes un aggresseur bien amer. Vous vous êtes arrogé le droit de prononcer contre moi le ban de l'*Ostracisme*, moi qui n'ai jamais troublé la République des Lettres, & qui suis bien éloigné de croire que mes Ouvrages puissent exciter l'ambition ou la jalousie de qui que ce soit. Aucun Citoyen, *Hyperbolus* même, a-t-il jamais été banni de la République d'Athènes, au gré des passions d'un seul Citoyen (1)? N'étoit-ce pas un devoir étroit que d'attendre avec respect le jugement du Public?

La sensibilité d'un homme qui cultive les Lettres sans ostentation, sans ambition, sans Prôneurs, peut être portée trop loin, lorsqu'il se voit déchiré avec acharnement au premier effort qu'il fait pour se rendre utile. *Il faut avoir raison & demie quand on attaque*, disoit M. de Mairan pour justifier la vivacité qu'il témoignoit contre un Géomètre célèbre qui l'avoit attaqué. C'est un premier feu que la Nature allume, qu'elle excite, & que la raison ou le mépris n'éteignent que par dégrés.

A présent, Monsieur, que la fureur d'attaquer & le droit de se défendre ont occupé la scène, j'ose me flatter qu'elle n'offrira de votre part & de la mienne que des spectacles plus utiles. Bornez-vous à relever les méprises qui m'échapperont, à m'éclairer sur mes erreurs; je ne combattrai que pour la vérité, jamais pour la victoire, & je publierai mes défaites avec joie, avec reconnoissance.

Je suis, &c. *Paris*, 15 *Juin* 1774.

―――――――――――――――――――――

(1) Plutarque, Vie d'Alcibiade.

DISCOURS PRÉLIMINAIRE.

LE huitieme Printems qui succede aux premiers Essais du Monde Primitif, nous trouve à la fin du huitieme Volume. Nous osons nous flatter que le Public n'aura pas à se plaindre de notre diligence, sur-tout pour des Ouvrages aussi pénibles, dont les matériaux épars dans l'Univers, n'offrent à ceux qui les connoissent le mieux nuls rapports, nulle énergie, nulle liaison avec le grand Tout; où il faut non-seulement, en quelque façon, tout créer, mais le faire d'une maniere qui entraîne, qui convainque : donner à tous, en un mot, les mêmes yeux.

Jusques à présent, nous nous sommes occupés de grandes bases, de principes généraux, de Dictionnaires : laissant pour un moment ces grands objets de côté, nous commençons de mettre sous les yeux de nos Lecteurs une suite de Dissertations ou d'Essais variés sur diverses Questions Mythologiques, Allégoriques, Historiques, Chronologiques, Critiques, &c. Etroitement liées à nos Recherches & à nos Principes, leurs développemens deviendront autant de bases pour les objets qui nous restent à traiter; sur-tout, ils dégageront l'Histoire Primitive d'une multitude de questions qui en romproient continuellement le fil, qui en diminueroient par-là même l'intérêt & la force.

Ce Volume contient donc nombre de Dissertations détachées; remplies de Recherches Historiques, Géographiques, Blasoniques, Numismatiques, de Langues, &c. curieuses par leur ensemble & par leur variété, riches en détails, piquantes par leur utilité, encore plus que par leur nouveauté & par les perspectives inattendues & agréables qu'elles ne cessent d'offrir.

En les parcourant, on s'assurera des lumieres qui résultent de nos grands Principes sur une foule prodigieuse d'objets qui sembloient ne tenir à rien, être l'effet du caprice ou du hasard, n'être d'aucune conséquence pour le Monde Primitif : on verra que rien n'est étranger à nos Recherches ; & que nos Principes sont un flambeau qui répand le plus grand jour sur les objets qu'on croyoit les plus obscurs, les moins explicables.

Tout n'est pas de nous dans ce Volume : nous avons été assez heureux pour recevoir de mains étrangères & amies, quelques Morceaux intéressans & très-bien faits que nous avons pu insérer ici : nous y avons joint des Attaques & des Répliques, enfin l'Analyse d'un Ouvrage imprimé en Italie, & qui rentre absolument dans une partie de nos Principes.

Nous espérons donc que ce premier Volume de Dissertations ne paroîtra point inférieur aux autres Volumes du Monde Primitif : qu'il réveillera l'attention du Lecteur fatigué par les Dictionnaires qui ont déjà paru & satisfait de la variété qui régne ici : mais entrons dans quelque détail.

I.

Ce Volume s'ouvre par une revue générale du Monde Primitif. Ceux qui ont déjà quelque connoissance de nos Principes, en trouveront ici une récapitulation qui leur en fera mieux sentir la force. Ceux qui n'en ont aucune connoissance, & qui voudront s'en former une idée, verront d'un coup-d'œil ce que nous avons déjà publié. Tous y trouveront ce qui nous a amené à la découverte du Monde Primitif : les avantages que nous avons eus à cet égard; sur-tout, comment des malheurs qui sembloient devoir nous en éloigner sont devenus la source de nos connoissances, & les ont dégagés de cette roideur qui n'est que trop l'appanage de ceux qui n'ont pas été éprouvés comme les cailloux dans les torrens.

Nous nous proposons de publier ainsi de tems en tems des résumés rapides des divers objets dont nous nous occupons, afin qu'on en puisse mieux saisir l'ensemble, & s'en former de plus justes idées.

I I.

Dans l'Essai qui suit, nous offrons le Tableau de la Population & des grands Travaux des Sociétés dans l'Asie Occidentale, au moment où parut Nabuchodonosor, le premier Conquérant connu. Nous suivons ce Prince dans ses diverses expéditions jusqu'en Espagne, où nous prouvons qu'il a été; nous faisons voir les motifs même qui l'y amenerent. Nous montrons quel fut le nom primitif de cette Contrée Européenne dans la Langue des Phéniciens & dont celui d'*Hespérie* ne fut que la traduction. Cette découverte, car ce nom avoit échappé à tous nos Savans, & ils n'avoient pas même cru à l'expédition de Nabuchodonosor en Espagne, nommément Bochart, qui par des raisons peu dignes de lui, la met au rang des Fables; cette découverte, disons-nous, nous conduit à d'autres, sur-tout à montrer que les Phéniciens faisoient le plus grand commerce autour de l'Afrique; qu'ils étoient eux-mêmes divisés en Iduméens qui naviguoient sur tout ce qu'on appeloit *Mer Rouge*, & qui embrassoit la Mer des Indes: & en Phéniciens qui naviguoient sur la Méditerranée & sur l'Océan. Nous montrons qu'ils connurent de bonne-heure & la Boussole & l'Amérique: ce en quoi nous nous trouvons encore fort opposés, comme nous nous en appercevons dans ce moment, à Bochart en particulier, dont toute la Critique est absolument en défaut à cet égard.

Revenant au Conquérant Babylonien, nous faisons voir comment ses succès devinrent la source de la ruine de ses Etats & de sa propre Famille; & par des moyens qui avoient échappé à tous les Chronologistes & les Historiens, nous démontrons l'harmonie qui régne entre l'Histoire Sacrée & la Profane, au sujet des derniers Rois de Babylone: & sur-tout, ce point capital, que le Belsasar de Daniel ne fut point le dernier de ces Princes, comme plusieurs Savans l'avoient soupçonné, & entr'autres Dom CALMET dans son Histoire du Vieux & du Nouveau Testament. Nous montrons qu'il eut même trois Successeurs avant que Cyrus se rendît Maître de Babylone.

III.

Dans l'Essai sur le Blason & sur les Symboles des Anciens, nous faisons voir, contre l'opinion commune, que notre Blason est antérieur aux Croisades: qu'il fut toujours relatif aux Tournois, & de la plus haute Antiquité: comment il fut pris dans la Nature, & nécessaire, comment il est lié à la félicité des Peuples: allant plus loin, nous prouvons que le nom même du *Blason* & ceux de ses couleurs, tels que *Gueule, Sinople*, &c. sont des mots Orientaux parfaitement assortis à leur nature: nous faisons voir à qui appartenoient & en quoi consistoient les droits d'Armoiries, de Couleurs, de Généalogie, de Bouclier, d'Enseigne, de Monnoie.

Sur chacun de ces articles, nous avons occasion de dire des choses neuves & instructives, en particulier sur les Armes parlantes & sur les Symboles armoriaux de l'Antiquité, suivant qu'ils furent relatifs à l'Agriculture, aux Vignobles, au Commerce maritime, &c: aux trois grandes Divinités sur-tout Protectrices de l'Univers, &c: en particulier les Symboles des Villes de Sicile, de l'Egypte & des Villes sacrées.

PRÉLIMINAIRE.

Dans la deuxieme Partie, nous traitons des Couleurs du Blafon, de leurs rapports avec les Saifons, les Planettes, la vie de l'Homme : du Droit ancien & primitif de colorer fon corps, puis le bouclier, puis fon habit & fa maifon, puis fon char doré, &c. Nous parcourons enfuite divers points relatifs aux Armoiries Nationales ; nous expliquons un paffage de Nahum qu'on avoit abfolument brouillé : nous traitons des Hérauts d'Armes : nous prouvons que les Hébreux en avoient, & fous quels noms ils les défignoient, ce qu'on n'avoit pas même foupçonné : nous traitons du Cri d'Armes & des Ordres de Chevalerie.

La troifieme Partie roule fur le droit de Monnoie & fur fon origine : nous prouvons que l'antiquité de la Monnoie remonte au tems d'Abraham, à celui même des premiers Etats de l'Afie : qu'elle n'eut pendant long-tems d'autre marque que les Symboles des Nations qui la frappoient, & celui de leur Divinité-Patrone. Nous indiquons les premiers Mortels qui oferent fe fubftituer ici à la place de la Divinité : & nous montrons qu'il exifte encore des Médailles de l'ancienne Egypte, inconnues jufqu'à préfent, parce qu'on y cherchoit des effigies de Rois qui ne pouvoient y être.

IV.

A la fuite de l'Effai fur le Blafon, marchent naturellement diverfes recherches fur les Noms de Familles : nous en montrons l'origine & l'excellence : nous donnons l'étymologie des Prénoms Romains, les plus connus : nous prouvons qu'ils étoient relatifs à ce Peuple Agriculteur, & l'Antiquité de ceux-là dans l'Europe moderne ; nous avons enfuite raffemblé fous plus de vingt Chefs ou titres, une multitude de Noms François, tous fignificatifs ; & nombre d'autres qui le font dans des Langues plus anciennes, où ils prirent naiffance. Ces Tableaux font entierement neufs ; on n'avoit rien vu jufqu'à préfent dans ce genre.

V.

Le Bouclier chanté par Homere, avoit toujours paru une énigme dont on ne pouvoit deviner le nœud, ni quel art secret en avoit lié tous les Tableaux : après avoir rapporté ce texte en Langue originale, & l'avoir accompagné d'une Traduction à notre maniere, nous faisons voir que c'est la peinture de l'Année Grecque, mois par mois, en commençant avec les mois des Noces ou de Janvier : ce morceau devient ainsi un supplément à notre Histoire du Calendrier.

Nous en disons de même du Bouclier chanté par Héfiode. Il présente le Calendrier Grec, pourvu qu'on rétrograde d'un mois, & qu'on commence au Solstice d'Hiver. Nous prouvons en même tems que celui-ci est plus ancien que celui d'Homere; & que ce dernier luttant avec son devancier, a su, en imitateur habile, l'emporter sur lui à tous égards.

V I.

Viennent ensuite quelques Morceaux non moins neufs, relatifs au Génie symbolique & allégorique de l'Antiquité. Le premier est l'Explication du *Jeu des Tarots*, jeu fort connu en Italie, en Provence, en Allemagne, &c.

Nous prouvons que c'est un Livre Egyptien dans lequel ce Peuple nous a transmis ses idées civiles, politiques, religieuses; que c'est un emblême de la vie, & qu'il est devenu l'origine de nos Cartes à jouer, des Espagnols premierement, pour remplacer celles-là qu'on défendoit séverement comme magie noire; & des Françoises ensuite : qu'ainsi nos Cartes à jouer se traînent de loin sur les traces de ce Peuple savant & ingénieux; ce qu'assurément qui que ce soit n'avoit soupçonné, tant on étoit convaincu que cette invention étoit moderne, & que l'Antiquité n'offroit rien de pareil.

PRÉLIMINAIRE.

VII.

Cette Explication eſt accompagnée d'une Diſſertation très-intéreſſante, qu'on s'eſt fait un plaiſir de nous fournir, ſur la maniere dont les Sages ou Mages d'Egypte appliquoient ce jeu à la Divination, & comment cet uſage s'eſt perpétué même dans nos Cartes à jouer, calquées ſur celles-là.

VIII.

Nous faiſons voir enſuite que l'Antiquité appliqua à la Légiſlation la célébre Formule de SEPT, qui ſervoit de baſe à toutes les Sciences : qu'il en réſulta une Galerie de ſept Rois, dont les attributs & les actions peignoient tout ce qui eſt néceſſaire pour un Gouvernement bien conſtitué, & que cette Galerie s'évanouiſſoit par un grand coup de Théâtre dans lequel périſſoit le dernier Prince, & s'éteignoit la Royauté : car il falloit bien un dénouement à cet enſemble de prétendus faits hiſtoriques. Cette ſuite de Tableaux que perſonne non plus n'avoit ſoupçonnée, nous la montrons chez les Japonois, les Egyptiens, les Troyens : nous démontrons par le fait, que les Romains la confondirent avec leurs ſept Rois, & qu'ils en ont calqué l'hiſtoire, les noms & les inſtitutions exactement ſur cette ſuite philoſophique, ſans qu'elle y ſoit jamais en défaut : nous prouvons même que la durée chronologique de ces ſept Rois, & qu'on diſoit être de 245 ans, ce qu'aucun Savant n'avoit pu admettre, eſt une durée mythologique formée des deux nombres ſacrés cinq & ſept, multipliés l'un par l'autre.

Cet accord de tous les Peuples devient un exemple frappant du Génie allégorique & ſymbolique des Anciens, & de leurs leçons ingénieuſes ſur les objets les plus relevés : il fait honneur à leurs Sages & à leurs Légiſlateurs, & prouve que la ſcience &

non l'ignorance dirigeoit alors les Etats : tandis que la maniere dont nos grands Principes fur le Monde Primitif fe développent & donnent l'intelligence d'une multitude d'objets qu'on avoit fous les yeux fans y rien voir, devient une démonftration de leur bonté, & de leur certitude.

IX.

Nous avons réuni ici trois Morceaux qui ne font point de nous, mais qui tiennent étroitement à notre Ouvrage.

1. La Critique de nos Vues allégoriques, qui parut dans le dernier Mercure de Janvier 1780, fous le nom de F. PAUL, Hermite; & qui eft de M. de la Br. Cet agréable Ecrivain trouvera par les Differtations que nous venons d'analyfer, que nous ne nous fommes guères corrigés.

2. La Réponfe que M. Pr. y fit dans le Journal de Paris peu de jours après.

3. Celle de M. de la D. fous le nom de F. *Pacôme*, Hermite de la Forêt de Sénars, & inférée dans un des Mercures du mois de Février même année.

Ces Morceaux font d'autant plus intéreffans qu'ils répandent un grand jour fur le Génie Symbolique des Anciens, & fur fa certitude. Le Critique croyoit qu'on pouvoit appliquer avec le même fuccès, à toute Hiftoire Nationale, la méthode que nous fuivons pour expliquer l'Hiftoire Mythologique, méthode qui feroit par-là même abfolument illufoire; ce qui étoit peut-être la feule objection raifonnable à faire. Ceux qui nous ont fait l'honneur de prendre notre défenfe, ou plutôt celle de nos Principes, montrent parfaitement ce qui diftingue l'Hiftoire, de la Mythologie, hiftorique en apparence, & comment une méthode qui feroit très-agréable & très-bien vue pour expliquer la Mythologie, devient néceffairement abfurde, dès qu'on l'appliquera à l'Hiftoire.

X.

X.

Nous avons fait suivre ces réponses d'une autre que nous fîmes à la Critique d'un Journaliste qui attaqua notre Etymologie du mot VÉRITÉ, comme n'ayant aucun rapport au mot VAR, VER, eau; qui nie même que ce dernier mot ait présenté l'idée d'eau, & qui ajoute qu'il l'avoit inutilement cherché dans la Langue Hongroise, où il ne signifie que Ville. L'espérance seule de faire goûter à ce Journaliste des Principes que notre réponse devoit lui rendre plus sensibles, nous engagea à cette discussion : nous n'y aurons point de regret si notre but est rempli.

Nous prouvons par une multitude d'exemples : 1°. que ce mot est le nom d'une multitude de rivieres.

2°. Qu'il a formé une Famille *Hongroise* très-remarquable avec l'idée d'eau : ce que le Critique auroit vu comme nous s'il avoit connu les principes de l'Etymologie & les loix sur lesquelles elle est fondée.

3°. Que *Var* n'a signifié Ville en Hongrois, que parce qu'il signifioit déjà eau : tous les lieux dans le nom desquels entre ce mot étant sur des Eaux, certainement plus anciennes que les Villes.

Enfin, que l'Eau ou *Var* étoit le seul objet physique dont on pût dériver le nom métaphysique & figuré de la vérité : tous deux désignés par l'idée de *miroir*, par l'idée d'un miroir *fidèle* & naïf, par celle de clarté, de pureté, de fraîcheur, d'évidence.

Nous pouvons dire que les Principes du Monde Primitif sont comme ces rocs contre lesquels viennent se briser les vagues de la mer : & qu'il est plus digne des Savans de s'en pénétrer & de travailler à les perfectionner, car la carriere est immense, que de chercher à les renverser : c'est parce que nous avons vu qu'avec eux nous serions invulnérables comme Achille, que nous n'avons pas craint de nous livrer à des recherches qui devoient naturelrellement mettre tout le monde contre nous, si nous n'avions pas, comme on dit, raison & demie.

X I.

Nous avons placé à la suite, la Famille du mot Pot, qui désigne tout ce qui est élevé & profond, puissant, &c. Famille riche en noms Mythologiques, en noms Sacrés, en noms de grands Fleuves, de grands Lacs, en noms de Montagnes, de Châteaux, de Ponts, &c. Et même en mots Américains répandus dans tout ce nouveau Monde.

On voit ici un exemple instructif & frappant de l'utilité dont seroit notre Dictionnaire Comparatif des Langues de l'Univers, distribué par grandes Familles : car il n'est aucun mot Primitif qui ne pût présenter les mêmes résultats & le même intérêt.

On y voit aussi la preuve de ce grand principe, que chaque mot radical prend toutes les voyelles successivement pour diversifier ses dérivés, & nommément les voyelles nasales : principe qu'on méconnoît trop, & que des Gens de Lettres ne devroient jamais contester pour leur propre gloire. Ne sait-on pas qu'en tout genre, il est des objections & des questions qu'il n'est pas honorable de faire, lorsqu'on est parvenu à un point où l'on est censé ne devoir pas ignorer ces choses ?

X I I.

La Dissertation qui suit cette Famille n'est pas de nous : c'est une Lettre que nous reçûmes lorsque notre premier Volume eut paru : elle étoit relative à un très-grand Ouvrage que l'Auteur de ce Mémoire préparoit depuis long-tems sur l'Histoire physique de la Terre : étonné des rapports qu'il appercevoit entre les résultats de nos Recherches sur les Allégories & ceux où il étoit parvenu d'après la connoissance physique du Globe & de ses révolutions, il nous exhorte à continuer courageusement nos Recher-

PRÉLIMINAIRE.

ches, & à diriger de ce côté nos Etymologies Géographiques & notre Explication des Fables; à réunir celles de tous les Peuples en un Dictionnaire raifonné, fans omettre aucun Dieu, aucun Héros, aucun Roi, aucune Nymphe, &c.; à accélérer le Dictionnaire de la Langue Primitive, &c. Ce Savant comprenoit parfaitement que fans la connoiffance des mots, on ne peut avancer dans celle des chofes.

Ce Morceau ne peut donc qu'intéreffer ceux qui ont adopté nos Principes, & ceux qui s'appliquent à l'Hiftoire phyfique du Monde, & dont le nombre eft déjà très-grand : il entre d'ailleurs dans notre Plan, puifque les Origines & les Développemens du Monde Primitif ne peuvent être complets fans renfermer les grandes découvertes relatives à cet objet, comme on l'a déjà vu dans nos Profpectus.

XIII.

Un Effai fur les Rapports de la Langue SUÉDOISE avec toutes les autres, paroît enfuite. Nous le compofâmes, il y a quelques années, pour faire fentir à MM. les Savans du Nord, la beauté, la fimplicité, la fécondité des Principes du Monde Primitif, & combien ils répandoient de jour fur leur propre Langue, enforte qu'il falloit qu'ils renonçaffent à tous leurs principes, ou qu'ils adoptaffent les nôtres. Les réfultats en font en même tems de nature à être bien reçus de nos Lecteurs.

C'eft ainfi que nous ferions à même de faire paroître des morceaux pareils fur la Langue Angloife, fur l'Allemande, fur celle des Troubadours, fur les Efclavonnes, fur diverfes Langues d'Afie, &c. qui exiftent déjà dans nos immenfes matériaux. Celui fur la Langue Angloife en particulier fut fait également pour montrer aux Savans de cette Nation, la beauté des Principes Etymologiques du Monde Primitif, & pour leur ôter tout fujet d'objection, en prenant nos exemples dans leur propre Langue, sur laquelle il n'étoit pas possible de leur faire illusion.

XIV.

Passant les Mers, nous transportant dans le Nouveau Monde, nous donnons ici l'Analyse des grandes Langues qu'on y parle d'un Pôle à l'autre. Les Eskimaux, les Illinois, les Chipéways, les Neudewossies, les Abenaquis, les Virginiens, les Charaïbes, les Galibis, les Méxicains, les Péruviens, ceux du Chili & de la Californie, tous les habitans des Isles éparses dans la vaste Mer du Sud, se présentent successivement à nous : tous nous offrent dans leur Syntaxe & dans leurs mots, des rapports immenses avec toutes les Langues connues de l'Ancien Monde : toutes viennent se réunir à la Langue du Monde Primitif, avec une simplicité, une énergie, une abondance prodigieuse. Les trois Mondes concourent ainsi pour attester la vérité de nos principes, & pour l'attester d'une maniere étonnante. On ne pourra assez admirer les rapports de mots & d'idées qu'offrent toutes ces Langues d'Amérique, avec les idées & les mots de nos Langues. C'étoit un spectacle à présenter à nos Lecteurs, d'autant plus beau qu'on n'en avoit aucune idée.

Le premier Essai que nous fîmes dans ce genre, il y a quelques années, fut à la réquisition d'un Savant Evêque, M. de N. de L. Nous l'étendîmes ensuite pour plaire à un de nos Amis. C'est de-là que nous le reprenons, & que le quadruplant, nous en parlons pour la premiere fois dans le Monde Primitif.

Quelque étendus que soient ces rapports, nous aurions pu en ajouter un plus grand nombre ; mais nous nous sommes lassés de copier : & ce n'est pas un volume que nous voulions faire.

On y verra combien nous ont été utiles les dernieres découvertes faites dans cette Partie du Monde : on diroit que leurs illustres Auteurs ont été dans ces Contrées lointaines pour concourir à la formation de notre grand Ouvrage, qui a besoin de

PRÉLIMINAIRE.

tout ce qui exiſte afin de s'arrondir, & que ſes diverſes parties puiſſent ſe développer de la maniere la plus ſatisfaiſante.

Ce Tableau devient une des plus grandes preuves de l'excellence de nos Principes, qu'aucune Langue ne peut s'y refuſer, & qu'il faut, ou adopter ces principes, ou ſe diſpenſer d'en parler, non plus qu'un aveugle des couleurs.

On verra ſur-tout dans cet Eſſai que l'Amérique s'eſt peuplée par divers endroits; la ſeptentrionale par la Tartarie: la méridionale par le midi de l'Aſie & de l'Afrique: les Iſles du Golfe du Méxique, peut-être par le couchant de l'Europe.

On verra, non ſans ſurpriſe, que les mêmes noms de chiffres en uſage dans preſque tout l'Ancien Monde, le ſont également dans toutes les Iſles au midi des deux Hémiſpheres du Globe, dans ces Iſles qui ſont au midi de l'Aſie, de l'Afrique & de l'Amérique: & diverſes preuves que les Phéniciens ont navigué dans ces mers.

On y admirera ſur-tout une foule de noms relatifs aux Arts dans ces Iſles, dans le Pérou, &c. qui ſont abſolument Orientaux, quelle qu'en ſoit la cauſe.

X V.

A la ſuite de cet Eſſai, eſt l'Explication d'un Monument unique qu'on a découvert ſur un rocher de l'Amérique ſeptentrionale, au bord d'un beau fleuve, & qui nous a été fort heureuſement envoyé d'Amérique par de Savans Correſpondans, depuis le commencement de l'impreſſion de ce Volume: il ſemble arriver du Nouveau Monde tout exprès pour confirmer nos vues ſur l'ancienne communication de l'Ancien & du Nouveau Monde. Nous l'avons fait graver avec la plus grande exactitude. On y verra de la maniere la plus vraiſemblable, nous dirions preſqu'évidente, que c'eſt un Monument Phénicien, & ſans doute Carthaginois, diviſé en trois Scènes, une paſſée, une préſente, une future.

La préſente, ſur le devant du Tableau, déſigne une alliance

entre les Peuples-Américains & la Nation Etrangere. La Scène passée, repréfente ces Etrangers comme venant d'un pays riche & induftrieux, & comme ayant été amenés avec le plus grand fuccès par un vent du Nord.

Les Symboles & les Caracteres alphabétiques de ce Monument fe réuniffent pour prouver que ce font des Carthaginois : & puis en réfléchiffant un peu, on n'eft pas plus étonné de voir ce Peuple dans ces Contrées, que d'y trouver des Iflandois & des Gallois aux Xe. & XIe. fiècles, & Colomb au XVe.

XVI.

Nous terminons ce Volume par l'Analyfe d'un Ouvrage imprimé depuis peu à Milan fur les Devoirs de l'homme envers lui-même & envers la Société comme Citoyen, comme Propriétaire, comme Notable, comme Souverain, &c. Cet Ouvrage que nous n'avons connu qu'après avoir compofé les Vues Générales fur le Monde Primitif, qui font à la tête de ce Volume, rentre fi parfaitement dans les principes politiques & moraux du Monde Primitif, que nous nous fommes fait un plaifir de l'analyfer comme un Supplément à ce que nous avons dit fur ces objets dans ce premier morceau, d'autant plus heureux, qu'il venoit d'une main étrangere. Il offre en même tems une idée de la nature & de l'utilité dont pourroit être la Bibliothéque Etymologique & raifonnée que nous annonçâmes dans notre Profpectus comme un Complément de nos Recherches.

Des Étymologies contenues dans ce Volume.

La Science Etymologique fans laquelle nous croyons qu'aucune connoiffance réelle ne peut exifter complettement, nous accompagne par-tout dans ce Volume, pour mettre le fceau aux vérités que nous y propofons, pour en achever la démonftration, pour faire voir comment les Noms même furent faits pour les choses, & que ces deux objets marchent toujours d'accord & d'un pas égal : ce qui est incontestablement le complément de toute la science.

Les Etymologies sont dans ce Volume aussi variées que les sujets qui y sont traités : sans parler de celles qu'offrent les Dissertations sur les Langues, les autres en contiennent un grand nombre que personne n'avoit jamais pensé à analyser. On trouvera donc ici la signification d'une multitude de *Noms* de Lieux, Fleuves, Montagnes, &c. de l'Asie : l'Etymologie du Nom du *Blason*, celles de ses *couleurs*, telles que *gueule*, *sinople*, &c. sur lesquelles on n'avoit fait que balbutier : celles de nombre de mots relatifs aux *Monnoies*, aux noms des *Hérauts* : celles des *Prénoms* Romains dont personne ne s'étoit avisé de chercher l'origine : jusques aux noms des Rois de *Troie* : le Nom Primitif & Oriental de l'*Espagne*, inconnu même à tous les Savans jusqu'aujourd'hui : d'autres Etymologies résultantes de celles-là : celle de *Lacinia*, surnom donné à Junon de Crotone : celui de *Lapithes*, ennemis des Centaures : même des Noms Américains, tels que *Caraïbes*, *Apalaches*, *Incas*, *Taïti*, &c. Ce sont de vraies conquêtes faites sur l'ignorance & sur la barbarie.

Objets divers.

Accoutumés à rendre compte au Public des divers événemens relatifs à nos recherches, & qui arrivent dans l'intervalle d'un volume à l'autre, nous ne saurions nous dispenser d'entrer aujourd'hui dans un détail aussi intéressant pour nous, & auquel le Public daigne applaudir.

L'Académie Françoise nous a décerné une seconde fois le Legs annuel de feu M. le Comte de *Valbelle*. Le compte qui en a été rendu dans le Mercure, nous exempte d'entrer ici dans d'autres détails, mais non de témoigner publiquement notre reconnoissance à M. Garat, qui par des motifs des plus flatteurs pour nous, s'est défisté de ce que l'Académie venoit de lui décerner.

M. le Garde des Sceaux, & M. de Neville, Maître des Requêtes & Directeur général de la Librairie, nous ont honoré, de leur propre mouvement, du titre de Censeur Royal. Nous l'avons regardé comme une approbation flatteuse que le Chef de la Magistrature donnoit à nos travaux. Ils nous ont fait en même tems mettre au nombre de ceux qui travaillent à un Dictionnaire des Sciences & Arts, distribué par matieres. Celles qu'on nous a assignées se rapportent à la nature de nos recherches ; ce sont les Antiquités, la Chronologie, les Médailles, les Inscriptions, la Divination & ses diverses branches; l'Explication des Fables ou de la Mythologie, l'Etymologie relative à ces Objets. La plupart de ces matieres ont jusques ici presque toujours manqué aux ouvrages de cette nature; elles méritent cependant d'autant plus l'attention des Gens de Lettres, que ces objets forment une des grandes bases de toute connoissance : nous tâcherons de nous en acquitter d'une maniere qui réponde à ce qu'on veut bien attendre de nous à cet égard.

Une Société nombreuse de Sciences, Lettres & Arts, nous a honoré pour l'année de la qualité de son Directeur. La Correspondance vaste & bien choisie qu'elle commence d'établir dans tous les Pays où l'on a quelque goût pour les Lettres, ne peut qu'étendre le nombre de nos propres Correspondans : & les lumieres qui en résulteront devenant les nôtres, la masse de nos matériaux en sera plus considérable, & nos Ouvrages plus utiles.

C'est au zèle de nos Correspondans d'Amérique que le Public doit le Monument Phénicien que nous publions dans ce Volume.

D'autres nous ont envoyé divers Vocabulaires, en particulier le R. P. Gaignard de l'Oratoire : M. Muret, Doyen des Pasteurs à Vévay en Suisse : M. l'Abbé Clément, Curé dans le Valais.

M.

PRÉLIMINAIRE.

M. BIGNON nous a communiqué la Grammaire de la Langue du BENGALE, que les Anglois ont fait imprimer dans cette contrée des Indes : ouvrage précieux, dont nous rendrons compte quelque jour.

M. le Comte de SARSFIELD, tout ce que sa Bibliothéque contient de livres rares sur les Langues & sur l'Histoire du Nord.

M. le Marquis de SAINT SIMON nous a fait divers envois très-précieux en livres rares sur les Langues & les Antiquités.

Ainsi s'augmente sans cesse la masse de nos livres & de nos manuscrits, nécessaires pour agrandir nos recherches & accélérer nos travaux.

Dictionnaire des Racines Latines, in-8°.

Depuis notre dernier Volume, nous avons publié le Dictionnaire Etymologique des RACINES Latines, in-8°. Ouvrage qui manquoit aux Lettres, & sur-tout aux Jeunes Gens.

Le Public, à la vérité, étoit déjà en possession de divers Ouvrages sur les Racines Latines : tels ceux de M. FOURMONT, de M. DANET, & en dernier lieu d'un R. P. de l'Oratoire.

On avoit donc vivement senti la nécessité de ramener les mots Latins à un certain nombre de mots simples & primitifs qui deviennent la clef de tous les autres. Cette Méthode est en effet la seule à suivre pour saisir l'ensemble des mots d'une Langue : mais outre que la plupart de ces Recueils sont en vers, ils ne sont point Etymologiques, ce qui est un défaut ; 1°. parce que par-là on est forcé de multiplier beaucoup trop le nombre des radicaux, ensorte qu'on manque son but, du moins en grande partie : 2°. parce qu'on n'y voit point l'origine de ces mots radicaux, ni leur rapport avec la Nature & avec les autres Langues, ce qui les rend moins utiles & moins satisfaisans.

Notre Dictionnaire des Racines Latines réunit au contraire

tous ces avantages. D'un côté, le nombre des radicaux y eſt réduit au moindre nombre poſſible : de ceux-ci on en voit dériver d'autres qui deviennent à leur tour l'origine de tous les Dérivés Latins. D'un autre côté, on y apperçoit l'origine de chaque mot radical, ce qui eſt un grand avantage; & on y trouve les rapports de ces mots avec les autres Langues, ce qui eſt auſſi d'une très-grande utilité.

A la tête, nous avons mis un diſcours préliminaire ſur la formation des mots; ſur les initiales de la Langue Latine & ſur ſes terminaiſons. Nous diſtribuons celles-ci ſous un certain nombre de claſſes qui ſe rapportent à autant de mots primitifs, dont elles empruntent toute leur force. Ce Diſcours renferme des détails qui ne ſont pas dans notre grand Ouvrage.

Il n'y a donc point de doute que ce Dictionnaire des Racines ne ſoit inſenſiblement reçu comme claſſique. Déjà l'UNIVERSITÉ de Paris, bon Juge ſur ces matieres, a bien voulu en recommander l'uſage à MM. les Profeſſeurs de ſon Corps : un ſuffrage auſſi glorieux ne peut que nous concilier tous ceux de la Nation.

Grammaires & Dictionnaires Grecs à publier.

Encouragés par ces ſuccès, nous nous propoſons de donner un Dictionnaire ſemblable *in*-8°. pour les Racines de la Langue Grecque : il paroîtra en même tems que le Dictionnaire Etymologique de cette Langue, que nous avons déjà annoncé par Souſcription.

Ces Ouvrages ſeront précédés cependant des Grammaires Françoiſe, Latine & Grecque, auxquelles nous allons mettre la derniere main. Nous ne négligerons rien pour qu'elles ſoient véritablement utiles à la jeuneſſe; & qu'en réduiſant les régles de ces Langues au plus petit nombre poſſible, on en connoiſſe beaucoup mieux le génie, & on en ſente mieux la beauté : nous n'épargnerons ni ſoins ni peines, ni avances pour répondre à ce qu'on attend de nous, & pour remplir tout ce qu'exige la carriere à laquelle la Providence semble nous avoir conduits elle-même.

De quelques Ouvrages relatifs aux nôtres.

Tel est le titre heureux de notre Ouvrage, tels sont les succès de ses diverses parties, que des Hommes de Lettres empruntent notre titre, que d'autres imitent nos vues au point de se faire confondre avec nous: il est donc juste que nous donnions ici les éclaircissemens nécessaires, afin que chacun jouisse du fruit de son travail.

I.

Des Papiers publics nous ont attribué d'être au nombre des Gens de Lettres qui font l'Histoire des hommes, & qui l'ont commencée par celle du *Monde primitif* : on nous a même écrit de divers pays à ce sujet, afin de savoir à quoi s'en tenir. Les uns & les autres nous font trop d'honneur : nous ne sommes pour rien dans cet Ouvrage; notre plan nous occupe assez sans embrasser des objets étrangers : il est vrai que nous avons annoncé une Histoire du Monde Primitif comme faisant une partie essentielle de nos Recherches, mais sur-tout comme devant terminer ces travaux, ceux-ci seuls en peuvent être la base; sans cela, elle seroit prématurée, elle ne pourroit offrir que des objets isolés, le vuide des déserts : aussi celle-ci ne nous empêchera point, malgré le mérite qu'elle peut avoir, de publier la nôtre quand il en sera tems.

L'Histoire ne doit être en effet que le résultat des documens, des connoissances, des travaux des hommes; sans cela, elle n'offre qu'un Roman, ou que des Fragmens incohérens : comment donc réussir dans l'Histoire primitive, si on ne s'est pas donné le tems de rassembler auparavant toutes les connoissances nécessaires pour la connoître & pour la développer; sans avoir réuni tous les faits, toutes les traditions, tous les monumens; sans s'être mis en état de les entendre, de les comparer, de les éclaircir ; sans avoir démêlé le vrai du faux, le figuré du propre, l'allégorique de l'historique ; sans s'être armé de toutes les reſsources d'une Critique ſage & modérée qui d'un coup d'œil fait diſtinguer le vrai du faux, & ne ſe faire que des principes lumineux qui ne puiſſent jamais tromper, ſur-tout qui puiſſent concilier toutes les vérités ? Juſques alors on n'aura rien de complet, rien qui réponde à la grandeur de l'Annonce.

2.

Un de nos correſpondans excellent Ami, dans les mains de qui eſt tombé le Proſpectus d'un Ouvrage intitulé l'*Antropologie*, a trouvé de ſi grands rapports entre les objets qui y ſont annoncés, & ce que nous avons déja publié, qu'il a cru que c'étoit un Abrégé de notre Monde Primitif, & que c'étoit nous-mêmes qui préſidions à cet Abrégé. Il nous a en conſéquence adreſſé diverſes Remarques relatives à cette Annonce : la plupart ſont très-fondées, très-lumineuſes, & nous ont fait le plus grand plaiſir ; mais nous ne connoiſſons point cet Ouvrage, nous n'avons point vu ce Proſpectus : nous doutons que des perſonnes honnêtes aient voulu courir ſur nos briſées, & donner des Abrégés prématurés de notre Ouvrage, qui nous ôtaſſent les moyens de continuer une entrepriſe auſſi diſpendieuſe que pénible, & qui exige le concours le plus ſoutenu pour la Souſcription. Si au contraire les Auteurs de cet Ouvrage n'ont fait qu'adopter nos principes pour élever deſſus un édifice différent, alors leur travail nous devient fort honorable & rentre dans les vues qui nous porterent à publier ces Principes, & nous aimons mieux croire que telle eſt la marche que tiennent ces Auteurs.

Fin du Diſcours préliminaire.

TABLE
DES OBJETS CONTENUS DANS CE VOLUME.

Vue générale du Monde Primitif.	I
De l'Annonce du Monde Primitif.	iij
De nos premieres Etudes.	v
Nécessité de les refondre.	x
Analyse des Volumes qui ont déjà paru.	xxvij
De ce qui reste à publier sur les Langues.	lij
— Sur l'Antiquité allégorique.	liv
— Sur l'Antiquité historique.	lvj
Heureux effets de l'Ordre.	lxvj
Des Systêmes.	lxx

ESSAI D'HISTOIRE ORIENTALE
Pour les VIIe et VIe Siècles avant J. C.

Article I. Nabuchodonosor monte sur le Trône.	1
II. Description de l'Asie Occidentale.	2
Etat actuel de ces Contrées.	29
III. Princes contemporains.	30
IV. Regne de Nabuchodonosor.	34
V. Sa Conquête de l'Espagne.	40
Nom ancien de ce Pays.	41
— Connu d'Homère.	46
VI. Voyages des Phéniciens.	49
S'ils ont connu la boussole.	54
& l'Amérique.	57
Leur origine.	59
VII. Fin de Nabuchodonosor.	62
Funestes effets de sa gloire.	65
VIII. Des Scythes, Chinois, &c. à cette époque.	70
IX. Regne d'Evilmérodac.	73

Art.	X & XI. *De deux de ses successeurs.*	74
	XII. *Nitocris & Nabonadius.*	76
	Bataille de Thymbrée.	79
	XIII. *Histoire Sacrée & Histoire profane, conciliées sur ces derniers Rois de Babylone.*	83
	XIV. *Des Prophetes de cette époque.*	94
	XV. *Explication des noms de lieux, Fleuves, Montagnes, &c. compris dans la Carte de l'Asie Occidentale.*	108
	Du Royaume de Juida, en addit.	116
	Des Menins.	121
	Conquête de la Médie par Cyrus, &c.	125

DES SYMBOLES, DES ARMOIRIES
ET DU BLASON DES ANCIENS.

	Introduction.	125
Part.	I. Des Symboles Armoriaux, & du droit de Bouclier.	129
Article	I. *Monumens antérieurs au XIe siecle,*	ib. 333
	II. *Origine du droit d'armoiries.*	133
	Du mot Gens*, & de ses Privileges.*	ib.
	Du droit d'Insignia chez les Romains & les anciens Peuples.	136
	III. *Droit de Bouclier.*	143
	Insignia & Arma, synonymes.	146
	IV. *Origine des Armoiries, & sur-tout des Armes parlantes.*	150—335
	Symboles relatifs au Soleil.	162
	— *Aux productions.*	167
	— *A divers objets.*	171
	V. *Aux Divinités protectrices de l'Agriculture.*	175
	VI. & non VII. *Symboles des Colonies.*	178
	VII. & non VIII. *Villes de Sicile.*	182
	VIII. & non IX. *Villes d'Egypte.*	185
	IX. & non X. *Villes Sacrées.*	188
Part.	II. Des Couleurs et du Droit d'Enseignes.	196
Article	I. *Des Couleurs.*	ib.
	II. *Du Droit d'Enseignes.*	207
	III. *Mots Armoriaux employés par Nahum.*	212

TABLE DES OBJETS, &c.

ART. IV. *Des Hérauts d'armes, & sur-tout chez les Hébreux.*	217
PART. III. DU DROIT DES MONNOIES.	229
ART. I. *De la Monnoie en général.*	ib.
II. *Antiquité de la Monnoie.*	232
Des systêmes élevés à ce sujet.	241
III. *Nature des symboles placés dès l'origine sur les Monnoies.*	247
Médailles sous le nom de Phidon.	250
De Léocedes, fils de Phidon, & des Tournois de Clisthenes.	253
Tournois, quand établis en Allemagne.	256
Noblesse héréditaire très-ancienne.	257
ART. IV. *Différences des Symboles placés sur les Monnoies des Rois & sur celles de divers Peuples.*	259
Du surnom de Lacinia.	260
Motifs qui purent déterminer les Empereurs à laisser les Villes libres à l'égard de leur effigie.	262
Causes du scrupule de ces Villes.	263
Premiere monnoie d'argent avec le nom d'un Consul.	265
V. *Monnoie de l'Orient.*	267
— *De l'ancienne Egypte, découvertes.*	268
Des animaux qui lui servoient de Symboles.	269
Symboles des peuples modernes comparés à ceux de l'Egypte.	276

DES NOMS DE FAMILLES.

Fausses idées qu'on se formoit à cet égard.	279
ART. I. *Toute Famille eut un nom.*	283
Des Prénoms Romains, &c. &c.	290
II. *Noms de Fiefs succedent à ceux de Familles.*	300
Noms du moyen âge.	304
Noms dérivés de l'ancienne Langue Romance.	307
III. *Noms significatifs en François.*	310
Et ailleurs.	330
DU BOUCLIER D'ACHILLE.	349

DU JEU DES TAROTS.

C'est un Livre Egyptien.	365

TABLE DES OBJETS, &c.

Recherches sur ce Jeu & sur la divination par ses Cartes, par M. le C. de M. 395

ART. I. *On y voit les trois siecles d'or, d'argent, de fer.* 396
II. *Ce Jeu appliqué à la Divination.* 400
III. *Noms de diverses Cartes, conservés par les Espagnols.* 401
IV. *Attributs mythologiques de plusieurs autres.* 402
V. *Comparaison de ces attributs avec les valeurs qu'on assigne aux Modernes pour la divination.* 403
VI. *Comment on s'en servoit pour consulter les sorts.* 404
VII. *C'étoit une portion de la sagesse ancienne.* ib.
VIII. *Cartes auxquelles les Diseurs de Bonne-Aventure attachent des pronostics.* 408

DES SEPT ROIS *Administrateurs.* 411
LETTRE *du F. PAUL Hermite.* 437
   Réponse par M. Pr. 443
   Autre Réponse par M. de la D. sous le nom de Fr. Pacôme. 445
—*Sur le mot WAR, à un Journaliste.* 449
POT, *Famille primitive.* 461
OBSERVATIONS *sur l'interprétation des Fables allégoriques relativement au Monde Primitif de M. de Gébelin, par M. B**.* 471
VUES *sur les rapports de la Langue Suédoise avec les autres Langues & sur-tout avec la Primitive, adressées à M. le C. de Sch. en Suède.* 478
ESSAI *sur les rapports des mots entre les Langues du Nouveau Monde & celles de l'Ancien.* 489
OBSERVATIONS *sur un Monument Américain.* 561
ANALYSE *d'un Ouvrage sur les devoirs.* 569

Fin de la Table des Objets.

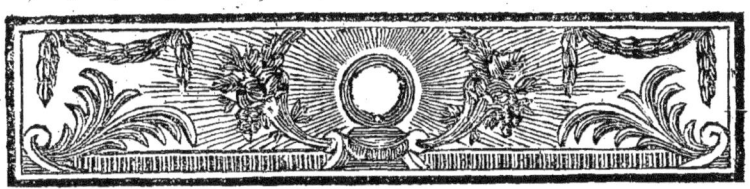

VUE GÉNÉRALE
DU MONDE PRIMITIF,

Qui comprend les Volumes déjà publiés ; ceux qui doivent suivre, & ce qui a conduit à ces Recherches.

Les Volumes du Monde Primitif se multiplient; les objets qu'il annonçoit se développent, son terme s'éloigne à mesure que ces objets occupent une place plus étendue; mais ne sortons-nous pas de ce plan ? L'avons-nous rempli sur chacune des Parties que nous en avons déjà fait paroître ? Résulte-t-il de ces développemens quelqu'utilité sensible & intéressante ? Et ce qui a déjà paru, peut-il faire desirer ce qui nous reste de découvertes & de recherches à publier pour completter nos promesses ?

Il ne sera sans doute pas inutile de jetter un coup-d'œil sur ces questions : on saura mieux à quoi s'en tenir sur un Ouvrage aussi vaste, auquel on ne pouvoit croire, & que tant de personnes s'imaginent avoir jugé quand elles ont dit que ce n'est qu'un système. Lorsqu'on a une longue carriere à parcourir, une vue rapide sur le chemin qu'on a déjà franchi, délasse agréablement le Voyageur, & lui donne une nouvelle force pour soutenir ce qui lui reste de peine & de travaux. On en aura d'ailleurs plus de confiance pour nous suivre dans les grandes choses qui doivent completter notre plan : & nous repliant ainsi sur nous-mêmes, raffemblant tous nos avantages, réjumant nos grands réfultats, nous puiferons dans cette révifion de nouveaux fecours & de nouvelles vues pour perfectionner nos découvertes, & pour tirer un plus grand parti de celles que nous avons encore à expofer, qui ne font ni moins nombreufes, ni moins importantes que celles que nous avons déjà mifes fous les yeux du Public.

Nous lui devons en même tems une légère efquiffe des vues qui nous ont conduit à la découverte du Monde Primitif & de fes diverfes parties qui femblent fi difparates, ainfi que l'expofition des moyens qui nous ont fervi pour franchir des efpaces qui paroiffoient impoffibles à parcourir : pour créer en quelque façon un Monde nouveau, en retirant le tréfor Primitif des connoiffances humaines, de deffous ces débris effroyables où il fembloit être enfeveli à jamais ? comment fans aucune fortune, fans aucun appui, fans autre fecours que ceux que nous avons pu trouver en nous-même, nous avons ofé nous livrer à ces recherches d'abord faftidieufes & pénibles, malgré les exhortations tendres & amicales des perfonnes qui s'intéreffoient à nous, & qui craignoient fans ceffe que nous ne fuccombaffions fous le poids, ou que nous ne facrifiaffions en vain notre tems, nos forces, notre exiftence même ; comment nous avons pu réfifter à des difficultés de toute efpèce, & donner, en quelque forte, la vie à des objets qui fembloient autant d'Etres de raifon. On verra ce que peut le courage, la conftance & l'audace ; & fi nous étions arrêtés dans ce qui nous refte à publier, par quelqu'un de ces accidens qui menacent fans ceffe l'humanité, des chercheurs plus heureux pourroient du moins fe faifir des mêmes moyens, remplir ce que nous n'aurions pu exécuter, & parvenir peut-être à des découvertes nouvelles, non moins agréables & non moins utiles que les premieres.

De l'Annonce du Monde Primitif.

Tout étonna dans l'annonce du Monde Primitif: la grandeur de l'entreprise, le gigantesque des promesses : les difficultés terribles qu'on sentoit qu'il falloit avoir surmontées, l'ignorance des moyens qu'on pouvoit avoir employés, cette annonce subite à laquelle rien n'avoit préparé.

Ce n'étoit point une entreprise de Rois ; ce n'étoit point le résultat des travaux d'une Société Littéraire, nombreuse & savante : c'étoit un simple Particulier, inconnu, qui annonçoit des découvertes regardées comme impossibles, faites dans le silence d'un cabinet bien étroit, bien peu riche : & qui offroit au Public de lui en faire part s'il vouloit y contribuer par une souscription modique, seule ressource qui lui restât.

Il prit dans son Annonce un ton ferme, parce qu'il étoit persuadé de la vérité & de la bonté de ses découvertes : & s'il les détailla par une longue énumération, c'est que tous ces objets faisoient réellement partie de son travail : c'est qu'ils étoient tous nécessaires pour assurer sa route, & pour mettre dans ses découvertes cet ensemble qui seul pouvoit en faire la démonstration.

Que n'annoncions-nous pas en effet ? La Langue primitive, mere & clef de toutes les autres : les rapports intimes de celle-ci avec celle-là & entr'elles : l'origine du Langage & de l'Ecriture : les sources de l'Alphabet : l'Etymologie de tous les mots : la Grammaire universelle & les principes généraux du langage : la Langue Allégorique de l'Antiquité, clef de sa Mythologie, de ses Symboles, de sa Poésie, de ses Cosmogonies, de son Calendrier, de ses Fêtes : les Loix anciennes présentées sous leur véritable face; les sources du Droit Public éclaircies & mieux connues. L'Antiquité par-là même restaurée; son Histoire & ses traditions, plus certaines : ses monumens plus intelligibles; les causes de la grandeur des anciens Peuples, découvertes & approfondies. Et ces découvertes répandant sur toutes les connoissances modernes, un éclat absolument nouveau, & leur donnant une consistance précieuse par leur liaison intime avec ces grands objets.

L'utilité & l'importance de ces découvertes étoient trop sensibles pour qu'on pût s'y refuser; mais il n'y avoit point de personne assez étrangere aux Lettres pour ignorer combien on s'en étoit occupé jusqu'ici; que tous ceux qui avoient voulu travailler dans ce genre, entre autres nombre de Savans distingués, avoient échoué; & qu'il ne restoit que le désespoir d'y parvenir. Comment celui qui osoit réveiller l'attention des hommes sur ces objets abandonnés, pouvoit-il avoir été plus heureux que les autres ? Pouvoit-il avoir découvert des monumens qui eussent échappés à tous ? avoir puisé quelque part des notions sur l'Antiquité, qui se fussent refusées à tous les esprits? Lors même qu'à force de rêver il auroit pu trouver quelque principe plus lumineux, comment passeroit-il à travers l'immensité des tems, & renoueroit-il le fil tant de fois interrompu des sciences anciennes & modernes ?

Nous nous étions attendu à toutes ces difficultés; nous les eussions faites peut-être nous-mêmes dans un tems, à quiconque eût promis de pareilles découvertes : aussi ne les annonçames-nous que lorsque nous fûmes bien sûrs d'avoir trouvé le vrai; & nous ne pouvions en douter par la vive lumiere qui en résultoit, & par la facilité avec laquelle s'applanissoient tous les obstacles, & se dissipoient les difficultés les plus exaspérantes.

Aujourd'hui, que nous sommes si avancés dans notre carriere, que le Public est déjà en possession de sept Volumes, sans compter celui que nous faisons paroître dans ce moment, & dans lesquels nous lui avons offert une suite d'objets aussi neufs que variés, efforts auxquels il a daigné applaudir d'une maniere qui a excité toute notre reconnoissance, & qui nous a donné de nouveaux motifs d'encouragement, montrons par quels moyens nous sommes parvenus à des connoissances de cette nature, & ce qui a déterminé nos recherches sur ces objets abandonnés. Mais comme c'est l'Ouvrage de notre vie entiere, d'abord pour apprendre ce qu'on en avoit dit avant nous, ensuite pour nous frayer à nous mêmes de nouvelles routes plus satisfaisantes, nous serons obligés de remonter un peu haut.

De nos premieres Etudes.

Nous eûmes l'avantage inestimable d'avoir pour PERE un homme rare, plein de génie & d'élévation, fait, par son éloquence naturelle, par son courage héroïque, par le coup-d'œil le plus sûr & le plus imposant, par la présence d'esprit la plus tranquille au milieu des périls les plus éminens, pour entraîner les Peuples, pour commander aux Nations; & qui très-jeune avoit rendu des services assez importans à sa Patrie, pour que le Grand-Régent daignât lui faire des offres qu'il ne crut pas devoir accepter.

C'étoit au commencement du regne de Louis XV. Le Cardinal Alberoni, qui cherchoit à former un Parti dans le Royaume en faveur de Philippe V, avoit beaucoup espéré de la part des Protestans, dont il connoissoit toute l'étendue des maux. Le Grand-Régent apprenant les démarches du Cardinal, craignit tout à l'égard des Provinces Méridionales, remplies de Protestans, de ces hommes dont une ancienne politique vouloit faire croire l'exiſtence contraire aux Gouvernemens Monarchiques : les craintes de ce Prince étoient d'autant plus vives, qu'il ſavoit, auſſi bien que le Cardinal; à quels excès étoient parvenus leurs maux, & ce qu'avoient coûté au Royaume les troubles des Cevennes, à peine éteints. Il chercha donc quelqu'un en état de repouſſer au milieu d'eux les intrigues du Cardinal : il s'adreſſa pour cet effet au grand Baſnage, avec qui il étoit en correſpondance. Celui-ci lui indiqua le jeune Court, comme la perſonne la plus capable d'opérer les effets qu'il deſiroit. Le Prince dépêche un Gentilhomme auprès de lui : il en apprend, avec cet intérêt qui ſuit une grande crainte, qu'on a déjà éconduit une partie des Emiſſaires du Cardinal, qu'on travaille à faire échouer les ſollicitations des autres : que les Proteſtans ne cedent en rien aux Catholiques dans leur attachement à la Maiſon Royale : que l'excès de leurs maux eſt incapable de les faire manquer à leur devoir : que les troubles des Cevennes, qu'on venoit d'éteindre, ne furent que des repréſailles de quelques Villages, contre des perſonnes qui les avoient pouſſés, par leurs atrocités, au plus grand déſeſpoir; mais qu'ils n'avoient jamais penſé à ſe ſouſtraire à l'autorité royale, & qu'il en ſeroit de même tandis qu'il couleroit une goutte de ſang dans les veines des Proteſtans François : que telles étoient & avoient toujours été ſes diſpoſitions, celles de tous les Proteſtans, & celles qu'il inſpiroit, au péril de ſa vie, à ce petit nombre de Fanatiques qu'avoient égaré trente ans d'ignorance & de loix pénales. Le Prince, touché de ces ſentimens, ſi différens de ce que la politique les faiſoit croire, & n'ayant plus de crainte à cet égard, fit aſſurer le jeune homme de toute ſa bienveillance, & lui offrit une penſion conſidérable, avec permiſſion de vendre ſes biens & de ſortir du Royaume, pour fe fouftraire au funefte effet de ces loix. Celui-ci, pénétré de reconnoiffance, refufa tout, à caufe de l'expatriation qui en devenoit la bafe, & il donna lieu au Régent de réfléchir fur la bifarrerie des circonftances qui le mettoient dans l'impoffibilité d'être utile à d'excellens fujets, à moins qu'ils n'abandonnaffent leur Patrie, & qu'il ne pût plus fe fervir d'eux.

Ce qu'il ne crut pas devoir faire alors à des conditions auffi avantageufes, il fut obligé de le faire plus tard, en abandonnant tout, lorfque les loix pénales, qui furent renouvellées à la majorité du Roi, peferent avec une force fans égale fur lui & fur une famille qu'il ne pouvoit plus rendre heureufe dans le fein de fa Patrie.

Ayant tout facrifié au devoir, & ne pouvant nous laiffer du bien, il voulut du moins nous laiffer la SCIENCE, titre avec lequel on n'eft étranger nulle part ; avec lequel on peut fe rendre utile à tous en fe faifant du bien à foi-même. D'ailleurs nous étions demeuré feul d'une nombreufe famille, & nous en étions devenu plus précieux.

Il nous dévoua à l'étude, & il avoit à cet égard les plus grandes vues : il jugea fans doute à notre docilité, à notre patience, à notre taciturnité, telle qu'à huit ans, le Spectateur nous parut un homme étonnant, parce qu'il étoit accoutumé à ne parler que par geftes, que nous pourrions faire de grands progrès dans les fciences fpéculatives, & reculer les bornes des connoiffances humaines, fur lefquelles il lui paroiffoit qu'il y avoit encore prodigieufement à faire.

Il fut notre premier Maître dans un tems où à peine pouvions-nous bégayer : il nous donna enfuite tout ce qu'il put trouver de plus habiles Inftituteurs : il nous lia avec de Grands-Hommes ; l'amitié qu'on avoit pour lui rejailliffoit fur nous ; il auroit voulu que nous euſſions embraſſé l'univerſalité des connoiſſances humaines. Ce qu'un homme a pu faire, nous diſoit-il, un autre doit l'exécuter : il nous fit donc étudier diverſes Langues, le Latin, le Grec, l'Anglois, l'Hébreu, &c.

Mais les Langues n'étoient conſidérées que comme moyen : il fallut donc étudier d'autres choſes : l'Hiſtoire ancienne & moderne, Sacrée, Eccléſiaſtique, Nationale; la Géographie, la Chronologie, les Voyages, les Antiquités, la Théologie, les Belles-Lettres, la Mythologie : toutes les Religions du monde, pour connoître en quoi elles s'accordent, juſqu'à quel point elles ſont la vérité : il fallut en même tems acquérir des notions plus ou moins étendues des Mathématiques, de l'Aſtronomie, de la Phyſique, du Droit : ſur-tout, poſſéder cette heureuſe & ſage Philoſophie, qui fait ſuſpendre ſon jugement ſur tout, pour mettre tout au creuſet de la raiſon; & analyſant tout, aller chercher la vérité au fond du puits.

Comme les idées nettes ſe rendent nettement par la parole; il voulut auſſi que nous puſſions les rendre nettement, librement, & très-couramment par l'Ecriture; il nous fit faire même quelquefois, à cet égard, des tours de force uniques, & qui nous ont infiniment valu, pour nous faciliter cette immenſe quantité d'Extraits & d'Ecritures de toute eſpèce que nous avons été obligés de faire, de Dictionnaires même entiers qu'il nous a ſouvent fallu copier, avantage ſans lequel nous euſſions ſuccombés ſous le poids des recherches.

Il nous fit auſſi apprendre le deſſin, connoiſſance qui paroît étrangere à un Homme-de-Lettres, & qui nous a été très-utile pour copier & pour nous rendre propres les monumens de tous les ſiècles, de même que pour compoſer les planches & les cartes du Monde Primitif. Nous ſaiſiſſons même avec empreſſement

ment cette occasion de témoigner notre reconnoissance à un Prince de Westphalie, M. le Comte de la Lippe, qui nous associa aux leçons qu'il prenoit dans ce genre.

Notre excellent PERE, digne de tous nos regrets, & secondé par une épouse d'une force d'ame peu commune, qui veilla sans cesse à notre éducation, & qui ne vivoit que pour sa famille, ménageoit en même tems nos forces & notre santé peu ferme, par des exercices modérés, afin que nous eussions dans un corps sain un jugement sain; & dans la belle saison nous allions souvent passer quelques jours dans la campagne de M. Louis de Cheseaux, Gentilhomme aussi distingué par son esprit, ses connoissances & son mérite, que par son rang. Il avoit deux fils ; l'un devenu un des premiers savans de l'Europe, peut-être le plus grand Astronome depuis Newton ; l'autre plus jeune & de qui nous avions l'avantage d'être compagnon d'étude ; tous élevés sous les yeux de leur mere, fille du célèbre philosophe de Crousaz ; & par son goût & ses lumieres, digne de son illustre pere.

Tems heureux ! maison chérie ! dont nous ne perdrons jamais le souvenir, & à laquelle nous saisissons, de même avec empressement, cette occasion de rendre nos hommages, de même qu'à l'homme grand & respectable dans la maison de campagne de qui nous écrivons ceci ; & qui depuis que nous avons le bonheur de le connoître, veut bien en quelque façon nous tenir lieu de tant de pertes; l'AMI des HOMMES pouvoit-il ne pas avoir quelqu'amitié pour l'Auteur du Monde primitif ?

Mais pour en revenir à nos études, nous nous y prêtions de notre mieux, autant que pouvoient le permettre la dissipation de la jeunesse, une santé long-tems foible, une mémoire lente & cruelle qui se refusoit à tout ce qu'elle ne concevoit pas.

Diss. T. I. B

VUE GÉNÉRALE

Nécessité de refondre ces études.

Parvenus à l'âge où l'on prend un état & où nos camarades d'étude étoient déjà avantageusement placés, nous ne crûmes pas devoir les imiter & suivre à cet égard les conseils sages & prudens d'une fortune au dessous du médiocre ; nous renonçâmes courageusement à toute vue d'établissement ordinaire, pour revenir sur nos études, afin de les perfectionner d'après nous-mêmes, & de parvenir, s'il se pouvoit, à la solution d'une foule de difficultés dont nous avions cherché en vain l'explication dans tout ce qui existoit. persuadés que si nous y parvenions, nous trouverions dans la chose même notre récompense & l'établissement le plus conforme à une personne dévouée aux lettres & à la vérité.

En effet, nous ne pouvions nous dissimuler qu'ayant examiné ou appris tout ce qu'on avoit dit & écrit sur ces objets, il n'en résultoit que longueur, obscurité & ignorance ; nous avions vu qu'on ne savoit rien de positif sur l'origine des peuples & sur celles des sociétés ; qu'on soutenoit à cet égard, avec la même vraisemblance, le pour & le contre ; qu'on ne savoit pas un mot de l'origine des langues ; qu'on déraisonnoit sur l'étymologie ; qu'on avoit perdu toute idée du rapport intime des langues d'Occident avec celles d'Orient ; qu'on avoit perdu jusqu'à la vraie maniere de lire celles-ci ; que toutes les grammaires n'étoient qu'imperfection ; qu'on ne se doutoit pas même de l'origine de la parole, encore moins de celle de l'écriture ; qu'on ignoroit absolument la vraie maniere d'étudier les langues, les méthodes qu'on employoit pour cela étant en général longues, fastidieuses, livrées à une routine qui ne connoissoit gueres que l'usage, & avec le secours de laquelle on ne pouvoit apprendre qu'un très-petit nombre de langues, sans être en état d'en expliquer les procédés & de s'élever au-dessus de leurs règles.

Que la plupart des anciens monumens étoient muets, parce qu'on ne savoit ni les interroger, ni s'élever au-dessus d'une lettre morte & sans vie; qu'on les expliquoit, de même que les langues, plutôt par routine que par une vraie & solide connoissance, en sorte qu'on ne voyoit dans l'antiquité que ruine & que décombres, là où on auroit dû voir science, sagesse & ordre merveilleux.

Qu'on ne se doutoit pas des vraies limites de la fable & de l'histoire; qu'on en faisoit le plus malheureux mélange, changeant l'histoire en fable & la fable en histoire; que c'étoit sur-tout à l'égard de la mythologie qu'on s'étoit égaré : les explications qu'on en donnoit étant incapables de satisfaire un homme raisonnable, parce qu'elles étoient presque toujours contraires au sens commun, & qu'elles n'offroient qu'un cahos qui donnoit lieu à toutes sortes de difficultés; qu'on s'attachoit à des traditions qui n'amenoient à rien, tandis qu'on ne faisoit nulle attention à des faits ou à des procédés importans, au point qu'il falloit souvent faire le plus grand cas de tel monument qu'on rejettoit comme indigne d'attention & négliger tel autre qu'on croyoit merveilleux.

Que si quelques vérités avoient eu assez de force pour percer à travers tant d'erreurs, tant d'inconséquence, & un si grand désordre, elles restoient sans énergie & sans succès. On peut même dire que nous n'offrons peut-être aucune vérité qui n'ait été sentie ou apperçue dans un tems ou dans un autre, & qui ne soit entrée dans quelque système vrai ou faux; telle est en effet la vérité, qu'elle ne peut se laisser sans témoignage, & qu'elle perce nécessairement à travers le brouillard le plus épais; mais les hommes, offusqués par les préjugés, méconnoissoient celles-ci, & elles reſtoient confondues avec une foule d'erreurs & d'illuſions, entre leſquelles il étoit impoſſible de la démêler ſans des principes antérieurs & certains.

Moyens par leſquels on eſt parvenu à cette refonte, & découvertes qui en ont été la ſuite.

Il ne ſuffiſoit pas de connoître le mal & ſon étendue; il étoit ſur-tout queſtion des moyens d'y remédier, & premierement de la poſſibilité de faire mieux; car ſi cette multitude d'erreurs & de préjugés ſur l'antiquité & ſur l'origine de tout, provenoient du manque de monumens, de leur perte irréparable, ce qui n'eût pas été étonnant, puiſque les déſaſtres à cet égard ont été auſſi grands que multipliés, il falloit ſe réſoudre à vivre dans une ignorance qu'il n'étoit plus poſſible de diſſiper; mais ſi au contraire il reſtoit aſſez de monumens relatifs aux grands intérêts des hommes; ſi, en les rapprochant, ils formoient une maſſe immenſe & complette dans leur genre; ſi, en les comparant & en les interrogeant, ils s'expliquoient mutuellement, & s'il en réſultoit une vive lumiere; ſi c'étoient les hommes qui euſſent manqué aux monumens, & non les monumens aux hommes, on avoit tout à eſpérer avec de l'adreſſe, de la conſtance & du courage.

Nous avions d'autant plus lieu de le penſer, que nous avions les plus fortes raiſons de croire que ceux qui s'étoient exercés juſqu'ici ſur ces objets, avoient toujours poſé de fauſſes limites, des principes erronés; qu'ils ne s'étoient égarés que parce qu'ils s'étoient mis des entraves qui leur faiſoient manquer la vérité, & les réduiſoient à la néceſſité de lui tourner exactement le dos.

Nous fûmes dès-lors aſſurés qu'en les laiſſant, eux & leur principes, & qu'en prenant le chemin oppoſé, en ſoutenant

DU MONDE PRIMITIF.

toujours la contradictoire des propositions qu'ils avoient prises pour base de leurs recherches, nous découvririons nécessairement de très-grandes choses, précisément tout ce qu'ils avoient espéré de découvrir, & dont ils avoient été forcés d'abandonner la recherche.

Ce chemin étoit d'autant plus sûr, que nous avions rassemblé une plus grande masse de connoissances, que nous embrassions un champ infiniment plus vaste, un beaucoup plus grand nombre de langues, beaucoup plus de vues, une critique plus sévère, en sorte que nos conséquences devoient être plus lumineuses, plus fermes; & que non contens de les examiner en simples érudits, comme on avoit toujours fait, nous étions en état, au moyen d'une bonne philosophie analytique, de les soumettre au creuset de la raison & du bon sens, & d'établir dans *le Monde primitif analysé & comparé avec le Monde moderne*, une suite importante de belles vérités.

Que rien n'a été l'effet du hasard; que tout a sa cause & sa raison, & que rien ne se fait de rien; que l'homme n'a jamais été créateur en aucun genre, mais qu'il est toujours parti d'élémens existans pour faire quelque chose, & que ce qu'il a fait a toujours été assorti à ces élémens, qui, existans sans cesse dans la nature, antérieurs à l'homme, indépendans de lui, donnent la raison de tout, en les combinant avec la nature de l'homme & avec ses besoins.

Que la parole est nécessaire; qu'elle naquit avec l'homme, qu'elle n'a jamais été la production de ses soins, qu'il n'a pu que les modifier, qu'elle est une suite indispensable de la raison, qu'elle se confond avec elle, en sorte qu'il n'est point étonnant que le même mot ait désigné la parole & la raison éternelle; qu'elle n'est que la peinture des idées données par la nature immuable & éternelle qui fe peint dans l'efprit, comme elle fe peint au phyfique dans le miroir des eaux.

Qu'ainfi il n'exifte qu'une langue, une langue éternelle & immuable puifée dans la nature raifonnable, & dont les hommes n'ont jamais pu fe détourner; que par conféquent toutes les langues exiftantes ne font que des modifications de cette langue univerfelle à laquelle il eft aifé de les ramener, en les comparant entr'elles & avec elle.

Qu'il exifte par conféquent une fcience étymologique, certaine, utile, néceffaire, confolante, puifqu'elle donne la raifon claire & intéreffante de chaque mot, & qu'elle répand fur lui par ce moyen, une vie nouvelle, fort au-deffus de ce qu'il étoit, lorfqu'on ne voyoit en lui que l'effet du hafard, fans aucun rapport avec l'idée qu'il étoit deftiné à peindre.

Qu'il exiftoit par conféquent des principes néceffaires du langage, une grammaire fondamentale & naturelle qui préfidoit à toutes les langues, & dont toutes les grammaires particulieres n'étoient que des modifications; & qu'on étoit d'autant plus affuré de trouver cette grammaire, qu'elle étoit néceffairement la fuite du rapport de la parole avec les idées & avec la nature.

Que l'écriture & que notre alphabet étant la peinture de ces mêmes idées & de cette même grammaire, pour les yeux, comme la parole l'eft pour les oreilles, l'écriture eft auffi néceffaire que la parole, qu'elle eft une comme elle, & qu'elle eft affujettie aux mêmes loix.

Qu'il exifte par conféquent une méthode vraie, fimple & rapide pour étudier les langues, autant au-deffus de la plupart des pratiques ordinaires, que la raifon eft au-deffus de la routine, & qui embraffe l'univerfalité des langues avec plus de certitude & de précifion que les autres méthodes n'en avoient pour l'explication d'une feule.

Que la nature phyſique & univerſelle n'étant que le lieu & l'emblême de la nature intelligente & raiſonnable, le langage qui peignoit celle-là peint également celle-ci, par le ſeul acte de prendre chaque mot dans un ſens figuré.

Que de-là réſultoit une nouvelle langue ſublime & ſource d'une infinité de beautés & de richeſſes, le langage figuré & allégorique dont les loix n'étoient pas moins néceſſaires & immuables que celles du langage phyſique ; & calquées exactement ſur les mêmes principes.

Que ce langage allégorique devient une clef eſſentielle de l'antiquité ; qu'il préſida à ſes ſymboles, à ſes fêtes, à ſes fables, à ſa mythologie entiere, qui paroît le comble de l'extravagance quand elle eſt ſéparée de l'intelligence qui l'anime, & qui prend une vie abſolument nouvelle lorſqu'on leve le voile qui l'enveloppe ; qui ſe trouve ainſi un enſemble d'énigmes charmantes, dépôt ſacré de l'eſprit & de la ſageſſe des premiers hommes.

Que ces principes ſur les langues n'étoient pas moins eſſentiels pour la langue hébraïque, elle même langue deſcendue de la primitive, & qui doit ſe lire de la même maniere que les langues d'Occident, ce qu'on avoit totalement perdu de vue ; d'où étoit réſulté un mur inſurmontable de ſéparation entre les langues d'Orient & d'Occident, qui en faiſoit une vraie tour de Babel.

Que ceux même qui ramenoient toutes les langues à la langue hébraïque, ne tenoient rien lorſqu'ils ne s'élevoient pas juſqu'à l'origine même de cette langue, & qu'ils ne connoiſſoient pas la cauſe de ſes mots & leurs rapports avec la nature elle-même.

Que du redreſſement de toutes ces choſes, il devoit réſulter une connoiſſance infiniment plus parfaite de l'antiquité, & la ſolution d'une multitude de difficultés qu'il étoit impoſſible de réſoudre auparavant.

Qu'il en réfultoit fur-tout que l'état des nations fauvages & ignorantes n'eft pas l'état naturel de l'homme, mais un état défordonné, effet des déprédations, des invafions, de l'abandon de l'ordre, de la fuite de toute fociété, un état de brigands ou de frelons ennemis de tout travail.

Que les hommes fortis véritablement hommes des mains du Créateur, commencerent par vivre en familles & en fociétés, d'où fe formerent avec le tems des Etats agricoles, fource de la fplendeur des anciens Empires, de leurs connoiffances, de ces traditions qui fubfiftent encore parmi les nations éclairées, & dont on ne pouvoit découvrir la caufe.

Que les arts, les loix, la navigation, le commerce naquirent néceffairement par & pour l'agriculture; que tous ces objets furent également l'effet immédiat de l'ordre, & non celui du hafard ou d'un long & pénible tâtonnement; que tout a eu fa caufe néceffaire, même la poéfie, nos chiffres, les danfes facrées.

Que l'Hiftoire ancienne & l'état primitif des hommes en feroient infiniment mieux connus, en montrant l'accord abfolument nouveau de leurs traditions & de leurs connoiffances primitives, en dégageant enfin l'Hiftoire des fables allégoriques confondues fans ceffe avec elle; & en s'élevant jufqu'à ces principes qui font la bafe des Empires, & au moyen defquels on juge l'Hiftoire elle-même, qui n'eft plus que le réfultat de la maniere dont les hommes ont obfervé ces principes éternels & immuables; car fi l'Hiftoire eft le flambeau des nations, ce n'eft pas feulement en montrant que tels & tels peuples ont été heureux ou malheureux, ont eu de l'éclat ou n'en ont point eu; mais en comparant ces faits à une règle éternelle & invariable, en montrant que les Empires n'ont fleuri qu'autant qu'ils fe font conformés

formés à cette régle immuable, & qu'ils n'ont été effacés de deffus la terre, que pour avoir foulé aux pieds ces principes, cet
ordre éternel & néceffaire fans lequel il ne peut exifter de bien.

Qu'autrement, l'Hiftoire eft fans nul effet, tout n'étant plus
donné qu'au hafard, tout ne dépendant plus que de mille petites
paffions dont on ne peut calculer que ruine & que folie.

Mais qu'avec ce principe, on voit difparoître ce préjugé, trifte confolation des malheureux, qu'il eft impoffible que les empires fubfiftent à jamais; qu'ils ont leurs périodes d'accroiffement & de ruine, de profpérité & de décadence, comme toutes
les chofes humaines: maximes d'aveugles qui concluent, par ce
qui eft, de ce qui doit être, tandis que rien ici-bas n'eft foumis
au hafard: & que comme le foleil luit de tout tems en obéiffant
toujours à la même loi, ainfi les Empires fubfifteroient à jamais,
en ne s'écartant jamais de cet ordre éternel & immuable qui feul
peut les maintenir, & fur qui feul ils doivent fe régler.

Ayant ainfi montré dans le Monde Primitif que les Sociétés entieres, tous les Empires, font dirigés par un feul ordre politique,
par une feule Langue, par une feule écriture, par une feule Grammaire au phyfique & au moral, on s'eft engagé à faire voir de la
même maniere que l'homme n'a pas été non plus livré au hafard
relativement aux grandes vérités de la Religion & du Culte qui
en eft la fuite.

Qe l'homme tenant tout à la fois, à la Terre par le phyfique,
& au Ciel par la reconnoiffance, par fes défirs, par fa vie intellectuelle, & s'y trouvant fans ceffe ramené par l'efpérance & par
la crainte, les deux grands mobiles naturels & inféparables de
toute action raifonnée, les droits du Ciel fur lui, & fes devoirs
envers le Ciel, ne font ni moins forts ni moins immuables que
les droits de la Terre fur lui & que fes devoirs envers elle.

Differt. Tome I.   C

Qu'à cet égard, il exiſte une Religion éternelle & immuable qui fait la perfection de l'homme, qui accorde le Ciel & la Terre, qui eſt une, que tous les hommes ont connu, qu'aucun n'a pu méconnoître ſans rompre cette admirable harmonie, ſans manquer à ſa dignité, ſans deſcendre au-deſſous de lui-même, ſans ſe regarder comme un vil inſecte qui n'eſt deſtiné qu'à brouter la terre, qu'à ſervir de pâture aux animaux, de la même maniere que ceux-ci lui en ſervent, ſans qu'il ait ſur eux de ſupériorité abſolue.

Que les grands principes de cette Religion ont été enſeignés dès l'origine des tems : qu'ils ont toujours été la régle de tous les hommes & de toutes les Sociétés, ſans qu'il ſoit poſſible de les détruire ; qu'ils ne peuvent être abandonnés qu'en renverſant l'harmonie entiere ſur laquelle l'Univers eſt fondé, & en arrachant à l'homme la gloire de ſon exiſtence.

Que la révélation a heureuſement ramené les hommes à ces premiers principes oubliés & négligés : & que les vérités qu'elle a ajoutées à celles qui avoient été connues dès les premiers tems, étoient plutôt deſtinées à accomplir d'anciennes vérités, d'anciennes promeſſes, à leur donner une nouvelle Sanction, à les retirer de deſſous ce monceau de ruines qui couvroient l'univers, qu'à propoſer aux hommes de nouvelles obligations, des devoirs qui ne fuſſent pas relatifs aux premiers ; à les ramener, en un mot, à l'Ordre ancien & éternel, plutôt qu'à leur en offrir un nouveau.

Enfin, que la Société ne pouvant proſpérer que par ſes individus, chaque homme eſt également ſoumis à un Ordre éternel & immuable, au phyſique & au moral, tel qu'en s'y ſoumettant, il eſt véritablement heureux ſur cette terre par le contentement d'eſprit & par l'utilité dont il eſt à lui même & aux autres : en ſorte qu'il ſe manque à lui-même & aux autres non ſeulement lorſqu'il viole cet Ordre, mais même lorsqu'il ne le remplit qu'en partie ; & que négligeant, par exemple, son existence intellectuelle, il se borne aux devoirs physiques, à la vie des ALCINE & des CIRCÉ, qui changent les hommes en animaux, & qu'il ne tient nul compte des devoirs moraux dont ceux-là sont le support, & dont ceux-ci sont le couronnement & la gloire.

Qu'en un mot, il existe un ORDRE éternel & immuable, qui unit le Ciel & la Terre, le corps & l'ame, la vie physique & la vie morale, les hommes, les Sociétés, les Empires, les Générations qui passent, celles qui existent, celles qui arrivent, qui se fait connoître par une seule parole, par un seul langage, par une seule espèce de Gouvernement, par une seule Religion, par un seul Culte, par une seule conduite, hors de laquelle, de droite & de gauche, n'est que désordre, confusion, anarchie & cahos, sans laquelle rien ne s'explique, & avec laquelle tous les tems, tous les langages, toutes les allégories, tous les faits se développent, se casent, s'expliquent avec une certitude & une évidence irrésistibles dignes de la lumiere éternelle, sans laquelle il n'y a point de vérité, & qui est elle-même la vérité faite pour tous les hommes, & sans laquelle point de salut.

§. II.
Du Plan général & raisonné.

C'est afin d'établir ces grandes vérités, & de faciliter l'acquisition des connoissances humaines, en assurant d'un pas égal les heureux effets qui en doivent être la suite, que nous annonçâmes les diverses parties dont seroit composé le MONDE PRIMITIF.

Nous dîmes qu'il réuniroit deux sortes d'objets généraux, les Mots & les Choses.

Que la portion des Mots offriroit ces dix grandes Parties.
1. Les principes du Langage, ou Recherches fur l'Origine des Langues & de l'Ecriture.
2. La Grammaire Univerſelle.
3. Le Dictionnaire de la Langue Primitive.
4. Le Dictionnaire Comparatif des Langues.
5. Le Dictionnaire Etymologique de la Langue Latine.
6, 7, 8. Ceux des Langues Françoiſe, Grecque & Hébraïque.
9. Le Dictionnaire Etymologique des noms des lieux, fleuves, montagnes, &c.
10. La Bibliotheque Etymologique, ou la Notice des Auteurs qui ont traité de ces divers objets.

Nous ajoutâmes que la feconde portion, celle qui traite des Choſes, feroit ſubdiviſée en deux Parties : l'Antiquité Allégorique & l'Antiquité Hiſtorique.

Que la premiere contiendroit :
1. Le Génie ſymbolique & allégorique de l'Antiquité.
2. Sa Mythologie & ſes Fables ſacrées.
3. Les Coſmogonies & Théogonies de tous les Peuples.
4. Les Peintures ſacrées de l'Antiquité, ſes Emblêmes, ſon Blaſon, &c.
5. La Doctrine ſymbolique des Nombres.
6. Le Dictionnaire Hiéroglyphique de l'Antiquité, avec ſes figures.

Que l'Antiquité Hiſtorique renfermeroit ces huit objets :
1. La Géographie du Monde Primitif.
2. Sa Chronologie.
3. Ses Traditions & ſon Hiſtoire.
4. Ses Uſages & ſes Mœurs.

5. Ses Dogmes.
6. Ses Loix Agricoles.
7. Son Calendrier, ses Fêtes, son Astronomie.
8. Ses Arts, tels que sa Poësie, &c.

C'étoient ainsi XXIV objets différens que nous nous engagions de mettre sous les yeux de nos Lecteurs; & nous donnions en même tems une idée de la maniere dont nous les remplirions, & de nos moyens pour y parvenir, afin qu'on pût juger de ce qu'on devoit en attendre.

Nous n'avons pas encore rempli, il est vrai, l'étendue de ce Plan; mais ce que nous en avons déjà publié peut faire juger de l'importance de nos vues; des avantages qui en résultent, de la certitude de notre marche; & que nous sommes allés peut-être sur chacune de ses Parties, fort au-delà de ce que nous avions promis : d'autant que nous avons déjà fait paroître des Ouvrages sur les trois grandes divisions du Monde Primitif, & sur-tout ceux qui servent de base à l'édifice entier.

Ainsi, relativement aux mots, nous avons rempli ces objets.

Le premier, l'Origine du Langage & de l'Ecriture.

Le second, la Grammaire Universelle, qui est devenue en même tems une Grammaire critique & une Grammaire comparative.

Le cinquieme & le sixieme, les Dictionnaires Etymologiques de la Langue Françoise & de la Langue Latine.

Et nous avons sous presse le huitieme, ou le Dictionnaire Etymologique de la Langue Grecque, par rapport auquel, de même que sur la Langue Latine, nous allons fort au-delà de ce que nous avons promis, donnant des Dictionnaires complets de toutes ces Langues, tandis que nous n'en avions annoncé que les racines.

Ainsi cette portion de notre travail est d'autant plus avancée, que ces objets étoient les plus difficiles à traiter, & qu'ils sont la base de tout ce qui nous reste à faire à cet égard : & c'est à cause de leur importance, que nous avons fait un Précis séparé de l'Origine du Langage & de l'Ecriture, & de la Grammaire Universelle & Comparative.

Quant aux cinq autres objets que nous n'avons pas encore pu traiter expressément, on a pu s'assurer de ce qu'on a lieu d'attendre de nous à cet égard, par tout ce que nous avons semé dans les cinq Ouvrages déjà annoncés, sur la Langue primitive, sur le Dictionnaire Comparatif des Langues, sur la Langue Hébraïque, sur les Origines des noms de lieux, dont on a vu des Essais très-étendus dans nos Discours Préliminaires sur la Langue Françoise & sur la Latine.

Relativement à l'Antiquité allégorique, nous avons développé le premier objet, le Génie symbolique & allégorique de l'Antiquité; & nous avons peut-être surpassé de beaucoup, à cet égard, l'attente de nos Lecteurs.

Nous avons également développé une portion considérable du second, en expliquant les trois grandes Fables Orientales de Saturne, de Mercure & d'Hercule, outre ce qui est répandu dans le volume du Calendrier & dans le Discours Préliminaire sur la Langue Latine.

Quant à l'Antiquité Historique, qui ne peut se développer avec fruit que lorsque nous aurons publié la partie entiere des Langues, nous avons déjà fait paroître cependant le septieme article, sous le nom d'HISTOIRE Civile, Religieuse & Allégorique du CALENDRIER, sans compter les divers morceaux qui composent ce huitieme volume, & plusieurs autres qui paroîtront dans l'intervalle des Dictionnaires, pour en adoucir la monotonie & la sécheresse.

N'omettons pas les Observations que nous mîmes à la tête de notre Plan général & raisonné, pour démontrer que la route que nous prenions, & par laquelle les monumens ne devenoient pour nous que des conséquences & non des principes, étoit la seule qu'on dût suivre, & qu'elle conduisoit nécessairement à des résultats lumineux; Observations de la bonté desquelles il sera maintenant fort aisé à nos Lecteurs de juger, d'après tout ce qu'ils ont déjà vu de notre marche.

» L'inspection & la comparaison exacte des monumens seuls, disions-nous, est un mauvais guide: ces monumens nous montrent, à la vérité, ce que les hommes des premiers siecles ont fait; mais ils ne nous éclairent pas sur les motifs qui les porterent ou les déterminerent à le faire. Le défaut de lumieres sur ces motifs ne nous permet pas même d'entrevoir si les matériaux répondent à la destination qu'on leur a donnée, s'il ne nous en manque point, si ceux qui, dans un rapprochement systématique, nous paroissent les mieux assortis, ne laissent pas un vuide dans leur vraie place, d'où on les auroit éloignés : & comment se délivrer d'une multitude de doutes sur le choix de la place que chaque pièce doit occuper, lorsqu'on n'a pas sous les yeux le plan général de ce vaste monument, auquel tout ce qui existe sur la terre doit se rapporter avec la derniere précision?

» Delà toutes les erreurs dans lesquelles on étoit tombé sur l'Antiquité, tous les faux principes qu'on s'étoit faits, & qui écartoient diamétralement de la vérité : ces opinions bisarres, que chaque mot étoit l'effet du hasard, qu'il n'existoit point de Langue primitive : que la Parole & la Grammaire n'étoient que l'effet du hafard, de la convention, du caprice : que vouloir en rendre raifon, c'étoit un délire, une extravagance : que la Fable n'étoit qu'une altération de l'Hiftoire : que les arts de premier befoin n'avoient été découverts qu'après les efforts réitérés, les effais les plus pénibles & très-imparfaits de plufieurs milliers de fiecles; comme fi l'homme avoit commencé par être un vrai fauvage dans toute l'étendue du terme.

» Ce cahos difparoît, ajoutâmes-nous, ces erreurs cédent forcément à l'ordre, à la clarté, à l'intérêt, lorfqu'on s'éleve à un principe antérieur à tout monument, qui les a tous amenés, qui les explique tous, qui les lie tous, le Besoin.

» Par le befoin toujours preffant, toujours renaiffant, l'homme fut conduit à tous les arts, à toutes les connoiffances; il y fut conduit par la route la plus prompte & la plus fûre. Comme ces befoins étoient phyfiques, ce fut dans la Nature même, obfervée par la fagacité & par l'intelligence, que les hommes puiferent tous les moyens de fatisfaire à ces befoins. Et comme ces befoins furent les mêmes dans tous les tems, nous avons la plus grande certitude, une certitude de fait, que ce qui a exifté autrefois exifte aujourd'hui dans fon intégrité, & n'a fubi d'autre altération que des extenfions & des développemens : que les Monumens de l'Antiquité ne font que les témoins des moyens qu'on employa pour fatisfaire aux befoins de l'humanité, comme nos monumens actuels ne font que les témoins de nos befoins & de nos reffources : & qu'en confrontant ce qu'ils dépofent à l'égard du préfent & du paffé, nous aurons non-feulement le vrai fyftême, mais l'Hiftoire de tous les tems, de tous les Monumens ».

Nous conclûmes que pour embraffer ce Tableau dans toute fon étendue, il fuffifoit de fe tranfporter au moment où commença la chaîne, dont le fiecle actuel forme le dernier anneau.

» Qu'euffions-

« Qu'euffions-nous fait alors ? Que feroient aujourd'hui ceux qui fe trouveroient placés dans des circonftances pareilles ? Ce que nous fuppofons que nous ferions, eft précifément ce qu'ils firent en effet, parce qu'ils le firent & que nous le ferions néceffairement.

» Les hommes liés en fociété fentirent la néceffité de connoître les befoins individuels & d'indiquer les moyens d'affiftance qui pouvoient les contenter ou les faire ceffer : de-là, une langue primitive tranfmife néceffairement d'âge en âge ; de-là, l'invention & la confervation des arts & des loix, &c.

» Ainfi, tout ce qui exifte ne préfente plus que des rayons partant d'un même centre & renfermés dans un cercle qui les lie tous, qui les claffe tous, & qui indique, non-feulement les rapports, mais la raifon & le motif de tous.

» Enfin, difions-nous, la rapidité de notre marche, la multitude de nos découvertes, l'harmonie qui règne entr'elles, la maniere dont elles s'appuient mutuellement, la facilité avec laquelle le lecteur nous fuit à travers les recherches les plus capables d'effrayer, les attraits qu'elles lui préfentent, le vif intérêt qu'il y trouve, tout doit perfuader que nous fommes dans le bon chemin. Ce n'eft pas ainfi, difions-nous encore, qu'on marche, lorfqu'on a manqué fa route : les obftacles fe multiplient ; les prétendus principes deviennent ftériles ; la perfpective eft confufe, embrouillée, les fauffes routes & les exceptions deviennent fi fréquentes, que, loin d'avancer, on eft forcé de renoncer enfin à fon entreprife ».

Tout ce que nous avons eu le bonheur de publier jufqu'ici a paru marqué à cette empreinte : on n'y a point vu d'embarras, de tâtonnement, rien de louche ni de contradictoire : quelque différentes que foient entr'elles les diverfes parties de notre plan que nous avons déjà remplies, on voit sans peine qu'elles sont des portions d'un même tout, qu'elles se fondent sur les mêmes principes, qu'elles s'appuient mutuellement, que ce sont des chaînons d'une même chaîne dont l'ensemble se développe successivement ; on y a même vu ce qu'on avoit peine à croire, que d'après ces grands principes, l'antiquité est mieux connue de notre tems que du tems des Grecs & des Romains ; que nous entendons mieux que leurs profonds Jurisconsultes leurs loix anciennes, celles entre les loix des XII Tables, par exemple, que Ciceron convenoit n'être pas entendues de son tems ; que les livres de la plus haute antiquité sont plus clairs aujourd'hui qu'ils ne l'étoient pour leurs anciens interprètes ; que nombre de questions qui sembloient insolubles, cessent de mériter ce nom ; On a vu même que les grandes découvertes faites depuis notre annonce par d'illustres voyageurs ou par des savans distingués, sont toutes venues à l'appui de nos vues : on diroit que c'est pour nous qu'elles ont été faites ; & pouvoit-il en être autrement ? La vérité est une, elle est dans tout l'Univers, de tous les tems, de tous les lieux : on doit donc, lorsqu'on la possède, la retrouver par-tout, & tout doit en devenir la preuve.

Comme l'aiman attire le fer de par-tout, de même un principe vrai doit attirer à lui toutes les vérités, toutes doivent venir se ranger en foule autour de lui. Ils le savent bien ceux qui élèvent des hypothèses plus brillantes que solides ; ceux qui ont embrassé des systêmes qui ne portent pas leur conviction avec eux : ils veulent les trouver par-tout, & cherchent par-tout quelque vérité qu'ils puissent ramener à leurs vues, ils les voient ainsi par-tout ; mais malheureusement eux seuls ont cet avantage.

Il n'en est pas ainsi de nous : nous ne les allons pas chercher ; elles naissent de toutes parts ; elles sortent en foule de quelques principes simples & lumineux : nous ne les épuisons pas même ; on trouve encore à glaner abondamment après nous : chaque jour des savans distingués trouvent de nouvelles preuves de nos grands principes ; & le tems n'est peut-être pas loin où on sera fort étonné que nous ayons été dans le cas de prouver la vérité de ces principes.

On a vu d'ailleurs que nous nous borniosn toujours dans notre travail aux objets indispensables : nous eussions pu donner le double de volumes, en suivant la trace des critiques les plus illustres, en rapportant les paroles propres & en original des Auteurs que nous citons ; & en transcrivant ce qu'on avoit déjà pensé sur les objets que nous traitons ; mais ceux qui n'ont le tems que de connoître la vérité, ne se soucient guère des erreurs dans lesquelles on a pu tomber ; & ceux qui en sont curieux, peuvent se satisfaire en parcourant les bibliothèques, ce vaste dépôt des pensées humaines.

Des volumes qui ont déjà paru.

Une chose plus essentielle, c'est de justifier la maniere dont nous faisons paroître nos volumes, sans suivre l'ordre tracé dans notre plan, comme si nous en voulions cacher les défauts, ou comme si nous n'étions pas assurés de notre ensemble.

Si nous eussions suivi l'ordre de notre plan général, que nous eussions commencé par les principes du langage, & par l'expo-sition du Dictionnaire primitif, nous n'eussions point intéressé, nos lecteurs, & la sécheresse de cette méthode synthétique les auroit fait renoncer d'autant plus vîte à nos recherches qu'ils n'en auroient jamais vu la certitude.

La méthode synthétique, excellente pour se rendre compte de ce qu'on sait déjà, est le comble du délire quand on s'en sert pour étudier des objets qu'on ne connoît pas encore : avec elle, on commence par pofer l'exiftence de ce qui eft en queftion ; enfuite on cherche à connoître les preuves de fon exiftence ; on commence par l'inconnu, pour aller-de-là au connu ; auffi n'eft-elle propre qu'à faire des perroquets. La méthode analytique que nous fuivons, au contraire, dans le développement du Monde primitif, procède d'une manière directement oppofée : nous commençons par ce qui eft connu pour arriver de conféquence en conféquence à l'inconnu, qui fe trouve ainfi démontré au moment où on parvient jufqu'à lui. Quand on a tout découvert, qu'on emploie à la bonne heure la fynthèfe pour rendre compte de tout ce qu'on a vu, tout comme on a recours à une opération d'atithmétique oppofée pour vérifier une opération déjà faite.

Voyons maintenant fur chaque partie de nos recherches, les vérités nouvelles que nous avons fait connoître, ou les grandes maffes que nous avons déjà établies, & qui doivent être confidérées comme la bafe ferme & folide de ce que nous avons encore à développer, & comme une preuve de fa certitude & de fon utilité.

Des trois Allégories Orientales.

Nous ouvrîmes la Scène du Monde Primitif par un morceau propre à exciter la curiofité ; par trois Allégories relatives au plus grand intérêt phyfique des États agricoles, l'Hiftoire de Saturne armé de la faulx & mangeur de fes enfans ; celle de Mercure armé du Caducée, Interprète des Dieux, Confeiller fidèle de Saturne ; celle d'Hercule armé de la maffue, couvert de la peau du Lion, Général de Saturne, & qui foutient douze travaux qui ne femblent bons qu'à amufer les enfans. A la tête, nous mîmes un Fragment de l'antiquité qui avoit fait le tourment de tous les

Critique, qu'on défespéroit d'entendre, & qui lié étroitement à ces trois Fables, avoit l'air tout aussi ridicule, tout aussi extravagant, l'Histoire de Cronus ou de Saturne par Sanchoniaton.

Nous fîmes voir que cette Histoire devenoit très-belle, très-lumineuse, très-intéressante prise dans le sens allégorique ; & que c'étoit la seule maniere de l'expliquer : que dès-lors, Elion ou le Très-Haut, chef de cette Famille, étoit la Divinité même; Uranus & Ghé ses enfans, le Ciel & la Terre; Berouth qui est comme leur mere, la Création. Que du mariage du Ciel & de la Terre, naît Cronus-Saturne, c'est-à-dire, le laboureur armé de la faulx, & qui venge la Terre des infidélités du Ciel, en faisant par son travail qu'elle rapporte constamment son fruit : que cet événement arrive auprès des eaux, parce que sans eaux nulle agriculture : qu'il épouse cinq femmes dans le sens allégorique, & qui toutes lui sont envoyées du Ciel. Rhéa, ou la Reine des jours, dont il a sept fils ; Astarté, ou la Reine des nuits, dont il a sept filles, les sept jours & les sept nuits de la semaine : Dioné ou l'abondance : Eimarmené ou la Fortune ; Hora ou la saison favorable : & qu'il reconnoissoit pour Rois ou Dieux de la Contrée, *Adod*, ou le Soleil, *Astarté* au croissant, ou la Lune, & Iou Demaroon, Jupiter, l'Etre par excellence, le grand dispensateur de l'abondance.

A cette famille, en étoit unie une autre non moins allégorique, celle du vieux Nérée, pere de Pontus, grand-pere de Neptune & de Sidon, dont la voix étoit admirable, & qui inventa le chant des Odes.

Tel est le portrait du vieux Nérée; il étoit toujours juste & modéré, toujours vrai & ennemi du mensonge & de toute espece de déguisement: nous avons fait voir que ce portrait, dont aucun Critique n'avoit pu trouver le motif, étoit parfaitement conforme à la propriété des eaux de peindre les objets, & de les peindre fidèlement ; c'est dans ce miroir que les Bergeres contemploient leurs graces ingénues, & qu'elles ornoient leurs têtes de fleurs, lorsque l'art n'en avoit pas encore imaginé de factices.

Nérée est le Dieu des eaux courantes ; Pontus est le pere des mers ou des grandes Eaux ; Neptune est le Dieu de la Navigation.

Sidon est l'Emblême ou la Déesse de la pêche & des grandes Villes maritimes ; c'est-là qu'accourent les Arts & les richesses filles du Commerce & de l'Agriculture, & qui mènent à leur suite les beaux Arts, la Poësie la plus sublime, les chansons & les amusemens de toute espèce.

Si Saturne fonde des villes, c'est que sans Agriculture il n'existe ni villes, ni ports, ni abondance, ni navigation, ni commerce.

Dans ce tems-là, les descendans des Dioscures s'embarquent & élèvent un Temple sur les frontieres du pays : ce qui est encore vrai dans le sens allégorique : les Dioscures ou enfans du Ciel sont les grands propriétaires, les Maîtres de la Terre : leurs Descendans construisent des vaisseaux pour distribuer leurs productions dans tout l'Univers : & s'ils élèvent un Temple, c'est que dans l'Antiquité religieuse, tout lieu de Commerce sur les frontieres de deux ou de plusieurs Peuples, étoit toujours un Temple consacré à la Divinité protectrice du commerce : que là, dans les tems marqués chaque année & à la fête du Dieu, se rassembloient tous ces Peuples pour leur Commerce : que c'étoit tout-à-la-fois un tems de foire, de pelerinage, de fêtes & de danses ; les Marchands trafiquoient, les dévots alloient au Temple, la jeunesse dansoit, toutes les denrées se vendoient bien, & chacun s'en alloit gai, dispos & content : que telles sont encore nos foires & les fêtes de Paroisses toujours unies au Commerce & accompagnées de quelque foire, grande ou petite.

Ce Dieu tutélaire tenoit une grenade à la main, fymbole de la profpérité & de la multiplication des peuples, par l'agriculture.

Ainfi tout eft allégorique dans ce beau fragment venu de la Phénicie; & on ne pouvoit mieux en peindre le Héros, qu'en l'armant de la faulx avec laquelle il moiffonne fes champs, & qu'en lui faifant manger fes enfans, qui font fes propres récoltes.

Et telle eft la nature de ces explications allégoriques, qu'elles embraffent la totalité des traits & des noms renfermés dans les Fables à expliquer : que chacun de ces traits eft un fymbole pleins de fens, qui peint parfaitement fon objet : & que tout ce qui arrête le plus dans la Fable, les actions en apparence les plus cruelles & les plus abominables des Dieux, font des allégories très-fimples & très-juftes d'événemens naturels.

Si cette hiftoire de Saturne eft réellement une brillante allégorie, qui peint à grands traits l'invention de l'Agriculture & fes heureux effets, celle de Mercure en eft une autre non moins brillante, qui peint l'invention du Calendrier ou de l'Almanach, fans lequel l'Agriculteur ne peut rien faire, & qu'il confulte toujours. On ne pouvoit en même tems donner à Mercure un titre plus jufte que celui d'Interprète du Ciel, & un fymbole plus fenfible que le Caducée, qui n'eft autre chofe que la fphère ou la réunion de l'Equateur & de l'Ecliptique, qui peignent les révolutions du Soleil, bafe de tout Calendrier, de tout Almanach.

L'Hiftoire d'Hercule & de fes XII Travaux ne renferme également aucun trait, aucun fymbole, aucun nom qui ne foit allégorique, & qui ne forme un enfemble parfaitement jufte, qui peint, on ne peut mieux, tous les travaux champêtres pour les douze mois de l'année, en commençant par l'étranglement des deux Dragons, qui forme le caducée, & qui font enfuite jettés au feu de la Saint-Jean, au Solftice d'Eté.

Nous avons fait voir également les rapports des VI grands Dieux & des VI grandes Déesses avec les mois de l'année qui en sont présidés : le rapport des neuf Muses & des trois Graces avec ces douze mois : & de quelle maniere ingénieuse on avoit mis en histoire les révolutions de la Lune & du Soleil, représentés toujours, celui-ci comme un grand Roi, comme le premier des Rois de chaque nation, presque toujours en guerre avec un autre, pour une belle Princesse : que Ménès en Egypte, Bélus en Assyrie & à Tyr, Minos en Crète, Ninus à Babylone, Pâris à Troye, Ménélas à Sparte, Cécrops à Athènes, Enée à Albe, Romulus à Rome, sont chez chaque Peuple un seul & même symbole, celui du Soleil, Roi suprême de la Nature physique & de l'Agriculture.

Que Sémiramis, Astarté, Europe, Hélene, Pasiphaé, leurs monstres, leurs fureurs, leurs adulteres, sont autant d'allégories brillantes relatives à la Lune & à ses rapports avec le Soleil d'Eté & le Soleil d'Hiver, l'un vieux & l'autre jeune, qu'elle épouse successivement.

Quant à la cause de toutes ces allégories, nous avons fait voir que dans les premiers tems, où on étoit privé des moyens de communiquer promptement les idées par l'écriture, on crayonnoit à grands traits sur les murs des Temples, des personnages distingués, chacun par un symbole qui lui étoit propre, pour représenter chaque saison, chaque mois, chaque travail du mois, chaque fête de la saison : l'Hiver sous la figure de Vesta ; le tems de la Moisson sous celle de Cérès ; la Chasse sous les traits de Diane ; le Soleil d'Hiver sous la forme d'un Roi accablé d'années, & pere de cinquante enfans ; le Soleil d'Eté sous la forme d'un jeune Prince rayonnant de gloire ; la Lune sous celle d'une Déesse ornée d'un croissant.

Ensuite

Enfuite on donna un nom à chacun de ces Personnages; on leur forma une généalogie; on leur forgea une histoire relative aux objets qui étoient destinés à peindre.

Lorsque dans la suite des tems, on eut des Calendriers d'une toute autre espèce, des Calendriers écrits, on oublia totalement le rapport de ces récits avec ces vieux Calendriers qui n'existoient plus, & dont on n'avoit nulle idée; & on prit tous ces récits pour autant de faits réels, & d'autant plus respectables, qu'ils étoient étroitement liés avec le culte, qui étant agricole, étoit lui-même relatif à ce Calendrier ancien & primitif.

De-là l'erreur de tous les Mythologistes qui cherchoient des faits historiques sous tous ces symboles & sous toutes ces Fables, & qui ne trouvoient rien, parce que ce n'étoient pas en effet des monumens historiques; mais qui anéantissoient toute la beauté, parce qu'ils ne faisoient aucune attention à l'ensemble des symboles, & qu'ils ne prenoient de tous ces traits, que ceux qui leur plaisoient, rejettant tous les autres au rang des Fables : maniere de travailler très-commode, mais aussi qui ne mene à rien, parce qu'elle est absolument arbitraire & dénuée de tout fondement.

Quelque conviction que porte avec soi un ensemble aussi soutenu, aussi raisonnable, & qui offre un aussi grand intérêt, nous crûmes devoir y mettre la derniere main, par notre Dissertation sur le GÉNIE SYMBOLIQUE ET ALLÉGORIQUE des Anciens, où nous fîmes voir sur-tout que l'Antiquité eut nécessairement le Génie Allégorique, qu'elle en est convenue, que la tradition ne s'en est jamais effacée, & que ce Génie est la véritable clef de l'Antiquité, sur les objets qui ne sont point historiques, ayant présidé à ses Fables, à sa Poésie, à son Culte, à ses Fêtes, à son Calendrier, à l'Agriculture entiere : tout ayant été personnifié, & tout l'ayant été de la maniere la plus agréable & la plus intéressante.

Telle est une des grandes vérités que nous nous proposions de faire connoître aux hommes, & un des grands principes que nous desirions de leur démontrer, & dont les conséquences sont si vastes, si nombreuses, si belles, si diversifiées : d'où résulte sur-tout que la Mythologie entiere est fondée sur des caracteres allégoriques qu'on ne peut méconnoître, & sur une langue formée de tous les noms & de tous les symboles qui en désignent tous les Personnages, noms & symboles tous nécessaires, tous puisés dans la Nature, tous parfaitement d'accord entr'eux & avec la Nature : Langue très-belle, très-riche, très-poétique, dont on n'avoit cependant aucune idée, & dont nous tâcherons de réunir les membres épars, dans la suite de nos Recherches Mythologiques.

Histoire du Calendrier.

Plusieurs de ces vérités reparurent avec de nouveaux développemens dans l'Histoire Civile, Religieuse & Allégorique du Calendrier.

Dans la premiere Partie nous fîmes voir que dans l'origine, les hommes connurent les principes de l'Astronomie, & la vraie nature de l'année : que dès les premiers tems, l'année étoit composée d'un nombre de jours, régulier & parfaitement géométrique, de trois cens soixante jours, division exacte du cercle : que telle fut l'année du Déluge : que très-peu de tems après on fut obligé d'augmenter l'année de cinq jours, la Terre ne parcourant plus dans l'espace juste de trois cens soixante jours, le cercle qu'elle décrit chaque année autour du Soleil, parce que son axe n'est plus parallèle à celui de la Terre, comme avant le Déluge, soit que ce dérangement ait été la cause ou l'effet de ce terrible événement.

DU MONDE PRIMITIF. xxxv

Nous fîmes voir enſuite que tous les noms relatifs, chez tous les Peuples connus, au calendrier, à l'année, aux mois & à leurs diviſions, étoient tous ſignificatifs, tous choiſis & déterminés avec ſageſſe, aucun l'effet du haſard.

Et que toutes les Fêtes anciennes, celles des Egyptiens, des Grecs, des Romains, qui ſemblent toujours extravagantes, impies, ou l'effet de la vile ſuperſtition Payenne, étoient preſque toujours des Fêtes de la plus haute Antiquité, fondées ſur la raiſon, relatives à l'Agriculture, & dignes d'avoir ſervi de modèle à la plupart de ces Fêtes du Chriſtianiſme, qu'une partie des Chrétiens n'ont rejettées que parce qu'ils les regardoient comme des imitations des Fêtes nées de la lie du Paganiſme; & que les grandes Fêtes Chrétiennes ſont aux grandes Fêtes Payennes, ce que l'allégorie eſt à la lettre, ce que le moral eſt au phyſique : le Soleil de juſtice ayant ſuivi les révolutions du Soleil phyſique, Roi de la Nature phyſique, & ayant brillé, une de ſes révolutions complettes.

Dans cette ſeconde Partie du Calendrier, nous avons répandu une vive lumière ſur une grande partie des Faſtes Romains chantés par Ovide, & ſur leſquels les Romains eux-mêmes avoient entièrement perdu la vérité de vue; nous avons développé en même tems l'exiſtence allégorique d'une multitude de Perſonnages qui entroient dans le Calendrier, & qui n'offroient qu'un vrai cahos, lorſqu'on les conſidéroit comme des Perſonnages hiſtoriques; tels qu'Anna Perenna au mois de Mars, les Rois en fuite à la fin de Février, Remus & Romulus au mois de Mai, Janus le premier de Janvier. Nous avons auſſi raſſemblé ſur les Saturnales, ſur les Jeux Séculaires ou Jubilés Romains, ſur les Myſteres, &c. une multitude de faits peu connus, & éclairci nombre d'objets & d'allégories intéreſſantes.

E ij

Ainsi le système allégorique s'est développé de plus en plus & est devenu d'autant plus intéressant qu'il porte sur des objets usuels communs aux Modernes comme aux Anciens, & liés aux trois grandes Allégories Orientales relatives à cette Agriculture sans laquelle il n'existe aucun Empire, aucune Société policée, & éclairée.

Enfin, dans la troisieme Partie, nous avons fait voir comment les Anciens avoient changé en autant de personnages, toutes les portions de l'année : & sur-tout la multitude de ceux qui sont nés, chez chaque Nation, du Soleil & de la Lune, Roi & Reine de l'Univers physique, Chefs de l'année, Directeurs des jours & des nuits, Dieux tutélaires de tous les travaux.

Origine du Langage & de l'Ecriture.

L'exécution de notre Plan est beaucoup plus avancée relativement aux Mots que par rapport aux choses : c'est que celles-ci tenant aux mots, ne peuvent être discutées avec utilité & avec un succès rapide, qu'autant qu'on a déja acquis la connoissance des mots dont elles dépendent : cette partie, base de toutes les autres, a donc exigé nos soins de préférence : ajoutons qu'elle est d'une utilité instante par la facilité qui en résulte pour l'étude des Langues, par conséquent pour accélérer les progrès des Jeunes Gens. Le public lui-même a paru desirer que nous traitassions les Langues de préférence, soit qu'on ait cru qu'avec ce secours on pouvoit aller fort loin, ou que notre travail à cet égard seroit plus sûr, moins systématique.

Mais avant de traiter des Langues en particulier, nous avons recherché l'Origine du Langage en général ou de la Parole & celle de l'Ecriture.

Ici, nous avons présenté des vérités aussi neuves que sur l'Allégorie & aussi étroitement liées avec la Nature.

Nous avons démontré que l'homme étant un Etre intelligent, il étoit nécessairement un Etre parlant, puisque la parole est le miroir de l'intelligence, son organe propre, son véhicule, celui par lequel elle se développe, elle se communique, s'instruit, & se perfectionne : qu'ainsi, la parole est un acte aussi naturel à l'homme que ces sensations qui le constituent Etre sensible & animal, & dont aucune ne dépend de lui.

Que la parole étant naturelle à l'homme, & par conséquent, tout ce qu'on disoit du langage comme l'effet de la convention & de longues recherches, étant une pure chimère, il en résulte que la parole est l'effet des organes de l'homme mis naturellement en jeu par son intelligence pour peindre ses idées : & que de ces organes résultent des sons, & des tons naturels, élémens nécessaires de la parole, & dont l'étendue est telle, qu'elle se prête à tous les besoins de la parole ; parce que ces sons & ces tons ont entr'eux toutes les propriétés nécessaires pour peindre toute l'étendue des idées ; tous les objets physiques & moraux, sources de ces idées.

Que de-là résulta nécessairement une masse de mots primitifs, monosyllabiques, qui peignent la Nature entiere, & qui ne purent jamais varier, parce qu'on ne pouvoit pas employer pour chaque objet un mot plus propre, plus significatif, plus conforme à l'idée qu'on vouloit peindre.

Que ces mots formerent la Langue primitive dont aucun Peuple ne put s'écarter ; mais que chacun put étendre ces élémens, & les développa en effet de trois manieres, en en dérivant d'autres par l'addition de quelques terminaisons, en les associans deux à deux, trois à trois, ou en les modifiant par des Prépositions initiales.

Qu'il n'existe aucun mot dans aucune Langue qu'on ne puisse

ramener à l'une ou l'autre de ces quatre claſſes; mots primitifs, dérivés, binomes & compoſés.

Que la vraie maniere d'étudier les mots d'une Langue, eſt de les réunir par Familles nombreuſes, en raſſemblant ſous chaque mot primitif, tous ceux qui en ſont deſcendus, parce qu'au moyen de cette Méthode on apperçoit à l'inſtant la raiſon d'une prodigieuſe quantité de mots, & qu'il n'en eſt aucun qui ne faſſe tableau, & qui ne ſoit d'autant plus ſatisfaiſant, qu'il a dès-lors une énergie qui eſt à lui, pleine de force & de vérité, fort ſupérieure à l'état inanimé qu'il offroit, lorſqu'on ne le conſidéroit que comme l'effet du haſard & de la convention, & comme ayant ſi peu de rapport à l'idée qu'il offroit, qu'on auroit pu l'employer pour en déſigner d'oppoſées.

Delà réſulte la facilité de ramener toutes les Langues à une, au moyen des mots primitifs communs à tous, combinés avec les divers *Modes* du Langage, ou avec les ſons que chaque Peuple adopte de préférence, par la facilité avec laquelle ils ſe ſubſtituent les uns aux autres, phénomènes fondés ſur la Nature, ſoumis au calcul & à des règles certaines & peu nombreuſes.

Que de-là réſulte enfin cet Art Etymologique, ſi long-tems & ſi inutilement cherché, parce qu'on ſe livroit à ces recherches au haſard, ſans principes, ſans aucune connoiſſance de cauſe: qu'on ſe bornoit ſur-tout à remonter avec peine d'une Langue connue à une autre; en paſſant des Langues modernes au Latin ou au Grec, & de celles-ci à l'Hébreu, ſans penſer à ſe rendre compte des Langues Orientales elles-mêmes: ce qui n'étoit rien faire.

Paſſant de-là à l'origine de l'Ecriture dont on ne pouvoit également ſe rendre raiſon faute de principes, nous avons démontré qu'elle a également ſa ſource dans la Nature; que de même qu'on avoit pris celle-ci pour guide dans l'Art de la parole, on avoit également été obligé de la prendre pour guide dans l'Ecriture ; qu'on n'avoit eu qu'à peindre chacun des objets que représente chaque lettre, & que la Parole se trouva peinte par l'Ecriture : que de-là naquirent les lettres alphabétiques dont les voyelles peignent la Langue des sensations, tout ce qui est relatif aux sens, à l'Ecriture & à la propriété ; & dont les consonnes peignent la langue des idées, tout ce qui est relatif aux qualités des objets & à leurs rapports.

Nous avons vu de plus que l'ensemble des objets peints par ces voyelles & par les consonnes, est relatif à l'homme pour qui seul l'écriture fut inventée, & qui est d'ailleurs le centre de toutes les connoissances : qu'ainsi l'A peignit premierement l'homme lui même ; E, son visage ; O, son œil ; OU, son oreille ; I, sa main ; R, son nez ; S, ses dents ; B, sa maison ; P, la bouche entr'ouverte & la Parole ; K, la Langue & les lèvres, AL, les aîles & les bras ; C & G, la gorge ; M, la mere de famille ; N, son nourrisson ; Th, le sein qui le nourrit ; H, le champ cultivé des mains de l'homme ; Q, la force avec laquelle il agit, les instrumens tranchans, agens de cette force. Enfin T, la perfection, l'ensemble de tout ; cette figure peignant l'homme, qui, les bras étendus, embrasse l'Univers, & forme la figure de la Croix, l'Emblême constant de la perfection & de l'accomplissement de tout.

Nous avons vu en même-tems que cet Alphabet remontoit à la plus haute antiquité, & qu'antérieur à la dispersion des Peuples, il se retrouvoit chez toutes les Nations qui ont écrit ou écrivent, & de qui il reste quelque monument écrit ou gravé : qu'il n'existe, en un mot, aucune écriture qu'on ne puisse ramener avec quelque attention à celle-là, même l'écriture des Indiens, même celle des Chinois, chez qui nous avons montré les mêmes caracteres avec la même valeur.

Ces principes une fois établis, il en eſt réſulté une nouvelle force, en faveur de ce que nous avions dit des rapports intimes des Langues d'Occident avec celles d'Orient ; & pour confirmer nos vues ſur la vraie & antique prononciation de celles-ci, altérées par le laps de tems & par la facilité qu'ont les ſons de ſe ſubſtituer les uns aux autres, d'autant plus que les générations ſucceſſives d'un même Peuple operent, dans une ſeule Langue, les mêmes altérations que la diverſité des Peuples occaſionne dans une même Langue, en un même eſpace de tems.

De l'Analyſe des Langues.

Diſons un mot de la maniere dont nous ſommes parvenus à analyſer cette multitude de Langues dont nous parlons dans le Monde Primitif, qui ne nous étoient pas toutes connues lorſque nous commençâmes d'y travailler, & qui nous ont été d'une ſi grande utilité pour parvenir à la démonſtration de nos principes & à la découverte du Monde Primitif.

Nous n'eûmes pas de peine à ſentir que les Langues que nous ſavions, & auxquelles on borne le nom de ſavantes, le Latin, le Grec & l'Hébreu, ne ſuffiſoient pas pour nous dévoiler l'origine des Langues & celles des Nations ; qu'il falloit pouſſer nos recherches plus loin, afin de pouvoir conſulter un plus grand nombre de monumens, & d'avoir le plus grand nombre poſſible d'objets de comparaiſon. Nous commençâmes donc à étudier l'Arabe, d'après la méthode que nous avions conçue, & en mettant à part les mots que nous connoiſſions pour les avoir vus dans les Langues que nous ſavions déjà : c'étoit autant de gagné, & un grand encouragement pour notre travail : nous vîmes, par ce moyen, que nous ſavions déjà beaucoup d'Arabe, ſans l'avoir étudié. Nous paſsâmes à d'autres Langues, & nous fîmes la même épreuve avec le même succès; ce succès fut tout autre, lorsque d'après les rapports qui nous frappoient, nous nous fûmes fait une clef comparative des changemens que chaque lettre éprouvoit dans chaque Langue; car dès-lors les rapports furent infiniment plus nombreux & plus intéressans. Nous n'avions qu'à prendre un Primitif quelconque, ouvrir tous nos Dictionnaires, d'après cette clef, & en peu de tems nous rassemblions une Famille nombreuse, composée de mots de toutes les Langues, formés de ce primitif, & présentant les mêmes idées.

De-là, notre Alphabet primitif, notre Langue primitive, l'Origine du Langage & de l'Ecriture, la Grammaire Universelle, tout l'ensemble de nos Dictionnaires. Voyant dès-lors qu'aucune Langue ne pouvoit nous résister, nous jugeâmes que c'étoit le moment de nous livrer à d'autres Recherches, en y procédant d'après les mêmes principes, & en profitant de l'avance prodigieuse que nous donnoit la clef des Langues: sur-tout, la connoissance du Langage figuré que nous trouvâmes toujours fondé sur la Nature & sur la valeur physique des mots: ce qui devint encore pour nous une seconde clef d'une ressource infinie pour le développement & l'intelligence des énigmes mythologiques, & pour redresser celle d'une multitude de monumens anciens qu'on avoit affreusement défigurés par la privation de ces deux admirables clefs.

Grammaire Universelle & Comparative.

Les mots sont les Élémens de la Parole, comme les couleurs sont les Élémens de la Peinture; mais afin que ces mots puissent se réunir en Tableaux & peindre les idées, il faut les assortir entr'eux de maniere qu'ils correspondent aux diverses parties de l'idée; & les unir de façon qu'ils ne forment qu'un tout comme elle. De-là résulte la Grammaire ou l'Art de peindre les idées : elle nous apprend quelles espéces de mots répondent à chaque partie d'une idée, & les formes qu'il faut donner à chacun de ces mots, afin qu'ils se lient entr'eux, & qu'ils ne présentent qu'un tout aussi net, aussi sensible, aussi brillant que l'idée qu'on vouloit peindre. Cet Art de peindre par la parole, est appellé *Grammaire* ; elle doit son nom à un mot Grec qui embrasse ces diverses idées.

A cet égard, nous avons beaucoup ajouté à ce qu'on en avoit dit avant nous dans diverses Grammaires plus ou moins approfondies, plus ou moins parfaites. Et cela n'est pas étonnant : dès que nous avions établi que la parole étoit nécessaire, & qu'elle étoit la peinture des idées, il en est résulté que tout ce qui constitue la Grammaire a été également nécessaire, que rien n'y a dépendu de la convention humaine, & que pour la connoître, on n'avoit qu'à analyser l'idée, en connoître les diverses parties & les rapports de chacune de ces parties.

Par ce moyen, nous avons répandu sur la Grammaire une simplicité & une certitude dont on la croyoit susceptible, qu'on cherchoit & qu'on n'avoit pu trouvé, faute de base. Nous avons établi chaque partie du Discours sur des caractères absolument distincts les uns des autres : nous avons fait voir que les diverses formes qu'on leur donne & qui constituent la déclinaison, ou les Cas & les Verbes, ou les Tems, sont toutes données par la Nature, & qu'elles se trouvent dans toutes les Langues, ou exprimées par un seul mot, ou développées par plusieurs : & que le génie de toutes les Langues à cet égard est le même, que le François, le Latin, le Grec, le Chinois, Langues qui semblent si disparates, reposent cependant sur les mêmes principes, ont les mêmes règles, la même Grammaire & qu'elles ne différent que par des modifications particulieres, qui ne contredisent aucun des principes fondamentaux nécessaires du Langage ; qui les confirment au contraire.

Nous avons fait voir en particulier que les cas étoient donnés par la Nature elle-même ; qu'ils se trouvoient dans la Langue Françoise comme dans la Latine & la Grecque ; que celles-ci n'avoient d'autre avantage sur celle-là que d'avoir assigné pour les noms une terminaison particuliere à chaque Cas, comme le François en a pour les Pronoms ; que de là résulta l'avantage unique pour ces Langues de pouvoir changer à volonté la place des mots dans les Tableaux de la Parole, source pour ces Langues d'une richesse & d'une variété de Tableaux à laquelle ne peut atteindre la Langue Françoise ; & par ce moyen a été résolue d'une maniere très simple la grande question de *l'inversion*, sur laquelle on soutenoit avec la même habileté le pour & le contre, & qui par-là même sembloit interminable ; car on demandoit quel étoit le plus naturel des deux arrangemens des mots du François ou du Latin : & on étoit porté à donner la préférence au François ; d'où résultoit que l'arrangement Latin étoit contre nature, ou moins naturel, ce qui ne pouvoit que répugner.

Mais ils sont aussi naturels l'un que l'autre, pourvu que nos idées se peignent d'une maniere exacte & intelligible, le vœu de la Nature est rempli : peu lui importe qu'un mot marche devant ou après un autre, dès que l'effet est le même.

Au contraire, la Nature riche & féconde, ne se plut jamais à suivre tristement une seule & même route ; sans cesse, elle varie ses formes, toujours nous la trouvons différente d'elle-même, lors même qu'elle est le plus semblable à elle-même.

Ne faisons pas, dîmes-nous, l'affront à ces Génies créateurs & sensibles, qui apperçurent le chemin agréable que leur traçoit la Nature, en leur présentant la variété des cas, & qui, pliant leur Langues à ces vues, la rendirent capable d'imiter la Nature de la maniere la plus parfaite ; ne leur faisons pas l'affront de les regarder comme des perſonnes qui manquerent cette route, qui s'éloignerent de la Nature.

N'en concluons rien également contre ceux qui préſiderent à la formation de notre Langue. Livrés dans leurs forêts à une vie plus dure, voyant une Nature moins agréable, un Ciel moins beau, connoiſſant moins les charmes d'une Société perfectionnée par les beaux Arts, effet des plus heureux climats, il leur falloit une Langue moins variée, plus févere, plus grave, qui ſe rapprochât plus de la Nature qu'ils avoient ſous les yeux. Notre Langue fut donc auſſi naturelle que les autres; & ſi elle renferma moins de contraſtes, elle n'en eut pas moins ſes agrémens, ayant ſu, par les avantages qu'on admire en elle, compenſer ceux dont elle étoit privée.

Et c'eſt parce que les Langues Latine & Grecque ſont auſſi conformes à la Nature que la nôtre, que leur étude nous devient ſi précieuſe; tandis qu'elle nous feroit néceſſairement funeſte, ſi elle étoit contraire en quoi que ce ſoit à la Nature: on n'apperçoit entr'elles d'autres différence que celle qu'on trouve entre deux Rivaux, qui diſputent à qui peindra le mieux la Nature, qui la rendra avec plus de force & de grace: nous exerçant nous-mêmes dans l'un & l'autre genre, nous en deviendrons infiniment plus forts dans celui qui nous eſt propre: c'eſt-là un avantage de l'étude de ces Langues, qu'on ſentoit, quoiqu'on ne pût s'en rendre compte: & c'eſt-là une des grandes clefs Grammaticales qu'on cherchoit & dont la découverte eſt due au Monde Primitif, à l'attention de n'avoir pris pour guide que la Nature relativement à toutes les connoiſſances humaines.

Faiſant voir ainſi que l'enſemble des règles, en toute Langue, ſe borne aux fonctions des Cas, nous réduiſons preſqu'à rien cette immenſe quantité de règles dont ſont compoſées toutes les Grammaires.

Et nous faisons disparoître toutes celles dont on ne savoit que faire., & qu'on réunissoit sous le nom absurde d'Exceptions, en faisant voir qu'elles sont l'effet nécessaire & admirable de l'Ellipse, qui consiste à supprimer dans une phrase tous les mots dont l'énonciation n'est pas nécessaire pour la clarté de la phrase, quoiqu'ils s'y trouvent en quelque sorte en esprit ou mentalement, parce que les mots conservés s'accordent avec eux, de la même maniere que s'ils étoient énoncés.

Nous avons aussi montré que l'Ellipse est d'un usage si agréable & si intéressant, qu'on a formé en toute Langue des mots elliptiques, qui renferment en eux la valeur de plusieurs parties différentes du discours.

Il est d'ailleurs peu de parties du Discours, sur lesquelles nous n'ayons répandu quelque jour par des vues nouvelles : sur l'Article, en faisant voir ses différences d'avec le Nom; sur le Pronom, en le définissant d'une maniere neuve, & en démontrant qu'il a des cas nécessairement, même en François, dans toute la rigueur du mot : sur les Participes, en faisant voir en quoi ils different du Verbe, & combien ils lui sont antérieurs, sur le Verbe, en montrant qu'il n'en existe qu'un, le Verbe *Etre*, & que tout ce que nous appellons *Verbes Actifs*, sont des formules elliptiques, composées du Verbe Etre. Enfin, nous avons fourni un moyen très-simple d'analyser tous les tableaux de la parole, en les rapportant à trois classes, sous les noms de Tableaux Enonciatif, Actif & Passif, entre lesquels se distribuent tous les Cas & toutes les règles du Discours, pour toutes les Langues : ce qui en facilite singuliérement l'intelligence & la comparaison, puisque rien n'aide plus l'instruction que des Principes très-simples, très-clairs, & puisés dans la nature même des choses.

Origines Françoises.

Nous conformant toujours à la méthode analytique, où l'on paſſe du connu à l'inconnu, nous avons commencé notre travail, ſur les Langues en particulier, par la Langue Françoiſe, pour remonter de cette Langue ſi connue, à celles qu'on connoît moins, & pour répandre par elle du jour ſur celles-ci.

Nous avons vu qu'elle étoit fille de la Langue Celtique, de cette Langue parlée par les premiers habitans de l'Europe, & qui, ſuivant les Cantons où ſe fixerent ces Peuples, & entre leſquels ils ſe partagerent, forma la Langue Gauloiſe, conſervée dans le Gallois, le Cornouaillien & le Bas-Breton, la Langue Runique, le Theuton, le Grec, le Latin, &c.

Nous avons établi ainſi le contraire de ce qu'on avoit toujours cru juſques à nous : car les Savans, fondés ſur le rapport étonnant de ces Langues entr'elles, étoient perſuadés qu'elles s'étoient formées ſur la Langue Latine ; ce qui, lors même qu'il eût été vrai, n'auroit levé la difficulté qu'à moitié ; car il reſtoit toujours à découvrir l'origine des mots ſubſiſtans dans ces Langues, qui n'avoient nul rapport à ceux de la Langue Latine ; mots cependant dont on ne ſe mettoit point en peine : tant étoient imparfaits tous les travaux dont on s'étoit occupé juſques ici ſur les Langues, & tant on étoit dénué de principes ſur les objets les plus intéreſſans, tels que l'origine de ſa propre Langue maternelle.

Comme la Nature eſt toujours riche en moyens, elle nous en a fourni pluſieurs pour démontrer que la Langue Françoiſe, vint de la Langue Celtique ou Gauloiſe, & non de la Latine ; car nous l'avons prouvé, non-ſeulement par le fait, mais par la raifon même, qui dit hautement qu'aucun Peuple ne put jamais renoncer à fa Langue : & par une preuve d'un genre peu connu & qui étoit tout-à-fait conteftée, celle qui fe tire de la valeur ou de la fignification des noms de lieux : car dans les Principes du Monde Primitif, où tout a fa caufe, les noms de lieux ont toujours eu une raifon; & cette raifon, dans la haute antiquité, a toujours ou prefque toujours été la nature même du local qu'on avoit à défigner. Ainfi, nous avons fait voir que la Langue Celtique fubfiftoit encore de nos jours dans la plupart des noms de lieux du Royaume, même dans l'Ifle-de-France, même à Paris, & que ces noms étoient dérivés de mots également confervés dans la Langue Françoife.

Quant aux familles de mots, nous les avons divifés en quatre claffes pour chaque lettre.

1°. Les mots formés par Onomatopées.

2°. Les mots relatifs à la valeur de la lettre même.

3°. Les mots où cette lettre a été fubftituée à une autre.

4°. Les mots empruntés manifeftement d'une Langue étrangere.

Cette diftribution fimple, naturelle & neuve de tous les mots d'une Langue, eft de la plus grande utilité, non-feulement pour fe former une idée très-jufte & très-nette de la maffe entiere d'une Langue & de fes diverfes diftributions, mais auffi pour paffer facilement d'une Langue à l'autre, & pour faifir l'enfemble des Langues.

D'ailleurs, par cette méthode il n'eft aucun mot dont l'étymologie puiffe échapper : & la facilité avec laquelle toutes les Langues fe ramenent à ces quatre claffes, en rend l'étude auffi aifée qu'agréable, & devient une démonftration complette par le fait, des Principes du Monde Primitif.

VUE GÉNÉRALE
Origines Latines.

Ce que nous avions fait fur la Langue Françoife, nous l'avons exécuté enfuite fur la Langue Latine : nous en avons claffé tous les mots fous les quatre grandes divifions dont nous venons de parler : & nous avons vu la valeur de chaque lettre de l'alphabet fe répéter dans la Langue Latine, & y former une multitude de mots parfaitement conformes à cette valeur commune.

Ainfi fe confirment non-feulement les Principes du Monde Primitif, mais ils fatisfont agréablement l'efprit, qui voit qu'en paffant de Langue en Langue, il retrouve toujours les mêmes bafes, les mêmes valeurs, les mêmes idées ; & qu'il les faifit par conféquent avec beaucoup plus de facilité & d'intérêt.

Nous avons fait voir en même tems & par les mêmes moyens, que la Langue Latine defcendoit également de la Langue Celtique : comment les Celtes pafferent dans l'Italie pour la peupler : comment prefque tous les noms de ce Pays furent des dérivés de la Langue Celtique, & relatifs à ceux que nous avions déjà expliqués pour les Gaules : & allant plus loin, comment la Religion Primitives de fes habitans fut la même que celle de tous les peuples Celtes.

Nous avons fuivi en même tems ces Colonies Celtiques en Italie, dans leurs révolutions & dans leurs emplacemens : nous avons montré comment la divifion politique des anciens Peuples de cette Contrée étoit elle-même l'effet de la Nature, chacun d'eux s'étant placé dans une enceinte formée naturellement par les montagnes & par les fleuves ; & au moyen d'une Carte que nous avons exécutée dans cette vue pour l'Italie, nous avons donné un effai de la maniere dont on pourroit faire les Cartes, afin que de leur feul afpect, on pût énumérer les divers Peuples qui habitent l'étendue de terre comprife dans ces cartes.

Notre

DU MONDE PRIMITITIF. xlix

Notre attention s'eſt enſuite portée ſur les Romains, ſur ce Peuple étonnant, qui ayant commencé par une ſimple Ville d'un territoire preſque nul, fit inſenſiblement la conquête de l'Italie, & enſuite avec la plus grande rapidité celle de la plus grande partie de l'ancien Monde. Nous avons cherché à répandre quelque jour ſur leur origine, ſur celle de leurs Familles Patriciennes, ſur les moyens par leſquels ils ſe mirent en état de conquérir peu-à-peu l'Italie, & d'anéantir la diviſion politique que la Nature avoit établie entre ſes Peuples.

Ces premiers tems de l'Italie nous ont fourni également de nouvelles preuves que l'Allégorie exerça ſon empire ſur tous les Peuples, puiſque nous en avons trouvé de nombreuſes traces chez les Sabins, chez les Albins, chez les Romains eux-mêmes, & qu'on ne peut ſe refuſer à ces développemens, quoique juſques ici ont ait toujours regardé comme hiſtoriques les récits qui nous ont tranſmis ces Allégories.

Nous ſommes allés plus loin. Mettant ſous les yeux de nos Lecteurs des fragmens de l'ancienne Langue Latine, nous avons fait voir qu'ils étoient plus clairs pour notre ſiècle, que pour celui des plus illuſtres Auteurs Romains, parce que nous ſommes parvenus à des principes, & que nous avons raſſemblé des objets de comparaiſon qui leur étoient inconnus, & dont nous ſerions également privés, ſi, à leur exemple, nous nous bornions à la connoiſſance des Langues Grecque & Latine, ou ſi nous n'appercevions jamais que les faits, ſans remonter aux principes qui amenerent ces faits.

Diſſert. Tome I.

VUE GÉNÉRALE

Differtations fur divers objets, & qui compofent ce VIIIe Volume.

Le Volume que nous publions aujourd'hui eft dans un genre abfolument différent de tout ce que nous avons fait paroître jufqu'à préfent : il ne fera pas moins propre cependant à prouver l'excellence des Principes du Monde Primitif, & le jour qui en réfulte fur prefque toutes les connoiffances, de quelque nature qu'elles foient : on peut le confidérer comme un premier Recueil de Differtations fur divers objets : il roule fur ceux ci :

Un Effai d'Hiftoire Orientale pour le VIIe fiècle avant Jéfus-Chrift ; un autre fur l'Origine du Blafon, de fes Symboles, de la Monnoie : l'Explication du célèbre Bouclier d'Achille ; celle du Jeu des Tarots ; l'origine des Chiffres Arabes ; celle des Chiffres Romains ; des rapprochemens fur les VII Rois de plufieurs Peuples.

Tous ces objets font traités d'une maniere neuve : ils contiennent diverfes chofes qu'on n'avoit pas même foupçonnées jufques à préfent ; & ils ne paroîtront fans doute pas indignes d'attention.

Dans la premiere Differtation, par exemple, nous fuivons le fameux NABUCHODONOSOR dans fes conquêtes, nous l'accompagnons jufques en Efpagne, & nous montrons les caufes de cette expédition, dont on n'avoit pas même l'idée : nous faifons voir quel de fes Succeffeurs fut le Beltfafar de Daniel : nous démontrons les voyages des Phéniciens autour de l'Afrique & aux Indes : quels furent les lieux où voyagea Ménélas, felon Homere, après la guerre de Troie : les bévues de STRABON fur la Géographie d'Homere, & fur les voyages d'Eudoxe ; & à quel point les connoiffances Géographiques étoient déjà détériorées de fon tems.

DU MONDE PRIMITIF. lj

Nous prouvons enfuite que le BLASON fut pris dans la Nature elle-même; qu'il nous vient des anciens Peuples de l'Orient, & que fi les Modernes ont cru qu'il n'avoit été inventé qu'au tems des Croifades, c'eft qu'ils ont confondu fon établiffement en Europe, avec fon origine antique, erreur trop commune.

Un des morceaux les plus brillans de l'Iliade, eft la defcription du Bouclier d'Achille exécuté par Vulcain, & divifé en XII Tableaux, très-intéreffans chacun en particulier; mais dont jufques à préfent on n'avoit pu appercevoir l'enfemble ni le but : nous faifons voir que c'eft un vrai Calendrier; & que fes XII Tableaux correfpondent parfaitement à l'état de l'année Grecque & à fes XII mois : on y verra même ces Affemblées du Printems de tous les anciens Peuples, que nos Ancêtres appelloient Champs de Mars, Mails ou Parlemens.

Le jeu des Tarots, jeu de Cartes fort connu en Italie, à Avignon, en Suiffe, en Allemagne, très-fingulier, compofé de figures bifarres, & dont le but ou l'objet étoit auffi inconnu que celui du Bouclier d'Achille, fe préfente ici comme un jeu venu lui-même des anciens Egyptiens, calqué fur leurs connoiffances politiques & Mythologiques, & comme ayant fervi de modele aux Cartes Efpagnoles, qui ont donné lieu à leur tour aux Cartes Françoifes.

L'origine des Chiffres Romains & ceux des Arabes, devenus ceux de toute l'Europe, n'en eft pas mieux connue; ils parurent toujours l'effet du hafard; mais dans nos Principes, où tout eft pris dans la Nature, ils devoient avoir une origine certaine, & cette origine devoit être très-fimple & très-naturelle : nous faifons donc voir ici que leurs figures font une peinture réelle, très-fimple, très-légerement altérée, des nombres qu'ils expriment.

Ainsi le Monde Primitif s'élevant aux causes de tout ce qui existe, rend toujours plus intéressans les objets de l'usage le plus commun, qu'on croit connoître le mieux, & prouve de plus en plus que la Nature a tout fait, qu'elle a fourni aux hommes les élémens de tout, qu'ils n'ont eu qu'à se les rendre propres & à les combiner en toutes manieres sans pouvoir ni les altérer, ni les multiplier.

Quant à la maniere dont nous avons rempli ces diverses Parties, il paroît, par les approbations & par les encouragemens infiniment flatteurs qu'on daigne nous donner de toutes parts, que nous l'avons fait à la satisfaction du Public, & qu'on trouve que nous ne sommes pas restés au-dessous de notre Plan.

Cet avantage inestimable, peut être unique, & très-glorieux pour nous, nous affermit de plus en plus dans nos vues, & est un puissant motif pour que nous nous occupions sans relâche de ces grands objets, & que nous fassions suivre les autres parties de notre Plan avec la même célérité & avec le même intérêt pour l'Europe Savante, & le même fruit pour les Générations naissantes.

Appelés en quelque sorte par la Providence à ce travail instructif, nous nous croirions coupables envers elle, envers nos semblables, envers le grand Ordre, si nous regardions cet ouvrage comme n'étant pas de devoir pour nous, & si nous nous relâchions un instant dans l'exposition de ces grandes vérités.

§. III.

De ce qui nous reste à publier : & 1°. sur les Langues.

Les Objets qui nous restent à traiter pour remplir l'étendue de notre Plan sont encore très-nombreux ; mais d'après les divers principes que nous avons déjà établis, & d'après tout ce que nous avons mis sous les yeux du Public, on sent combien ce travail sera aisé, sûr & utile : & nous avons tout lieu d'espérer qu'à mesure que nous avancerons dans cette carriere, elle paroîtra encore plus intéressante.

Nous avons actuellement sous presse le Dictionnaire Etymologique de la Langue Grecque, ouvrage unique en nôtre Langue, pour laquelle la Souscription est déjà ouverte, qui rajeunira singulierement cette belle Langue, & où l'on trouvera les Racines mêmes des Mots Grecs qu'on regardoit comme radicaux, & leurs rapports avec les autres Langues.

Nous nous proposons de publier ensuite le Dictionnaire Etymologique de ces Langues Orientales qu'on avoit toujours regardées si mal-à-propos comme la Langue Primitive.

Le Dictionnaire de la Langue Primitive, résultat de tous ceux qui auront précédé; & dont l'existence & la certitude seront démontrées par cette multitude de bases sûr lesquelles il sera appuyé.

Nous pourrions ajouter à toutes ces masses, un Dictionnaire Comparatif des autres Langues d'Europe & d'Asie.

Les rapports de ces diverses Langues avec celles de l'Afrique & de l'Amérique.

Le Dictionnaire Etymologique des Noms de Lieux, Fleuves & Montagnes de l'ancien Continent.

Un Tableau historique par Langues de toutes les Nations du Monde Ancien & Moderne; Tableau qui ne seroit pas la portion la moins piquante de nos vastes Recherches.

Le Dictionnaire Hiéroglyphique & Symbolique de l'Antiquité, avec les figures des objets physiques relatifs à ces symboles.

Nous nous trompons fort, ou ces divers Ouvrages doivent paroître curieux & intéressans; ils completteroient du moins nos travaux fur les Langues & fur la Parole; ils feroient voir également-ment comment elle fe prêta fans peine à tous les befoins phyfiques & moraux des hommes, & comment elle eft devenue la bafe néceffaire de toute Société & de l'Humanité entiere.

2.

Objets qui nous reftent à publier fur les CHOSES: *&* 1°. *fur l'Antiquité Allégorique.*

On ne fera pas furpris fi nous difons que les objets qui nous reftent à traiter fur les Chofes, ne font ni moins nombreux, ni moins importans : la maffe des Vérités céderoit-elle en quelque chofe à celle des Mots ? & fi ceux-ci, malgré leur fécherefse, offrent des détails fi curieux, fi étendus, fi piquans, quels ne doivent pas être ceux qui conftituent l'enfemble de l'Antiquité Allégorique & de l'Antiquité Hiftorique, qui comprennent l'efpace de tant de fiécles, & qui embraffent la fageffe & les actions de l'Antiquité entiere, de cette Antiquité dont la longueur des tems n'a pu effacer entierement l'éclat, & qu'illuftrerent des Génies Créateurs, dignes d'une mémoire éternelle ? Nous nous eftimerons heureux, fi, animés de leur feu, de leur fageffe, nous pouvons, en expofant le fruit de leurs veilles & de leurs travaux, plaire à nos contemporains, & être de quelqu'utilité aux Générations futures.

Relativement à l'Antiquité Allégorique, nous devons achever l'explication de la Mythologie Grecque, & de celle des Egyptiens; expofer celle des Celtes ou Scandinaves, contenue dans l'EDDA; raffembler celle des Indiens fi célèbres dès les tems les plus reculés par leur profonde fageffe; éclaircir les tems primitifs des Chinois, les débrouiller de la même maniere que nous avons développé ceux de notre Occident.

DU MONDE PRIMITIF. lv

Ce fera, nous pouvons le dire, une Collection unique qui montrera d'un côté avec quelle fageffe les Anciens inventerent tous ces Emblêmes, toutes ces Allégories; & d'un autre, quels furent leurs Principes Philofophiques & Religieux, & avec quel foin & quel empreffement affectueux ils s'appliquoient à éclairer la maffe entiere de la Société, les Habitans des Campagnes comme ceux des Villes; c'eft qu'ils fentoient, qu'autant que les individus d'une Société, d'un Etat, d'un Empire, font parfaitement inftruits de leurs droits, de leurs devoirs & des moyens de les remplir, autant cette Société, cet Etat, cet Empire deviennent floriffans; qu'ils ne peuvent profpérer que de cette maniere. Dans nos Etats modernes, au contraire, les Villes & les Campagnes femblent former des peuples différens, deux races d'hommes encore plus oppofées par leur langue & par l'inftruction, que par les manieres & par les mœurs. Cette inftruction s'y borne non-feulement aux Villes beaucoup moins étendues que les Campagnes, mais même à une très-petite partie des habitans des Villes : on diroit que la fcience n'eft que pour un certain nombre de perfonnes aifées & oifives, & que l'enfemble des hommes n'en a aucun befoin.

Sans contredit, tout objet de connoiffance n'eft pas propre pour tous les hommes; & l'habitant des Villes peut favoir une multitude de chofes qui feroient très-inutiles au laborieux cultivateur; mais il exifte un genre d'inftruction indifpenfable pour celui-ci, & très-bon pour des Citadins; & c'eft ce genre d'inftruction que connoiffoit fi bien l'Antiquité primitive; pour elle, les champs étoient tout, & les villes rien qu'en fous-ordre; & elle auroit cru manquer le but de fes leçons, fi elles n'avoient embraffé l'enfemble des Peuples & des Citoyens.

3.

Antiquité Hiſtorique.

La portion d'Hiſtoire ancienne que nous nous propoſons d'éclaircir, eſt celle qui précéda les tems où les Grecs & les Romains commencerent d'écrire.

Ces Peuples, les Grecs ſur-tout, nous ont tranſmis nombre de traditions relatives à ces tems anciens; mais ils vinrent malheureuſement trop tard, & ils n'eurent ni aſſez de critique, ni aſſez de connoiſſance des Langues pour remplir cet objet d'une maniere conforme à la vérité & à ſon importance : ils ne nous ont laiſſé que des matériaux informes, comme on ne s'en aſſure que trop par la lecture de tout ce que d'infatigables Ecrivains ont raſſemblé à cet égard, & par leurs vains efforts pour en faire un tout lumineux & ſans vuides. Plus on les lit & moins on eſt ſatisfait; & comment le feroit-on ? tout y étonne l'imagination, & rien n'y parle à la raiſon. On voit de grands Empires ſans origine, de grandes révolutions ſans cauſes, de grandes connoiſſances ſans principes, ſans commencemens : des armées innombrables ſans ſubſiſtance ; des dépenſes énormes ſans finance. Comme dans les Romans faits pour amuſer les Lecteurs, tout y eſt en ſcènes, en preſtiges, & on ne voit jamais ce qui les amene : les hommes ſemblent ſortir de deſſous la terre, ou tomber du Ciel, ſans que rien ait préparé cette population immenſe, ou ait amené leurs exploits, leurs vertus, leur ſageſſe ou leurs vices : pour rendre le renverſement plus étrange, on leur refuſe la connoiſſance de ces Arts ſans leſquels ils ne pouvoient avoir exécuté ce qu'on leur attribue ; & confondant reſtauration, perfectionnement & communication, avec intention, on place l'origine de ces Arts dans

des

des tems & dans des lieux fort poftérieurs aux peuples qui en firent ufage.

Par un renverfement d'efprit plus étrange encore, on flétrit les Princes pacifiques qui rendirent leurs Etats floriffans, en ne difant rien de leurs actions, ou en les faifant paffer pour imbécilles: & on n'a pas affez de termes pour exalter ces Incendiaires qui, femblables à des torrens débordés, ont ravagé la terre, renverfé les Empires, détruit les villes, exterminé les peuples, anéanti les connoiffances, élevé fur des bafes ruineufes des Etats chancelans qui n'attendoient qu'un autre incendiaire pour éprouver à leur tour la même cataftrophe. Tandis qu'on comble d'éloges les peuples qui mirent les Arts en mignature, & qui les bornerent à l'utilité perfonnelle, on garde le plus profond filence fur les peuples qui les voyoient en grand, & qui rapportoient tout à l'utilité éternelle des hommes & des Etats : on s'extafie fur celui qui faifoit paffer des pois à travers le trou d'une aiguille, & on oublie le nom de ceux auxquels on doit ces orgueilleufes Pyramides élevées dans le pays le plus renommé par fa fageffe ; on ofe même les flétrir, en difant qu'ils ne les deftinoient qu'à leur fervir de tombeaux, tandis qu'on nous affure que ces Princes étoient toujours dirigés par la Loi.

Tels font les tems dont nous entreprenons d'éclaircir l'Hiftoire ; tel eft l'objet pour lequel nous nous fommes livrés aux recherches qu'offre le Monde Primitif. L'entreprife n'a pas paru facile, & elle ne pouvoit le paroître ; mais par ce que nous avons déjà fait, on peut juger de ce que nous pouvons faire à cet égard & de fon utilité. On comprend fans peine que l'Hiftoire primitive prendra néceffairement une nouvelle forme, en la féparant de ces Allégories & de ces Fables avec lefquelles on la confondoit fans ceffe ; en donnant l'intelligence d'une multitude de Monumens qu'on

Diff. Tom. I.

n'entendoit plus, ou qu'on entendoit mal : en rétabliffant une infinité de rapports qui étoient anéantis : en jugeant par ce qui eft, de ce qu'on a fait : en s'élevant ainfi au-deffus de ce cahos d'actions antiques dont on ne voyoit jamais la caufe ; & en revivifiant l'Hiftoire primitive, comme nous en aurons revivifié la Langue.

Nous publierons plutôt l'Hiftoire de l'Humanité que celle des hommes : les faftes de l'Univers, plutôt que ceux des Nations ifolées. Ce ne fera pas l'Hiftoire de tel peuple ou de tel fiècle, ce qui importe peu, ou ne peut amufer que des oififs ; ce fera l'Hiftoire de tous les peuples, de tous les fiècles, parce qu'on remontera aux principes même de l'Hiftoire ; qu'on fera voir que tout Empire eut fa caufe, comme tout mot eut fa raifon : que l'élévation, la durée, la gloire ou la ruine des Etats ne dépendent point, comme on l'a cru, de paffions ou de circonftances locales & paffageres ; que ces événemens furent toujours l'effet néceffaire & calculable de la bonne ou de la mauvaife application des grands principes de toute fociété ; & que ces petites paffions ou ces circonftances ne firent que profiter de l'état des chofes, & ne l'amenerent jamais. Les vents peuvent bien renverfer un édifice élevé fur des fondemens ruineux : celui qui eft bien affis, fe joue de leurs efforts.

Quoi ! les hommes réunis en fociété, les Etats, les Empires ne pourroient calculer leur durée ! ne pourroient pas fixer leur bonheur ! ils ne deviendroient pas ftables comme leur fol ! & parce qu'on a vu des Empires paffer comme une vapeur que le vent diffipe, on s'imagineroit que ce même fort attend inévitablement tout Etat, tout Empire !

Non ! rien qui n'ait fa caufe, fa raifon, fon principe éternel & immuable : il en eft une qui fait à jamais la profpérité des Nations & des Empires ; c'eft l'obfervation de leurs devoirs : une seule peut amener leur ruine ; c'est la violation de ces devoirs, le pervertissement des causes auxquelles ils durent leur élévation & leur prospérité.

Nous ferons voir que tous les peuples qui ont prospéré, que les Chinois, les Indiens, les Egyptiens, les Perses, les Chaldéens & tout autre ancien peuple, ne devinrent florissans qu'autant qu'ils furent attentifs à la voix de l'ordre & dociles à ses leçons : qu'aucun Législateur ne fut véritablement grand & utile à ses contemporains & au monde, qu'autant qu'il connut l'ordre & qu'il sut en rapprocher ses loix : que toutes celles qui y furent contraires, ne purent jamais produire d'heureux effets ; qu'elles entraînerent toujours la ruine de ceux qui ne surent pas s'en préserver.

Nous démontrerons cette grande & sublime vérité, que le pervertissement de cet Ordre a presque toujours fait mettre au rang des grands Hommes ceux qui n'étoient que de grands scélérats ou de grands insensés ; qui ne voyoient pas qu'en forçant tous les moyens, ils ne brilloient que d'une gloire passagere, & que cette fausse gloire entraîneroit la ruine entiere de cet Empire qu'ils s'imaginoient illustrer & aggrandir : que les Etats ont toujours trouvé leur tombeau dans ces fausses idées de grandeur.

Qu'une des grandes causes des malheurs de l'Humanité a été le préjugé exclusif de sa propre excellence, qui a engagé chaque Peuple à se séquestrer, à s'isoler, à ne voir que lui, à ne perfectionner que lui, & qui les a privés sans cesse du secours & de l'appui qu'ils auroient trouvé dans tous les autres.

Qu'aucun Empire de la terre ne pourra être tout ce qu'il peut être, tandis que la terre sera couverte de Peuplades barbares & sauvages. Ce sont ces fautes que vous expiez par les malheurs qui fondent de toutes parts sur vous, Indiens, Persans, Africains : malheurs dont on ne voit pas la fin.

On y verra encore que les Empires commencerent à décliner lorsqu'ils fondirent les Campagnes dans les Villes, & les Villes dans une Capitale vaste & immense, gouffre des richesses de l'Etat, & Tombeau des Générations présentes & futures : que la vraie grandeur d'un Empire est d'être grand & puissant, non dans un point, mais par-tout, d'être tout force, tout nerf, tout ordre : qu'ainsi Rome fut grande tandis qu'elle ne vit que les Tribus de la Campagne ; & qu'elle déclina dès que l'Univers fut dans Rome : qu'ainsi les Babyloniens s'anéantirent, dès que Babylone parut & qu'elle étonna les Peuples par sa fausse grandeur : & que si Constantinople n'eût pas existé, l'Empire d'Orient subsisteroit encore plein de force & d'éclat.

Ici, nous avons eu l'avantage d'être aidés par une Philosophie pleine de sens & de raison, que nous avons rencontrée heureusement sur notre chemin, tandis que nous cherchions quelles pouvoient avoir été les causes de ces Phénomènes, en apparence si bizarres, que nous présentoit l'Antiquité historique : pourquoi là des Déserts, ici des Sociétés : pourquoi là des Empires florissans, ici des Peuplades foibles & languissantes : pourquoi là de grands Conquérans, ici des Peuples invincibles : pourquoi là de grandes lumieres, ici ignorance, foiblesse & erreur : pourquoi là sagesse exquise, ici folie, fureurs, ou vains préjugés. Nous trouvâmes sur nos pas des Chercheurs de vérité, des Hérauts de l'Ordre, qui faisoient pour les Sociétés, pour les Empires, ce que nous faisions pour les Langues, ce que nous cherchions pour les Peuples : qui remontoient aux causes de la prospérité & de la décadence des Nations, qui disoient : » tout a sa cause immuable & éternelle ; » les Empires comme le moindre grain de blé : les Sociétés sont » établies sur tels & tels principes : il en résultera tels & tels droits, » tels & tels devoirs. Que ces droits soient observés, que ces de-

» voirs soient remplis, & les Sociétés seront florissantes, & les
» Empires seront à jamais inébranlables sur leur base, & l'ordre
» régnera à jamais ».

Le plus simple énoncé de cette sublime Philosophie fut pour nous un flambeau divin, une source raïonnante de vérité : le complément de nos recherches & de nos travaux : la boussole qui alloit nous faire passer à travers l'Antiquité Historique, & nous aider à la rétablir avec la même certitude & la même utilité, qu'avec de principes pareils nous rétablissions la Langue primitive; nous développions les rapports des Langues, nous découvrions l'Antiquité allégorique, nous cherchions à démêler l'Histoire primitive; ici, du moins, nous trouvions de grandes avances, de grandes données, un système admirable, tendant au même but & découvert par une toute autre route. Ce Système & le nôtre se sont donc unis comme deux moitiés en un tout; nous l'avons regardé comme notre propre bien; nous nous en sommes approprié tout ce qui nous convenoit, & nous avons laissé le Système circuler dans l'Univers avec un succès plus ou moins favorable, suivant que les Esprits étoient plus ou moins disposés, que les petites passions humaines étoient plus ou moins en jeu : à cet égard, nous n'avons été que Spectateurs : nous ne pouvions être Acteurs ou Agens : mais nos vœux ont toujours été pour son plein & entier succès : lui seul peut sauver les Nations; lui seul peut faire de l'Europe une assemblée de Freres; & de l'Univers, un Tout lié par les mêmes droits, soutenu par les mêmes devoirs, heureux par les mêmes jouissances, ayant ainsi le même langage, celui de l'ordre, sans lequel rien ne peut subsister, & base essentielle de toute Législation.

Ces Amis de la vérité & du bien ont été méconnus : pouvoient-ils ne pas l'être? Il faut du tems pour que la vérité triomphe des ténèbres, de l'erreur, des préjugés; mais tôt ou tard elle se fera jour, & on sera étonné de n'avoir pas été plutôt frappé de son aspect: d'avoir pu si long-tems résister à ses charmes, à ses douces influences, à ses vastes avantages: les Chefs des Peuples, eux-mêmes, gémiront d'avoir été trop long-tems sourds à sa voix, ils regretteront ce tems comme un tems malheureusement perdu, ils le regarderont comme des siècles de barbarie & d'ignorance.

Quant à nous, nous saisissons avec empressement cette occasion de rendre nos hommages à ces excellentes vérités, & d'offrir nos vœux & le sentiment de notre reconnoissance à ceux qui se sont consacrés à ces grandes & sublimes connoissances.

C'est ainsi que ne nous refusant à aucune vérité, que n'embrassant aucun Système exclusif, qu'ayant une conscience toujours large, toujours prompte à saisir tout ce qui est bien, & à en profiter, sans craindre de revenir sur nos pas, sans tenir à nos opinions, sans rougir de devoir de grandes idées à d'autres, nous avons mis & nous mettons tous les Ouvrages, tous les hommes, toutes les découvertes à contribution. Nous regardons & nous avons toujours regardé comme travaillant pour nous, tous ceux qui ont inventé, recherché, découvert de nouveaux Monumens, de nouveaux Principes, de nouvelles Contrées, de nouvelles routes: c'est pour nous qu'on découvre de nouvelles Terres, de nouvelles Langues, de nouveaux Alphabets, de nouvelles Sciences: qu'on éclaircit les Loix, les Monumens, l'Histoire de tous les Peuples: qu'on fonde les entrailles de la terre pour découvrir ses diverses révolutions & son antiquité: qu'on fixe les droits & les devoirs des Nations: qu'on s'occupe de ce qui peut assurer leur durée & leur gloire.

Notre Ouvrage peut être regardé comme celui de tous ceux qui se sont occupés de ces objets: comme celui sur-tout du siècle dans lequel nous avons l'avantage de vivre: siècle supérieur à beau-

DU MONDE PRIMITIF. lxiij

coup d'égards à tous ceux qui l'ont précédé, mais qui peut-être suivi de siècles plus heureux qu'il aura amenés, & dont il aura la gloire d'avoir été la base & l'aurore. Aussi chacun pourra reclamer dans nos recherches ce qu'il nous aura fourni, sans qu'on puisse dire que nous nous soyons approprié le bien de personne, parce que nous n'avons profité que de ce qui s'unissoit si parfaitement à nos Principes, qu'il en devenoit une conséquence nécessaire, & qu'il arrondissoit notre travail en le fortifiant de faits intéressans, & de preuves d'autant plus satisfaisantes, qu'on n'y étoit pas conduit par ce désir désordonné de fortifier des vues systêmatiques qui égare la plupart de ceux qui cherchent la vérité.

Dissertations sur l'Antiquité Historique.

Comme nos recherches sur l'Histoire Primitive donnent nécessairement lieu à une multitude de Questions particulieres de Chronologie, de Géographie, de Mythologie, de Connoissances, d'usages, &c. dont la solution est indispensable pour répandre du jour sur ces tems primitifs, & que ces discussions détourneroient beaucoup trop l'attention du Lecteur si elles étoient fondues avec l'Histoire même, nous les en détacherons, & les ferons paroître avant notre Corps d'Histoire.

Elles formeront un Corps considérable de Dissertations semblables à celles qui composent ce VIIIe Volume, & qui forme ainsi le premier Volume de Dissertations Historiques, Mythologiques, Chronologiques, Critiques, &c. remplies de Recherches neuves & utiles, qui rendront l'étude de l'Histoire ancienne plus simple, plus agréable, plus sûre; comme on en peut juger par les titres d'une partie de ces Dissertations que nous mettons sous les yeux de nos Lecteurs.

VUE GÉNÉRALE

Dissertations Chronologiques.

1°. La supériorité de la Chronologie des LXX sur celle du Texte Hébreu, tel qu'il existe aujourd'hui.

2°. Le rétablissement de la Chronologie Egyptienne, & la suite précise des anciens Monarques de cette Contrée, avec l'accord parfait de tout ce que les anciens Historiens nous ont transmis à cet égard.

3°. La certitude de la Chronologie Chinoise, l'explication de ses Traditions allégoriques, le développement de son Histoire Primitive qu'on a toujours & très-mal à propos regardée comme un tissu de Fables, indigne de toute créance.

4°. L'accord de l'Histoire des anciens Perses suivant les Orientaux, avec ce que nous en ont dit les Grecs; & comment Esope, le même que Locman, forme un des points intéressans de cette concorde.

Dissertations Historiques.

1°. L'accord de ce que nous apprennent les Grecs sur ION & ses Fils avec ce qu'en dit Moyse, & la vraie lecture du nom d'un de ces Fils que personne jusques à présent n'avoit pu fixer.

2°. Les Traditions de tous les Peuples, Chinois, Indiens, Scandinaves, Chaldéens, Grecs, Romains, &c. sur la Création du Monde, sur le Déluge, sur les dix Générations qu'on compte entre ces deux événemens mémorables: leur accord avec ceux des Hébreux, & l'explication des Constellations relatives à ces grandes révolutions.

3°. Divers Eclaircissemens sur plusieurs Passages du Texte Hébreu; entr'autres, la vraie Epoque de l'Histoire de JUDITH démontrée par les faits même & par la correction d'une erreur glissée dans une lettre prise pour une autre.

Dissertations

Dissertations Mythologiques & Critiques.

1°. L'accord des Théogonies & Cosmogonies de tous les Peuples sur l'existence des Esprits célestes, sur la chûte des Anges, sur la Trinité, sur la Providence, sur l'immortalité de l'ame, sur la vie à venir.

2°. L'explication & l'origine des Fables sur lesquelles repose la Guerre de Troie.

3°. L'origine des Danses sacrées, & le rapport du MENUET avec ces anciennes Danses, avec la Nature & avec la Poësie héroïque.

4°. La vraie origine de la POESIE ancienne, une maniere plus exacte de scander les vers Grecs & Latins.

5°. La nature de la Poésie Hébraïque, modèle de celle des Grecs & des Latins.

Dissertations mêlées, Philologiques, &c.

1°. La cause physique des vertus & des vices des Celtes, tels que M. Pelloutier en a dressé le tableau; & pourquoi la plupart de ces Peuples sont devenus si tard des Nations agricoles & policées.

2°. Les travaux immenses des anciens Peuples pour couper la terre par des canaux qui portassent par-tout les eaux & la fertilité.

3°. L'origine auguste de l'autorité & des revenus Sacerdotaux dans l'Antiquité primitive, & les devoirs qui en étoient l'objet.

4°. Les travaux que soutinrent en conséquence les Corps des anciens Prêtres chez les Egyptiens, les Chaldéens, les Perses, les Indiens, &c. sous le nom de Hiérophantes, de Mages, de Gymno-sophistes, de Bramines, de Druides, &c.

5°. L'origine & la cause des Sacrifices, & comment le Culte des Payens n'étoit qu'une altération du Culte primitif.

VUE GÉNÉRALE

Differtations fur les Loix, les Ufages, &c.

1°. Jufques à quel point les Loix Hébraïques furent celles de tous les Peuples déjà fubfiftans ; queftion agitée par des Savans d'un grand mérite, mais fur de faux principes, tels que celui qui perfuadoit qu'avant Moyfe nul n'avoit poffédé l'art d'écrire.

2°. Quelle fut la nature des Légiflations Grecques ; & pourquoi ce Peuple, avec tant d'efprit, eut fi peu de fens, & ne fit que fe tourmenter & accélérer fa ruine à pas précipités, quoiqu'Homere, leur Auteur Claffique, leur eût montré à cet égard le vrai chemin.

3°. Quelle fut la premiere Autorité, fon origine, fes droits, fes devoirs, fource de la juftice.

4°. Quelle fut l'origine diverfe de l'efclavage, & des diverfes claffes de fervitude qui exifterent dans l'Antiquité.

5°. Quelle fut chez les Anciens l'étendue de l'autorité paternelle, & pourquoi elle n'eft plus la même.

6°. Les caufes & les avantages de la vertu fi précieufe chez les Anciens fous le nom d'amour filial.

7°. Sur quoi fut fondé chez ces mêmes Peuples le refpect & le culte des Ancêtres.

8°. Quels font pour un Etat les avantages ou les défavantages de la diftribution de tous les individus en grandes claffes, dont chacune a fes fonctions & fes travaux propres, fans qu'aucune puiffe empiéter fur l'autre.

Heureux effet de l'Ordre, & Conclufion.

La plupart de ces objets paroîtront fans doute neufs, & propres à répandre une vive lumiere fur les tems anciens : on fentira fans peine combien, d'après leur difcuffion, il nous fera aifé de tracer l'Hiftoire du Monde Primitif, & d'établir cette grande vérité que nous avons annoncée, qu'il fut entierement fondé fur la Nature & fur l'ordre général qui gouverne toutes chofes, fans lequel rien ne peut fubfifter, & auquel devra néceffairement revenir tout Gouvernement qui voudra profpérer, maîtrifer les événemens phyfiques & moraux; bannir la barbarie de deffus la terre: voir ainfi la plus grande profpérité fe répandre dans fes Chefs & dans tous fes individus; dans fes Villes & dans fes Campagnes; & devenir infailliblement le modele, le lien & le modérateur de tous les Peuples & de tous les Empires, fans que fa gloire fubiffe jamais aucune interruption.

Que l'Humanité feroit heureufe ! qu'on feroit fier d'être homme, lorfque cet Ordre fera rétabli & qu'il aura triomphé de la rouille des tems & des terribles préjugés fous lefquels elle gémit ! Puiffe ma Patrie, puiffe l'Empire magnanime des Lys auquel cette haute deftinée femble avoir été réfervée, être cette heureufe Nation ! Puiffe-t-il ramener cet Ordre dont les Anciens avoient une idée fi fublime qu'ils l'appellerent le fiècle d'or, l'Empire d'Aftrée ou de la Juftice; fiècle & Empire pendant la durée defquels les Nations fe multiplierent, les *Sciences* naquirent & fe propagerent; les Peuples furent heureux: fiècle & Empire dont les Anciens dirent avec tant de raifon qu'ils avoient été chaffés de deffus la terre par les défordres dans lefquels les hommes fe plongerent enfuite.

Qu'on rentre dans l'Ordre: la paix, l'abondance, la juftice, le bonheur reviendront confoler & réjouir l'Univers; ils feront les fuites néceffaires de ce nouvel ordre de chofes.

Heureux fi nous pouvons du moins ramener l'attention des mortels fur les excellentes chofes qu'on leur a déjà dites à ce fujet, & contribuer à affoiblir les préjugés qui empêchent les Peuples d'être fenfibles à la voix des Hérauts eftimables de l'ordre & de la félicité publique !

Après avoir élevé un pareil monument pour notre propre confolation & inftruction, & pour celle de tous les hommes, nos freres & nos amis, nous nous endormirons avec confiance dans le fein de nos peres, comme ayant rempli la tâche à laquelle nous avions été appellés par la Providence, quoique nous ne laiffions après nous ni plantations, ni défrichemens, ni familles; une trifte & fatale combinaifon d'événemens barbares nous ayant privé des champs & des biens de nos peres & mere, & nous ayant réduits à tout tirer de notre propre fonds: heureufe néceffité! puifque d'elle eft fortie notre inftruction, & de-là ces travaux immenfes & intéreffans qui exigeoient néceffairement une main qui n'eût aucun autre devoir à remplir: plus heureux encore fi nous nous trouvons les derniers de ceux qui auront été appellés à de pareilles épreuves, & fi nous pouvons y contribuer par nos ouvrages!

Nous aurons du moins la fatisfaction de ne nous être jamais propofé que le bonheur de tous, d'avoir été fans fiel, fans amertume, fans efprit de vengeance; d'avoir toujours trouvé que tout eft bien dans les voies de la Providence, & qu'un des plus grands ennemis que les hommes aient à craindre, celui auquel ils ne doivent ceffer de faire la guerre, c'eft l'ignorance, non de ce qui n'intéreffe que la curiofité, mais l'ignorance des droits & des devoirs de chaque homme, de ce qui conftitue pour l'homme vérité & lumiere, fans laquelle il n'y a qu'erreurs, que défordres & que folie: ignorance infiniment funefte, non-feulement pour tout homme en particulier, mais pour tout Etat, pour tout Empire, lorfqu'elle fe gliffe dans fes Chefs & dans fes Membres; c'eft alors la barque fans pilote, balotée au gré des vents, & que le moindre fouffle coule à fond.

Patrie, qui me méconnus, où je fus toujours comme étranger, où j'ai du moins tant & de fi excellens Amis, puiffes-tu, fenfible à la voix de l'Ordre, subsister à jamais; & remplie de gloire, de vérité, de lumiere, servir de modèle à tout l'Univers, & ne créer que des heureux !

Ce tems n'est peut-être pas éloigné : déjà on en voit arriver l'aurore; déjà des Amis de l'Ordre en font entendre la voix; déjà l'Europe commence à se lasser de carnage, de querelles, de disputes ; déjà on sent combien ces erreurs étoient insensées, odieuses, contraires aux droits de l'humanité & de la raison. Avec Virgile, & peut-être avec plus de vérité, nous pouvons dire: » La perfection des tems arrive : la révolution des siècles ramene l'Ordre universel : la Vierge qui tient la balance dans ses mains, revient sur la terre, elle mene à sa suite le regne de Saturne : le Ciel dans ses profondes destinées fait naître une nouvelle Race..... Quelle félicité ! quels charmes se répandent sur tout ce qui existe ! le Ciel, la Terre, la Mer, tout s'embellit & prend une face nouvelle ».

Nous pourrions ajouter avec lui : » Quelle satisfaction pour nous si la fin de nos jours voyoit arriver cette vie sans fin ! notre bonheur suprême seroit de réunir nos forces pour célébrer cet heureux tems ».

» Ultima Cumæi venit jam carminis ætas :
» Magnus ab integro seclorum nascitur ordo.
» Jam redit & Virgo, redeunt Saturnia regna.
» Jam nova progenies cœlo demittitur alto . . . .
　» Aspice convexo nutantem pondere mundum
» Terrasque, tractusque maris, cœlumque profundum.
» Aspice ventuto lætentur ut omnia seclo.
» O mihi tam longæ maneat pars ultima vitæ
» Spiritus & quantum saterit tua dicere facta.

VUE GÉNÉRALE

DES SYSTÊMES.

Note pour la page 1.

Tous les jours on dit d'un ton d'oracle, que le Monde Primitif n'eſt qu'un Système : avec ce mot on croit avoir jugé irrévocablement cet ouvrage ; & on s'en applaudit d'autant plus que ce mot eſt faiſi avidement par ceux qui ſont bien-aiſes de s'éviter la peine de lire de gros volumes, qu'il faudroit parcourir afin de ſe former du moins une idée quelconque de leur objet & de leur maniere : au lieu qu'avec ce ſeul mot, un Ouvrage entier eſt coulé à fond ſans examen.

Mais comment ceux qui s'en ſervent ne s'apperçoivent-ils pas que cette maniere de juger un Ouvrage quelconque, eſt d'autant plus mal vue qu'on pourroit le rétorquer, & objecter qu'elle eſt elle-même l'effet d'un ſyſtême dont on ne veut pas ſe départir : & qu'on préfere des Syſtêmes auxquels on eſt accoutumé, à d'autres qu'il faudroit étudier.

Cependant cette façon de décider du vrai ne vaudroit rien : des épithètes n'ont nulle valeur, ſi elles ne ſont pas accompagnées de leurs preuves : il ne ſera donc pas hors de propos de poſer ici quelques principes qui puiſſent faire juger du degré d'autorité que mérite l'objection que le Monde primitif n'eſt qu'un Syſtême.

» Un Système, ſelon les Auteurs d'un Dictionnaire célèbre,
» n'eſt autre choſe que la diſpoſition des différentes parties d'un
» Art ou d'une Science dans un état où elles ſe ſoutiennent tou-
» tes mutuellement, & où les dernieres s'expliquent par les pre-
» mieres. Celles qui rendent raiſon des autres s'appellent *Princi-*
» *pes*, & le *Syſtême* eſt d'autant plus parfait, que les principes ſont

» en plus petit nombre. Il eſt même à ſouhaiter qu'on les réduiſe
» à un ſeul : car de même que dans une horloge il y a un princi-
» pal reſſort duquel tous les autres dépendent, il y a auſſi dans
» tous les Syſtêmes un premier principe auquel ſont ſubordon-
» nées les différentes parties qui le compoſent ».

Si donc on entend par l'accuſation de *Syſtême*, que le Monde Primitif eſt un tout étroitement lié, poſé ſur des principes très-ſimples, dans le plus petit nombre poſſible, & dont toutes les parties ſe ſoutiennent mutuellement, l'objection devient un éloge, & nous en acceptons l'augure.

Mais ſi en attachant cette idée au mot Syſtême, on veut faire entendre que le Monde Primitif eſt un tout qui ne porte ſur rien, qu'il eſt fantaſtique comme les Palais des Fées; que ſes principes ſont illuſoires, les faits mal vus, les conſéquences nulles, en ſorte que l'Auteur s'eſt laiſſé ſéduire par une chimere, qu'il a cru voir ce qu'il ne voyoit pas, & prouver ce qu'il ne prouvoit point, alors il ne ſuffit pas de le dire, il faut faire voir en quoi ſes principes ſont illuſoires ou inſuffiſans, & comment, malgré tous ſes volumes, la vérité reſte encore à découvrir, comme s'il n'avoit rien fait. Juſqu'alors il y a bien moins de certitude du côté des Objectans que du côté de l'Ouvrage : & perſonne ne peut s'y tromper.

D'ailleurs, le Monde Primitif ſe diviſe en deux grandes Parties dont l'évidence & la démonſtration ne peuvent marcher ſur la même ligne : on ne peut donc les envelopper ſous le même anathême. Tout ce qui eſt relatif aux Langues dans cet Ouvrage, porte ſur un enſemble de faits au-delà deſquels on ne peut aller; ſur la maſſe des Langues. A cet égard, le Syſtême eſt démontré, ſi les principes ſont clairs.

Si les Langues ſont ramenées à des mots radicaux très-ſimples; ſi ces mots radicaux ſont les mêmes dans toutes; ſi par leur moyen on a infiniment moins de peine pour apprendre les Langues : ſi on peut acquérir la connoiſſance de pluſieurs dans le même eſpace de tems qu'il falloit pour une ſeule : le Syſtême alors eſt clair, démontré, néceſſaire : eût-il d'ailleurs quelques défauts, quelques Etymologies mal vues, elles ne pourroient valoir contre l'enſemble.

Il en eſt de même de la portion grammaticale, qui juſqu'ici avoit été livrée aux diſcuſſions des Savans : les principes en ſont ſi ſimples, les faits tellement déduits de ces principes, que cette partie du Monde Primitif a eu le plus grand ſuccès.

La portion qui prêteroit le plus à la Critique eſt celle de la Fable ou Mythologie. Il eſt certain qu'en la ramenant à l'Allégorie, nous élevons un Syſtême bien éloigné de tout ce qu'on avoit cru juſqu'à préſent, & ſur-tout de ceux qui l'expliquoient par l'Hiſtoire : mais oſeroit-on dire que leurs Ouvrages ne ſont pas ſyſtêmatiques ? oſeroit on dire qu'ils ſont démontrés, évidens, qu'ils ſont les ſeuls ſyſtêmes qui puiſſent être vrais, relativement à l'explication de la Fable ?

Le Syſtême Allégorique n'eſt-il pas, en comparaiſon de ceux-là, plus agréable, plus clair, plus complet ? Et s'il eſt en même-tems le mieux établi de tous ceux qu'on a imaginés juſqu'ici, le plus conforme à l'Antiquité, à la Nature, à la raiſon, le plus ſatisfaiſant, en un mot, quelle raiſon auroit-on de le rejetter pour s'attacher à de vieux Syſtêmes qui croulent de toutes parts ? ou pour les rejetter tous ?

Le Public, d'ailleurs, placé entre le Monde Primitif & ceux qui le condamnent ſi à la légere, eſt le vrai Juge : c'eſt à lui à décider auxquels convient l'épithète de Syſtêmatiques, ou plutôt de quel côté il y a plus d'avantages.

Fin de la Vue générale, &c.

ESSAI

ESSAI D'HISTOIRE ORIENTALE,

Pour les VIIe et VIe Siecles avant J.C.

ARTICLE PREMIER.

Nabuchodonosor monte sur le Trone de Babylone.

L'Empire Assyrien, qui avoit dominé si long-temps en Asie, & dont le joug avoit pesé sur tous les peuples, n'étoit plus. Sa Capitale, la superbe Ninive, avoit été détruite par le fer & par le feu : les Médes & les Babyloniens venoient de se partager ses dépouilles : ces derniers alloient succéder à la gloire dont avoit joui la Puissance qu'ils avoient contribué à anéantir. Un jeune Héros que sa naissance avoit mis à leur tête, se préparoit à s'en montrer digne par sa valeur, par son génie, par ses exploits. Déjà il s'ébranloit avec toutes ses forces, & avec une partie de celles des Médes pour la conquête du Midi, autrefois partage de l'Assyrien.

Ainsi alloit s'élever un nouvel Empire, dont l'étendue, la puissance & les vicissitudes méritent d'autant plus notre attention, que ses intérêts furent sans cesse mêlés avec ceux des Peuples, qui ont, à cette époque, les plus grands droits sur nous, par leurs vastes influences sur le Commerce, sur les Arts & les Sciences, sur la Religion même : influences dont les effets profondément enracinés s'étendent jusqu'à nous, & dont il est très-important par-là même, de démêler les causes & les motifs.

Mais afin de suivre avec plus de succès, dans ses expéditions lointaines, Nabuchodonosor, ainsi s'appelloit le Héros Babylonien, jettons les yeux sur les Etats qu'il avoit hérités de ses peres, & sur ceux qui devinrent le théâtre de ses exploits. La connoissance des Peuples qui les habitoient, des Princes qui les gouvernoient, des forces qui les constituoient, jettera nécessairement le plus grand jour sur les objets que nous avons à discuter.

Dissert. Tom. I.   A

ARTICLE II.

DESCRIPTION DE L'ASIE OCCIDENTALE.

Cette vaste étendue de terre qui est entre la Perse et la Méditerranée, qui se termine au nord par l'Arménie & par le Mont Taurus, au midi par l'Arabie & par le Golphe de Perse, tint de la nature une forme qui la rendit propre à devenir dès le commencement le partage de plusieurs Peuples. D'Orient en Occident elle est coupée en cinq grandes bandes qui descendent chacune du nord au midi, & que forment deux grands Fleuves qui suivent la même direction, le Tigre & l'Euphrate; & deux chaînes de montagnes, l'une à l'Orient, le Mont Zagrus; l'autre à l'Occident, le Liban & l'anti Liban: de-là de vastes divisions, qui donnerent lieu à autant de Peuples.

Entre le Zagrus & le Tigre fut l'Assyrie.

Entre le Tigre & l'Euphrate, la Mésopotamie.

Au midi & à la réunion de ces Fleuves, la Babylonie.

Entre l'Euphrate & la Méditerranée, la Syrie.

Au midi de la Syrie, entre la Méditerranée, le Liban & le Jourdain qui descend de ces montagnes, la Phénicie, la Palestine, le pays de Canaan.

Entre le Jourdain & l'Euphrate, les Amorrhéens, les Ammonites, les Moabites.

Au midi de ces Contrées & sur la Mer Rouge, les Iduméens.

VUE GÉNÉRALE DE CES CONTRÉES.

Toutes ces régions étoient de la plus grande fertilité; elles abondoient en palmiers, en oliviers, en vignobles, en fruits de toute espèce, en bled, en bestiaux. Le sol produisoit presque par-tout du sel & du bitume; celui-là indispensable pour la santé de tous les êtres animés & pour la fécondation de la terre; celui-ci très-utile pour la construction des édifices, en le convertissant en brique.

Les habitans de ces Contrées étoient industrieux & actifs. Ceux des plaines les coupoient par une multitude de canaux qui y faisoient circuler partout les eaux des fleuves, & les fertilisoient ainsi jusques dans les lieux les plus éloignés. Ceux des côteaux en soutenoient les terres jusqu'au sommet, par des murs nombreux, & les couvroient de vignobles superbes. Ceux des vallées entretenoient d'immenses troupeaux, qu'ils conduisoient dans les vastes déserts de l'Arabie: tandis que les habitans des Villes exerçoient tous les Arts, fabriquoient des étoffes de toute espèce, donnoient mille façons aux matieres premieres; & que ceux qui demeuroient sur le bord des fleuves & sur les rives de la mer, se livroient à la navigation ; &, avec une hardiesse sans égale, portoient jusqu'aux extrémités du monde les denrées & les marchandises de leurs compatriotes ou de leurs voisins, & leur rapportoient en échange les richesses de l'Univers.

Ces Contrées se couvroient ainsi d'une population immense, qui paroît fabuleuse à ceux qui ne savent pas se transporter à ces tems heureux, & qui ignorent que la population suit sans cesse les moyens de subsistance.

On y parloit une seule & même langue, l'Orientale, fille de la Primitive; ce qui facilitoit singuliérement les relations de ces Peuples entr'eux & la communication de leurs lumieres respectives. A la longue, il est vrai, cette langue commune prit chez chaque Peuple de légères nuances, d'où résulterent l'Hébreu, le Chaldéen, le Syriaque, le Samaritain, le Phénicien, l'Arabe, &c. mal-à-propos regardés comme autant de langues-différentes, & qui ne sont que des dialectes de cette langue commune, très-peu différentes les unes des autres; sur-tout lorsqu'on est au fait de la maniere dont les sons se substituent entr'eux : connoissance qui forme une des principales clefs des langues.

Ces Peuples avoient aussi la même Religion, celle qui reconnoissoit un Dieu suprême, & qui l'honoroit dans le Soleil, dans la Lune, dans l'armée des Astres, ainsi que dans les Elémens, sur-tout dans le feu & dans les eaux, si nécessaires & si rares dans ces Contrées brûlantes. C'est cette Religion qui forma le SABÉISME, Religion pure dans son origine, saine dans sa morale, qui s'altéra plus ou moins dans la suite, & qui a laissé des traces profondes dans l'Orient chez les Guèbres, descendans des anciens Perses ; chez les Druses, descendans des premiers peuples de la Syrie ; & dans la Babylonie, où l'on voit encore de nos jours de grandes peuplades de Sabéens.

L'état de ces belles régions a prodigieusement changé de siecle en siecle. Jusques au tems dont nous entreprenons de tracer l'esquisse, ces peuples s'étoient toujours élevés à un plus haut point de prospérité & de splendeur; mais dès lors, ils ne firent que décroître, parce qu'ils furent toujours soumis à des Princes étrangers, qui ne prirent aucun des moyens nécessaires pour faire fleurir ces Contrées. Elles passerent successivement d'une main tyrannique à une qui l'étoit encore plus : d'abord entre celles des Perses, puis d'Alexandre & des Séleucides, Princes sans cesse partagés entre les plaisirs les plus licencieux & les guerres les plus insensées : ils devinrent ensuite la proie tour-à-tour des Romains & des Parthes; ils tomberent enfin sous la puissance destructive des Ottomans. Ainsi, les plus beaux pays de la Nature se changent en déferts fous le génie malfaifant de Barbares plongés dans l'ignorance & ennemis de tout ordre.

Ajoutons que ces peuples avoient à l'Orient les Elamites, habitans de la Sufiane & de l'Elymaïde; plus loin, les Perfes; & au nord des Elamites, les Mèdes, Nation déjà puiffante. Au feptentrion, les Arméniens, que leurs hautes montagnes n'ont jamais pu garantir d'une domination étrangere: à l'occident, les nombreux habitans de l'Afie mineure, divifés en une foule de Nations, entre lefquelles fe diftinguoit le Royaume de Lydie, qui en avoit déjà conquis la plus grande partie. Au fud-oueft, les Egyptiens, peuple depuis long-tems célebre & floriffant; mais que des principes détériorés entraînoient vers fa ruine.

Des noms de ces Contrées.

Les noms de ces Contrées n'ont pas éprouvé moins de changement que le pays même: on comprend fans peine que chacune des Nations qui les poffédérent fucceffivement, en altérerent ou en changerent les dénominations.

L'Assyrie s'appelle aujourd'hui Curd-istan, pays des Curdes ou des Montagnards. Ils occupent en effet la chaîne du Zagrus, & en particulier les monts appellés Gordyens, ou Cordes, dont on a fait le Curdiftan, mot qui remonte ainfi aux tems les plus reculés.

La Babylonie & la Chaldée portent le nom d'Irac-Arabe; d'*Irac*, ancien nom des pays fitués le long du Tigre; & *Arabe*, parce que les Arabes fe font emparés depuis long-tems de ces belles Contrées.

La Méfopotamie & la Syrie furent connues toutes les deux dès l'origine fous le nom d'Aram, nom d'un fils de Sem; mais on les diftinguoit par diverfes épithetes.

La Méfopotamie s'appelloit *Aram Naharim*, Aram des Fleuves: Pad-Dan-Aram, l'Aram gras & fertile.

La Syrie étoit divifée en plufieurs royaumes qui portoient le nom de leurs Capitales: ainfi il y avait Aram-Damas, Aram-Hamath, Aram Zoba, Aram Geshur.

Les Grecs fubftituerent à ces noms ceux de Méfopotamie & de Syrie. Le premier eft de leur compofition: il fignifie *entre les Fleuves*.

Celui de Syrie a fort intrigué les Critiques; mais fi l'on confidere que ce pays fut connu des Grecs par le moyen de Tyr, dont le nom fe prononçoit également Syr, & qui en étoit la ville la plus diftinguée, on comprendra fans peine que le nom de Syrie, qui étoit celui de fon territoire, devint naturellement celui de toute la contrée, ainsi que nous avons nous-mêmes étendu les noms d'Asie, de Russie, d'Amérique, fort au-delà des terres qu'ils désignoient primitivement.

Actuellement les Arabes, & nous après eux, appellons la Mésopotamie, DIAR-BEC, mot-à-mot, *séjour des Fleuves*: on voit qu'il n'est que la traduction de l'ancien nom.

Quant à celui de Syrie ou Surie, il s'est altéré légerement en SOURIE, seuls restes de l'antique gloire de Tyr.

Le pays de Canaan avait changé de nom & de maîtres. Le long de la côte étoient la Phénicie, la Palestine, ou pays des Philistins, le Royaume de Juda, car celui d'Israël n'existoit plus : peuples d'un territoire très-borné ; mais dont le nom atteignoit les extrémités du monde connu, & qui subsistera tandis qu'il y aura des ames sensibles aux grandes choses.

Au-delà du Jourdain étoient encore les Amorrhéens, les Moabites, les Ammonites, peuples nombreux, mais qui furent bientôt confondus avec les Arabes du désert, ainsi que ceux qui demeuroient à leur midi ; les Madianites, les Iduméens qui donnerent leur nom à la Mer Rouge, & les habitans des Tentes de Kedar, peuples célebres, quoiqu'il n'en existe de traces que dans l'Histoire.

LA BABYLONIE.

La BABYLONIE, ou Chaldée propre, avoient au nord, l'Assyrie & la Mésopotamie ; à l'orient, la Susiane & l'Elymaïde ; au midi, le golphe de Perse ; à l'occident, l'Arabie.

C'est une contrée où il pleut rarement : elle étoit néanmoins d'une fertilité prodigieuse à cause de l'industrie de ses habitans, qui coupoient toutes leurs terres par de vastes canaux, en forte qu'elles étoient continuellement arrosées par les eaux réunies de l'Euphrate & du Tigre.

Ces canaux étoient couverts de saules superbes ; ce qui faisoit donner aux environs de Babylone le nom de *Vallées des Saules:* aussi les Israëlites captifs disoient dans le beau Cantique relatif à leur malheur : « Nous avions suspendu » nos harpes aux saules de ce superbe Fleuve qui arrose Babel, lorsque le Vain- » queur nous pria de chanter quelqu'une de nos hymnes ravissantes ».

HÉRODOTE dit que le rapport de la terre dans cette contrée, étoit tel qu'il n'auroit pu le croire s'il n'en avoit été le témoin. Il assure que par l'abondance de ses productions, elle valoit un tiers de l'Empire des Perses ; de cet Empire qui renfermoit cependant des contrées infiniment riches, telles que l'Egypte, la Syrie, l'Asie mineure: que dans les bonnes années un grain en rendoit trois cents, ce que confirme STRABON (Livre XVI), et dans les années ordinaires deux cent : ce qui fait deux cents cinquante, année moyenne, cette année qui sert à régler les baux & les fermes.

Mais ce rapport étonnant se réduiroit à de plus justes bornes, si au lieu de l'appliquer au froment, comme l'ont fait tous les Critiques, on l'applique à ce qu'on appelle *bled de Turquie*, ou *maïs* ; l'épi de ce bled porte jusqu'à huit rangs de grains, à trente grains par rang, ce qui fait 240 pour un. Il est des cantons dans les Indes, où ce rapport est même le double de celui-là, un même épi y produisant jusqu'à quatre & cinq cents grains rangés sur huit, dix & même douze rangs. Dès-lors, cette plante ne seroit point venue d'Amérique, comme on le suppose; elle seroit au contraire originaire de l'Orient, ainsi que toute autre chose.

Ce qui prouveroit encore que c'est du bled de Turquie dont il est question ici, c'est qu'Hérodote ajoute que le bled Babylonien s'élève fort haut, et que ses feuilles avoient quatre doigts de large; mais telle est la largeur des feuilles du maïs, comme l'observe fort bien une Personne qui écoute la lecture de ceci, & telle est la hauteur du maïs, qui s'élève en Virginie de huit à dix pieds.

Strabon se sert sur-tout du mot *orge* en parlant de ce bled extraordinaire de l'Orient ; & on observe également que le maïs a les plus grands rapports avec l'orge ; aussi les Mexicains en font des tisannes, comme nous en faisons avec l'orge.

Le millet & le sésame y parvenoient aussi à une grande hauteur : on tiroit de l'huile de cette derniere plante.

Les Palmiers y étoient très-abondans : on en tiroit alors comme aujourd'hui, à ce que nous apprend STRABON, du pain, du miel, du vin, du vinaigre, divers vases. Ce Géographe parle d'un Poëme Persan où l'on célébroit les trois cent soixante utilités du palmier : on voit par là que les Poëmes d'Histoire Naturelle sont très-anciens.

N'omettons pas qu'une des grandes causes de la fertilité de cette Contrée, étoit le débordement de ses fleuves pendant les mois de l'été.

Les Babyloniens d'ailleurs étoient très-entendus dans la fonte des métaux, & dans la plupart des Arts : ils furent très renommés par leurs Manufactures, leurs beaux ouvrages en broderie, leurs riches étoffes, leurs belles tapisseries, leurs toiles de lin qui leur servoient à faire du linge. Caton ayant eu en héritage un manteau Babylonien, il le vendit sur le champ, n'osant pas ou dédaignant de porter un habit de cette magnificence. Pline dit qu'une tapisserie de cette Contrée, pour une falle à manger, fut vendue à Rome une fomme qui équivaut à peu près à cinquante mille écus : c'eſt de-là que vint auſſi le mot *ricamare*, broder, confervé dans la Langue Italienne.

Nous ne dirons rien des merveilles de BABYLONE; elles font fuffifamment connues : contentons nous de dire que fon enceinte étoit infiniment plus vaſte que celle de Paris, dans la proportion au moins de cinq à deux; & qu'elle renfermoit de grandes maiſons de trois à quatre étages. Cette Ville pouvoit donc contenir le double d'habitans que Paris : & on n'en doit pas être étonné, vû l'étendue du vaſte Empire dont elle étoit la capitale, fa haute antiquité & la deſtruction de Ninive.

Ce Pays renfermoit nombre de Villes; nous n'indiquerons que celles-ci.

BORSIPPE, ville avec une fortereſſe où fe renferma le dernier Roi Babylonien, & où il fut fait priſonnier par Cyrus. Strabon dit qu'on y voyoit deux Temples, confacrés l'un au Soleil, l'autre à la Lune, & dans le langage des Grecs, à Apollon & à Diane. C'étoit une des Ecoles les plus illuſtres des Chaldéens. On l'appelloit auſſi *Sema-vai*, paſſage du Ciel. L'Euphrate y porte le nom de *Wadi-us-Sema*, gué de Sema, ou du Ciel.

OPIS au nord de Babylone & ſur le fleuve. XÉNOPHON en parle comme d'une très-grande ville, & l'abord le plus fréquenté de la Chaldée. Lorfque les Perſes en furent maîtres, ils conſtruifirent des digues pour interrompre, dit-on, la navigation du fleuve, afin d'en fermer l'entrée aux Etrangers. Alexandre fit détruire tous ces travaux pour rétablir cette navigation. Mais il eſt beaucoup plus apparent que ces digues furent élevées pour fournir de l'eau aux campagnes voifines; l'eau étant pour les Perſes une des choſes les plus précieuſes.

ORCHOÉ, ville qu'on a pris très-mal à propos pour la ville d'Ur, même le fameux HYDE. C'étoit auſſi une Ecole illuſtre de Philoſophes Chaldéens.

TEREDON, à l'embouchure de l'Euphrate.

A l'Orient de cette embouchure font divers châteaux furnommés KOUT, mot femblable au *Kot* & *Kut* des Indiens, & qui revient à nos noms de *Cotte* & de *Hutte*, qui tous défignent des objets propres à couvrir.

DES PHILOSOPHES CHALDÉENS.

Les Babyloniens avoient des Lettrés, des Savans, qui femblables aux Mages Perſans & aux Hiérophantes Egyptiens, étoient à la tête du culte religieux & de toutes les connoiſſances : ils font célèbres fous le nom de Philoſophes Chaldéens. Ils avoient des Ecoles ou des Académies illustres à Babylone, à Borsippe, à Sippara, à Orchoé, &c. L'Astronomie, sans laquelle il n'y a point d'agriculture & qui sert à régler les Fêtes, formoit une de leurs occupations essentielles : à cet égard, leurs connoissances étoient très avancées, on peut dire étonnantes : car ils avoient déjà découvert la vraie figure de la Terre, son mouvement autour du Soleil, la précession des Equinoxes ; ils calculoient les Eclipses, ils connoissoient le mouvement des Comètes, connoissances dont la découverte a fait tant d'honneur à nos Savans modernes, parce qu'elles s'étoient perdues comme tant d'autres choses, avec ces anciens Sages, qui peut-être les devoient eux-mêmes à un Peuple plus ancien, tige de tous les autres. Aussi lorsqu'Alexandre prit Babylone, Calisthene y trouva des Observations Astronomiques faites par ces Sages, & qui remontoient à dix-neuf cents ans.

Ces Philosophes étoient Sabéens : aussi cette contrée est encore de nos jours remplie de Sabéens, surnommés Chrétiens de saint Jean : Peuple dont il seroit très-intéressant de connoître les dogmes & les livres.

Ils présidoient à l'Almanach ou Calendrier; & ils le publioient sous le nom de *Kitob al Phaláhat*, Livre d'Agriculture. On y voyoit, comme dans nos vieux Almanachs, les saisons & les jours favorables pour les opérations du labourage, le tems propre pour la pêche, la chasse, &c. les recettes utiles, telle que pour exterminer les sauterelles, &c.

Strabon dit que plusieurs d'entr'eux prédisoient la destinée des hommes par l'état des Astres à leur naissance ; mais que les autres les désapprouvoient en cela. L'on voit par-là que quoique l'Astrologie soit très-ancienne dans l'Orient, elle n'avoit pas encore à cette époque infecté tous les esprits ; & que les Chaldéens étoient déjà divisés en diverses Sectes.

Ce Géographe nous a conservé les noms de quelques-uns de leurs plus grands Mathématiciens, Cidenas, Naburian, Soudin, Zeleucus : ce dernier, contemporain de Strabon, puisqu'il ajoute, *il est Chaldéen de Séleucie*. Mais que sont ces noms, séparés des objets par lesquels ils étoient devenus illustres ?

Quelle fut l'origine de ces Savans ? C'est ce que Personne n'a recherché : essayons de répandre quelque lumiere sur cet objet.

Du Chef des Chaldéens ou d'Arphaxad.

Le nom Primitif des Chaldéens est CASDIM ou *Chasdim*, mot qui se changea insensiblement en celui de Chaldéens. On a supposé en conséquence qu'ils
descendoient

ESSAI D'HISTOIRE ORIENTALE.

cendoient de *Chefed*, neveu d'Abraham ; mais il faut remonter plus haut ; car à cette époque, les Chaldéens étoient déjà exiſtans & diſtingués. Neuf générations ou neuf ſiècles plutôt, nous rencontrons un perſonnage qui offre toutes les qualités requiſes pour le fondateur de ce peuple : c'eſt ARPHA-CHASD, en Oriental ארפ-כשר, fils de Sem & Chef des peuples qui ha-biterent les rives du Tigre & de l'Euphrate, Chef de cette Famille établie dans la Chaldée & de laquelle ſortit Abraham. Mais ce nom qu'on a altéré en celui d'*Arphaxad* eſt certainement ſignificatif, puiſqu'il eſt compoſé de deux mots, dont chacun eſt très-remarquable, & puiſque c'eſt preſque le ſeul nom entre tous ces Patriarches qui ſoit compoſé.

Caſd, eſt un mot Oriental qui déſigne un Savant, celui qui connoît les choſes cachées, qui les voit, qui les devine : il ne pouvoit être mieux choiſi pour déſigner ces Sages de l'Orient.

Arphe, même nom que celui d'Orphée, déſigne un Savant, un fils de la lumiere, un Médecin qui guérit les maladies de l'ame comme celles du corps, un homme qui devine les choſes cachées, qui eſt prodigieux, comme nous l'avons déjà dit dans le Diſcours préliminaire de la Grammaire Univerſelle & Comparative (pag. XLVI).

Arpha-Caſd eſt donc mot à mot l'Inſtituteur, le Chef, l'Orphée des Caſdim ou Chaldéens.

Ce nom ſeroit donc une épithète. Mais quel ſeroit ſon vrai nom ? Peut-être exiſte-t-il & qu'on n'aura pas ſu le voir. De Sem juſqu'à Abraham, le Texte Hébreu compte dix Patriarches. Les LXX. en ont inféré un de plus entre Arphaxad et Selah, qu'ils appellent CAÏNAN, & qui a extrêmement embar-raſſé les Critiques ; les uns croyant que ce nom s'eſt gliſſé mal-à-propos dans les LXX : les autres ſoutenant que ce Perſonnage a réellement exiſté. Mais ne pourroit on pas concilier ces textes, ces opinions, en diſant que Caïnan & Ar-phacaſd déſignent le même Perſonnage : que le premier de ces noms eſt ſon nom propre : que le ſecond renferme ſes caracteres diſtinctifs : que c'eſt mot-à-mot *Caïnan l'Inſtituteur, l'Orphée des Caſdim* ou Chaldéens ?

Dans la ſuite des tems, on aura cru que ces deux noms déſignoient deux perſonnages différens : les Critiques Hébreux auront alors ſupprimé le premier nom, comme s'étant gliſſé mal à-propos dans cette ſeconde ſérie de Patriarches, où il auroit été inféré d'après la premiere ſérie des dix Patriarches avant le déluge : & les Critiques Grecs au lieu d'imiter cet exemple, & le prenant pour une XIe. perſonnage, l'auront conſervé.

Ce n'est pas le seul exemple que fournira l'Histoire ancienne d'une pareille confusion.

ASSYRIE.

L'ASSYRIE étoit renfermée entre le mont Zagrus & le Tigre, ayant la Médie à l'Orient, l'Arménie au Nord, la Méfopotamie à l'Occident, la Babylonie au Midi. Nous avons déjà vû que fes habitans s'appellent aujourd'hui Curdes, peuple agrefte comme les montagnes qu'il habite, qui a confervé la Religion du feu ou des anciens Sabéens, & qui fait encore fe rendre redoutable à fes voifins.

Ce Pays étoit abondant en bled, en vin, en oliviers, en miel, ainfi qu'on le voit par le difcours des Généraux de Sennachérib à Ezéchias (II. Rois XVIII. 32): il étoit arrofé par de grands fleuves, le Tigre, les deux Zab; l'un plus grand, l'autre moins confidérable, le Gorgus, &c. Il n'eft donc pas furprenant qu'il ait été peuplé de très-bonne-heure; & qu'à caufe de fes grandes reffources, il foit devenu un Empire renommé.

Il renfermoit un grand nombre de Villes floriffantes, que les Grecs diviferent en fept ou huit diftricts, défignés prefque tous par des noms de villes très anciennes.

Un de ces diftricts arrofé par les deux Zab, qu'on prononçoit également *Dab* & *Diab*, en prit le nom d'ADIABENE. C'eft-là qu'étoit Ninive, Arbele, Gaugamele, &c.

NINIVE, fur le Tigre, étoit plus grande que ne l'a jamais été Babylonne: on peut donc admettre le calcul des Hébreux, qui fait monter fes habitans au double de ceux que renferme Paris. Le compte en eft fort aifé: JONAS dit qu'on y voyoit cent vingt mille enfans, qui ne favoient pas diftinguer leur gauche de leur droite: ce nombre renferme tous les enfans depuis un jour jufqu'à trois ans. C'eft donc quarante mille enfans qui y naiffoient par an; tandis qu'à Paris, la moitié moins peuplée, il en naît au moins vingt mille par an. Ajoutez à cela que depuis plufieurs fiècles Ninive étoit la capitale d'un grand Empire, que ces Rois y avoient tranfporté des Colonies de toutes parts, & qu'elle étoit dans une fi heureufe fituation que fon territoire n'a jamais ceffé d'être habité. C'eft fur une partie de fon ancien terrain qu'on voit aujourd'hui la ville de MOSOUL.

CALACH, près des fources du Zab & capitale de la Calacene.

SITTACE, Capitale de la Sittacene, & que XÉNOPHON repréfente comme une Ville très-florissante, très-grande, très-peuplée, avec un grand pont sur le Tigre, de trente-sept-bateaux.

CHALA, Capitale de la Chalonitide, province la plus méridionale.

MÉSOPOTAMIE.

LA MÉSOPOTAMIE est cette vaste Contrée que renferment l'Euphrate & le Tigre; & qui est entre l'Arménie au Nord, l'Assyrie à l'Orient, la Babylonie & l'Arabie au Midi, la Syrie à l'Occid. Son nom moderne est *Diar Bek*, m.-à-m. séjour des Fleuves: elle étoit si fertile qu'on l'appella PADDAN-ARAM, l'Aramée grasse, fertile: on l'appelloit aussi *Aram-Naharaïm*, Aram des Fleuves.

Les Arabes Nomades ou Bedouins s'emparerent de très-bonne-heure du midi de cette Contrée. XÉNOPHON les trouva déjà en possession du pays : ils l'étoient encore du tems de Strabon. Leurs Émirs, peu riches, faisoient payer, ajoute-t-il, des impôts excessifs aux Voyageurs & aux Marchands, ce qui gênoit, dit-il, prodigieusement le commerce, & l'anéantissoit presqu'entièrement. Que de Princes sont encore Émirs en cela!

Les Géographes Grecs divisent la Mésopotamie en plusieurs Contrées, dont nous ne pouvons faire usage, parce que les noms qu'ils leurs donnent sont postérieurs de beaucoup au tems dont nous parlons. Nous nous contenterons de parler de quelques-unes de ses anciennes Villes.

Nous remarquerons sur l'Euphrate :

BAR-BALISSE ou BELES, que traverserent les Grecs qui accompagnoient Cyrus le jeune. Le Satrape de la Contrée y avoit un Palais & un jardin planté d'arbres de toute espece. On y voyoit la source du Daradax. Cette Ville est à l'Occident du fleuve.

BASILEIA ou la Ville Royale, avec un Temple de Diane ou plutôt de la Lune, attribué très-mal-à-propos à Darius : les Perses n'avoient que des Pyrées; & ils détruisoient tout autre Temple.

BIYNAU où est encore un Temple de Diane, ou de la Lune. Ce nom seroit-il une altération du nom de *Benoth* ou Vénus?

CIR-CESSE sur le confluent de l'Aboras ou Chaboras avec l'Euphrate. On croit que c'est la fameuse Carkemis, dont nous aurons occasion de parler dans peu.

ZAITHA, *m.-à-m.* l'Olive; à cause de ses campagnes abondantes en oliviers.

RAHABA, la *Grande*, & GADIRTHA, la *Haye*, ville en face de Zaitha, à l'Occident du fleuve. Benjamin de Tudele en parle comme d'une Ville grande & fort agréable : aujourd'hui elle n'offre que des ruines.

DURA, dans un territoire très-fertile, & qu'on difoit avoir été bâtie par les Macédoniens.

RHAHABA-MELIK, m.-à-m. la grande Ville Royale.

CARMANDA, Ville grande & floriffante, où les Grecs fe fourniffoient de vivres en paffant le fleuve fur des radeaux. Obfervons que cette Ville & celles que nous avons indiquées à l'Occident de l'Euphrate, peuvent être confidérées comme appartenant à la Syrie.

NAHARDA. Ville très-forte, très-peuplée & dont les campagnes étoient très étendues & très-fertiles.

POMBEDITHA ou Al-Jobar, où les Juifs eurent une École célèbre après l'entiere ruine de Jérufalem.

BESECHANA, avec un Temple de la grande Déeffe de Syrie; on l'appelle aujourd'hui *Mesjid*, ou Mofquée.

SIPPARA, la même qu'on appelle *Hipparenum*; les Chaldéens y avoient une École illuftre : les Perfes en ruinerent les murs. Son nom fignifie Ville des Livres, & eft célèbre dans l'Hiftoire Chaldéenne du Déluge. C'eft-là que l'Euphrate fe divifoit en deux grandes branches.

Sur le Tigre.

SINGARA, au pied des montagnes qui portent le même nom.
BETus, ou BETufa, nom formé de *Beit*, *Bet*, maifon habitation.
VIRTa, ou BIRTa, place très forte & très ancienne.

Dans les Terres.

EDESSE, dont le nom primitif fut RHOE, & en Grec CALLI-RHOE, à caufe de fes belles eaux : de-là encore le nom d'OSROENE donné à tout ce côté de la Méfopotamie & qui forma long-tems un Royaume feparé.

BATNE, près de l'Euphrate & où fe tenoit au mois de Septembre une Foire immenfe remplies de marchandifes des Indes & des Seres.

CARRES, l'ancienne Haran ou Charan, où Abraham féjourna quelque tems, en defcendant de la ville d'Ur.

NISIBE, au Midi du mont Mafius : c'étoit une Ville très-grande, très-peuplée, très-ancienne si elle est la même qu'Achad, comme le prétend S. Jérôme dans ses questions sur la Génèse X. 10.

SYRIE.

La SYRIE étoit bornée à l'Orient par l'Euphrate & la Mésopotamie : au Nord, par le Mont Taurus ; au Midi, par le Liban qui la séparoit de la Phénicie, du pays de Canaan, de l'Arabie. Elle étoit divisée par les montagnes en trois grandes parties, la Syrie Septentrionale, la Syrie Maritime, & la Cœle-Syrie, ou Syrie creuse : celle-ci étoit une réunion de plusieurs vallées très belles, très-fertiles, très-peuplées, & qui forment aujourd'hui l'habitation des Druses.

Deux vallées de Syrie produisent une grande abondance de sel, l'une à quatre lieues d'Alep ; l'autre près de Palmyre. Quelques Savans ont cru que c'étoit dans cette derniere que David tailla en pieces dix-huit mille hommes en revenant de la conquête de Syrie ; mais ils ont attribué mal-à-propos à ce lieu un évènement qui regarde l'Idumée.

Cette Contrée qui a plus de cent vingt lieues de long, sur une centaine dans sa plus grande largeur, est aussi agréable que fertile : elle fournissoit aux Phéniciens grand nombre d'objets de commerce. Ses habitans en faisoient eux-mêmes un très-considérable sur l'Euphrate, & par caravanes avec les Babyloniens, les Assyriens, les Perses, les Indes. Des Marchands Syriens venoient même jusqu'à Paris sous la premiere Race de nos Rois : ils étoient attirés sur tout par le grand commerce de Marseille avec le Levant.

Grégoire de Tours (Liv. X.) rapporte qu'à la mort de Ragnemond, Évêque de Paris, un Marchand Syrien nommé Eusebe, parvint, à force de présens, à se faire nommer Évêque de cette Ville, & qu'il remplit sa maison & son École d'Administrateurs Syriens. Il dit aussi (Liv. VIII.) que lorsque le Roi Gontran fit son entrée à Orléans, tout le peuple vint au-devant de lui en chantant ses louanges, chacun dans sa langue, & il nomme entr'autres les Syriens.

Ainsi non-seulement, ils venoient dans le Royaume, mais ils s'y établissoient, ils y étoient en grand nombre : ils faisoient alors ce que nous faisons aujourd'hui à notre tour pour les Échelles du Levant. C'est qu'ils étoient encore des hommes : c'est qu'ils n'avoient pas encore été écrasés par une Puissance oppressive. Ils apportoient en France des étoffes de soie ; du lin, du papier d'Egypte, des vins grecs, du vin de Gaza qui y étoit estimé, des racines d'Egypte, des huiles, des pierreries, &c.

1. CŒLE-SYRIE.

Dans la Cœle-Syrie, on comptoit avant l'époque dont nous parlons, divers Royaumes; ceux de Damas, Hamath, Gessur, Zoba, &c.

DAMAS, qui subsiste encore, fut toujours très considérable par l'abondance de ses fontaines & de ses sources qui forment divers ruisseaux réunis ensuite sous le nom de *Chrysor-roas* ou riviere d'or, parce qu'elle en entraîne sans doute dans son cours. Le territoire de cette ville est d'ailleurs très-fertile.

HAMATH, ville très-ancienne sur l'Oronte & au Nord de Damas : elle fut appellée Epiphanie par les Grecs, et n'est pas Emese comme on l'a cru; cette derniere étant plus bas & l'ancienne *Hems*. ABULFEDA, Auteur d'une Description très intéressante de la Syrie, étoit Prince d'Hamath.

Le surnom de *Rabbah* ou de Grande, sous lequel elle est désignée, a mis en défaut tous les Critiques & même les Auteurs de l'Histoire Universelle; ils en concluoient qu'il devoit exister une autre Hamath qu'on ne savoit où prendre : ils ne faisoient pas attention que cette épithète désigna constamment une Capitale : c'est ainsi qu'on est toujours trompé par les mots, lorsqu'on ne sait pas les ramener à leur juste valeur.

GESSUR ou GESHUR, ville au midi de Damas & à l'Orient des sources du Jourdain: on en sait très-peu de chose. L'Histoire Sainte nous apprend qu'Isboseth, fils de Saül, régna sur cette ville; & que dans ce même tems David épousa Mahaca, fille d'Ammiud, que les Auteurs de l'Histoire Universelle regardent comme Roi de Gessur: du moins son fils *Tolomaï* frere de Mahaca, en étoit Roi lorsque son neveu Absalon se refugia chez lui. Nous aurions donc ici les noms de trois Rois de Geshur: *Isboseth*, fils de Saül: *Ammiud*, beaupere de David: *Tolomaï*; son fils. Il est assez étonnant que le premier ait échappé aux Auteurs de l'Histoire Universelle.

ZOBA : elle étoit Capitale de la Syrie Orientale sur les bords de l'Euphrate : aussi lorsque David en eut fait la conquête sur Adad Esar, qui en étoit Roi; son Royaume s'étendit jusques sur l'Euphrate & même au delà, du moins si la ville de Zoba dont la situation est inconnue à tous nos Géographes, est la même que Nisibe de Mésopotamie. Le Savant MICHAELIS n'en doute pas : il a publié à ce sujet une Dissertation très-intéressante, où il veut prouver que cette ville s'est appellée successivement SOBA, SUBO, SIBA, enfin

NISIBE : il s'appuie sur-tout de quelques Versions Orientales très-estimées, qui rendent constamment le nom de ZOBA par celui de NISIBE.

Outre ces anciennes Capitales, on voyoit dans la Cœle-Syrie nombre de villes remarquables.

APHACA, avec un Temple, un bocage & un lac consacrés à Vénus. On contoit de ce lac que toutes les offrandes qu'on y jettoit & qui étoient agréables à la Déesse, descendoient au fond du lac, quelle que fût leur légereté : & que celles qui lui étoient désagréables surnageoient, quelle que fût leur pésanteur ; mais SÉNEQUE (*Quest. Nat. III. 25.*) explique ce Myftere en disant que tout y surnageoit, par un effet de la pésanteur de ces eaux. Nous voyons du moins ici deux usages communs aux Celtes & dont nous avons parlé : celui d'honorer les lacs & les fontaines, & celui d'y jetter des offrandes.

ABILA, Capitale d'un petit Etat appellé l'Abilene.

PARADISUS, sur une des sources de l'Oronte. Ce nom altéré de l'Oriental *Fer-dous*, qui signifie un Verger délicieux, donne l'idée la plus avantageuse du site & de la beauté de ce lieu.

HELIOPOLIS ou ville du Soleil ; nom Grec d'une ville appellée en Oriental BAL-BEC, nom qu'elle conserve de nos jours & qui signifie également *habitation du Soleil* ; c'étoit une ville superbe ; les ruines dont elle est remplie sont de la plus grande magnificence ; de Savans Anglois en ont donné une Description aussi curieuse qu'étendue.

PALMIRE, en Oriental TADMOR, ou ville des Palmes, fut célèbre dans l'Antiquité par ses richesses, & par les exploits de Zénobie, comme elle l'est aujourd'hui par la grande beauté de ses ruines. Elle est située dans le désert qui est sur la rive occidentale de l'Euphrate : Salomon en fut le fondateur, du moins il l'aggrandit & la fortifia pour assurer ses nouvelles conquêtes ou celles de son pere, & pour faire prospérer le Commerce. Sa situation favorisoit parfaitement ces vues. De trois côtés, elle est renfermée par des montagnes escarpées ; mais du côté du Midi, la vue se perd dans une vaste plaine, dont la portion la plus voisine de Palmyre étoit abondante en palmiers, en oliviers, en fruits, en froment, en sel, en sources ; elle dut donc être habitée de bonne-heure : & ses habitans furent toujours riches parce que leur ville servoit d'entrepôt pour le Commerce de l'Orient avec la Syrie & la Phénicie. Ses ruines sont une preuve de leur puissance & de leur opulence : on y voit des inscriptions en caractères Hébreux très-élégans : nous en avons rapporté quelques-uns dans l'Origine du Langage & de l'Ecriture.

THAPSAQUE, *mot-à-mot*, le passage. Cette Ville est à l'Orient de Palmyre,

& fur l'Euphrate. C'étoit la grande route de Syrie dans l'Orient, de-là fon nom ; ici Th eft l'article, & Psaq, même mot que Pasq, le nom même. On l'appelle aujourd'ui El-Der, *la Porte*, nom qui offre la même fignification.

2. SYRIE SEPTENTRIONALE.

Dans la Syrie Septentrionale, on voyoit diverfes villes.

SAMOSATE ou Simsat fur l'Euphrate, patrie de Lucien.

ZEUGMA où le Pont, fur l'Euphrate avec un pont.

CYRRUS, ville confidérable dans les Terres.

HIERA-POLIS, ou Ville-Sacrée en Grec, fur le *Sin-Gas*, & fur les bords d'un lac facré. On y adoroit la grande Déeffe de Syrie avec une pompe fans égale & tout le fafte d'un Souverain. Le Souverain Pontife étoit habillé de pourpre ; il portoit une Tiare d'or : il avoit fous lui une prodigieufe quantité de Prêtres dont 300 étoient fans ceffe occupés aux facrifices. On y venoit apporter des offrandes, entre lefquelles des pierreries du plus grand prix, de prefque toute l'Afie, de Syrie, d'Affyrie, d'Arménie, de Médie, de Perfe, des Indes même. Auffi le tréfor de ce Temple étoit immenfe du tems de Craffus : il fallut un tems confidérable pour en faire l'inventaire.

Les Auteurs de l'hiftoire Univerfelle ont regardé comme *impoffible de dire ce qu'on entendoit par la grande Déeffe de Syrie qu'on y adoroit* : cet aveu eft affez étonnant. Celui qui, fous le nom de Lucien, nous a donné un détail très curieux fur ce Temple & fur cette Déeffe, l'appelle *Junon l'Affyrienne* : ce qui auroit dû mettre fur la voie. La Lune étoit la grande Déeffe de tout l'Orient ; la Reine des Cieux ; elle feule a pû être cette grande Déeffe : auffi la ville s'appelloit-elle en Oriental Mam Byce, *mot-à-mot*, féjour de la Lune, ou de la Grande Mere. Ici *Byce* eft le même mot que *bec* dans bal-bek : & *Ma Man*, eft la Lune dans toute Langue. On trouvoit donc dans cette belle partie du Monde la ville du *Soleil* & la ville de la *Lune*, toutes deux Sacrées, toutes deux Chefs de la Religion, toutes deux ayant eu leur nom traduit par les Grecs d'une manière à faire difparoître l'ancien, fi leur regne n'avoit pas paffé de bonne-heure. N'omettons pas que dans ce Traité de la grande Déeffe, on parle d'un Temple de Sidon confacré à *Aftarté*, dont un de fes Prêtres difoit à Lucien qu'elle étoit la même qu'*Europe*, & que celui-ci croyoit être la Lune. Et il avoit raifon : la Lune & Europe ou l'Occidentale font la même Divinité, adorée en Syrie fous le nom de Grande-Déeffe, & en Phénicie fous celui d'*Aftarté*, ou Reine des Cieux.

Il y avoit dans cette ville & dans fon Temple, des *Cicerone* qui gagnoient leur vie

ESSAI D'HISTOIRE ORIENTALE.

vie à en faire voir les curiosités aux Etrangers qui y abordoient de toutes parts.

3. SYRIE MARITIME.

Sur les Côtes de la Méditerranée, en descendant du Nord au Midi, on rencontroit nombre de lieux remarquables : nous nous bornerons à ceux-ci.

RHOSUS, sur un promontoire, & les Monts RHOSIENS.

DAPHNÉ, lieu délicieux par ses fontaines, par ses bocages, par sa charmante situation sur l'Oronte. On y adoroit dès l'origine la Déesse des eaux, ou Diane, usage Celtique aussi. Antiochus-Epiphane, Prince superstitieux à l'excès, & qui rendit par-là ses grandes qualités inutiles ou funestes à ses Sujets, éleva dans ce beau lieu un Temple à Apollon : en sorte qu'en peu de tems il devint le fauxbourg de cette ville si célebre sous le nom d'ANTIOCHE, qui s'éleva de l'autre côté de l'Oronte. Le nom de *Daphné* signifie un laurier, comme il est féminin en Grec, et que les lauriers sont la récompense chérie des Muses & d'Apollon leur Chef, *Daphné* fut présentée très ingénieusement comme l'Amante chérie d'Apollon : aussi tandis qu'existera le bon goût & le génie, *Apollon* & *Daphné* seront inséparables.

Au midi de Daphné étoient deux montagnes, dont le nom est digne de remarque.

Le Mont CASIUS, *mot-à-mot*, la borne, le terme.

Le Mont BELUS, *mot-à-mot*, le Mont du Soleil, le Mont-beau ou Beaumont : nom si commun dans l'Occident.

PHÉNICIE.

La Phénicie, plus illustre par la gloire de ses Habitans que par son étendue, étoit placée entre la Méditerranée et les hautes montagnes du Liban couvert de neige ; elle avoit environ soixante lieues de long, sur une largeur peu considérable. C'est-là qu'en montant du Sud au Nord, on trouvoit Tyr, Sidon, Berite, Biblus, Tripoli, Aradus, &c. Elle étoit séparée de la Syrie au Nord par le fleuve *Eleuthere*, mot-à-mot, riviere des Tortues, parce qu'elles le remontoient, et qu'on y en prenoit beaucoup. Au Midi elle touchoit le pays de Canaan et la Palestine avec lesquels elle fut souvent confondue, & dont elle faisoit en quelque sorte partie.

TYR fut d'abord bâtie dans une Isle : là étoit le Temple du Soleil ou d'Hercule, surnommé *Melic-erte*, Roi de la Terre. C'est ici un exemple à ajouter à tous ceux que nous avons déjà indiqués d'Isles qui servoient de

Diss. Tom. I.   C

Sanctuaires : & c'est à l'honneur du Dieu auquel ce Sanctuaire étoit consacré qu'on célébroit tous les quatre ans des Jeux solemnels dont il est parlé dans les Machabées, & qui servirent de modèle aux célebres Jeux Olympiques, fondés dans la même vue.

C'est cette Tyr insulaire qui fut assiégée par Salman-asar. Celle-ci étant devenue trop petite pour ses riches & fastueux habitans représentés comme autant de Princes, ils s'étendirent sur le Continent : alors il se forma une seconde Tyr plus grande que l'ancienne, & c'est celle-ci qu'assiégea Nabuchodon osor.

Dans la suite, les habitans de ces deux villes se trouvant encore trop à l'étroit, ils éleverent des Chaussées au moyen desquelles l'Isle se joignit au continent, & l'entre-deux se couvrit d'édifices.

Les maisons de Tyr étoient très élevées : elles avoient en général plus d'étages qu'à Rome : ce qui devoit être dans une ville dont le terrain ne répondoit pas, pour l'étendue, aux richesses : il devoit donc s'y vendre au poids de l'or : & comme les habitans étoient très nombreux, c'étoit à qui en pourroit loger un plus grand nombre, & avoir plus d'appartemens en sa disposition.

Dans le Temple d'Hercule à Tyr, ainsi que dans tous les Temples anciens, étoient deux colonnes qui représentoient le juste milieu, le *non plus ultrà*, la voie droite : l'une étoit d'or ; l'autre d'une espèce d'émeraude : celle-ci répandoit une grande lumière la nuit. Hérodote en a parlé le premier, ensuite THÉOPHRASTE du tems de qui elle existoit encore. Lucien parle d'un globe pareil, placé sur la tête de la Statue de la Grande Déesse de Syrie & qui éclairoit également la nuit. Voilà donc deux monumens au moins de la même nature. La matière de ces objets précieux auroit-elle consisté en verre peint, dans lequel on mettoit des lampes la nuit, afin que tout le lieu en fut éclairé ?

SIDON, ville déjà distinguée au temps de Moyse et de Josué, étoit une des plus grandes ville de la Phénicie : elle est encore habitée aujourd'hui, mais avec bien moins d'éclat & d'étendue. On y voit de vastes ruines, tristes témoins de son ancienne magnificence & de son antique grandeur.

BERITE & BYBLUS, deux anciennes Villes dont nous avons parlé dans les Allégories Orientales, au sujet de ce qu'en dit Sanchoniaton. Entre ces deux Villes est la riviere appellée par les Grecs *Lycus* ou le Loup, & aujourd'hui *Nar-Calb*, la rivière du Chien. Ce nom lui venoit d'une Idole qui avoit la figure d'un loup ou d'un chien, & qui étoit placée sur un rocher de la Mer, près de l'embouchure de cette riviere : on la voit encore dans la Mer, où elle est tombée, mais sans tête. On voit aussi, sur les rochers qui bordent le chemin, des figures d'hommes, de grandeur naturelle, qui y sont taillées, & qui étoient sans doute relatives à des personnages ensevelis dans ces lieux, d'autant plus qu'ils ont la forme des Momies, & qu'on voit à côté de chaque figure des tables taillées, qui devoient être chargées d'inscriptions, mais que le tems a entièrement effacées.

Entre Byblos & Palæo-Byblos, ou entre la vieille & la nouvelle Byblos, est une autre riviere appellée aujourd'hui *Nar-Ibrahim*, riviere d'Abraham, & autrefois *riviere d'Adonis*. Elle étoit d'autant plus célèbre, que lorsqu'on célébroit les fêtes de cette Divinité, les eaux du fleuve paroissoient teintes de sang. Le Lucien, dont nous avons déja parlé, attribue ce phénomène aux vents violents qui souffloient alors, & qui détachoient des montagnes un sable rouge qui leur donnoit cette couleur : ce qui a été confirmé par MAUNDRELL, célèbre Voyageur Anglois.

TRIPOLI, ou les trois Villes, à l'embouchure du Chrysor-roas, fut formée par la réunion de trois Bourgs qui s'aggrandissant également, ne composerent enfin qu'une seule enceinte. Le territoire de cette Ville forme un jardin très-agréable rempli de toutes sortes de fruits, & arrosé de plusieurs ruisseaux.

Arca, Orthosie, Antarade, Marathus, Paltos, Gabala, &c. sont autant de Villes qui seroient dignes d'attention, mais nous sommes obligés d'abréger; nous ne parlerons donc que d'Aradus.

ARADUS, dans une Isle à peu de distance du rivage, contenoit des maisons à plusieurs étages : de loin elles ressemblent à des châteaux : son nom doit venir de RAT, passage, détroit, mot fort commun chez les Celtes. Les Aradiens parvinrent de bonne-heure à une grande puissance, & fonderent diverses Colonies.

Le territoire de toutes ces Villes étoit très fertile, produisant d'excellens fruits, & fournissant à ses habitans les choses nécessaires pour le vêtement: l'air en est très-sain, le climat admirable.

La Mer y abondoit, sur-tout à Tyr, en une sorte de poisson qui fournissoit cette superbe couleur de pourpre si renommée dans l'Antiquité, & qu'on vendoit au poids de l'or.

Le rivage étoit couvert d'un sable fin, qui donna lieu aux célèbres verreries de la Phénicie, long-tems les seules qui aient existé : ce défaut de concurrence fut dû particulièrement à l'idée où l'on étoit que cette Contrée étoit la seule où l'on trouvât du sable, propre à faire du verre ; c'est ainsi qu'on a été si long-tems dans l'idée qu'on ne pouvoit imiter nulle part la porcelaine de la Chine, & que la matiere premiere ne s'en trouvoit que dans cet Empire. C'eſt ainſi que de vains préjugés, une pareſſe trop naturelle, & le deſir de n'avoir point de concurrens, arrêtent continuellement le progrès des Arts.

Nous aurons occaſion de parler plus bas de l'origine du nom des Phéniciens, & d'examiner quelle fut l'étendue de leur commerce.

PAYS DE CANAAN.

Le Pays de Canaan avoit été dans l'origine le partage des XI Tribus ou Nations iſſues de ce célèbre petit fils de Noé; mais à l'époque dont nous parlons, preſque toutes ces Nations étoient anéanties, à l'exception des Aradiens & des Sidoniens qui s'étoient maintenus dans la Phénicie & des Amorrhéens établis au-delà du Jourdain.

Les Hébreux eux-mêmes qui s'étoient élevés ſur leurs ruines, n'étoient plus cette nombreuſe Nation, fiere de ſes XII Tribus, & qui étoit parvenue à un ſi haut point de gloire ſous les regnes de David & de Salomon : il ne reſtoit même plus qu'un ſeul des deux Royaumes dans leſquels ce Peuple s'étoit diviſé ſous l'imbécile fils de Salomon. Celui d'Iſraël avoit déjà été anéanti, & ſes habitans emmenés en captivité. Celui de Juda n'avoit plus qu'une exiſtence précaire, et ſes Prophètes ne ceſſoient de lui annoncer ſa ruine prochaine.

A juger de cette Contrée par ſon état actuel, tout ce qu'on dit des Nations opulentes qui l'habiterent, paroîtroit autant de viſions : on n'y voit preſque par-tout que ruines & que déſerts, des rochers nuds & arides, des terreins ſecs & pierreux, frappés d'une ſtérilité éternelle, des peuplades éparſes ſans force & ſans vigueur : ce n'eſt point là un Pays découlant de lait & de miel, ſans friches, ſans landes, couvert d'une population immenſe & de riches récoltes; mais qu'on n'en conclue rien contre leur état primitif. Ne ſait-on pas que les terres ne rapportent qu'autant qu'elles ſont cultivées par des mains fortes & laborieuſes? qu'autant que leurs poſſeſſeurs ſont encouragés par la liberté & par un gouvernement proſpere? qu'autant qu'elles ont tout à gagner par le travail, & qu'on n'a pas à craindre de voir le frelon récolter là où il n'a point ſemé : Alors pas un pouce de terre qui ne ſoit mis en rapport : on creuſe le roc même, on y apporte de la terre & on y plante un arbre : on ſoutient par des murs les terres des côteaux les plus eſcarpés, & on en fait des vignobles étonnans, qui ſemblent ſe perdre dans les nues. Les champs font tournés & retournés de toutes les façons, pour les forcer à donner des moiſſons plus abondantes : les eaux ſont recueillies avec ſoin dans les vallons : & ils ſe couvrent d'une herbe longue & touffue, qui ſert de nourriture à des troupeaux immenſes.

Ajoutez à cela l'excellence de ce climat, où réuſſiſſent les palmiers, les grenadiers, les oliviers, les figuiers, les fruits de toute eſpèce, où l'air eſt parfumé de l'odeur du beaume & du miel : tel étoit autrefois cet heureux pays. Aujourd'hui il n'offre que l'image de la mort, de l'anéantiſſement, d'un découragement total, fruit néceſſaire de tout gouvernement oppreſſif, & de l'ignorance barbare, qui ne ſait ni tirer parti de la terre, ni permettre que des mains actives la mettent en rapport. Et malheureuſement ceci n'eſt que trop applicable aux Contrées dont nous venons de parler, & à celles que nous avons à joindre à celle-ci.

AMORRHÉENS.

Les AMORRHÉENS, qui habitoient au-delà du Jourdain, faiſoient partie des Nations Cananéennes. Celle-ci plus puiſſante ſans doute que les autres, ſe maintint aſſéz en force contre les Hébreux, pour ſe former un territoire conſidérable aux dépens des Moabites, des Ammonites & de la Tribu de Gad, juſqu'au tems de David & de Salomon, où ils tombèrent ſous la puiſſance des Iſraélites, ainſi que les Jébuſéens & les autres Cananéens, à l'exception de ceux de la Phénicie.

Le Pays des Amorrhéens formoit une Preſqu'Iſle renfermée entre le Jaboc, le Jourdain & l'Arnon. Ils étoient gouvernés par un Roi déjà au tems de Moyſe : celui qu'ils avoient alors s'appelloit Sihon.

AMMONITES.

Les AMMONITES, placés à l'Orient du Jourdain entre le Jaboc & l'Arnon, s'étendoient dans les déſerts de l'Arabie : leur Contrée étoit très-fertile en bled.

Leur Capitale s'appelloit *Rabbah* la grande, & *Rabbah-Ammon*, la Grande-Ammon, *mot-à-mot*, la Capitale d'Ammon. On la ſurnommoit la Ville des Eaux, à cauſe de ſes fontaines abondantes, qui en faiſoient un ſéjour délicieux. Auſſi cette charmante ſituation n'échappa pas au célèbre Ptolomée Philadelphe ; il prit plaiſir à la rebâtir d'une manière digne de ſes richesses & de sa magnificence, & il lui donna le beau nom de PHILADELPHIE, renouvellé en Amérique d'une maniere bien plus consolante pour l'humanité. Sous ce nouveau nom elle devint la Capitale de toute la portion de l'Arabie qui appartenoit à ce Prince, de l'Arabie Philadelphique, & dont le Pays de Moab fit également partie.

On voyoit chez les Ammonites plusieurs autres Villes, telles que MINNITH, & ABELA, surnommée *des Vignes*, à cause de ses beaux vignobles.

Ce Peuple avoit enlevé cette Contrée aux *Zum-Zummins*, représentés comme une Nation de Géans, mais qui venoient d'être affoiblis par l'expédition du Roi d'Elam & de ses Alliés. Le nom de Zum-Zummins leur convenoit très-bien, étant formé du primitif *Som* qui désigna toujours la grandeur, l'élévation, & qui existe dans nos mots *somme*, *sommet*, &c.

Les Ammonites étoient si puissans au tems de David que leur roi Hannon fut en état de fournir mille talens d'argent pour lever chez les Rois de Mésopotamie, de Syrie, de Tsoba, une armée de trente-trois à trente-quatre mille hommes qu'il joignit à ses propres troupes, pour combattre le Roi des Hébreux. Cette somme, en supposant qu'un talent d'argent valoit quatre cent louis, montoit à près de dix-millions de livres, & faisoit par tête un objet d'environ douze louis ou cent écus.

Cette guerre dura cinq années entières, & finit par la prise de la Capitale des Ammonites, & par la mort de leur Roi, qui fut tué dans l'assaut.

Sa Couronne pesoit un talent d'or ; elle étoit ornée de pierres précieuses, surmontées d'une sardoine de grand prix.

Long-tems après, Jotham, un des successeurs de David, leur imposa à l'occasion d'une révolte, un tribut de cent talens d'argent, de mille mesures de bled & d'autant d'orge, qu'ils payèrent pendant trois ans, au bout desquels ils secouerent le joug des Hébreux.

Ils étoient encore connus sous le nom d'Ammonites dans le second siécle, & ils se perdirent ensuite sous le nom général d'Arabes.

MOABITES.

Le Pays des Moabites étoit borné à l'Occident par les Montagnes qui sont à l'Orient de la mer Morte & du Jourdain ; au Nord, l'Arnon étoit entr'eux & les Ammonites ; au Midi, le Zared, qui se jette dans la Mer Morte, les séparoit des Madianites & des Iduméens ; à l'Orient leur Pays se confondoit avec les Déserts de l'Arabie, où ils alloient faire paître leurs nombreux troupeaux.

Leur Contrée avoit environ quinze lieues du Nord au Midi, sur une longueur beaucoup plus considérable : elle étoit coupée par diverses Montagnes entre lesquelles les Monts Abarim, qui formoient de belles vallées, couvertes de verdure, & où paissoient d'immenses bestiaux.

On y voyoit un riche Canton appellé *Campagne de Moab* ou SETIM, *mot-à-mot*, lieux en champs.

Les Moabites avoient enlevé aux EMIMS la Contrée qu'ils habitoient : c'étoit un Peuple représenté également comme une race de Géans, remplis de force et de puissance, & descendus aussi de Cham ; mais qu'avoient sans doute aussi extrêmement affoiblis l'expédition du Roi d'Elam, contemporain d'Abraham. Le nom *Emim*, synonime de celui de Zum-Zummin, convenoit aussi très bien à une Nation pareille, étant formé du primitif EM, IM, grand, vaste.

Au tems de Moyse, les Amorrhéens, commandés par Sihon, avoient enlevé aux Moabites la portion de leur territoire qui étoit au Nord de l'Arnon ; mais ils n'en jouirent pas long-temps, en ayant bientôt été dépossédés par les Israélites, qui l'occupèrent jusques vers le déclin du Royaume d'Israël. Alors les Moabites s'emparèrent des Contrées qui appartenoient aux Tribus de Ruben & de Gad ; ils essuyèrent ensuite de très-grands revers de la part de Salmanasar, Roi d'Assyrie, & depuis ce moment ils furent toujours en guerre avec ce Royaume, jusqu'au tems de Nabuchodonosor.

Ils formoient encore une Nation nombreuse, lorsque, plusieurs siecles après, ils furent subjugués par Alexandre, Roi des Juifs.

AR, Ville considérable sur l'Arnon, étoit leur Capitale. Elle dut son nom à sa situation sur une hauteur au bord du fleuve : on la surnommoit égalelement *Rabbah* la Grande ; *Rabbah-Moab*, la Capitale de Moab. Les Grecs ajoutèrent à son nom d'AR celui de Polisville, d'où Areopolis.

Cette Ville subsista long-tems avec éclat, lors même que les Moabites ne formèrent plus d'Etat particulier, & qu'ils furent confondus avec les Arabes, ce qui n'arriva que vers le tems de Mahomet. Ce qui n'est point étonnant, vu la situation avantageuse de cette Place sur une riviere, & dans des vallées aussi agréables que fertiles. On peut comparer cette situation à celles des Villes d'Arau & d'Ar-bourg, en Suisse, qui portent le même nom, qui sont sur une riviere appellée également Are, & qui dominent sur de riches vallées.

On y voyoit diverses autres Villes.

LASHA ou Calli-rhoé; près de la mer Morte, célebre par ses eaux chaudes. Mizpah; Luhith, Horonaïm, Kir-Hara-Seth.

Quelques-unes de leurs Villes devoient leur nom aux Divinités qu'on y adoroit.

BETH-BAL-MEON & BAL-PHEGOR, celle-ci sur une Montagne; celle-là consacrée à la Lune, son nom signifiant *la Ville de la Reine Lune*; & *Bal-phegor*, le Dieu des Montagnes élevées ? de *Phé*, pointe, & *Hor* ou *Gor*, Montagne.

Ce Peuple aussi étoit du nombre de ces Nations Sabéennes, qui remplissoient toutes ces Contrées.

DES IDUMÉENS.

Les Iduméens ou les Roux, descendus d'Esaü, surnommé *Edom* ou le Roux, habitoient ce que nous appellons aujourd'hui Arabie Pétrée ou Montagneuse, & les Côtes Orientales de la Mer Iduméenne ou Mer Rouge; ce dernier nom n'étant que la traduction du premier dans notre Langue, de même que les Grecs le rendoient par celui d'Erythréenne.

Ce nom de Mer Rouge a occasionné diverses méprises; long-tems on a cru qu'elle devoit son nom à la couleur de ses collines, de son sable ou de ses eaux; ou qu'elle le tiroit de la Mer des Indes, qu'on appelloit aussi Mer Rouge. Mais ici on prenoit l'effet pour la cause. Le nom de Rouge ou Iduméenne fut d'abord donné à ce que nous appellons Mer Rouge; mais à mesure que les Iduméens, sortant de cette Mer, entrerent dans celles des Indes, ils lui continuerent le même nom. Un homme de Lettres, illustre par ses talens, par son esprit, par la variété de ses Ouvrages, mais qui se piqua d'érudition un peu tard, critiqua, avec tout l'avantage d'un bel esprit, un Ancien qui place sur la Mer Rouge une Ville qui est sur les Côtes de la Perse: ce bel esprit ne savoit pas que toutes ces Mers portoient le nom de Mer Rouge.

On connoît peu l'Idumée qui étoit le long des Côtes de la Mer Rouge. La Septentrionale se divisoit en deux portions; la GABALENE ou Gobolitide, & le Pays d'AMALEC.

On a formé nombre de conjectures sur l'étymologie du premier de ces noms; aucune n'est juste, pas même celle des savans Auteurs de l'Histoire Universelle. Aucun n'a vu que ce nom étoit le même que celui des GABALI dans les Gaules, ou *Gabali dan*, devenu *Gevaudan*, & qui signifie *Pays de Montagnes*. La Gabalene renfermoit en effets les Monts Horéens & les Monts de Séir, toutes ces Montagnes qui composent l'Arabie Pétrée. On est toujours étonné lorsqu'on voit de beaux génies être si mal-adroits dans la comparaison des mots : ce talent est-il donc si difficile ?

Ce Pays, aujourd'hui désert, si peu cultivé, si stérile, fut dans l'origine une excellente Contrée, remplie de sources, abondantes en bled, en vin, en dattes, qui produisoit tout ce qui est nécessaire à la vie. Aussi est-il dit qu'Esaü, qui fit la conquête d'une partie de ce Pays, & qui hérita de l'autre, habitoit la graisse de la terre.

C'est que les Iduméens étoient un Peuple industrieux, & qui, semblable en cela aux Suisses & aux Hollandois, savoit se mettre au dessus des inconvéniens & du peu d'étendue de son territoire, & qui en tiroit le plus grand parti, par une agriculture soutenue & intelligente, en même tems qu'il suppléoit à ce qui manquoit à sa nombreuse population, par une grande économie & par le plus grand commerce.

Ils avoient établi sur la Mer Rouge deux Ports de Mer fameux dans l'Antiquité la plus reculée, ceux d'Elath & d'Esiongueber ; de-là leurs flottes se répandoient sur les Côtes d'Afrique & sur celles des Indes : elles en revenoient avec ces mêmes richesses que nos flottes modernes vont chercher dans ces opulentes Contrées ; de l'or fin, de l'or d'Ophir, des topases d'Ethiopie, du corail, des perles, de l'ébene, des toiles, &c.

Nous verrons plus bas, à l'article du commerce & des navigations des Phéniciens, s'il exista dans l'origine quelque rapport entre ces deux Peuples, & s'ils ne furent pas confondus sous une même dénomination.

On voit par la GENESE XXXVI & par le I Liv. des Chron. I. que les Iduméens avoient d'abord eu huit Rois électifs, choisis entre les Seigneurs les plus distingués du Pays, & dont le quatrieme & le huitieme porterent le nom d'Adad ; & qu'ils eurent ensuite onze Chefs successifs ; de même qu'à Athènes on créa des Archontes, lorsqu'on se fût lassé de la Royauté. Il est apparent qu'ensuite quelque Famille plus puissante que les autres s'empara de l'autorité, puisque ce Peuple étoit gouverné de nouveau par des Rois au tems de David.

C'est sur un de ces Rois que David conquit l'Idumée, après avoir taillé en pieces dix-huit mille Iduméens dans la vallée des Salines ; & comme il sentoit toute l'importance de sa nouvelle conquête, il y établit de fortes garnisons, pour qu'elle ne pût lui échapper. Alors la plus grande partie de cette Nation se dispersa de tous côtés.

Leur Roi Adad, encore mineur, se réfugia, avec une suite nombreuse, dans le pays de Madian, d'où il passa en Egypte, où il fut accueilli avec la plus grande distinction; il y épousa la sœur de la Reine Taphenès; & il en eut un fils appellé *Genubath*. D'autres passerent chez les Philistins, & & fortifierent la Ville d'Azoth; il y en eut qui s'embarquerent sur la Mer rouge, & qui s'établirent sur les Côtes de la Perse; d'autres allerent sans doute se joindre aux Phéniciens de Tyr & de Sidon, & les mirent en état de former ces comptoirs, dont ils couvrirent les Côtes de la Méditerranée, & qui devinrent des Villes si florissantes.

Par la conquête de l'Idumée, tout le commerce de l'Orient tomba entre les mains de David, dont l'Empire s'étendit ainsi de la Mer Rouge jusqu'à l'Euphrate, & renfermoit, ce qui est plus considérable encore, tout le commerce de l'Orient & du Midi, par la Navigation de l'Euphrate & par celle du Midi : aussi rien n'égala dès-lors la gloire & les richesses de David & de Salomon.

Sous le regne de ce dernier Prince, *Adad* ennuyé de mener une vie oisive dans l'Egypte, chercha à remonter sur le trône de ses Peres; il paroît qu'il fut alors attiré en Syrie par Rezon ou Retsin qui s'étoit emparé de Damas après la défaite d'Adad-Esar, roi de Zoba, par David, & qui étoit ennemi de Salomon. Et à la mort de Retsin, Adad dut lui succéder, & il doit avoir formé cette Maison Royale de Princes appellés *Adad* & *Ben-Hadad* qui furent continuellement en guerre avec les Rois de Juda, successeurs de Salomon, jusqu'à ce que Nabuchodonosor les mit d'accord en les subjuguant tous. Observons que ce nom d'*Adad*, étoit un de ceux du Soleil chez les Orientaux; il signifie le seul, l'unique : il convenoit fort à des Monarques, & il n'est pas étonnant qu'il soit devenu le nom de quelques Familles Royales.

Quant aux Iduméens, au bout d'un siecle & demi, après avoir été conquis par David, ils secouerent le joug du Royaume de Juda, gouverné alors par Joram, fils de Josaphat; mais ils retomberent sous le pouvoir du Roi Azarias.

C'est au petit-fils de celui-ci que les Syriens enlevèrent l'Idumée & ses ports: les Séleucides en furent possesseurs à leur tour, puis les Ptolomées, ensuite les Romains.

Leurs principales villes furent celles-ci :

TEMAM, ville dont Jérémie (*ch.* XLIX.) vante la sagesse.

DEDAN, qui faisoit un grand commerce avec Tyr en yvoire, en ébene, en draps précieux, &c. *Jer. ch.* XLIX. *Ezech.* XXVII. 15.

BOSRAH, Bosor, Basrah, mot qui signifie lieu haut, forteresse, vignoble, d'où *Bassareus*, le Vendangeur, surnom de Bacchus.

PHANA ou PHENON, ville célebre par ses mines de cuivre, auxquelles elle dût son nom, à quatre milles de Dedan.

SALAH ou la Pierre, le Rocher, en Grec *Petra*; ville située en effet su un rocher, dans une plaine abondante en sources, & qu'ornoient de magnifiques jardins. Cette ville qui a donné son nom à l'Arabie Petrée, étoit à trois ou quatre journées de Jéricho, à trois lieues d'Elat, & dans le voisinage du Mont-Hor.

ESION GUEBER, port des Iduméens sur la Mer Rouge, très fréquenté du tems de Salomon; mais qui fut abandonné dans la suite, lorsque les Ptolomées en eurent établi de plus commodes.

ELATH, nom qu'on a aussi écrit, *Aila*, *Ailah*, *Eloth*, *Elana*, étoit un autre Port de mer au Nord de la Mer Rouge, qui fut toujours très-considérable, & qui étoit encore habité au XIVe. siecle; mais la forteresse qui commandoit le port n'existoit plus. ABULFEDA en parle comme d'une ville qui avoit appartenu à des Juifs qui furent changés, dit-il, en singes & en pourceaux. Il veut parler de ceux qui en furent les Maîtres au tems de David & de ses successeurs, & qui y commerçoient de ces animaux.

On assure que les Iduméens empêcherent constamment l'Egypte d'avoir aucun vaisseau de guerre sur la Mer Rouge, & plus d'un seul vaisseau marchand : aussi en valoit il plusieurs, semblable en cela à ce vaisseau avec lequel seul les Anglois pouvoient faire le commerce des Isles Espagnoles en Asie.

2. *AMALEKITES*.

Les Amalekites faisoient portion de l'Idumée, selon les Arabes, ce sont eux qui, sous le nom de Rois Pasteurs, régnerent quelque tems en Egypte. Ils avoient des Rois dont le titre étoit sans doute celui d'AG-AG, *le très-Grand*, du moins c'est ainsi que sont désignés le premier & le dernier de leurs Rois. Ce titre convenoit très-bien à une Nation qui paroît avoir été très-fiere, très-insolente. Le célebre *Haman* descendoit de la race de ses Rois.

3. *KEDARENIENS*.

Les Kedareniens étoient de la race d'Ismael, ils étoient riches en troupeaux & très-habiles à tirer de l'arc. Ils habitoient sous des tentes : aussi est-il parlé dans l'Ecriture des tentes de Kedar. Leur nom signifie les NOIRS : seroit-ce à cause de leur teint, ou de la couleur de leurs tentes? PLINE fait mention de ces Peuples : leur vie errante & nomade les avoit mis à couvert des malheurs qui en avoient anéanti tant d'autres.

PAYS DES PHILISTINS ou PALESTINE.

Les Philistins étoient une Colonie venue d'Egypte qui s'établit au Nord de cette Contrée fur les Côtes de la Méditerranée, dans un terrain qu'ils enleverent à quelqu'une des Tribus Cananéennes. Ce diftrict qui avoit environ une quinzaine de lieues de long fur très-peu de largeur, étoit borné à l'Orient par des Collines qui fourniffoient des points de vue admirables, & d'où defcendoient nombre de petits ruiffeaux qui fertilifoient la plaine & la rendoient d'un très-grand rapport.

Les Grecs changeant *Ph* en *P*, prononcerent le nom de ce Pays PALESTINE; & ils l'étendirent peu à peu à tout le pays de Canaan; de même qu'ils étendirent le nom de Syrie à tout le pays d'Aram.

On y voyoit cinq Villes principales qui formoient autant de Républiques ou de petits Etats réunis en une même Confédération, gouverné quelquefois chacune par un Roi différent, & quelquefois par un feul Prince.

HAZA ou GAZA, *mot-à-mot*, la Forte; une de leurs principales villes & la plus méridionale, n'eft plus qu'un monceau de ruines; mais elles font un témoin encore exiftant de fon ancienne fplendeur: on y voit, entr'autres, nombre de colonnes du beau marbre de Paros.

ASCALON, ville non moins floriffante, & qui étoit fituée dans une vafte plaine très-bien cultivée: c'eft de-là qu'eft venu l'Echalotte, en Grec *Afcalonia*, & qui portoit à Paris, il y a quelques fiécles, le nom d'*Efchaloignes*.

Chacune de ces deux villes avoit un port, qu'on appelloit MAI UMA, ou ville des eaux.

AZOTH ou ASDOD, ville extrêmement forte & fituée dans des campagnes fertiles en bled.

GATH, dans l'origine Ville royale, & dans un pays de vignobles. Elle étoit fur un côteau; & fon nom fignifie *Preffoir*.

ACCARON ou EKRON, la plus feptentrionale de toutes.

Ces villes furent également célebres par leur commerce & par leur induftrie, fur-tout lorfqu'au temps de David elles eurent admis dans leur fein nombre d'Iduméens fugitifs, qui s'appliquerent principalement à fortifier Azoth.

Quelques fâcheux que foient en eux-mêmes ces événemens qui bouleverfent les Nations, qui les forcent à abandonner leurs foyers, ils deviennent très-avantageux pour l'humanité entière, lorfque ces Nations difperfées fon actives, induftrieufes, riches en connoiffances. Ceux qui échappent à la ruine de leur Patrie, répandent par-tout où ils se réfugient, l'industrie, les arts, les sciences : des cendres d'une Nation éclairée & puissante, il en renaît une foule de semblables. C'est ainsi que l'Europe & les Lettres recueillirent les plus grands avantages de la dispersion des Savans de Constantinople, lorsque les Turcs se furent emparés de cette Ville & qu'ils en eurent fait fuir les Sciences : c'est ainsi que l'Europe profita également de la dispersion des Protestans François, & que la Suisse, l'Allemagne, la Prusse, la Hollande, l'Angleterre, qui les reçurent à bras ouverts, s'enrichirent des débris de la France, perfectionnèrent leurs Arts & leur Agriculture, participèrent à une industrie & à un commerce qui faisoient de la France une Puissance unique.

Les Philistins furent presque toujours en guerre avec les Israélites, surtout au tems de David. Du vivant de ce Prince, ils avoient encore au milieu d'eux quelques familles de Géans : telle que celle de Goliath, de son frere, & de ses trois fils, dont l'un avoit douze doigts & douze orteils.

Ils furent ensuite successivement soumis à Sennachérib l'Assyrien, à Psammétique Roi d'Egypte, à Nabuchodonosor : puis aux Perses ; ensuite, tantôt aux Séleucides, tantôt aux Ptolomées, jusqu'à ce que les Romains les eurent tous subjugués.

Aujourd'hui ces belles Contrées ne servent plus d'habitation qu'à quelques peuplades sans puissance & sans gloire, qui vivent très-pauvrement sur un terrain dégradé qu'elles ne peuvent plus mettre en valeur.

État actuel de ces Contrées.

Ainsi s'est évanouie la gloire de ces belles & superbes Contrées qu'on cherche en vain au milieu d'elles-mêmes : ainsi ont été perdus ces soins actifs & éclairés, ces travaux infatigables, avec lesquels leurs premiers possesseurs les mirent dans le plus grand rapport, avec lesquels elles se couvrirent de villes florissantes & d'une population qui nous étonne : ainsi s'anéantirent cette industrie & ce commerce avec lesquels leurs habitans lioient tous les peuples, & vivifioient la terre entière par les relations qu'ils établissoient entre toutes ses parties.

Ces Contrées florissantes ne sont presque plus que des monceaux de ruines ; les ronces, les épines & les déserts ont pris la place des campagnes les plus riches, des vignobles les plus agréables, des récoltes les plus abondantes, de ces vergers qui en faisoient autant de séjours délicieux. L'ignorance vaine, grossiere, destructive, a succédé aux plus belles connoissances; l'humanité s'y traîne misérablement dans la fange & dans la solitude, sans énergie, sans vigueur & sans force. Une stupide indolence a remplacé les plus beaux talens & cette ardeur inquiete avec laquelle ils se propagent & se développent : un Despote tyrannique mene avec un sceptre de fer les descendans de ces peuples fiers & libres qui étoient hommes & non esclaves, élevés & non rampans, éclairés & non abrutis.

Les Arts, le Génie, les Connoissances, les Talens ont fui ces terres maudites : comment auroient-ils pu s'y maintenir? ils n'aiment qu'une liberté honnête & décente. Ils se sont transportés dans des climats moins heureux, plus sauvages; mais où ils ont été accueillis avec ardeur, où ils ont poussé des rameaux vigoureux, où leurs bornes ont été infiniment reculées, où ils se sont établi un Empire très-supérieur à tout ce que vanta jamais l'Antiquité.

Mais ils fuiront également ces terres dont ils font la félicité, s'ils y sont également traversés par les guerres, par les fureurs insensées, par les haînes désordonnées des Nations, par la tyrannie & le despotisme des Chefs, par les ravages des Traitans, par des impôts sans proportion avec les revenus, destructifs de l'industrie & des générations.

Ces Rois actuellement si grands par la multitude de leurs Sujets, par le génie, par l'industrie, par le commerce, par les lumieres que déploient leurs peuples, ne régneroient plus, ainsi que les Potentats de l'Asie, que sur de vastes & misérables déserts, ou sur des peuplades foibles & sans industrie : pourquoi seroient-ils plus privilégiés que ces anciens Monarques qui commandoient à de plus riantes & de plus fertiles Contrées?

La gloire d'une Nation s'anéantit par les vexations, par l'ignorance & l'inertie qu'elles traînent à leur suite : la prospérité, les lumieres, l'industrie fuyent tout ce qui est contre l'ordre : elles s'éloignent à grands pas sur les aîles de la liberté & vont enrichir la main qui les accueille.

ARTICLE III.

PRINCES CONTEMPORAINS DE NABUCHODONOSOR.

Les Princes contemporains du Roi de Chaldée, étoient en général peu dignes d'entrer en comparaison avec ce jeune Héros : la plupart sembloient n'avoir été élevés sur le trône, que pour se livrer à leurs passions folles & déplacées, pour suivre leurs caprices, pour fouler aux pieds leurs sujets, comme si ceux-ci n'étoient faits que pour eux; ils les accabloient d'impôts absurdes, ils se livroient à des guerres ambitieuses, qui lors même qu'elles étoient couronnées de quelques succès, ne les dédommageoient ni de leurs pertes, ni de leurs dépenses, & ne pouvoient compenser l'aversion qu'ils inspiroient pour eux à leurs voisins effrayés de leurs injustices, de leur ambition inquiette, de leur perfidie dans les alliances qu'ils rompoient avec la même témérité qu'ils les formoient; de leur politique étroite & sans grandes vues, toujours dirigée par la cupidité du moment. La plupart d'entr'eux étoient d'ailleurs sans éducation ou n'en avoient eu qu'une mauvaise; ils étoient sans connoissances, sans énergie, sans élévation. Un prince est-il fait pour savoir? N'est-ce pas à ses Ministres à gouverner pour lui, & à lui à jouir de la vie? Ces maximes insensées de l'orgueil, de la paresse, de l'amour du plaisir, sans danger comme sans gloire dans le cours ordinaire des choses, devoient entraîner nécessairement la ruine de ces Rois peu dignes de leur place, dès qu'il s'éleveroit un Prince magnanime, qui ne s'endormiroit pas sur son trône, qui se croiroit au-dessus de la vie voluptueuse & désordonnée des Princes, qui ne s'estimeroit digne de la Royauté qu'autant qu'elle lui serviroit pour ne pas vivre dans la mollesse, pour être toujours à la tête de ses conseils ou de ses armées, pour profiter de tous ses avantages, pour entraîner l'admiration des mortels, par son activité, par sa tempérance, par ses connoissances, par ses talens en tout genre; pour venger dans le sang des Rois ses voisins leurs injustices, leur haine, leurs cabales, leurs ligues tardives ou insensées.

CYAXARE.

Entre ces Princes étoit CYAXARE, troisieme Roi de Médie: il étoit véritablement grand, parce qu'il avoit été long-tems éprouvé par l'adversité. Les hommes, les Rois, sur-tout, s'imaginent n'être au monde que pour le bonheur: c'est la plus funeste illusion qu'ils puissent se faire: tout homme est exposé à des revers, les Princes encore plus que les autres: malheur à ceux dont l'ame n'a sû s'y préparer, & qui livrée à la mollesse ou abîmée par ses besoins, se trouve sans ressort au jour du malheur et ne peut y résister!

Cyaxare s'étoit vu dépouiller de ses Etats du vivant même de son Pere, par le Roi d'Assyrie: son Pere avoit été fait prisonnier et mis à mort par le vainqueur: sa Capitale avoit été prise d'assaut & rasée jusqu'aux fondemens. Son grand cœur s'étoit irrité: il n'avoit respiré que vengeance, & ayant établi dans ses troupes une discipline inconnue jusques à lui, & les ayant distribuées par corps plus aisés à conduire qu'une foule sans ordre, il avoit reconquis ses États l'épée à la main ; il avoit même déja formé le siége de Ninive, lorsqu'une invasion effroyable de Scythes ou de Tartares qui firent gémir l'Asie entière pendant vingt-huit ans, le rappellerent chez lui. A force d'adresse, de patience, de courage, il étoit venu à bout de se débarrasser de ces terribles hôtes : & il avoit repris son premier projet contre Ninive. Afin d'y parvenir plus sûrement, il avoit fait alliance avec le Roi de Babylonne ; & pour la cimenter, il avoit donné sa fille en mariage au jeune Nabuchodonosor, fils de ce Roi. Ils venoient de détruire cet Empire redoutable, lorsque ce jeune Prince monta sur le trône de Babylone. Etroitement unis, ils jurent tous les deux de s'aider mutuellement à vaincre leurs ennemis, & de se prêter la main pour conquérir l'Asie, l'un au Midi, l'autre au Nord ; rien ne pourra triompher de leur union & de leur valeur.

ITHOBAL.

ITHOBAL II. régnoit sur la Ville de Tyr, & sur son Territoire (Ez. XXVI & XXVIII). C'étoit un Prince fier de l'éclat & des richesses de ses Sujets. Il s'égaloit aux Monarques les plus puissans, & croyoit qu'aucun n'étoit en état de l'attaquer avec succès : il étoit Roi de la Mer, & il savoit que sa Nation, avec douze vaisseaux seulement, avoit détruit depuis peu une flotte du Grand Salmanasar, composée de soixante Vaisseaux, sur laquelle même ils avoient fait nombre de prisonniers. Cet exploit l'avoit rendu aussi fier & aussi insolent que ses Citadins : il s'imaginoit n'ignorer rien, être aussi sage que Daniel, mériter d'être un Dieu plutôt qu'un homme : c'est à lui qu'Ezéchiel adresse ce discours :

« Parce que ton cœur s'est élevé, comme s'il étoit celui d'un Dieu, je vais
» faire venir contre toi des Etrangers, (des *Ennemis*) ils te feront des-
» cendre en la fosse, & tu périras de la mort de ceux qui sont tués au milieu
» de la Mer », de cette Mer en laquelle il avoit mis toute sa confiance & avec laquelle il se croyoit invincible.

BAALIS.

BAALIS étoit Roi des Ammonites. Outre que ce Prince régnoit sur un Territoire borné, il étoit foible & méchant comme ceux qui veulent suppléer, par la noirceur de leur ame; à ce qui leur manque de vertus: cependant il tomba dans ses propres filets, s'étant attiré mal-adroitement la haîne de Nabuchodonosor, & en ayant été la victime avec ses propres Etats.

Il en fut de même du Roi des Moabites son voisin, qui eut l'imprudence d'entrer dans une ligue contre le Roi de Babylone, & qui en fut également écrasé. (Jer. XXV, XXVII).

JEHOJAKIM.

JEHOJAKIM, fils aîné de Josias, régnoit alors à Jérusalem: il avoit été élevé sur le Trône par Néchao, Roi d'Egypte, qui avoit défait son Pere, détrôné un de ses freres, & qui lui avoit imposé un tribut annuel de cens talent d'argent & d'un talent d'or. C'étoit un Prince féroce & tyrannique: il supposoit des crimes à ceux qui avoient le malheur d'être riches, & les fesoit mettre à mort pour s'emparer de leurs biens: rien ne pouvoit suffire à ses folles dépenses: d'ailleurs ses revenus étoient prodigieusement diminués par l'affoiblissement de ses Etats, qui n'étoient plus qu'une ombre de l'ancien Empire de David & de Salomon, & par le tribut considérable qu'il étoit obligé de payer à l'Egypte. Il s'irritoit contre ceux qui vouloient le faire rentrer en lui-même; sur-tout contre Jérémie, qui lui dénonçoit la ruine entiere de son État, s'il ne se corrigeoit; & sur-tout s'il comptoit sur la protection de l'Egypte. En effet, il étoit impossible qu'un Prince aussi incapable du Trône, pût se soutenir long-tems au milieu des prétentions réciproques de deux Monarques aussi puissans que ceux de l'Egypte & de Babylone.

NECHAO.

NÉCHAO régnoit en Egypte: il étoit fils du célebre Psammétique, qui le premier ouvrit ce Royaume aux Etrangers, sur-tout aux Grecs. Ce Prince avoit de grandes vues: il avoit essayé de joindre le Nil à la Mer Rouge, par un Canal; mais il fut obligé de renoncer à cette entreprise, après y avoir perdu, dit-on, cent vingt-mille hommes. Il entreprit de créer une Marine, pour enlever le Commerce aux Phéniciens, & pour devenir plus puissant par Terre & par mer: dans cette vue, il couvrit de Galères la Mer Méditerrannée & la Mer-Rouge: il fit faire par des Phéniciens le tour de l'Afrique, voyage où ils employerent trois ans. Il eût été véritablement grand, s'il n'avoit pas eu un concurrent plus heureux: à cet égard, il fit une faute irréparable, & qui entraîna les malheurs de l'Egypte. Au lieu de foutenir le Roi d'Affyrie contre les Medes & les Babyloniens, il le laiffa détruire, & fe contenta d'avoir part à fa dépouille, en pouffant fes conquêtes jufques fur l'Euphrate, où il fe rendit maître de Carkemis, après avoir défait en bataille rangée, Jofias Roi de Juda, qui mourut peu de tems après des fuites d'une bleffure.

La puiffance réunie des Medes & des Babyloniens, n'étant plus contrebalancée par aucune autre, l'Egypte dénuée de tout Allié, fut hors d'état de réfifter à ce torrent impétueux : elle étoit d'ailleurs de plus en plus affoiblie par fes querelles, avec l'Ethiopie avec qui elle ne favoit pas vivre en paix, & qu'elle étoit cependant hors d'état de conquérir. Ainfi s'avançoit à grands pas, & par une témérité, fans égale, la ruine de l'ancienne, de l'étonnante, de la floriffante Egypte.

ARTICLE VI.

REGNE DE NABUCHODONOSOR.

1°. Époque de ce Regne.

NABU-CHOD-DON-OSOR, dont le nom fe prononce auffi d'une manière plus rapprochée de l'Oriental, *Nebu-cad-don-affar*, étoit fils de NABO POL-ASSAR qui régna fur les Babyloniens pendant vingt-un ans, & qui vers la fin de fa vie avoit détruit l'Empire des Affyriens, conjointement avec Cyaxare, Roi des Medes.

Nabuchodonosor étoit le XVe Roi de Babylone, depuis le grand NABON-ASSAR qui avoit fondé ou reftauré cet Etat, & qui eft à la tête du Canon Chronologique de PTOLOMÉE.

Cet illuftre Aftronome ayant befoin d'appuyer fes obfervations d'une fuite inconteftable de Rois, remonta jufqu'à Nabon-Affar, Prince dont l'éclat avoit effacé la gloire de fes Prédéceffeurs, & qui fembloit avoir amené un nouvel ordre de chofes Et, ce qui eft très remarquable, c'eft que ce nouvel ordre tombe fur le milieu du VIIIe fiècle avant J. C. dans ce fiècle, où à peu-près au même inftant, le Monde entier change de face, où il fe fait dans les efprits une explofion finguliere d'Orient en Occident, où les Grecs établiffent les Olympiades, où Rome eft fondée, où la face de l'Afie change, où les Chinois eux-mêmes prennent un nouvel effor.

Ainfi le Regne de notre Héros tombe en-deça des tems inconnus, dans une époque fure & brillante, où l'Hiftoire fe dégage de toute fable, de toute obfcurité, où elle s'appuie de Monumens auffi précieux qu'inconteftables.

ESSAI D'HISTOIRE ORIENTALE.

Lorsqu'il monta fur le Trône, on comptoit déjà 140 ans, depuis l'avenement de Nabonaſſar à la Couronne : & on comptoit la 605 ou 604ᵉ année avant l'Ere Chétienne : le VIIᵉ ſiècle étoit donc prêt à expirer, & il s'eſt écoulé depuis ce tems-là près de 2400 ans.

2°. DU NOM DE NABUCHODONOSOR.

Ce nom eſt formé de la réunion de pluſieurs mots, de ceux de *Nabo*, *chod*, *don*, *aſar*, ou *ezar*, qui tous reviennent ſans ceſſe dans les noms de la plupart des Princes d'Aſſyrie & de Babylone : on doit donc les regarder comme autant d'épithètes ou de titres d'honneur : & il ne ſera peut-être pas difficile d'en retrouver la ſignification : il eſt d'ailleurs très-agréable de ſavoir la valeur des mots qu'on a ſans ceſſe ſous les yeux.

Tous ceux-ci tiennent à la Langue Primitive. NABO, NEBO, déſigne le Ciel, tout ce qui eſt haut, élevé, ſublime : il tient au mot *Nabad* des Indiens.

CHOD, GOD, GAD a toujours déſigné la bonté, le bon, le très-bon, Dieu même.

DON, ADON, toujours la domination, le Maître, le Seigneur.

ASAR, ASSAR, ESAR, OSOR, ſignifie le haut, le puiſſant ; il tient à SER, SIRE, peut-être même à OSIRIS, le Seigneur de toutes choſes chez les Egyptiens.

Ces mots ſont combinés avec d'autres : par exemple, avec celui de POL, PUL, PHUL, PHAL, qui déſigne le Soleil & qui ſe retrouve dans le POLLux, & le PULcher des Latins.

On peut donc rendre ces noms à-peu près de cette maniere :

Nabu-chod-don oſor, le Seigneur du Ciel très-grand & très-bon : ou ſi on veut l'expliquer de la gauche à la droite, le très-haut, très-bon & très grand Seigneur.

Nabo-pol-aſſar, le Soleil, Roi des Cieux, ou le Roi ſublime & radieux.

Nabon-aſſar, le ſublime Seigneur.

Aſſar-adon, le Seigneur très grand.

Belt-aſar, le Seigneur rayonant, plein de gloire.

Tiglat-phal-aſar, le Seigneur radieux & rapide *comme la flèche*.

Ces noms paroiſſent ridicules & oppoſés à nos uſages ; une ſuite néceſſaire du faſte exceſſif des Princes de l'Orient, qui, dans leur orgueil inſolent, s'appelloient les Freres du Soleil & de la Lune, les Fils du Ciel, les Rois des Rois ; mais pour les conſidérer ſous leur véritable point de vue, il faut ſe tranſporter aux tems anciens, & conſulter le génie des Nations ſur qui régnoient ces Princes.

Ces Nations se formoient toujours la plus haute idée de leurs Monarques : elles les regardoient comme établis par la Divinité même, comme l'emblême du Ciel, du Soleil, de la Lune, de tout ce qu'il y avoit de plus lumineux. D'ailleurs, dans leur Langue primordiale, elles furent obligées de prendre des objets physiques pour exprimer des idées métaphysiques; et quels mots pouvoit-on mieux choisir pour peindre les idées de royauté, de domination, que ceux qui désignoient déja le Ciel, le Soleil, la Lune, la Lumiere, les Flambeaux Conducteurs ? Enfin ces titres devenoient pour les Princes autant de leçons qui leur faisoient sentir combien ils seroient indignes de leur rang, si leurs actions ne répondoient pas à leurs titres.

3°. Premiers Exploits de Nabuchodonosor.

Les premiers Exploits de Nabuchodonosor eurent pour objet d'enlever à Néchao, Roi d'Egypte, les Etats que ce Prince avoit envahis sur les Assyriens tandis que Nabo-pol-assar son Pere, & Cyaxare, étoient occupés au Siége de Ninive. Cette expédition, qu'on attribue à Nabuchodonosor du vivant même de son Pere que des infirmités mettroient hors d'état de conduire ses Armées, est une preuve sans réplique que Ninive n'étoit plus : il est donc très-étonnant qu'on ait fait un renversement pareil, & qu'on ait cru que cette premiere campagne précéda la ruine de Ninive. Les conquêtes de Néchao sur les Assyriens ne furent occasionnées que par celles mêmes des Babyloniens & des Medes sur ce Peuple, & ce ne fut que comme Vainqueurs de Ninive que les Rois de Babylone eurent des droits sur les Peuples du Midi, & qu'ils purent attaquer le Roi d'Egypte avec quelqu'ombre de justice. D'ailleurs, avant la conquête de Ninive, les Princes de Babylone étoient hors d'état d'attaquer les Peuples du Midi, Sujets de cette Puissance, & ils en auroient été nécessairement accablés.

Nabuchodonosor marcha d'abord contre Carkemis sur l'Euphrate, qu'on croit être le même que Kir-Kesse, & qui, par la Conquête qu'en avoit fait Néchao, ouvroit aux Egyptiens la porte de la Mésopotamie, & en faisoit un voisin redoutable.

Après en avoir fait le Siége & s'en être rendu maître, il traverse en Conquérant la Syrie & la Cœle-Syrie, attaque Scythopolis, & la prend, forme ensuite le Siége de Jérusalem dont le Roi étoit Tributaire de l'Egypte; il s'en rend maître le 9 de Novembre, pille la Ville & le Temple, impose un tribut au Roi, & revient promptement à Babylone, pour prendre possession

ESSAI D'HISTOIRE ORIENTALE

du Trône, devenu vacant par la mort de son Pere. Il y arrive en triomphe, après une campagne des plus glorieuses, chargé de butin, & suivi d'une foule de prisonniers, sur-tout de l'élite de la Judée, & de jeunes gens des meilleures Familles, même de la Famille Royale, entre lesquels se distinguoit DANIEL.

Cette expédition arriva la premiere année de son regne : Daniel le dit expressément ; mais ici il s'est glissé une faute de son texte, qui exige une note particuliere.

4°. Faute glissée dans le Texte où Daniel donne la date de ces évenemens.

On fait dire à Daniel que ces événemens arriverent la premiere année du Roi Cyrus, & tout de suite cependant il parle de la seconde année de Nabuchodonosor. C'est une erreur manifeste ; on a cherché à la corriger ; mais par d'autres fautes : le Copiste qui a transcrit le beau manuscrit Hébreu, n°. 12. in-folio de la Bibliotheque du Roi, ne sachant comment les corriger, a supprimé entiérement le verset : c'est couper le nœud gordien, & non l'expliquer. D'autres font dire à Daniel qu'il vécut jusqu'à la premiere année de Cyrus ; d'autres, qu'il demeura à Babylone jusqu'à cette premiere année : ce n'est rien de tout cela. Otez le nom de Cyrus, qui a été inféré mal-à-propos dans le texte, & tout va de suite. C'est la premiere année de Nabuchodonosor que Daniel fut transporté à Babylone, & dès la suivante il eut la vision du Chap. II.

5°. SECONDE EXPÉDITION.

Au bout de trois années de vassalage, Jehojakim, Roi de Jérusalem, se révolta contre les Babyloniens : leur Roi détacha contre lui une armée de Syriens, de Chaldéens, d'Ammonites, de Moabites. Ceux-ci ravagerent la Contrée, tuerent Jehojakim dans un combat, la troisieme année de la guere, & ils se retirerent avec nombre de prisonniers.

Son fils Jéchonias lui succéda : il n'avoit que dix-huit ans, & étoit dépourvu des qualités nécessaires pour se soutenir dans un tems aussi critique ; on en fait d'ailleurs un portrait aussi odieux que de son père. Il n'eut pas le tems de jouir de son élévation : déja le Roi de Babylone étoit en route pour se venger du Midi : Jéchonias, sa Mere, toute sa Cour, allerent au-devant de lui pour le fléchir ; mais, comme le leur avoit prédit Jérémie, ils le trouverent inexorable. Il les fit tous partir pour Babylone, pilla la Ville, le Temple, le

Palais, emmena dix mille hommes d'élite, & mille des meilleurs ouvriers en or & en argent. Entre ces captifs furent Mardoché & Ezéchiel.

Nabuchodonofor établit à la tête de ceux qu'il laiffa en Judée, Sédécias, oncle de Jechonias : c'étoit un jeune Prince âgé de 21 ans, & qui ne fçut point profiter de l'exemple de fes prédéceffeurs.

Auffi impatient de fupporter le joug que mal-habile à le fecouer, il prêta l'oreille à tous les Princes du voifinage qui lui envoyerent des Ambaffadeurs plutôt pour le faire entrer dans une ligue commune contre les Chaldéens que pour le féliciter d'un avénement au Trône qui étoit arrivé fous de fi funeftes aufpices. C'étoient les Rois des Ammonites, des Moabites, des Iduméens, de Tyr, de Sidon : celui de l'Egypte même entra quelques années après dans cette Confédération. Nechao ne régnoit plus fur cette derniere contrée, il avoit peu furvécu à fa défaite : fon fils Pfammuthis avoit auffi difparu de deffus la terre, au bout d'un regne de fix ans. Apriès ou Pharaon-Hophra venoit de fuccéder à ces Princes. Les Princes Confédérés fe promettoient d'autant plus de fuccès que leur ennemi commun étoit fort occupé ailleurs.

Troisieme Expédition.

Babylone étoit en effet occupée alors à une guerre très-vive contre le Royaume d'Elam qui renfermoit tout ce qui étoit entre la Médie & la mer de Perfe : là étoient l'Elymaïde, la Sufiane, les Cofféens & une partie des Etats qui compofent la Perfe : tout ces Pays tomberent fous la main vigoureufe du Héros Babylonien.

Quatrieme Expédition.

Au retour de ces Provinces Orientales, le Roi de Babylone ne refpirant que vengeance, marche auffi-tôt contre les Rois du Midi. Arrivé à l'endroit où le chemin fe partageoit en deux, l'un pour aller chez les Peuples qui demeuroient à l'Orient du Jourdain, l'autre chez ceux qui font à l'Occident de ce fleuve, il tira au fort avec des flèches le pays contre lequel il marcheroit le premier. C'eft de cet usage que nous avons eu occafion de parler dans nos Origines Françoifes, & dont nous avons fait voir qu'eft venu notre mot *hazard*.

Le fort s'étant déclaré contre Juda, l'Armée Babylonienne prit le chemin de ce Royaume : elle le ravagea entiérement & forma enfuite le fiége de Jérufalem. Nabuchodonofor s'avança en même temps avec une partie de fon

Armée contre le Roi d'Egypte qui avoit essayé de venir au secours des Assiégés, mais qui se retira sans oser l'attendre : tout le poids de la guerre tomba donc sur le malheureux Sédécias. Sa capitale fut prise d'assaut après un an de siége : ce Roi tâcha de se sauver avec sa famille, malgré les conseils de Jérémie ; mais il fut arrêté en chemin, & conduit au Vainqueur qui étoit à Ribla en Syrie : ce Prince le traita bien plus cruellement que son neveu : il fit mettre à mort ses enfans & ses amis : il lui fit crever les yeux à lui-même, & le fit transférer à Babylone chargé de chaînes.

Il ordonna ensuite au Capitaine de ses gardes de raser les murs de Jérusalem, de brûler le Temple, le palais & les autres édifices de cette ville, & d'en transporter les habitans en Chaldée. Il fit en même temps décapiter le premier & le second des Sacrificateurs, le Général, le Secrétaire & les Conseillers de Sédécias, &c., parce qu'ils avoient été du parti des révoltés ; mais il fit un accueil distingué à Jérémie, parce qu'il avoit toujours annoncé les funestes effets de cette inconduite ; & lui donna la liberté de rester dans sa Patrie, ou de le suivre à Babylone. Il paroît même que c'est à sa recommandation qu'il établit pour Gouverneur de la Judée, Guedolia, personnage distingué par son rang, par sa naissance, par la protection qu'il avoit toujours accordée à Jérémie, & par le crédit avec lequel il lui avoit sauvé la vie dans plusieurs occasions.

Nabuchodonosor attaque ensuite la ville de Tyr : il fut obligé de l'assiéger : ses habitans pleins de courage, se défendirent avec un grand succès pendant l'espace de treize ans ; mais ensuite, las de lutter, & craignant enfin d'être pris d'assaut, il s'embarquerent sur leurs vaisseaux, & abandonnerent dans la nuit leurs maisons & leur patrie. Ainsi leur ennemi fut frustré de son attente, n'ayant en sa possession que des maisons vuides d'habitans & de richesses.

Pendant le siége de cette belle ville, le Royaume des Ammonites fut entièrement détruit. Le Roi Baalis avoit donné asyle aux Juifs qui vinrent se réfugier chez lui après la ruine de Jérusalem ; il engagea ensuite l'un d'eux nommé Ismael & de la Famille Royale, à assassiner Guedolia : le Roi de Babylone envoya alors contre les Ammonites, cinq ans après la destruction des Juifs, *Nebur-sa-adan*, Capitaine de ses Gardes : celui-ci mit ce pays à feu & à sang, en détruisit la capitale, & emmena en captivité Baalis avec les Principaux de la Nation, & les grands Seigneurs du Pays : il en fut de même des Moabites.

Nabuchodonosor, pour se consoler de l'évasion des Tyriens, entreprit la conquête de l'Espagne, dont le Roi, après être entré dans la Confédération générale contre lui, avoit lâchement abandonné Sédécias : aussi Ezéchiel annonça aux Egyptiens qu'ils seroient humiliés pendant quarante ans, et qu'ensuite ils n'auroient plus de Rois de leur Nation. L'Egypte affoiblie de tous côtés, & déchirée par les horreurs d'une guerre civile, fut hors d'état de résister : son ennemi la ravagea ; le butin immense qu'il y fit le dédommagea des fatigues & des dépenses qu'avoit occasionné cette guerre.

Ce Prince passa de là dans la Lybie, & réduisit sous sa domination toutes les Côtes Septentrionales de l'Afrique : s'embarquant ensuite avec son armée sur les vaisseaux qu'il trouva dans les ports de cette Contrée, il poursuivit les Phéniciens jusqu'en Espagne : il ravagea les possessions qu'ils y avoient, & y établit une partie de ceux qu'il avoit amenés avec lui ; sur-tout des Juifs. Comme ce point d'Histoire n'a jamais été éclairci, & qu'il est propre à répandre un grand jour sur les navigations des Phéniciens, nous allons entrer dans quelque détail sur cet objet intéressant.

ARTTICLE V.

CONQUÊTE DE L'ESPAGNE MÉRIDIONALE PAR NABUCHODONOSOR.

1.

L'Histoire & la Géographie ancienne sont encore remplies d'objets ténébreux, malgré les travaux des Savans pour éclaircir ces deux Sciences : on ne sauroit donc trop les inviter à répandre sur elles le plus grand jour ; mais afin d'y parvenir, il faut qu'ils s'attachent sur-tout à connoître la valeur des mots anciens, puisque ce n'est que par eux qu'on peut pénétrer dans les choses. C'est, par exemple, l'ignorance où l'on étoit sur la valeur d'un mot, qui a dérobé aux yeux de tous les Savans, de tous les Critiques, de tous les Commentateurs, les preuves qui existent dans l'Antiquité de l'expédition de Nabuchodonosor en Espagne, renouvellée par les Sarrasins, & dont l'ignorance a répandu, en même tems, la plus grande obscurité sur les voyages d'un autre Héros, célébrés par HOMERE, ceux de Ménélas. On verra par le détail où nous allons entrer, combien il importe, même pour l'Histoire & pour la Géographie, de connoître la force de chaque mot & la maniere dont leur pronouciation change dans les Dialectes d'une même Langue.

2.

Le Nom Oriental de l'Espagne étoit WARB *ou* GARB.

Ezéchiel Chap. xxx. 5.) parlant des Conquêtes de Nabuchodonofor, dit que ce Prince fubjugueroit CHUS, PHUT, LUD, tout le WARB, le CHUB, les enfans de la terre d'Alliance ; l'Egypte, depuis Migdol jufqu'à Sienne. Ces derniers pays font connus ; il eft queftion de déterminer les autres.

CHUS, de l'aveu de tous les Sçavans, eft l'Arabie Afiatique ; fur-tout l'Arabie heureufe : c'eft un point de Géographie qu'il feroit inutile de chercher à prouver. Les LXX, à la vérité, ont rendu ici le nom de Chus par celui des Perfes : c'eft qu'ils l'ont appliqué à la Sufiane, qu'on appelle aujourd'hui *Chus-iftan*, pays de Chus, parce qu'une partie étoit habitée par les Arabes qui s'en étoient emparés, cette Contrée étant à leur porte.

LUD, comme l'a fort bien prouvé BOCHART, eft l'Ethiopie, fur-tout l'Ethiopie voifine de l'Egypte, ou la Nubie.

PHUT, eft inconteftablement la Portion de l'Afrique à l'Occident de l'Egypte, cette portion ou étoient Cyrene, Utique, Carthage.

CUB doit être la MARÉOTIDE ou toute cette contrée montagneufe qui étoit entre l'Egypte & la Lybie ; c'eft du moins là que Ptolomée place les *Cobii* : on trouve également le pays de CUBA dans les montagnes du Dagh-Eftan en Perfe, fur les bords du Samura. Il eft tout-à-fait apparent que ce mot *CUB*, *COB*, eft le même que celui de *GOV* & *GOB*, qui défigne un Pays fur les eaux ; il peint dès lors le *Cub* d'Egypte, le *Cuba* de Samura, les *Cubi* fur-nom des *Bituriges* qui étoient établis fur la Loire & fur diverfes rivieres adjacentes.

LE WARB ou GARB, n'eft donc aucun de ces pays ; & fon nom étant placé après tous ceux-là, il devoit être au-delà de toutes ces Contrées.

Il feroit inutile de s'adreffer aux Savans anciens & modernes pour déterminer la fituation de ce pays : aucun de ceux qui s'en font occupés, n'ont pu la découvrir.

Les LXX, au lieu de *tout le Warb*, ont dit, tous les Peuples mêlés, *Pantes hoi epimiktoi*, ce qui n'a point de fens.

Cependant ce Pays auroit dû être mieux connu de leur tems que du nôtre ; mais il paroît que ces Traducteurs ou leurs Copiftes étoient en général peu inftruits.

Dom *Calmet* & M. de SACY, rendent ces mêmes mots par ceux ci, *tous les autres Peuples*, traduction auſſi fauſſe que ridicule. Ce n'eſt pas ainſi qu'il eſt permis de traduire. Ils n'avoieut qu'à laiſſer ſubſiſter le nom Oriental, *tout le Warb*, & avouer que ce pays leur étoit inconnu.

BOCHART, qui avoit ſi bien vu que *Phut* étoit l'Afrique voiſine de l'Egypte, & *Lud* l'Ethiopie, a oublié ici toute ſa Critique, & il a copié trop à la légère ceux qui ont rendu le *Warb* par le mot *Arabie*.

Comment n'ont-ils pas vu que l'Arabie ayant déja été déſignée ſous le nom de *Chus*, ne pouvoit pas reparoître ſous celui d'Arabie? & qu'en même tems ils détruiſoient la marche géographique d'Ezéchiel qui décrit les Conquêtes de Nabuchodonoſor d'Orient en Occident?

Sans doute, c'eſt une Arabie; mais ce n'eſt pas celle de l'Aſie: Prouvons-le.

3.

WARB, ou GARB, GARV,

Signifie COUCHANT.

En Oriental le mot ערב qui s'eſt prononcé ſuivant les Dialectes, HARB, WARB, GARB, GARV, ERB, EREB, EUROP, ſignifie conſtamment la nuit, le ſoir, le Couchant, le pays du Couchant, de l'Occident. Nous avons eu occaſion de le voir dans les Allégories Orientales & ailleurs.

Ce nom fut par conſéquent donné aux extrémités occidentales de chaque Continent. Avant que les Orientaux voyageaſſent ſur la Méditerranée & qu'ils euſſent découvert ſes Contrées les plus occidentales, ils donnerent le nom d'Arabie ou de WARB à la portion de l'Aſie qui porte encore aujourd'hui ce nom, & qui en étoit le pays le plus occidental.

Mais lorſque leurs connoiſſances géographiques ſe furent perfectionnées, l'Occident de l'Afrique, & de l'Europe devinrent néceſſairement autant de *Warbs*.

Auſſi voyons-nous l'Eſpagne s'appeler autrefois chez les Européens eux-mêmes HESPÉRIE, *mot-à-mot*, le Couchant: & le Promontoire le plus occidental de l'Iſle de Sardaigne, s'appeller EREB-antium.

Ce nom d'Heſpérie fut également celui de l'Afrique occidentale, puiſqu'on y plaçoit les *jardins des Heſpérides*. Auſſi MAXIME de Tyr parle des HESPÉRIENS de Lybie dans ſon XXXVIIIe. Diſcours.

Il n'est donc pas étonnant que les pays qui étoient au Nord & au Midi du Détroit de Gibraltar, ayent été appellés les VARB, ou *tout le WARB*.

Ces noms de WARB & de tout le WARB existent encore aujourd'hui relativement aux deux côtés du Détroit de Gibraltar.

De ce nom de WARB prononcé GARB, vint celui du GARBIN donné au vent d'Occident en Languedoc, & sur cette portion de la Méditerrannée qui est le long de cette Province.

Précédé de l'Article Oriental AL, il subsiste encore de nos jours dans les AL-GARVES, Province la plus méridionale du Portugal.

Il lui étoit autrefois commun avec l'Espagne & les côtes d'Afrique. » Sous » le nom des AL-GARVES, dit le P. QUIEN de la Neuville dans son Histoire » du Portugal, étoient comprises un grand nombre de Contrées dans l'A- » frique & en Espagne. Celles du côté de l'Espagne s'étendoient depuis les » Côtes du Cap-Saint-Vincent jusqu'à la ville d'Alméria, & l'on y comp- » toit un grand nombre de villes & de châteaux. » (Ainsi l'Andalousie entiere & le Royaume de Grenade faisoient partie des Algarves.) » Tandis que » sous ce même nom, on désignoit en Afrique tout le terrain qui s'étend de » l'Océan jusqu'à Tremecen; c'est-à-dire, les Royaumes de Fez, de Ceu- » ta & de Tanger, ou tout ce qui est vis-à-vis de l'Andalousie & la Grenade, » Aussi les Rois d'Espagne s'appellent Rois de TOUTES LES ALGARVES, tan- » dis que le Roi de Portugal se dit *Roi des ALGARVES, de-çà & de-là de la* » *mer* ».

Rien ne quadre mieux avec l'expression d'Ézéchiel, TOUT LE WARB. C'étoit une Dénomination connue, ordinaire & essentielle pour faire sentir toute l'étendue des Conquêtes de Nabuchodonosor; pour faire voir que l'Océan seul avoit pu mettre des bornes à ses Conquêtes, qu'il avoit soumis le Nord & le Sud de la Méditerrannée Occidentale, l'Espagne & l'Afrique Algarvienne.

Le Journal des Savans du mois d'Avril, 1758, nous fournira une nouvelle preuve que l'Espagne s'est appellée WARB, & que les Orientaux distinguent plusieurs sortes de Warb ou Garb. On y rend compte d'un Manuscrit Arabe intitulé: KETAB KHARIDAT EL ADGIAIB, *le Livre de la Perle des Merveilles*, composé par ZEIN-EDDIN-OMAR, *fils d'Almoudhaffer*, surnommé BEN-EL-OUARDI, & qui vivoit dans le XIVe. siècle. Cet Auteur distingue plusieurs

Gharbs, entre lesquels le GHARB el-Aousath, ou *le Couchant du milieu.*

» Sous ce nom, dit-il, les Arabes comprennent une partie de l'ESPAGNE ». Les Journalistes ajoutent : » BEN-EL-OUARDI indique plusieurs Villes de ce » Pays & du Portugal, sur lesquelles nous ne nous arrêterons point ». Ils en rapportent une anecdote trop remarquable pour l'omettre, quoiqu'elle ne paroisse pas liée à la question dont nous nous occupons actuellement.

Huit personnes de Lisbonne, disent-il, avec toutes leurs familles, firent équiper un vaisseau, sur lequel ils mirent des provisions pour long-tems. Leur dessein étoit de s'embarquer sur l'Océan, & de ne point revenir qu'ils n'eussent découvert les Terres qui devoient le terminer à l'Occident. Ils s'avancerent pendant onze jours en pleine Mer; mais la violence des vents les forcerent de tourner vers le Midi. Après douze autres jours de navigation, ils aborderent à une Isle où ils trouverent une quantité prodigieuse de bestiaux dont la chair leur parut amère; ils se contenterent d'en prendre les peaux : & faisant encore route pendant douze jours vers le Midi, ils arriverent à une autre Isle qui étoit habitée, & où il y avoit une ville sur le bord de la Mer. C'est-là qu'ils trouverent un Interprête qui parloit Arabe, & qui leur apprit que le Roi de cette Isle ayant conçu le même dessein, avoit envoyé quelques-uns de ses Sujets, qui avoient navigé pendant un mois entier sans pouvoir rien découvrir.

C'étoit environ deux siécles au moins avant la découverte de la Guinée & de l'Amérique, & peu de tems avant que les Normands eussent commencé leurs voyage dans la premiere de ces Contrées.

Ben-el Ouardi parle ensuite du GHARB-EL-ADNA, le Couchant le plus prochain, & dont faisoient partie Alexandrie, Barca, & le Saara ou le Désert d'Occident.

5.

Nabuchodonosor a fait effectivement la Conquête de ces Contrées.

Mais Nabuchodonosor a-t-il fait effectivement la Conquête de tout le WARB, de toutes les Algarves, de l'Afrique Septentrionale & de l'Espagne Méridionale ? Oui, peut-on répondre de la maniere la plus affirmative avec Strabon, avec les Chaldéens, avec les Juifs, avec Ezéchiel.

« Les Chaldéens, dit Strabon (Liv. XV.), élevent NAUOKODROSOR au-
» dessus d'Hercule, & disent qu'étant allé jusqu'à ses Colonnes, il transporta
» une grande partie des Espagnols dans la Thrace & dans le Pont ».

Les Juifs Espagnols, ceux de Tolède en particulier, difent encore de nos jours qu'ils ont été tranfportés en Efpagne par Nabuchodonofor, & qu'ils font de la Tribu de Juda, ceux des autres Tribus ayant été déjà emmenés en captivité par les Rois de Ninive.

Il ne feroit pas étonnant que ce Prince eût emmené avec lui des Juifs en Efpagne, & ces Juifs auroient été en effet tous de la Tribu ou du Royaume de Juda, les dix Tribus d'Ifrael ayant été tranfplantées en Afie long-tems auparavant.

Je n'ignore pas que les traditions des Juifs font en général fufpectes; mais dans un tems où on avoit totalement oublié que ce Prince avoit conquis l'Efpagne, comment auroient-ils pu imaginer une pareille anecdote, fi elle n'avoit pas en effet eu lieu?

On peut même dire que ces Juifs furent ceux qui, malgré les exhortations de Jérémie, s'étoient réfugiés en Egypte, & que ce Prince y trouva : il ne pouvoit mieux les punir qu'en les tranfportant avec lui au-delà des Mers, loin de ceux qu'il avoit tranfplantés en Chaldée.

Objectera-t-on la grandeur des diftances? En effet, nous n'avons nulle idée d'un Conquérant qui des rives de l'Euphrate fait la Conquête de tout ce qui eft entre ce fleuve & la Méditerrannée, fubjugue l'Egypte & l'Ethiopie, s'étend comme un torrent jufqu'à l'extrémité occidentale de l'Afrique, traverfe la Méditerrannée, enleve aux Phéniciens les poffeffions qu'ils avoient en Efpagne, & force les habitans de ces Contrées à le fuivre dans la Thrace & dans le Pont.

Voilà cependant une maffe de preuves très-fingulieres, fournies par des témoins qui ne fe font point connus, qui n'ont pu fe concerter, Ezéchiel, Strabon, les Juifs de Tolède; aucun d'eux ne fe font copiés & n'ont pu le faire : ce font tous autant de témoins originaux.

D'ailleurs, c'eft un fait qu'on ne fauroit invalider par aucune raifon probable.

D'un côté, l'Hiftoire ancienne & moderne eft remplie d'expéditions; d'invafions, de courfes non moins rapides, non moins étendues, non moins furprenantes : quand ce ne feroit que celles d'ATTILA, dont les Conquêtes s'étendoient depuis la Chine, jufques dans les Gaules & au fond de l'Italie, & qui fe portoit avec une rapidité fans égale de l'Orient à l'Occident, & de l'Occident à l'Orient, fans que rien pût l'arrêter.

D'un autre côté, Nabuchodonofor en avoit un exemple récent dans les

Conquêtes de l'Ethiopien Taraca ou Théarcon, qui, s'étant auſſi rendu maître de l'Egypte, étoit allé également juſqu'en Eſpagne.

Pour un ambitieux altéré de gloire, dévoré de la ſoif des Conquêtes c'étoit un exemple trop mémorable, trop beau pour ne pas le ſuivre : mais ce Prince avoit un motif plus preſſant.

6.

Motif eſſentiel pour Nabuchodonoſor de faire cette Conquête.

L'ambition, l'amour de la gloire n'étoit pas le ſeul motif qui portât ce Prince à pouſſer ſes Conquêtes auſſi loin de ſes Etats; il avoit ſes propres injures à venger. Les Phéniciens étoient entrés dans la ligue générale que les Aſiatiques avoient formée contre lui : c'étoit pour les en punir qu'il avoit formé le Siége de Tyr; mais après treize ans de combats, de travaux & de pertes, les habitans de cette ville s'étoient évadés, & ne lui avoient laiſſé que des murs. Il ne lui reſtoit donc plus qu'à les pourſuivre dans les beaux établiſſemens qu'ils avoient ſur les côtes d'Afrique & de l'Eſpagne : il étoit aſſuré d'enrichir ſon armée, & de ruiner, par ſes fondemens, une Puiſſance auſſi redoutable.

C'étoit près de trois cents ans avant la première Guerre Punique; les Carthaginois n'avoient encore qu'une exiſtence précaire, & il eſt apparent qu'ils durent enſuite leurs grands ſuccès aux violentes ſecouſſes & aux déſaſtres que leurs voiſins & ſur-tout Tyr leur Métropole, eſſuyerent dans l'expédition dont nous venons d'établir les preuves.

7.

Les WARB connus d'Homere, & inconnus également à tous ſes Interprètes.

Ce Pays des WARB ſe trouve également dans Homere; mais il n'en eſt pas mieux connu. Les Interprètes du Poëte Grec n'ont pas été plus heureux à cet égard que ceux du Prophète Hébreu. La vérité leur échappoit à tous : un brouillard épais leur déroboit ces Contrées, ainſi que les brumes cachent aux Matelots les terres où ils veulent aborder. Il eſt vrai que le nom de ce Pays paroît dans Homere ſous le dialecte Grec : on ſait & nous avons eu occaſion de le dire, que le mot Oriental ערב fit chez ce Peuple le mot EREBE, nom de la nuit, du couchant : ils ſe ſervirent donc du même mot pour déſigner les

Peuples Occidentaux, les Peuples Hespériens; mais il nasalerent, selon leur coutumes, la syllabe du milieu : delà, les EREMBES.

Homere en parle à l'occasion des Voyages de Ménélas (1); « Télémaque, » dit-il, venoit d'arriver chez le Roi de Sparte : il est étonné de la magni- » ficence qui éclate dans le Palais de ce Prince, & qui est inconnue dans » toutes les autres Cours de la Grèce : des richesses immenses y sont étalées, » en or, en argent, en airain, en métaux les plus rares, en yvoire, en » meubles, en tapisserie, &c. Dans sa surprise, il s'écrie ; Tel est sans » doute le Palais du Dieu qui lance le tonnerre ! quelles richesses infinies ! elles » absorbent toute idée » !

Le Fils d'Atrée ayant joui de l'étonnement du Fils d'Ulysse, lui dit : « Ces » richesses sont le fruit des travaux immenses que j'ai soutenus, des longues » courses auxquelles j'ai été exposé : je chargeai ensuite tous ces biens sur mes » vaisseaux, & je revins chez moi; c'étoit la huitième année après mon dé- » part de Troie. J'avois été porté en Chypre, dans la Phénicie, en Egypte; » je passai de-là chez les Ethiopiens, les Sidoniens, les EREMBES ; je parcourus » la Lybie... Pendant que les vents me faisoient errer dans toutes ces régions » éloignées, & que mettant à profit ces courses involontaires j'amassois de » grands biens, un traître assassine mon Frère, &c.

Voilà donc Ménélas porté de lieux en lieux, pendant l'espace de sept ans : qui descend du Nord au Midi, de Troie en Chypre, puis dans la Phénicie, de-là en Egypte & en Ethiopie, &c. qui revient par la Lybie, en passant chez les Erembes.

Mais quels sont donc ces Erembes ? où sont-ils placés ? comment Ménélas a-t-il passé chez eux ? quel est le circuit qu'ont embrassé ses voyages ? C'est ce que personne n'a vu, où tous ses Commentateurs se sont égarés, & dont il faut rétablir l'harmonie.

STRABON, BOCHART, Madame DACIER ont tous très-bien apperçu le rapport du nom des *Erembes* avec celui de l'Arabie; mais ne connoissant qu'une Arabie, ils en ont conclu que Ménélas en sortant de l'Ethiopie, étoit entré dans l'Arabie Asiatique; & que là il avoit terminé ses voyages. Mais avec cette fausse explication, ils ont totalement défiguré l'Antiquité & Homere, ils ont méconnu les célèbres voyages des Phéniciens autour de l'Afrique; ils ont boulversé la Géographie ancienne, ils n'ont prouvé que leur ignorance; Strabon sur-tout, qui ayant fait un Livre exprès sur la Géographie d'Homere,

---

(1) Odiss. Liv. IV.

a déraisonné d'un bout à l'autre comme un Enfant, comme un esprit étroit, asservi par les préjugés les plus ridicules ; & qui ayant fait disparoître sciemment les Monumens les plus intéressans des Navigations anciennes, a été cause que l'Afrique Méridionale a été perdue pendant XV siècles pour l'Europe entiere : qu'on n'a rien compris à ce que l'Antiquité nous a dit des Voyages des Phéniciens & des flottes de Salomon, & que les efforts de ces grands Hommes, pour lier tout l'Univers, ont été en pure perte pour une foule de Générations.

O Hommes! défiez-vous de ces Critiques superbes, qui cachent leur ignorance sous un ton imposant : qui croyent avoir un Privilége exclusif à la Science, & qui prenant leurs préjugés pour la raison, tournent le dos à la lumiere. Ce n'est pas elle qu'ils aiment : aussi les abandonne-t-elle ; mais malheur à ceux qui prennent pour guides ces Aveugles présomptueux! Nous allons voir que Strabon mérite plus que ces épithètes.

Lui & ceux qui l'ont suivi prétendent que Ménélas n'a été que dans la Phénicie & dans l'Egypte, jusqu'à Syenne à l'entrée de l'Ethiopie; que de là il tourna chez les Arabes de la Mer Rouge : & que si Ménélas dit qu'il a été chez ces Ethiopiens & ces Arabes, ce n'est pas pour dire qu'il avoit amassé chez eux de grandes richesses, car ils étoient fort pauvres ; mais seulement pour montrer qu'il avoit été dans des Contrées fort éloignées.

Quoi! Ménélas n'aura vu que les bords de la Mer-Rouge, de droite & de gauche, & il vantera ses voyages lointains, & il aura employé huit ans à cette tournée, & il aura amassé des richesses ailleurs que dans les Pays où il a voyagé! Tout cela est si pitoyable, qu'il ne vaut seulement pas la peine d'être réfuté.

Homere étoit plus habile Géographe qu'eux : il nous trace ici en grand Maître, les Voyages des Phéniciens & des flottes de Salomon si renommées dans l'antiquité, il les suit pied-à-pied autour de l'Afrique.

De Chypre il passe en Phénicie, de-là en Egypte : s'embarquant ici sur la Mer-Rouge, il voyage chez les Ethiopiens; mais ce mot signifie les Noirs, les Nègres, c'étoit le nom générique de tous les Habitans de l'Afrique Méridionale; nous en verrons des preuves plus bas. Il se trouve ensuite chez les Erembes, chez les Africains Occidentaux, chez ceux qui étoient des deux côtés du Détroit : au sortir de-là, il arrive nécessairement en Lybie, c'est-à dire sur la côte Septentrionale de l'Afrique, entre le Warb & l'Egypte, d'où il revient chez lui par le chemin le plus droit. Ainsi son voyage est un périple, un vaste circuit fait par Mer, où il a toujours avancé vis-à-vis de lui, sans revenir

ESSAI D'HISTOIRE ORIENTALE.

venir fur fes pas. Ainfi il a été dans des Régions éloignées, dans ces Contrées abondantes encore de nos jours en or, en yvoire, en ébene, &c Ainfi il a pu employer fept ans à faire ces voyages.

Dès-lors, on a fous les yeux le Tableau de ces grands Voyages anciens, qu'on affectoit de regarder comme fabuleux; la Géographie facrée & la profane, fe trouvent d'accord, Homere eft un grand Peintre, un grand Géographe: tout fe développe, tout eft dans l'ordre.

8.

Le Warb ou l'Arabie d'Afrique, a été également connu de Pline, du moins de nom, puifqu'en parlant (1) de la célèbre Navigation d'Hannon avec une Flotte Carthaginoife, il dit qu'étant parti de Cadix, il vint jufqu'à l'extrémité de l'Arabie. Or on fait que Hannon n'alla pas plus loin, que le Cap des Trois-Pointes. Il ne vit donc que l'Arabie Occidentale, le Pays des Erembes, le Warb, cette Arabie que perfonne n'a connue.

ARTICLE VI.

VOYAGES DES PHÉNICIENS.

1.

Un premier trait de lumiere, eft un flambeau qui conduit à de vaftes conféquences, qui fait tomber un voile épais, qui préfente d'immenfes & belles perfpectives.

Dès qu'on eft affuré que les Phéniciens ont fait le tour de l'Afrique, ce Peuple en devient plus grand, plus habile, il marche de pair avec les Modernes: la Géographie ancienne fe développe, une foule de préjugés contre les Navigations des Anciens fe diffipent, le rapport ancien des quatre parties du Monde n'eft plus un Problême infoluble.

L'Antiquité a connu les Voyages au tour de l'Afrique: Nechao en a fait exécuter un, nous l'avons vu, par des Phéniciens: ceux-ci ne furent ni les premiers ni les derniers. Ce Prince vouloit avoir part, au Commerce des Phéniciens: il vouloit, comme eux, dominer fur les Mers, effacer cette dépendance abfolue, dans laquelle les Egyptiens avoient été jufques alors à l'é-

---

(1) Hift. Nat. T. II. Ch. LXVII.

gard de ce Peuple; ainsi il fait faire le tour de l'Afrique, non pour s'assurer de sa possibilité; les Phéniciens le faisoient depuis plusieurs siècles, mais pour son propre avantage; pour y établir des comptoirs, des Correspondans en son nom, pour faire tomber ce Commerce sous sa puissance.

Les Phéniciens furent même imités en cela par les Négocians d'Espagne, puisque PLINE nous apprend (1) que Caius César, Fils d'Agrippa & de Julie, & Fils adoptif d'Auguste, étant à la tête d'une Flotte dans la Mer Rouge, y reconnut les Pavillons de plusieurs vaisseaux Espagnols, qui y avoient fait naufrage. Ils avoient donc fait le tour de l'Afrique. Il cite aussi *Cælius Antipater*, qui dit avoir vu un Espagnol qui naviguoit pour son Commerce, jusques dans l'Ethiopie.

Les Ptolomées, qui étoient devenus Maîtres de tout le Commerce de l'Orient, entreprirent également de faire faire à leurs vaisseaux le tour de l'Afrique.

EUDOXE qui présida à ce Voyage, en avoit publié une Relation qui existoit du tems de Strabon : lui-même engagea ensuite les Négocians de Cadix à former une Compagnie pour cette Navigation. Si Strabon avoit eu moins de préjugés, il nous auroit transmis la substance de cet Ouvrage; mais il regarda Eudoxe comme un menteur, par ce qu'il assuroit avoir passé dans une Contrée où à l'heure de midi les ombres étoient tournées, non vers le Nord, mais vers le Midi : & là-dessus, Strabon est aux champs, il crie à l'absurdité : & d'après ce beau raisonnement, on ne croit plus au tour de l'Afrique, & les avantages qui en seroient revenus aux hommes, sont perdus pendant des siècles; & la Géographie ancienne n'est qu'un cahos sur ces objets intéressans.

Cependant un de ses Contemporains, *Aristonicus*, qui avoit composé un Traité sur les Voyages d'Ulysse, assuroit que Ménélas avoit fait le tour de l'Afrique; il en appeloit à Homere; à l'Antiquité, à Eudoxe, aux richesses & aux longues courses de Ménélas; mais il n'étoit qu'un Grammairien : STRABON se donnoit pour un Géographe auquel rien en ce genre n'étoit caché : l'orgueil du Géographe écrasa donc la modestie du Grammairien, & la vérité en resta étouffée pendant XV siècles.

Ce qui est aussi étonnant, c'est que PTOLOMÉE n'ait rien dit de ce Voyage, ni du contour de l'Afrique, quoiqu'ARRIEN son Contemporain, après avoir parlé comme lui des trois Caps Septentrionaux de l'Afrique Orientale, le Cap des *Aromates* aujourd'hui *Guardafui*, à l'entrée de la Mer-Rouge, le

---

(1) Histoire Naturelle Liv. 11. Ch. LXVII.

Cap *Raphum* au-deſſus de Mélinde, & à vingt-ſept journées, dit-il, du Cap des *Aromates*, le Cap *Praſſum*, aujourd'hui le Cap du Chat, ou Del Gado, ajoute qu'entre ces deux derniers, demeuroient des Peuples Sauvages, qui ſe refuſoient à tout commerce; qu'au de-là, la côte tournoit à l'Oueſt : que l'Océan enveloppoit le Midi de l'Afrique ; & qu'il ne formoit qu'une même Mer avec celle qui va juſqu'au Détroit de Cadix : rien n'eſt mieux ; mais le ſilence de PTOLOMÉE que les Grecs & les Arabes prirent pour guide, joint aux préjugés de Strabon, l'emporta ſur ces juſtes notions ; c'eſt ainſi que l'ignorance ou la fauſſe ſcience lutte ſans ceſſe avec la vraie, & cherche à l'écraſer, ſans ſe mettre en peine ni de la vérité, ni des avantages qu'en retireroient les hommes.

Ajoutons que ces mots *Raphum* & *Praſſum* ſont Phéniciens, avec une terminaiſon Grecque qu'ils ſignifient ; celui-là *uni, étendu* : celui-ci *eſcarpé* ; & c'eſt ſans doute, par la même raiſon, qu'on l'appelle aujourd'hui le Cap du *Chat*, animal grimpant, tel qu'il faut être pour eſcalader des lieux eſcarpés.

2.

RÉPONSES A QUELQUES DIFFICULTÉS.

Une des plus fortes objections qu'on ait faites au ſujet de ces Voyages, eſt tirée de la prétendue impoſſibilité de faire ſur Mer des voyages de long cours ſans Bouſſole.

On a également oppoſé les terribles difficultés qu'eurent à vaincre les Portugais pour faire le même tour, & les affreuſes tourmentes du Cap de Bonne Eſpérance.

Mais des objections, quelque ſpécieuſes qu'elles ſoient, ne peuvent aller contre des faits : & celles-ci ſont mêmes très-aiſées à détruire.

Le chemin que les Portugais furent obligés de prendre pour faire le tour de l'Afrique, eſt préciſément l'oppoſé de celui que prenoient les Phéniciens ; peut être la Navigation étoit elle plus aiſée dans le premier cas, que dans le ſecond : on double le Cap plus facilement, & enſuite pouſſé en pleine Mer par les vents, on trouve la Côte Occidentale avec moins de peine qu'il n'en faut pour ſe rendre du Cap-Verd, au Cap de Bonne-Eſpérance. La Côte Orientale d'Afrique eſt d'ailleurs moins longue, plus égale, moins coupée de courans que la Côte Occidentale.

Il eſt même très apparent que dans l'eſpace de deux mille ans & plus, écoulés depuis les premieres navigations des Phéniciens, le Cap de Bonne-

Espérance est devenu beaucoup plus difficile à doubler, plus escarpé, plus coupé de bancs, que dans l'origine: il est très vraisemblable que le banc des Aiguilles, qui embarrasse si fort cette Navigation, s'est formé par le débris des terres que la Mer a rongées de ce côté par la violence de ses vagues, & qu'anciennement la pointe de l'Afrique, formoit une Côte circulaire, unie & sur laquelle les flots venoient mourir, au lieu de se briser contre, avec cette impétuosité qui rend ces Côtes si orageuses.

Les Phéniciens d'ailleurs avoient des entrepôts très-considérables sur cette route: à l'Orient, les Isles Comores & l'Isle de Madagascar; à l'Occident, le Royaume de Juida en Guinée.

DE L'ISLE DE MADAGASCAR.

L'Isle de Madagascar, très-grande, très-belle, se présentoit nécessairement aux Phéniciens qui descendoient de la Mer Rouge au Midi pour leur Commerce & qui côtoyoient l'Afrique: ils durent donc y former des Comptoirs de très-bonne-heure, & y établir des Colonies, avant même qu'ils en eussent à Cadix. Et ces Comptoirs faisant le commerce avec les Côtes voisines, durent de très-bonne-heure, découvrir le Cap de Bonne-Espérance, & chercher les moyens d'unir le Commerce du Midi à celui de Cadix.

Ces présomptions sont fortifiées par les ruines qu'on trouve encore de nos jours dans les Isles de Comore, & qui démontrent qu'elles ont été habitées par un Peuple plus industrieux, plus éclairé que les Nègres.

Elles le sont également par le rapport étroit des langues de l'Isle de Madagascar avec la Phénicienne. On ne sauroit jetter les yeux sur les Dictionnaires de ces Langues, l'un publié dans le siècle dernier par FLACOURT qui y avoit été Gouverneur pour les François, l'autre imprimé depuis peu dans l'Isle Bourbon, sans y reconnoître une prodigieuse quantité de mots Phéniciens, même dans les noms de lieux, & en particulier dans ceux des chiffres.

4.

DU ROYAUME DE JUIDA.

Mais ceci est sur-tout vrai du Royaume de Juida en Guinée. Il est établi dans le plus beau local de cette vaste Contrée, sur de belles rivieres, dans de vastes plaines extrêmement fertiles, & qui s'élèvent en amphithéâtres qui dominent majestueusement sur la mer: son nom rappelle celui des Juifs, de même que les noms de ses rivieres, Jaquin & Phrat, rappellent des noms Orientaux très-connus.

Un Savant Académicien de Berlin a cherché à prouver que les Habitans du Pays de Juida descendoient d'une Colonie Orientale établie par Salomon pour favoriser le Commerce avec l'Afrique : il a rassemblé à ce sujet une multitude de rapports dont plusieurs sont très remarquables (1).

5.

Habileté des INDIENS & AFRICAINS en fait de Navigation.

Les Indiens & les Africains ont une adresse merveilleuse à naviger en pleine Mer, & loin de toutes Côtes ; ce qui confirme tout ce qu'on nous dit à cet égard des Phéniciens, & qui prouve combien on a tort de s'imaginer qu'ils ne pouvoient traverser les grandes Mers, parce qu'ils étoient privés de la boussole.

Lorsque les Portugais eurent découvert l'Afrique Orientale, ils virent que les Habitans naviguoient jusques dans les Indes, loin de toutes Côtes, en se conduisant par les vents alisés ou par les moussons.

Lorsqu'on à découvert les Isles d'Otahiti, ou de Taïti, on a vu que ses Habitans alloient à quatre cent lieues de chez eux, jusques à la nouvelle Zélande, sans boussole & loin de toutes Côtes, & qu'ils connoissoient les Isles de la Mer du Sud, à de grandes distances.

On sait encore que les Peuples Orientaux de l'Asie, tels que les Chinois, faisoient des voyages dans l'Amérique sans suivre les Côtes & en cinglant en pleine Mer ; nous y reviendrons plus bas.

Nous avons vu ci-dessus que des Portugais, sans boussole avoient entrepris de se porter en pleine Mer ; qu'ils avoient avancé pendant onze jours vers l'Occident, & qu'ils seroient allés plus loin, s'ils n'avoient été repoussés par les vents contraires.

Il ne faut donc jamais opposer contre des faits, ce qu'on croit que les hommes ne peuvent faire, parce qu'à cet égard il est impossible lorsqu'on n'a suivi qu'une route, de se former une juste idée de tout ce que peut le courage & l'adresse de ceux qui se trouvent dans de tout autres circonstances.

---

(1) M. de FRANCHEVILLE, Mém. de Berlin. Tom. XVII.

6.

Si les Phéniciens ont connu la Bouſſole.

On poſe comme un fait inconteſtable que les Phéniciens n'ont jamais connu la Bouſſole, & qu'elle n'a été inventée qu'après l'an 1300, au XIVe. ſiècle de notre Ere, & par l'effet du haſard.

Mais de ce que nous autres Européens n'aurions connu la bouſſole qu'au XIVe. ſiècle, on n'en ſauroit rien conclure contre ſon exiſtence antérieure : c'eſt faire trop d'honneur au XIVe. ſiècle, ſiècle de fer, s'il en fut jamais, que de lui attribuer une auſſi belle invention : auſſi exiſtoit-elle avant cette époque. M. DE FONCEMAGNE en a trouvé des traces quarante ans auparavant dans l'ouvrage d'un Savant Italien nommé BRUNET, & qui le compoſa à Paris en 1260, ſous le titre de *Tréſor* (1).

Et nous-mêmes, nous avons déjà eu occaſion de citer le paſſage d'un de nos anciens Poëtes (2), qui en fait mention cinquante ſix ans plutôt que le Savant Italien, dans l'ouvrage appellé de ſon nom *la Bible-Guiot*, & qui parut en 1204.

GUIOT en parle comme d'une choſe très-connue de ſon tems : l'invention en étoit donc plus ancienne ; mais pour peu que nous remontions plus haut, nous arrivons au tems où les Européens connurent les navigations des Arabes, ſoit par les courſes des Sarraſins en Italie, ſoit par leurs propres expéditions en Aſie, ſous le nom de Croiſades.

Il eſt donc très-naturel de ſuppoſer que puiſque les Européens eurent à cette époque la connaiſſance de la bouſſole, ils la durent aux Navigateurs Orientaux, deſcendans des anciens Phéniciens.

Cette ſuppoſition acquera un tout autre dégré de force par les conſidérations ſuivantes.

1°. La bouſſole exiſtoit déjà dans ce tems-là chez les Chinois, quoiqu'ils ne fuſſent pas en faire uſage : ils devoient donc la tenir d'un Peuple plus habile navigateur qu'eux, & ce Peuple eſt ſans doute les Phéniciens. Si on ſuppoſe que les Chinois la tinrent d'un autre, peu importe, c'eſt toujours convenir de ſa haute antiquité.

---

(1) Mém. des Inſcr. & Bell. Lett. T. VII. Hiſt. p 298, 299.
(2) Diſcours Prélim. des Orig. Franc. P LVI.

ESSAI D'HISTOIRE ORIENTALE.

2°. Les anciens Egyptiens connoiſſoient l'aiman & ſa propriété d'attirer le fer : ils appelloient le premier *l'Os d'Orus*, le ſecond *l'Os de Typhon* ; mais ils appelloient l'Étoile Polaire Orus, *mot-àmot*, le guide ; & l'Ourſe, le *Chien d'Orus*. Appeller l'aiman l'*Os d'Orus*, c'étoit donc indiquer ſa propriété de ſe tourner conſtamment vers le Nord, vers *Orus* ; mais un Peuple auſſi adroit, auſſi habile, auſſi ingénieux que les Phéniciens, pouvoit-il, avec d'auſſi grandes avances, méconnoître la bouſſole, et ne pas employer dans ſes longues navigations, l'*Os d'Orus* ?

3°. Les Arabes ſont perſuadés que la connoiſſance de la bouſſole eſt très-ancienne ; leurs Livres renferment divers aveux à cet égard, très-nets & très clairs. Dans un Ouvrage d'Aristote qu'ils ont traduit, & qui a pour objet la pierre d'aiman, Περι της Λιθου, la pierre par excellence, livre dont le texte grec eſt perdu, mais dont Diogene-Laerce nous a conſervé le titre, il eſt parlé de la bouſſole. C'eſt une falſification, dit-on : l'accuſation eſt hardie & quelle preuve a-t-on que ce texte perdu a été falſifié ? N'eſt-ce pas tomber dans une pétition de principe ? Quel intérêt d'ailleurs avoient ces obſcurs Interprètes Arabes, d'attribuer à Ariſtote une connoiſſance qu'il n'auroit pas eue ? Nier ſans preuve qu'une connoiſſance eſt antérieure à une époque ; traiter, ſans preuves, de falſification ce qui établiroit l'antériorité de cette connoiſſance, c'eſt certainement être bien prompt à décider, pour ne rien dire de plus.

Aristote, qui avoit été l'Inſtituteur d'Alexandre, & qui, au moyen des Conquêtes de ſon illuſtre Elève & de ſes propres connoiſſances en Hiſtoire Naturelle & dans les Arts, étoit parfaitement en état de juger de celles des Orientaux, ne pouvoit ni ignorer l'uſage de la bouſſole, ni n'en pas parler, s'il exiſtoit en effet.

4°. On ſe fonde ſur le ſilence ou ſur l'ignorance des Romains à cet égard ; mais d'un côté, nous n'avons pas tous les ouvrages des Romains ; et même dans ceux que nous avons, il y a des traits qu'on pourroit appliquer à la bouſſole, tel que le paſſage de Plaute, *Verſoriam cape*. D'un autre côté, les Romains ne s'appliquerent jamais aſſez à la Navigation pour en apprendre tous les uſages : leurs voyages en Mer n'exigeoient nullement celui de la bouſſole. Les Carthaginois n'étoient pas d'humeur d'inſtruire à cet égard les Romains, & ceux-ci n'avoient nulle envie de l'être. Qui ne ſait dans quelle ignorance ils vécurent relativement aux arts, juſqu'après la ruine de Carthage & de Corinthe ? & c'eſt eux cependant que nous prenons pour guides, afin de décider de l'état des connnoiſſances anciennes : c'eſt être preſqu'auſſi barbares qu'eux. En général, nous ne ſommes encore qu'à l'aurore du Monde Primitif ;

& ce qui nous a retenus si long-tems dans le berceau à cet égard, c'est sur-tout de n'avoir vu que par les yeux des Grecs & des Romains, & plus souvent par les yeux de Critiques peu habiles, qui se sont mis entr'eux & nous. Nous avons été trop long-tems des échos fideles & aveugles, il est tems de voir par soi-même & de se jetter en pleine Mer.

5°. Lorsque les Européens découvrirent la Côte Orientale de l'Afrique, ils y trouverent la boussole en usage, & d'une maniere plus parfaite qu'en Europe. Vasque de GAMA, fameux par la découverte de ces Côtes & des Indes, apprit, dit-on, des Banianes, une nouvelle maniere de prendre hauteur & de se servir de la boussole. Un Pilote à qui il montroit un Astrolabe, y fit peu d'attention, parce qu'il se servoit d'instrumens beaucoup plus parfaits, en usage sur la Mer Rouge & sur la Mer des Indes. Les Historiens Portugais conviennent que Gama trouva, dans les mains des Maures, la boussole, le quart de cercle & les cartes: & c'est sous la conduite d'un Noble de Guzarate, que dans l'espace de vingt-trois jours, les Portugais traverserent le grand Golfe qui sépare l'Afrique de l'Inde, & qui a près de sept cens lieues de traversée.

Ces connoissances étendues & profondes supposent certainement un usage de la boussole très-antérieur aux tems qu'on assigne si mal adroitement & si légerement pour son invention: ces Maures & ces Indiens n'étoient surement pas venus à l'école des Européens. Nous pouvons donc dire hardiment ou avancer comme une vérité incontestable, que ces indiens & ces Africains tenoient la boussole & ces instrumens si parfaits, des Iduméens & des Phéniciens, qui avoient navigé avec tant de gloire dans toutes ces Mers, qui y avoient porté leurs connoissances & leur langue; & qui, ayant eu parmi eux des écoles célebres en tout genre & de grands Philosophes, n'étoient pas hommes à ne tirer aucun parti des connoissances qu'avoient déjà les Egytiens sur les propriétés de l'aiman, & qui leur devenoient si nécessaires pour leurs voyages de long cours.

Ce qui tend encore à le prouver, c'est l'état florissant de la Ville de Mélinde, lorsque les Portugais en firent la découverte; cette Ville est dans le voisinage du Cap *Raphum*, dont nous avons déjà parlé, & que les Phéniciens fréquentoient continuellement. Les Portugais n'avoient point encore vu de Cour aussi brillante, de femmes aussi belles, d'Africains aussi civils, de Pilotes aussi habiles, de Place aussi marchande, de Ville aussi bien bâtie.

Nous ne pouvons donc méconnoître ici un des plus anciens Comptoirs Phéniciens sur cette Côte: c'est de ce Peuple poli, marchand, industrieux,

grand

grand Navigateur, que ce Comptoir, qui avoit été hors d'atteinte des révolutions Européennes, tenoit ses connoissances, ses richesses, ses mœurs douces & aisées.

Il en est de même de l'Isle de Mombaze, voisine de Mélinde ; ici les femmes ne portoient que des habits de soie, ornés d'or & de pierres précieuses ; on y voyoit une grande Ville bâtie en pierre ; on y faisoit un commerce très-florissant en or, en argent, en ambre, en épices & en autres marchandises.

Ces Peuples étoient donc de quelques siécles plus avancés que nous ; à l'exception des habitans de Dieppe & de Bayonne, qui faisoient dans le silence un commerce étendu ; nous n'avions ni soie, ni vaisseau, ni commerce : nous nous déchirions par de cruelles guerres, la culture étoit nulle, la science peu de chose.

Mélinde & Mombaze n'étoient pas les seuls Comptoirs qu'eussent eu les Phéniciens sur cette Côte ; ils s'étendoient jusqu'aux Isles Comore, jusqu'à Madagascar, & ils se soutenoient encore avec éclat par leur situation avantageuse & par les connoissances qu'on s'y transmettoit depuis ce peuple d'une génération à l'autre ; mais les Européens y ont bien changé l'état des choses.

7.

SI LES PHÉNICIENS ONT CONNU L'AMÉRIQUE.

Les Phéniciens qui voyageoient avec tant de gloire & avec tant de hardiesse autour de l'ancien monde, eurent-ils quelque connoissance de l'Amérique, & dirigerent-ils de ce côté-là quelques-unes de leurs navigations ? Quelques Savans l'ont soutenu comme une vérité incontestable, tels HYDE, HORNIUS qui a fait un ouvrage exprès sur cette matiere & quelques autres ; mais on n'a ajouté aucune foi à leurs observations, parce qu'en effet leur opinion n'étoit pas étayée de preuves assez décisives : ainsi, jusqu'à présent, on ne s'est décidé là-dessus pour ou contre, que d'après de simples motifs de convenance, insuffisans pour faire autorité.

Nous ne craignons donc pas de remettre cette question sur le tapis, parce que nous nous croyons en état de la présenter sous une face presqu'entiérement nouvelle.

Dès qu'il est demontré que les Phéniciens ont fait le tour de l'Afrique, & qu'ils ont été aux Indes, ils ont pu faire le tour de la Mer du Sud en allant d'Isle en Isle, & suivre les Côtes de l'Amérique Orientale & Occidentale : ceci est d'autant plus possible, que les Chinois eux-mêmes, navigateurs bien inférieurs aux Phéniciens, voyageoient dès le IVe. siècle de notre Ere sur les Mers de l'Amérique, alloient jusqu'au Pérou, & parcouroient toutes ces Isles qui sont au Midi de l'Asie & qui s'étendent dans la Mer du Sud : voyages très-curieux, & dont on doit à M. de GUIGNES un détail fort intéressant (1).

Comme la plupart de ces Isles, telles que la Terre de feu, les Isles de la Sonde, l'Isle de Bourbon qui en est criblée, &c. renferment des volcans qui occasionnent encore de nos jours de terribles ravages, & que les autres portent les marques les plus sensibles d'avoir subi autrefois les mêmes désastres, on ne sauroit douter qu'elles ne soient les restes d'un ancien Continent bouleversé par les eaux & par les volcans : & si on suppose que ce bouleversement est postérieur aux navigations des anciens Phéniciens, à ces navigations antérieures à nous de plus de trois mille ans, il en résulteroit une plus grande facilité pour les voyages de ce Peuple dans la Mer du Sud.

Mais quoi qu'il en soit de cette conjecture & de celle qui attribueroit aux Phéniciens ces monumens en pierre qu'on trouve dans les Isles Malouines & dans quelques Isles de la Mer du Sud, & que leurs habitans actuels sont incapables d'avoir exécutés, on peut donner en preuve du séjour que les Phéniciens ont fait dans ces Contrées, 1°. la conformité des noms de nombre qu'on observe dans l'Isle de Madagascar, & dans toutes ces Isles, avec ceux des anciens Phéniciens.

2°. Le rapport prodigieux des langues qu'on parle dans toutes ces Isles, avec la langue Malaye & le Phénicien.

3°. Des rapports aussi nombreux entre la langue Orientale & celle des Caraïbes, & des habitans de la Virginie & de la Pensilvanie ; rapports qui embrassent même les pronoms & la maniere de les lier avec les noms, & dont nous avons déjà mis un grand nombre sous les yeux du Public, dans une Dissertation qui est à la suite de l'ouvrage de M. SCHIPER, sur l'Amérique & sur la maniere dont elle s'est peuplée : Recherches que nous joindrons quelque jour au Monde Primitif, avec des augmentations considérables.

4°. Nous croyons pouvoir donner aussi comme un genre de preuve très-neuf, un monument que M. SEWALL, Professeur en Langues Orientales dans l'Université de Cambridge, en Amérique, vient de nous envoyer, & dont nous nous empressons d'enrichir le Public. (2) C'est une Inscription qu'on a décou-

---

(1) Mém. des Inscr. & B. L. T. XXVIII. (2) Voy. Pl. I. n°. 1.

ESSAI D'HISTOIRE ORIENTALE. 59

verte, il y a près d'un demi-siècle, à Dighton, sur un rocher de la rive orientale du Fleuve Jaunston, à la distance de quarante à cinquante milles au Sud de Boston. L'envoi de ce monument est accompagné de ces remarques :
» Le 13 Septembre 1768, MM. Etienne Sewall & Thomas Danforth,
» assistés de MM. Williams Baylies, Seth Williams & David Cobb, copierent
» cette Inscription sur un rocher de Dighton, à une distance de quarante à
» cinquante milles au Sud de Boston. Ce rocher est situé sur la rive orientale
» du Fleuve Jaunston : les grandes eaux le cachent en partie : il a onze pieds
» de long & quatre d'élévation au-dessus du niveau de l'eau ; mais le terrein
» semble s'être élevé & en avoir couvert une portion considérable : il est d'une
» couleur rouge ; sa face plane, sur laquelle est l'Inscription, incline un peu sur le
» rivage. Cette Inscription attire les curieux depuis un demi-siècle. La commo-
» dité de la rade & la facilité qu'on a de naviger sur la riviere jusqu'ici, fait
» croire que c'est un ouvrage de Phéniciens, qui furent poussés ici de dessus les
» Côtes de l'Europe : d'autres jugent que c'est une Inscription plutôt hiérogly-
» phique qu'en caracteres alphabétiques, & qu'ainsi elle peut être l'ouvrage de
» Navigateurs Chinois ou Japonois ». Dans le corps de la lettre, mon Savant Correspondant ajoute que la plus grande partie de cette Inscription est effacée au point de n'y pouvoir distinguer aucun caractere.

Si on compare ce Monument singulier avec les Inscriptions du Mont Horeb & du Mont Sinaï, les unes rapportées par KIRCHER, les autres par le célèbre Voyageur POCOCKE, & avec les Alphabets Phéniciens, découverts en ces derniers tems, on sera étonné du rapport frappant qu'ils offrent ; ensorte qu'en joignant cette conformité avec les diverses autres preuves que nous avons que les Peuples des environs de Boston sur-tout, sont de race Orientale, nous ne pouvons regarder ce Monument que comme un ouvrage Phénicien. Nous réservons pour la fin de ce Volume quelque détail sur les caractères & sur les diverses figures qu'offre ce Monument.

8.

ORIGINE DES PHÉNICIENS.

Nous venons de voir des Navigations sur la Mer-Rouge, & de-là dans des mers éloignées ; & d'autres sur la Méditerranée, & qu'elles passent toutes sous le nom des Phéniciens ; mais les Phéniciens étoient établis sur les côtes de la Méditerranée : jamais on n'a dit qu'ils eussent formé des comptoirs sur la Mer-Rouge, encore moins qu'ils en poffédaffent des ports. Comment pouvoient-ils donc naviguer fur ces deux mers à la fois ? C'eft ce dont on ne s'eft guères mis en peine ; mais ce qui a fort embarraffé, c'eft l'origine des Phéniciens ou Navigateurs de Sidon & de Tyr. En général, on les regarde comme des Cananéens, parce qu'en effet Sidon fut le partage d'un fils de Canaan ; mais pourquoi ce nom diftinctif de Phéniciens diffèrent de celui des Cananéens, s'ils ne forment qu'un même Peuple ? Par quel hafard ce mot de Phéniciens, traduit en Grec par celui d'Erythréens qui fignifie *hommes rouges*, eft-il le même nom que celui d'Iduméens qui a la même fignification & à qui appartenoient les ports de la Mer Rouge ? Que penfer encore de l'affertion que les Phéniciens étoient venus de la Mer-Rouge ?

PLINE l'affure (1) : il dit que l'Ifle d'Erychra, voifine de celle de Cadix, devoit fon nom aux Tyriens qui paffoient pour être originaires des bords de la Mer Erythréenne ou Mer-Rouge.

HERODOTE dit fur le témoignage des Savans de Perfe (2), que les Phéniciens étoient venus des bords de la Mer Erythréenne fur la côte de la Méditerranée ; qu'ils difoient eux-mêmes (3) avoir habité autrefois les bords de la Mer Erythréenne, d'où ils étoient venus fur la Mer de Syrie.

On voit dans JUSTIN (4) que les Phéniciens, après un grand tremblement de terre, s'étoient tranfplantés d'abord fur un lac Syrien, & de là fur les bords de la Méditerranée.

STRABON rapporte (5) qu'on affuroit que les Phéniciens étoient une Colonie des Phéniciens de l'Océan, & qu'on les appelloit ainfi à caufe de la Mer-Rouge ou Erythréenne : lui-même, il appelle les compagnons de Cadmus tantôt Arabes (6), tantôt Phéniciens (7).

DENYS *Periegete* (8), affure que les Phéniciens de Syrie defcendoient des Erythréens.

PLINE que nous avons déjà cité, attribue au Roi *Erythras* (9), au Roi Rouge ou Edom, l'invention des Efquifs pour naviguer dans les Ifles de la Mer Rouge.

Il réfulte de là une tradition conftante & très remarquable que le nom des Phéniciens étoit le même que celui des Erythréens ou Rouges : qu'ils furent appellés ainfi parce qu'ils étoient originaires des bords de la Mer-Rouge, & que de-là ils vinrent demeurer à Sidon & à Tyr.

---

(1) Hift. Nat. Liv. IV. ch. XXII. (2) Liv. I. (3) Liv. VII. (4) Liv. XVIII. (5) Liv. I. (6) Liv. X. (7) Liv. VII. (8) Vers 906. (9) Liv. VII. ch. LVI.

Cette Tradition s'accorde parfaitement avec les faits & avec ces différens peuples de Navigateurs de la Mer-Rouge & de la Méditerranée, appellés l'un Phéniciens ou Erythréens, l'autre Iduméens, tous deux Rouges, ce dernier ayant constamment habité sur la Mer Rouge, l'autre en étant originaire; & cependant confondus sous le nom général de Phéniciens; car on ne connoît qu'eux de Navigateurs dans l'Antiquité.

Aussi quelques Savans Modernes ont été persuadés que les Phéniciens étoient originaires des bords de la Mer-Rouge, tels VOSSIUS (1), NEWTON (2), &c. & M. de la NAUZE (3). M. l'Abbé MIGNOT, de la même Académie a cherché à le réfuter par une Dissertation insérée à la suite de celle de son Confrere: là s'appuyant de BOCHART, il ne voit que des Cananéens à Tyr & à Sidon; d'autant plus que les LXX se servent indistinctement des noms de Cananéen & de Phénicien, & qu'ils rendent presque toujours le premier par le second: tout ce qu'il accorde à la tradition, c'est que ces Cananéens établis d'abord vers le Midi, se porterent ensuite au Nord; mais cela n'explique point leur rapport avec les Iduméens; ni pourquoi ils furent appellés Phéniciens ou Rouges, ni quels étoient les navigateurs qui partoient d'Elath & d'Esiongueber.

Disons hardiment que ces mots, *Iduméen*, *Phénicien*, *Erythréen*, désignent tous la même chose, un peuple descendu d'Edom, qui donna son nom à la Mer-Rouge, qui inventa la navigation, qui se rendit célebre par des voyages de long cours, dont une partie ayant reconnu la bonté & l'utilité des ports de Sidon & de Tyr, y vint établir des Colonies qui firent avec le plus grand succès, le Commerce de la Méditerranée & des côtes de l'Océan: qui effacerent le nom de Cananéens par celui de Phéniciens: tandis que ceux qui étoient restés dans leurs anciennes demeures continuerent le commerce sur la Mer-Rouge & dans la mer des Indes, sous le nom également d'Hommes rouges, ce qui les fit confondre sans cesse avec les Phéniciens de la Méditerranée.

Ce ne fut point à ceux ci que David & que Salomon enleverent les fameux ports d'Elath & d'Esiongueber, & le Commerce d'Ophir & de Tarsis: ce fut aux Iduméens, aux hommes rouges de l'Arabie: aussi continuerent-ils d'être amis des Tyriens, les hommes rouges de Syrie qui n'étoient plus liés avec ceux de l'Arabie. Ce sont ces Iduméens qui, sous le nom de Phéniciens, remplirent de leurs Colonies la côte de l'Afrique orientale, tandis que les autres

---

(1) Traité de l'Idol. (2) Chronol. (3) Mém. de l'Acad. des Inscr. & B. L. T. xxxiv.

étoient suffisamment occupés à couvrir de leurs nombreux Comptoirs les côtes de la Méditerranée.

Si les Espagnols & les Portugais s'épuiserent en quelque façon par la découverte du Nouveau monde, comment Tyr & Sidon seules auroient-elles pu fournir à une aussi prodigieuse quantité de Colonies ? C'est même avec le secours des Iduméens que les Phéniciens de Tyr furent en état de fonder Carthage & les autres Colonies de l'Afrique Septentrionale ; car ce fut peu de tems après la dispersion des Iduméens par David que furent fondées la superbe Carthage, Utique & d'autres villes.

Ajoutons qu'il n'est pas étonnant que les Phéniciens, quoiqu'Etrangers aux Cananéens, ayent été appellés du même nom, puisqu'ils étoient venus s'établir avec eux : ne donne-t-on pas aux Anglois le nom de Bretons, quoiqu'ils ne le soient pas d'origine, & ne confond-t'on pas sans cesse le nom des Gaulois avec celui des François ; & celui d'Allemans avec celui de Germains quoiqu'ils désignent tous des Peuples très-différens ?

ARTICLE VII.

Dernieres années de Nabuchodonosor.

NABU-CHO-DON-OSOR vainqueur des Phéniciens, des Egyptiens, de tout ce qui étoit à l'Occident de Babylone ; & ayant humilié tous les Princes qui s'étoient ligués contre lui, revint à Babylone comblé de gloire, & rassasié de conquêtes ; il ne pensa plus qu'à jouir du fruit de ses travaux, à faire fleurir les Arts & les Sciences, & à rendre sa Capitale la ville la plus florissante de l'Univers, une ville unique par sa magnificence, par son étendue, par ses superbes Palais dignes d'un aussi grand Prince, par la beauté & l'utilité de ses vastes Quais qui dominoient sur les deux rives de l'Euphrate, & qui annonçoient l'opulence & le goût de ses habitans, par la hauteur, l'épaisseur & la force de ses murs, maniere de bâtir qui étoit alors à la mode dans ces tems où l'on ne connoissoit pas encore l'Art d'en triompher.

Ce Prince si grand, si magnifique, si plein de génie tomba vers la fin de son régne dans une espèce de démence que les Livres Saints représentent comme lui ayant été annoncée, & comme une punition divine de l'orgueil que lui inspiroit la vue de cette ville superbe qu'il créoit.

Cet événement, ses causes, sa durée, & ses suites se trouvent dans un Edit ou Lettre circulaire de Nabuchodonosor lui-même à tous ses Sujets, & rapporté sans aucun autre détail dans les Prophéties de Daniel, comme un fait suffisament connu des Orientaux pour qui il écrivoit : cet Edit ou Lettre circulaire commence par ces mots : (1)

» Nabuchodonofor, Roi, à tous les Peuples, Nations & Langues qui font
» sur la terre, salut abondant. Le Dieu Très-haut a opéré des prodiges & des
» merveilles que j'ai résolu de publier, des prodiges étonnans, des merveilles
» surprenantes ». Après ce début imposant ce Prince entre en matiere ; il rapporte un songe effrayant qu'il eut au milieu de sa gloire, & que Daniel seul put lui expliquer : l'objet de ce songe étoit de lui apprendre qu'en punition de son orgueil, il se verroit chassé de la compagnie des hommes, qu'il habiteroit avec les animaux & les bêtes sauvages pendant une espace de sept ans (*hodenin* ou *hidanin*), aubout desquels ils reconnoîtroit la souveraine Puissance du Très-Haut. Qu'après l'espace de douze Lunes, tandis qu'il se complaisoit dans la magnificence de Babylone, une voix céleste se fit entendre pour lui annoncer que cette terrible menace alloit s'exécuter ; qu'elle s'exécuta en effet ; que le tems de cette expiation s'étant écoulé, il étoit revenu dans son bon sens & dans son ancienne splendeur, & qu'il venoit de reprendre les rênes de son Empire, en reconnoissant la gloire & la miséricorde du Tout-Puissant.

Rien, en effet, n'étoit plus à propos qu'une pareille Lettre, afin que ce Prince fût reconnu de nouveau par tous ses Sujets : elle est d'ailleurs d'un style simple, noble, digne d'un Roi, pénétré de ce qu'il va dire. Elle est en même-tems tout-à-fait dans le Génie des Orientaux, qui ajoutoient beaucoup de foi aux songes.

Quant au nombre de *sept* ans d'expiation, il est parfaitement harmonique avec les effets de la Nature & avec le système de la Création & de notre système solaire, fondé entièrement sur les rapports de sept, base de toute harmonie. *Au physique*, les sept jours de la semaine, les sept jours des phases de la Lune, les sept Planettes, les sept Etoiles de chacune des Ourses, les sept couleurs de l'Arc-en-ciel & des rayons solaires, &c.

Au *Hiéroglifique* ou *Symbolique*, toujours appuyé sur la Nature, les sept années d'abondance & les sept années de famine d'Egypte, les sept dixaines d'années de la captivité, les sept dixaines de semaines d'années jusqu'à la naissance de Jésus-Christ, ces sept années de la punition de Nabuchodonofor, &c.

---

(1) Dan. III, 31. du Texte Hébreu ; III, 98 de la Vulgate.

Au *Civil*, le Cycle Hébraïque de sept années, dont la dernière étoit de repos, les sept fois sept ans écoulés d'un Jubilé à l'autre, &c.

En effet, tout doit être lié dans la Nature & dans la Révélation ; tout partant d'un même esprit & tendant à un même but.

Quant à la vraie signification du mot *hidanin* ou *hodenin*, que les LXX ont rendu par le mot *tems*, qui ne nous apprend rien, on ne peut le déterminer que par analogie. Ce mot signifie encore aujourd'hui en Arabe *un tems*, & il désigne, suivant l'objet dont on parle, un jour, un mois, un an, une portion d'un tems connu. Dans d'autres endroits de Daniel, il fait portion de ce qu'il appelle *Zéman* qui est une révolution de tems, de sept jours, précisément ce que nous appellons *semaine* ; & alors il représente un jour prophétique. Ces sept tems seroient donc sept années prophétiques comme presque tous les Savans s'accordent à le croire.

2.

PRÉDICTION ET MORT DE CE PRINCE.

Nabuchodonosor régna environ une année, à ce qu'on pense, depuis son rétablissement sur le Trône, & il mourut après un regne de quarante-trois ans, laissant ses Etats à son fils Evil-Merodach.

Les Historiens profanes, MEGASTHENE & ABYDENE, cités par EUSEBE (1), rapportent une prophétie de ce Prince avant sa mort, qui est parfaitement conforme à celle que Daniel lui avoit annoncée : il monta, disent-ils, sur la terrasse de son Palais, & dit : » Je vous annonce, ô Babyloniens, un malheur » prochain, que ni le destin, ni notre ancêtre Belus, ni notre Reine Belis ne » sauroient détourner. Il va arriver un *Mulet* Persan qui par le secours de » vos propres Dieux, vous imposera un joug cruel : cette infortune vous arri- » vera à l'occasion d'un Mede, Peuple que les Assyriens regardent comme » leurs plus fidèles amis. Que n'a-t-il été englouti dans les abîmes de la mer » avant que de trahir mon Peuple, ou transporté dans quelque désert inha- » bité, où, loin des hommes, il ne vît que des oiseaux de proie & des bêtes » féroces ! Heureux moi-même si je puis finir mes jours avant que ces cala- » mités enveloppent mon Peuple » !

---

(1) Prép. Evang. L. IX. ch. IV.

Cette

Cette Prophétie ne peut être plus conforme à l'événement & à celles de Daniel, qui avoit annoncé la ruine prochaine de Babylone, & qui assura qu'elle seroit occasionnée par les Perses & par les Médes, tandis que ces derniers étoient étroitement liés avec les Babyloniens, & qu'un Prince Méde avoit épousé la propre fille de Nabuchodonosor. Elle étoit ainsi digne d'un Prince qui devoit avoir une confiance sans bornes en Daniel.

On ajoute, qu'après avoir prononcé ces paroles, il disparut; c'est-à-dire, qu'il cessa de vivre: on sait que les Anciens n'exprimoient presque jamais la mort d'une maniere ouverte, mais par des périphrases qui en adoucissoient l'amertume, & qui apprenoient qu'un Être, quoiqu'invisible pour les hommes, étant séparé de son corps, continuoit de vivre: que sa mort n'étoit en quelque maniere qu'un changement de décoration & de lieu, qu'une disparition.

3.

De la Gloire de Nabuchodonosor, & de ses funestes effets pour ses propres Etats.

Telle fut la Gloire de Nabuchodonosor; telles furent ses Conquêtes, ses Exploits: le premier, il fonda un grand Empire sur les débris de cent autres: il marcha ainsi à la tête des Cyrus, des Alexandre, des César, de tous ces Héros que vante l'orgueil des Nations & le faux goût des Rhéteurs. Toujours il fut victorieux, il n'eut qu'à vouloir, & il vit les Peuples à ses piéds: il subjugua également la sagesse de l'Egypte, les richesses de l'Asie, le faste parcimonial des Phéniciens, la vie vagabonde des Nomades Africains, l'heureuse simplicité des habitans de la Bétique en Espagne: & afin que rien ne manquât à sa gloire & à sa grandeur, aux pieds de la fameuse tour de Babel il éleva une ville immense où tout étoit un objet d'admiration; la vaste étendue & la magnificence de ses Palais, la hauteur & la solidité de ses murs, des rues immenses tirées au cordeau, des ponts & de superbes quais qui dominoient sur un grand Fleuve; Ville étonnante, qui par sa force, par ses richesses, par ses nombreux habitans, sembloit devoir assurer à jamais la durée de l'Empire Babylonien.

Et cependant, avant cinq lustres, cet Empire ne sera plus, Babylone sera tombée; elle sera devenue la proie d'un Peuple dédaigné comme barbare, & qui n'ayant ni richesse ni faste, n'offroit rien aux yeux avides du Conquérant.

Mais ce fut précisément cette gloire, ces conquêtes, cette Ville superbe, qui livrerent l'Empire Babylonien aux Perses, qui le mirent hors de défense, hors d'état de soutenir le poids d'un Conquérant. Ce ne fut pas par une gloire plus grande, par plus de sagesse, par plus de grandeur: ce fut une suite nécessaire de la fausse gloire de Nabuchodonosor; ce fut l'effet indispensable de ses vues désordonnées, qui forcerent tous les moyens, qui userent tous les ressorts, qui priverent ses Etats de toute ressource.

Le Héros Babylonien étoit à la vérité un Prince magnanime, épris du plus grand amour pour la gloire, infatigable dans ses travaux pour l'acquérir, que n'endormit jamais la mollesse, le goût pour les plaisirs, aimant les Arts & la magnificence, tout ce qui éléve l'ame; mais il ignora toujours en quoi consiste la vraie grandeur, & il l'ignora malheureusement pour sa Famille, pour ses Etats, pour ses Voisins.

A la fleur de l'âge, il s'étoit vû à la tête des Armées; encore très-jeune, il avoit gagné des Batailles, vaincu des Empires, mis des Rois à mort: dès ce moment il n'eut plus que du mépris pour les Rois, & il se crut leur Maître: il devoit l'être. Le génie a le droit de commander; car tous les Rois qu'il vainquit, même ceux de l'Egypte, ne savoient pas régner.

Une seule Ville fut & put se défendre pendant plusieurs années: c'est qu'elle étoit maîtresse des Mers.

Gâté par ses premiers succès, il ne fut plus que conquérir: il crut qu'il n'étoit Général que pour se battre, & Roi que pour être le seul à régner sur la Terre & sur les Mers.

Ses constans efforts pour remplir ses hauts projets, furent d'autant plus aisés, qu'il trouvoit les plus grandes ressources dans ses Etats Primitifs. Nous avons vû combien la Chaldée & la Mésopotamie avoient de richesses rurales, presque toutes en profit pour le Souverain, par le peu de frais qu'exigent les avances dans ces Contrées, par la vie frugale des Peuples de l'Orient, par leur peu de besoins, par le Commerce immense qu'ils faisoient au moyen de leurs canaux, de leurs grands Fleuves, de leurs Mers, de leurs liaisons avec les Phéniciens, Entremetteurs de tous les Peuples, & de toutes les espèces de Commerce.

Mais à force d'être hors de ses Etats, d'en emmener les Peuples au loin, de leur faire préférer la vie vagabonde à la vie agricole, en leur montrant dans le pillage, un moyen plus prompt, plus rapide de faire fortune; en transplantant sans cesse les Peuples, il épuisa ses Finances, & il en affoiblit la source par une culture moins prospère, moins soutenue.

Aussi avec lui tomba l'esprit de Conquêtes, parce qu'on n'avoit ni génie, ni forces, ni Finances pour en faire de nouvelles: on négligea celles qu'on avoit faites, parce qu'on n'avoit pas plus de moyens pour conferver, que pour étendre : on fe réduifit à l'ancien Empire Babylonien; & cet Empire ne fut plus rien, parce que les mœurs étoient changées, parce que le luxe & la diffipation avoient pris la place de la frugalité ; parce que l'Empire étoit fondu dans une Ville immenfe, où s'étoient réunis les Satrapes, les Princes de cet Empire, ceux qui jufques alors avoient vivifié les Provinces ; qu'on ne s'occupa plus que des moyens de conferver, de maintenir, d'amufer ces orgueilleux Citadins, & que la vaine confiance dans des murs impénétrables, ôta tout autre efprit de défenfe, anéantit toute prudence, livra les Provinces entieres aux premiers qui voulurent les prendre.

Ajoutez à cela, qu'ayant affoibli & aliéné tous leurs Voifins, les Babyloniens n'eurent plus d'Alliés; que par conféquent ils ne trouverent perfonne en état de les défendre & de les faire refpecter; & que lors même qu'ils auroient voulu changer en Alliés les Etats qu'ils avoient conquis, ceux-ci dans leur état d'épuifement n'auroient pu leur être d'aucun fecours : ils n'en pouvoient trouver également aucun dans les Princes de la Mer, dont ils avoient détruit les Ports, anéanti la Marine, à qui ils avoient enlevé toute reffource. Leurs Conquêtes en Afie ne leur offroient qu'Etats dévaftés, que culture languiffante, que Propriétaires ruinés, que Familles Royales dégradées. La fageffe des Egyptiens même étoit déconcertée, leur Empire n'avoit plus de bafe, il ne pouvoit plus fe relever d'un coup auffi terrible, il ne pouvoit réfifter aux efforts du premier attaquant, & ces efforts n'étoient pas éloignés.

L'orgueil du Héros Babylonien avoit irrité l'orgueil de tous, en les humiliant tous, & fa puiffance avoit écrafé ceux qu'elle humilioit : fon Empire fe trouva donc feul pour foutenir le choc des Héros que formoit fon exemple ; & épuifé par fes efforts paffés & hors de toute mefure, il tomba & fut enfeveli fous fon propre poids, fans avoir jamais pu fe relever.

Si ce Prince, mieux inftruit, eût mis fa gloire, non à s'aggrandir par des Conquêtes, mais à faire fleurir fes Etats, par les mêmes moyens qui les avoient élevés à ce haut point de perfection, par une meilleure culture, par des canaux qui allaffent vivifier les Provinces les plus reculées, par des Finances bien adminiftrées, par un Commerce étendu, par fa juftice envers tous, par des Alliances fages avec fes Voifins, devenus eux-mêmes par là plus puiffans & plus riches, en laiffant l'Empire de la Mer à ceux qui ne pouvoient s'en paffer, en ouvrant fes Etats à tous, afin de profiter des lumieres, des richeffes, du Commerce de tous, & qu'ils puffent faire chez lui des échanges immenses qui donnassent aux terres la plus grande valeur possible: si en même tems, au lieu de rassembler tous les Grands de son Royaume dans une Ville immense, où venoient s'engloutir les richesses & les générations, & qui seule attiroit les yeux & l'attention, il les eût encouragés à faire valoir leurs Terres, & eût réservé ses chaînes d'or pour ceux-ci, l'Empire auroit été élevé sur une basse inébranlable; Nabuchodonosor eût été le modèle des Princes, l'Idole des Peuples; il se fût élevé un Monument aussi honorable, aussi grand, que celui de Dura étoit étroit & ridicule (1); son Empire entier n'eût été qu'un Monument où tout auroit retenti de sa gloire. Cet Etat subsisteroit encore aujourd'hui, plein de force & de vigueur: il se seroit joué des efforts des Perses, des Alexandre, des Séleucides, des Romains, des Parthes, des Arabes, des Turcs; aucun n'eût osé attaquer une Nation aussi respectable, aussi estimable, aussi sage: peu eût importé que ses Princes n'eussent pas tous été des génies sublimes; les Babyloniens se seroient soutenus par leur équité, par leur opulence territoriale, toujours subsistante, toujours vivifiante, & l'intérêt que chaque Peuple eût trouvé à être son Allié, son Ami, lui auroit concilié à jamais l'Univers entier.

L'instruction se feroit établie & affermie chez eux & chez tous les autres: elle seroit revenue forte des lumieres de tous; & par cet échange mutuel de lumieres & de connoissances, les Babyloniens n'auroient jamais été inférieurs à aucun autre Peuple, en connoissances, en moyens, en inventions pour se perfectionner à tous égards.

Mais l'instruction se trouva nulle, l'exemple fut faux & dénaturé; le siècle entier fut corrompu, gâté, vicié, & l'Etat tomba par sa propre corruption & par celle de tous ses voisins.

Ainsi, les premiers pas contre l'Ordre amenerent, comme il étoit juste, le plus grand désordre à leur suite & la ruine totale de l'Etat, qui le premier se vicia: ainsi il en fut & il en sera à jamais de tous ceux qui se conduiront de même, qui dénatureront tout, ou qui, ayant déjà pris une fausse route, se refuseront à toute instruction, à toute lumière, ou persévéreront obstinément dans cette fausse route.

On ne doit pas être étonné que nous insistions sur cet objet; c'est la premiere

---

(1) Ce Roi, après ses premieres victoires, avoit élevé dans les plaines de Dura une colonne très-haute, surmontée d'une Statue, à laquelle il obligea tous les Grands de venir rendre hommage. Il en est parlé dans Daniel, Chap. III. ainsi que des suites qu'eut cet ordre pour celui-ci & pour ses amis.

fois que nous avons à parler d'un Conquérant; c'est celui dont l'éclat passager a ébloui tous les autres ; & jusqu'ici l'Histoire, au lieu de peindre cet esprit de conquêtes & de guerres sous ses vraies couleurs, s'est presque toujours follement extasiée des sons vains & boursouflés d'une fausse & malheureuse renommée.

Mais telle ne doit pas être l'Histoire. En transmettant aux hommes le souvenir de ce qu'ont fait les générations passées, elle ne doit jamais perdre de vue la félicité des générations présentes & futures : elle doit par conséquent peser à une juste balance toutes les actions passées ; porter au bien par la considération des heureux effets produits par les actions vertueuses & conformes à l'ordre ; détourner de tout ce qui est contre cet ordre, par la considération des malheureux effets que produisent nécessairement les actions qui lui sont contraires. Toute autre Histoire est un attentat contre l'humanité, l'effet odieux de l'ignorance du bien, ou d'une flatterie criminelle.

Quels services n'eussent pas rendu au Héros Babylonien, à leur Nation, à l'Univers entier, les Mages de la Chaldée, s'ils avoient éclairé ce jeune Héros, s'ils lui avoient montré en quoi consiste la vraie prospérité d'un Etat; s'ils lui avoient appris que le premier devoir d'un Prince est la justice envers tous, qu'il est fait pour régner sur des hommes & non sur des déserts; qu'il ne doit pas avoir plus de Pays qu'il n'en peut gouverner, ou qui ne lui soient acquis justement, par amour & par affection, plutôt que par force : que des Conquêtes acquises aux dépens de ses Sujets, au détriment de ses propres Etats, élevées sur leur ruines, sont un véritable fléau, le plus grand mal qu'un Prince puisse se faire : qu'il ne laisse à ses enfans qu'ennemis au dehors & que ruine & foiblesse en dedans : que la gloire des Conquêtes est celle d'un brigand, tandis que la vraie gloire d'un Prince est celle d'être aimé & respecté au dehors, & de faire prospérer ses Etats, au point qu'ils deviennent pour tous les Peuples une source d'avantages de toute espèce; ensorte que tous soient intéressés à sa conservation : que toute autre gloire n'est que factice, & qu'elle s'évanouit bientôt, n'ayant aucune base, aucun aliment & se dévorant elle-même.

Ce que les Mages ne surent ou n'osèrent dire, l'Histoire doit le dire hautement, éclairée par les connoissances du siècle & par cette belle science qui fait voir que comme les hommes se doivent secours à tous, les Sociétés de même doivent se soutenir mutuellement, sous peine de périr chacune de leur côté, & retenir les Héros dans le droit chemin par l'opinion publique, par la flétrissure dont ils se couvriroient s'ils osoient tenir une autre route, & renoncer à la sagesse pour des entreprises folles ou universellement désapprouvées, & qui, au lieu de les élever, les abaissent nécessairement, en écrasant leurs Peuples.

ARTICLE VIII.

DES SCYTHES, DES CHINOIS ET DE QUELQUES SAGES A CETTE ÉPOQUE.

1. Des Scythes qui conquirent la Médie, &c.

Les Historiens ne nous apprennent pas d'où venoient les Scythes qui fondirent sur les Mèdes & sur les autres Contrées de l'Asie Occidentale: on donnoit ce nom à tous les Peuples Nomades ou Pâtres répandus au Nord de l'Asie, & que nous connoissons sous le nom général de Tartares, quoique leur vrai nom soit *Tatares*, & qui s'étendent depuis l'Europe jusqu'à la Chine, à travers les vastes Contrées de l'Asie Septentrionale.

Il est plus qu'apparent que les Scythes qui se jetterent si à propos pour les Assyriens sur les Etats de Cyaxare pendant qu'il assiégeoit Ninive, avoient été appelés par le Prince Assyrien, puisqu'ils n'attaquerent point ses Etats; ce que personne cependant n'a remarqué. En effet, comment des Peuples qui ravagerent les deux Arménies, le Pont, la Cappadoce, la Colchide, l'Ibérie & la plus grande partie des Etats des Mèdes, n'auroient-ils pas également ravagé l'Assyrie, qui offroit à leur cupidité des richesses infiniment plus grandes, s'ils n'avoient eu un Traité avec ce Royaume; d'autant plus qu'il étoit aux abois, puisqu'il avoit été attaqué jusques dans sa Capitale par ces Mèdes qui ne purent soutenir le choc des Scythes?

Par les Etats qu'ils envahirent, on voit qu'ils avoient passé entre la Mer Noire & la Mer Caspienne, pour venir fondre sur l'Asie Occidentale: ils étoient donc venus de la grande Scythie; ils étoient donc de vrais Tartares, comme ils s'appellent.

Peut-être aussi étoient-ils des Tartares qui fuyoient devant la Puissance redoutable des Chinois, & qui cherchoient quelques heureuses Contrées où ils fussent à l'abri de cette Nation, ainsi que toutes ces HORDES qui se jetterent sur l'Europe & sur l'Asie, dans le tems de la décadence de l'Empire Romain, & qui en précipiterent la ruine. L'Histoire de la Chine, à cette époque, favorise du moins cette opinion.

2.

DES CHINOIS A CETTE ÉPOQUE.

L'Hiſtoire de la Chine fait mention d'une guerre entre les Chinois & les Tartares, arrivée environ l'an 640 avant Jeſus-Chriſt, & dans laquelle les Tartares furent mis en déroute: c'étoit ſous le regne de *Siang-Vang*, dix-neuvieme Empereur de la troiſieme Dynaſtie. Ces Tartares avoient pris parti, en faveur d'un fils de ce Prince, contre ſon pere ; le jeune Prince fut également battu & mis à mort ; & comme l'Empereur régna encore pluſieurs années, il eſt apparent qu'il pourſuivit les Tartares, & que ces fuyards ſe culbuterent ſur d'autres Tartares, qui, repouſſés par tout, vinrent faire des courſes entre les deux Mers, & devinrent, entre les mains du Roi Aſſyrien aſſiégé dans ce tems-là, un inſtrument admirable pour le débarraſſer de ſon ennemi. Du moins les époques ſe rencontrent fort bien ; car Ninive fut priſe avant l'an 606 : ce ne ſeroit pas trop ſuppoſer, que de rapporter cet événement à l'an 609, puiſque c'eſt dans ce tems là que Nechao ſe rendit maître de Car-Kemis, ſous le regne de Joſias ; c'étoit donc vingt-huit ans après la guerre des Tartares & des Chinois, dont nous venons de parler. Or, HÉRODOTE nous dit qu'il s'écoula vingt-huit ans entre les deux Siéges de Ninive par Cyaxare ; l'accord ne ſauroit être plus complet: le premier Siége ſeroit donc arrivé vers l'an 637 ou 636, peu d'années après la défaite des Tartares par les Chinois.

Nous ne dirons pas que ces Scythes ou Tartares aient aſſervi les Mèdes pendant ce long eſpace de tems : HÉRODOTE ne le dit pas ; il parle en général du tems pendant lequel les Tartares firent trembler l'Aſie, & en avoient aſſervi une partie : ce qui eût néceſſairement lieu juſqu'à ce que leur Protecteur l'Aſſyrien ne fût plus en état de les ſoutenir ; car alors Cyaxare, aidé de toutes les forces de l'Aſie Occidentale, les repouſſa entierement du reſte de l'Aſie, long-tems après qu'il en eut débarraſſé la Médie ; & s'il ne recommença pas auſſi-tôt ſes attaques contre les Aſſyriens, c'eſt qu'il ſe trouva long tems trop foible, & eux encore trop forts, pour qu'il pût eſpérer de le faire avec ſuccès.

3.

De quelques Sages qui ont fleuri dans cet eſpace de tems.

Depuis l'Empereur Chinois *Siang-Vang*, qui repouſſa les Tartares, juſqu'à *Ling-Vang*, qui vivoit lorſque Babylone fut priſe par les Perſes, la Chine fut gouvernée par sept Empereurs, celui ci compris, dont l'Histoire n'offriroit rien de remarquable, sans deux illustres Philosophes qui parurent dans ce tems-là.

Environ l'an 604, au moment où Nabuchodonosor venoit de monter sur le Trône naquit à la Chine, dans la Province de Hou-Quang, LAO-KIUN, fondateur d'une Secte célébre dans cet Empire; sa doctrine étoit semblable à celle d'Epicure, & il reconnoissoit un Dieu suprême, Créateur de l'Univers, impassible, premier mobile de tout: on lui attribue en même-tems d'avoir trouvé le secret de prolonger la vie bien au-delà du cours ordinaire; ce qui fit appeller ses Disciples la Secte des Immortels.

Avec aussi peu de données, on ne peut se former une notion exacte des principes de *Lao-Kiun*; à peine pouvons-nous en avoir de ceux d'Epicure, qui devroient être bien mieux connus, & dont la doctrine a été certainement très-mal entendue, très-mal jugée; ce qui n'est point étonnant; on aime mieux décider d'un ton imposant, que d'examiner. Il est plus aisé de dire qu'une nouvelle maniere de présenter de grandes vérités, est un système absurde, & de les tourner en ridicule, que de chercher ce que ce système peut renfermer d'utile ou de vrai: aussi l'Histoire des Opinions & des Dogmes a-t-elle été toujours très imparfaite, parce qu'elle n'a presque jamais été faite par des esprits exempts de préjugés ou impartiaux: ce qui est très fâcheux, & n'a pu qu'arrêter sans cesse les progrès de l'esprit humain.

LAO KIUN vécut 84 ans; il survécut ainsi à la prise de Babylone par Cyrus: sa vieillesse a cela de remarquable, qu'elle coïncide avec la naissance de quelques grands Hommes qu'il sembloit que formât la Nature pour l'avantage de leurs Contemporains. L'un est le fameux CON-FUCIUS, ou CON-FU-TSÉE, la gloire de la Chine, qui naquit environ l'an 551, sous le regne de Ling-vang, peu de tems après la mort de Nabuchodonosor.

Les autres étoient, ESOPE, qui vécut du tems de Crésus & de Cyrus, Philosophe infiniment utile à tous les siècles & à toutes les Nations par la sagesse de ses Fables, & l'excellence de leurs leçons, qui ont servi de modéle à tout ce que nous avons de meilleur en ce genre; ZOROASTRE, restaurateur de la Doctrine des Mages, &, qui, contemporain de Cyrus, parût dans tout son éclat à la Cour de DARIUS fils d'Hystaspe, de ce Darius qui ayant fait faire un massacre des anciens Mages, fut obligé de renouveller cet Ordre & de le réformer.

THALÈS & SOLON fleurissoient dans le même tems dans la Grèce; mais

leur

leur Histoire tient à celle de l'Asie par leurs liaisons avec Crésus Roy de Lydie, Allié des Babyloniens contre Cyrus.

Ainsi ce VIe. Siècle étoit pour toutes ces Contrées, un Siècle de lumiere & de restauration qui doit le rendre infiniment précieux à tous les hommes. Les travaux de ces Savans distingués ne furent rien moins que passagers. Confucius est encore vénéré à la Chine ; sa Doctrine y est presque regardée comme divine ; elle sert de régle aux Chinois, & ses ouvrages sont en quelque sorte leurs Livres classiques. La Doctrine de Zoroastre n'a plus le même éclat, il est vrai : sa gloire disparut avec l'Empire des Persans ; mais il a encore de zélés Disciples dans les foibles restes de cette ancienne Nation appellés ancore *Parsis* de nos jours, surnommés *Guebres*, ou infidèles, & dont la race n'est pas encore entierement éteinte.

Ces efforts de la lumiere pour surmonter les ténèbres & l'ignorance, & les heureux effets qui en résultent dédommagent du moins de l'horreur qu'excitent les ravages des Conquérants & les fureurs de la discorde : il est beau, il est ravissant de voir des Sages s'occuper du bien public, enseigner aux hommes le chemin du bonheur, les conduire aux portes de la vérité & de la sagesse. Nous regarderions l'époque dont nous esquissons l'histoire, comme infiniment malheureuse si elle n'avoit été éclairée par quelques-uns de ces Astres brillans dont la vérité se sert pour amener les hommes à elle, pour s'en faire aimer & rechercher. Heureuses les Nations qui savent les accueillir, en profiter, & marchant sur leurs exemples, perfectionner leurs travaux, & porter la lumiere jusqu'à ses dernieres bornes!

ARTICLE IX.

REGNE D'EVIL-MERODACH, FILS DE NABUCHODONOSOR.

Nabuchodonosor eut pour successeur son Fils EVIL-MERODACH, ou Merodach l'insensé : il ne répondit nullement à ce qu'on devoit attendre du Fils d'un aussi grand Prince : il étoit sans génie, débauché & méchant : tels sont les Fils des Grands, lorsqu'ils s'imaginent que leur nom leur suffit & qu'il ne doit servir qu'à justifier leurs excès, leurs déreglemens, leur mauvaise conduite, malheureux d'être nés dans un haut rang, qu'ils déshonorent, & qui rend leurs vices plus éclatans & presque sans remede.

Ce Prince avoit déjà donné du vivant de son Pere, des preuves de son caractere impudent, fier, présomptueux & cruel. Dans le tems que celui-ci étoit privé de sa raison, Evil-Merodach qui étoit sur le point d'épouser la célèbre Nitocris, eut envie de faire une partie de chasse vers les frontiéres de la Médie, dont les montagnes abondoient en gibier à cause de la paix qui régnoit depuis long-tems entre les Mèdes & les Chaldéens. Il se mit en marche avec un Corps de Troupes assez considérable en Cavalerie & en Infanterie; car c'est ainsi que les Princes d'Asie font la chasse encore de nos jours, avec de nombreuses Troupes qui investissent des montagnes & des forêts entieres, laissant en paix les tranquilles Campagnes. Arrivé sur les frontieres, il rencontra d'autres Troupes, qui venoient relever les Garnisons du voisinage, Il se met aussi-tôt en tête d'attaquer avec tous ces Corps les Mèdes, dans l'idée d'acquérir bien plus d'honneur en faisant la guerre à des hommes, qu'à des animaux; mais dans le tems qu'il ravage la Médie & qu'il la livre au pillage, il est attaqué lui-même, & repoussé par le Roi des Mèdes, accompagné de son fils & du jeune Cyrus.

La seule action louable qu'on lui attribue lorsqu'il fut sur le Trône, est d'avoir mis en liberté Jéchonias, ce Roi de Juda, avec qui il s'étoit trouvé dans la même prison; & de l'avoir traité avec tous les égards dûs à son rang.

Cependant il se rendit si insupportable à ses Sujets, qu'il fut tué par Nérigliffar ou *Neri-Kad-Soll-Assar*, Prince Mède, qui avoit épousé sa Sœur: cet assassinat fut commis au milieu d'un festin, qu'il donnoit aux Seigneurs de sa Cour, dans la troisieme année de son Règne.

ARTICLE X.

Regne de Neri-Kad-Sol-Assar ou Neriglissar.

Nerigliffar s'étant ainsi emparé d'un Trône qui ne lui appartenoit pas, fut obligé de soutenir une vive guerre contre les Perses & les Mèdes, soit qu'il crut qu'il ne pouvoit se maintenir sur un Trône usurpé, sans occuper ses Sujets à une guerre étrangere, & qu'il voulût s'attacher ses anciens Guerriers, qu'une trop longue paix ennuyoit; soit que les Mèdes & les Perses lui eussent déclaré la guerre pour venger la mort d'un Allié, & pour ne pas donner à un Prince, qui sembloit aussi entreprenant, le tems de s'aggrandir.

A cette époque, le tableau de l'Asie avoit singulierement changé: il n'y avoit plus de Rois en Syrie, en Judée, en Palestine: tous ces Etats appartenoient aux Chaldéens. Après, ce Roi d'Egypte qui avoit vu son Empire ravagé par Nabuchodonosor & qui avoit eu de longues guerres à soutenir contre le rébelle Amasis, n'étoit plus: il avoit été fait prisonnier par son ennemi, & étranglé par ceux qui blâmoient Amasis de sa clémence envers lui. Ce nouveau Roi ne négligeoit rien pour rétablir dans leur premier lustre les affaires délabrées de l'Egypte, pour la remettre des longues & terribles convulsions qu'elle venoit d'éprouver, pour y ramener l'ordre civil & politique, & sur-tout pour entretenir une étroite correspondance avec les Grecs qui depuis la ruine du commerce de Tyr, commençoient à se rendre considérables.

Les relations des Princes Chaldéens s'étoient étendues dans des contrées fort éloignées. Les Indiens, les Phrygiens, les Lydiens, les Cappadociens se trouvoient leurs plus proches voisins, & leurs intérêts étoient devenus communs. Ce fut à ces Nations & et à leurs Rois que le nouveau Prince Chaldéen s'adressa pour obtenir des secours contre les Mèdes & les Perses.

CRÉSUS, Roi de Lydie, vint avec plus de cinquante mille hommes de Troupes, dont dix mille de Cavalerie. ARTAMAS, Roi de la grande Phrygie, amena quarante mille Fantassins, & huit mille cavaliers; ARIBEUS, Roi de Cappadoce, conduisoit six mille hommes de Cavalerie, & trente mille d'infanterie, presque tous Archers : & MARAGDAS, Prince Arabe, dix mille Cavaliers, deux cens Chariots & un grand nombre de Frondeurs. La Cavalerie faisoit donc alors un cinquieme des Armées: & le Roi de Babylone qui joignit à ces Troupes vingt mille hommes de Cavalerie, deux cent Chariots, & de l'Infanterie à proportion, dut avoir au moins quatre-vingt mille hommes de pied: ensorte que ses Troupes ne faisoient guères que le tiers de l'Armée Confédérée.

Les Medes & les Perses n'eurent de leur coté que Tygranes, Roi d'Arménie qui leur amena un renfort considérable; mais quoi qu'inférieurs en nombre, ils eurent toujours la supériorité dans les combats.

Les Indiens se conduisirent dans ce conflit d'une maniere digne de leur sagesse: ils envoyerent des ambassadeurs pour s'informer des causes de ces armemens prodigieux, & pour offrir leur médiation, avec ordre de déclarer qu'en cas de refus, ils prendroient le parti de celui qui auroit la justice de son côté. Cette Ambassade ne fut cependant suivie d'aucun effet, soit que les deux partis leur eussent paru aussi déraisonnables l'un que l'autre, soit qu'il leur fût survenu à eux-mêmes dans l'intervalle des affaires qui les occuperent assez pour les empêcher de se mêler d'une guerre étrangere: ce qui est le plus apparent.

Dès le commencement de la guerre, les Chaldéens des montagnes c'est-à-dire, les Habitans de la haute Assyrie, ceux qu'on appelle aujourd'hui Curdes, firent une invasion dans l'Arménie. Xenophon vante leur valeur, leur intrépidité, quoiqu'ils fussent armés très-légerement, n'ayant qu'un bouclier d'osier & quelques javelots ; mais Cyrus marcha contr'eux, les battit & les obligea de faire la paix avec les Arméniens.

Enfin, les Armées en vinrent aux mains, dans la quatrieme année du regne de Nerigliffar : ses propres Troupes se battirent fort mal, & lâcherent pied, tandis que les Princes alliés qui avoient le dessus, obligeoient Cyrus à abandonner le champ de bataille ; mais ayant appris que le Roi Nérigliffar avoit été tué dans le combat, ces Princes prirent le parti de se retirer chacun chez soi, sans doute après avoir ménagé quelque trêve avec leurs ennemis.

ARTICLE XI.

REGNE PASSAGER DE LABO-ROSO-AR-CHOD.

Labo-roso-ar-chod succéda à son Pere Nérigliffar ; il débuta si mal, il manifesta des inclinations si féroces, qu'il aliéna tous les esprits : il n'en falloit pas tant pour occasionner une révolution : il n'avoit pas le génie de son Pere, & il existoit encore un jeune Prince de la Maison de Nabuchodonosor, & Fils de la fameuse Nitocris : celle-ci étoit trop habile pour ne pas profiter de la premiere occasion qui pourroit faire rentrer l'empire dans ses mains. Ainsi le fils de l'usurpateur fut assaffiné après un règne si court, que Ptolomée n'a pu le faire entrer dans son Canon Chronologique, le tems de son regne se confondant avec la premiere année de son successeur. Son véritable nom, d'ailleurs, étoit *Nabo-roso-ar-chod*, puisque le mot de *Nabo* entre sans cesse dans le nom de ces Princes, & que la lettre L se substitue souvent à la lettre N, comme nous en allons voir un autre exemple.

ARTICLE XII.

NITOCRIS ET NABON-ADIUS.

I.

NABON-ADIUS étoit fils d'Evil-Merodach qui avoit épousé NIT-OCRIS. Ce Prince devoit être fort jeune, & hors d'état de soutenir le poids des affaires dans la situation critique où se trouvoit l'Empire ; aussi toute la puissance étoit en quelque façon dans les mains de sa Mere.

Le nom de cette illustre Reine est composé de deux mots primitifs très-connus : Neit ou Nit, Princesse ; Ochr, grand. celui de son Fils est composé du nom de *Nebo*, *Nabo*, si commun chez ces Princes ; & d'Ad, l'unique, le seul. Les Grecs altérerent son nom en celui de *Labinité*, *Labenit*, *Labynitus*, par le même changement de N en L, dont nous venons de parler. C'est sous ce dernier nom qu'Hérodote en parle comme Roi de Babylone & Empereur d'Assyrie, ajoutant que son nom étoit dérivé de celui de son Pere, ce qui est vrai, puisque ce nom de *Nabo*, étoit commun à cette famille.

2.

Alliés des Babyloniens.

Nitocris fit les plus grands efforts pour mettre Babylone Dans le meilleur état de défense : elle l'entoura de murs du côté du fleuve, & elle fit pratiquer au dessous, à ce qu'on assure une galerie voutée de douze pieds de hauteur, sur quinze de largeur, pour pouvoir passer d'un Palais à l'autre, lors même que l'ennemi se seroit rendu maître du fleuve ; peut-être en même tems pour y pouvoir mettre en sureté une partie de ses richesses. Cette prévoyance, ces soins, ont été exaltés par tous les Historiens ; mais c'étoit moins à fortifier Babylone qu'il falloit employer ses trésors, qu'à mettre en état de défense les Provinces du Royaume : celles-ci étant perdues, que devenoit la Capitale avec ses étonnans remparts, ses fortifications redoublées ? il falloit nécessairement que la chute de l'Empire, de tout son Territoire, entraînât la sienne, elle n'étoit plus qu'une vaste prison.

Aussi les Medes & les Perses ne prirent pas le change : ils laisserent Nitocris fortifier Babylone autant qu'elle voulut, & manifester par-là plus de foiblesse & de frayeur, que de grandeur d'ame : & ils se jetterent sur ces riches Provinces dont on négligeoit la défense, & qui étoient cependant la vraie force de l'Etat. Ils se rendirent en particulier maîtres de l'Elymaïde & de la Susiane, où commandoit Abradate, mari de la belle Panthée. Ainsi étoit divisé l'empire Babylonien entre les Perses & les Medes : ainsi sa chute ne pouvoit être éloignée.

Nabonadius devenu majeur, le sentit vivement, & sortant de sa léthargie, il comprit qu'il falloit des moyens plus efficaces, pour n'être pas écrasé : il se rend donc avec des trésors considérables chez le plus puissant Roi de l'Asie

Mineure, CRÉSUS, Roi de Lydie, si renommé par ses grandes Richesses & qui avoit déjà secouru Babylone, sous le regne de Nérigliffar

Ce Roi effrayé de la puissance que commençoient d'acquerir les Medes & les Perses, & persuadé que de la conservation de Babylone dépendoit la sienne propre & celle de toute l'Asie Mineure, ce Roi, dis-je, se chargea de secourir les Babyloniens, & il obtint en leur faveur des Troupes nombreuses de la part de tous les Princes de l'Asie Mineure ; il en obtint également des Thraces, des Grecs, des Egyptiens même.

Ainsi s'ébranloit l'Asie entiere contre elle-même : jamais on n'avoit vu de si grandes Armées sur pied : jamais on n'avoit combattu pour de si grands intérêts : c'étoit le salut entier de l'Asie dont il s'agissoit : c'étoit pour savoir si elle obéiroit à des Souverains éclairés, amis de leurs Peuples, en état de veiller sur l'étendue de leurs Etats, ou si elle deviendroit la proie d'un seul Despote tyrannique, qui livreroit le sort de ses sujets à des Satrapes avides, uniquement occupés à les piller, à les asservir à leur ôter toute élévation d'ame, à changer en vastes déserts ces riches & florissantes Contrées.

L'armée des Princes alliés étoit composée d'environ quatre cent vingt mille hommes : Amasis' Roi d'Egypte, en avoit lui seul fourni cent vingt mille tous gens d'élite. Les trois cens mille autres, dont soixante mille de Cavalerie, étoient venus de Babylone, de Lydie, de l'Asie Mineure, de la Thrace, de la Phénicie, de la Cappadoce : le rendez-vous général fut dans les vastes plaines de Tymbrée, près du Pactole : c'étoit la neuvieme année du regne de Nabonid, l'an 554 avant. J. C.

Cyrus, instruit de ces préparatifs immenses, ne donna pas le tems à ces Princes alliés de venir fondre sur lui ; il va les chercher lui-même au lieu du rendez-vous, avec une Armée fort inférieure en nombre, puisqu'elle ne montoit qu'à cent quatre-vingt seize mille hommes, dont soixante-dix mille Persans : savoir dix mille Cuirassiers à cheval, vingt mille à pied, vingt mille Piquiers, & vingt mille armés à la légere. Le reste étoit composé de vingt-six mille chevaux Medes, Arméniens & Arabes & de cent mille Fantassins des mêmes Nations. Outre ces Troupes, Cyrus avoit trois cents Chariots de guerre, armés de faulx, tirés chacun par quatre chevaux attelés de front & bardés à l'épreuve du trait. Ce Prince avoit encore fait construire un grand nombre de Chariots beaucoup plus grands, sur lesquels il y avoit des Tours hautes de douze coudées : elles contenoient vingt Archers ; mais elles étoient d'une charpente si légere, que le poids entier de la machine y compris celui des hommes ; n'alloit qu'à cent vingt talents, environ cinq mille livres de notre poids. Ces Tours étoient traînées par seize bœufs attelés de front.

On frémit en voyant Cyrus attaquer dans de vastes pleines une Armée plus forte du double, qui occupoit quarante stades de longueur, sur trente hommes de profondeur, & même sur cent hommes de profondeur dans le centre occupé par les Egyptiens : d'ailleurs, on a dit il y a long-tems, que la fortune est pour les gros bataillons.

Cependant ce fut Cyrus qui remporta la victoire, & la victoire la plus complette : on voit donc ici ce que peut une Armée conduite par un seul Chef plein de courage, de génie, & d'audace, & adoré de ses soldats, contre des Troupes nombreuses, commandées par différens Chefs, composées de diverses Nations, qui ne peuvent agir de concert, & qui n'ont jamais le même intérêt : aussi cette multitude de confédérés fut chassée comme des troupeaux immenses devant le Pâtre qui les conduit.

3.

Bataille de Thymbrée.

Cette bataille est un des événemens les plus considérables de l'antiquité, puisqu'elle décida de l'Empire de l'Asie Occidentale entre les Babyloniens & les Perses. XENOPHON l'a décrite dans un grand détail dans la Cyropédie : il avoit passé sur le lieu du combat, & y avoit campé avec l'Armée du jeune Cyrus, 150 ans après la victoire remporté par les Perses, qui la regardoient encore au tems de cet Historien comme le chef-d'œuvre du plus grand Général de la Nation ; c'étoit même le fondement de leur Tactique : & les dispositions aux quelles Cyrus dut son succès, ont été imitées dans la suite par les plus grands Capitaines, par César à la Bataille de Pharsale, par le Duc de Parme dans les plaines de Picardie, &c. Sa description est d'autant plus précieuse, qu'elle est la premiere Bataille rangée dont le détail soit connu avec quelque exactitude.

On voit ce que peut le génie contre la force. Cyrus devoit sur-tout empêcher les Confédérés de l'investir, comme ils devoient le désirer, & comme ce fut en effet leur plan : pour y parvenir, il fit derriere son Armée une ligne mobile de tous ces chariots de bagage qui la suivoient, & qui se reploit sur ses flancs qu'elle défendoit également, & il y plaça des Troupes que l'ennemi n'appercevoit pas, & qui devoient lui faire face aussi-tôt qu'il se croiroit prêt d'arriver sur les derrieres de l'Armée : ces Troupes étoient en même tems accompagnées de Chameaux, dont les Chevaux de l'Afie Mineure ne pouvoient foutenir l'odeur, n'y étant point accoutumés. Quant à fes Tours & à fes Chariots armés en guerre, ils étoient à la premiere ligne.

Jamais la Cavalerie Lydienne ne put parvenir à enfoncer ces Chariots: & la furprife que lui caufa la vive réfiftance qu'elle éprouva lorfqu'elle fe croyoit au moment de prendre les Perfes en flanc, jetta parmi eux une confufion & un défordre fi grand & fi univerfel, qu'ils prirent tous la fuite, toujours fuivis par la Cavalerie Perfane qui ne leur donnoit pas le tems de fe rallier.

Celle-ci prenant enfuite en flanc elle-même le refte de la Cavalerie Lydienne, la força de fuir & d'abandonner l'Infanterie qu'elle foutenoit. Tandis que ceci fe paffoit à la gauche des Confédérés, les Chevaux de leur aîle droite furent fi frappés de l'odeur des Chameaux, que fe cabrant & fe renverfant les uns fur les autres, ils emporterent leurs Cavaliers, malgré tous leurs efforts, loin du combat.

L'infanterie abandonnée de toutes parts par la Cavalerie, ne penfa plus qu'à fuir elle-même pour n'être pas écrafée par l'ennemi.

Les Egyptiens qui étoient au centre, furent les feuls qui firent de la réfiftance; ils n'avoient pu être rompus par le choc des Chariots; Abradaïe Roi de la Sufiane, qui les commandoit, avoit été tué avec l'élite de fes gens. Cyrus lui-même après la défaite des aîles ennemies, ayant voulu prendre ces excellentes troupes en queue, ne put les rompre, quoiqu'il eût enfoncé les premiers rangs; fon cheval fut bleffé, lui-même renverfé par cet animal, que la douleur rendoit furieux: fes foldats, pour le dégager, fe précipitent au milieu de cette forêt de piques. Remonté à cheval, il s'apperçoit que fes Troupes ont enveloppé les Egyptiens de tous côtés, & que ceux-ci fe ferrant en rond, fe couvrant de leurs grands boucliers, & préfentant de toutes parts leurs longues piques, fe préparoient à vendre cherement leur vie; il ordonna donc à fes Troupes de les fatiguer feulement par des décharges continuelles de pierres & de javelots. Appercevant enfuite du haut d'une de fes Tours, qu'ils étoient les feuls de l'Armée de Créfus qui tinffent bon, il réfolut de tout tenter pour fauver d'auffi braves gens; & leur fit propofer de quitter le parti de ceux qui les avoient fi lâchement abandonnés, & d'entrer à fon fervice: ils y confentirent, à condition qu'ils ne porteroient pas les armes contre Créfus. Cyrus leur donna de beaux établiffemens, ent'autres les Villes de Lariffe & de Cylene, près de Cumes fur le bord de la Mer, qu'on nommoit encore du tems de Xenophon les Villes Egyptiennes.

Ainfi fut diffipée cette ligue, de laquelle dépendoit le fort de l'Afie: ainfi
les

les Perses eurent le champ libre, pour la conquête de toutes ces riches & vastes Contrées. Dans le XV° siècle, une Armée de cent cinquante mille Allemands, dont la moitié étoit de Cavalerie, fut également dissipée par une poignée de Paysans Bohémiens; mais qui étoient tous, ou montés sur des Chariots, ou défendus par les files qu'ils formoient.

4.

FIN DU ROYAUME DE LYDIE.

Aussi-tôt que cette formidable Armée se fut évanouie, Cyrus prit le chemin de Sardes, Capitale du Royaume de Lydie. Crésus essaya inutilement de l'arrêter; il fut battu de nouveau, & il ne vit d'autre ressource que de se renfermer dans sa Capitale: il fut ainsi la victime de cette funeste illusion, qui persuade que les murs sont la véritable défense du Héros, les plus forts boulevards d'un Etat.

A peine Cyrus eut il investi cette ville, qu'un Esclave Persan qui avoit été au service du Gouverneur de la Citadelle, lui fournit les moyens de s'en rendre maître aussi-tôt: de-là il entra sans peine dans la ville qu'il garantit du pillage, & où il fit prisonnier Crésus, sa famille, toute sa Cour & tous ses trésors. Par une politique plus humaine, mieux entendue, il ne fit pas mourir ce Prince; mais il le traita toujours avec beaucoup de considération; & à sa mort, il le recommanda à son fils.

On raconte de ce Roi Asiatique un trait qui peint bien ces enfans gâtés de la Fortune: ayant reçu la visite de Solon, illustre Philosophe Athénien, il lui vantoit son bonheur: le Philosophe le regardoit au contraire avec une compassion attendrissante: l'amour-propre du Prince, son stupide aveuglement en fut choqué; il ne put s'empêcher de témoigner à quel point il trouvoit ridicule cette façon de penser; mais l'Athénien sans s'émouvoir lui répondit d'un grand sens & d'une maniere malheureusement trop prophétique qu'on ne devoit point appeler heureuse une personne encore vivante, son bonheur présent pouvant disparoître par une longue suite d'infortunes. Crésus privé de ses richesses, de ses Etats, condamné, dit-on, à périr au milieu des flames, sentit trop tard cette vérité; mais se rappellant sur le bucher cette énergique conversation, il s'écria: Solon! Solon! Exclamation, qui, ajoute-t-on, lui valut la vie de la part de Cyrus étonné.

§. 5.

FIN DU ROYAUME DE BABYLONE.

Le Héros Persan subjugue ensuite toute l'Asie Mineure, jusques à la Mer Egée ; il enlève aux Babyloniens la Syrie & l'Arabie Septentrionale, presque tout ce qui composoit leur Empire, à l'exception de la Chaldée : il en prend enfin le chemin, en descendant par la Mésopotamie. Nabonadius vient au-devant de lui, à la tête de ses Troupes, pour l'arrêter dans sa marche ; mais il est battu, & obligé de se réfugier dans Borsippe, la forteresse la plus prochaine.

Cyrus dédaigne de l'assiéger, & marche droit à Babylone qu'il investit. Cette Ville bien pourvue, de Troupes & de vivres, se défend deux ans entiers ; mais enfin elle est prise, pendant que ses habitans se livrent aux plaisirs d'une fête annuelle (1) & au moyen du desséchement du fleuve dont Cyrus fait verser les eaux dans le grand lac qui servoit à les faire écouler quand elles étoient trop hautes. Ses Troupes entrerent ainsi par le lit même de ce fleuve qui faisoit la beauté & une des principales forces de cette Ville célèbre.

Il ne restoit plus que Borsippe ; Cyrus n'eut pas de peine à s'en rendre maître, ainsi que du Roi Babylonien, qu'il traita avec cette bonté & cette douceur qui semblent lui avoir été naturelles ; & pour le consoler en quelque sorte dans sa disgrace ; il lui donna le Gouvernement de Caramanie, où il pouvoit se rendre plus utile aux hommes que sur un Trône dont il n'avoit pas été en état de soutenir le poids, & qu'il n'avoit su défendre.

Ainsi fut anéanti, vingt-trois ans après la mort de Nabuchodonosor, l'Empire qu'il avoit établi en Asie, & qui ayant changé entierement la face politique de cette Contrée, attira à ses Successeurs des ennemis qu'ils n'auroient pas eu sans ces succès, & auxquels ils furent hors d'état de résister.

Cependant, ils nous reste encore un objet essentiel : c'est de concilier l'His-

---

(1) Cette Fête étoit la même que celle des Saturnales. On l'appelloit la Fête des Sacées, & on la célébroit à l'honneur du Dieu SAC ou SESAC. Elle commençoit le 16 du mois de Loy ou Lous, & duroit cinq jours. Les Maîtres étoient alors, nous dit ATHENÉE, d'après Bérose, aux ordres de leurs Domestiques : l'un d'eux revêtu d'un manteau royal, étoit comme le Chef de la Maison, & portoit le titre de ZOGAN en Chaldéen סגן, & qui signifie Vice-Roi, Gouverneur.

toire des Succeſſeurs de Nabuchodonoſor avec ce qu'en rapportent les Livres des Hébreux, & en particulier avec les Prophéties de Daniel.

ARTICLE XIII.

Conciliation de l'Hiſtoire Sacrée & de l'Hiſtoire Profane au ſujet des derniers Rois de Babylone.

I.

Cette queſtion a paru juſques à préſent inſoluble.

On diroit que le ſort des Hiſtoriens eſt de marcher ſans ceſſe au milieu des ténèbres & des principes : à peine ſont-ils arrivés à une époque lumineuſe, qu'ils retombent auſſi-tôt dans les plus grands embarras par la profonde nuit dont cette époque eſt ſuivie : alors s'ils ne redoublent d'efforts pour ſaiſir le vrai fil qui ſeul peut les retirer de cette route ténébreuſe, la vérité leur échappe, & ils s'imaginent enſuite qu'il eſt impoſſible de parvenir juſqu'à elle. C'eſt ce que tous les Hiſtoriens & tous les Chronologiſtes ont éprouvé lorſqu'ils ont voulu concilier l'Hiſtoire Sacrée & l'Hiſtoire Profane au ſujet des derniers Rois de Babylone, ſucceſſeurs de Nabuchodonoſor.

Depuis l'Ere de Nabon-Aſſar, nous l'avons vû, l'Hiſtoire des Aſſyriens & des Babyloniens étoit devenue auſſi ſure, auſſi lumineuſe, qu'elle étoit auparavant enveloppée de ténèbres : le regne long & glorieux de Nabuchodonoſor ſembloit en particulier avoir mis pour toujours la certitude de l'Hiſtoire de Babylone hors de toute atteinte, en fixant les yeux de tous les Peuples ſur cette Monarchie, & en faiſant de Babylone le centre des Arts & des Sciences : cependant lorſqu'il a été queſtion de comparer ce que les Hiſtoriens Sacrés & les Profanes nous apprennent relativement aux Succeſſeurs de Nabuchodonoſor, les Savans les plus diſtingués n'ont vû que difficultés plus grandes les unes que les autres; & laſſés de lutter contr'elles, ils ont renoncé à la ſolution de cette queſtion, comme étant impoſſible à trouver. On peut donc dire, qu'elle formoit un des problêmes les plus épineux de la Chronologie & de l'Hiſtoire ancienne.

On nous ſaura donc quelque gré d'éclaircir cette grande queſtion : on verra que ce n'étoit ni le défaut de monumens, ni leur obſcurité, ni leur oppoſition qui rendoit ce point d'Hiſtoire ſi difficile à expliquer : qu'il rentroit ainſi dans l'enſemble de nos recherches, qui n'offroient juſques ici tant de difficultés, qu'à cause des faux principes qu'on posoit, & parce qu'on se laissoit plutôt conduire par des idées systêmatiques, que par l'ensemble des faits.

Ainsi tombera une des grandes difficultés de la Chronologie Sacrée : celle-ci devoit paroître d'autant plus surprenante, que les Ecrivains Hébreux, qui ont parlé de ces événemens, vivoient dans l'époque même dont nous parlons, étoient contemporains de ces Princes ; qu'un d'eux, DANIEL, a même vécu à leur Cour, qu'il en étoit un des principaux Seigneurs ; que ces Contrées retentissent encore de la gloire de son nom, & qu'on y montre encore aujourd'hui son tombeau. Il leur étoit donc aussi impossible de se tromper à cet égard, qu'à BEROSE & à ABYDENE, Historiens Profanes de ces Contrées où ils étoient nés.

2.

Chronologie Profane des Successeurs de Nabuchodonosor.

Le CANON Astronomique de PTOLOMÉE assigne une durée de 23 ans, au tems écoulé entre la mort de Nabuchodonosor & la prise de Babylone par Cyrus ; il la partage entre ces trois Princes,

ILVARODAM,	2
NERI-GLISSAR,	4
NABON-ADIUS,	17

} 23 ans.

BEROSE, Prêtre Chaldéen, qui avoit écrit l'Histoire de son Pays, s'accorde parfaitement avec ce Canon ; à cela près, qu'il y ajoute Laborosoarchod, fils de Nérigliffar, mais auquel il ne donne qu'un règne de neuf mois, durée qui n'a pu entrer en ligne de compte dans le Canon qui ne renferme que des années pleines, & qui s'est confondue avec la quatrieme année commencée de Nerigliffar.

3.

Points de l'Histoire Sacrée relatifs à cette époque.

DANIEL, de son côté, parle d'un Prince successeur de Nabuchodonosor dans la troisieme année duquel il eut des visions qu'il rapporte : & il l'appelle Belsasar.

Il dit ensuite que ce Prince donnant un grand festin à toute sa Cour, une

ESSAI D'HISTOIRE ORIENTALE.

main lui apparut qui traça des caractères, qu'on ne pouvoit lire : que la Reine-Mere le fit venir, lui Daniel, pour expliquer ces paroles, & qu'après l'avoir fait, il ajouta que le Roi seroit tué cette même nuit.

Il parle ensuite de Darius le Mède, comme successeur de ce Prince, & il trace les visions qu'il eut la premiere & la troisieme année de son règne.

JÉRÉMIE (XXVII. 7). & ESAIE (XVI. 12), disent expressément qu'après le règne du fils & du petit fils de Nabuchodonosor, son Royaume seroit détruit

4.

Systêmes imaginés pour fixer quels sont les Princes dont parle Daniel.

Le nombre des systêmes qu'on a imaginés pour trouver quel entre les quatre Rois nommés par Berose, est celui que Daniel a désigné par le nom de Belsafar, est aussi varié qu'il se puisse : car dans ces Systêmes il se trouve successivement être tous ces Princes; & à force d'être tout, il n'est rien.

Selon le Savant USSERIUS & son imitateur PRIDEAUX, il est le dernier Roi de Babylone, par conséquent Nabonid : pouvoit-il ne pas l'être ? il est tué dans un Festin, au moment où Daniel vient de lui dire que son Royaume seroit partagé entre les Mèdes & les Perses : c'est donc, concluoit-on, le dernier Roi, celui sous qui Babylonne fut prise & son Empire détruit.

Selon SCALIGER, c'est son prédécesseur Laborosoarchod.

Selon DESVIGNOLES, qui a rendu de si grands services à la Chronologie Sacrée, c'est Nériglissar.

Selon CONRINGIUS, MARSHAM, le Président BOUHIER, FRERET, c'est Evil-merodach.

Nous citerions aussi les savans Auteurs de l'Histoire Universelle, s'ils avoient une opinion à eux : si après avoir embrassé dans l'Histoire des Babyloniens le dernier de ces systêmes, ils n'étoient revenus dans celle des Medes à celui d'Usserius, qui en est précisément l'Antipode.

Ajoutons que le systême de Scaliger a été adopté par le Savant & judicieux Auteur d'un manuscrit sur les Rois d'Assyrie, qui a bien voulu nous communiquer depuis peu son Ouvrage : & à cet égard nous ne pouvons trop regretter que l'autorité de Scaliger d'un côté, mais sur-tout l'idée que Nabonadius n'étoit pas petit-fils de Nabuchodonosor, lui ayent fait voir Belsafar dans Laborosoarchod. Plus nous avons l'avantage de nous rencontrer sur divers points avec ce Savant respectable, & plus nous aurions eu de plaisir de pouvoir suivre également sur ce point la même route que lui.

A cette premiere question s'en joignoit une autre, puisqu'il falloit déterminer non-seulement qui étoit Belsasar, mais encore qui étoit Darius le Mède.

Dans le système d'Usserius, Darius le Mède étoit Cyaxare Roi de Médie, oncle & ami de Cyrus : dans le système de Marsham, ce Prince étoit un des derniers Rois de Babylone ennemis de Cyrus.

On voit que ces systêmes ne pouvoient être plus opposés : un d'eux cependant devoit être vrai ; mais tous sont appuyés sur de si foibles preuves, que la vérité même restoit noyée sous un amas d'obscurités & de difficultés qu'on ne pouvoit dissiper.

C'est que les Savans Auteurs de ces systêmes ne procédoient pas dans cette recherche avec l'exactitude qu'elle exigeoit : ils n'ont point rapproché les traits épars de ces tableaux ; ils ne les ont point comparé dans leur ensemble : ils ont laissé de côté les preuves les plus convaincantes. Ainsi il en arrive à quiconque prend un parti avant un examen suffisant, froid & tranquille.

§.

OBJETS A DÉMONTRER.

Quant à nous, nous allons démontrer :

1°. Que le Belsasar de Daniel est l'Evilmerodac du Canon Astronomique.
2°. Que Darius le Mede est Nérigliffar.
3°. Que Nabonid étoit petit-fils de Nabuchodonosor.

Trois points qui établissent la plus parfaite harmonie à cet égard entre l'Histoire Sacrée & l'Histoire Profane.

PREMIER ACCORD.

» *BELSASAR est fils de Nabuchodonosor & le même qu'Evil-Merodach.*

EVIL-MERODACH, nous dit Berose, fut fils & successeur de Nabuchodonosor. C'étoit un Prince indigne de son rang : il se conduisoit (*anomôs kai aselgôs*) *sans foi ni loi* ; aussi est-il surnommé *Evil*, ou l'Insensé. S'étant ainsi rendu insupportable à ses Sujets, il fut tué dans un festin par son Beau-Frere

ESSAI D'HISTOIRE ORIENTALE.

Nérigliffar, après deux ans de regne, c'eft-à-dire dans fa troifieme année commençante, & fon Beau-Frere lui fuccéda. Voilà donc autant de caractères qu'il faut retrouver dans Belfafar.

BELSASAR réunit complettement tous ces Caractères.

Belfafar eft conftamment appellé fils de Nabuchodonofor : il eft repréfenté comme un Prince indigne de fon fang : il eft tué dans un feftin qu'il donne aux Seigneurs de fa Cour.

1°. Il eft fils de Nabuchodonofor. C'eft la qualité que lui donne trois fois la Reine dans le Ve. Chap. de Daniel. Ce Prince la prend lui-même ; & Daniel lui dit auffi : « Et vous, Belfafar, vous qui êtes fon fils, (parlant de Nabu- » chodonofor,) vous n'avez point humilié votre cœur, quoique vous fuffiez » toutes ces chofes ». Et quelles étoient ces chofes? L'humiliation qu'avoit fubie Nabuchodonofor, & les caufes de cette humiliation ; & à qui pouvoient-elles être mieux connues qu'à un fils ?

De plus, les Juifs de Babylone écrivant à ceux de Jérufalem, cinq ans après la prife de cette Ville, & leur envoyant de l'argent pour offrir des facrifices en leur nom, leur difent : (1)

» Priez pour la vie de NABUCHODONOSOR Roi de Babylone, & pour
» la vie de BELSASAR fon FILS, afin que leurs jours fur la Terre foient
» comme les jours du Ciel : que le Seigneur nous donne la force & qu'il
» éclaire nos yeux pour vivre fous l'ombre de Nabuchodonofor Roi de Baby-
» lone, & fous celle de BELSASAR fon FILS ; que nous les fervions
» long-tems & que nous trouvions grace devant eux ».

2°. BELSASAR étoit un Prince indigne du haut rang auquel l'avoient appellé fa naiffance & les vertus de fes Ancêtres. Daniel nous l'apprend dans ce Chap. V. où il explique les caractères tracés fur la muraille par la main Prophétique.

Voici la maniere dont Daniel raconte cet événement mémorable, & fi conforme à ce que l'Hiftoire profane nous dit de ce Prince.

BELS-ASAR donnant un grand feftin aux plus grands Seigneurs de la Cour, & étant déjà pris de vin, fit apporter les vafes d'or & d'argent que fon *Pere* Nabuchodonofor avoit emportés du Temple de Jérufalem : il s'en fervit pour y boire, lui, fes femmes & toute fa Cour, en infultant au Dieu des Hé-

---

(1) BARUCH I, 11, 12. Traduction de M. de Sacy.

breux : au même moment, on vit paroître comme la main d'un homme qui écrivoit près du chandelier sur la muraille de la Salle : le Roi vit le mouvement des doigts qui écrivoient ; Il fit un grand cri, & appella les plus Savans des Chaldéens pour lire & expliquer cette écriture, promettant le Collier de ses Ordres à celui qui la déchifreroit, & de l'élever à une des trois premieres places de son Royaume. Aucun d'eux ne pouvant en venir à bout, la Reine indiqua Daniel au Roi comme la seule personne en état de faire ce qu'il desiroit. Celui-ci lui rappellant la maniere dont son Pere avoit été puni à cause de son orgueil, ajoute qu'en punition de ce qu'il venoit de faire lui-même, une sentence venoit d'être prononcée contre lui : qu'elle consistoit dans ces mots, MNA, MNA, THE-QEL ou-PHARSIN, *nombre, nombre, poids, division*; & qu'ils signifioient : « vos jours ont été comptés & ils sont à leur fin : vous avez » été trouvé léger à la balance ; & votre Royaume a été divisé entre les Mèdes » & les Perses ». Belf-Asar eut assez de confiance dans les lumieres de Daniel pour tenir sa parole, quelque foudroyante que fût pour lui une dénonciation pareille : cependant la même nuit il fut tué ; & Darius le Mede lui succéda à l'âge de soixante-deux ans. Celui-ci touché du savoir de Daniel, confirma la promesse de Belf-Asar, & ayant établi sur ses Etats cent-vingt Satrapes qui relevoient de trois grands Seigneurs, ou Ministres, Daniel fut le premier de ces trois.

On a beaucoup discuté sur la maniere dont ces mots étoient écrits & en quels caractères, puisqu'aucun Sage n'avoit pu les expliquer ; mais il faut les considérer comme une sentence énigmatique, qu'il est impossible de comprendre lorsqu'on n'en a pas la clef : il falloit même qu'on pût les lire, afin que Belsasar pût comparer l'explication avec l'objet à expliquer : sans quoi, on auroit pu accuser Daniel de faire le Texte & le Commentaire. Quant aux mots en-eux mêmes ils sont vraiment orientaux, primitifs & communs à tous les Peuples ; *mna* signifiant compter, est également Grec, Latin, &c. *The-kel*, composé de *qel*, léger, vite appartient également aux mêmes Langues : *phars*, division, prononcé *pars*, appartient aux Langues Occidentales, & il existe également en Persan avec sa prononciation en F.

Mais que vouloit dire la main Prophétique par ces mots symboliques liés à l'essence des choses, puisque tout est fait avec *nombre poids & mesure*, & que rien ne peut subsister sans la réunion de ces trois ? On sent fort bien que c'étoit une destruction, puisqu'on ne voyoit ici que *nombre & poids*; & que *division* avoit pris la place de *mesure* : mais qu'elle étoit cette destruction, quels en étoient l'objet & le genre ; c'est ce que la main seule

pouvoir

pouvoit expliquer, avec une sagesse semblable à celle qui arrange tout avec *nombre, poids & mesure*. Cependant je ne sache personne, du moins entre tous nos Commentateurs, qui ait fait attention à la Nature de cette énigme symbolique & sublime.

SECOND ACCORD.

Darius le Mède & Nerigliſſar ſont le même Perſonnage.

NERI-GL-ISSAR, ou plutôt *Neri gal-aſſar*, succéde, selon les Historiens Profanes, à Evilmerodach qu'il avoit assassiné, quoiqu'il en eût épousé la sœur, il n'étoit ni du Sang Royal, ni Babylonien : pour se soutenir dans son usurpation, il déclare la guerre aux Mèdes & aux Perses; & cette guerre pendant laquelle il perdit la vie dans un combat, ne finit que par la ruine de l'Empire Babylonien, vingt-un ans après que Nerigliſſar fût monté sur le Trône : d'ailleurs, ce Prince ne régna que quatre ans.

DARIUS le MEDE réunit tous ces Caractères.

DARIUS le MEDE réunit & réunit seul tous ces Caractères de la manière la plus sensible.

Darius le Mède est successeur d'un fils de Nabuchodonosor, d'un Prince mis à mort dans un festin. Il est étranger & au Sang Royal & à la Nation : à lui commence une guerre qui dure vingt-un ans, & qui finit par la ruine de l'Empire. C'est ce que nous allons prouver.

Les trois premiers sont déja établis par tout ce qui précède, & on en convient de part & d'autre. Ce que nous devons prouver, & qui décide hautement de la personne de Darius le Mède, c'est qu'il étoit ennemi & non ami de Cyrus, par conséquent qu'on ne peut voir en lui Cyaxare, oncle de ce dernier Prince, & qui remplaça le dernier Roi de Babylone.

1°. Daniel introduit sur la scène l'Ange du Royaume de Babylone, & lui fait dire, (XI. 1.)

» Dès la première année de DARIUS de la race des Mèdes, j'ai travaillé pour
» l'aider à s'établir & à se fortifier dans son Royaume : le Prince du Royau-
» me des Perses m'a résisté...

DARIUS le Mède étoit donc en guerre avec les Perses : ce n'étoit donc pas ce Prince Mède, oncle de Cyrus, auquel celui-ci céda, dit-on, Babylone pour le reste de ses jours ; c'étoit donc le Mède qui ayant usurpé le Royaume de Babylone, occasionna une guerre entre les Babyloniens & les Perses, qui finit par la ruine de l'Empire Babylonien. On ne peut donc voir en lui que le Mède Nerigliffar.

2°. Ce qui est encore plus remarquable, & que personne n'a observé, c'est que Daniel compte entre le commencement du regne de ce Prince, de Darius le Mède & la prise de Babylone, vingt-un ans, précisément le même espace de tems que le Canon de Ptolomée admet entre Nerigliffar & la prise de Babylone ; car telle est la suite du Discours de l'Ange de Babylone.

» Le Prince (l'Ange) du Royaume des Perses m'a résisté vingt-un jours ».

Or tout le monde sait qu'un jour est un an dans le style prophétique. Voilà donc vingt-un ans entre les commencemens de Darius le Mède & la prise de la ville. Il ne peut donc être en aucune maniere Cyaxare, Oncle de Cyrus. Ainsi croulent tous les systêmes imaginés jusqu'ici pour déterminer quel étoit ce Prince entre les successeurs de Nabuchodonosor. Le système qui avoit rencontré le vrai, comme par hasard & sans qu'on pût le démontrer, en acquiert une force absolument nouvelle.

Mais puisque nous parlons ici des jours prophétiques, montrons comment un jour a pu signifier un an d'une maniere très naturelle. Le mot primitif qui désigne le jour, signifie également le Soleil : pour dire jour, on disoit donc *un soleil*, comme nous disons *d'un soleil à l'autre*. Mais si un jour s'appelle un soleil, l'année, a plus forte raison, put s'appeller dans le style sublime & métaphorique, un *Soleil* : il étoit aussi aisé de dire d'une maniere intelligible j'ai vu vingt Soleils, que de dire *déjà vingt fois j'ai vu le Soleil renouveller sa carriere*, expression qui peut s'appliquer & à vingt jours & à vingt ans. Aussi pour conserver la force, l'élégance & la sublimité du mot original, il faudroit traduire l'expression prophétique, non par *jour*, mais par Soleil : *le Prince du Royaume des Perses m'a résisté vingt-un* SOLEILS.

TROISIEME ACCORD.

Le dernier Roi de Babylone est petit-fils de Nabuchodonosor ; il n'est tué ni à Babylone ni ailleurs.

Enfin le Royaume de Babylone ne devoit périr que sous le regne du petit-fils de Nabuchodonosor, & ce Prince loin d'avoir été tué à la prise de Babylone, n'étoit pas même dans cette ville. Deux caractères décisifs & sur les quels regne l'accord le plus parfait entre l'Histoire sacrée & la Profane : ce que personne n'avoit vu & que nous allons démontrer.

1°. Nous avons déjà rapporté les passages d'Esaïe & de Jérémie, qui déclarent que l'Empire seroit détruit après les regnes du fils & du petit fils de Nabuchodonosor.

Or, Nabonadius étoit ce petit-fils, même selon les Historiens Profanes. HÉRODOTE qui l'appelle *Labynit*, dit qu'il étoit fils du Roi qui avoit épousé Nitocris, & ce Roi est Evilmerodac ou Belsafar. BEROSE l'affirme également ; car il dit que ceux qui avoient mis à mort Laborosoarchod, choisirent pour Roi *Nabonnéd* (*tini tôn ex Babylônos*) un de ceux de (la *Maison* de) Babylone, & qui étoit, ajoute-t-il, de la conspiration.

2°. Les Historiens Profanes nous apprennent que ce dernier Roi ayant perdu une bataille contre Cyrus, se réfugia dans Borsippe, & qu'il n'étoit point dans la ville de Babylone quand Cyrus l'assiégea. Mais l'Histoire Sacrée s'accorde en cela avec la Profane. Jérémie y est exprès : voici comment il s'exprime : (1)

» Toute la Terre sera dans l'émotion & dans l'épouvante, parce que le Sei-
» gneur appliquera sa pensée contre Babylone pour rendre ce pays désert & in-
» habité. Les vaillans hommes de Babylone se sont retirés du combat, ils sont
» demeurés dans les places de guerre, (*après la bataille perdue*,) toute
» leur force s'est anéantie : ils sont devenus comme des femmes ; leurs mai-
» sons ont été brûlées & toutes les barres en ont été rompues ».

» Les Couriers rencontreront les Couriers, & les Messagers se rencon-
» treront l'un l'autre, pour aller dire au Roi de Babylone que sa ville a été prise
» d'un bout à l'autre ; que l'ennemi s'est emparé des gués du fleuve, qu'il a
» mis le feu dans les marais, & que tous les gens de guerre sont dans l'épou-
» vante ».

Pouvoit-on exprimer d'une maniere plus énergique que le Roi de Babylone n'étoit pas dans cette ville lorsqu'elle fut prise, & qu'il n'en apprit la nouvelle que par les Couriers qu'on lui expédia l'un sur l'autre ?

Il est donc prouvé que Belsafar est le propre fils de Nabuchodonosor, le même qu'Evilmerodac, & qu'il fut tué, non au siége de Babylone, mais par son beau-frere.

---

(1) Chap. LI. 29, 30, 31, Trad. de M. de Sacy.

Que Darius le Mède eſt ce beau-frere ou Nérigliſſar qui commença la guerre contre Cyrus.

Que Nabonadius étoit petit-fils de Nabuchodonoſor, & qu'il n'étoit pas dans Babylone lorſqu'elle fut priſe.

Ce point d'Hiſtoire qui accorde les Hiſtoriens Sacrés & les Profanes, devient donc auſſi clair & auſſi lumineux qu'il paroiſſoit obſcur & impoſſible à concilier. Ce n'eſt pas tout : nous avons encore à prouver qu'entre le dernier Roi de Babylone & Cyrus, il n'y a point eu de Roi intermédiaire, & que le regne de Cyaxare à Babylone d'après la ceſſion de Cyrus, eſt une pure imagination, un roman dont on a profité pour faire quadrer avec l'Hiſtoire la ſuppoſition que Belſaſar étoit le dernier Roi Babylonien.

6.

Entre Nabonadius & Cyrus, il n'y a point eu de Prince intermédiaire.

Une premiere erreur en entraîne néceſſairement d'autres à ſa ſuite : dès qu'on étoit perſuadé que Belſaſar étoit le dernier Roi Babylonien, le même que Nabonadius, on étoit forcé de mettre Darius le Mède entre ce dernier & Cyrus. Mais 1°. Hérodote, Diodore, & le Canon de Ptolomée ne mettoient aucun intervalle entre ces deux Princes : que fit-on ? on alla chercher dans la Cyropédie, un Héros de Roman, un Cyaxare, fils d'Aſtyages grand-pere de Cyrus & Roi des Mèdes : & de cet oncle de Cyrus, on en fit un Roi à qui Cyrus céda le Royaume de Babylone, & qui prit le nom de Darius le Mède. Rien ne quadroit mieux ; mais ce n'eſt qu'un Héros de théâtre, un intrus qui ne s'accorde avec aucune Hiſtoire, & qui tombe dès que la vérité ſe manifeſte.

2°. Cyrus n'étoit pas de caractère à céder un Etat comme celui de Babylone : loin d'être ſi complaiſant avec la Famille Royale des Mèdes, il paroît qu'il la dépouilla au contraire de ſes propres Etats, & qu'Aſtyages mourut dans une eſpece d'exil. Du moins Xenophon dans la retraite des Dix mille (1) parlant des Villes de Lariſſa & de Meſpila, ſur la rive orientale du Tigre où il paſſa avec les Grecs, dit que les Mèdes avoient habité autrefois Lariſſa, que le Roi de Perſe l'avoit priſe ſur eux, dans le tems que *l'Empire leur fut*

---

(1) Liv. III.

enlevé par les Perfans : il dit de même en parlant de *Mefpila*, que cette Ville avoit été autrefois habitée par les Mèdes, & qu'ils la *perdirent avec l'Empire*. Il ajoute que c'eft dans cette derniere Ville que s'étoit réfugiée la Reine de Médie, & qu'elle y foutint un long fiége contre les Perfes.

Enlever aux Mèdes leurs Etats, affiéger leur Reine, exiler leur Roi, ce font des actions bien oppofées à la générofité de céder à un oncle un Empire entier.

3°. D'ailleurs Xenophon ne dit point que Cyaxare II. ait regné à Babylone, pas même qu'il s'y foit jamais rendu : Cyrus, felon lui, alloit fouvent vifiter Cyaxare à Ecbatane ; mais Cyaxare ne vient jamais à Babylone. Ajoutons que le favant FRERET a fort bien prouvé (1) que la Chronologie de la Cyropédie eft remplie d'anachronifmes qui démontrent que Xenophon n'avoit en vue qu'un Roman philofophique, & non une Hiftoire exacte : ainfi, il avance de vingt-fix ans la prife de Babylone par Cyrus, & de vingt-huit la défaite de Créfus : ce qui, de la part d'un homme tel que Xenophon, prouve qu'il fe propofoit moins de compofer une Hiftoire qu'un Roman : ce n'eft que dans ceux-ci, de même que dans les Poëmes épiques, qu'il eft permis d'arranger les événemens à fa fantaifie ; quoique l'on y joigne beaucoup de chofes très-vraies & très-curieufes.

Enfin Daniel lui même place Cyrus fur le Trône de Babylone immédiatement après la guerre de vingt-un ans, preuve à laquelle on n'a jamais fait aucune attention.

L'Ange de Babylone, après avoir dit que le Prince du Royaume des Perfes lui avoit réfifté vingt-un ans, ajoute : » Enfuite, j'ai demeuré là près du Roi » de Perfe, » de *Cyrus*. Ce Mède qu'on place entre la fin de la guerre & Cyrus, eft donc un vain fantôme, par le Texte même de Daniel. La guerre commencée à l'occafion de Darius le Mède dure vingt-un ans. Elle finit, & Cyrus eft Roi de Babylone.

Et que ce foit Cyrus dont il foit ici queftion, c'eft-ce qui réfulte également de la fuite du difcours de l'Ange : » Il y aura, ajoute-t-il, encore trois » Rois en Perfe ; le quatrième foulèvera tous les Peuples contre les Grecs.

Ces trois Rois font Cambyfe, Smerdis, & Darius : le quatrième eft Xerxès, qui amena contre les Grecs tous les Peuples connus de l'Afie & de l'Afrique.

---

(1) Mém. des Infc. & B. L. T. VII.

ARTICLE XIV.

Des Prophètes de cette époque, & qui terminent la Prophétie.

I.

Clarté qui en résulte pour l'arrangement des Prophéties de Daniel en particulier.

Si une erreur en entraîne d'autres à sa suite, la découverte d'une vérité est un flambeau qui dissipe une multitude de difficultés & devant lequel tout s'applanit. C'est ce qu'on éprouve ici: en reconnoissant Belsasar dans Evilmerodach, l'Histoire Sacrée & l'Histoire Profane sont parfaitement d'accord, & les Prophéties de Daniel dont l'arrangement étoit si difficile, brillent d'un nouvel éclat par l'harmonie qui en résulte.

1°. Ce n'est point lorsque l'Empire de Babylone anéanti est déjà entre les mains des Perses & des Mèdes, ce n'est point lorsque sa Capitale est déjà assiégée depuis deux ans & qu'elle va être prise, que Daniel annonce à son Roi, comme on le prétendoit, la destruction de son Empire; c'est deux ans après la mort de Nabuchodonosor, c'est lorsque cet Empire est au plus haut dégré de sa splendeur, lorsqu'il jouit de la plus profonde paix: que l'Orient étonné de la grandeur de ses Rois, de leur puissance redoutable, n'ose souffler devant eux: que tout est soumis au dedans & au dehors; c'est dans un tems où le fils du Conquérant de l'Asie, enyvré de sa gloire que rien ne trouble, donne une fête superbe: quel moment pour annoncer à ce Prince qu'il va périr, que son Empire va être partagé entre les Mèdes & les Perses, entre ces Mèdes jusqu'alors Alliés des Babyloniens; & ces Perses qu'ils méprisoient? Autrement, lequel des Sages de sa Cour n'auroit pu dire la même chose?

C'est ce qu'a très-bien vu FRERET. Après avoir prouvé que Belsasar est Evilmerodach, il ajoute en parlant de la maniere dont Daniel lui explique les caractères tracés par la main merveilleuse: » c'étoit-là une Prophétie bien claire
» de la conquête de Babylone par les Persans; mais c'étoit une Prophétie;
» c'est-à-dire, la prédiction d'un événement futur qui ne pouvoit être connu que par révélation, & que l'esprit humain ne pouvoit prévoir naturellement. Si la ville eût été assiégée alors, si l'Euphrate ayant été détourné de
» son lit, eût donné dans ce moment même entrée aux Persans dans la ville;
» si aussitôt après l'explication de la vision de Balthasar, les troupes de Cyrus

» eussent attaqué le Palais, comme le dit PRIDEAUX, il me semble que Da-
» niel pouvoit sçavoir toutes ces choses sans révélation : la conduite du Roi de
» Babylone, la connoissance de son caractère & de l'habileté de Cyrus devoit
» faire prévoir à Daniel quelle seroit la fin de cette guerre. La prédiction de
» Daniel fut donc une *véritable Prophétie*.

2°. Si Darius le Mède est postérieur à la prise de Babylone, la vision que Daniel eut la premiere année de son regne n'en est pas une. Il en est ainsi des autres ; sur tout de celles rapportées aux Chapitres X & XI ; mais il est tems d'en restituer l'ordre chronologique.

2.

CHRONOLOGIE DE DANIEL.

ANNÉES avant J. C.

La premiere année de Nabuchodonosor (Chap. I.) Daniel est emmené en captivité à Babylone.

La seconde année (Chap. II), il explique à ce Prince le songe de la statue composée de plusieurs métaux : il y annonce quatre Empires successifs, qui seront remplacés par un Empire qui ne sera jamais détruit. 604.

603.

La premiere année de Belsasar (Chap. VII) il a la vision des quatre animaux qui représentoient quatre Royaumes.

La troisieme année du même Prince (Chap. VIII) il a la vision du bélier, du bouc & de ses cinq cornes. 561.

Cette Prophétie est datée du Palais de Suse au pays d'Elam, sur les bords de l'Ulaï. 559.

Le Mot oriental qui signifie ici *Palais*, est *he-birh*. Joseph dans ses Antiquités (1) dit que Daniel avoit bâti, non à Ecbatane comme portent aujourd'hui ses Exemplaires, mais à Suse, comme ils portoient du tems de Saint Jérôme qui a cité ce passage ; en forme de Château, un édifice célèbre qui subsistoit encore de son tems ; qui servit de sépulture aux Rois des Perses & des Parthes, & dont la garde étoit confiée encore de son tems à un Juif. Il désigne ce monument sous le nom de *Baris*, ce qui est le même mot employé par Daniel.

C'est également ce mot qui est entré dans la composition de celui du la-

---

(1) Liv. X. Ch. XII.

byrinthe, *al-bir-ain*, le Palais du foleil, & il exifte encore de nos jours avec la même fignification dans le Pérou.

La même année, 559, (Chap. V.) il explique à Belſafar les caractères tracés par la main prophétique.

Cette même année (Chap. IX) la premiere de Darius le Mède, il a la vifion des LXX femaines d'années. Le récit eſt précédé de la belle priere qu'il adreffa à Dieu pour lui demander la fin de la captivité du Peuple Juif; & au lieu de cela, il apprend celle d'une durée de LXX femaines d'années qui devoit fuccéder à ces LXX ans de la captivité, & dont les événemens font la bafe du Chriftianifme.

La troifieme année de Cyrus, il a la célebre vifion (Chap. X, XI, XII) relative aux Empires qui s'élèveroient après celui des Perfes. C'eſt au Chap. X, 13, qu'il nous apprend d'un ſtyle fymbolique que depuis Darius le Mède, juſqu'à Cyrus, il y avoit eu entre les Babyloniens & les Perfes une guerre de vingt un ans, qui avoit fini par la ruine des premiers.

Et que ces vingt-un ans doivent commencer à Darius le Mède, de l'aveu même de Daniel, c'eſt ce dont on peut d'autant moins douter, que le ſujet qui en amene le récit eſt relatif à la priere de Daniel faite la premiere année du regne de Darius le Mède: intervalle donné, auquel il eſt bien étonnant qu'on n'ait pas fait attention; on n'auroit pas bouleverſé, comme on a fait, la Chronologie de ces tems-là.

3.

DANIEL.

Tel eſt l'ordre chronologique qu'offrent les Prophéties de Daniel; & qu'on avoit cependant totalement perdu de vue: qui avoit échappé, non feulement à ceux qui n'y croyoient pas, mais fur-tout à ceux même qui y croyent: cet ordre, ces époques, ces prophéties, le rang illuſtre de celui fous le nom de qui elles paroiffent, tout doit intéreffer l'attention du Philofophe, de l'Obſervateur exact: il a rarement d'auſſi grands fpectacles fous les yeux; & l'Hiftoire d'un grand Homme, fût-il un impoſteur, doit tenir néceffairement une grande place dans les faftes de l'efprit humain, & de fes révolutions. Nous ne faurions donc omettre ici quelques détails fur un perfonnage tel que Daniel, qui a joué un auſſi grand rôle pendant la durée entiere de l'époque qui fait l'objet de cet Effai d'Hiftoire Orientale: de ces détails même dépend l'idée que nous devons nous former de ces tems & de ces Prophéties.

L'Orient

L'Orient d'ailleurs est rempli de la gloire de son nom, & d'admiration pour lui : les révolutions épouvantables qui ont ravagé tant de fois ces Contrées, qui ont effacé tant de monumens, qui ont fait disparoître les noms de tant de Monarques, n'ont rien pu contre ce personnage illustre : & de même que les Orientaux montrent chez eux le tombeau de Job, celui de l'immortel Locman, ils montrent dans la Susiane celui de Daniel : ils le font voir encore de nos jours, avec empressement, aux Voyageurs modernes, comme ce qu'ils ont de plus précieux : & ce tombeau est digne d'un Prince. Ils ne se contentent pas de ces restes froids & inanimés : ils représentent Daniel comme un des plus grands Satrapes de la Babylonie & de la Perse, comme le Vice-Roi de la Susiane sous Cyrus. Son avancement est fondé, selon eux, sur sa sagesse ; & cette sagesse brilloit sur tout dans son habileté à expliquer les songes.

Expliquer les songes, nous paroît à nous Occidentaux, de grandes rêveries ; pour les Anciens, c'étoit une grande science : louer quelqu'un à cet égard, c'étoit le *non-plus-ultrà* de l'éloge ; c'étoit élever une personne au faîte de la gloire : tel étoit le goût oriental : il se plaît dans les présages, dans les songes, dans les visions, ainsi que dans la science Astrologique, qui les infecte encore, de même que l'Europe en a été infectée jusques dans ces derniers siécles. D'ailleurs l'explication des songes, tenoit aux connoissances les plus parfaites de ce tems-là, aux connoissances Civiles, Physiques & Hyéroglyphiques.

Telle fut donc l'habileté de Daniel dans l'explication des songes, qu'elle l'éleva du rang le plus fâcheux aux places les plus éminentes, qu'elle lui valut la confiance des Rois les plus illustres.

Il étoit, il est vrai, de la Race Royale des Hébreux ; mais qu'étoit cette Famille quand ce Royaume fut éteint ? Dans un âge peu avancé, il fut enveloppé dans les malheurs de cette Famille & de sa Nation, & avec nombre d'autres emmené en captivité par Nabuchodonosor, la premiere année du regne de ce Prince. Ce qui devoit être la source de son malheur, fut celle de sa haute élévation : un songe qu'avoit eû Nabuchodonosor & qu'il lui expliqua, lui attira la confiance de ce Prince ; elle dut monter à son comble, lorsqu'il fut revenu en son bon sens. L'explication des caractères tracés par la main solitaire lui valut l'estime & la confiance de Darius le Mède. Il en fit un des trois principaux Satrapes de son Royaume : ce haut rang & la maniere dont il avoit annoncé le rétablissement des Juifs par Cyrus, lui mérita également la faveur de ce nouveau Roi, & la continuation de la Vice-Royauté de la Susiane : aussi, comme nous l'avons vû, une de ses Prophéties est datée du Palais même qu'il avoit dans cette belle Province. C'est la seconde fois que la Prophétie & le

Dissert. Tom. I.

Gouvernement d'un grand Peuple, étoient hors de la Judée réunis sur une même tête.

Ce Vice-Roi avoit cependant près d'un siècle, lors même qu'on ne lui supposeroit qu'une quinzaine d'années quand il fut emmené en captivité, puisque l'année suivante il fut en état d'expliquer le songe de Nabuchodonosor : ce n'est pas un enfant qui peut avoir cette sagesse. Depuis ce tems-là jusques à sa derniere Prophétie, la troisieme année de Cyrus, il s'écoula soixante-dix ans. A cet âge il devoit être un grand phénomène, par son rang, par sa sagesse, par ses liaisons singulieres avec cette Famille Royale de Babylone qui n'étoit plus, & à laquelle il n'avoit cessé de prédire les malheurs non vraisemblables qui fondirent sur elle.

Il ne falloit pas moins que son profond savoir pour l'élever du rang le plus infortuné, aux premieres places de l'Empire chez des Peuples ennemis, dont la Religion n'étoit pas la sienne, dont les Prêtres couroient la même lice que lui, & auxquels il n'annonça jamais que des malheurs. C'est plus qu'il n'en faudroit de nos jours pour faire enfermer quelqu'un aux Petites-Maisons. Quelles étoient donc ces grandes Cours de l'Orient ? ou quel prodigieux ascendant n'avoit pas pris Daniel sur tous les esprits ? quel génie ne falloit-il pas pour soutenir & conserver cet ascendant pendant un siècle presqu'entier ?

S'il fut un personnage extraordinaire à tous ces égards; il ne le fut pas moins à beaucoup d'autres, sur-tout en le comparant aux autres Prophetes Hébreux : à cet égard, il offre une foule de caracteres auxquels on n'a pas fait assez d'attention. Tout le distingue d'eux : longueur du tems pendant lequel il prophétisa : grandeur des événemens qu'il annonça : clarté de ses prophéties, supérieures dans ce genre à toutes les autres, parce que les événemens s'approchoient ; & tel est le caractere de l'ensemble des Prophéties Hébraïques, qu'à mesure que le tems de l'accomplissement approche, leur annonce se développe & devient plus précise, plus détaillée, plus claire.

Ajoutons à ces traits, la parfaite harmonie qu'offrent ses nombres prophétiques, avec ce que la Nature Astronomique a de plus exact : harmonie qui auroit été inconnue, si un Savant de nos jours, l'un des plus grands Astronomes de notre siècle, n'avoit rapproché la révélation de la Nature : étude qu'on dédaigne, & qu'on devroit faire cependant, lors même qu'on ne verroit que l'homme dans la révélation, puisque ce seroit l'effort le plus prodigieux de l'esprit humain, l'effort de l'homme le plus profond dans la connoissance de la Nature : l'effort d'un homme divin, dont jamais aucun mortel n'approcha ; en forte que fe vouer à l'ignorance de ces chofes, c'eſt fe priver de très-belles connoiſſances.

La découverte de ces Cycles parfaits dont nous parlons ici, eſt conſignée dans les *Remarques Hiſtoriques, Chronologiques & Aſtronomiques ſur quelques endroits du Livre de DANIEL*, qui ſont à la tête des Mémoires Poſthumes de M. de Cheſeaux, imprimés à Lauſanne en 1754. Cet Auteur plein de génie & de ſavoir, démontre que les nombres Prophétiques de Daniel 2300 & 1260, ainſi que leur différence 1040, étoient autant de CYCLES PARFAITS, Cycles, qui font harmoniſer tout-à-la fois l'année ſolaire, le mois lunaire & le jour ; qui juſques ici avoient été cherchés en vain, & qu'on avoit fini enfin par regarder comme chimériques ou impoſſibles ; de la même nature en un mot, que la pierre philoſophale & le mouvement perpétuel : il ajoute que ce font les deux ſeuls nombres ronds qui fuſſent Cycliques, & qui le fuſſent de maniere que leur différence fût elle même un Cycle parfait & l'unique. Il obſerve en particulier ſur le Cycle de 1040, qu'il eſt le plus exact qu'on connoiſſe, & même qu'on puiſſe trouver, à moins que d'aller au-delà d'un eſpace de tems trois ou quatre fois plus long, que celui qui s'eſt écoulé depuis les plus anciennes obſervations juſqu'à nous : il ajoute qu'il eſt d'autant plus étonnant que perſonne ne s'en ſoit apperçu, qu'il ſuffiſoit pour cela de comparer le Livre de la Nature avec celui de la révélation.

Ajoutons que M. de CASSINI & M. de MAIRAN, à qui l'Auteur avoit communiqué ſon manuſcrit & ſes découvertes, ne purent diſconvenir de leur vérité, « quoiqu'ils ne puſſent comprendre, dit le dernier avec une ingénuité » admirable, comment & pourquoi elles étoient auſſi réellement renfermées » dans l'Ecriture Sainte ».

Comme ces Cycles concourent également avec nombre d'autres circonſtances très remarquables, cet Auteur termine ainſi ſes remarques :

« Pourroit-on, à tant de traits réunis, méconnoître dans l'Auteur de ces » anciens & reſpectables Livres, le Créateur du ciel & des choſes qui y ſont, » de la terre & de ce qu'elle renferme, de la mer & de ce qu'elle contient » ?

Enfin, Daniel eſt le dernier des Prophetes de l'Economie Judaïque, il en a fait la clôture ; c'étoit un flambeau qui alloit s'éclipſer & qui jettoit pour la derniere fois la plus vive lumiere ; mais en fermant cette Economie Prophétique, il détermine le tems où la Prophétie recommenceroit ſous l'Economie Chrétienne, ſous cette Economie qui verroit éclore l'accompliſſement des Prophéties les plus conſolantes pour l'humanité : encore ſoixante-dix ſemaine Prophétiques, dit-il, & le Chriſt paroîtra, & le ſalut ſera annoncé à tous les

Peuples; & le Peuple Juif ne sera plus seul le dépositaire de la Prophétie: ainsi nul vuide, nulle interruption entre les tems Prophétiques : les deux révélations, celle des Hébreux & la Chrétienne, se tiennent par la main : elles sont sœurs ; elles ne sont que la continuation d'un seul & même objet, d'une seule dispensation subdivisée en annonce & en accomplissement.

N'omettons pas que ses Prophéties sont écrites, moins en Hébreu qu'en ancien Chaldéen, dans cette langue qui caractérisoit la Nation au milieu de laquelle il vivoit, la Cour qui l'avoit élevé, les Sages de Babylone : langue qu'il dût savoir comme la sienne propre, & qui dès le moment que l'Empire eût passé dans des mains étrangeres, ne devint plus que le jargon de quelques Provinciaux méprisables, dans lequel il ne fut plus permis d'écrire. Quel de nos beaux Esprits s'aviseroit d'écrire en bas Breton ou en Picard, pour exciter l'admiration de la Ville & de la Cour ? Nous avons même bien de la peine à soutenir le style des Provinces où on parle la Langue régnante.

4.

De ses Ouvrages.

Daniel a donc existé, il a existé dans l'Orient, à la Cour des derniers Monarques de Babylone ; quoiqu'étranger, ils l'éleverent aux premieres dignités de l'Etat ; mais si on ne peut former aucun doute sur sa personne, quel jugement doit-on porter de ses Ouvrages ? sont-ils authentiques ou supposés ? & s'ils ne le sont pas, quel cas doit-on faire de tous ces caracteres distinctifs dont nous venons de parler, & que doit-on penser de ce qu'on y appelle Prophéties ? Un coup-d'œil sur ces objets ne sera pas déplacé, non en Théologien, ce n'est ni le tems, ni le lieu ; mais en Critique raisonnable, qui soumet au creuset du bon sens, les phénomènes que lui offre l'Univers.

Si les Livres de Daniel étoient supposés, ils l'auroient été dans des tems très-reculés, dans des tems qui se confondent avec ceux où il vécut. Ils étoient connus du tems des CELSE & des PORPHYRE, ces Savans ennemis de la Religion Chrétienne, qui ne pouvant nier le lumineux de ses Prophéties, prétendirent qu'elles avoient été faites après coup.

Ils étoient connus du tems de JOSEPHE, qui dans ses Antiquités (1) en parle comme d'un Livre ancien & reconnu incontestablement pour être de lui.

---

(1) Antiq. Jud. Liv. X. Ch. XII.

« Dieu, dit-il, combla Daniel de ses graces; il l'éleva au rang des plus grands
» Prophetes: il eut pendant sa vie la faveur des Princes, & l'affection des
» Peuples: après sa mort, il jouit d'une réputation immortelle. Les LIVRES
» qu'il nous a laissés sont encore aujourd'hui entre nos mains; nous les con-
» servons comme des gages assurés que Dieu lui a parlé: car non-seulement il
» a prédit l'avenir comme les autres Prophetes; il a même marqué le tems
» précis auquel ses prédictions devoient arriver ».

Cependant Josephe écrivoit dans le premier siècle de l'Ere Chretienne: il écrivoit pour les Grecs: il n'osoit presque pas avouer ce à quoi il présumoit qu'ils
ne pourroient croire.

S. Matthieu (1) met une de ses Prohéties dans la bouche de Jésus-Christ,
& lui donne le nom de Daniel le Prophete.

Il est cité dans les Machabées : & EZÉCHIEL parle deux fois de Daniel (2)
comme d'un personnage aussi distingué que Noé & que Job; comme d'un
Sage par excellence.

Le Livre qui porte son nom, fait partie du Canon des Livres Hébreux,
dressé ou fermé au retour de la captivité: il précède immédiatement les Livres
d'Esdras, de Néhémie & des Chroniques; le Livre de Daniel existoit donc
lorsqu'on revint de la captivité: l'Eglise Judaïque fut toujours convaincue de
son authenticité: comment les contemporains de Daniel, comment Esdras,
Néhémie, ces Chefs du Peuple Hébreu, lors du retour des Juifs, se seroient-
ils trompés à cet égard? & si jusques à ce tems là les Hébreux avoient eu
l'habileté de supposer des Livres Prophétiques sous des noms célèbres, comment auroient-ils perdu cette industrie dès le retour de la captivité?

D'ailleurs, si c'est un faussaire, comment a t-il pu faire illusion aux Juifs
& aux Chrétiens, si fort séparés d'intérêts & de vues? Pourquoi écrire en
Chaldéen, qui n'étoit plus qu'un vil jargon? Pourquoi choisir un théâtre qui
n'intéressoit plus personne, une famille anéantie qui ne pouvoit dédommager
l'imposteur de sa supposition? en un mot quel en eût été le but?

Si c'est un faussaire, où a-t-il puisé ses profondes connoissances, ces nombres qui donnent des Cycles Astronomiques parfaits, cette science Hiéroglyphique puisée dans la Nature & si sublime?

D'où vient encore cette simplicité, cette candeur, cette douceur de style,
si différente du ton ampoulé & enthousiaste des Orientaux? D'où viendroit tant

---

(1) Chap. XXIV. 15. (2) Ez. XIV. 14. XXVIII. 3.

de sagesse & si tant d'absurdités? tant de simplicité & un si violent desir de séduire & d'éblouir?

Il est aisé, sans doute, de fasciner des esprits déjà prévenus favorablement; on fait tout recevoir par des esprits foibles & ignorans, déjà trompés par eux-mêmes, déjà gagnés avant qu'on cherche à les séduire; mais les ouvrages de Daniel ne sont pour aucun Peuple: ils firent la consolation & la gloire des Juifs: les Chrétiens les plus illustres par leur savoir, l'ont toujours distingué de tous les Livres Romanciers, Astrologiques, Sibyllins dont on étoit inondé: ils s'en sont servis avec succès contre les Juifs eux-mêmes, qui n'ont jamais ni pu, ni osé nier son authenticité: il n'auroient donc tous été qu'un vil amas d'hommes à préjugés?

Il est vrai qu'ils admettoient tous cet ouvrage comme Prophétique. De nos jours, on nie qu'il puisse avoir existé des prophéties: que si ce Livre en paroît contenir, ou on y voit ce qui n'y est pas, ou il a été altéré après coup. Mais couper le nœud gordien, est-ce le résoudre ou le délier? Avancer une proposition, est-ce la prouver? & dans un procès aussi capital que celui ci, suffit il de nier?

D'ailleurs, cette question ne porte pas uniquement sur Daniel: elle s'applique également aux autres Livres des Prophetes, même pour l'époque dont nous parlons; car elle nous offre également les Livres Prophétiques de JÉRÉMIE qui joua un si grand rôle relativement à la ruine de la Nation Judaïque, & ceux d'EZECHIEL qui annoncent les plus grands événemens: il y auroit donc eu alors un Peuple ou une Ecole de faussaires, qui se seroient succédé sans cesse, & qui auroient laissé leur esprit & leur science singuliere, aux Auteurs du Christianisme, qui renverserent cependant leurs Maîtres: toutes suppositions absurdes.

5.

EZÉCHIEL ET SA POÉSIE.

Ezéchiel ou ses prophéties appartiennent en entier à l'époque dont nous venons de tracer l'histoire. Il étoit de race Sacerdotale, fils de Buzé, & il avoit été emmené en captivité dans l'Assyrie par Nabuchodonosor avec le Roi Jechonias, l'an VIe du règne de Nabuchodonosor. Il ne commença à prophétiser, que la cinquieme année après cette époque, comme il le dit lui-même; il ajoute que c'étoit dans la trentiéme année: cette date qui est la premiere des deux, a embarrassé tous les Critiques ; ils l'ont rapportée, les uns au tems où Josias trouva la Loi, d'autres au tems où commença de régner le pere de Nabuchodonosor : quels chercheurs ! Est-il donc si difficile d'avoir des yeux ? Ce n'est ni de Josias, ni d'un Prince Assyrien qu'il s'agit ici ; mais du Prophete lui-même. *dans la trentieme année*, dit-il, *je vis ;* comme s'il avoit dit, à l'âge de trente ans ; il ajoute, c'étoit au cinquieme mois, la cinquieme année de la captivité de Jechonias, sur les bords du Chobar, dans le pays des Chaldéens. Ainsi, on a la date de son âge & celle du tems de sa captivité : c'est dans l'ordre ; mais comme il dit que c'est alors que la main de Dieu fut sur lui, on voit qu'il fait allusion à l'onction des Prêtres Hébreux, qu'ils ne recevoient qu'à l'âge de trente ans. Ici c'est une onction très-supérieure, une onction divine, qui le mettoit à même non seulement d'enseigner des vérités déja établies, mais d'enseigner aux hommes ce qui devoit arriver.

Sa derniere prophétie paroît être de l'an 27 de la captivité (1), ensorte qu'il prophétisa pendant l'espace de vingt-deux années au moins, dans lesquelles Nabuchodonosor fut occupé d'expéditions lointaines.

Il annonce la ruine de toutes les Nations voisines du Peuple Juif, celle de Jérusalem, le rétablissement des Juifs, la venue du Messie, l'établissement d'une alliance nouvelle.

Il est regardé comme le plus savant des Prophètes. GROTIUS le compare à Homere pour la beauté de son génie, sa vaste érudition, ses grandes connoissances, sur tout pour son style sublime rempli de figures & de comparaisons : c'est un de ceux qui se distinguent le plus par les emblêmes hyérogliphiques & symboliques dont ses prophéties sont parsemées.

Ses Elégies sur Tyr, & sur son Prince, sur l'Egypte & sur son Roi, sur l'Idumée, sur la ruine de Jérusalem, sont de la plus grande beauté & de la plus riche poësie : les Grecs & les Latins n'ont peut-être rien de supérieur en ce genre : il est fâcheux que ces grands modeles d'éloquence pathétique & sublime soient perdus pour les Modernes : qu'on ne puisse pas s'abreuver dans les sources primitives : on n'en juge que par les versions ; mais souvent qu'est-ce qu'une version ? quelles froides copies !

Ses dates servent même pour fixer des événemens qui ne le sont pas dans les Livres Historiques. Ainsi on voit, Ch. XXVII. & XXIX. que la ville de Tyr n'avoit pas encore été assiégée la dixieme & la onzieme année de la captivité

---

(1) Ez. XXIX. 17.

d'Ezéchiel, puisqu'il en annonce le siège & la ruine prochaine: & Ch. XXIX. 17. qu'elle avoit été prise dans la vingt-sixieme année ; car aussi tôt le premier jour du premier mois de la vingt-septieme année, il promet à ce Roi les dépouilles de l'Egypte, pour le dédommager de ce qu'il n'avoit pris à Tyr que les murs, ses Habitans s'étant tous sauvés avec leurs richesses.

6.

JÉRÉMIE.

Tandis que Daniel prophétisoit à la Cour des Rois, & Ezéchiel dans la Mésopotamie sur le Chobar, Jérémie faisoit la même chose à Jérusalem auprès des derniers Rois de Juda. Ce prophete étoit également d'une race Sacerdotale établie dans la Tribu de Benjamin : il commença à prophétiser la treizieme année du regne de Josias, dans un tems où il sembloit que les Hébreux n'avoient rien à redouter de l'Egypte & de la Chaldée. Il se représente comme peu avancé en âge, lorsqu'il fut chargé d'annoncer que Dieu alloit arracher & détruire, perdre & dissiper, édifier & planter. On peut donc supposer qu'il avoit trente ans, l'âge où on devenoit Prêtre & où on acquéroit le droit d'enseigner.

Ses premières prédictions furent contre sa propre Nation, dont il dépeint les vices & l'impiété avec une énergie sans égale : aucun Prédicateur n'a tonné avec cette force.

Les douze premiers Chapitres paroissent se rapporter aux dix-neuf dernieres années de Josias. Les huit suivans, aux trois premieres de Joakim. Dans le dernier de ceux-ci, on voit qu'un des Chefs du Temple le fit mettre en prison à cause de la nature de ses Prophéties ; & que dans la crainte du Peuple, il le mit en liberté le lendemain. Jérémie s'étoit déjà plaint (Chap XI. 21.) de ce que les Habitans de sa propre ville, d'ANATHOT, avoient cherché à lui arracher la vie, par le même motif.

Au vingt-cinquieme, il annonce que la nation Juive sera assujettie aux Babyloniens pendant soixante dix ans, & qu'alors ceux-ci seront eux-mêmes anéantis ; & dans l'intervalle, un grand nombre de Peuples, de Rois & de Villes, dont il fait l'énumération.

Au vingt-septieme, il annonce que les Babyloniens ne seront gouvernés que par le fils & par le petit-fils de Nabuchodonosor.

Le vingt-huitieme contient sa dispute avec un nommé Ananias, qui n'annonçoit que des choses agréables au Peuple.

Le Chapitre XXI. contient sa réponse au Roi Sédécias, qui étant attaqué par les Babyloniens la dixieme année de son règne, lui demande quel sera le succès de la guerre: mais ce Roi irrité contre le Prophete, à cause des malheurs qu'il lui dénonce, le fait mettre en prison dans son propre Palais, comme on le voit au Chap. XXXII.

Il y a donc ici une transposition, le Chap. XXI devant être le XXXI. car tous les autres suivent fort bien; il est fâcheux qu'on ne rétablisse pas ce dérangement, qui coupe absolument le fil des faits & des prophéties.

Les horreurs de la prison ne font point changer de langage au Prophete: rien de plus précis, de plus clair, de plus fort que les désastres dont il menace de ce lieu la Nation entiere & son Roi.

On le jette donc (Chap. XXXVIII) dans un cul-de-basse fosse au fond de la prison royale où on l'avoit enfermé: mais l'Ethiopien Abdemelech, un des Officiers du Roi, touché de ce traitement odieux, obtient du Roi la permission de l'en retirer: ce qu'il ne peut faire qu'en lui jettant des cordes. C'est alors que Jérémie dit au Roi en reconnoissance; que s'il se rendoit aux Chaldéens, il seroit à l'abri de tout événement fâcheux : qu'autrement, il sera fait prisonnier & la Ville brûlée.

Ce n'étoit pas le moyen de se faire mettre en liberté: aussi fut il détenu jusqu'à la prise de Jérusalem, où il fut délivré par le Général Assyrien, qui lui fournit des vivres & le combla de présens.

Après l'assassinat de Godolias, les Juifs, malgré les exhortations les plus pressantes de Jérémie, abandonnent le Pays, & se réfugient en Egypte, emmenant même par force ce Prophete avec eux.

Il ne se rebute point, & dans cette Contrée il annonce de nouveaux malheurs & aux Juifs & aux Egyptiens. (Chap. XLIII & XLIV). Les premiers s'étoient plongés en Egypte dans l'idolâtrie: ils offroient à Isis, à la Reine des Cieux, des sacrifices, disant à Jérémie que leurs malheurs étoient venus de ce qu'ils avoient cessé de l'honorer.

Les Chapitres suivans contiennent diverses prophéties contre les Philistins, contre les Moabites, contre les Ammonites, contre les Iduméens, contre les Babyloniens dont on annonce la destruction par les Mèdes & les Perses: cette derniere prophétie est datée de la quatrieme année de Sédécias: elle fut remise à Saraïas que ce Roi envoyoit à Babylone.

La plupart de ces dernieres prophéties sont de vraies Elégies, qui ne cédent en rien à celles d'Ezéchiel.

Jérémie avoit l'ame douce & compâtissante : ces prophéties menaçantes devoient coûter beaucoup à son cœur : tout le Monde connoît sa belle Elégie ou ses Lamentations sur la ruine de Jérusalem qui commencent ainsi :

« Comment est devenue déserte cette Ville qui étoit si peuplée ? Comment la Reine des Nations est-elle tombée dans le veuvage, & celle qui commandoit au loin est-elle devenue tributaire ? Elle pleure dans cette profonde nuit, ses joues sont baignées de larmes : elle reste sans consolateurs : ses amis même la méprisent : ils sont devenus ses ennemis les plus acharnés... Quel deuil couvre les rues de Sion ! on n'accourt plus à ses Fêtes solemnelles : ses portes sont détruites, ses Sacrificateurs gémissent : ses Vierges inconsolables ne connoissent plus la parure ; Sion est accablée de la douleur la plus amere. »

N'omettons pas que dans la lettre de Jérémie au Peuple captif à Babilonne (1) & dans le Chap. X. de Daniel, on voit des allusions à l'idée que les Nations étoient sous la garde d'un Ange tutélaire : idée qui par conséquent n'est point due au séjour des Hébreux dans la Chaldée, puisque Jérémie qui n'y avoit jamais été, en parle comme d'une chose connue. On voit dans ces passages, l'Ange du peuple Juif ou S. Michel, *m. à m.* grand comme Dieu : l'Ange de Babylonne, qui recule sa ruine : l'Ange des Perses protégé par une puissance supérieure à laquelle celui de Babylonne est obligé de céder.

Cette doctrine découloit assez naturellement des idées Orientales sur l'existence & la Hiérarchie des Anges : elle tenoit encore à nombre d'autres idées Orientales que nous ne pouvons discuter ici, & que nous aurons peut-être occasion de développer ailleurs.

7.

De l'authenticité de leurs ouvrages.

Jérémie, Ezéchiel, Daniel, tiennent donc tous le même langage : leur Histoire est étroitement liée avec celle de leur temps : elle en est inséparable : ils vivent cependant dans des contrées différentes : ils ne se sont point copiés, la nature de leurs prophéties & de leurs symboles, different infiniment à divers égards : comment des faussaires auroient-ils pu prendre des formes si différentes, si originales, & cependant si conformes à l'histoire ; sur tout dans les tems même des événemens où tout pouvoit les démentir ? D'ailleurs comment le Peuple Juif si revêche, si opiniâtre, se seroit-il prêté à adopter, à con-

---

(1) Baruch, Chap. VI. 5.

ferver, à maintenir des Ouvrages remplis des peintures les plus effrayantes de leurs vices & de leur incrédulité ? qui étoient autant de fatyres de leur conduite ? La vanité d'avoir des Prophetes, ne fait pas violence à ce point à l'amour-propre : & quel peuple, quelle nation ne se conduiroit pas à cet égard comme les Juifs ? quel Prince souffriroit tranquillement qu'on annonçât la destruction prochaine de ses états, de sa Capitale, de sa famille ; qu'on nommât le conquérant heureux qui devoit l'asservir, l'exterminer même : il falloit donc une protection particuliere de la Divinité en faveur de ses Hérauts, car aucun d'eux qui ne se dise envoyé de sa part.

Enfin, s'il étoit si facile ou si utile d'imaginer de pareils Livres, comment entre tous les Peuples, le Peuple Juif est-il le seul qui en ait eu de pareils ? comment n'avoit il que ceux-là ? pourquoi les avoit il sous cette forme, & comment sur-tout conserva-t-il sans cesse des Ouvrages qui ne servoient qu'à démasquer sa turpitude ? Qu'est-ce qui pourroit avoir une pareille force, si ce n'est la vérité ?

Nous ne parlons que de l'authenticité de ces livres : ce n'est pas à nous à décider ici de la doctrine même de la prophétie, & à agiter d'aussi grandes questions, liées essentiellement aux idées d'un Dieu, & d'une Providence qui a tout fait avec nombre, poids & mesure, qui a imprimé à ses œuvres l'harmonie septenaire, qui dès le commencement dût se prescrire un plan pour le bonheur général des hommes ; qui ne put le perdre de vue en aucun tems ; qui dût le manifester aux hommes, les y ramener de temps à autre, plier les grands événemens à ce plan général, qui dût prévoir tout ce qui pouvoit seconder ce plan, d'une manière bien plus parfaite que nous ne pouvons prévoir : objets qui peuvent former une masse de lumiere & de vérités, qu'on ne sauroit admettre ni rejeter sans des recherches préliminaires & profondes, & qu'il n'est peut-être pas donné à tout le monde d'appercevoir distinctement. Qui peut sonder l'Univers & tout ce qu'il contient ? Il nous suffit d'avoir proposé à l'attention des hommes des faits intéressans, des phénomènes uniques, une succession étonnante de grands personnages, & d'avoir débarrassé de l'obscurité qui les couvroit, l'histoire d'un siecle aussi remarquable que celui qui vit les progrès rapides de l'Empire Babylonien, & sa chute aussi rapide sous les coups de Cyrus. C'étoit tout ce que nous nous proposions dans cet essai : ce n'est que par des vérités partielles qu'on peut parvenir à l'ensemble de la vérité : il ne faut que quelques objets mal vus, pour affoiblir, par les ténèbres qui en résultent, la plus vive lumiere.

Nous terminerons cet Essai par l'explication d'un grand nombre de noms géographiques qui entroient dans l'Empire Babylonien depuis la Mer Méditerranée jufqu'aux frontieres de la Perfe; ils feront une nouvelle preuve de ce que nous avançons, que tout nom fut fignificatif dans fon origine, & que l'Orient & l'Occident parlerent dès le commencement une même langue.

ARTICLE XV.
EXPLICATION.
De divers noms de Lieux, Fleuves, Montagnes, &c. compris dans la Carte des conquêtes de Nabuchodonofor.

Les contrées qui compofoient l'Empire de Babylone, font remplies de noms de lieux puifés dans la langue Primitive, tous fignificatifs, & dont une grande partie font femblables à ceux que nous avons déja eu occafion d'expliquer à l'égard de plufieurs Contrées Celtiques, telles que la France & l'Italie.

Les Cartes modernes de ce pays nous offrent à la vérité trois autres fortes de noms, des Grecs, des Perfans & des Turcs, parce que ces trois Nations les ont poffédées tour-à-tour pendant plufieurs fiècles : ces noms font même les plus nombreux, parce qu'un grand nombre de lieux primitifs en ont été détruits ou ont changé de noms : cependant il s'en eft confervé un affez grand nombre pour fe convaincre que les noms Primitifs de ces Contrées furent toujours fignificatifs & puifés dans la langue commune à tous les Peuples. Nous avons cru devoir les réunir ici, afin qu'on s'affurât de plus en plus des grands principes du Monde Primitif & de leur univerfalité.

NOMS DE LIEUX
Semblables à ceux que nous avons déjà expliqué, dans les Origines Françoifes & dans les Origines Latines.

A.

A, entra ici dans un grand nombre de noms qui défignoient les eaux.
AC, eau, l'*aqua* de Latins; d'où
HAK-IAR, riviere & pays d'Affyrie; elle fe jette dans le grand Zab.
AC-CARon, ville de Paleftine, *m. à m.* Ville (*Car*), des eaux (*AC*).

AIN,
Source, fontaine.
AIN-al-Gebal, *m. à m.* fource ou fontaine des montagnes, dans la Méfopotamie.

ESSAI D'HISTOIRE ORIENTALE. 109

Rush al-Ain ou RESANIA, ville considérable de la Mésopotamie & remplie de sources ; *m. à m.* chef des sources. On l'appelle aussi la ville aux trois cents fontaines.

AIN-TAB, la bonne, l'excellente source ; ville de Syrie : on l'appelle aussi simplement Tab, Tava, Deba. Du même vint sans doute DEBA, rivière d'Arménie.

AR,

Nom des fleuves rapides, de même que dans l'Europe.

AR-Axes, nom de plusieurs fleuves dans l'Arménie & l'Assyrie, & sur-nom du Chaboras en Mésopotamie.

ARNON, rivière des Moabites : AR, AROer, leur Capitale.

AR-MÉNIE, le Pays le plus élevé de tout ce continent Assyrien, d'où descendent l'Euphrate, le Tigre, les Zab, & nombre d'autres rivières.

Ce mot prononcé BAR, VAR, est devenu le nom de plusieurs fleuves. ainsi qu'en Europe.

CHO-BAR, fleuve grand & impétueux de la Mésopotamie : de *Bar*, fleuve, & *Cho*, fort, même famille que QOE, QUE.

BAR-DINE, nom que Strabon donne au fleuve qui passe à Damas.

BAI-BALisse, sur l'Euphrate, appellée aussi simplement *Belés*.

BER SIMA, sur l'Euphrate.

Ce même mot modifié en NAR, est devenu également ici le nom de fleuves.

NAHRAÏM, surnom de la Mésopotamie ou Aram des fleuves.

AL-NAHRAÏM, les deux rivieres, Ville au continent du Saocoras & du Chaboras en Mésopotamie.

NAHRA GA, canal de Chaldée.

Nahar-da, ville de l'Euphrate.

ASC, AX, eau, ce mot est entré dans le nom des Ar-axes.

DAM Asc, nom de Damas, *m. à m.* habitation des eaux : *dam*, habitation, *asc*, eau.

AV, AB, eau, comme en Occident.

AB-OR-AS, prononcé aussi Chab-oras, fleuve de Mésopotamie : ses trois syllabes sont autant de noms d'eaux.

KOS-AB, la bonne eau, fleuve d'Assyrie.

Ce nom modifié en Gav, Gau, Go, désigna en Oriental & en Celte une Contrée située le long des eaux.

Ar-Gob, ou Ar-Gov, Contrée du pays de Basan, qui étoit en plaine, sur le Jourdain & au pied des montagnes, de même que l'Argov en Suisse. Ce nom est opposé à l'autre portion de Basan, qui étoit montagneuse.

De-là encore la terminaison GA, donnée à des rivières.

Narra-Ga, canal de Babylonie.

Naharda-Ga, contrée située le long de l'Euphrate, & qui formoit le territoire de Naharda.

Ce même nom modifié en Sav, Sao, Sov, Soph, a produit ces noms.

Sou, rivière, en Turc.

Sao-Za, ville de Médie sur des eaux.

Soph, Zoph, ou Sophene, contrée de la haute Mésopotamie, abondante en eaux & en fleuves.

Sophan, Saphon, ville sur le Jourdain.

I I.

Ar, Har, Hor, Or, a désigné ici comme dans l'Europe des montagnes roides & rapides, des villes sur des montagnes, des contrées montagneuses, parce que Ar désigna toujours la rapidité.

Ab-Arim, montagne de Moab.

Auran, ou l'Auranitide, la portion montagneuse du pays de Basan ou de la Batanée.

Horeb, montagne d'Arabie.

Horréens, (les monts) dans l'Idumée.

Oro-Naïm, ville des montagnes de Moab.

Ar Belle, ville forte d'Assyrie.

Ce nom varié en Gor, a produit:

Les monts Gordiens en Arménie.

Le Curd-istan, nom moderne de l'Assyrie.

La montée de Gur en Palestine.

Prononcé Mar,

Mar-Din, sur une montagne en Assyrie, (*Den*, habitation).

Mar-athus, sur une montagne en Syrie.

Prononcé Sar, Ser.

Sarbana, ville dans les montagnes de la Mésopotamie.

Seïr, montagnes des Amalékites.

Ia-Ser, ville des Ammonites; *Ia*, élevé; *ser*, montagne.

I I I.

GABAL, élevé.
  GABALene, pays de montagnes dans l'Idumée.
  GABala, sur une montagne de la Médie.
  GABala, sur une montagne en Syrie.
  GABula, sur une montagne en Syrie, près du lac de Sel.
GAU, GAA, CAO, montagne.
  CAU-CASE, monts des frontières, de l'extrémité.
  BA-KAA, montagnes très-élevées qui séparoient les Ammonites & les Moabites.
  CHO-ASP, montagne du Cheval : elle est dans la Susiane, & très-élevée.
  KOH, ou CHO-ZERDAH, montagne jaune : le Choaspe en sort.
  CA-SPIES, monts du Cheval ; ils sont très-élevés : de *CAV*, montagne, & *ASP*, cheval, de-là le nom de la mer CAS-PIENE au pied de ces montagnes.
HAM, habitation.
  HAMath & AMatha, grande ville de Syrie.
  AMAthunte, ville de Syrie.
  AMAtha, ville de Syrie avec des eaux thermales.
    Le nom de celle-ci pourroit venir de HAM, chaud.
KAR, ville, habitation, enceinte, en Oriental comme en Celte.
  KARioth : KARiathaïm, villes de Moab.
  KHER-KESium, ville de Mésopotamie.
  KAR CAThio CERTA, grande ville d'Assyrie, aujourd'hui Diarbekir.
  KERTa, en Assyrien & Arménien, nom des villes Royales.
  KAR MENDa, grande ville de Mésopotamie.
NAB, élevé.
  NEBO, montagne de l'Arabie.
  NIPHATes, montagnes d'Arménie.
SEILa, riviere d'Assyrie, nom très-commun en Europe. Il tient à celui d'AIL, eau, étang, marais, d'où :
  AILA, ELath, ELana, ville sur la Mer-Rouge.
SIN, rivière.
  AR-SEN, riviere d'Arménie.
  SIN-GAS, riviere de Mésopotamie.
  ZEINDEH-RUH, anciennement Cyndes, fleuve de la Susiane.

TAL, TEL, nom qui désigne les lieux élevés, comme nous avons eu souvent occasion de le voir, tels que l'Italie, l'Atlas, &c. De-là:

TELA, sur une montagne en Méfopotamie.

THILutha, place très-forte sur une isle de l'Euphrate, très-élevée.

TELLa-AEar, sur une montagne à l'Occident de Ninive.

TELa, dans une isle élevée du lac d'Ormia en Médie.

TEL-al Chaïr, la colline des biens, lieu sur une montagne de Méfopotamie.

UX, UCH des Celtes, élevé.

Uxiens, Habitans des montagnes de la Sufiane.

IV.

Autres Noms par ordre Alphabétique.

ABELa, nom commun à plusieurs villes de l'Orient, & qui signifie en Phénicien une montagne élevée, comme nous l'apprend AVIENUS; d'ailleurs ce mot tient à la Famille BAL, BEL, FAL; qui a toujours désigné l'élévation: de là:

ABELa *des vignes*, chez les Ammonites.

ABILa, Capitale de l'Abilene en Syrie.

ABEL-Sittim, ou *des Palmiers*, chez les Moabites : aussi ces deux premieres villes furent appellées par les Grecs *Leucade*, ou roche blanche : nom qu'ils donnoient aux villes situées de la même maniere.

Il y avoit dans la Palestine d'autres villes appellées ABEL par la même raison.

ABIDa, en Syrie : de BID, demeure.

A-DIABene, province d'Assyrie; de DIAB ou ZAB, nom des fleuves entre lesquels elle étoit située.

ACHaia-CHALa, sur l'Euphrate & dans un terrain très-escarpé; de *Chal*, port, & *Ach*, fatiguant.

As CALON, en Palestine; d'*As*, fort, & *CAL*, port.

ASION-GUEBER, sur la Mer Rouge, à l'Orient de celui d'Ailath.

Asion, Oriental, & *Gueber*, grand, le grand-port Oriental.

ATRO-PATENE, nom de la portion septentrionale de la Médie : d'*Ater* ou *Atro*, feu, & de *Pate*, même que BAT, BID, demeure, habitation : dégénéré en *Aderbidjan*.

BAAL-MEON, le grand flambeau, ville des Moabites.

BATNæ, ville de Méfopotamie.

BATINa,

BATINA, ville au Midi de la Mer Caspienne; de *Batan*, nom des fruits ronds, comme les noisettes, les amandes.

BAZRa, BOSOR, BASSAR, en Idumée; *mot-à-mot*, ville des vignes ou des côteaux.

CAFar-Tutha, canton de Mûriers; de *Cafar*, canton & *Tuth*, noir.
CAL, signifie Port; de-là,
 CHALa, Ville qui donne son nom à la Chalonitide, en Assyrie.
 CALach, Ville sur le Tigre.
 Voyez Ascalon & Achaia-chala.
CART-ERon, montagne effrayante minée par l'Euphrate; de *her*, montagne, & *Cart*, fort, rapide.
COSSéens, Montagnards de la Susiane, & qui étoient excellens Archers. Ils tirent donc leur nom d'un mot Oriental, qui signifie *Arc*.

DI-BON, ville de Moab, abondante en eaux; de *Di*, abondant, & VON, eau.
ELEUTHERE, fleuve de Phénicie; de *Leuth*, Tortue, d'où *Luth :* mot-à-mot, fleuve des Tortues; on y en pêchoit beaucoup.

GABRIS, ou la grande, Ville de Médie.
GADItha, ou la Haye, ville de Mésopotamie; même nom que celui dont on a fait insensiblement le nom de Cadix.
GATH; plusieurs villes de Palestine portèrent ce nom, qui signifie *pressoir*.
GAZA, ou Aza, ville forte; elle est sur une colline.
GAZA, ou Ganzaca, ville d'Assyrie, ville forte.

HADItha, ou la neuve, deux villes de ce nom dans notre carte.
HEMS, ou EMESE, avec un Temple du Soleil, ou d'*Elio-Gabale*; mot-à-mot, le grand Soleil; *Hems* & *Schems*, sont le nom même de cet Astre.
HUS & CHUS, ville de Susiane, d'où le *Chus-istan*, nom qu'elle porte aujourd'hui.

A, HA & CHA, se sont souvent mis l'un pour l'autre.
Aboras & Chaboras; Hus & Chus; Aza & Gaza; Sippara & Hippara, &c.

KORNA, dans une encoignure au confluent de deux fleuves.
LEMLUM en Chaldée, canton où les Mahometans & les Perses, adorateurs du feu, se livrèrent un combat très-meurtrier, & célèbre encore chez ces peuples; ce nom vient de *LEM*, combat.

Diss. Tom. I.

MÉSO-POTAMIE, nom Grec, qui signifie au milieu des Fleuves.

MENN-ITh, ville des Ammonites; mot-à-mot, le flambeau des tems, la Lune.

MAM-BICE, mot-à-mot, habitation de la Lune; les Grecs l'appellerent Hiérapolis, la Ville sacrée; on y adoroit cette grande Déesse de Syrie.

NAZERini, habitans de montagnes en Syrie; de *Ser*, montagne.

NAUSa, dans une isle de l'Euphrate. De l'Oriental *NASS*, élevé; les isles sont élevées sur les eaux. Les Grecs en firent *Nésos*, isle.

NISIBE, en Syrien, un *Poste*.

NOIRE, nom de la mer Noire; c'est la traduction du Grec Pont-Euxin; lui-même altération du nom d'ASKENAS, qui le premier s'établit sur les bords de cette mer.

NOIRES, noms de deux chaînes de montagnes, l'une au Nord de la Mésopotamie, l'autre dans l'Idumée.

OR-MIA, ville & lac en Médie; de *Mia*, eaux; & *OR*, ville du feu. Le nom ancien de ce lac, fut SPOTa, le profond, le grand.

PALLa-COPa, riviere de Mésopotamie, qui forme nombre de marais; de POUL, PAL, marais, & *Cop*, nombreux.

PALMYRE, ville des Palmiers. Traduction de son nom Oriental TADMOR.

PETRA, ou le rocher, ville d'Idumée sur une montagne. Son nom Oriental est SELA, le rocher, d'où le Latin *Silex*. De-là, l'Arabie Pétrée.

RABBA, la grande, la capitale: nom ancien des capitales.

RABBA, capitale des Moabites.

RABBA, capitale des Ammonites.

RABBA, surnom d'Hamath.

RAHABI, grande ville de Mésopotamie.

RIBLA, ville ancienne du pays d'Hamath.

ROHa, RHOA, nom Oriental d'Edesse, *Eaux courantes*. De-là son nom Grec, *Calli rhoé*, les belles eaux. On en fit OS-ROENE, nom du pays dont elle fut la capitale.

RHOSSus, en Syrie sur un cap; de *Rhos*, cap.

SAMOSATE, ville de Syrie sur l'Arsame & l'Euphrate. De *SAM*, élevé, & *Shat*, fleuve.

SCABIna, ville de Médie ; de *Scab*, élevé ; d'où *Scabinus*, Echevin.
SELA, ou pierre, nom Oriental de *Petra* en Arabie.
SIDON, ville de pêche ; de צין *Tsid*, pêche.
SIPPARA, ville & école célèbre des Chaldéens : de *Sepher*, livre, écriture, chiffre. Aussi l'Alcoran est-il appelé SIPARÉ.
SUSAN & SUS, villes de la Susiane ; *mot-à-mot*, lys, fleurs de lys.
SAREPTa, ville de Phénicie dans un très-beau vignoble ; de צרפת *Tsarept*.

TADMOR, ville de Syrie, *mot-à-mot*, Palmier.
TAURUS, chaîne de Montagnes en Asie : de *TOR*, élevé, fort, & non de la figure d'un taureau, comme le supposoit Strabon.
THAPSAQUE, de l'Oriental *Thi-Psaq*, le passage ; c'étoit le grand passage sur l'Euphrate, avec un gué profond (1).
TUR-RABDin, ville du Rhabdium, contrée montagneuse en Assyrie, de deux journées de chemin ; de TUR, rocher.
TYR, TSUR, TUR, *mot-à-mot*, ville du Rocher.
TIGRE, en Oriental *Deghel*, le rapide, le rongeur.

VAN, nom d'un lac en Arménie ; de *Van*, *Von*, eau.

ZAB, ou le loup, nom de deux fleuves de l'Assyrie. Les Grecs le rendirent par celui de *Lycos*, loup. On le prononce aussi DAB, Diab.
ZAGrus, chaîne de montagnes qui séparent l'Assyrie de la Médie. Ce sont les mêmes montagnes qu'on appelle encore aujourd'hui *Dagh*.
ZEUGMa, le pont, ville Grecque sur l'Euphrate, avec un pont.

On trouve dans la Chaldée actuelle ces noms de lieux fort remarquables.
Le tombeau de Job sur l'Euphrate, à très-peu de distance méridionale de Babylone, dans un lieu appelé encore aujourd'hui *Neby-Eyub*, le prophete Job.
Le tombeau d'Ezéchiel.
Le tombeau de Daniel à Suse.
LOCMAN-ACKim, en Mésopotamie, *mot-à-mot*, le sage Locman, le plus ancien des Fabulistes connus. C'est un lieu sur l'Euphrate, à très-peu de distance septentrionale de Bagdad.

---

(1) 1. Rois, IV, 14.

TABLEAU

DU ROYAUME DE JUIDA,

Pour servir d'addition à ce qui en est dit page 52.

CE Royaume de Juida est si intéressant, il est si digne d'avoir été établi par des peuples aussi sages que les Egyptiens, les Phéniciens, les anciens Hébreux, & il est en même tems si peu connu, que nous ne pouvons nous résoudre à omettre un léger tableau de cette contrée & des mœurs de ses habitans, tel qu'il étoit avant 1730, où il tomba sous la puissance de *Dahomay*, de ce Prince qui avoit conquis une grande partie de l'Afrique : nous ne ferons en quelque sorte qu'abréger ce que M. l'Abbé R.... a rassemblé avec tant de sagacité à ce sujet dans son histoire de l'Asie, Afrique & Amérique.

Ce pays, qui a environ quinze lieues d'étendue le long de la mer, & six à sept de profondeur dans les terres, s'élève en amphithéâtre par de hautes montagnes qui le mettent à l'abri des vents du nord; il est chargé de grands arbres parés d'une éternelle verdure, couvert de moissons sans cesse renaissantes, entrecoupé de ruisseaux, garni de villages agréables : il présente la plus belle perspective du monde & forme une des plus délicieuses contrées de l'Univers.

On n'y voit point de villes proprement dites. SABI, sa capitale, n'est qu'un gros village, dont le nom, ce qui est très-remarquable, est le même que celui de *Saba* ou *Sabé*, donné à Jérusalem dans Daniel. On l'appelle aussi SAVI-ER, mot à mot, *ville de Sabi*. Il est vrai que plusieurs de ces villages contiennent autant de monde que quelques Etats voisins & qu'ils ne sont guères distans les uns des autres que d'une portée de fusil ; en sorte qu'à l'installation du Roi, les cris de joie de la capitale sont entendus des villages voisins, & que de l'un à l'autre la nouvelle s'en répand à l'instant dans tout le pays.

Il ne forme ainsi qu'une belle & riche campagne couverte de familles agricoles & d'habitations rurales. On trouve dans leurs marchés toutes sortes de denrées, des épiceries, des indiennes, des porcelaines, des toiles d'Europe, des métaux ouvrés ou bruts, de l'or étranger au pays ; en un mot toutes

ESSAI D'HISTOIRE ORIENTALE.

fortes de marchandises des quatre parties du monde, avec lesquelles leur agriculture & leur population les met en relation. On y voit accourir toutes les Nations commerçantes de l'Europe, tous les peuples voisins, ceux qui font établis dans l'intérieur de l'Afrique, même des Malays qui y viennent de la mer Rouge, ainsi que les anciens Phéniciens.

Ce peuple d'ailleurs fabrique lui-même de belles étoffes au métier, & met en œuvre les métaux beaucoup mieux que les autres Nègres. Labourer & calculer c'est la principale science de ces peuples. Ces Nègres, les femmes même, calculent de tête les plus grosses sommes, aussi vite que nos plus habiles Arithméticiens avec la plume.

Les mercredis & les samedis, le marché qui s'ouvre à un mille de Sabi, sous des arbres touffus, ressemble à une grande foire : tous les marchands y font également accueillis, favorisés, protégés, libres d'acheter ou de vendre, d'importer ou d'exporter sans avoir aucune gêne à subir. Les Portugais, les François, les Anglois, les Hollandois ont des comptoirs autour de la grande place de Sabi.

Tous les voyageurs s'accordent à raconter sur la population immense de ce pays unique, des choses qui paroissent incroyables, mais sur lesquelles on ne peut rejetter les détails dans lesquels ils entrent, & qui sont une preuve encore vivante de ce que peuvent avoir été les anciennes contrées de l'Orient dont nous avons parlé & dont les anciens vantoient la population. On voit ici des armées de cent mille hommes, des familles de cent quarante enfans, des pères qui plaignent leur sort quand ils n'en ont que cinquante à soixante : des villages entiers habités par une seule famille : une traite d'esclaves qui monte toutes les années à douze mille, sans que le pays en souffre. Ceux qui le disent sont en grand nombre, & de toute nation d'Europe : il en est de François, comme le Chevalier DES MARCHAIS : de Hollandois, comme BOSMAN : d'Anglois, comme PHILLIPS & SNELGRAVE. Des Vice-Rois sans autre secours que leurs fils & petits fils au nombre de deux mille, suivis de leurs esclaves, ont repoussé des ennemis puissans.

Hommes, femmes, enfans, ils ont tous la tête rasée & nue ; dans cet état, ils vont à la pluie, au vent, au soleil, sans en être incommodés : usage qui leur est commun avec les anciens Egyptiens.

Le travail est leur élément. Un porteur avec un poids de cent livres sur la tête, court une journée entière.

Croira-t-on que les palais du Roi & des grands, y sont meublés avec la même magnificence que les palais d'Europe ; que leurs tables sont servies avec propreté : que l'usage des vins de Madere, des Canaries, d'Espagne, de France, y est très-commun : qu'on y fait usage de thé, de café, de chocolat, de confitures : qu'on y a de fort beau linge de table ; des porcelaines précieuses, de la vaisselle d'argent : & cela au milieu de tous ces barbares noirs qui sont répandus dans les vastes contrées de l'Afrique ?

Quel étonnant phénomène ! & comment dans un espace aussi étroit, une Nation a-t-elle pu devenir si nombreuse, si riche, si policée ?

Ce qu'elle est, elle le doit à sa riche agriculture & à son commerce que rien ne gêne. A peine ont-ils récolté, qu'ils labourent & sement : le riz, les pois, le millet, le bled de turquie, les patates, les ignames sont les objets de leur culture : leurs sillons sont profonds ; & sur les ados de ces sillons ils cultivent des melons & des légumes. Pas un pouce de terre inculte : à peine existe-t-il des sentiers entre les champs.

Ils se délassent de leurs travaux par des concerts, des danses, des exercices, des jeux d'adresse. Quelquefois ils travaillent au son des instrumens, & même en cadence : la musique semble les rendre infatigables, & leurs travaux ont l'air d'une fête. Nous paroissons, nous, au contraire, dit fort bien l'Abbé R.... ignorer que l'isolement, la langueur & l'ennui sont les plus cruelles des fatigues, & que le plaisir soulage, anime & fortifie.

Nous avons cependant en France même des exemples pareils d'une culture prospere soutenue par les mêmes moyens : à deux lieues de cette capitale sont des villages où on ne voit pas un pouce de terrein inculte : le bled, le raisin, les légumes y croissent en abondance les uns à côté des autres : les moissons & les vendanges y sont des jours de fêtes ; & tous les dimanches la jeunesse de ce canton acquiert de nouvelles forces par des danses honnêtes faites sous les yeux de leurs parens, & contre lesquels les chefs ne murmurent point : les mœurs y sont telles que tout le territoire est sous la foi publique sans palissades, sans mur, sans défense quelconque.

Un bon gouvernement agricole, conclut notre Auteur, multiplie les richesses à l'infini, car il tient le trésor de la nature toujours ouvert ; & plus on fouille dans ce trésor, plus on y recueille.

DES INITIATIONS en usage sur les côtes de la Guinée.

Les pays de la côte d'Or ont divers autres usages qui décèlent des rapports avec d'anciens navigateurs, tels que les Phéniciens. Par exemple, une tête de bœuf suspendue dans l'intérieur de la cabane paroît être la marque distinctive de la nobleſſe; ainſi qu'Astarté, déeſſe des Phéniciens, avoit une tête de bœuf pour ſymbole de ſa dignité; & lorſqu'un particulier y eſt annobli, on y voit une ſorte de garde ſemblable à la veille des armes de l'ancienne chevalerie.

M. l'Abbé R.... a découvert chez ces peuples des traces des anciennes Initiations Egyptiennes & Phéniciennes; rapports très-utiles à obſerver, quelle qu'en ſoit la cauſe. Il commence par expoſer ce qu'ont apperçu les voyageurs, ſans avoir pu remonter à l'explication de ce qu'ils voyoient.

Les Rois de ces contrées, dit-il, ſavent que l'inſtruction eſt un devoir auſſi indiſpenſable de la ſouveraineté que la protection; mais ils ſemblent être dans la fauſſe & cruelle opinion qu'elle ſuffit à la partie de la Nation qui gouverne: ſi on s'en tient au récit des voyageurs, on croira même que dans le collège établi pour les jeunes citoyens deſtinés à remplir les différentes charges de l'Etat, ils n'apprennent qu'à combattre, danſer, pêcher, chaſſer & chanter le *Belli-dong* ou les *louanges de Belli*, tandis que les leçons de fidélité, d'induſtrie, de frugalité, d'économie domeſtique, de reſpect pour le bien d'autrui, commencent en quelque ſorte à leur naiſſance, puiſqu'à l'impoſition des noms la principale cérémonie conſiſte dans les harangues, qui, par des vœux en faveur de ces enfans nouveaux nés, rappellent aux aſſiſtans ce qu'ils doivent leur enſeigner, & ce qu'ils doivent pratiquer eux-mêmes; uſages qui ne ſont point l'effet de peuples barbares: Ces voyageurs ajoutent qu'après cette éducation, un Nègre parfaitement formé aux exercices de la danſe, de la chaſſe, &c. eſt, avec le titre d'aſſocié de Belli, habile à poſſéder tous les emplois civils & eccléſiaſtiques; au lieu que les Quolges ou Idiots qui ont été exclus de cette confrérie, comme incapables de danſer, chanter, &c. ne ſauroient être promus à aucune charge. Ce ſeroit donc pour en former des danſeurs, des chanteurs, &c. qu'on tiendroit pendant quatre ou cinq ans les jeunes gens renfermés dans l'enceinte d'un bois ſans aucune communication même avec leurs parens, & qu'on leur imprimeroit des ſignes le long du cou pour les diſtinguer de ceux qui auront beaucoup mieux appris qu'eux & la pêche & la chaſſe en les exerçant.

On ne connoît pas mieux les Nations, obſerve fort bien notre Auteur, par les récits des voyageurs, qu'on connoîtroit un édifice par la deſcription de quelques matériaux bruts: dans la maſſe informe de faits qu'ils ont recueillis, il faut découvrir ce qu'ils n'ont pas vu, ce qu'ils n'ont pas ſu, ce qu'ils n'ont pas même ſoupçonné: par la lettre imparfaite & infidelle, il faut découvrir l'eſprit.

L'école de Belli eft manifeftement une initiation aux myftères de la religion & de la politique, femblable à celles dont l'ancien paganifme nous offre des exemples. Lorfqu'après leurs épreuves, les initiés, conduits dans la place publique, exécutent la danfe & chantent l'hymne de Belli, de maniere quelquefois à s'attirer les railleries du peuple, & fur tout des femmes qui crient qu'ils ont paffé leur tems à manger du riz, ils n'en font pas moins affociés à l'ordre religieux : ils n'en conferent pas moins le nouveau nom qu'ils ont reçu à leur admiffion dans l'école : le gouvernement ne les juge pas moins propres à remplir les offices de l'adminiftration. L'œil du peuple ne voit que les exercices du corps, & c'eft à ces apparences que le gouvernement fe propofe de borner fes vues. Mais ce peuple eft conduit par la fuperftition : le Belli, pâte de la compofition du Bellimo, grand-prêtre, les captive dans la foumiffion religieufe la plus aveugle & la plus profonde; & néanmoins le grand-prêtre ne fauroit exercer fon pouvoir fans le confentement du Roi.

Les nègres accufés de vol ou de meurtre, fans qu'il y ait de preuves convaincantes du crime, font condamnés à tenir dans la main le Belli, qui, s'ils font coupables, y imprime des marques de feu, ou à avaler une liqueur préparée par le Bellimo, que les innocens rejettent auffi-tôt, tandis que les coupables ne vomiffent que de l'écume. Une femme accufée d'adultere, eft déclarée innocente fur le ferment qu'elle fait par *Belli-Paaro*.

L'inftitution du Belli eft donc le reffort par lequel les Rois, de concert avec les miniftres de cette fecte, gouvernent les peuples. Ces myftères fe maintiennent, non-feulement par les précautions qu'il eft facile de deviner, mais encore par l'opinion & l'horreur répandue contre les forciers & magiciens, fuceurs de fang, inftruits par Sora ou le Démon, dans l'art infernal des enchantemens : les enchanteurs appelés *Billi*, ont le pouvoir de gouverner le tems & de faire périr les récoltes : & tout homme qui fe livre à la mélancolie, qui fuit le commerce du monde, qui ne paroît pas vivre & penfer comme les autres, court rifque de paffer pour Billi; & ceux qu'on accufe de l'être, font impitoyablement mis à mort : ainfi la mort feroit la peine inévitable de l'indifcrétion & de tout acte contraire à la domination de Belli & à la perpétuité de cette inftitution.

Il exifte auffi pour les filles & les femmes un ordre & un noviciat femblables à ceux de l'autre fexe.

On ne peut donc méconnoître ici une defcendance des anciennes initiations & de l'éducation orientale toujours fondée fur la mufique & fur la danfe.

Le nom de Belli d'ailleurs a le plus grand rapport avec celui du foleil en
langue

Langue Orientale, & la liqueur préparée par le Bellimo rappelle les eaux de jalousie des anciens Hébreux.

Ce qui seroit étonnant, c'est que l'Afrique ayant été habitée si long-tems par les Sages de l'Egypte & de la Phénicie, elle n'eût conservé nulle part des traces de ses anciennes institutions, & sur tout dans ces Contrées où les Phéniciens eurent nécessairement des Comptoirs, où ils durent porter leurs usages.

Ajoutons que ces Peuples observent les fêtes de la nouvelle Lune, ou des Neomenies: ce jour-là, ils ne souffrent parmi eux aucun Étranger, & ils interrompent leurs travaux. Si on leur en demande la raison, ils disent que ce jour est un jour de sang, & que leur maïs deviendroit rouge s'ils le cultivoient.

DES MENINS.

Puisque nous traitons ici de divers rapports des tems modernes avec ceux de l'Antiquité, & que nous avons eu occasion de parler de l'éducation des Rois, disons un mot de l'usage établi de notre tems de donner des Menins aux Princes héritiers de la Couronne, de son origine & de l'utilité dont il pouvoit être.

Le rapport que ce mot a par hasard avec celui de *mener*, fait regarder les Menins comme une espece de conducteurs ou de compagnons, qui ne sont destinés qu'à amuser les jeunes Princes: & dès-lors ils deviennent très indifférens aux Nations. Mais telle ne fut pas l'origine de cet établissement: *Menin* est un mot Espagnol qui signifie *enfant*: les Menins furent dans l'origine des enfans du même âge que les fils de Rois ou de Princes, destinés non à les amuser, mais à partager avec eux leur éducation entiere, à assister aux mêmes leçons, aux mêmes exercices, aux mêmes amusemens; de là, les plus grands avantages. Une vive émulation naissoit entre ces jeunes rivaux; elle étoit suivie des plus heureux effets: un jeune Prince qui, livré à lui-même se seroit peu soucié de s'appliquer & seroit resté sans talens, devenoit, par ce moyen, un grand personnage: toujours en présence, il ne lui étoit plus possible de perdre son tems, de l'employer mal, ou de contracter de mauvaises habitudes; d'ailleurs accoutumé par-là à se voir confondu avec nombre d'autres jeunes gens, il se garantissoit de ce sot orgueil qui fait tant de déshonneur aux Princes; enfin les Princes qui naturellement n'ont point d'amis, devenoient par-là sensibles à l'amitié, & ils s'acquéroient autant d'amis pour le reste de leurs jours qu'ils avoient eu de Menins: or rien de plus fort que ces amitiés contractées d'enfance.

Les Princes obligés ainsi de vivre en société & d'en observer les Loix, en apprenoient à connoître les vertus fociales & à les obferver; d'ailleurs, l'inftruction indirecte qu'ils recevoient par celle de leurs Compagnons d'étude, devenoit pour eux des leçons infiniment plus utiles que celles qu'on leur auroit adreffées directement.

Il en revenoit également les plus grands avantages pour leurs Compagnons de travaux; puifqu'ils en recevoient une éducation vraiment royale, qu'ils n'auroient pas eue fans cela, qu'ils en contractoient des amitiés à demeure infiniment confolantes & utiles; & qu'ils avoient fans ceffe fous les yeux les meilleurs exemples.

Un établiffement auffi raifonnable, auffi beau, auffi utile, n'avoit pas échappé aux anciens Egyptiens pour qui l'éducation étoit tout. Nous en avons un exemple à jamais mémorable dans ce qu'il nous apprennent du Pere du fameux Sefoftris. Ce Roi, à la naiffance de fon fils, raffembla tous les enfans mâles nés le même jour, & les fit tous élever avec le jeune Prince; accoutumés à fe voir, à s'aimer, à ne fe quitter jamais; ils devinrent les appuis inébranlables de la gloire du jeune Prince, & ils le mirent à même d'exécuter ces grandes actions qui ont rendu fon nom immortel.

Cette éducation eft la feule qui convienne aux Princes, & fur-tout à ceux qui font faits pour hériter de grands Etats; ils doivent avoir de grandes vertus, de grandes connoiffances; & comment peuvent-ils les acquérir dans une éducation folitaire & renfermée, où rien n'excite en eux l'émulation & ne leur fait fentir la néceffité de s'inftruire & de devenir de grands hommes, & où de vils flatteurs au contraire ont le plus grand intérêt de leur faire fentir que rien ne leur manque, & qu'en vain ils voudroient s'inftruire ou devenir meilleurs.

Ce que je dis ici pour les héritiers des Couronnes, n'eft pas moins vrai pour les enfans des Grands, & pour les fils de tout homme en état d'imiter cet exemple du plus au moins. D'où vient qu'en général les fils des hommes les plus opulens, font le moins d'honneur à leur nom ou à leur fortune? de ce que leur éducation a été nulle, par cela même qu'elle fut toujours folitaire ou privée, & que rien ne leur a fait fentir la néceffité d'être bien élevés.

Nous ne faurions donc trop exhorter ceux qui font en état de faire donner une bonne éducation à leurs enfans, de leur affocier toujours quelques Camarades en état de fuivre les mêmes leçons; ils regagneront au centuple par les fuccès de leurs enfans, ce qu'il pourroit leur en coûter par cette efpèce d'adoption.

ADDITION

Sur la Conquête de la Médie par Cyrus: pour la page 92.

Outre les passages de Xenophon qui nous apprennent indirectement que Cyrus conquit réellement la Médie par la force des armes, nous venons de trouver trois passages dans DIODORE de SICILE qui le disent expressément. « Aspadas, dit-il dans le second Livre de sa Bibliothéque, celui que les » Grecs appellent Astyages, ayant été défait par Cyrus, l'Empire fut dévolu » aux Perses ». Il avoit dit la même chose deux pages plus haut.

Et dans les Extraits de Diodore intitulés, *des Vertus & des Vices*, on voit la fureur dont fut saisi Astyages lorsqu'il eût été forcé de fuir, & la vengeance cruelle qu'il tira de tous ceux qui l'avoient réduit à cette nécessité : ce qui ne rendit ses troupes que plus empressées à se rendre à Cyrus, aussi clément & humain qu'Astyages l'étoit peu.

On peut même assurer que Diodore devoit cette Anecdote à CTESIAS, Auteur d'une Histoire Persanne dont la perte est très-fâcheuse.

SUR LES VOYAGES AUTOUR DE L'AFRIQUE.

Addition à la page 49.

Depuis l'impression de ce que nous venons de dire sur les voyages des Phéniciens autour de l'Afrique, nous avons trouvé dans l'Histoire de l'Académie Royale des Inscriptions & Belles-Lettres pour le Tome VIII, une Dissertation de M. l'Abbé PARIS sur ces voyages. Il cite entre les Modernes MARMOL & DAPPER, même HUET, comme étant les premiers qui ont établi que les Anciens avoient connu & & doublé le Cap de Bonne-Espérance & fait le tour de l'Afrique.

Il cite ce que rapporte Hérodote du voyage ordonné par Néchao, & dont nous avons parlé.

Il ne laisse aucun doute sur ce qui regarde l'expédition d'Eudoxe ; car nous n'avions osé assurer que celui-ci eût fait complettement le tour de l'Afrique : cet Académicien cite donc un Passage de POMPONIUS MELA qui le dit expressément d'après CORNELIUS NEPOS. « Un certain Eudoxe, dit Mela, fuyant, » du tems de nos Peres, le Roi d'Egypte Ptolomée Lathyre, descendit le Golfe » Arabique, & aborda à Cadix suivant le témoignage de Cornelius Nepos,

Posidonius, ami de Pompée, racontoit, sur l'autorité d'Heraclide de Pont, qu'un Mage avoit assuré à Gelon qu'il avoit fait le tour de l'Afrique.

Cet Académicien est fort étonné de ce que Pline dit que Hannon avoit navigué jusqu'aux extrémités de l'Arabie : & il ajoute que « Pline hasarde » volontiers, & qu'il ne faut pas toujours compter sur lui » : mais il ignoroit ce que nous avons observé, qu'il s'agit ici d'une Arabie occidentale: ainsi c'est l'Académicien qui se trompe, sans qu'il pût faire autrement.

Il est persuadé que les Phéniciens connurent l'Isle de Madagascar, & qu'ils l'appellerent *Menuthias*. L'Auteur du Periple de la Mer-Rouge dit qu'elle est couverte de bois, pleine de fontaines, de rivieres, de crocodiles, d'oiseaux, de pêcheurs : & ces pêcheurs se servent encore comme dans le tems où l'on composa le Périple, de canots d'une seule piece, appellés en grec par cette raison *mono xyles*.

Il croit enfin que le char des Dieux, cette haute montagne qui étoit toute en feu pendant la nuit & toute couverte de nuage pendant le jour, & à laquelle Hannon borna son expédition depuis Carthage, n'est point le Cap-verd, mais la montagne de *Sierra liona*, (montagne des lions) qui est beaucoup plus au sud, qui présente le même phénomene, qu'on apperçoit de fort loin, & où commence à peu près la côte occidentale de Guinée.

DES SYMBOLES,
DES ARMOIRIES ET DU BLASON DES ANCIENS.
INTRODUCTION.

L'Antiquité nous offre sans cesse des symboles singuliers sur ses monnoies & sur les médailles : elle nous parle aussi de Symboles qu'on plaçoit sur les Boucliers, d'Enseignes ou de marques nationales & de Familles, de Généalogies, de Hérauts, de Devises. On s'est très-peu ou point du tout arrêté sur ces objets : personne n'a cherché ce qu'ils signifioient, dans quelles vues ils avoient été inventés, le rapport qu'ils pouvoient avoir avec tous ceux que nous désignons par les mêmes mots. Cependant comment se flatter de connoître l'Antiquité, lorsqu'on néglige des détails aussi étendus & qui tiennent nécessairement à son génie symbolique & allégorique, à ce génie dont on ne se doutoit presque pas, & dont nous sommes peut-être les premiers qui ayons démontré l'existence ?

Cherchons donc quels furent les motifs qui firent inventer aux Anciens ces figures diverses, & qui sont sur leurs monnoies & leurs médailles : disons avec quelle sagesse elles furent choisies ; montrons leurs rapports avec d'autres objets de l'Antiquité, & les conséquences qui en résultent : prouvons qu'ils eurent des symboles pour chaque Famille, pour chaque Ville, pour chaque Nation : qu'ils plaçoient ces Symboles sur leurs Boucliers, sur leurs Enseignes, sur les objets qui leur appartenoient ; qu'ils les accompagnoient de devises, qu'ils les distinguoient par des couleurs ; que ces symboles étoient héréditaires, que les Hérauts en connoissoient : qu'en un mot, notre Blason moderne ne renferme rien qui n'ait été connu des Anciens, & que son nom & ceux de ses couleurs nous sont tous étrangers, tous venus de l'Orient.

Ainsi se développera de plus en plus le vrai système de l'Antiquité ; il brillera de toute la sagesse moderne ; & son génie allégorique se dégageant de plus en plus des nuages qui l'offusquoient, il augmentera d'autant nos lumières sur l'origine de tout.

Nous n'ignorons pas que, dans ce moment, nous avons l'air d'être seuls de notre sentiment, de soutenir des visions dénuées de tout fondement : que rien ne ressemble plus à des chimeres que de parler d'un Blason ancien, tant on est convaincu que cet Art est moderne, qu'il n'a été connu qu'au tems des Croisades, par la nécessité où étoient chaque Guerrier, chaque Chef, chaque Nation de se reconnoître entr'eux, & parce que c'est alors que les grandes dignités devinrent, de même que les noms, héréditaires dans les Familles; & que sans cette hérédité, point de Blason. Ces idées sont même tellement enracinées, & on est si fort convaincu de leur vérité, que le seul soupçon du contraire est regardé comme une imagination si absurde, que personne n'a même osé tenter l'examen de cette question.

Les Armorialistes ont été les seuls qui aient essayé de faire remonter l'origine du Blason à la plus haute antiquité : mais on a regardé leurs tentatives comme un effet de leur prévention ridicule pour leur Art : d'ailleurs, ils l'appuyoient de raisonnemens & de prétendues preuves si foibles, qu'ils ne pouvoient faire aucune sensation.

Un Académicien moderne a fait à la vérité un pas en arriere ; il a fait la grace au Blason d'en reculer l'origine de quelques années, parce qu'il a trouvé un monument incontestable de Blason antérieur au tems qu'on assigne à son invention : dès-lors, le Blason est antérieur aux Croisades : dès-lors, il lui a fallu assigner une autre cause. Ce savant a cru la trouver dans les Tournois ; mais si dans les Tournois du XIe siécle on se servoit du Blason, pourquoi ne s'en feroit-on pas servi dans les Tournois en usage avant ce XIe siécle ? Ce qui obligea de l'inventer pour ceux de ce tems-là, ne devoit-il pas obliger d'en faire usage pour les antérieurs ? & d'ailleurs comment & d'après quelles vues les Tournois seuls auroient-ils fait inventer le Blason & toutes ses parties ? Quel rapport si étroit régnoit entre ces objets, pour que l'existence des Tournois conduisît à un art dont jusqu'à ce moment il n'existoit aucune trace ? Il est étonnant que des opinions hypothétiques germent si facilement dans les têtes, & qu'on se refuse à d'autres d'une toute autre force : nous sommes des êtres bien bisarres, avec notre prétendue sagesse, notre imposante judiciaire !

L'origine du Blason est une question de fait : les faits seuls doivent la décider, & non des raisonnemens vagues, ou de convenance, qui ne doivent jamais entrer en ligne de compte quand il s'agit de faits.

D'ailleurs, la vérité ne dut jamais dépendre de ce qu'on a dit pour ou contre : elle prescrit sans cesse contre la foiblesse de ses défenseurs & contre l'ignorance ou la prévention de ceux qui l'attaquent : on est toujours en droit de relever sa cause lorsqu'on croit avoir de meilleures armes pour sa défense.

Ajoutons que l'objet dont nous allons nous occuper, n'est ni de simple curiosité, ni relatif aux idées plus ou moins favorables que les Modernes se forment du Blason & de la dignité des Armoiries : nous ne cherchons que les faits, des faits vrais, propres à éclaircir la marche de l'esprit humain dans ses opérations, à donner des idées nettes & précises de l'Antiquité, à montrer ses rapports avec les tems modernes; & nous sommes en état d'offrir à nos Lecteurs un grand nombre de faits relatifs à ses vues, malgré la perte de tant de monumens; ils constateront que le Blason n'est l'effet ni du hasard ni des tems modernes, mais la suite naturelle & nécessaire du Génie Allégorique des Anciens, & des motifs qui les conduisirent à ce genre : qu'il nous est venu de l'Orient avec ses noms; qu'il faisoit portion de la science des Hérauts : que ses couleurs sont absolument Orientales : qu'il servoit comme de nos jours à distinguer les Empires, les Villes, les Familles, les Guerriers : qu'ainsi notre Blason moderne n'est que l'ancien, perfectionné, plus étendu, ou désigné par d'autres dénominations.

Nous espérons même que lorsqu'on aura parcouru ce que nous avons à dire, on sera étonné de la légereté avec laquelle on se permettoit de prononcer là-dessus, & comment il a pu arriver que jusques ici personne n'eût rassemblé tout ce qui s'est transmis de l'antiquité jusqu'à nous sur la distinction des Familles, sur le droit de Bouclier, sur celui des Images & des Couleurs, sur les Hérauts d'Armes, sur les Monumens Blasoniques semblables aux nôtres, sur l'impossibilité que dans un siécle de fer & de barbarie, tel que le XIe, on eût inventé un art quelconque, bien moins celui du Blason, & que si dans ce tems-là on le vit paroître avec une nouvelle force, ce ne fut que par une application particuliere d'un art déjà existant, que cette application particuliere ne créa point, & que ce ne fut qu'une extension qu'on a grand tort de confondre avec son invention.

PLAN GÉNÉRAL.

Afin de mettre quelqu'ordre dans tout ce que nous avons à expofer fur cette matiere abondante, nous le diviferons en trois Parties relatives aux trois objets principaux fur lefquels on plaçoit ces fymboles, & aux trois fortes de droits qui en réfultoient, droit de Bouclier, droit d'Enfeigne, droit de Monnoie.

Dans la premiere Partie nous traiterons des Symboles Armoriaux en général, de leur origine, de leur droit, & en particulier du droit de Bouclier, du rapport de ces Symboles avec leur objet, &c.

Dans la deuxieme, des couleurs de ces Symboles, du droit d'Enfeignes fur lefquelles elles fe plaçoient, des noms & de l'origine de ces couleurs, de leurs rapports avec leurs objets, fur-tout des Hérauts qui en connoiffoient.

Dans la troifieme, des Symboles relativement aux Monnoies, & en particulier du droit des Monnoies, de la nature des objets repréfentés fur les Monnoies antérieures aux Rois Grecs & aux Empereurs Romains; quand & comment on changea ces objets; & de quelques Monnoies dont jufques ici on n'avoit pu par cette raifon découvrir le Pays ou le Peuple auquel elles appartenoient.

PARTIE I.

PARTIE I.

Des Symboles Armoriaux en général, du droit de Bouclier & du rapport des Symboles avec leur objet.

ARTICLE I.

Monumens Blasonnés antérieurs au XIe siècle.

1. Lorsque M. de Foncemagne voulut prouver que le Blafon étoit antérieur aux Croifades (1) & qu'il remontoit au tems des Tournois, il s'appuya d'un monument blafonné, antérieur de vingt-trois ans à la première Croifade. C'eft un fceau de Robert I, Comte de Flandres, attaché à une chartre de l'an 1072, & rapporté par le P. Mabillon dans fa Diplomatique. Robert y eft repréfenté à cheval, tenant d'une main une épée & de l'autre un écu fur lequel eft un lion.

Or il eft digne de remarque que le lion compofe encore aujourd'hui les armes de ces Provinces : & nous verrons dans la fuite que ce roi des animaux fut le fymbole des Celtes fur tout des Celtes-Belgiques.

Mais certainement ce ne fut pas Robert qui fut l'inventeur de cet ufage : il eft donc plus ancien que le onzieme fiecle.

Et comme au tems des Tournois il n'y eut que ceux qui avoient le droit d'armes, en qui on les regardât comme héréditaires, il y avoit donc antérieurement des armoiries parfaitement femblables à celles de notre tems, fi ce n'eft qu'elles n'auroient pas été héréditaires, ce qui eft encore une erreur; l'effentiel eft donc de remonter du onzieme fiecle aux précédens, par la même marche.

2. Ciacconius, Panvinius, &c. rapportent diverfes armoiries de Papes antérieures aux Croifades : le P. Menetrier les rejette comme fauffes, parce que, dit-il, les armoiries ne font en ufage que depuis l'an 1200. C'eft ainfi qu'on déraifonne, lorfqu'on s'eft forgé un fyftême qui tombe en ruines de toutes parts, & qu'on ne veut cependant pas abandonner.

3. Après la bataille de Saucour, au neuvieme fiecle, gagnée par Louis III fur les Normands, ce Prince alla vifiter, dit-on, Wiffrey *le Velu*, Comte

---

(1) Mémoires des Infcr. & B. L. T. XVIII.

de Barcelonne, qui avoit été blessé dans le combat : Louis, charmé de sa valeur, de ses services, de ses vertus, l'assura de sa reconnoissance : le Comte se borna à lui demander des armes qui fissent connoître à la postérité ce qui venoit de se passer. A l'instant le Roi trempe le doigt dans le sang de ses plaies, en trace quatre traits en forme de pals sur l'écu du Comte, qui étoit d'or, & lui dit, *Comte, ce feront ici désormais vos armes :* de là, celles des Comtes de Barcelonne, & ensuite des Rois d'Arragon, qui sont *d'or à quatre pals de gueules.* C'est à ce Wiffrey que commence la généalogie héréditaire des Comtes de Barcelonne, & que remontent ainsi les armoiries de cette Province.

4. M. Du Clos (Mém. de l'Acad. des Inscr. & B. L. T. XIX.) assure que les Druides portoient pour armoiries dans leurs enseignes,

« D'azur à la couchée du serpent d'argent, surmontée d'un gui de chêne garni de ses glands de sinople ». Symbole digne de remarque & par ses couleurs & par ses caractères, relatifs aux Druides, vrai monument blasonique.

Ce même Académicien ajoute, que les habitans d'Autun qui se prétendent descendus des Druides, portent dans leurs armes, « de gueule à trois serpens » entrelacés d'argent, qui se mordent la queue, au chef d'azur, chargé de » deux têtes de lion arrachées ».

5. Les fouilles de la ville Romaine, qui étoit en Champagne sur la montagne du Châtelet, & qui a été découverte par M. GRIGNON, nous offrent un monument blasonné d'autant plus antérieur aux Xe & XIe siecles, que cette ville fut détruite par les Barbares vers le IVe ou le Ve siecle de notre ère. Ce monument & ses conséquences n'ont pas échappé à M. Grignon.

Sur un fragment de vases, dit-il, (pag. CCXXI) « est une espece de mosaï- » que en relief ; elle est formée par des cordons circulaires paralleles & espacés » régulierement, les intervalles sont divisés en petits écussons quarrés, séparés » par des traits perpendiculaires. Ces écussons sont remplis de différens sujets » de blason. Dans les uns, des traits perpendiculaires & paralleles figurent le » gueule ; dans d'autres, des traits obliques tirés de droite à gauche, repré- » sentent le sinople. Le pourpre est exprimé dans d'autres par des traits tirés » de gauche à droite. L'on voit dans quelques-uns une espece de merlette ; » dans d'autres, des billettes posées par deux, deux & deux ; enfin, on » remarque dans d'autres un sautoir entre les branches duquel sont représentés » des croissans, des ronds & des fleurons. Ce témoignage irréprochable de » l'antiquité des figures symboliques des armoiries, prouve la solidité du » sentiment de Chorier, qui dit qu'il y auroit de l'ignorance à croire que » les Romains aient entierement manqué d'armoiries, &c. »

6. Il existe des médailles très-remarquables de la ville de Messine, & du tems où elle s'appeloit *Zancle*, ce qui remonte à une haute antiquité. A leur revers est une coquille placée entre deux portes, au milieu d'un champ feint de mosaïque, formé par des carreaux ou losanges d'argent bruni & d'argent demeuré dans sa couleur naturelle. Ce qui est un vrai monument blasonique. Le type présente un dauphin, & le nom de la ville.

D'ORVILLE en a inféré deux pareilles dans sa description de la Sicile : & BIANCONI en a fait usage dans ses dissertations sur la langue primitive. Personne ne s'est élevé contre l'authenticité de ce monument. Nous l'avons inféré dans notre premiere planche, n°. III.

7. En voici un autre non moins singulier, qu'on doit à M. de CAYLUS (1); c'est un bronze d'une gravure en creux très-prononcée. On y voit une porte au milieu d'un pan de muraille très-solide, & telle qu'il étoit nécessaire pour porter trois tours crénelées.

Il nous apprend en même tems qu'il a été trouvé à Rome en 1759, à soixante pieds de profondeur « Il étoit donc très-ancien, conclut il ; d'ailleurs » la gravure a, selon lui, toutes les marques d'une vraie antique ». Et appercevant très bien les conséquences qui en résultoient, il ajoute : « Les » ARMOIRIES seroient donc plus ANCIENNES que les Croisades : d'ailleurs » les principes d'une science sont toujours plus anciens que la science ; » l'homme n'a rien trouvé d'abord de complet ». C'est le n°. II de notre planche premiere.

8. Dans le même volume (2) on trouve une plaque d'argent que cet estimable Auteur regarde aussi comme une vraie antique, & qui est un monument du même genre. On y voit un Amour de relief : le champ en est feint de mosaïque formé par des carreaux ou losanges d'argent bruni, & d'argent demeuré dans sa couleur naturelle. C'est le n°. I de la même planche premiere.

9. Dans le volume II (pl. XII) est représenté un gyps Egyptien qui étonna ce Comte ; il assure en même tems qu'il est unique & qu'on ne trouve rien de pareil dans les antiquités Egyptiennes.

« Ce gyps, dit-il, est de 15 pouces 5 lignes de haut : il est chargé d'hié-
» roglyphes en creux : il a trois faces, & elles ne sont qu'une répétition l'une
» de l'autre ; ainsi, qui en décrit une, les décrit toutes trois. Elles contiennent
» douze compartimens l'un sur l'autre. Les sept premiers ont pour supports

---

(1) Recueil d'Antiquités, T. IV, pl. CI, n°. 5. (2) Planche LXXX, n°. 4.

» deux hommes. un de chaque côté : la plupart armés d'une lance, ou plutôt
» d'un bâton comme celui d'Ofiris. Les cinq autres avoient fûrement des
» fupports, car leur place correfpondante s'y trouve à vuide; ou l'ouvrage
» n'a pas été achevé, ou ces fupports ont été effacés avec le tems, étant
» en relief, à la différence du milieu ou du fond, qui étant en creux n'a pu
» s'altérer ».

Ce monument triangulaire & compofé fur chaque face de douze compartimens, en tout trente-fix avec des Ofiris, fe rapporte, peut-être, à l'année Egyptienne, compofée de trois faifons, formant douze mois, & chaque mois divifé en trois dixaines de jours, ce qui donne trente-fix divifions pour l'année entière, fur lefquelles préfidoient autant de Divinités patrones ou de Decans, Génies protecteurs, dont on trouve fouvent les noms fur les Abraxas.

On auroit donc ici les fymboles de ces Génies : ces compartimens renferment en effet des figures femblables à celles du blafon : des bâtons dentelés ou efpeces de fcies : des cols d'oifeaux, des chevrons allongés, des ferpens déliés, des fruits ronds : un oifeau dans chaque compartiment : dans le onzieme, un oifeau volant, tous caracteres armoriaux, ainfi que les fupports.

Obfervons en même tems qu'il n'eft aucune de ces figures qui ne fe retrouve fur les autres monumens Egyptiens, même fur les obélifques.

10. A ces divers exemples, nous pouvons ajouter l'aveu d'un favant Evêque, *Philippe à* TURRE, qui dans fes monumens de l'ancien Latium, (p. 29 31) après avoir nié le rapport de notre blafon moderne avec l'antiquité, eft cependant obligé de faire une exception en faveur des *armes parlantes*, dont il avoit apperçu des traits chez les anciens Romains, fi frappans, qu'il étoit très-étonné qu'ils euffent pu échapper au P. Ménétrier & à tous ceux qui ont traité de ces objets : or, ces armes parlantes étoient femblables aux modernes, & elles étoient héréditaires. Voilà donc dans l'antiquité des armoiries héréditaires, de l'aveu d'un favant diftingué, qui avoit cependant embraffé le fyftême que nous combattons; mais il ignoroit que les armes furent prefque toujours parlantes, & que l'antiquité entiere en eft remplie, comme nous le ferons voir dans un grand détail.

Mais puifque l'antiquité eut des fymboles ou armoiries qui diftinguoient les villes, les états, les familles, qui étoient caractérifées par des couleurs & par des devifes, qui fe plaçoient fur les boucliers ou fur les écus & fur les bannieres, qui étoient héréditaires, qui, en un mot, étoient conformes à ce qui s'obferve de notre tems à cet égard, la connoiffance de ces objets ne peut que répandre plus de lumiere fur les tems anciens, & en même tems fur tous nos ufages correspondans à ceux-là, en montrant leurs rapports entr'eux, & avec la nature. Ainsi, le détail dans lequel nous allons entrer sur ces symboles ou sur le blason, sera une nouvelle confirmation du grand principe du Monde primitif, que tout fut puisé dans la nature & dicté par le besoin.

ARTICLE II.

ORIGINE *du droit d'Armoiries, des symboles de familles, de ce qu'on appeloit* INSIGNIA *ou enseignes.*

1°.

De ce qu'on doit entendre par le mot GENS.

L'histoire des anciens Romains présente sans cesse l'expression d'INSIGNIA GENTIUM ou armoiries des familles, pour désigner les symboles qui distinguoient chaque famille & chaque homme membre de ce qu'on appeloit *Gens*, & qui étoit lui-même par conséquent *homo Gentilis, vir in-*GENU*us*. Mais que doit-on entendre par les mots de GENS, GENTES, INGENU*us*, INSIGNIA ? On comprend que leur explication est indispensable pour répandre du jour sur les objets dont il s'agit.

Le mot de GENS est plus resserré que celui d'*Homo*, celui-ci convenoit à tous les hommes : celui-là à une classe privilégiée d'hommes. Il étoit en même tems opposé à celui de PER-EGRINI ou étrangers.

Ces limites fixent nécessairement l'idée qu'on doit attacher au mot *Gens*.

GENS, est l'homme de la terre, le propriétaire auquel appartient le canton, qui le couvre de ses troupeaux, de ses moissons, qui y reçoit les étrangers, ceux qui ont besoin d'échanger leur industrie contre ses denrées, qui y entretient un nombreux domestique pour la conservation de sa famille, de ses enfans, de son ménage, de ses troupeaux, de ses biens, pour la culture de sa terre : des salariés dans tous les genres pour tous les arts dont l'agriculture a besoin, forgerons, bucherons, charpentiers, &c. Aussi est-il appelé GE-ENS, l'homme de la terre, le maître, le propriétaire, par opposition à E-GENU*s*, le pauvre, l'homme qui est sans terre, & à PER-EGRINUS, celui qui n'appartient pas à la terre, qui y est reçu, ou qui ne fait qu'y passer.

Ce mot signifia ensuite, non-seulement le propriétaire en particulier, mais sa famille entiere ; l'ensemble de ceux qui de pere en fils avoient possédé la même terre. GENS *Fabia*, GENS *Cornelia*, la Gent Fabienne, la Gent Cornelienne, comme nous difons *la Maifon de Bourbon, la Maifon de Valois, être de bonne maifon*.

Ce mot tient à une nombreufe famille Grecque & Latine en GEN, relative à l'idée de produire, de créer, de cultiver ; ainfi on dit :

En Grec :

GENea, race.	GONé, la famille.
GENetér, pere.	GNefios, légitime.
GEINomai, produire.	EU-GENeia, nobleffe.
GONos, fécond.	GENea-LOGia, état qui conftate la famille, la naiffance, le droit à la terre.
GUNé, femme, mere de famille.	

En Latin :

GENus, race, famille, efpece.	IN-GENium, l'habileté, le génie avec lequel on fait valoir fa terre.
GENui, j'ai produit.	
GENitor, pere.	IN-GENuus, l'homme libre, l'homme qui tient à GENS.
GENitrix, mere.	
GENitus, produit.	IN-GENuitas, qualité d'un homme libre, membre d'une GENS.
GENius, qui préfide aux productions ;	
Le *Génie* qui les invente.	IN-GENS, vafte, étendu, confidérable.
Le *Génie* qui les conferve.	

2°.

Privileges de ceux qu'on appeloit GENS.

Chaque GENS avoit donc fa terre, fa propriété, fon monde ou fon peuple ; il eut donc en même tems fon Dieu tutélaire, fes autels, fes enfeignes, le droit de vie & de mort fur tout ce qui lui appartenoit, par cela même qu'il étoit indépendant. En un mot, c'eft le même perfonnage que l'Hiftoire Orientale nous peint fous le titre de Patriarche. Tel étoit Abraham, qui, dans une occafion importante, arma trois cents perfonnes de fa maifon. Ils étoient ainfi Princes, Pontifes & Juges fur leur terrain.

Chaque Maison ou Famille pareille avoit ses Dieux, appelés PENATES dans l'Occident, THÉRAPHIM dans l'Orient: on les transportoit avec soi, & on les regardoit comme l'appui inébranlable de la Famille, comme son palladium.

Devant ces Dieux, étoit l'autel sur lequel on entretenoit perpétuellement le feu sacré : on ne pouvoit se passer d'un pareil feu dans l'antiquité : le jour il servoit à tous les besoins domestiques, la nuit à dissiper l'horreur des ténèbres. Emblême de la Divinité, c'étoit en sa présence qu'on s'acquittoit du culte religieux; sa conservation assuroit la perpétuité de ce culte & l'espérance que la Divinité continueroit à répandre ses bienfaits sur de pareils adorateurs. Il étoit placé à l'entrée de la maison, qui en porta le nom de *vesti-bule*, ou PLACE DU FEU SACRÉ, afin que chacun pût en profiter, même ceux qui restoient dans les cours.

Enfin, ces maîtres de la terre avoient le droit de vie & de mort, puisque ce droit découloit de leur puissance; & que maîtres absolus, ils ne voyoient personne au-dessus d'eux.

3°.

Réunion ou Confédération de plusieurs GENTES ou Familles Propriétaires.

Lorsqu'avec le tems diverses Familles-Propriétaires se trouverent voisines les unes des autres, leur intérêt commun les obligea de se réunir : alors elles formerent une confédération, un Etat qui avoit son Chef, son autel, ses symboles, son chef-lieu où l'on délibéroit de l'intérêt de tous.

Le CHEF n'étoit qu'un Pair entre ses égaux : ces égaux étoient les chefs des Familles-Propriétaires : celles-ci conservoient tous leurs anciens droits.

Chaque chef-lieu étoit en même tems un lieu *sacré* pour l'avantage de tous avec un droit d'asyle : ainsi, il se peuploit en peu de tems d'une multitude de personnes sans terres, qui venoient chercher quelqu'occupation, quelque moyen d'échanger leur industrie contre les denrées nécessaires à leur subsistance.

L'Etat étoit donc composé de quatre sortes de personnes.

1°. Le Chef de l'Etat, appelé Roi, Préteur, Consul, &c.
2°. Les Familles-Propriétaires qu'on appela Nobles ou Patriciennes.
3°. Les Domestiques, Serviteurs, Gens à gages de ces Familles.
4°. Le Peuple qui vivoit dans le Chef-lieu sous la protection du Magistrat & des Loix, & qui subsistoit par les Arts ou travaux méchaniques.

Ces Etats s'appeloient RÉPUBLIQUES, c'est-à-dire, Républiques à la Polonoise où l'autorité est entre les mains des Grands-Propriétaires, & où tout le reste est Serf sans aucune part à l'administration, sauf quelques villes libres.

En effet, toute l'autorité civile & religieuse étoit entre les mains des Familles Patriciennes; elles avoient tout, le Peuple n'avoit ni Vestibule, ni Pénates, ni Enseigves, ni Sacerdoce, ni droit de vie & de mort : qu'en eût-il fait ?

Les Familles Patriciennes possédoient donc ces droits de par la Nature; elles ne les avoient point usurpés : elles ne pouvoient pas ne pas les avoir : elles ne les tinrent pas même de Romulus ou du premier Roi de Rome, mais d'elles-mêmes, de leur Chef qui avoit eu le courage de se former une grande propriété, en défrichant un grand terrein, en le mettant en rapport par une grande industrie, une grande application, de très-grandes avances, & qui posséda naturellement tous les droits auxquels ces avances lui donnerent lieu de prétendre.

Tous ces droits furent disputés les uns après les autres aux Patriciens de Rome : peu s'en faut que nos Historiens ne les traitent à cet égard comme des usurpateurs : cependant, si on ne part pas des principes que nous établissons ici, on ne pourra que s'égarer dans la discussion des longues disputes qui s'éleverent à ce sujet entre le Peuple & les Patriciens.

II.

De quelques autres droits de Familles Nobles, 1°. du droit d'INSIGNIA & de ce qu'on doit entendre par ce mot.

Chacune de ces grandes familles eut nécessairement une marque simple & constante pour se distinguer des autres, pour faire reconnoître ses troupeaux, ses denrées, ses marchandises, ses contrats de vente, d'achats, d'échange, ses Facteurs, ses Envoyés, ses Gardes, ses Troupes : elle les gravoit sur son sceau, ou ses cachets ; elle les plaçoit sur les boucliers, sur les enseignes, sur tous les objets ostensibles relatifs à son existence, à sa grandeur, à sa pompe, à tout ce qui pouvoit lui attirer la considération, l'estime, le respect du public.

On sent parfaitement que lorsque ces marques, ces symboles eurent été établis par un chef de famille, ils furent transmis de pere en fils ; ils devinrent ainsi les symboles, les *Insignia*, les enseignes auxquelles on reconnoissoit constamment cette Famille.

II

Il en fut de même pour chaque Etat, chaque Ville, chaque Peuple : ils eurent également leurs marques caractéristiques, leurs Symboles simples, constans, & auxquels on reconnoissoit sans peine ce qui venoit de leur part, ce à quoi ils avoient mis leur sanction.

Ce sont ces marques, ces Symboles qu'on appella IN-SIGNIA, *m-à-m.* choses mises en signe; pour servir de signe.

Il y eut INSIGNIA *Gentis*, les Symboles de la Maison, de la Famille : & INSIGNIA *Gentium*, les Symboles des Familles réunies, de la Nation. Ce mot se forma du primitif SEM ou SEGN, marque, symbole, d'où le Latin SIGNUM, signe; & le Valdois un *sen*, marque sur le visage, tache.

2°.

Droits d'IMAGES & de GÉNéalogie, &c.

Ces Familles eurent en même tems le droit de Généalogie; ce droit n'étoit l'effet ni de la vanité, ni de la curiosité, quoique ces sentimens n'en aient que trop été la suite : c'étoit l'effet de la nécessité, de l'obligation de constater le droit qu'on avoit à sa terre par sa naissance & par les grandes avances de ses Ancêtres, dont on devoit recueillir les fruits en continuant les mêmes travaux.

Afin que ces Généalogies fussent plus certaines, plus intéressantes, on y ajoutoit l'image de ses Ancêtres, l'image de ces Hommes distingués dont l'activité industrieuse avoit créé le terrein de la Famille, dont le génie avoit fait naître les Arts, encouragé les talens, multiplié les richesses, donné lieu à une population prospere & nombreuse; & dont la vue devoit animer leurs descendans à marcher sur leurs traces, à ne leur être inférieurs en rien; à maintenir, par des travaux pareils, ces grands avantages dont ils jouissoient; convaincus qu'on est infinim-nt coupable dès qu'on dégénere de la gloire de ses Ancêtres, & qu'on fait un mauvais usage des biens préparés pour le triomple de la vertu & pour la perfection des Arts & de l'humanité.

Il n'est donc point étonnant que nous trouvions des Généalogies dès la plus haute Antiquité chez les Peuples Agricoles; ce qui le seroit, c'est qu'on n'en trouvât aucune trace chez eux.

3°.

Droit d'Augures.

L'Histoire Romaine nous parle d'un droit d'Augures qui n'appartenoit qu'aux Patriciens, & qui leur fut également enlevé par le Peuple. Il n'est pas difficile de remonter à l'origine de ce droit, & de faire voir comment il étoit borné à ce Corps.

Le mot AU-GURE, composé du mot CUR, action d'observer, & du mot AU qui désigne, 1°. le souffle, l'air, 2°. les oiseaux qui habitent l'air, désigna dans l'origine d'observation du ciel, des astres, du tems. Cette observation est de toute nécessité pour un grand Propriétaire, pour les Cultivateurs de la terre : leurs opérations doivent être dirigées par l'air, par les vents, par le ciel, par les saisons, & doivent être distribuées en jours de travail & en jours de Fêtes. Les Propriétaires, les GENTES furent donc nécessairement autant d'Augures, autant d'Observateurs, autant d'Indicateurs vivans du Calendrier rustique.

Cet usage des Augures devint plus considérable dans la confédération de plusieurs Familles : on observa le tems pour savoir s'il permettoit ou non de s'assembler en rase campagne pour les délibérations communes : ce droit étoit très-simple, très-naturel.

Il dégénéra ensuite en simple formalité, puisque dans toute Assemblée les formes deviennent indispensables par cela seul qu'elles existent, & qu'il y auroit trop d'inconvéniens à les changer.

Dans la suite, ces formes, ce droit d'Augures devinrent une arme dans la main des Patriciens contre le Peuple qui travailloit à les dépouiller de tout : dès qu'ils appercevoient que le Peuple alloit remporter le dessus, ils rompoient l'Assemblée, sous prétexte que les augures, les formalités avoient été mal prises, & qu'ainsi la délibération seroit illégitime : mais il n'avoit point été établi dans cette vue, ni par aucun motif de superstition, d'ignorance ou d'orgueil tyrannique.

III.

Établissemens pareils chez d'autres Nations antérieures aux Romains.

I.

Ces distinctions de rangs, ces droits de grands Propriétaires, cette gradation en usage chez les Romains, étant ainsi dictée par la Nature même, ne peut être bornée à ce Peuple : elle dut se trouver, & elle se trouva en effet chez tous les Peuples de l'Antiquité ; il ne sera pas difficile de s'en assurer dès qu'on partira des principes que nous venons d'établir.

Nous voyons dans les Armées les plus anciennes, chez les Cananéens, deux mille ans avant notre Ere, chez les Assyriens, les Babyloniens, les Perses, les Lydiens, les Egyptiens ; chez les Grecs & les Troyens, dans les Poëmes d'Homere, trois sortes de Combattans.

Ceux qui étoient montés sur des chars ; ceux qui se battoient à cheval ; ceux qui servoient à pied.

Ceci suppose trois sortes de rangs dans tous ces Etats, rangs tous donnés par la Nature & non par le caprice ou la fantaisie d'un Législateur, d'un Despote, d'un Monarque.

Ceux qui avoient droit de char, étoient les Grands Propriétaires, les Héros, les Princes du pays : ils avoient ce droit de par la Nature, qui leur rendoit les chars nécessaires & qui leur donnoit les moyens de les entretenir.

Ceux qui alloient à cheval, étoient des Propriétaires moins riches ou plus jeunes : ils étoient assez opulens pour avoir un cheval ; ils ne l'etoient pas assez pour avoir tout l'attirail qu'entraînoit à sa suite le droit de char.

Le peuple qui ne pouvoit entretenir ni chars, ni chevaux, alloit à pied.

La même division que nous trouvons à Rome, étoit donc établie également chez tous les Peuples Agricoles : il étoit même impossible qu'elle ne le fût pas ; & lorsque toute trace directe nous en est dérobée par le tems, l'état constant de leurs armées en est une preuve authentique.

Nous y retrouvons les *Patriciens* de Rome, ceux qui avoient le droit de chars ou de chaise curule; les *Chevaliers* ou l'Ordre-Equestre, qui avoient le droit de cheval ; & les *Pedites*, ou les Fantassins, les Piétons.

2°.

De ce Droit chez les Républiques Grecques.

Les Républiques Grecques nous offrent les mêmes divisions ; ce qui n'est pas étonnant, puisqu'il étoit impossible qu'elles n'existassent pas dans ces Républiques.

Ceux que Rome appelloit *Patriciens*, étoient appellés EU PATRIDES à Athenes : on trouve ce nom dans une Loi de cette Ville, rapportée par POTTER (1). C'est le même nom ; *mot-à-mot*, les excellens Peres, mais nom expressif, de quelque maniere qu'on l'envisage, relativement à la naissance, au bien, à la dignité.

Ces grands Propriétaires étoient Patriciens, Peres nourriciers de la Répu-

---

(1) Archæol. Græc. p. 135.

blique relativement à la *naiſſance*, en tant qu'ils deſcendoient de ceux qui avoient fondé le territoire, qui l'avoient mis en rapport, qui l'avoient couvert de richeſſes, & qu'ils prouvoient cette filiation par leurs Symboles.

Ils l'étoient quand au *bien*, car par leurs ſoins renaiſſoient ſans ceſſe les récoltes qui faiſoient le revenu & la force de l'Etat.

Ils l'étoient quant à *la dignité*, parce qu'eux ſeuls ayant droit de Magiſtrature, de Sacerdoce, de protection, ils devenoient les Peres & les défenſeurs nés de la choſe publique.

Auſſi étoient-ils appellés à Rome *Patres-Patricii*, les Peres Protecteurs & nourriciers de la Patrie. Ce titre ne fut pas l'effet d'une vaine & orgueilleuſe diſtinction : il peignoit leur état & leurs devoirs.

PLUTARQUE nous a conſervé une Loi très-remarquable qu'on attribuoit à Théſée, à ce Prince qui fut, à ce qu'on prétend, le fondateur ou le reſtaurateur d'Athènes. Il diviſa, dit cet Hiſtorien, les Citoyens en trois claſſes, Patriciens, Cultivateurs & Artiſans, diſtingués par leur dignité, par leur utilité, par leur induſtrie. On connoiſſoit donc déjà dans ces tems reculés un ordre économique donné par la Nature elle-même. La premiere de ces claſſes poſſédoit, excluſivement aux autres, la Magiſtrature & le Sacerdoce, & à elle appartenoit l'interprétation des Loix civiles & religieuſes. Et cela devoit être ainſi, puiſque toutes ces choſes réſultoient de la Nature même.

Auſſi, dans Athènes comme à Rome, ces priviléges occaſionnerent les plus grands troubles, lorſque des Familles qui n'avoient point eu de part à cette confédération primitive, voulurent jouir des mêmes droits en vertu des richeſſes & de la puiſſance a laquelle elles étoient parvenues depuis lors. C'eſt pour terminer de pareilles diſſentions, qu'Ariſtide, au rapport de Plutarque, ouvrit l'entrée des charges à tous les citoyens d'Athènes, de même qu'on l'accorda au peuple dans Rome.

3°.

De l'Onction.

Le droit de Sacrifice ou le Sacerdoce fut donc dans toute l'Antiquité inſéparable du droit de commander, puiſque l'un & l'autre réſultoient de la qualité de Propriétaire, du droit de Famille.

En Egypte, dès la plus haute Antiquité, l'Ordre des Prêtres & celui des Rois & des grands Seigneurs, n'en formoient qu'un ſous le nom de *Ken* ou *Cohen*, le même que *le King* & le *Can* des peuples du Nord, nés primitif *Kan*, qui défigna toujours la puiffance, & qui exifte encore en Anglois & dans d'autres Langues, qui tient au mot *Cahne*, appui, &c. Auffi tout Roi d'Egypte élu dans l'Ordre des Soldats, étoit obligé de fe faire recevoir dans l'Ordre des *Ken*; fans cela il n'eût pu commander aux Nobles, il n'auroit eu ni droit d'Augure, ni droit de Sacerdoce ; & comme cette inauguration fe faifoit au moyen de l'Onction, de-là le droit d'Onction, & le nom d'*Oints* donnés aux Rois.

Ces ufages fe font tranfmis jufques à nous. Les Empereurs d'Allemagne font revêtus le jour de leur couronnement d'une foutane, d'une aube blanche & d'un manteau qui reffemble à la chape des Chantres. Leur couronne eft une efpece de mitre femblable au bonnet du Grand Prêtre des Hébreux.

Les Rois de France, le jour de leur Sacre, font entrer dans leur habillement prefque toutes les pieces qui compofent celui d'un Prêtre : le Manteau Royal dans fon ancienne forme, étoit une véritable chafuble, & ils reçoivent l'Onction.

Les Rois de Pologne font vêtus facerdotalement le jour qu'on les couronne, & c'eft dans cet habit qu'ils font enfevelis.

Il en étoit de même en Ethiopie, chez les Perfes, chez les Druides; partout le Sacerdoce étoit réuni à la Magiftrature.

Les Princes d'*Olba* en Cilicie étoient Rois & Souverains Pontifes. Les premiers Rois de Rome réuniffoient les mêmes prérogatives : auffi le Chef du Sacerdoce étoit appellé *Roi des Sacrifices*.

En Egypte & chez les Hébreux, *Ken* fignifioit également Prince & Prêtre. Le titre de *Ken d'On*, ou de la Ville du Soleil, fe rend ainfi, tantôt par le nom de Prince d'On, tantôt par celui de Prêtre d'On.

Le nom de *Ken* eft donné à trois fils de David, qu'on a rendu ridiculement par celui de Prêtres.

4°.

Droits pareils chez les Celtes.

Les Peuples Celtes étoient divifés de la même maniere. NITHARD dit que chez les Saxons on voyoit diverfes claffes d'habitans.

Les *EDL inges*, ou Nobles; du mot *Adel*, *Edel*, Noble, Grand.

Les *Fri-Linges*, les Libres, les Francs ; ce que nous appellons Bourgeois, ou Tiers-Etat, &c.

Les *Lazzi*, ou Affranchis.

Ce qui suppose les *Serfs*, espece d'hommes formant le bien des Nobles, leur patrimoine, & qui ne faisoient point partie de la Nation.

Un passage d'ATHENÉE, (Liv. IV, chap. 12.) relatif aux Festins des GAULOIS, nous apprend qu'il y avoit parmi eux divers rangs: nous avons déja vu que les Druides étoient les Magistrats, les Juges & les Prêtres de cette Nation; ils avoient au-dessous d'eux la classe des Militaires; ceux-ci avoient le droit de bouclier. « Les Convives, dit donc Athenée, ont derriere » eux des servans d'armes qui tiennent leurs boucliers. »

Ceci nous fait remonter aux tems les plus anciens; car dans ces tems les mœurs ne changeoient pas.

Chez les LOMBARDS, les Serfs n'avoient pas le droit de bouclier, ils ne pouvoient aller à la guerre, elle leur étoit défendue : c'est ce que nous voyons dans PAUL DIACRE, Liv. I. ch. IX. C'étoit donc les Propriétaires, ceux qui avoient droit de bouclier, qui seuls avoient le droit d'Armes : on retrouve en eux tous les caracteres de la Noblesse Françoise.

Le droit de guerre étoit tellement ôté aux Serfs dès les tems héroïques, que tout prisonnier le perdoit; c'étoit ce qu'il y avoit de plus terrible pour eux dans leur captivité : & par la même raison, armer un Esclave, c'étoit le déclarer affranchi, lui donner le rang de Citoyen.

5°.

Exemple du mot GENS *adopté par les Nobles Lombards.*

Nous devons au respectable Fils du savant Comte Dom CARLI RUBBI, Noble Vénitien, la connoissance d'un Monument qui donne les mêmes résultats : il est tiré des Voyages du Docteur TOZZETTI, Médecin du Grand-Duc, & Garde de la Bibliothéque de Magliabecchi, seconde Edition, Florence 1768. Le fait dont il s'agit est au Tome premier, page 88. Ce savant Voyageur nous apprend que sur l'Architrave de la porte de l'Eglise de *Monterappoli*, Village situé sur une des collines de la *Valdesa*, on voit cette Inscription en caracteres barbares & très-mal conservée:

Ann. Dom. MCLXV. Et manibus.... scripta
Maister Bonseri Clipeus dextra qui probus
ex Gente Lombarda.... t. Padi.... custos
jussu....

Au-dessus de l'Inscription est une main droite, *dextra*, dont les trois premiers doigts sont étendus, & les deux autres pliés : cette main qui étoit sans doute sur le bouclier (*clipeus dextra*) de ce BONSERI, preux (*probus*) de race Lombarde (*ex Gente Lombardâ*), venu des environs du Pô (*Padi*).

Ici on observe que le Docteur LAMI, dans les *Nouvelles Littéraires de Florence 1751*, a expliqué ce Monument d'une maniere fort heureuse, & propre à répandre du jour sur l'Antiquité des Armoiries ; puisqu'on reconnoissoit alors pour Nobles, des Familles descendues des Lombards, anciens Conquérans du Pays : aussi le nom de LOMBARD va de pair avec celui de Noble & de fils de Chevalier dans les Statues de Pise de l'an 1284, Livre premier, rubrique 109.

Ces mots de *Probus ex Gente Lombardâ* démontrent qu'on conservoit les preuves de la descendance des Familles Nobles, & les Armoiries dont ces mots sont accompagnés ne laissent aucun doute qu'elle ne fussent une des preuves de cette descendance ; & que par conséquent leur usage remonte fort au-delà de l'époque, qu'on ne lui assigne ordinairement, que parce qu'on ne connoissoit rien d'antérieur.

ARTICLE III.

I.

DROIT DE BOUCLIER.

1°. *Ce Droit synonyme du titre de Noble.*

Les Propriétaires, les Citoyens avoient donc le droit d'armes, & ils l'avoient à l'exclusion de tout autre : eux seuls étoient intéressés à la défense de leur territoire, de la chose publique : eux seuls avoient le droit de bouclier, de l'Ecu. Ainsi cette arme défensive devint le Symbole par excellence des Citoyens, des Propriétaires, des Maîtres de la terre. Etre Noble, ou porter le bouclier furent des mots synonymes.

Aussi étoit-ce un déshonneur, un affront sanglant que rien ne pouvoit laver, de revenir de l'Armée sans bouclier. On connoît le mot d'une Lacédémonienne qui dit à son fils, en l'armant de son bouclier pour le combat, *avec ceci ou sur ceci*. Celui qui revenoit sans bouclier, sans ses armes, étoit aussi déshonoré qu'un Régiment qui revient sans ses drapeaux : l'un & l'autre étant regardé comme des marques distinctives, on étoit en quelque façon dégradé par la négligence avec laquelle on avoit combattu pour les sauver. Il en étoit de même chez tous les Celtes : chez ces Peuples guerriers, revenir sans armes, ou être déshonoré, étoit une seule & même chose. Ceci étoit fondé en raison, car c'étoit avoir préféré son salut à la défense commune, au bien de la Patrie : la guerre se faisant alors pour le bien public, & non pour une solde quelconque, on ne connoissoit que de généreux guerriers, des Défenseurs de la chose publique, & non des Soldats qui ne peuvent avoir les mêmes motifs de bien faire.

2°.

Le Bouclier chargé de Symboles ou d'Armoiries.

Mais puisque le Bouclier étoit le Symbole distinctif de la Noblesse, du Guerrier-Propriétaire, on devoit non-seulement en faire le plus grand cas, mais le charger d'ornemens divers, & sur-tout peindre sur son champ les Armoiries de la Famille dont on étoit membre. Ceci étoit d'ailleurs d'autant plus nécessaire, que par eux-mêmes tous les boucliers se ressembloient : qu'il falloit donc que chacun mît sa marque particuliere sur son bouclier pour le reconnoître.

3°. *Ces Armoiries étoient héréditaires.*

Virgile décrivant les armes d'AVENTIN, un des Rois contre lesquels Enée fut obligé de combattre, dit : « Il porte sur son BOUCLIER le signe héréditaire » (*les armes*) de ses Ancêtres, un serpent à plusieurs têtes ».

Clypeoque insigne Paternum
Centum angues, cinctamque gerit serpentibus hydram.

4°.

Sonnettes & Grelots suspendus aux Boucliers.

On suspendoit aussi aux boucliers, des sonnettes pour augmenter la terreur, dit-on, & pour répandre l'allarme, plutôt pour animer les chevaux de bataille, & pour s'étourdir soi-même sur le bruit du combat. C'est par les mêmes raisons qu'anciennement en France même, les caparaçons des chevaux de tournois & de bataille étoient garnis de clochettes & de grelots entremêlés. Il n'est donc pas étonnant que le bouclier de Tydée, un des Héros qui assiégerent Thebes, fût garni de sonnettes d'airain.

C'est par cette même raison que les Grecs, pour dire qu'un cheval n'étoit pas aguerri, disoient qu'il n'avoit pas ouï le bruit de la sonnette (1).

---

(1) Scholiaste d'Aristophane, Coméd. des Grenouilles.

ZACHARIE

ZACHARIE (1) parle des fonnettes qu'on mettoit à la bride des chevaux pour les accoutumer au bruit. Les anciens avoient un goût particulier pour ce genre de musique. Personne n'ignore que les Orientaux, sur tout les Dames, les Rois & les Grands-Pontifes garnissoient le bas de leurs robes, de fonnettes & de grenades. Le voyageur ARVIEUX raconte (2) que dans l'Orient les femmes des Emirs ont le même usage, afin qu'on ait le tems de se retirer quand on est près des lieux où elles doivent passer.

5°.

Boucliers servant de palladium.

N'omettons pas un usage remarquable des boucliers dont on n'a point vu la cause, & qu'on a attribué à une superstition ridicule.

Le bouclier étant une arme défensive, on le regarda comme le symbole de la longue durée d'un Etat, comme un gage de son bonheur, comme un palladium à l'abri duquel on pouvoit dormir sans crainte. D'ailleurs, c'étoit la place du symbole ou des armes de l'Etat; on le suspendoit par conséquent dans les temples, au haut des tours, sur les murs des villes & des édifices publics. Et ces boucliers étoient sacrés, puisqu'ils étoient relatifs à la chose publique.

C'est par cette raison que Rome étoit sous la protection de douze boucliers consacrés par *Numa*, & dont celui qui avoit servi de modele aux autres étoit descendu du Ciel, c'est-à-dire, avoit été formé à l'imitation du disque du Soleil.

Les Romains ne firent en cela qu'imiter des usages Orientaux. Roboam, fils de Salomon, avoit long-tems auparavant suspendu douze boucliers d'or pur dans le temple de Jérusalem: boucliers qui furent enlevés par Sesac, Roi d'Egypte, dans son expédition contre les Rois de l'Orient.

Ces boucliers sacrés étoient descendus & portés en cérémonie lorsqu'on devoit déclarer la guerre. C'est ce qu'on appelloit *movere arma*, mouvoir les armes: expression peu connue, & dont on n'a pas tiré les conséquences qui en résultent. Il arrivoit même dans ces occasions qu'au lieu de se servir du mot générique *armes*, on employoit le nom du signe particulier qui les composoit: si ces armoiries étoient composées, par exemple, du soleil, du croissant, d'un lys, &c. on disoit qu'on avoit mû ou ébranlé le croissant, le soleil, les lys. S'en rendre maître, c'étoit les arrêter; car on ne les portoit plus à la tête des armées: on ne pouvoit plus les mouvoir.

Le bouclier étoit regardé également comme le symbole de la protection

---

(1) Chap. XIV, verset 10. (2) Chap. XVII.

Diss. Tom. I.   T

divine. Aussi Minerve est armée de l'égide, bouclier redoutable que lui a remis Jupiter. Junon est également armée du bouclier *Ancile*, non-seulement chez les Sabins, mais aussi à Argos & à Rome. C'est par la même raison qu'il y eut des boucliers sacrés dans cette derniere ville & chez d'autres peuples : boucliers confiés à Rome aux prêtres Saliens, qui s'en servoient dans leurs danses sacrées pour l'ouverture de l'année.

Les Poëtes sacrés se sont servis des mêmes expressions & des mêmes pensées : ils appellent la Divinité leur bouclier, leur enseigne, leur rocher inébranlable.

I I.

Preuves plus détaillées pour établir que les insignia *des anciens correspondent parfaitement aux armoiries modernes.*

DICTYS de Crète dit que les troupes de Memnon, qui vinrent au secours des Troyens, se distinguoient par leurs INSIGNIA, leurs livrées, & que tous les environs de Troye étoient resplendissans de l'éclat de tous ces symboles.

STRABON les appelle *EPI-SEMA*, symboles, armoiries (du mot *sem*, signe) *mot-à-mot*, signes mis sur les armes : il ajoute que les Cariens en avoient appris l'usage aux Grecs (1). HERODOTE avoit déjà dit la même chose (2).

Ce fait est remarquable : il confirme l'origine que nous avons assignée aux armoiries. Ces Cariens ne sont point le peuple particulier de la Carie, peuple grossier & barbare, mais une classe d'hommes par lesquels nous avons déjà prouvé ailleurs qu'on entendoit les laboureurs ou les propriétaires ; le mot CAR, CAR*ie*, désignant primitivement le labourage, d'où *A-CAR*, *ACER*, *AGER*, un champ. & *I-CAR*e, un laboureur. Tels sont les Cariens inventeurs des armoiries & maîtres des Grecs en ce genre.

VIRGILE fait dire à Corebe (Eneid. liv. II) : « Changeons de boucliers avec » les Grecs (*tués*) & approprions-nous leurs symboles ».

Mutemus clypeos, Danaumque INSIGNIA nobis,
Aptemus.

Il est vrai qu'on peut entendre ceci des symboles nationaux, & non d'armoiries de familles : voici donc d'autres détails.

2.

Insignia & ARMA, *synonymes.*

Il n'est pas difficile de faire voir que les mots *insignia* & *arma*, armes,

---
(1) Strab. p. 661. (2) Liv. I. 171.

étoient parfaitement synonymes; de même qu'en françois le mot *armes* désigne les armoiries, parce qu'on portoit celles-ci sur ses armes.

MESSALA CORVINUS voulant expliquer à l'empereur Valentinien ce vers du premier livre de l'Enéide :

ARMAQUE Fixit Troya,

qui termine ceux ci :

Hic tamen ille urbem Paravi sedesque locavit,
Teucrorum & genti nomen dedit.

Il rend le premier de ces mots, celui d'*arma* par *insignia* ou armoiries; en sorte que cette phrase est relative à celle de *mettre ses armes, apposer son sceau, ses armoiries.* Voici le passage entier :

« *In templis, arma & insigne armorum suspendit : nam post exactam
» militiam laboresque militiæ, mos fuit suspendere arma. Ideo arma
» fixit Troya. Troya fuit inter arma templis affixa. Armorum insigne,
» id est sus* ».

« Il suspendit, dit-il, dans les temples les armes & le symbole des armes;
» car lorsque la guerre étoit terminée, l'usage étoit d'y renfermer les armes;
» ainsi il suspendit (1) les armes Troyennes; Troye fut donc entre les armes
» placées dans les temples : l'armorial de ses armes étoit un cochon, une
» truie ». Passage que nous aurons occasion de rappeler plus bas.

Le mot d'*arma* se retrouve dans Virgile pour désigner des armoiries.

« Celsis in puppibus, dit-il, arma Caïci ».

« On voyoit sur la poupe élevée, les armoiries de Caïcus ».

Le CORBEAU que portoient sur leur casque les descendans de M. Valerius, dont on disoit qu'il avoit vaincu un Gaulois par le moyen d'un corbeau, étoit un symbole héréditaire & relatif à ce que l'on appelle *cimier*.

XÉNOPHON dans le IVe livre des Helléniques, rapporte que les habitans d'Argos voyant venir à eux des troupes qui portoient sur leurs boucliers les armoiries des Sicyoniens, furent rassurés, parce que les Sicyoniens étoient leurs alliés; mais que Pasimaque s'écria, par les Dieux freres (2) (*Castor* & *Pollux*), Argiens, ces armes vous trompent.

---

(1) *Mot-à-mot*, il arrêta, il ficha. (2) *Mot-à-mot*, par les deux Dieux.

Le Dragon étoit un symbole très-commun dans l'antiquité : c'est celui des Chinois : à Rome, c'étoit celui des cohortes. La personne qui tua Lysandre portoit un dragon sur son bouclier ; c'est par cette raison que l'Oracle lui avoit dit, à ce qu'on assure, de se garantir d'un dragon. Le même symbole composoit les armoiries d'Epaminondas & celles de Cadmus, aussi avoit-on peint cet animal sur leur tombe.

Mais entre les passages les plus célèbres de l'antiquité sur cette matiere, on doit mettre ce que nous apprennent Eschyle & Euripide à l'égard des symboles & des devises que les sept héros Grecs qui marcherent au siége de Thèbes, portoient sur leurs boucliers.

Lors même que ce morceau d'Histoire seroit fabuleux, il démontreroit que long-tems avant ces Poëtes les boucliers étoient décorés de symboles & de devises.

3.

Boucliers des Sept devant Thèbes.

Eschyle est le premier qui nous ait transmis les figures symboliques & les devises que ces sept Princes portoient sur leurs boucliers.

Tydée avoit sur son bouclier l'image de la nuit : le fond étoit noir, semé d'étoiles d'or : au milieu paroissoit la Lune.

Capanée, un Prométhée la torche à la main, avec ces mots, *je réduirai la ville en cendres*.

Etéocle, un soldat qui monte à l'assaut, & pour devise, *Mars lui-même ne m'arrêteroit pas*.

Hippomedon, Typhée vomissant des flammes ; le reste du bouclier rempli de serpens.

Parthenopée, le Sphinx qui écrase un Thébain sous les pieds.

Amphiaraus, n'a ni symbole ni devise : mais son fils *Alcmaon* a un dragon sur son bouclier dans la huitieme Ode des Pythiques de Pindare. Si ce Prince porte un bouclier tout uni, c'est qu'il se contentoit, dit Eschyle lui-même, d'être sage & vaillant, sans chercher à le paroître.

« Il ne cherche pas à paroître le meilleur, mais à l'être ».

Qualité aussi rare qu'estimable, & qui donne une grande idée de ce Prince ; mais par quel malheur étoit-il si mal associé ?

POLYNICE avoit pour symbole la Déesse de la Justice qui le mene par la main chargé de ses armes & prêt à combattre, avec ces mots, *je te rétablirai*. C'est en sa faveur que se faisoit ce siége, pour le rétablir sur le trône de Thèbes contre son frere Etéocle.

EURIPIDE, loin de critiquer son rival sur ces symboles & ces devises comme contraires au costume du tems, marche sur les mêmes traces; mais au lieu de ces symboles & de ces devises qui se rapportoient à l'expédition contre Thèbes, il leur donne, du moins pour quelques-uns, les symboles qu'ils portoient constamment, comme l'avoit déjà vu M. l'abbé FRAGUIER (1).

TYDÉE avoit sur son écu la dépouille d'un lion.

CAPANÉE, un géant qui porte la terre sur ses épaules & qui la secoue.

ADRASTE, beau pere de Polynice, substitué ici à Etéocle, une hydre dont les serpens enlevent du haut des murs les enfans des Thébains.

HIPPOMEDON, Argus avec tous ses yeux.

PARTHENOPÉE, Atalante sa mere, qui tue à coups de fleches le sanglier d'Etolie.

POLYNICE, les cavales qui déchirerent Glaucus.

Et ce qui est très-remarquable, c'est qu'Euripide observe également de ne point attribuer de symbole à Amphiaraüs, preuve qu'en tout ceci, lui & Eschyle suivoient exactement la vérité.

Eschyle nous offre un quinzieme bouclier dans celui d'Hyperbius, qu'Etéocle, frere de Polynice, oppose à Hippomedon, & qui avoit pour symbole Jupiter armé de la foudre.

Les symboles qu'Eschyle attribue à ses héros, sont tous menaçans contre Thèbes; sur-tout celui de Tydée: la nuit étant dans l'antiquité l'emblême du mauvais génie, de la destruction, de la mort même.

On retrouve la peau du lion, symbole de ce Roi, dans un oracle rapporté par EUSTATHE (2), & qui ordonna à Adraste de marier ses deux filles, l'une à un *lion*, l'autre à un *sanglier*; EUSTATHE dit qu'en conséquence ce Prince les donna à Tydée & à Polynice.

---

(1) Mém. de l'Acad. des inscrip. & B. L. T. II.
(2) Commentaires sur l'Iliade, p. 485. E.

ARTICLE IV.

ORIGINE DES ARMOIRIES.

I.

Elles eurent toujours une raison.

Aucun peuple, aucune ville, aucun particulier ne se choisit des armoiries au hasard ; elles furent constamment relatives à quelque objet intéressant pour ceux qui les adoptoient.

C'étoient ou des armes relatives au nom de ces particuliers ou de ces peuples, des *armes parlantes*, comme on les appelle ordinairement, ou des armes relatives à la situation de ces peuples.

Aux principales productions de leur territoire.

A leurs Divinités tutélaires.

A celles de leur mere-patrie ou du Prince dont ils relevoient. Quelquefois à la plupart de ces objets, lorsque le nom étoit choisi de maniere à les embrasser tous ou la plus grande partie.

Ce qui confirme parfaitement nos principes, qu'aucun nom ne fut jamais imposé au hasard, qu'il eut toujours une signification intrinseque & relative à l'objet auquel on l'imposoit ; & qu'en réunissant toutes ces choses, on retrouvera toujours & la cause de ces noms & celle des armoiries & des symboles dont ils sont accompagnés.

II.

ARMES PARLANTES.

On est généralement dans l'idée que les armes parlantes désignent une noblesse très-moderne, qu'elles sont même très-suspectes : j'ai vu souvent tourner en dérision, sur ce vain prétexte, la noblesse de familles qui étoient incontestablement d'une antiquité très-reculée ; qui avoient même donné lieu à des ordres de chevalerie dans des tems anciens, & dans des tems où peut-être n'existoient pas celles des individus qui les méprisoient : c'est ainsi que l'ignorance imbécille travestit toutes choses, & voit presque toujours de travers. Il faudroit d'après ce faux raisonnement, contraire à tout principe, rejetter la noblesse d'un grand nombre d'illustres familles, même de pays considérables de l'Europe ; car on en pourroit citer une multitude dont les armoiries sont parlantes : en voici quelques-unes par ordre alphabétique.

A.

ARBALESTE, Vicomte de Melun, d'or au sautoir engreslé de sable, accompagné de quatre arbalestes de gueules.

ARBALESTE, autre famille du même nom, d'azur à trois arbalestes d'or.

ANGUILLARA en Italie, deux anguilles d'azur en sautoir à la bordure dentelée d'argent de gueules.

B.

BAR, deux bars adossés d'or.

BARBEAU, en Bourgogne, coupé aux deux de gueules à deux barbeaux d'or confrontés en chevron.

DEL BOSCO, coupé de gueules & d'or à un arbre sec ébranlé brochant sur le tout.

BOUHIER, à Dijon, d'azur au bœuf d'or.

BOUCALLAC, d'azur au bouc d'argent.

BOUC DE GAURE; de gueules à trois boucs d'argent onglés & accornés d'or.

BAERN, en Westphalie,
BERNE,   } des ours.
BERMONT,

Baern, à l'ours de sable accolé & bouclé d'or: Bern signifie un ours.

BELET, une belette d'or.

BROCARD, en Bourgogne, d'azur à trois brocards d'or, espece de cerf.

BEVERFONDE, en Westphalie, } d'or au castor rampant de sable.
BIBRA, en Franconie,

GRETER von BIBERACH en Souabe, de gueules à la bande d'argent chargée d'un castor couronné.

Bever & Biber, signifient un castor.

BERBISY, la plus ancienne maison de Dijon, d'azur à une brebis d'argent. Tenant, une syrene échevelée, dans une de ses mains un peigne, de l'autre un miroir; lequel tenant servoit d'armoiries à la maison de Poissonnier, fondue dans celle-ci par femme.

BÉARN, d'or à deux vaches de gueules accornées, accollées & clarinées d'azur. On croit qu'elles sont relatives à la fertilité des terres: mais plutôt à cause des armes de PAU, capitale du Béarn, qui a une vache pour armoiries parlantes.

BISCIA, en Italie, un serpent.

Le BŒUF, en Bretagne, de gueules au bœuf passant d'or, la queue passée entre les jambes & relevée sur le dos.

C.

CASTELLI, en Italie,
CASTILLE, en Espagne, } un château.

CHASTEAU-PERS, un château d'azur.

CHAT dit Plessis, en Bretagne,
La CHETARDIE, } un chat.
CHAFFARDON,

CATZEN ou Katzen, dans le Duché de la Marck, d'azur au chat effarouché d'argent, tenant entre ses dents une souris de sable.

La CHEVALERIE au Maine, de gueules au cheval effrayé d'argent.

CHEVALIER, d'azur à trois Chevaliers d'argent, espece d'oiseaux.

Du CHESNE, d'azur au chêne englanté d'or, au chef d'argent, chargé de trois étoiles de gueule.

CHABOT, d'or à trois chabots de gueule.

CABRE ROQUENAYRE, d'azur à la chevre saillante d'argent.

CANILLAC, d'Auvergne, d'argent au lévrier rampant de sable accolé d'or.

CREQUI, d'or au créquier de gueules, & par fois écartelé de France à la tour d'argent. Le créquier en Picard signifie un prunier sauvage, & son fruit s'appelle creque.

COURT, de Bourgogne, un cheval passant.

CHAUVELIN, d'argent au chou de sinople, la tige entortillée d'un serpent d'or : de *cau*, chou, & *veleno*, venin.

CHIFFLET, un serpent mordant sa queue.

CERVINI, d'où le Pape Marcel II, d'azur au CERF d'argent couché sur une terrasse de sinople, appuyé à quatre épis de bled d'or.

COGLIONE, ancienne & noble maison de Bergame, d'argent coupé de gueules à trois paires de testicules de l'un en l'autre.

CHISSERET, ancienne maison de Dijon, d'azur à trois pois chiches cossés d'or, *Ciceres Ciceronis*, parris d'argent, à trois têtes de nègres couronnées d'or.

CARDONNE,

CARDONNE, en Efpagne, trois chardons.
CASTANEA, en Italie, dont Urbain VII. une châtaigne.
COLONNE, une colonne.

D.

DAUPHINS, un dauphin.
DELPHINI, à Venife, d'azur à trois dauphins d'or mis en fafce.
DELPHINI, à Florence, d'argent partie d'azur, à trois dauphins de l'un en l'autre mis en fafce.
DRAC, d'or, au dragon de finople couronné de gueules.
D'ESPEIGNE de Venevelle, parti au premier d'azur au peigne d'argent mis en fafce; au deuxieme, fes alliances.
DE ECCLESIA, une Eglife.

F.

FRETART, porte de gueules freté d'argent.
FALAISE, de finople à une falaife d'or mouffé de finople.
FOUGERES, en Bretagne, d'or à une plante de fougere de finople.
FRESNE (du), d'or au frefne de finople.
FERRIERES, des fers à cheval.
FRAGUIER, trois fraifes.
FLESSINGUE, Ville de Hollande, une bouteille couronnée : de *flesh*, bouteille.

G.

GALICE, un calice.
GRENADE (Royaume de), d'argent à la grenade de gueules, feuillée de finople.
GENAS, en Dauphiné, d'or au geneft de finople.
La GOUPILIERS, d'argent à trois renards d'azur, *goupil* fignifiant autrefois renard.
GIGLIO, à Rome, deux loirs; de *GLIS* loir.

H.

Des HAYES, au Maine, d'azur à trois haies mortes d'or.
HERSY, d'azur, à trois herfes d'or.
HASEN (de) en Siléfie, d'azur à un lievre courant, en bande.
HASENER, en Franconie, d'azur au lievre courant, en bande d'argent.
HASENBURG, en Allemagne, d'azur en lievre courant, en bande d'or,

écartelée d'or, à une hure de sanglier de sable. *Hasen* signifiant en Allemand lièvre.

L.

Lyon, (du) La Cave, d'or au lion de gueules.
Lauzieres de Themines, d'argent à un osier de sinople.
Le Loup.
Loubens.
Louvet.
Louviers.
Lupiad Moncassin.
Chante-Lou.
} Un loup dans leurs Armoiries.

Grate-Loup, de gueules au loup rampant d'or, au bras & main d'argent en barre, qui lui gratte le dos.
Leon, en Espagne, un lion.
Luna, en Espagne, un croissant eschiqueré.

M.

Montpesat, de gueules à la balance d'or.
Mailly, d'or à trois maillets de sinople, dans la branche aînée & à l'Ecu en cœur.

 Dans la deuxiéme branche, les trois maillets sont de gueule.
 Dans la troisiéme, d'azur.
 Dans la quatriéme, de sable.

Martel, Comte de Fontaines, de gueules à trois marteaux d'argent.
Masse, en Dauphiné, d'or à trois masses de sable.
Mutel, de gueules à trois belettes d'or, de *mustela*, belette.
Morand, d'azur à trois cormorans d'or.
Maupeou, d'azur au porc-épic d'or.

N.

Nogaret, d'argent à un noyer de sinople, le noyer & le gueret sont désignés par le champ de l'écu & par son arbre.
Noailles, d'or semé de noyaux de cerises, avec la queue de gueules, au loup ravissant de même.

O.

Ourcieres, un ours.

P.

PALMIER, Seigneur de la Baſtie, d'azur à trois palmes d'or.
PONT-BRIANT, d'azur au pont à trois arches.
PONTHEAU-DE MER, un pont.
PINARD, trois pommes de pin.
PALUMBARA, en Italie, un colombier.
PADELLA, en Eſpagne, trois poëles à frire.
PELLEVÉE, en Normandie, de gueules à une tête humaine d'argent, le poil levé d'or.
PEN-MARK, ancien en Bretagne, d'azur à une tête & col de cheval d'or, animée & bridée de ſable.
PERRIER, (du) en Dauphiné, d'or au poirier de ſinople, le fruit d'or.
PHENIS, (de), en Limouzin, d'azur au phénix, ſur un bûcher allumé d'or, ſurmonté d'un ſoleil de même.
POLIER, un coq, de *Pau*, en Valdois & Auvergnac, un *Coq*.
PONTEVES, en Provence, de gueules au Pont de deux arches d'or, maçonné de ſable.

PORC.

PORC (le), d'or, au ſanglier de ſable.
PORCELET, en Provence, d'or, au porc de ſable.
PORCELOS, en Eſpagne, d'or à une porque de ſable, ſur une terraſſe mouvante de la pointe de ſinople.

POISSON.

POISSONNIER, Maiſon fondue dans celle de Berbiſy : une Syrene échevelée ; d'une main un peigne, de l'autre un miroir.
D'autres familles ont les mêmes Armoiries.

L'ESTANG, (de)
LE POISSON, } le premier, deux poiſſons ; les deux autres trois.
LE MEUSNIER,

R.

RENARDIERE (la), un renard, de même que pour MONT-REGNARD ; & pour FUSCHEN, en Franconie, nom Allemand du renard.
ROQUELAURE, d'azur à trois rocs d'Echiquier d'argent.
ROCHETTES, en Velay, d'azur à trois rocs d'Echiquier d'or.

ROQUETAILLE, rocher coupé en deux.
RQUVERE, d'où le Pape Sixte IV, d'azur au chêne d'or.
ROURE (du), en Languedoc, d'azur au chêne de quatre branches passées en sautoir englanté d'or.
Du vieux mot *Roure* & *Rouvre*, un chêne.

S.

SANGLIER, d'or au sanglier de sable.
LE VER (d'*A*-PER, & BER sanglier), trois sangliers.
SALM, de gueules à deux saumons adossés d'or.
SAPIN, d'azur au sapin d'or.
SARDIGNI, d'azur à trois sardines d'argent, 2, 1, en pal.
LA SAUSAYE, d'argent à trois saules de sinople.
SIGEN-HEIM, en Bohême, de gueules à trois cigognes d'argent, accolées d'une couronne d'argent.
SOLIS, en Espagne, un soleil.
SONNEN-BERG, en Allemagne, un soleil naissant d'une montagne.
SPIEGEL, en Allemagne, un miroir; du Latin *speculum*.

T.

TABOUREAU, un Tambour.
TANGUES, d'or à la tanche de gueules mise en pal 2, 1.
TASIS, en Espagne, un tesson.
TRISEOL, en Bretagne, d'azur à trois soleils d'or : ce nom signifiant *trois soleils*.
LA TOUR de TURENNE, & tous les LATOUR, une tour.
TEUFEL, en Allemagne, un diable.

V.

URI, Canton Suisse, d'or au rencontre de bufle de sable accorné & bouclé de gueules : *Tenant* un Suisse, l'épée & le poignard au côté, sonnant un cor de chasse; d'*URUS*, un bufle.
VACHON, en Dauphiné, de sable à une vache d'or.
La VACHE de SAUSSEY, une vache passant de gueules.
VERNE (la), à Dijon, d'argent à une aulne de sinople, du nom Valdois des Aulnes.
WESTPHALIE, de gueules, à un cheval effrayé, gai & contourné d'argent.

VIGNOLES (de), de fable au fep de vigne d'argent, foutenu d'un échalas de même.
VITELLESCHI, en Italie, deux veaux.
URSINS, (les) un ours de fable en champ d'or.

Z.

ZAPATA, en Espagne, des fouliers ou brodequins, même mot que *favate*.

Liaifon des Armes parlantes avec les Langues.

On voit par ce Tableau qu'on auroit pu augmenter de beaucoup, que dans toutes les contrées de l'Europe, de très-grandes Maifons ont des Armes parlantes : & que plus on connoîtroit la valeur étymologique des noms, & plus on découvriroit de Familles aux Armes parlantes.

Ceux, par exemple, qui ne fauroient pas que *Bern* fignifie Ours, *Biber* Caftor, *Goupil* Renard, *Hafen* Lièvre, *Roure* un Chêne, *Urus* un Bufle, *Verne* un Aulne, n'auroient jamais foupçonné que les Armes des Maifons qui portent ces noms fuffent parlantes ; c'eft ainfi que dans tout, l'étymologie ou la connoiffance des mots eft abfolument néceffaire pour raifonner fûrement.

C'eft par l'étymologie, par exemple, qu'on voit pourquoi les Ducs de Meckelbourg avoient pour Armoiries une tête de bœuf, de même que les Rois des Obotrites dont ils defcendoient ; & pourquoi les WILZES, voifins de ces derniers, & contre lefquels Charlemagne porta fes armes, avoient pour Armoiries un Loup grimpant. C'eft que dans la Langue Vandale, branche de l'Efclavonne que parloient ces Peuples, *Wilz* fignifie un Loup ; & que les premiers tinrent leurs Armoiries des *Polabes*, fur lefquels ils régnoient, & dont le nom compofé de *Bola*, ou *Whola*, Bœuf, & de *Hlawa*, tête, (d'où *Pol-have*, ou *Polhabe*,) fignifie *tête de bœuf*.

Auffi la plûpart des Armorialiftes, tels que le P. GILBERT de VARENNE dans fon *Roi d'Armes*, PALLIOT dans fa *Science des Armoiries*, SEGOING dans fon *Tréfor Héraldique*, &c. ont tous reconnu l'excellence de cette forte d'Armes, quoique le dernier de ces trois ne l'ait fait en quelque maniere que malgré lui. Quant au premier, voici comment il s'en eft exprimé.

« Quand nous prenons garde feulement à la qualité de quelque figure » d'Armes, qui a le même nom que celui qui s'en fert dans fon écu, aux » maillets, par exemple, des Maillys, au Chabots des Chabots, aux faules » de la Saulfaye, nous ne prifons pas ces fortes d'Armoiries ainfi qu'il ap- » partient. Mais fi, felon la maxime & la pratique de tous les Sages qui

» veulent que nous faſſions état principalement des moyens qui ſont les plus
» propres à arriver à notre fin, nous venons à mettre en conſidération le
» but où viſe tout l'uſage des Ecus d'Armes, je me tiens aſſuré que dans peu
» d'heures nous changerons d'avis, & qu'au lieu du mépris qu'on fait ordi-
» nairement de ces Armes parlantes, on jugera qu'elles méritent d'être gran-
» dement eſtimées en leur naïveté. Certainement, il n'y a rien de plus propre
» à nous faire reconnoître, que les choſes qui ont le même nom que nous (1).

Et deux pages plus bas : « D'ailleurs, quand nous ne ſerions fondés que
» ſur l'Antiquité ſi vénérable en ſes rides & ſi priſable pour ſa naïveté qui
» nous fait voir évidemment que des *centaines de familles* très-illuſtres en
» toutes les Nations de l'Europe ont pris les animaux & les ouvrages de
» main qui leur ſont ſynonymes pour le Blaſon héréditaire de leurs Armes,
» pourquoi voudrons-nous aujourd'hui dénier l'eſtime qui eſt due à leurs
» ſi ſages inventions ?

Le P. MENESTRIER eſt allé plus loin : dans ſon *Origine des Armoiries*,
il ſoutient que les Armes parlantes ſont les Blaſons les plus anciens & les
plus nobles ; ceux qui les portoient ayant cru que leurs noms étoient aſſez
illuſtres pour ſe faire connoître par des Signes qui les repréſentoient, ſans qu'il
fallût affecter de prendre d'autres deviſes plus connoiſſables. Ainſi il place
les Armes de NAVARRE au nombre des parlantes ; le mot *una Varra* ſignifiant en Baſque une cloiſon de fer, ou des chaînes, forme qu'offrent viſi-
blement les Sceaux des Rois de Navarre de la Maiſon de Champagne & de
celle de Philippe-le-Bel.

Il y avoit donc des Armoiries, des Blaſons avant les X & XIᵉ ſiécles,
& ces Armoiries étoient parlantes : c'eſt qu'elles étoient priſes dans la Nature
& vraiment originales. S'il n'en fut pas de même dans les ſiécles auxquels
on attribue ordinairement l'origine du Blaſon, c'eſt qu'il y en eut alors une
multitude de pure imitation ; les Vaſſaux ſe faiſant un honneur ou un devoir
de prendre les Armes de leur Seigneur Suzerain, en tout ou en partie :
de-là, cette prodigieuſe quantité de lions, de léopards, d'aîles, de têtes, de
coquilles, &c. & d'autres Armes de cette nature, qui ſemblent de pur caprice,
& qui ſurpaſſent de beaucoup le nombre de ces Armes parlantes antérieures
à celles-là, & que des Familles diſtinguées eurent le bon eſprit de conſerver ;
mais Armoiries dont le nombre s'augmentera à meſure qu'on connoîtra mieux
les tems & les Langues du moyen âge.

---

(1) Roi d'Armes, *in-fol.* 1635. p. 310.

Mais, puisque les Armes parlantes sont conformes à la Nature & très-anciennes parmi nous, pourquoi refuseroit-on de regarder les Armoiries anciennes comme de vrais Blasons, quoiqu'elles soient presque toujours parlantes?

III.

ARMES PARLANTES DES ANCIENS.

Et 1°. chez les Romains.

Les Médailles Romaines nous offrent un grand nombre de Blasons parlans.
POMPONIUS MUSA avoit une Muse pour symbole.
L. LUCRETIUS TRIO, les sept étoiles qu'on appelle TRIONES, & qui ont donné leur nom au Septentrion.
Q. VOCONIUS VITULUS, un veau.
P. ACCOLEIUS LARISCOLUS, les trois sœurs de Phaëton, changées en *Laryx*, arbre qui distille la résine en forme de larmes, & qui est très-commun sur les rives du Pô.
FURIUS CRASSI-PES, un pied.
PUBLICIUS MALLEOLUS, un maillet.
Les SCARPUS de la Famille Pinaria, une main; du Grec *Karpos*, paume de la main.
La Branche de la Famille VALERIA, surnommée ACISCULA, avoit pour symbole un instrument appelé ACISCULUS, espéce de marteau ou petite hache au milieu d'une couronne de chêne.
La Maison THORIA, d'origine Orientale, avoit des Armes parlantes; c'étoit un Taureau, dont le nom est THOR, en Oriental. La Patrone de cette Maison étoit Junon, avec cette Devise, *Junon conservatrice, la très Grande Reine*, Juno Sospita Magna Regina; ce qui étoit un vrai cri de Guerre.
Cette Famille THORIA n'est pas la seule qui ait eu *Junon Sospita* sur ses Armoiries; cette Junon Sospita, qui se reconnoît à son équipage propre, ayant une peau de chévre pour coëffure, des souliers à pointe relevée, & tenant d'une main une lance & de l'autre un de ces boucliers qu'on appelloit *Ancile*. Cette Junon étoit la Déesse de Lanuvium : aussi se voit-elle sur les Médailles des Familles Romaines originaires de Lanuvium, ainsi que celle dont nous venons de parler. Ce sont les Familles
CORNUFICIA, METTIA, PAPIA, PROCILIA, ROSCIA & SULPICIA.

160 DES SYMBOLES, DES ARMOIRIES

Il en fut de même des Familles d'origine SABINE : telles que MUSSIDIA, PETRONIA, TITURIA, VETTIA, &c.

On les reconnoît fur leurs Médailles à Junon Gluacine, Déeffe des Sabins à l'Effigie de TITUS-TATIUS, Roi Sabin à Rome ; à la punition de Tarpeia, ou à l'enlevement des Sabines.

Ces diverfes Familles avoient donc confervé avec foin le fouvenir des lieux de leur origine ; elles en avoient même confervé les fymboles ; c'étoient des Armes héréditaires ; preuves de leur antique nobleffe.

En voici encore de parlantes.

La Famille NUMONIA, furnommée VAALA, a pour fymbole un retranchement attaqué par un Héros & défendu par deux, tous armés de boucliers.

La Famille des TORQUATUS, un collier.

La Famille RENIA, un char attelé de deux rennes.

La Famille MARCIA, Numa & Ancus Marcius qu'elle regardoit comme fes Ancêtres paternel & maternel.

La Famille JULIA, une Vénus, comme defcendant d'IULUS, fils d'Enée ; plutôt, par les rapports de fon nom avec la Lune ou Vénus, dont ce nom défigne les révolutions, fignifiant *roue*, *révolution*, comme nous l'avons vu dans l'Hiftoire du Calendrier.

Tous ces faits d'ailleurs fe trouvent dans les Recueils des Médailles Romaines d'URSIN & de PATIN.

2°. Chez les Grecs & en Italie.

La Grèce & l'Italie nous fourniffent également nombre d'Armoiries parlantes.

ADRANUS, ville de Sicile, a pour fymbole une tête cafquée : fymbole de Mars appellé en Sicilien *Adranus* ; d'*Adar*, אדר, felon le P. FRŒLICH (1).

ALOPECON-NESE, ville de Thrace, dans une Ifle formée par le Melas, fignifie *mot-à-mot* Ifle des Renards : auffi voit-on un Renard fur fes Médailles (2).

ACRAGAS ou Agrigente, ville de Sicile, un Aigle à caufe de fon nom qui fignifie l'élevé, la haut-perchée (3).

ANCYRE, de Phrygie, } une Ancre ; ce qui eft la fignification de leur
ANCYRE, de Galatie, } nom en Grec.

ABYDOS, une Ancre auffi, mais comme ville maritime.

---

(1) PELLERIN, Pl. CVIII. N°. 3. (2) PELLERIN I. Suppl. I. N°. 5.
(3) Pl. CVIII. N°. 7. 8.

ANTIOCHE

ANTIOCHE, sur l'*Hippus* ou sur le cheval, nom d'une riviere de Cœlesyrie, a pour symbole une femme tourrelée debout à côté d'un *cheval* dont elle tient la bride.

BOVIANUM, ville des Samnites, un bœuf.

CARDIA, ville de Thrace : ce nom signifie *cœur*, & pour armoiries elle a un cœur (1).

CHYPRE, a pour symbole Vénus, parce qu'en Grec elle s'appeloit *Cupris* ou *Cypris*, du même nom que cette isle.

CYCLADES (les) dont le nom est composé de *Kleis*, clef, avoient pour armes une clef.

CLEIDES (les) isles de la Grèce, avoient également une clef pour armoiries, & pour type un oiseau volant ; il a la clef des champs.

EUBÉE, nom formé de celui du bœuf, en avoit la tête pour symbole : on désignoit aussi par ce symbole la fertilité de cette isle. On voit également sur ses médailles, & par la même raison, la tête de Cérès.

LAS en Laconie, étoit situé entre trois montagnes ; son nom même signifie *pierre :* aussi ses armoiries portent trois montagnes (2).

LIMYRA, ville à vingt stades de l'embouchure du Limyrus en Lycie, a pour symbole un Dieu de fleuve (3).

MALÉE, ville de la Grèce dont le nom signifie *pomme*, avoit une pomme pour armes.

MELOS, isle de la Grèce, a pour symbole des melons, son nom signifiant *pomme & melon*.

ŒNIAS, ville de l'Acarnanie & dont le nom signifie *fleuve, fontaine*, a pour symbole un personnage barbu & cornu, emblême de l'Acheloüs sur les bords duquel elle étoit située.

PALLENE en Achaïe : pour symbole PALLAS armée de toutes pieces. Auprès de cette ville étoit un temple de cette Déesse avec sa statue d'or & d'ivoire, ouvrage, disoit-on, de PHIDIAS (4).

PHARIA, isle sur la côte de Dalmatie & colonie de Paros, offre pour symboles un cygne, la lune & une étoile, armes parlantes ; le mot PHAR, d'où vient *phare*, désigne tout ce qui est brillant.

PHIALA en Arcadie, une figure assise sur un rocher ; d'une main un rameau, de l'autre un pot ou phiole panchée.

---

(1) PELL. T. I. PL. 34, n°. 29. (2) PELL. T. III, CXXV. 11, 12.
(3) PELL. T. III, pag. 22, Vignette. (4) PELL. T. III, PL. CXXV, n°. 15.

RHODES avoit pour ſymbole des-roſes qui déſignoient ſon nom, & un dauphin relatif à ſon commerce maritime.

SIDÉ, métropole d'une partie de la Pamphylie, avoit pour Divinité & pour ſymbole Minerve avec une grenade, ſon nom *Sidé* déſignant ce fruit. Nous allons voir d'autres lieux déſignés par le même ſymbole & par la même raiſon (1).

THURIUM, ville d'Italie, a pour ſymbole un taureau, emblême de ſon nom, & un poiſſon relatif à ſa ſituation ſur les bords de la mer.

3°. CHEZ LES ORIENTAUX.

ASCALON, femme tourrelée avec des feuilles d'échalotte appelée autrefois *Aſcologne*.

CAPHTORIM, dont le nom ſignifie *pomme de grenade* ; ce fruit étoit leur ſymbole, dit DICKINSON ; c'étoit du moins le ſymbole d'IOU CASSIUS à la frontiere des Philiſtins & de l'Egypte, d'où étoient ſortis les Caphtorim.

M. PELLERIN a rapporté auſſi à la fin de ſa Collection d'autres médailles où l'on voit Minerve & la grenade avec des caracteres inconnus.

CAURA, ville d'Eſpagne, qui a pour ſymbole un poiſſon, armes parlantes : le Phénicien בורי, *Kauri*, ſignifiant *poiſſonneux* ſelon Bochart (2).

SUSE, capitale de la Suſiane, ſignifie *fleur-de-lys* : elle en avoit ſans doute une dans ſes armes. Cette fleur étoit très-belle & très-abondante dans cette contrée.

L'ESPAGNE avoit pour ſymbole une Déeſſe des fleuves, ayant un rameau à la main & un lapin à ſes pieds, alluſion à ſon nom Oriental de *Span* ou *Sphan*, qui ſignifie *caché*, *reculé* & *ſeptentrional*. Elle eſt au ſeptentrion de Carthage, & au-delà des mers pour les Phéniciens.

I V.

Symboles relatifs au Soleil, pere de l'Agriculture.

Un ſymbole plus difficile à découvrir, mais très-remarquable par lui-même & par le rôle qu'il joue dans la Mythologie, eſt celui qui peint le Soleil & les villes agricoles, ſous l'emblême d'un loup ou d'une louve, & qui étoit commun à un grand nombre de villes & de peuples.

---

(1) PELL. T. II. PL. LXXI. (2) VELASQUES, PL. IX. 5.

Comme cet emblême eſt peu connu, & qu'on connoît encore moins ſon rapport avec le Soleil & avec l'agriculture, qu'il intéreſſe d'ailleurs des noms célèbres, nous allons entrer ici dans quelques détails.

EN ÉGYPTE.

Deux villes d'Egypte appelées LYCON ou LYCO-POLIS, l'une dans le Delta, l'autre dans la Thébaïde, rendoient les mêmes honneurs à Apollon & au loup (1), déſignant le Soleil ſous l'un & ſous l'autre de ces emblêmes, dont elles portoient même le nom; *Lycos* étant en Grec celui du Soleil & du loup, il fut ſubſtitué par ce peuple, devenu maître de l'Egypte, au nom national : car dans l'Orient, un même mot, SAB, déſigne le ſoleil & le loup, quoiqu'il ſe prononce quelquefois ZAB pour déſigner le loup. C'étoient donc des armes parlantes.

Mais comment avoit-on lié l'idée du loup avec celle du ſoleil ? C'eſt, ſelon MACROBE, parce que cet animal ſaiſit & dévore tout comme le ſoleil; & parce qu'ayant la vue très-bonne, il voit même pendant les ténèbres de la nuit : plutôt à cauſe de ſa couleur dorée ſemblable à celle du ſoleil.

Apollon lui-même étoit appelé LYCIEN, c'eſt-à-dire le *Loup* & le *Lumineux*. Il étoit adoré ſous ce nom dans toute la Grèce.

LYCAONIENS.

Une colonie d'Arcadiens qui paſſa en Italie portoit le nom de Lycaoniens & ceux d'AISES & d'ŒNOTRIENS, qu'ils devoient, diſoit-on, à trois de leurs Princes ſucceſſifs, à AISES, fils de Lycaon I, à ſon fils LYCAON II, & à ſon petit-fils ŒNOTRUS.

Mais ce ſont trois noms différens du Soleil ou d'Apollon Lycien, Divinité de ces peuples.

Aïs, Es en Oriental eſt le nom du feu, du Soleil : de-là ESES l'Arcadien, Esus le Theſſalien, pere de Jaſon, les ASÉENS, Dieux de l'Edda.

Lycos déſigne également le ſoleil, la lumiere.

OEN eſt un autre nom Oriental du ſoleil, & qui ſignifie *œil*.

Telle eſt la différence de ces trois noms du Soleil, que le premier le déſigne comme ſource de la chaleur; le ſecond comme ſource de la lumiere, le troiſieme comme l'œil du Monde, tandis que ſous les ſuivans il offre d'autres idées relatives à ſes attributs.

---

(1) MACROB. Sat. Liv. I. Ch. XVII.

BEL, le désigne comme le maître, le Roi de l'Univers.
APOLLON, comme le maître de l'harmonie.
HELIOS, comme l'Etre élevé.
AISÉENS, *Lycaoniens*, *Œnotriens*, désignent donc tous les trois des Enfans du Soleil, des peuples agriculteurs.

Du LUCUS des laboureurs.

Les champs cultivés, la terre du laboureur placée au milieu de contrées non défrichées, étoient comme autant d'yeux ou de *luci*, ou *lyci*; mais ce laboureur dépouilloit chaque année son champ de tous ses fruits : il étoit donc à son égard un animal vorace & destructeur, un vrai loup. De-là peut-être encore le nom de Lycos, ou loup, pour désigner le loup, le soleil, le laboureur ; ainsi que le nom de Saturne désigna également le laboureur qui mange ses enfans ou récoltes, & le tems qui dévore ses enfans, les êtres dont il occasionne la production.

LUCERIE.

LUCERIE, ville d'Italie en Daunie, avoit pour symbole d'un côté la tête d'Hercule ou du Soleil, *LUKOS* en Grec ; de l'autre, un arc, une massue & un carquois, symboles du Soleil, d'Apollon ou d'Hercule (1).

ARGOS.

ARGOS, cette ville célèbre du Péloponese, avoit également un loup pour symbole. Celui-ci est remarquable par la maniere dont les Argiens en expliquoient l'origine, & par ses rapports avec l'Histoire mémorable de Danaüs, d'Egyptus & des cinquante Danaïdes.

Tandis que Danaüs, disoient les Argiens, disputoit à Gélanor le Royaume d'Argos en présence de tout le peuple, on vit un présage assuré de sa victoire; car un loup dévora un taureau qui paissoit dans la prairie. Ce qui donnoit du sel à cette fable, c'est que Gélanor avoit pour symbole le taureau ou plutôt la vache Io, & Danaüs un loup.

Tous ces symboles étoient parlans. *Argos* signifie la blanche ou la lune : mais la lune est la même qu'Héra ou Junon, la Déesse de l'air, dont le

---

(1) Trésor de Brandeb. par BEGER.

ET DU BLASON DES ANCIENS. 165

fymbole eft la vache Io. Argos devoit donc avoir cette vache pour fymbole, & elle l'avoit dans l'origine : elle lui fubftitua le loup, fymbole du foleil ; le loup fe trouva donc avoir dévoré le taureau.

Mais le loup étoit le fymbole de Danaüs, frere d'Egyptus, Roi d'Egypte, au fymbole de la vache. Ces deux freres fe faifoient une guerre à toute outrance : l'un avoit cinquante fils, l'autre cinquante filles ; & celles-ci avoient fait périr leurs cinquante coufins devenus leurs maris, à l'exception de la plus jeune nommée HYPER-MN-ESTRE qui fauva fon mari. Tout cela eft vrai dans le fens allégorique, & ne l'eft que dans ce fens.

Egyptus fignifie *noir*, perfonne ne l'ignore.

Danaüs, au contraire, *blanc, lumineux*.

Leurs cinquante enfans font les cinquante femaines de jour & de nuit.

Hypermneftre qui épargne fon mari & qui eft la plus jeune, eft un mot compofé d'*yper* qui refte, *men* lune & *eftré* qui eft ; *mot-à-mot*, la lune furvit aux autres.

Ces Danaïdes ont une finguliere occupation : elles verfent continuellement de l'eau dans des tonneaux percés, qu'elles ne peuvent donc jamais remplir : c'eft le tems, que les années & les femaines ne rempliffent jamais.

Tels font ces trois cent foixante Prêtres Lybiens fans ceffe occupés à remplir également un tonneau percé, & dont parle DIODORE.

Les mêmes allégories fe retrouvent par-tout avec des formes variées à l'infini ; & il faut connoître le fens de ces formes, ou renoncer à la connoiffance de l'antiquité.

R O M E.

Le loup d'Argos rappelle auffi-tôt la louve de Rome ; cette louve qui a deux nourriffons dont l'un tue l'autre dès qu'il en a la force : c'eft donc encore ici la lumiere dont les deux nourriffons peignent le foleil d'hiver, & le foleil d'été qui par fa force tue fon frere.

TROYE ou ILIUM.

TROYE, nous l'avons vu plus haut, avoit pour fymbole une truie. C'étoit des armes parlantes : *Troye* en Celte & en Phrygien fignifiant une truie, mot également François, Valdois, &c.

Le même mot fignifie *labourer, fillonner* la terre, parce que le cochon fillonne la terre de fon groin.

C'eft par cette raifon qu'Antenor avoit une truie fur fes étendards, & qu'on prédit à Énée qu'il bâtiroit une ville où il rencontreroit une truie qui auroit mis bas trente petits. En effet c'est s'arrêter là où un animal s'arrête que d'y planter son symbole & de s'établir dans le lieu où on a planté ce symbole.

Il n'est pas étonnant que Troye, maîtresse d'un grand territoire, très fertile, bien cultivé, & par-là même riche & peuplé, eût pris pour symbole & pour nom une truie, animal qui désignoit nécessairement une *terre fertile*.

L'Histoire de la fondation de cette ville est entierement allégorique, ce qu'on n'a point apperçu; & cette allégorie porte en plein sur les idées que nous venons de présenter, ce qu'on a encore moins soupçonné.

ILUS, fils de Tros, & petit fils de Dardanus, raconte-t-on (1), arrive en Phrygie: il remporte le prix dans les jeux établis par le Roi du pays: celui-ci lui donne en conséquence cinquante jeunes garçons & autant de jeunes filles. Par les ordres de l'Oracle, le Roi y ajoute le présent d'une VACHE de différentes couleurs, & il lui conseille de bâtir une ville dans le lieu où cet animal s'arrêtera.

Cette vache conduit Ilus au lieu appelé *le tombeau d'*ATÉ *la Phrygienne*. C'est là qu'il bâtit en conséquence une ville qu'il appela ILIUM. Ensuite il conjure Iou de lui envoyer quelque signe; & se levant le lendemain de très-bonne heure, il trouve devant sa tente le *palladium*, statue de Minerve descendue du ciel. Cette statue avoit trois coudées de haut, & elle sembloit marcher: d'une main elle tenoit une lance, & de l'autre une quenouille & un fuseau.

Ce passage auquel on n'a fait aucune attention, parce qu'on ne savoit quel usage en faire, est relatif à une infinité de traits précieux semés çà & là dans l'antiquité, & très-conformes à la doctrine même de Sanchoniaton.

Le fondateur d'Ilium s'appelle Ilus, mais c'est le nom de Saturne, du laboureur dans tout l'Orient; & ce nom signifie le *fort*, le *puissant*: tels sont les propriétaires, ils sont les grands de la terre; aussi son pays s'appelle *Ilium*, le séjour fortuné, nom qui fut également donné à l'isle de Crète.

Là étoit le tombeau d'*Até*, & cela est vrai. *Até* signifie mort, destruction, misere: la misere, la disette & ses ravages disparoissent avec le labourage: là où est *Ilus*, là est le tombeau d'*Até*.

Ilus avoit gagné le prix; le labourage est toujours représenté comme une victoire, un triomphe: c'est la défaite du lion; c'est cette victoire dont la fête termina constamment l'année.

---

(1) APOLLOD. Bibliotheque des Dieux, Liv. III.

Il eut cinquante jeunes gens & cinquante jeunes filles à fon fervice ; ce font les cinquante Danaïdes, les cinquante fils d'Egyptus, les cinquante fils d'Hercule ; tous ces cinquante fi fréquens dans la Mythologie, & qui peignent les cinquante femaines qui forment l'année du laboureur.

Ilus s'arrête là où s'arrête la *vache* ; cette vache qui eft le fymbole de l'agriculture, & qui femblable à la robe d'Ifis, eft de toutes couleurs, parce que les champs du laboureur fe couvrent par fes foins de fleurs, de fruits, de plantes, qui offrent la plus grande variété de couleurs.

Ce héros eft fils de *Tros* & petit-fils de *Dardanus*, c'eft-à-dire de l'aiguillon avec lequel on conduit le bœuf, cet aiguillon qu'on darde, & de la charrue ou truie qui tire le bœuf, & fans laquelle point d'Ilus.

Enfin il a pour fon fymbole le palladium ou Minerve armée de la lance & de la quenouille ; & cette ftatue eft la fauve-garde de l'Empire.

En effet, qu'eft-ce qui peut fubfifter fans Minerve, Déeffe de la fageffe, & fans le concours du *mari* défigné par la lance, & de la *femme* défignée par la quenouille & le fufeau, ou en d'autres mots, fans le concours du labourage & de l'induftrie ; de la force au dehors & des graces au-dedans ?

Ce palladium étoit donc un figne affuré du bonheur dont jouiroit la contrée, tandis qu'elle feroit fous la fauve-garde du labourage & d'un travail conftant & actif : qu'elle ne cefferoit de fe couvrir d'une riche population, de biens de toute efpece, & de fe faire refpecter au-dedans & au-dehors.

Aussi Troye ne périt que lorfque fon palladium ne fut plus.

ARTICLE V.

Symboles relatifs aux productions & à la fituation.

Les Royaumes, les peuples, les villes de l'antiquité tirerent très-fouvent leurs fymboles des objets de leurs productions : ainfi on peut connoître par leurs armoiries fi ces pays étoient agricoles ou maritimes ; s'ils étoient des pays de bled ou de vignoble, ou s'ils excelloient en quelque genre particulier de productions : nous allons donner divers exemples relatifs à ces différens objets.

I.

Symboles relatifs à l'Agriculture.

OLIVIER.

1. ATHENES avoit pour symbole Minerve, Déesse de l'Olivier, & la chouette, symbole de Minerve, comme la Reine de la nuit; ce que signifie son nom, comme nous l'avons prouvé ailleurs. Le nom d'Athenê ou Athenaïs, signifie lui-même *Souveraine*, comme nous l'apprend PLUTARQUE dans son Traité d'Isis & Osiris : c'est ainsi le féminin d'*Adon*, Adonaï, Seigneur, où nous voyons *o* changé en *e* pour le féminin, comme d'*homine* on fit *fœmina*.

Ainsi le nom d'Athènes, celui de la Déesse Minerve, ou *Athenê*, & son symbole la *chouette*, se rapportoient tous au même objet.

TEATE eut par cette raison les mêmes symboles.

CRETE, il en fut de même de cette isle fertile.

SPHINX.

2. AMBA ou Aimphats; CASTULO & URSON, villes de la Bétique, & CHIO, isle de la Grèce, eurent pour symboles le sphinx ailé, ou le lion à tête de femme comme en Egypte, mais avec des ailes : sans ailes, il désignoit la cessation des travaux agricoles pendant l'inondation du Nil, & les douceurs dont étoient suivis ces travaux.

Avec des ailes, il devenoit l'emblême de la navigation & des avantages qu'elle procuroit aux peuples agricoles.

MINOTAURE.

3. Le MINOTAURE ou taureau à tête d'homme, étoit le symbole de l'agriculture pour un grand nombre de villes dont le territoire étoit riche en bled. Ce symbole ne pouvoit être ni mieux choisi, ni plus contrastant avec le précédent qui désignoit la cessation des travaux indiqués par celui-ci : la femme devenue le chef du lion désignant le repos de la terre : & l'homme chef du taureau désignant au contraire le travail de cette même terre : voici quelques-unes des villes qui prirent ce dernier symbole pour leurs armoiries.

ÆSERNIA, colonie de Naples, le minotaure avec la victoire.

CALENO, colonie Ausonienne, le minotaure seul.

GELA en Sicile, le train de devant du minotaure.

GNOSSE, le minotaure, au revers, le labyrinthe.

HYRINI,

HYRINI (les), dans l'Apouille, } le Minotaure.
MEGARRE, de Sicile,
NAPLES, le Minotaure & la Victoire.
NOLA, Colonie des Chalcidiens, de même.
SELINONTE, en Sicile, le Minotaure.
BEGER, PELLERIN, &c. rapportent ces diverses Médailles.

LION.

CNIDE,	RHEGIUM,	
CYZIQUE,	SALAMINE,	avoient pour symbole un *lion*, em-
LEONTIUM,	SARDES,	blême des défrichemens, de la terre
MILET,	SMYRNE,	vaincue par l'Agriculture.
MYCENES,		

BŒUF.

4. POLY-RHENIUM, Ville de Crète, & qui dut son nom à ses gras pâturages, eut pour symbole une tête de bœuf.

OBULCO, Ville d'Espagne, avoit pour symbole le bœuf & le croissant d'Io : pour Divinité tutélaire, ISIS, dont les cheveux en sillons sont garnis de perles, emblême de sa riche agriculture : elle eut aussi plus souvent pour symbole une charrue & un épi.

TRALLES & PERGAMME en Asie-Mineure, un bœuf.

CÉRÈS ET PROSERPINE.

6. CYZIQUE avoit pour symbole Proserpine avec un boisseau sur la tête, tenant dans ses mains une haste & une victoire ; on l'adoroit ici sous le nom de *Koré soteira*, la Vierge conservatrice ; on l'appelloit aussi *Domna* & *Despoina*, la Dame, la Souveraine. (1)

MEGARE d'Attique, Cérès un flambeau à chaque main, & à ses côtés une Statue enveloppée de bandelettes. Pausanias dit qu'elle étoit représentée ainsi dans un Temple de *Stiris* en Phocide, & que cette Statue à bandelettes qui l'accompagnoit étoit très-ancienne. On ne peut donc y méconnoître une copie d'Isis & d'HORus (2).

---

(1) PELL. T. III. PL. CXXIII. 1. (2) Ib. PL. CXXVII N. 3.

Diss. Tom. I.

ÉPIS.

METAPONTE; l'agriculture de cette Ville étoit si prospere, que ses Habitans consacrerent à Delphes une Terre & une Moisson d'or; (STRABON Liv. VI.) Aussi voit-on sur ses Médailles ou deux épis barbus, ou une tête de bœuf; & sur plusieurs, la tête de Cérès.

SAGALASSE, dont le territoire, suivant TITE-LIVE, abondoit en toutes sortes de fruits, eut pour symboles des épis de bled avec une branche de vigne chargée de grappes & de raisins.

ILIPA, } Villes d'Espagne, ont pour symboles, l'une un épi,
ILIPULA, } l'autre deux. (1)

SIME, } Isles de la Grèce, avoient également des épis pour
EGIALE, } symboles.

AMPHIPOLIS de Macédoine, Cérès, des épis, une torche.
BLAUNDUS de Phrygie, quatre épis liés ensemble.
EDESSE, une main tenant trois épis.
ELÉE d'Eolie, quatre épis & un pavot.
NACOLÉE en Phrygie, trois épis & une corne d'abondance.
SEBASTE en Galatie, trois épis.
THYATIRE, des épis.

II.

SYMBOLES RELATIFS AUX VIGNOBLES.

ANDROS, Isle de Grèce, riche en vignobles, avoit pour symboles une panthere, animal consacré à Bacchus, & un thyrse. On voyoit dans cette Isle un Temple célébre où l'on disoit qu'il couloit du vin tous les ans durant les Fêtes de ce Dieu, & cette fontaine s'appelloit *Dios Theodosia*, présent de Jupiter.

ACMONIE de Phrygie, | HADRIANI de Bithynie, { Bacchus, son thyrse,
AUGUSTA de Cilicie, | SILANDUS de Lycie, { son pot, & sur quelques-unes sa panthere.

BOSRA, Ville de la Syrie Arabique, qui dut son nom à ses vignobles, avoit

───────────────

(1) Velazques, PL. VIII. & XIII.

pour symbole un grand pressoir avec le mot de *Doysaria* nom des jeux de Bacchus appellé Dusarès en Arabe. (1)

CHIO,
CYDON en Crète,
} grappe de raisin.

MARONÉE située sur un côteau, dut son nom à son beau vignoble : aussi disoit-on qu'elle avoit été fondée par Maron, Cocher de Bacchus. Elle avoit pour symbole, la tête de ce Dieu & une grappe de raisin avec ces mots, *Dionysius Sauveur*.

MYCONE, Isle de la Grèce, abondante en vin : son symbole, Bacchus.

NAXOS, Isle très-riche en vin, & appellée Dionysiade, Isle *de Bacchus*, eut pour symboles Bacchus, une grappe de raisin & le thyrse.

PEPARETHE, (l'Isle de) eut pour symboles Bacchus & Minerve, à cause de ses vins & de ses oliviers.

TENEDOS (Isle de), riche en excellens vins, eut entre ses symboles une grappe de raisin.

LAERTE de Cilicie,
SCEPSIS de Troade,
TEIOS,
} eurent également Bacchus pour Divinité & pour symbole, à cause de leurs beaux vignobles.

III.

SYMBOLES RELATIFS AUX VILLES MARITIMES.

Neptune, les Dioscures & un navire, furent les symboles des Villes situées sur le bord des eaux, & qui se livroient à la navigation : de celles-ci entr'autres,

Navire, Neptune, &c.

ATTALIE, nommée aujourd'hui Satalie, Ville de Pamphylie, sur le bord de la Mer, avoit pour symbole la tête de Neptune & son trident.

BERITE, Ville maritime de Phénicie, avoit au revers de ses Médailles un bonnet des Dioscures & un pavillon de vaisseau.

TINOS (Isle de), pour symbole Neptune.

TRIPOLI de Phénicie avoit entre ses symboles les Dioscures.

ARADUS, | DORA, |
ASCALON, | TYR, | } eurent pour symbole un navire,
ANTHEDON, | SIDON, | étant toutes Villes maritimes.

---

(1) Pell. T. III. Vignette, P. 155.

C'est par la même raison que Rome & Paris, situés sur des Fleuves, eurent le même Symbole. Il en est de même de,

Gazara ou Gadara, Ville maritime près d'Azot dans la Palestine. Elle a pour revers un vaisseau à neuf rames, sur une Médaille de l'Empereur Antonin, avec l'inscription *Nayma,* naumachie, ou jeux sur l'eau. (1)

CHEVAL.

Carthage, nom qui signifie Ville (*Carth*) des eaux (*ag*), eut pour Symbole un cheval ; on a dit qu'il étoit relatif à une tête de cheval qu'on trouva en creusant les fondemens de cette Ville : c'étoit un conte : le *cheval* étoit l'emblême de la Navigation & de Neptune : c'est un cheval que Neptune avoit fait sortir, disoit-on, de la terre pour marquer sa puissance.

Corinthe eut par la même raison le cheval pour Symbole ; mais il étoit ailé afin d'indiquer mieux la vitesse de la Navigation ailée ou à voiles : c'est ce cheval qu'on appella Pegase, que les Grecs substituerent au Sphinx ailé des Phéniciens, & qui fut adopté par d'autres Peuples maritimes.

Lampsaque & Scepsis, un cheval marin.

Alexandrie de Troade, un cheval paissant.

IV.

SYMBOLES RELATIFS A DIVERS OBJETS.

VULCAIN.

Les Pays où l'on voyoit des volcans & les lieux où l'on avoit établi des Forges, prenoient pour Symboles *Vulcain*, Dieu du feu & des forges, son marteau ou ses tenailles.

Ainsi, l'Isle de Lemnos avoit pour Symbole *Vulcain*, comme Dieu du feu, & Minerve comme Déesse des Arts,

Hephestia ; mot-à-mot Ville de Vulcain, dans la même Isle, avoit aussi le même Symbole : vraies Armes parlantes. Ses Médailles offrent au revers un flambeau allumé avec les deux bonnets & les deux étoiles des Cabires.

Ce Dieu, son marteau à la main & sous son nom de Cabire, *très-grand,* se voit sur les Médailles de Thessalie. (2).

---

(1) Pell. T. III. Fleuron P. 165. (2) Beger, P. 483.

SYLPHIUM.

CYRENE, Ville d'Afrique, avoit pour Symbole le Sylphium, plante très-commune dans son territoire, & dont sans doute elle faisoit un grand commerce.

PALMIER.

La JUDÉE eut pour Symbole le palmier : elle est représentée dans les Médailles de Vespasien sous la figure d'une femme triste & plaintive attachée à un palmier.

Ce Symbole surprend le Savant SHAW, Voyageur exact, qui assure qu'il y a peu de palmiers en Phénicie : il ignoroit donc les affreux ravages que causent le tems, les invasions, la barbarie, &c. & à quel point toutes ces choses changent la face de la terre. L'Isle de Madere n'étoit qu'une forêt lorsqu'on la découvrit ; à présent il n'y a pas un arbre, & l'on chercheroit en vain aujourd'hui ces belles vallées de Saules qui environnoient Babylone. La Judée étoit riche en palmiers; PLINE nous l'apprend, & c'est un Témoin qui en vaut bien un autre. (1) « Les Palmiers de Judée, dit-il, sur-tout » ceux de Jéricho, l'emportent sur ceux de tout autre Pays, par leur » MULTITUDE, leur fertilité & leur réputation. Ceux d'Archelaïs, de » Phaselis & de Livias dans la même contrée, sont aussi fort estimés.

Il falloit qu'ils y fussent bien communs, puisqu'on en tiroit des objets de comparaison ; c'est ainsi qu'ESAIE (2) compare la prospérité des Hébreux à celle des Palmiers ; ce qui prouve à quel point la culture de cet arbre réussissoit en Judée, quoiqu'aujourd'hui il n'y en ait que dans les Vallées, où ils exigent bien moins de soins que sur les hauteurs.

Ce Symbole fut également celui de la Phénicie & de la plupart de ses Villes. On le voit sur les Médailles de TRIPOLI, d'ARADUS, de NAPLOUSE, de SEPHORIS.

Les Médailles de TYR & de SIDON offrent par la même raison des palmes pour Symboles.

On a cru que le Palmier se trouvoit sur les Médailles de cette contrée, moins comme production nationale que comme étant relatif au nom même de Phénicie, mais c'est une erreur : nous avons vu que le nom de Phéniciens,

---

(1) Liv. XIII. Ch. IV. (2) Chap. XXVII. 6.

le même que celui de Pœni porté par les Carthaginois, & d'où vinrent les mots *punique*, & *puniceus* ou *ponceau*, désigna constamment la couleur rouge

Ajoutons que souvent on n'a pas entendu le mot באים *Baïm* donné au Palmier dans les Livres des Hébreux : on l'a souvent rendu, très-mal à propos, par celui de *Racines*. Porphyre, qui étoit Phénicien, appelle le Palmier *Baïs*, & Saint Jean (1) appelle les Palmes *Baïa tón phœnicôn*.

RENARD.

La MESSENIE, Pays montagneux, prit pour symbole un renard, animal très-commun dans les Pays fourrés. Aussi Anaxadame, Roi de Sparte, vainqueur ou plutôt destructeur de la Messenie, prit pour symbole un *Renard tombant*. C'est à un renard qu'Aristomene, célèbre Héros Missénien, après avoir été renfermé dans une caverne par les Lacédémoniens, fut redevable de son salut.

TRIQUÊTRE.

La SICILE est désignée par le Triquêtre, figure à trois jambes, à cause de sa figure triangulaire.

OLBA : les Princes d'Olba avoient un symbole semblable, parce qu'ils régnoient sur trois Provinces, Olba, Kennatis & Lalassis.

TORTUE.

Le PÉLOPONESE a pour symbole une TORTUE aux pattes étendues comme pour marcher, parce que son corps & ses pieds saillans peignent assez bien Péloponèse & ses grandes avances dans la Mer.

TOURS.

Une tête couronnée de Tours, ou Cybele, servoit de symbole à des Villes fortes, entourées, pour leur défense, de murs & de tours.

CARTEIA, Ville d'Espagne, sur le bord de la Mer, avoit un pareil symbole, comme étant la clef du Pays, & la Métropole d'une grande contrée :

---

(1) Evang. Chap. XII. v. 13.

outre le symbole de cette Déesse, elle avoit aussi celui d'un homme qui pêche à la ligne, emblême de sa situation, très-bien désignée, d'ailleurs, par son nom, composé de CART, Ville, & d'EIA, eau.

ASOPE de Laconie,	FLAVIO-POLIS de Cilicie,	ont toutes pour symbole une Femme tourelée avec divers attributs, entr'autres des épis.
BŒA de Laconie,	LAODICÉE,	
CANATE de Cœlesyrie,	NYSA ou Scythopolis,	
CHALCIS de Syrie,	TYANE de Cappadoce,	
DAMAS,		

VICTOIRE.

Nous avons vu que la plupart des Villes qui avoient le Minotaure pour symbole, l'accompagnoient de la Victoire. Ce symbole étoit relatif à leur Agriculture, comme nous l'avons prouvé dans nos Volumes précédens, relativement à la Déesse de la VICTOIRE, dont la Fête terminoit l'année agricole. Quelques Villes agricoles faisoient plus : elles prenoient le nom même de VICTORIEUSES : telles,

OSCA, Ville d'Espagne, qui prend le titre de VICTRIX, &

OBULCO, Ville du même Pays, qui prend celui de NIKeteira, chez toutes deux *Victorieuse* (1).

ARTICLE V.

SYMBOLES relatifs aux Divinités Protectrices de l'Agriculture.

Nous avons vu que les Peuples agricoles prenoient *Cérès* pour symbole : les Peuples maritimes, *Neptune*, & les *Cabires ou Dioscures* ; les Peuples à volcans ou forgerons, *Vulcain* ; les Peuples à oliviers, *Minerve* ou *Isis* ; les Villes fortes, *Cybele* & ses tours : les Peuples à vignoble, *Bacchus* : en sorte que par les seuls symboles de ces Nations, on peut connoître leur situation & la nature de leurs productions.

Mais on voit un grand nombre d'autres Peuples prendre pour leurs symboles des Divinités dont on n'apperçoit le rapport avec aucun objet déterminé ; en sorte qu'on seroit tenté de croire qu'il y a beaucoup d'arbitraire en toutes ces choses. Ces Dieux sont, sur-tout, Hercule ou Apollon, Astarté ou Diane, & Junon.

---

(1) Velazquez, M. XI. 7. 8.

Mais avec un peu d'attention, on apperçoit bientôt les motifs de ce choix, ce qu'on désignoit par ces Divinités symboliques.

HERCULE.

HERCULE étoit le Dieu tutélaire & le symbole de TYR & de plusieurs Colonies de Tyr, telles que THARSE, CADIX, &c. Il étoit aussi le symbole de PERINTHE, d'ARGOS, &c.

Dans toutes ces Villes on le représentoit avec sa peau de lion & sa massue, ou simplement sous l'emblême de sa massue, surmontée quelquefois d'un carquois.

ASTARTÉ ou EUROPE.

ASTARTÉ ou EUROPE étoit la Déesse & le symbole de,
SIDON & de diverses Colonies Phéniciennes; de celles-ci, par exemple;
GORTYNE dans l'Isle de Crète.
CALAGURRIS en Espagne.
AMPHIPOLIS de Macédoine.

Toutes la représentoient assise sur son taureau, avec son voile flottant qui la faisoit arriver à bon port.

DIANE étoit la Déesse & le symbole de la MEONIE, de la Ville d'EPHESE, des ICARIENS. On la reconnoît à son CERF.

JUNON étoit la Déesse Tutélaire de SAMOS & de CARTHAGE : & on la connoissoit à son PAON.

APOLLON étoit le symbole & le Dieu de l'Isle de RHODES, d'AMORGOS, de MITYLENE : & avec DIANE, le symbole de DELOS.

JUPITER enfin, le Dieu tutélaire de Rome & de l'Isle de Crète.

Voilà en apparence bien des Divinités différentes dont on n'apperçoit nullement le rapport avec les Peuples qui les prirent pour leurs symboles : mais afin de parvenir à quelque chose de satisfaisant là-dessus, commençons par ramener à son juste point le nombre de ces Divinités : ces six que nous venons d'énumérer se réduisent à trois, présentées ici sous un double nom, l'Oriental & l'Occidental.

En effet, Hercule & Apollon ne sont qu'un seul & même personnage, peignant le Soleil ; aussi étoit-il appelé à Tyr *Melc-arthe* ou *Melicerte*, Roi de la Terre.

ASTARTÉ,

ASTARTÉ ou Reine du ciel, EUROPE ou l'Occidentale, JUNON ou la Reine du ciel, DIANE au croissant, sœur d'Apollon, ne sont également qu'une seule & même Divinité, la Lune.

La même Divinité étoit adorée à Babylone sous le nom de SEMI-RAM-IS, la Reine du ciel, & sous le symbole de la colombe, oiseau de Vénus.

Nous avons donc ici les trois grandes Divinités de Saturne ou du Laboureur, dont nous parle Sanchoniaton, & toutes trois prises dans la nature, *Jupiter* ou le Dieu suprême, le *Soleil* & la *Lune*, Roi & Reine du Monde physique.

Il n'est donc point étonnant que ces trois Divinités aient été prises par un grand nombre de peuples pour leurs symboles; il en devoit être ainsi dans l'Orient sur tout, dont la religion étoit la Sabéenne, & chez lesquels on retrouve en effet le Soleil & la Lune sous les noms d'Hercule & d'Astarté, ou Europe; tandis que dans l'Occident ils sont Apollon & Diane, comme sœur d'Apollon, la même qu'Europe ou l'Occidentale, *Junon*, souveraine des Dieux, & *Astarté*, Reine des astres.

Il paroît même que les peuples livrés aux travaux pénibles, tels que l'agriculture & la navigation, & qui supposoient une grande force, choisissoient Hercule ou le Soleil pour leur Divinité; tandis que les peuples qui n'avoient point ou peu d'agriculture, & qui subsistoient sur-tout de leurs fruits ou du produit de leurs arbres, ce qui n'exige point de force; ou qui se livroient aux arts sédentaires, choisissoient Minerve ou la Lune pour leur Divinité : ainsi Athènes qui devoit tout à ses oliviers, avoit choisi cette Déesse pour sa patrone: les uns étoient *enfans* du *Soleil*, les autres ceux de la *Lune*. Aussi HERCULE étoit-il adoré & avoit-il des autels comme nous l'apprend Denis d'Halicarnasse (1), dans presque toute l'Italie, pays rempli de villes agricoles.

DIANE.

La Lune, qu'on adoroit dans la Phénicie sous le nom d'Astarté, l'étoit chez d'autres peuples sous celui de Diane : on la représentoit armée d'un arc, de flèches, d'un carquois & couronnée d'un croissant.

Telle on l'honoroit à PERGE de Pamphylie.

A EPHESE, à COTIÉE de Phrygie, &c. on l'adoroit sous des symboles relatifs à la nature universelle, la mere de tous les êtres, avec une multitude

---

(1) Antiq. Rom. Liv. I.

de mamelles & un cerf pour fymbole, comme Déeffe de la chaffe, à caufe de fes rayons comparés à autant de fleches. Souvent même le cerf eft placé feul comme défignant Diane d'une maniere affez claire.

Junon.

Dans plufieurs villes on adoroit JUNON comme mere des peuples, ou comme protectrice des mariages, fous le nom de *Pronuba :* telles;
HYPÆPA de Lydie, SAMOS, TRALLES, SEBASTO-POLIS en Eolie, &c.

Lunus.

Le Dieu LUNUS étoit adoré chez plufieurs peuples de l'Orient; c'eft la Lune fous un nom mafculin; tandis que le Soleil étoit du genre féminin, comme il l'eft encore chez les Germains.

Ce Dieu LUNUS étoit le Dieu tutélaire de CARRHES.

CIBYRE le repréfentoit fur fes médailles avec un croiffant derriere les épaules.

JULIA GORDUS,
SARDES,   } de Lydie.
SILANDUS,

GABÆ de Phénicie.

NYSA près de Tralles en Carie.

SEBASTE de Phrygie.

TABÆ de Carie.

TRAPEZE du Pont, &c.

avoient toutes le Dieu LUNUS pour fymbole.

ARTICLE VII.

Symboles des Colonies.

I.

Colonies Phéniciennes.

Il n'eft pas étonnant que nous trouvions un grand rapport entre les fymboles de l'Efpagne & ceux de la Phénicie; qu'on y retrouve l'alphabet Oriental, les mêmes Divinités, Hercule, Ifis, Europe, Vulcain; les mêmes symboles, des taureaux, des chevaux ailés, des sphinx, des pampres, des épis, des cavaliers la lance en main; qu'un même esprit ait animé ces peuples : l'Espagne maritime ne fut peuplée que par des colonies Orientales, par des Phéniciens, des Syriens, des Cananéens, par des habitans des isles de Crète & de Sicile, trop resserrés dans leur enceinte. Ainsi, tout y doit rappeler l'Orient, & présenter les mêmes phénomenes qu'on observoit chez les navigateurs de l'Asie.

CADIX est l'altération de l'Oriental *gadir* une enceinte : sur ses médailles sont ces mots, *He-Bel-Gadir*, le Seigneur de Gadir : on y voit le Dieu *Bel* des Orientaux, ou le soleil désigné par le nom de souverain.

Ce même nom de BEL, BOL, BUL se retrouve dans OBUL CON & dans CAR-BULA, autres villes d'Espagne. Il est joint, dans le premier, au mot *CUN*, habitation, & dans le second à celui de *CAR*, ville.

Les COLONIES conservoient en effet la langue de leur mere-patrie : elles continuoient d'avoir les mêmes Dieux, les mêmes fêtes, les mêmes sacrifices, les mêmes symboles ou blason : leur mere-patrie nommoit aussi leurs premiers magistrats, & leur donnoit leurs loix & leurs coutumes : il étoit même d'usage que les colonies lui envoyassent toutes les années des prémices de leurs récoltes, & qu'elles volassent à son secours dans le besoin.

2.

COLONIES GRECQUES.

C'est ainsi que SYRACUSE conserva les symboles de Corinthe dont elle étoit une colonie, sur-tout le cheval Pégase ; & que l'isle de SERIPHE eut pour symbole la chimere, étant colonie de la même ville.

Comme l'isle de SIPHNE, près de l'isle de Crète, avoit précisément le même symbole que celle de SERIPHE, il y a apparence que ses habitans avoient la même origine que ces derniers.

ENPORIUM en Espagne, colonie d'Emporium de Sicile, en avoit conservé les symboles, Minerve & Pégase sautant.

Les colonies Athéniennes avoient la chouette pour armes, en particulier AMISUS, ville du Pont, & pendant un tems capitale de ce Royaume.

C'est ainsi que Rome tint de Troye la truie & ses petits, qu'on voit sur les médailles de Vespasien & de Tite, & qu'Adrien fit mettre sur les portes de Jérusalem.

3.

Inconvéniens qui résultent de cette communauté de symboles.

Cet usage très-intéressant d'ailleurs pour les peuples qui l'observoient, a été l'une des principales causes qui ont fait perdre de vue les motifs par lesquels se dirigèrent les anciens dans le choix de leurs symboles ; car le même devenant ainsi commun à plusieurs par des motifs fort différens de sa premiere institution, il n'étoit presque plus possible de les démêler, encore moins de supposer que le choix de ces symboles avoit toujours été déterminé par une raison sage & relative à ceux qui faisoient ce choix.

4.

Causes des armoiries communes à diverses maisons modernes.

C'est ainsi qu'il seroit très-difficile aujourd'hui de retrouver la vraie cause du choix que firent pour leurs armoiries nombre de maisons qui remontent aux XIe, XIIe siècles, &c. quoiqu'on en puisse indiquer deux générales dont nous avons déjà parlé : 1°. le rapport du symbole avec le nom de famille ; 2°. le rapport d'une famille avec un Seigneur suzerain. Dans ces deux cas, ce rapport déterminoit le symbole : au premier, par le choix de l'objet indiqué par le nom ; au second, par l'adoption en tout ou en partie du symbole du Seigneur dont on relevoit : de-là, cette multitude de lions, de léopards, d'aigles, de lys, de croix, &c. répétés dans les armoiries modernes. La France ayant des lys pour armoiries ; les Comtes des Pays-Bas le lion ; les Rois d'Angleterre le léopard ; les Empereurs l'aigle ; l'Eglise la croix ; il étoit naturel que dans les batailles leurs grands vassaux se fissent reconnoître par les mêmes armes, quoique modifiées de mille manieres ; aussi la croix étoit le symbole des Eglises & de leurs avoués : l'aigle, l'emblême des villes Impériales ; de même que la plupart des maisons d'Italie ajoutent au sommet de leurs armes le chef d'or à l'aigle de sable, qui sont les armes de l'Empire : tels les *Borghese*, les *Mathei*, les de la *Valle*, &c. à Rome ; les *Feltri* à Urbin ; les *Alciat* à Milan ; les *Pii* à Ferrare, &c.

C'est par quelque raison pareille qu'en Bretagne les ROHAN & un grand nombre de maisons ont des *macles* dans leurs armoiries, symbole presque inconnu ailleurs.

L'Angleterre adopta de même le léopard, comme ayant possédé la Guienne

& la Normandie dont il formoit les armes ; auſſi un grand nombre de familles de ces trois contrées ont le léopard pour armes. D'ailleurs les grandes maiſons de l'Europe, antérieures au XIe ſiecle, avoient leurs ſymboles & leurs cris de guerre, qu'elles ne perdirent point dans le tems des croiſades, & qu'elles perpétuerent au contraire comme preuve de leur antique origine.

Il ſe peut encore que quelques familles nouvelles, lors des croiſades, emprunterent leurs ſymboles de quelques objets relatifs à leur voyage d'outre-mer ; mais nous nous croyons en droit de ſoutenir que cette cauſe n'eſt point comme on l'a cru, l'origine du blaſon, ni même l'époque de notre blaſon tel qu'il exiſte.

Nous pouvons rendre raiſon, par exemple, des armoiries anciennes de la Guienne, des Celtes & des Francs. Nous venons de voir que les armoiries de la Guienne ſont un léopard ; celles des Celtes, ſur-tout les Belgiques, étoient un lion, & celles des Francs un crapaud ; mais le lion déſigne un pays *agricole* comme la Celtique : le léopard conſacré à Bacchus, déſigne les *vignobles*, & ceux de la Guienne ſont très anciens : le crapaud, les *marais* dont ſortirent les Francs.

MM. les Armorialiſtes nous apprennent de même que la plupart des maiſons de Bourgogne portent de gueules, parce que ce fut de tout tems la couleur de cette Province. C'eſt par la même raiſon que les Croiſés ne porterent pas la croix de la même couleur ; chacun prit la couleur de ſon Seigneur ſuzerain. Lorſque Philippe-Auguſte, Richard Cœur de Lion, & Ferrand, Comte de Flandres, ſe furent croiſés enſemble, le Roi de France prit la croix *rouge*, celui d'Angleterre la *blanche*, & le Flamand la *verte*, en quoi ils furent imités chacun par leur armée. Mais ceci nous apprend que ces Princes avoient déjà ces couleurs ; elles étoient par conſéquent antérieures à leur croiſade.

Ajoutons une autre cauſe, la diviſion d'une famille en pluſieurs branches, qui ayant diſperſé un même ſymbole en pluſieurs lieux, fait qu'on n'apperçoit plus dans la plupart le vrai motif de leur inſtitution, & que tous ces ſymboles n'offrent plus que confuſion.

Mais revenons aux ſymboles des anciens peuples : il ne nous reſte plus qu'à parcourir ceux de la Sicile & de l'Egypte.

ARTICLE VIII.

VILLES DE SICILE.

La SICILE, remplie de colonies étrangeres & de villes puiſſantes, dont elle étoit redevable à ſon agriculture, offre des ſymboles très-remarquables.

Celui de l'iſle entiere eſt une tête couronnée d'épis & d'où ſortent trois jambes diſpoſées en forme de roue, auxquelles cette tête ſert ainſi de centre: cette figure eſt tout à-la fois peinture & de la fertilité de la Sicile & de ſa figure triangulaire ; de celle-ci par ſes trois jambes, de celle-là par les épis.

SYRACUSE a pour ſymbole ou un cheval ailé, ou un char à quatre chevaux dont le conducteur eſt couronné par une victoire qui plane ſur ſa tête. Ses Divinités tutélaires ſont les grandes Divinités de tous les peuples agricoles; le Soleil, la Lune, la Terre féconde, ou avec leurs noms mythologiques, *Apollon, Diane, Cérès*.

Ce cheval ailé, ſymbole également de la ville de Corinthe dont Syracuſe étoit colonie, avoit, ainſi que le cheval Carthaginois, un rapport immédiat au commerce maritime de Corinthe & de Syracuſe.

Le char à quatre chevaux couronné par la victoire, étoit l'emblême de l'agriculture floriſſante à Syracuſe & de ſes heureux effets.

PANORME a pour ſes ſymboles ſur une de ſes médailles, avec une inſ-cription Phénicienne, d'un côté une tête de Cérès, de l'autre un cheval ailé; ce ſont les mêmes emblêmes & par la même raiſon.

CATANE prend toujours pour ſymbole la corne d'abondance.

MENAI, dont le nom au pluriel a tant de rapport à celui du *SOLEIL* & de la *LUNE*, (MEN & MENÉ) eut pour patrone Cérès & pour ſymbole deux flambeaux en ſautoir. Ce ſont donc des *armes parlantes*. Menai déſigne des flambeaux, le Soleil & la Lune, les deux grands flambeaux de l'agriculteur.

NAXOS, riche en vignobles, eut pour Divinité *Bacchus*, pour ſymbole grappe de raiſin.

SEGESTE a pour Divinité tutélaire *Diane chaſſereſſe*, pour ſymbole un chien courant, & à la ſuite de ſon nom ces lettres ZIB.

Nous voyons dans CICERON (1), que Diane chaſſereſſe avoit dans cette ville un temple magnifique, dont les ſuperbes reſtes ſont gravés dans la

---

(1) Harang. contre Verrès, n°. 33, 34.

description de la Sicile, par d'ORVILLE (1). Telle est la description que fait Cicéron de cette Déesse, ou pour mieux dire de sa statue.

« Erat admodum amplum & excelsum signum cum stola. Verùm tamen
» inerat in illa magnitudine ætas atque habitus virginalis: sagittæ pendebant
» ab humero, sinistra manu retinebat arcum, dextrâ ardentem facem præfe-
» rebat.

» La statue de la Déesse étoit grande & élevée ; mais dans cette forme
» colossale elle conservoit les graces & la pudeur de la jeunesse : un carquois
» plein de fleches étoit suspendu à ses épaules; d'une main, elle tenoit son
» arc, de l'autre elle portoit en avant un flambeau allumé ».

Ne soyons pas étonnés du choix de cette Déesse & de ces symboles, tout en est relatif à la situation & au nom de *Segeste*.

Elle étoit située en effet dans un pays admirable pour la chasse.

Son nom, prononcé *Segeste*, étoit un adoucissement de l'aspiration Orientale qui servoit d'article à ce nom, & que nous trouvons en effet écrit *Aigeste* dans STRABON, PAUSANIAS, &c. & ses habitans *Egestaioi*.

C'est donc une allusion au mot Oriental קשת, arc, qui joint à l'article (ה) *hé*, nous donne *he-gest*, mot-à-mot celle qui aime la chasse; aussi Diane chasseresse est sa Divinité, & un chien courant son symbole.

Le mot *Zib*, qui suit son nom & qu'on n'avoit encore pu expliquer, est relatif à toutes ces idées, c'est le commencement du *Zibuné* des Illyriens & des Grecs qui signifie *lance*, *pieu*, & qui vient de l'Oriental, צבא, *Tsuba*, attaquer, faire la guerre, donner la chasse aux animaux, ce qui fut la premiere des guerres.

Nous savons donc à quoi nous en tenir maintenant sur l'Histoire suivante relative au nom de cette ville. *Segeste*, dit-on, fille d'Hippotas, ayant été envoyée par son pere en Sicile pour la dérober à la cruauté de Laomédon, y fut aimée par le fleuve Crimise qui la surprit en se cachant sous la forme d'un chien : de-là naquit Egeste, l'*Acaste* de Virgile; ensorte que la ville qui auparavant s'appeloit Egeste, prit dès-lors le nom de Segeste, & un chien pour symbole (2).

---

(1) Planche pour la page 84.

(2) Je fais grand cas de ces traditions fabuleuses & mythologiques, parce qu'elles nous conduisent presque toujours à la découverte du vrai. Nous voyons dans celle-ci que cette ville eut deux noms, d'abord *Egeste*, puis *Segeste*, & que ceux qui lui donnerent

TAUROMENIUM avoit pour symbole *un taureau*. C'étoit une allusion à son nom qui peignoit sa situation, signifiant *habitation sur une montagne*. On sait que *tor* en Oriental signifie montagne, d'où le *Mont-Taurus* en Asie, & le *Mont-Taurus* sur lequel étoit cette ville; & si elle prit un taureau pour son symbole, c'est par le principe dont nous venons de parler, c'est qu'il n'y a nulle différence entre les noms primitifs de montagne & de taureau.

SELINONTE sur l'Hypsas, dont les bords étoient couverts de persil, prit son nom & son symbole de cette plante.

CAMARINE étoit située dans des marais. C'est ce que signifie son nom en Oriental חמר־עין (*camar-ain*) eaux noires ou marécageuses, même nom que celui des *palus Cimmeriens*. Il n'est donc pas étonnant qu'elle eut pour symbole un cygne & des poissons.

AGRIGENTE ou *Acra-gas*, signifioit terre haute. Elle est en effet sur une montagne au nord de la mer. Ses symboles sont une *écrevisse de mer* & un *aigle* qui tient un lievre dans ses serres. Cette ville étoit dans une contrée de chasse & de pêche.

NEETI.   ⎫ Je joins ces deux villes, parce qu'elles ont le même
LEONTIUM. ⎭ symbole.

Toutes les deux un *lion* & *Cérès* pour patrone.

Ce sont précisément les deux caractères dont la réunion formoit le sphinx, c'est-à-dire les deux signes sous lesquels la moisson se fait dans la plupart des contrées de l'Europe.

NEETI a beaucoup de rapport au nom de *Neith*, que Saïs donnoit à Minerve, & qui signifie une personne du sexe. Cette ville auroit donc pris son nom du signe de la Moissonneuse ou de la Vierge, tout comme Leontium prit le sien du signe du lion.

---

ce dernier, firent allusion à sa situation & au rapport de ce nom avec celui des chasseurs en langue Orientale : nous pouvons donc avancer que son premier nom avoit une toute autre cause, & qu'il désignoit la situation de cette ville sur le confluent de deux rivieres qu'on appella le Xanthus & le Scamandre, à l'imitation des rivieres de Troye. En effet, *Eg-es-te*, signifie mot-à-mot en langue primitive d'Europe, qui est sur *deux aigues* ou *eaux*. De-là le nom de *Segeste* donné à plusieurs autres lieux situés de la même maniere. Ceci donne lieu à une observation essentielle, c'est qu'il faut distinguer avec soin la signification premiere d'un nom, & les allusions dont il s'est chargé dans la suite.

ENNA

Enna. Ométtrions-nous cette ville célèbre par l'enlèvement de Proserpine, & digne de terminer cette petite liste des villes de Sicile ? Elle avoit pour patrone *Cérès*, dont le symbole étoit un char ou une charrue à deux dragons ailés avec Hercule au revers, emblêmes relatifs à l'agriculture qui étoit très-florissante à Enna ; aussi étoit-ce le lieu où l'on célébroit avec le plus de pompe les fêtes de Cérès. Le nom de cette ville vient du primitif Celte, Hébreu, &c. *Ain, En, Hen, Oen*, qui signifie *source*. Il y en avoit de très-belles à Enna, & elles lui procuroient des prairies très-renommées, ces prairies où l'on dit que Proserpine cueilloit des fleurs lorsqu'elle fut enlevée par le Dieu des enfers.

ARTICLE IX.

Symboles des villes d'Égypte.

Passons premierement en Egypte. Là, nous verrons toutes les villes porter des noms significatifs, & chacune, nous dit-on, adorer des Dieux étrangers, à cause desquels elles se faisoient, ajoute-t-on, des guerres à toute outrance, chacune pour faire triompher son Dieu de tous les autres ; & ce culte de figures étranges, être établi en mémoire de ce que les Dieux, dans la guerre des Géans, s'étoient cachés sous ces figures de chat, de chien, de loup, &c.

C'étoit répondre à une allégorie obscure par une autre plus difficile à concevoir ; mais les anciens Egyptiens savoient bien à quoi s'en tenir sur toutes ces choses ; ils étoient bien sûrs qu'il ne falloit pas les prendre au pied de la lettre ; eux qui, à *Thèbes*, adoroient un seul Dieu créateur, & qui dans leurs mysteres enseignoient & ce dogme & celui d'une vie à venir. Mais développons ces obscurités énigmatiques.

Les villes d'Egypte, situées presque toutes de la même maniere sur des chaussées le long du Nil, ne pouvoient se distinguer par des noms tirés de leur situation ; on fut donc obligé de recourir à quelqu'autre moyen.

La plupart prirent les noms des planetes ou des signes ; d'autres des noms d'animaux, ou des productions les plus remarquables de leurs contrées ; ainsi elles s'appellerent *Soleil, Lune, Mercure, bélier, lion, chat, crocodile, chevre* ou *capricorne*, &c. Telles furent

La ville d'*On*, c'est-à-dire ville du Soleil, en Grec *Hélio-polis* ;

La ville de *No-Ammon*, mot-à-mot, la Ville du Bélier, mais en Grec *Dios-Polis* ou ville d'Iou, de Jupiter : nous verrons bientôt pourquoi.

La ville de *Bubafté*, c'eft-à-dire du Chat ou de Diane.

Antès & *Mendès*, toutes deux villes du capricorne ou du bouc.

Ils avoient encore les villes du *lézard*, *des crocodiles*, du *loup*, &c.

Tandis que celles qui purent prendre leur nom de leur fituation, ne négligerent point cet avantage : telles *Thèbes*, *Sin*, *Athrib*, &c.

Thèbes, fituée dans les montagnes, choifit un nom relatif à fa fituation : on donnoit celui-ci dans l'Orient à des villes hautes, à des cités : ce mot fignifioit proprement *une retraite fûre contre les eaux* ; auffi fut-il donné aux arches ou vaiffeaux, & aux villes hautes des pays expofés aux eaux.

Sin, la Pelufe des Grecs, fignifioit, & en Egyptien & en Grec, *ville des marais :* elle étoit fituée, en effet, dans des marécages.

Ath-Rib, fignifie *cœur de poire :* c'eft qu'elle étoit dans le cœur ou le centre du Delta, que les Egyptiens appelloient Rib, (c'eft-à-dire poire) parce qu'il en a la figure.

Mais chaque ville fe mettoit, elle & fon nom, fous la protection d'une Divinité tutélaire ; & elle fe choififfoit, toujours dans cette vue, une Divinité qui eût quelque rapport à leur nom.

Le *Soleil* fut la Divinité tutélaire d'Héliopolis.

La *Lune* ou Diane, de Bubafte.

Jupiter fut adoré dans la ville du bélier, premier des fignes, & qui étoit fous la protection de cette Divinité ou du Soleil au printems.

Pan ou la nature fécondante fut la Divinité des villes du *bouc*.

Lorfqu'enfuite ces villes voulurent avoir des fymboles, & repréfenter fous ces fymboles leurs Dieux tutélaires, elles choifirent les *animaux* même dont elles portoient le nom, ou ceux qui étoient confacrés à ces Dieux.

Ainfi, le bouc ou le capricorne fut le fymbole & des villes de *Mendès* & *d'Antès*, & de *Pan* leur Dieu tutélaire.

Un *chat* fut le fymbole de Bubafte & de Diane ou Ifis.

Un *taureau* celui d'Héliopolis & du Soleil.

Il étoit donc vrai que tous ces Dieux étoient cachés fous la figure de divers animaux ; il n'étoit pas moins vrai que cela étoit arrivé dans la guerre des Géans contre les Dieux : car c'étoit au moment où ces villes avoient été conftruites, pour s'y garantir des inondations, dont les ravages étoient allégorifés fous le nom de *Géans*, comme nous l'avons prouvé dans l'Hiftoire du Calendrier.

L'Allégorie étoit donc ingénieufe ; elle ne devint abfurde que lorfqu'on ne connut plus la vérité qu'elle renfermoit.

Les symboles des Egyptiens étoient donc des ARMES PARLANTES : qu'en conclura-t-on ? Qu'elles n'étoient pas de vraies armes : mais dans la premiere origine de toutes chofes pouvoit-il y en avoir d'autres ? Celles ci n'auroient-elles pas été abfurdes & vuides de fens ?

2.

Enfin toutes ces villes eurent des *animaux facrés*, & ces animaux étoient nourris aux dépens du public, & confidérés comme autant de *palladium* ou de gages affurés de la profpérité & de la durée des Etats dont ils étoient les fymboles vivans. Les bleffer ou les tuer étoit regardé comme un attentat contre la majefté de l'Etat, & comme un préfage funefte qu'il falloit détourner par tous les moyens poffibles.

Tout ceci étoit dans l'ordre naturel des chofes, & ne renferme rien qui ne foit pratiqué, du plus au moins, par nombre de villes modernes qui entretiennent encore des animaux comme leurs fymboles vivans.

Mais avec le tems il s'y joignit, du moins des étrangers le crurent, des idées fuperftitieufes & folles, comme fi les Egyptiens euffent fait réellement leurs Divinités de tous ces animaux.

3.

L'Egypte, elle même, eut fes fymboles, fes emblêmes, & comme Etat politique, & comme Etat religieux.

Comme Etat politique, on la peignoit fous la figure d'un crocodile : un crocodile enchaîné repréfente, fur les médailles d'Augufte, l'Egypte captive & aux fers ; fymbole que nous retrouvons fur les médailles de la ville de NIMES, colonie Romaine, compofée précifément de ces légionnaires avec lefquels Augufte avoit fait la conquête de l'Egypte. On feroit même prefque tenté de croire que le nom de *Nimes*, porté par cette colonie, faifoit allufion à l'inimitié de l'ichneumon contre le crocodile ; car le nom Oriental du premier de ces animaux eft NIMS, ou plutôt que le nom de cette ville entra pour beaucoup dans le choix qu'on en fit pour y établir une pareille colonie.

Nous voyons auffi dans PAUL LUCAS, que dans une ifle du Nil on avoit gravé la figure du *crocodile*, pour fervir, fuivant la tradition du pays, de talifman ou de fauve garde.

Comme Etat religieux, l'Egypte étoit peinte fous la figure d'une *vache*, parce qu'elle étoit confacrée à ISIS ; & c'étoit ce que les Grecs appelloient la *vache Io* ; mot primitif, & un des noms que les Egyptiens donnerent à la

Lune ou à Iſis; car Isis, comme Déeſſe des eaux, étoit patrone de l'Egypte, de cette contrée qui ne ſubſiſtoit que par les eaux du Nil, & qui d'ailleurs, conformément à la doctrine de la Génèſe, regardoit l'eau comme le principe phyſique des êtres, & cette Iſis ou Iö, ſe peignoit ſymboliquement ſous la figure d'une *vache*, à cauſe des grandes utilités de cet animal; & mythologiquement, parce qu'une tête de vache ſervoit de couronne à Iſis, c'eſt-à-dire, parce qu'Iſis eſt la Lune, dont le ſymbole eſt le *croiſſant*.

ARTICLE X.

Symboles des Villes sacrées.

Lorſque pluſieurs villes étoient réunies en corps de nations ou par quelque confédération étroite, ou, ſur-tout, à cauſe d'une origine commune, il y en avoit une qui devenoit le centre de la nation; alors on entretenoit dans celle-ci le feu ſacré, ſymbole de la durée & de l'activité de cette confédération. On y dépoſoit tout ce qui avoit rapport aux Dieux tutélaires du corps entier; ces villes devenoient Sacrées; la guerre en devoit être ſans ceſſe éloignée; & ce lieu étoit appelé la Capitale, la Métropole, la Mere de la Contrée, en Oriental, Am, Mere (1).

Orient.

Les villes de l'Orient étoient très jalouſes de ce beau droit, & elles s'en glorifioient dans tous les monumens publics.

Tyr & Sidon s'appellent ſur leurs monnoies *Meres des peuples*.

Jéruſalem, c'eſt-à-dire, Salem la Sainte, étoit une de ces villes chefs de confédération; car les Hébreux ſuivirent ſouvent les uſages politiques de toutes les nations, lors même qu'ils s'en éloignoient pour les ſentimens religieux. C'eſt à cauſe de cela que leur capitale s'appelloit *Salem*, la paix, car une paix éternelle devoit y regner; auſſi jamais ne fut-elle attaquée par

---

(1) Ce mot primitif & ſi cher au ſentiment, eſt commun à nombre de langues. Il ſubſiſte encore en Allemagne dans ſes dérivés, *Saug-Amme* ſignifie Mere-Nourrice, & *Amman*, un Gouverneur, le Chef d'une Métropole. On voit dans Hesychius qu'*Amma* ſignifioit en Grec Mere & Nourrice.

Il entre auſſi dans le nom de la Déeſſe *Herth-am* dont nous aurons lieu de parler bientôt.

les autres Tribus tandis qu'elles ne formerent qu'un peuple, & cependant elles se faisoient quelquefois la guerre entr'elles. Là s'entretenoit sur les autels sacrés un feu perpétuel, gage de la prospérité du peuple : là toutes les années le peuple se réunissoit trois fois pour resserrer ses nœuds & rendre ses devoirs à la Divinité tutélaire de la nation, à la face de son feu sacré & de ses symboles augustes.

EGYPTE.

HÉLIOPOLIS, ville du Soleil, en Egypte, étoit certainement une de ces villes sacrées, centre de plusieurs villes.

Il ne seroit peut-être pas difficile de retrouver le nombre de villes sacrées qui étoient en Egypte. Ce pays étoit divisé en trois contrées, qui formoient autant de confédérations particulieres, réunies ensuite en une seule. Il falloit donc qu'elles eussent chacune leur capitale, leur ville sacrée, leurs symboles communs à toute la confédération. Or, quoique chaque ville d'Egypte eût, comme nous l'avons vu, son symbole particulier, l'Histoire nous montre trois symboles remarquables en Egypte, tous les trois de la même nature, tous les trois relatifs à celui de l'Egypte entiere, & chacun dans une des trois contrées différentes de l'Egypte.

Ces trois symboles sont le bœuf APIS, à *Memphis*, dans l'Egypte du milieu.

Le bœuf MNEVIS, à *Héliopolis*, dans la basse Egypte ou le Delta.

Le bœuf ONUPHIS, à *Hermunthis*, dans la haute, ou Thébaïde.

Ce dernier étoit même surnommé *Pa-Basin*, c'est-à-dire le Dieu de la contrée ou de toute la confédération.

Memphis, Héliopolis, Hermunthis, étoient donc les trois villes sacrées de l'Egypte : les trois où elle entretenoit ses feux sacrés ; les trois où l'on se rendoit toutes les années pour honorer la Divinité, & resserrer les nœuds de la confédération en la présence de tout ce que l'on avoit de plus cher & de plus auguste.

Il est même digne de remarque que les noms de ces trois villes étoient analogues les uns aux autres, & qu'ils nous présentent entr'eux les trois principaux objets du Calendrier.

Car *Memphis*, en Arabe, *Manouph* ou *Menoph*, vient certainement du mot *Mené* ou *Mano*, la Lune.

On ou *Héliopolis*, signifie, comme chacun le sait, ville du Soleil.

Hermunthis vient enfin de *Hermé*, Mercure ou l'Interprète, & sans doute de *On*, Soleil.

Ainſi les noms de ces trois villes nous préſentent

Le Soleil, ⎫ Chefs des mouvemens céleſtes, & ſur leſquels le la-
La Lune, ⎭ boureur regle les ſiens :

L'Interprète des mouvemens céleſtes, ou le conſtructeur du calendrier, qui en tenant compte de ces mouvemens, apprend au laboureur le tems de ſes opérations.

Ainſi tout étoit ſymbolique en Egypte ; tout étoit fait pour l'inſtruction publique, juſques aux noms des villes, dont la réunion formoit une ſuite de tableaux correſpondans.

Et ces trois villes avoient un *bœuf* pour ſymbole, parce que c'étoit le ſymbole de la nation entiere ; & qu'ainſi, lors même que le peuple ſe réuniſſoit en trois villes différentes, il n'y avoit cependant point d'oppoſition ni de ſchiſme, puiſqu'ils conſervoient les mêmes ſymboles.

Lorſque Jéroboam ſe fut ſéparé avec dix tribus de celles de Juda & de Benjamin, & qu'il eut fait ſuivre le ſchiſme civil du ſchiſme religieux, il imita les Egyptiens juſques dans cette diviſion du pays en trois villes ſacrées, ou en trois confédérations particulieres ; car dès-lors il y eut *Samarie*, capitale de la nation, *Dan* & *Bethel* avec leurs bœufs ſacrés, qui furent autant de points de réunion : il n'eſt nullement probable, en effet, que ceux de Samarie n'euſſent pas chez eux des ſymboles publics de la nation, gages aſſurés de la durée de l'Etat, emblémes de la Divinité tutélaire.

GRECE.

Lorſque *Theſée*, qui changea la face de l'Attique, réunit en un ſeul point, pour leur donner plus de conſiſtance, les douze cercles ou tribus de cette contrée, dont chacune avoit ſon feu & ſes aſſemblées, ATHENES devint une ville ſacrée, une mere du peuple ; elle eut chez elle le feu ſacré de la nation : en elle furent concentrés les droits de magiſtrature, de ſacerdoce, & les ſymboles ſacrés de la nation.

Il en fut de même des Grecs ; DELPHES étoit la ville ſacrée de la nation, la ville où s'entretenoit le feu ſacré, la ville de paix, & qui ne devoit jamais être ravagée, lors même que la Grece étoit en feu de toutes parts ; la ville du ſacerdoce, de la magiſtrature & des augures de toute la confédération. Ne ſoyons donc pas étonnés que là fut le *conſeil des* Amphyctions : que là fut la *Grande-Prêtreſſe* d'Apollon ; que là fut *l'oracle* de la grece entiere. Toutes ces chofes conftituoient le droit des villes facrées : ainfi ce ne fut point par hafard que l'oracle d'Apollon, à Delphes, devint le plus célèbre ; qu'en lui fut concentrée la gloire des oracles de la Grèce : c'étoit une fuite néceffaire de la confédération Grecque, ainfi que de toute confédération de famille à famille, de ville à ville, de nation à nation.

Ces chofes font dans la nature : elles doivent donc fe trouver en tous lieux & en tout tems ; & c'eft par elles que l'Hiftoire des nations doit s'éclaircir & fe développer.

Ce ne fut pas même par hafard que Delphes fut choifie pour la ville facrée, & ce ne fut point par une folle imagination qu'elle fut nommée ainfi, c'eft-à-dire nombril, centre, milieu.

Au centre de tous les Etats confédérés, elle fe trouvoit à la portée de tous : on n'en pouvoit donc point choifir de plus avantageufe ; une fois choifie, on l'appella le centre, le nombril de la terre, parce qu'elle en étoit réellement le centre, celui de la terre confédérée & non de l'Univers, comme l'ont cru les mythologues & les interprètes mal-adroits, qui fe font fi fouvent trompés dans les applications des mots généraux de *terre*, de *langue*, de *peuple*, &c.

ITALIE.

ROME, elle-même, fut, dès fa fondation une ville fainte, car les chefs des grandes familles propriétaires qui s'y réunirent dans l'efpérance de trouver en cela leur avantage, y ouvrirent un *afyle* facré & inviolable. Or toute ville avec droit d'afyle étoit une ville fainte, car elle renfermoit les fymboles facrés de l'Etat, & c'étoient ces fymboles même dont l'influence s'étendant tout autour, rendoit inviolables ces alentours, & en faifoit un afyle facré, une retraite fûre, un abri à toute épreuve.

Cette obfervation fournit même un moyen pour concilier les diverfes opinions fur la fondation de Rome : il faut auffi diftinguer néceffairement entre *Rome* déjà exiftante, & *Rome* choifie pour le centre de toutes les familles patriciennes, car dès-lors ce fut une nouvelle ville ; elle eut une exiftence fi fupérieure à tout ce qu'elle avoit été auparavant ; qu'on ne comptoit fa fondation que dès ce moment.

Ici commençoit néceffairement une ère nouvelle : quelques annaliftes purent conferver le fouvenir d'un village, d'un bourg plus ancien, fimple habitation de quelques pêcheurs ; mais le nouvel Etat ne put dater fes délibérations, fes loix, ſes magiſtratures, que du moment de ſa réunion; du moment où pour la premiere fois, on planta ſolemnellement le *clou ſacré*.

On ne s'égara que lorſqu'on ne fut plus diſtinguer deux époques auſſi différentes, & qu'on s'imagina que ce clou ſacré étoit le ſeul moyen par lequel on fût compter les années & en tenir regiſtre. Dès-lors ſe répandit ſur l'Hiſtoire de Rome un brouillard qui n'étoit réellement que dans les yeux de ceux qui confondoient ces divers objets.

Les ETRURIENS, peuple célèbre long tems avant les Romains, formoient auſſi une confédération diviſée en douze cercles ou cantons, avec une ville commune nommée *Bolſene*, de *Bol* ou *Vol*, Conſeil, Délibération, & *Sen*, vieillard. Ils ſont ainſi du nombre des peuples qui étoient diviſés en douze cantons, tels que l'ancienne Egypte, l'ancienne Attique, l'Ionie ou les villes Grecques d'Aſie, les Hébreux.

SYRIE, &c.

Les SYRIENS eurent auſſi deux villes ſacrées, HIERAPOLIS, *mot-à-mot* la ville ſacrée; là étoit le feu ſacré de la nation, ſes Dieux tutélaires, ſes aſſemblées; nous aurons ſouvent occaſion d'en parler : c'eſt la même que l'on appelloit MAM-BYCE ou ville de la Lune.

La ſeconde ville ſacrée de ce pays étoit HÉLIOPOLIS ou BALBEC, ville du Soleil. On peut voir ce que nous en avons dit plus haut (1).

La ville d'OLBA, capitale d'un territoire diviſé en trois cantons dans la Cilicie, étoit auſſi une ville ſacrée, ſon Prince étoit *Ken*, *King* ou *Cohen* dans toute l'étendue du mot, car il étoit Prince ſouverain & Grand-Prêtre.

ALLEMAGNE.

Les Celtes avoient auſſi leurs villes ſacrées, leurs Meres ou *Am*, dépoſitaires du feu ſacré & des ſymboles de la nation.

Tels étoient les habitans des contrées que l'on appelle aujourd'hui Duchés de Brème, de Ferden, du Holſtein & de Sleſwick, & tout ce qui eſt entre Hambourg & Lubeck. Ils formoient au commencement de l'ère chrétienne ſept peuples nommés dans Tacite (2), *Reudigniens*, *Avions*, *Angles*, *Varins*, *Eudoſes Suardons* & *Nuithons*, ou plutôt *Gwithons*.

---

(1) Ci-deſſus pag. 15 & 16.
(2) TACIT. de Mor. Germ. C. XL. Diſſertation dans les Mém. de Berlin pour l'année 1747, par ELSNER.

Leur Capitale étoit l'Isle d'HEILIG-LAND, à six milles de l'Elbe & de Slefwick. Ce nom étoit parfaitement bien choifi, fignifiant la *terre du falut ou du bonheur*. Là étoit le Temple du Feu Sacré, ou de Vefta, foit *Fofta*, comme le nomme encore la tradition du Pays: là étoient les Symboles de ces Peuples et la Forêt facrée, *Caftum Nemus*, & le char de leur Déeffe Tutelaire. Cette Déeffe s'appelloit *Erd-am* ou *Herth'am*, c'eft-à-dire, la Terre-Mère; de même qu'on donnoit à Rhéa le furnom d'*Amma*, (1) expreffion par laquelle on reconnoiffoit, cette Divinité pour la Mere & la Souveraine de la Terre entiere, en général; & des Peuples confédérés, en particulier.

Une preuve fenfible que ceci étoit relatif à l'Agriculture, c'eft que le char de cette Déeffe étoit tiré par deux géniffes, ainfi que le fut l'Arche des Hébreux, lorfque les Philiftins la renvoyerent de chez eux.

Ce fut donc par le plus puiffant des motifs que les BŒUFS formerent l'attelage diftinctif des Dieux & même des Chefs de confédérations chez plufieurs Peuples, dans les tems des Fêtes publiques: c'eft par une fuite de ces principes que les anciens Rois des Francs fe montroient en public fur des chars tirés par des bœufs, ainfi que les chars des Dieux: ufage qui parut néceffairement ridicule lorfqu'on en eut perdu les motifs de vue.

C'étoit encore par des bœufs qu'étoit tiré le char de la Prêtreffe de *Junon* à Argos, Ville dont elle étoit comme la Souveraine, puifqu'on y comptoit les années par celles de fon miniftere.

XI.

SYMBOLES SUBSTITUÉS AUX NOMS.

Comme les Symboles ne varioient jamais. & qu'ils étoient bien connus, il devenoit indifferent d'employer ces Symboles ou les noms de ceux auxquels ils étoient propres. C'eft ainfi que nous difons le CROISSANT pour l'Empire Turc, les LYS pour la France, le LÉOPARD pour l'Angleterre, les CLEFS pour le Pape. Il en étoit de même dans l'Antiquité.

Ainfi nous avons vu qu'un Oracle dit à Adrafte de donner fes deux filles en mariage à un Lion & à un Sanglier, pour défigner deux Princes qui portoient ces Symboles.

C'étoit l'ufage conftant dans les Enigmes, les Oracles, les Hyéroglyphes,

---

(1) HÉSYCHIUS.

en un mot dans tout ce qui étoit du reſſort d'Allégorie, de ſubſtituer au nom des perſonnages, des Empires, des Villes, celui des Symboles qui les caractériſoient : & c'étoit là une des connoiſſances eſſentielles aux Sages & à ceux qui vouloient déchiffrer ces choſes énigmatiques.

JÉRÉMIE (1) donne le nom de COLOMBE au Royaume d'Aſſyrie, parce que cet oiſeau étoit l'emblême de la Grande Déeſſe de l'Orient, de cette Déeſſe dont le char chez les Grecs étoit attelé de colombes, les colombes de Vénus : auſſi la Déeſſe de Syrie étoit repréſentée à Hierapolis avec une colombe ſur la tête : ce qui a fait croire que les Aſſyriens adoroient cet oiſeau domeſtique, tout comme on a cru que les Egyptiens adoroient leurs chats, leurs chiens, leurs oignons : nous aurons occaſion de revenir à cette Colombe dans l'Hiſtoire de la SÉMIRAMIS Mythologique, fille de Simma, femme de Menon, puis de Ninus, élevée par des colombes, à laquelle ces oiſeaux étoient conſacrés, & qui diſparut elle-même ſous la forme d'une colombe. Quant au Symbole Aſſyrien, quelques-uns prétendent qu'on le repréſentoit *étendant ſes ailes en un champ d'or.*

L'Egypte eſt quelquefois déſignée (2) par le nom de THANIM, qui ſignifie, non le crocodile, comme on l'a cru, mais un *dragon*, ſymbole de l'Egypte agricole.

DANIEL déſigne par leurs Symboles, les quatre Empires qui devoient ſe ſuccéder ſur la Terre.

L'Aſſyrie par un AIGLE, c'étoit ſon enſeigne nationale.

Babylone par un LION; auſſi y voyoit on la foſſe aux Lions.

La Perſe par un BELIER, alluſion peut-être à ſon nom d'Elam; de même ſans doute que les fameuſes factions du mouton blanc & du mouton noir, qui ont déchiré autrefois ce Royaume.

La Grèce, ou Alexandre, Roi des Grecs, par un BOUC, ſi l'Armorialiſte PELIOT a raiſon de dire que le bouc étoit le Symbole de la Grèce.

Il eſt certain qu'on voit des chèvres ſur les premières Médailles frappées en différentes Villes Grecques, nommément à Athènes (3). Ce Symbole convenoit parfaitement à des Pays montagneux, tels que l'Attique, la Macédoine, la Laconie, &c. La Mer de la Grèce s'appelloit auſſi *Egée* ou Mer des Chèvres.

BIANCHINI dans ſon Hiſtoire Univerſelle (4), ſuppoſe, d'après ce principe,

---

(1) Chap. XLVI. (2) EZECH. XXIX. 3.
(3) PELLERIN, Médaill. des Peuples, Tome. 1. 143. (4) Iſtoria Univerzale, in-4°. Capit. XXX.

que les combats entre les Dieux défignoient dans Homère les combats entre les Nations qui reconnoiffoient ces Dieux pour leurs Patrons : ainfi, felon lui,

VÉNUS défignoit l'Ifle de Chypre.

NEPTUNE, la Carie & la Cilicie, dont les Peuples étoient navigateurs.

JUNON, la Syrie.

DIANE, l'Afie Mineure.

APOLLON, Babylone.

La Cofmographie de MUNSTER (1) nous a tranfmis un fait très-remarquable dans ce genre, Marcomir, Roi des Francs, ayant pénétré de la Weftphalie dans la Tongrie, vit en fonge une figure à trois têtes, l'une de lion, l'autre d'aigle, la troifiéme de crapaud : il confulta la-deffus, ajoute t-on, un célébre Druide de la contrée, appellé AL-RUNUS, & celui-ci l'affura que cette figure défignoit les trois Puiffances qui auroient régné fucceffivement fur les Gaules.

Les Celtes, dont le Symbole étoit le lion.

Les Romains, défignés par l'aigle.

Et les Francs, par le crapaud, à caufe de leurs marais.

Quant au nom d'AL-RUNUS, c'eft un titre d'honneur, fignifiant le *Devin*, le *Sorcier*, & qui tient au fameux nom des *Runes*, écriture du Nord.

---

(1) Liv. 11.

PARTIE II.

Des Couleurs en ufage fur les Symboles; du Droit d'Enfeignes fur lefquelles elles fe plaçoient : origine du nom de ces couleurs, leurs rapports avec les objets des Symboles : Hérauts qui en connoiffoient, &c.

Après avoir traité dans une premiere partie de l'origine des Symboles ou Armoiries, du droit de Bouclier qui leur fit donner le nom d'Armes, & des diverfes efpéces de ces Symboles, en un mot de tout ce qui les concerne confidérés en eux-mêmes, nous allons traiter dans celles-ci des couleurs de ces Symboles, nous dirons quelle en fut l'origine, l'Antiquité & la valeur de leurs noms, leur rapport avec les objets des Symboles : nous parlerons en même tems du droit d'Enfeignes fur lefquelles brilloient fur-tout ces couleurs : des Hérauts qui connoiffoient de ces différens objets & de leurs réfultats, &c.

ARTICLE I.

Des Couleurs.

1.

Rien n'eft plus agréable dans la Nature que les couleurs dont elle fe pare, & dont elle releve la variété de fes Ouvrages : tout y brille de leur éclat divers, de leur vif émail, de leur contrafte délicieux, toujours afforti avec la fageffe à la nature des objets qu'elles nuancent. Le Ciel, fource de la lumiere, eft éclatant d'un bleu clair & lumineux : les montagnes lointaines & opaques brillent d'un bleu obfcur & épais : les eaux mobiles & d'où réfléchiffent admirablement tous les objets, ont un bleu mitoyen qui, fans avoir la vivacité du bleu célefte, n'a point non plus le fombre du bleu des montagnes. Le Soleil étincelle d'or & des couleurs les plus vives : la Lune pâle, compagne du repos & de la douce mélancolie, ne répand qu'une lumiere douce & blanchâtre : au lever de l'aurore, au coucher du Soleil, la Nature offre par-tout aux yeux étonnés l'éclat raviffant de toutes les couleurs, réfléchies tout-à-la-fois par les nues, par les eaux & par les côteaux lointains: tandis que la terre que nous habitons & qui est sans cesse présente à nos yeux, nous offre une couleur qui lui est propre, & qui seule peut être toujours présente & jamais à charge, toujours agréable & jamais fatiguante; ce vert humble & modeste, ami des yeux, conservateur de la vue, dont l'arrivée au doux printems nous transporte de joie, & dont la disparition à l'approche du redoutable hiver nous laisse dans la tristesse.

Les hommes, sensibles à cette belle variété, en devinrent les admirateurs; & de même que la Nature avoit diversifié ses ouvrages par les couleurs, ils diversifierent par des couleurs les Symboles qui les caractérisoient, & ils adopterent chacun celle qui flattoit le plus agréablement leur goût, ou celle des Symboles dont ils avoient fait choix: tel aime la couleur dorée: tel autre le vert: le rouge convient mieux à un œil vif, le bleu à un œil tendre: dans la jeunesse où l'on voit tout couleur de rose, les couleurs éclatantes nous plaisent plus, elles s'assortissent mieux à un teint de lys & de roses: les couleurs douces & modestes conviennent à l'âge mûr: elles contrastent moins avec un visage qui se décolore & sur lequel commencent à paroître les couleurs pâles de l'automne. Un Amant chérit les couleurs de sa Bergere: & le Guerrier celles de Mars ou du Héros sur les traces duquel il s'élance. Tout dans le monde a sa couleur.

Les Symboles des Familles, des Héros, des Villes, des Empires, furent donc nécessairement distingués par des couleurs dès les tems les plus reculés: & à cet égard notre Blason n'a nul avantage sur celui des tems les plus anciens.

Il n'en a même ni à l'égard du choix des couleurs, ni à l'égard de leur nombre, ni quant à leur application, pas même touchant leur nom: toute cette sagesse est celle des tems primitifs, où l'homme puisa tout dans la Nature, dans cette source immense & intarissable de connoissances de toute espèce. Il est vrai que la disette où nous sommes de Monumens anciens, est peu favorable pour acquérir sur cet objet toutes les lumieres dont il seroit susceptible: il ne reste que des Médailles, des Monnoies, des Inscriptions; ce ne sont pas ces Monumens qu'on distinguoit par les couleurs; c'étoient les Enseignes, les Etendards, les Habits, les Boucliers: or rien de tout cela n'existe aujourd'hui: nous sommes donc réduits à rassembler quelques faits épars çà & là dans les écrits des Anciens: mais réunis à notre grand ensemble, ils deviendront assez lumineux pour nous conduire au vrai.

2.

Les noms des couleurs du Blafon, celui du Blafon même, d'origine Orientale.

Un principe fondamental & reconnu de tout le monde en fait de mots, eft que toute fcience a été inventée ou perfectionnée par le Peuple dont elle a emprunté le langage : c'eft d'après ce principe que nous reconnoiffons pour nos maîtres les Phéniciens dans la Marine, & les Grecs dans l'Aftronomie, l'Anatomie & autres Sciences anciennes. Mais le nom du Blafon & ceux des couleurs qu'il emploie font Orientaux ; cette connoiffance eft donc venue de l'Orient ; les Croifés la trouverent exiftante dans ces Contrées, ils la rapporterent avec ces mots : elle eft donc antérieure aux Croifades : & elle eut par conféquent des motifs abfolument différens de ceux qu'on lui affignoit fi mal à propos, par une précipitation fans égale. Ainfi plus nous avancerons dans nos recherches fur le Blafon, & plus nous nous affurerons de la fauffeté de cette affertion, qu'il ne remonte pas au-delà des XIe & XIIe fiécles, & qu'il fut inventé par les Croifés, qui n'inventerent rien.

BLASON.

Dans le Dictionnaire Arabe de GIEUHARIS, qui vivoit au dixième fiècle, & par conféquent avant les Croifades, on trouve le mot BLAUZON avec les fignifications, 1°. de *Gens*, Famille, Maifon, & 2°. d'*Infignia*, Armoiries, fymboles d'une Maifon.

Ainfi ce mot eft Oriental : il étoit connu dans l'Orient long-tems avant les Croifades ; il eft très fignificatif, tenant à une Famille immenfe relative aux mêmes idées ; au lieu que chez les Nations Européennes, il n'offre aucune idée quelconque, il ne fe lie avec aucune Famille de mots, il eft abfolument ifolé, il s'y montre Etranger à tous égards.

Il en eft de même de la plupart des noms de couleurs : quel Peuple Européen fe feroit jamais avifé d'appeller le rouge *gueule*, le noir *fable*, le verd *finople* ? Quel rapport ont ces noms avec leurs objets dans aucune Langue d'Europe ? Cela n'eft point étonnant, ils ne font point Européens, ils ont été puifés dans la même fource que le nom du Blazon.

GUEULE.

GUEULE, pour défigner la couleur rouge, eft l'Oriental *Ghul, Gheul*, qui fignifie rouge, rofe, &c. De-là, le nom d'un Poëme Perfan fort connu, le GHUL-ISTAN, ou l'Empire des rofes.

SABLE.

SABLE, nom de la couleur noire, eft un mot également Oriental, & qui prononcé *Zébel, Zibel*, fubfifte encore dans nos mots de fourures, *Martre-Zibeline*, mot-à-mot, *Martre noire*.

AZUR.

L'AZUR, couleur du ciel, ou bleu, eft l'Oriental LAZURD qui défigne les mêmes objets, le Ciel & fa couleur; & qui tient également à une nombreufe Famille Orientale.

SINOPLE.

SINOPLE. nom de la couleur verte, s'eft refufé, quant à fon étymologie, aux recherches de tous les Erudits: ils n'ont avancé là-deffus que des conjectures ridicules. Les uns ont dit que fon nom venoit de la Ville de Sinope en Afie, comme fi elle fourniffoit une terre verte, tandis que la terre y eft rouge: les autres y ont vû une altération des mots Grecs *Prafina opla*, armes vertes, comme fi des armes étoient une couleur; comme s'il falloit aller chercher chez les Grecs des noms d'une Science qu'ils n'inventerent point. C'eft un nom Oriental de même que ceux qui précédent; il eft compofé de TSIN, herbe, verdure, & BLA, bled, le bled naiffant & d'un beau verd.

3.

Nombre des Couleurs, & leur diftinction en Emaux & en Métaux : & que ces objets font dûs à l'Orient & à fon Génie Allégorique.

Plus nous avançons dans le détail des objets relatifs au Blafon, & plus nous fommes obligés de convenir qu'il dut fon origine à l'Orient, & qu'il fut étroitement lié avec fon Génie Allégorique.

Les couleurs du Blafon font au nombre de fept; or, argent, les quatre dont nous venons de donner l'étymologie, gueule, azur, fable, finople & & le pourpre.

Eft-il néceffaire d'obferver que nous retrouvons donc ici la fameufe Formule de fept qui fervoient aux Egyptiens à combiner toutes leurs connoiffances, toutes leurs fciences, & que c'eft une nouvelle preuve que ces chofes ont été inventées dans l'Orient ?

Ce n'eft pas tout : ces couleurs font divifées en deux claffes abfolument relatives aux Opinions Orientales : l'or & l'argent prennent le nom d'*Emaux*, & les cinq autres couleurs celui de *Métaux*; & outre cela, il eft de régle que l'or & l'argent ne foient pas employés enfemble dans un même champ.

Mais ceci nous conduit à la célébre divifion des fept Planettes, dans laquelle le Soleil & la Sune font le Roi & la Reine de l'Univers, tandis que les trois autres infiniment plus petites à l'œil, ne font que leurs Gardes ou Satellites.

On diftingua donc néceffairement leurs couleurs en deux claffes ; les couleurs du Roi & de la Reine furent appellées Emaux; celles de leurs Gardes ou Satellites, Métaux.

Les Emaux furent néceffairement l'or, couleur du Soleil, d'Apollon ; & l'*argent*, couleur de la Lune ou de Diane.

Et comme le Soleil regne fur le jour, & la Lune fur la nuit, en forte qu'ils ne paroiffent jamais enfemble fur l'horifon, fur les champs des *Gentes*, des Familles à Armoiries, ce fut une régle néceffaire qu'ils ne miffent jamais enfemble les Emaux fur un même Blafon, ou fur le même champ.

Chacune des couleurs eut donc un rapport étroit avec une des fept Planettes.

4.

Rapport des Couleurs avec les Planettes, les Saifons, & les divers Etats de la vie.

L'Or repréfenta le *Soleil*, Roi du jour.
L'Argent, la *Lune*, Reine de la nuit.
Le Rouge, *Mars*, de couleur enflâmée, Dieu de la guerre.
Le Bleu, *Jupiter*, Roi du Ciel azuré : auffi cette couleur rappelle Jupiter dans les Livres de Blafon.
Le Verd, *Vénus*, Déeffe du Printems où renaît la verdure.
Le Pourpre, *Mercure*, Miniftre des Dieux.
Le Noir, *Saturne*, Dieu du tems & de l'hyver, emblême de la mort.

Ainfi chaque couleur avoit un diftrict & des propriétés différentes, qu'elle tenoit

tenoit de la Nature même; & qui en déterminerent presque toujours le choix; car il falloit bien qu'elles fussent associées à leurs objets.

Le *Verd* fut la couleur du printems, de la jeunesse, où tout prend son accroissement; de l'*espérance*, puisqu'alors tout est promesse d'un avenir prospére, qu'on n'a qu'à espérer.

Le *Rouge*, couleur du sang, & de Mars, Dieu des combats, fut celle des combats, des Héros, des Guerriers.

Le *Pourpre*; couleur plus tempérée, devint celle des Ministres des Autels, comme elle l'étoit déjà de Mercure, Ministre des Dieux.

L'*Or* & l'*Azur* furent celles des Rois Maîtres du Monde, & Chefs de la Justice qui s'exerce & fleurit sous leur protection & sous leur bon vouloir: d'ailleurs le Ciel azuré fut toujours l'emblême de cette Vertu sans laquelle rien ne peut prospérer: le *Bleu* étoit aussi la couleur de la Mer & celle des Marins.

Le *Noir*, couleur du blême Saturne, & de l'hyver où tout est mort, fut naturellement l'emblême de la mort, de la tristesse, du deuil.

Le *Blanc* fut, au contraire, l'emblême de la joie, & sur-tout celui de la candeur, de l'innocence pure & sans tache.

Ces rapports sont si conformes à la Nature, qu'on n'a jamais pu s'en écarter & qu'ils se font sentir par tout, & qu'on leur obéit sans cesse, même en ne s'en doutant point.

Le Clergé, par exemple, s'y conforme exactement.

Sa couleur propre est le *pourpre* : & il varie ses ornemens suivant les circonstances. Ils sont

Blancs pour les Fêtes de Vierge.

Rouges pour les Pontifes.

Violets pour celles des Martyrs.

Noirs pour les Morts.

Ces observations sont si naturelles, que les Anciens s'en servoient même pour leurs Divinités.

Cérès étoit peinte comme une blonde, à cause de la couleur des épis de bled.

Apollon, jeune & aux cheveux d'or, étant le Roi de la Nature.

Bacchus, comme un jeune homme gros & gras, au visage rouge ou enluminé.

Vulcain, enfumé, au milieu de ses forges & de ses cavernes embrâsées.

Minerve, aux yeux bleus, comme étant la Reine de la Voûte azurée, tandis que Junon étoit représentée, non avec des yeux de bœuf, comme on a mal traduit, mais avec de grands yeux, parce qu'étant Reine de la Nature, rien ne peut échapper à fes regards.

Il en étoit de même en Egypte.

Le Dieu fuprême, le Créateur de l'Univers, étoit peint couleur de ciel.

Ifis, ou la Nature univerfelle, avoit une robe de toute couleur; & fur fa tête les quatre Élémens repréfentés par quatre cercles concentriques, ayant chacun la couleur d'un Élément.

Leurs monumens, peints, doivent offrir à cet égard des points de comparaifon très-curieux, très-intéreffans; mais perfonne n'y a fait attention, parce qu'on n'a jamais cru que ces objets renfermaffent des vérités, & fuffent l'effet de la réflexion, & d'une parfaite conformité à la nature des chofes.

A Rome, aux jours de Fête, on coloroit de rouge ou de minion les Statues des Dieux : & dans les jours de triomphe, les Généraux Romains mettoient du rouge à leur vifage : c'eft ainfi que triompha Camille.

La convenance des couleurs étoit tellement obfervée, que les Chantres mêmes des Poëmes d'Homère s'habilloient de *rouge* pour chanter l'Iliade, & de *bleu* pour l'Odyffée, l'Iliade ne parlant que de *combats*, & l'Odyffée que de *voyages* par *Mer*. Ce coftume étoit obfervé même pour la couverture de ces Livres : un parchemin *rouge* enveloppoit l'Iliade, & un *bleu* l'Odyffée : on auroit pu les appeller le *Livre rouge* & le *Livre bleu*.

Les Romains faifoient préfent d'un *étendard bleu* à ceux qui avoient remporté une victoire navale : telle fut la récompenfe dont Augufte honora Agrippa, lorfque fur les rivages de la Sicile il eut battu la flotte du jeune Pompée.

5.

De la Couleur Rouge.

Entre toutes les couleurs, la plus eftimée chez prefque tous les Peuples eft le rouge. Les Celtes le préféroient à toutes les couleurs : & chez les Tartares, l'Emir le moins riche a toujours une robe rouge pour les jours où il eft obligé de paroître en Public.

Cette couleur étoit chez les Romains celle des Généraux, de la Nobleffe, des Patriciens : elle devint par conféquent celle des Empereurs. Ceux de Conftantinople étoient entièrement habillés de rouge : ils étoient vêtus, chauffés, meublés de rouges : auffi le dernier de ces Princes ayant été étouffé dans la foule en combattant vaillamment contre les Turcs qui prenoient fa Capitale, il fut reconnu à fes bottines rouges, au milieu d'un monceau de morts.

Leurs Édits, leur fignature, leurs Sceaux étoient en encre & en cire rouge. C'étoit porter de gueule fur fes Armes.

Auffi dans les commencemens y eut-il des Loix qui défendoient de porter de gueules dans fes Armes, à moins que d'être Prince. Ce n'étoit pas un droit que le Blafon leur donnoit : il ne faifoit qu'en empêcher l'extenfion à ceux qui n'étoient ni Rois ni Princes.

Le CLAVUS, ornement qui diftinguoient les Patriciens à Rome, & qui, fuivant fon plus ou moins de largeur, formoit le *lati-clave* & l'*angufti-clave*, étoit une bande de pourpre femblable à une bordure à têtes de cloux : ces cloux facrés qui affuroient la durée de la République & qu'on plantoit chaque année.

Le rouge des Empereurs étoit lui-même tout pourpre à caufe de l'éclat de cette couleur & de fa cherté exceffive, étant très rare, puifqu'on la devoit à une feule efpèce de petits coquillages qu'on trouvoit fur les côtes peu étendues de la Phénicie.

Les Lacédémoniens étoient habillés de rouge pour le combat : c'étoit, au dire des froids Commentateurs, afin qu'ils ne friffonnaffent pas en voyant le fang ruiffeler fur leurs habits : imagination digne d'un Commentateur.

Le rouge étoit également regardé comme la couleur favorite des Dieux : auffi dans les jours de Fête les Statues des Dieux étoient paffées en rouge, & on mettoit du minion à leurs joues, comme nos Divinités terreftres fe barbouillent de rouge chaque matin, & fe montrent en public refplendiffantes comme des Furies.

6.

Couleurs mi-parties.

Il exifte actuellement des Etats dont la livrée porte des habits mi-partis, d'une couleur d'un côté, d'une autre couleur de l'autre.

Tel étoit l'ufage de divers Peuples anciens : on voit dans Efther qu'Affuérus fit revêtir Mardochée d'un Manteau Royal pourpre & blanc.

L'habit des Sénateurs Romains étoit également mi-parti, puifqu'il étoit blanc & que la bordure en étoit pourpre.

HÉRODOTE dit (1) que lorfque les Ethiopiens fe préparoient pour la guerre, ils fe peignoient le corps mi-parti, blanc d'un côté, rouge de l'au-

---

(1) Liv. VII.

tre : apparemment, pour paroître doubles & en devenir plus formidables. Tout cela brochant fur leur fond noir, ils devoient être hideux.

Quoi qu'il en foit, nous voyons encore ici que nos couleurs mi-parties du Blafon moderne, ont eu leur modèle dans la plus haute antiquité, & qu'il n'eft pas étonnant que les Dames de ce tems là peignissent leur visage blanc & rouge comme aujourd'hui.

7.

Couleurs du Bouclier.

C'eft fur-tout fur les Boucliers qu'on faifoit briller les couleurs qu'on avoit adoptées : on y mettoit les couleurs les plus éclatantes.

Les Boucliers des Corinthiens étoient rouges; il en étoit de même de ceux des Médes & des Perfes, fur-tout lorfqu'ils renverferent l'Empire de Ninive. NAHUM les repréfente couverts de rouge.

Ceux des Germains, dit TACITE, refplendissoient des couleurs les plus vives. *Scuta lectissimis coloribus diftinguunt*. « Leurs Boucliers fe diftinguent » par des couleurs choifies ». Chacun mettoit donc la fienne fur fon Bouclier : nouvelle preuve relative au droit de Bouclier ou au droit d'Armes.

8.

Droit de Colorer le Corps.

L'ufage de colorer fon bouclier n'avoit pas été le premier en date. Avant de colorer cette arme, on coloroit fon corps. De même que nous voyons les Sauvages de l'Amérique fe couvrir le corps de rouge ou de rocou, ainfi les Celtes, ces anciens Peuples de l'Europe, fe coloroient tout le corps : & cette couleur étoit le rouge.

Ces hommes dénués d'arts, vivant dans des Pays de bois & de marais, avoient été forcés de s'oindre le corps entier de drogues onctueufes & amères pour fe préferver de la piqûre de ces armées innombrables d'infectes qui rempliffent les Pays marécageux, & pour rendre moins fenfibles les intempéries de l'air.

Pour joindre l'agréable à l'utile, ils coloroient ces drogues, de rouge fur-tout ; & peut-être cette couleur étoit-elle plus funefte aux malheureux ennemis de l'homme.

A la longue, les Européens perdirent cet ufage, à mefure qu'ils cultiverent

ET DU BLASON DES ANCIENS.

les Arts, & qu'ils deffécherent leurs marais pour les changer en abondantes moiffons : en forte que nous ignorerions entièrement cet ufage de nos vieux Peres, fi lorfque les Romains firent la conquête des Gaules, ils ne l'avoient trouvé encore pratiqué par des Peuples qu'ils en appellerent *Pictes* & *Bretons*, mot à mot, les hommes peints.

Mais déjà dans ce tems-là exiftoit la différence des Symboles : tous n'avoient pas le droit de fe peindre de la même manière : chacun étoit obligé de fuivre à cet égard fon rang, fa dignité, fa tribu ou fa maifon : & nous voyons les mêmes différences avoir lieu dans les Nations Américaines.

PREUVES relatives à cet ufage chez les Européens.

M. PELLOUTIER, dans fon hiftoire des Celtes (1), s'exprime ainfi fur cet ufage des anciens Celtes.

« Il eft certain que la plupart des Peuples Celtes, les Efpagnols, les Habitans de la Grande-Bretagne, les Thraces, les Illyriens, les Daces & plufieurs autres, avoient la coutume de tracer fur leurs corps des figures de toutes fortes d'animaux. On deffinoit la figure par une infinité de petits points qu'on gravoit dans la chair avec une aiguille, ou un fer très pointu. On frottoit enfuite cette efpece de gravure d'une couleur bleue, qui s'imbiboit tellement dans les chairs, qu'aucun tems ne pouvoit l'effacer ».

Jules-Céfar parle de cette couleur bleue, & il croyoit que les Bretons fe peignoient ainfi pour paroître plus terribles à leurs ennemis. Cet ufage fubfiftoit encore dans quelques Provinces d'Angleterre au VIIIe fiècle de notre Ere.

Le Concile de Calcut en Northumbre, tenu en 787, le condamna très-féverement comme une impiété Payenne & vraiment diabolique.

Notre Auteur ajoute : « Les hommes & les femmes ornoient également leur corps de ces figures. Elles fervoient à diftinguer les conditions & les familles. On n'en voyoit *aucune* fur le corps des *Efclaves*. C'étoit un embelliffement affecté aux perfonnes libres. Celles qui étoit de moindre condition les portoient petites, éloignées les unes des autres. On reconnoiffoit la Nobleffe à de grandes figures, qui non-feulement couvroient le vifage & les mains, mais encore les bras, les cuiffes, le dos & la poitrine ».

HERODIEN (2) qui dit que les Bretons de fon tems gravoient fur leur corps des figures de toutes fortes d'animaux, croit qu'ils ne portoient point d'ha-

---

(1) Liv. II. Chap. VII. (2) Liv. III.

bits, afin de ne pas cacher ces figures : il n'avoit pas vu que ces figures au contraire n'avoient été inventées que parce qu'on ne portoit point d'habits. C'est ainsi qu'on met sans cesse l'effet pour la cause, & la cause pour l'effet.

A mesure qu'on s'habilla, les couleurs sauterent du corps sur les Boucliers avec les mêmes distinctions : & des Boucliers elles revinrent sur les habits, lorsqu'on fut obligé de paroître dans de grandes Cérémonies sans Boucliers : alors les Nobles porterent des habits longs, sur lesquels leurs Armoiries étoient brodées en plein : les autres réduits à l'habit court, en furent appellés *Courtauts*, nom qui est resté aux Garçons Marchands, dans le style burlesque.

Lorsque ces habits chamarés furent devenus ridicules, les couleurs sautèrent de-là sur la livrée & sur les carosses dorés.

Ainsi se sont promenées les couleurs depuis les tems les plus reculés jusques à nous, sur tout ce en quoi ont brillé succeffivement ceux qui avoient le droit de couleur.

9.

De quelques autres Couleurs.

L'*Or* fut toujours une couleur très-distinguée : c'étoit celle des Dieux & des Rois : elle étoit très précieuse chez les Perses. XÉNOPHON (1) dit qu'un aigle d'or élevé sur une pique étoit chez eux l'Etendard Royal : cet aigle d'or qui passa aux Romains & de-là aux Empereurs.

Chez les Athéniens, le *noir* étoit, comme chez nous, la couleur de l'affliction : le *blanc* ou argent, celle de l'innocence, de la pureté, de la joie. Aussi leur Vaisseau d'expiation qu'ils envoyoient toutes les années d'abord en Crète, puis à Delos, avoit des voiles noires au départ, & des blanches au retour : Symboles visibles de la noirceur & de la blancheur intellectuelles, de la douleur & de la joie qui en devoient être la suite. On sait que parce que Théfée négligea à un pareil retour d'arborer le Pavillon blanc, son pere Enée se précipita de désespoir dans la mer. Evénement qu'il ne faut pas entendre précisément ainsi, mais qui constate l'usage dont nous parlons.

---

(1) Cyrop. Liv. VII.

ARTICLE II.

Du droit d'Enseigne.

C'est sur-tout sur les Enseignes, Bannières, Drapeaux ou Etendards que les Peuples placerent leurs Armes ou Symboles caractéristiques : c'étoit en effet le seul moyen par lequel ils pussent rallier leurs gens dans l'occasion & se distinguer des autres Corps.

Celui-ci étoit d'autant plus nécessaire, que dans l'origine chaque Chef de Contrée avoit seul droit de mener ses gens au combat : usage qui existe encore en divers Pays, & qui n'a été aboli en Europe que par l'établissement des Troupes à solde.

A Rome, les Légions, les Cohortes, les Compagnies même de Soldats avoient chacune leur Enseigne particuliere.

Les Corps particuliers tels que les Colléges ou Compagnies de Prêtres, les Confréries, les Communautés ou Corps de Métiers, eurent aussi leurs Enseignes; mais c'étoit des Enseignes pacifiques, qui avoient pour Symbole la figure ou l'emblême de leur Divinité Patrone.

Entre les grandes Bannieres sacrées des Egyptiens se distinguoient celles qu'ils faisoient marcher à la tête de la *grande pompe d'Isis*, & qu'on appelloit le voile de la Deesse : il en étoit de même du bœuf *Apis*, Symbole de l'Egypte.

Nous retrouvons ces deux derniers chez d'autres Peuples. Il n'y avoit rien de plus célebre dans la grande Procession des Panathenées à Athènes, que le voile de Minerve ou d'Isis.

Lorsque les Israëlites dans le Désert crurent avoir perdu Moyse, ils imaginerent de le remplacer par un Veau d'or semblable au bœuf Apis, en disant : *Faisons-nous des Dieux qui marchent devant nous*; c'est-à-dire, des Enseignes sacrées que nous puissions suivre.

Moyse au contraire leur donna (1) pour cri de guerre *Ieou nissi*, Jehovah est mon Enseigne : & l'Arche portée à la tête du Camp étoit comme l'Etendard National.

Nos Contrées devenues Chrétiennes, continuerent à se servir d'Enseignes & de Bannieres, & au lieu des noms & des figures des Dieux du Paganisme,

---

(1) Exod. XVII.

on y fubftitua des Symboles Chrétiens : à Paris, Ste *Geneviéve* remplaça *Ifis*, & fa fête fut célébrée également le 3 Janvier. A Rome, S. *Pierre* & fes clefs ouvrant le monde célefte, remplacerent *Janus*, qui avec fes clefs marquoit l'ouverture de l'année phyfique. L'Annonciation de J. C. de la nouvelle la plus importante pour la vie célefte, remplaça celle des moiffons la plus importante pour la vie d'ici-bas.

Ces Divinités Patrones étoient toujours choifies par leur analogie avec les occupations ou avec la nature des Sociétés ou des Corps qui les adoptoient. Les Marchands, par exemple, avoient choifi Mercure pour leur Patron. Ce choix a toujours étonné les Critiques : c'eft qu'ils ne faifoient pas attention aux attributs de cette Divinité, toujours repréfentée avec un Caducée, une bourfe & un coq. Mais nous avons vu dans les Allégories Orientales que Mercure étoit l'emblème de l'invention du Calendrier pour les Agriculteurs : de-là tous fes Symboles : le Caducée, Symbole du chemin du Soleil & de la Lune, faifoit fentir la néceffité de fe rendre attentif à cette route, & de diriger par elle leurs travaux. La bourfe apprenoit que l'Agriculture eft la bafe des richeffes & de l'opulence : le Coq, de quelle vigilance avoient befoin les Laboureurs pour profiter du tems ; mais la Bourfe étant ainfi le Symbole des richeffes, Mercure à la Bourfe devint naturellement celui des Marchands, & du Commerce : auffi tous les Marchands, Négocians & Banquiers, fe réuniffent par-tout à l'enfeigne de la Bourse, nom encore aujourd'hui de leurs lieux d'affemblées.

Ce langage fymbolique eft tellement dans la Nature & dans la raifon, qu'il s'eft tranfmis jufques à notre tems : que Saint *Crépin* eft le Saint des Cordonniers, Saint *Clair* celui des yeux foibles : le premier de ces noms indiquant les *fouliers*, & le fecond la *clarté*. Ne faut-il pas en effet que tout nom foit relatif à l'objet auquel on l'applique ? Auffi pourroit-on donner une foule de pareils exemples en tout genre, qui prouveroient avec quelle fageffe les noms fymboliques furent choifis dans tous les tems, & l'influence prodigieufe qu'ils ont eu fur les idées & fur les ufages.

2.

Noms Latins des Enfeignes.

Les Noms Latins des Enfeignes étoient Vexilla, Signa, Insignia. Le premier eft formé de Velum, un voile : il fignifie ainfi un voile, un drapeau par excellence.

Le second formé, comme nous l'avons déjà dit, des mots Latins qui signifient chose mise en *signe*, subsiste encore dans notre mot *enseigne*; tandis que nous avons préféré de rendre le premier par le mot *drapeau*, qui désigne un morceau de toile, de drap; réservant le mot *voile* pour des objets relatifs aux vaisseaux & à la coëffure des femmes.

Les VEXILLA désignoient les Enseignes ou Etendards de Cavalerie; les autres mots, les Enseignes ou Drapeaux de l'Infanterie.

3.

Honneurs rendus aux Enseignes Militaires.

Les Enseignes Militaires étoient d'une si grande importance, qu'on mit en usage tous les moyens propres à les rendre respectables aux yeux des Troupes, dans l'origine toutes Citoyennes, afin qu'elles ne laissassent jamais perdre le Symbole de leur union, & qu'elles eussent le plus grand motif à le défendre vaillamment.

Ainsi nous voyons que les Romains les consacroient par des cérémonies augustes: qu'ils les mettoient sous la protection de quelque Divinité: qu'ils les encensoient, qu'ils les ornoient de couronnes de fleurs, qu'ils se mettoient à genoux devant elles, qu'ils prêtoient par elles leur serment de fidélité militaire: & que pendant la paix on les déposoit dans les Temples.

C'est d'après ces hautes idées qu'ils regardoient les Enseignes comme des *Palladium* des Etats, comme l'emblême & le signe de la protection des Dieux auxquels elles étoient consacrées.

Leur perte étoit donc regardée comme un vrai malheur pour l'Etat, & comme une infamie pour ceux qui n'avoient pas su les garantir: aussi le Corps ou la Cohorte qui s'étoit laissé enlever la sienne, étoit bannie du Camp, & obligée à ne vivre que d'orge, jusqu'à ce qu'elle eût réparé sa honte par des prodiges de valeur: & jamais les Romains ne firent de Traités de paix qu'en se faisant restituer les Enseignes que la guerre leur avoit fait perdre.

La plupart de ces usages subsistent encore de nos jours. On consacre les Drapeaux neufs ou on les bénit, on les salue à leur passage, on punit de mort ceux qui ne leur sont pas fidèles; on suspend dans les Eglises ceux qu'on a enlevés aux Ennemis.

4.

DU DRAGON.

Qui servit d'Etendard à la plûpart des anciens Peuples.

Les Dragons ont servi d'Enseigne à la plûpart des Peuples de l'Antiquité. Les Assyriens & les Daces, Peuples Agricoles, en portoient.

La Cavalerie Indienne avoit un Dragon pour Enseigne de mille Cavaliers. Sa tête étoit d'argent, dit Suidas, & le reste du corps d'un tissu de soie de diverses couleurs. Ce Dragon avoit la gueule béante, afin que l'air s'insinuant par cette ouverture, enflât le tissu de soie qui formoit le corps de l'animal, & lui fît imiter en quelque sorte le sifflement & les replis tortueux d'un véritable Dragon.

Il étoit en usage chez les Romains. Ammien Marcellin (1) décrit une de ces Enseignes, à peu près de la même maniere que Suidas : c'étoit un Dragon artificiel suspendu à une pique dorée : il étoit couleur de pourpre & orné de pierreries ; il imitoit le sifflement du Serpent, lorsque l'air entroit dans sa gueule.

Vopiscus, dans la vie d'Aurélien, parle des Dragons comme étant les Etendards des Perses.

Le Symbole des Chinois est un Dragon d'or sur un fond rouge & verd.

Les Empereurs de Constantinople avoient leurs habits chamarrés de Dragons. S. Jean-Chrysostome parle de leurs robes de soie sur lesquelles étoient représentés ces Animaux.

Les Dieux Indiens ont tous un Serpent pour ceinture.

Witikind rapporte (2) que les Saxons avoient un Dragon pour Enseigne.

Les Troupes de Cavalerie que nous appellons Dragons, sont un reste de ces anciens Corps qui devoient leur nom à la nature de leur Enseigne.

Ce n'est pas là le seul usage de ce Symbole ; il n'étoit pas moins illustre dans la Mythologie ou l'Histoire des Dieux.

Le char de Cérès étoit tiré par des Dragons.

Eresychton, son éleve, est peint avec des pieds de Serpent.

Dans les Mystères de la même Déesse, on jettoit des Serpens d'or dans le

---

(1) Liv. XVI. Ch. X. (2) Gestes des Saxons, L. I.

fein des inimitiés : & il y avoit toujours un Serpent dans la corbeille myſ-
tique portée dans les Proceſſions des Myſtères de Cérès & de Bacchus.

C'eſt ſur un Serpent d'or & dans un van, que les Athéniens poſoient
leurs enfans dès qu'ils étoient nés.

Un des travaux d'Hercule conſiſte à abattre les têtes de l'Hydre formidable.

L'Hiſtoire de Cadmus eſt étroitement liée avec ces mêmes Symboles : il
tue le grand Serpent : il en ſeme les dents : il devient Serpent lui-même.

Ces rapports ne furent jamais l'effet ni du caprice, ni du haſard. Dans tous
les tems la Terre fut comparée à un Serpent brillant des couleurs les plus
variées ; & les moiſſons, à des Dragons aux têtes d'or & aux couleurs
changeantes.

La Terre eſt l'hydre produiſant ſans ceſſe de nouvelles têtes qu'abat le
Laboureur : & cette hydre eſt de trois couleurs, *noir, verd, or*, relatives
aux trois Saiſons primitives, l'Hiver, ſaiſon triſte & noire ; le Printems,
brillant de verdure ; & l'Été aux épis blonds & dorés.

Ainſi Aventin qui porte ſur ſon bouclier une hydre, armes de ſes Peres,
étoit deſcendu d'une famille vouée à l'Agriculture, & qui en avoit pris le
Symbole.

Cadmus lui même n'eſt appellé *Serpent* qu'à cauſe des grandes propriétés
qu'il avoit miſes en valeur.

Dans l'Odyſſée, Troie eſt peinte ſous l'emblême d'un Dragon : là, un
Dragon dévore huit moineaux & leur mere : ce que Calchas expliqua des
neuf années que les Grecs perdroient avant de pouvoir ſe rendre maîtres
de cette Ville célèbre.

Il n'eſt point étonnant que le Dragon ou Serpent ſoit devenu le Symbole
des moiſſons, qui, comme lui, ſe renouvellent toutes les années, & qui
ſont la ſource de la vie & de la proſpérité des Etats : & ce Serpent eſt d'or,
parce que la terre cultivée eſt la ſource des richeſſes.

C'eſt par la même raiſon que les Athéniens plaçoient ſur un van & ſur
ce Serpent d'or, leurs enfans au moment de leur naiſſance, comme un Symbole aſſuré d'une vie longue & heureuſe.

5.

De quelques autres objets à Armoiries.

Les Boucliers, les Enſeignes & les Médailles ou Monnoies n'étoient pas
les ſeuls objets ſur leſquels on plaçoit ces marques Symboliques. On les mettoit

également sur divers autres, tels que les bagues, les sceaux, les objets précieux ou volables, tels que l'argenterie & les troupeaux, les habits de dignité.

VIRGILE dit, par exemple, dans ses Géorgiques (1) qu'on appliquoit ces Symboles sur les cuisses des animaux avec un fer chaud, & il emploie les mots *notas* & *nomina Gentis*, les Symboles & les noms de la Maison, de la Famille, de ce qu'on appelloit GENS par opposition au Peuple.

On les plaçoit également sur ces colonnes élevées devant les maisons des Citoyens & devant les portes des Temples, & qui étoient comme autant de bornes : de la même maniere qu'on fait sculpter aujourd'hui ses Armes au-dessus du portail de son Hôtel.

Ces colonnes à Symboles s'appelloient *Hermès* à Athènes; & elles étoient à tête de Mercure, Dieu des signes : ainsi lorsque pendant la guerre du Péloponèse toutes ces têtes eurent été abattues en une même nuit, à l'exception d'une seule placée devant la maison d'Andocides, la Ville entière d'Athènes fut plongée dans la plus vive consternation ; il sembloit que c'étoit une conspiration générale contre l'existence des Citoyens & contre l'Etat lui-même, dont ces Termes représentoient la durée & les Dieux tutélaires.

On voit dans le bel Ouvrage de MAZOCCHI relatif à un monument d'Héraclée, (2) un Hermès sur lequel on a peint un caducée, & qui est tiré d'un vase Etrusque.

Ce Monument d'Héraclée qui consiste en des décrets gravés sur cuivre en langue Grecque, offre les noms de diverses Curies, tels que CADUCÉE, RAISIN, TRIDENT, TRÉPIED, BOUCLIER ou PELTE, &c., & qui sont autant de noms Armoriaux, relatifs aux symboles de ces Curies : on sait que chaque Peuple ancien étoit divisé en Tribus, & que chaque Tribu l'étoit en dix Curies.

ARTICLE III.

MOTS ARMORIAUX EMPLOYÉS PAR NAHUM.

Les Livres Hébreux contiennent des morceaux de la plus belle Poësie, qui sont peu connus en François, parce que ces Ouvrages ont été presque toujours traduits par des personnes plus jalouses de conserver la pureté & l'excellence des dogmes & de tout ce qui est relatif à la foi, que de rendre avec

---

(1) Liv. III. vers 159. (2) In æneas Tabulas Heracleenses, Neapoli, 1754. in-fol.

ET DU BLASON DES ANCIENS.

élégance & avec exactitude des portions de ces Livres qui sont plus liées avec les Arts, l'Histoire & l'éloquence : nous aurons donc occasion de donner de tems en tems quelques morceaux de ce dernier genre, traduits d'une maniere plus littérale, & par-là même plus claire & plus noble.

Nos Lecteurs ont vu ce que nous avons déja dit dans notre premier Volume au sujet de la version des LXX, & ce que nous avons dit dans celui-ci sur l'expression *tout le Warb* employée par Ezechiel, & dont personne n'avoit compris le sens.

Nous allons mettre également ici sous leurs yeux la Traduction d'un verset de Nahum, qu'aucun Interprete à ma connoissance n'a rendu littéralement, & qui étant très-clair dans l'Original, est devenu inintelligible sous leur plume, parce qu'ils ont ignoré la valeur de quelques mots, qu'ils en ont pris d'autres au sens physique, tandis qu'ils y sont sous leur sens figuré : ce passage, d'ailleurs, a le rapport le plus étroit avec l'objet dont nous nous occupons : ce que personne n'avoit soupçonné.

C'est le troisième verset du Chapitre II. des Prophéties de NAHUM contre Ninive, & où il annonce comment elle seroit prise & détruite.

Dans ce verset, il décrit l'état leste & brillant de l'Armée qui viendroit attaquer cette Ville superbe.

En voici le Texte avec la maniere de le lire :

מגן גבריהו מאדם אנשי־חיל   MaGeN GBoReiHou M'aDaM ; ANSHEI-HEIL

מתלעים כאש פלדת הרכב   M'ThuLhoEIM ; K'ash PhaLDoTh HeReKeB,

ביום הכינו והברשים הרעלו   B'IoM HeKiNoU : OUHEBeRUSHIM HeRHOLOU.

Ce qui signifie mot-à-mot :

Magen le Bouclier, *Gborei-hou* de ses Guerriers, *M'adam*, comme du sang. *Anshei-heil* ses hommes d'élite, *M'thulhoeim* comme des rubis.

K'ash comme du feu, *Phaldoth* leurs cottes d'armes, *he-Rekeb* & leurs chars, *B'iom* au jour, *Hekin-ou* de la préparation : *Ou-beroshim* & leurs lances, *He-rolou* seront resplendissantes.

1°. *Comment il a été traduit par divers.*

Rien de plus barbare que la Version des LXX.

Οπλα δυναςειας αυτων εξ ανθρωπων,   Les armes de la puissance de leurs

ἀσπίδας δυνατοὺς ἐμπαίζοντας, ἐν πυρὶ, αἱ ἡνίαι τῶν ἁρμάτων αυτῶν ἐν ἡμέρᾳ ἑτοιμασίας αυτοῦ, καὶ οἱ ὑππεῖς (*lif.* ἵππεις) θορυβηθήσονται.

hommes, leurs hommes puissans teints au feu. Les brides de leurs chars au jour de leur préparation, & leurs chevaux seront troublés.

On voit qu'ils ont manqué le sens des mots *M'adam*, *M'thulhoeim*, *Phaldoth*, *Ou-beroshim*, & *He-rholou* : & qu'ils ont cherché à deviner ; mais si mal, qu'on ne voit dans leur traduction ni sens ni liaison : qu'est-ce que des hommes teints au feu ? & des brides qui seront troublées ? Peut-être est-ce la faute des Copistes qui n'auront pas sçu lire d'anciens manuscrits.

Le CENE est plus exact pour le commencement, mais la fin est absurde. « Le bouclier de ses Héros est rouge : les gens de Guerre sont vêtus de » pourpre ; les chariots seront garnis de flambeaux allumés lorsqu'il marchera » en bataille & que les sapins trembleront.

Dom CALMET, quoique plus fidèle, n'a cependant pas été plus heureux : « Le bouclier de ses braves jette des flammes de feu ; ses gens d'Armes » sont vêtus de pourpre ; ses chariots étincellent lorsqu'ils marchent au com-» bat ; ceux qui les conduisent sont comme des gens yvres.

2°. *Pourquoi ils l'ont si mal traduit.*

Peut-on rendre d'une maniere plus différente ces derniers mots, *Ou-beroshim-he-rholou* ? quelle choisir de ces trois significations, des *chevaux troublés*, des *sapins qui tremblent*, des *conducteurs qui sont comme des gens yvres* ? Si des Traducteurs habiles & intelligens tâtonnent à ce point, que devroit-on penser du Texte qu'ils ont sous les yeux ? qu'il est absurde, ou qu'on y voit tout ce qu'on veut : cependant il est très-beau, très-clair, très-élevé.

Mais ces Traducteurs ont perdu de vue l'ensemble de ce verset & de ceux qui l'accompagnent ; ils n'ont pas fait assez d'attention à ses divers membres ; ils ne se sont point douté de quelques sens figurés qui en rendent le style très-vif, très énergique : ils n'ont point soupçonné qu'il y avoit des mots techniques relatifs à la Science Héraldique.

Ici Nahum décrit l'armée qui doit détruire Ninive : il en dépeint, pour ainsi dire, l'uniforme.

Dans les deux suivans, l'Armée est en marche : dans le quatriéme, elle est arrivée ; le siége est formé, il est terrible.

Enfin, la ville est prise & saccagée.

Cette description est noble & rapide ; il n'y faut pas joindre des idées incohérentes qui la déparent & qui en font disparoître l'harmonie.

ET DU BLASON DES ANCIENS.

Ce qui a tout gâté, c'est qu'on a pas compris qu'il s'agiſſoit ici de la belle ordonnance de l'Armée, du brillant de ſon uniforme, de l'éclat de ſes couleurs & de ſes armes; c'eſt qu'on a été induit en erreur par des mots dont on ne connoiſſoit pas le ſens, ou dont on n'avoit pas aſſez peſé la valeur. On n'aura pas de peine à s'en convaincre, ſi l'on veut nous ſuivre dans l'explication critique des mots qui compoſent ce beau morceau.

3°. Analyſe de ce Verſet.

Les deux premiers, *Magen Geburim*, ne ſouffrent aucune difficulté; ils ſignifient le bouclier des Vaillans, des Guerriers.

M'*Adam* ne ſignifie point ici *homme*, comme l'ont cru tous les Commentateurs, qui n'ont pas vu qu'il terminoit un ſens complet, une portion de phraſe; ce mot *Adam* ſignifie auſſi *Rouge*, la qualité d'être rouge, la couleur de chair, toûjours rouge, idée que préſente également le mot *Car*, d'où *caro*, chair, & toute cette Famille dont nous avons donné le développement dans nos Origines Latines.

Anſheï-heil M thuloeim forme une autre phraſe complette qu'on a très-mal-à-propos partagée entre la précédente & la ſuivante. Dans celle que nous venons d'expliquer, il s'agit des boucliers portés par les Guerriers, par le Corps de la Nobleſſe, & qui étoient de couleur rouge, comme nous avons déjà vu qu'étoient ceux de pluſieurs Nations anciennes; ici, il s'agit du vêtement même de ces Héros, de ces Guerriers: les *hommes d'élite* ſont *comme des rubis*, ou mot-à-mot, *ſont teints en rouge*, ſignification du Verbe חלץ.

K'ash Paledoth he-Rekeb b'iom hekinou: ici on voit le mot *paledoth* dont perſonne n'avoit compris la force & la valeur, & qui peint cependant un objet de la même couleur que les chars armés en guerre, & cette couleur eſt couleur de feu; mais ce mot commun à nombre de peuples déſigne chez tous la cotte-de-maille, cet habit court qui ne paſſe pas la ceinture, & qui porte les couleurs de ceux auxquels il eſt deſtiné. C'eſt le P*halut* ou *Palud* des Arabes, qui déſigne un habillement court: c'eſt le P*alud-amentum* ou cotte-d'armes des anciens Romains, & qui n'étoit porté que par des Généraux ou par leur Nobleſſe. C'eſt le P*alt* des Suiſſes du tems d'O*ttius* en 1672, eſpéce de camiſole qui ne deſcendoit pas plus bas que la ceinture, & qu'on déſignoit par l'épithète de *Rok*, *Palt-Rok*. Cette phraſe ſignifie donc littéralement: *leurs cottes-de-maille & leurs chariots ſont couleur de feu au jour où ils ſe préparent* pour le combat.

La derniere phraſe eſt compoſée d'une conjonction, d'un nom & d'un verbe, *Ou-he-beruſhim herolou*. Le Gene eſt le ſeul qui ait connu la vraie valeur physique du mot *Berushim*, qui désigne en effet les sapins ; mais il n'en a absolument point soupçonné le sens poëtique ou allégorique ; ce qui lui a fait faire une version ridicule, en faisant trembler les sapins. Les autres Interprètes qui n'ont pas eu plus d'intelligence que lui du sens allégorique de ce mot, & qui ont senti qu'il ne pouvoit être question de sapins tremblans, y ont vu des chevaux effrayés, ou des gens yvres.

Il est bien étonnant qu'aucun n'ait compris qu'ici par le mot sapin on désignoit une arme militaire, la lance, parce qu'elle est faite de sapin. C'est ainsi que les Poëtes emploient le mot *Pins* au lieu de celui de Navires : & qu'Homère désigne la lance d'Achille sous le nom de *Frêne*, parce qu'elle étoit de ce bois. (1)

« Ce Frêne Pelien Πηλιαδα Μελιην, que Chiron donna à son pere chéri,
» après l'avoir coupé sur le sommet du Pélion, afin qu'il devînt φονον la terreur
» des Héros.

Le verbe qui termine ce verset désigne en effet le tremblement, non un tremblement de fièvre, d'yvresse ou de peur, mais ce papillotage, ces scintillations que produit le poli des armes lorsque le Soleil donne dessus, ce que les Italiens appellent *Lampi tremuli*, éclairs tremblotans, comme dit si bien le Tasse (2). C'est exactement le *Tremulus oculus* d'Ovide, cet œil brillant dont on ne peut soutenir la scintillation. On ne pouvoit donc employer de termes plus énergiques pour exprimer le dernier membre de cette description tout-à-la-fois poëtique & prophétique ; *& leurs lances ont un éclat qu'on ne peut soutenir*.

4°. *Sa vraie Explication*.

Voici donc l'ensemble de ce passage :

Les boucliers de ses Guerriers sont *rouges* comme du sang : ses hommes d'élite *brillent* comme des rubis : leurs cottes-d'armes & leurs chars sont couleur de feu, au jour où ils se préparent *pour le combat ;* & l'on ne peut soutenir l'éclat de leurs lances.

Telle est l'explication simple, claire, exacte & analytique de ce beau morceau que défiguroient absolument les traductions ordinaires, & dans lequel on retrouve le costume des Guerriers anciens, leurs boucliers, leurs chars, leurs cottes-de-maille teintes en rouge, ou en gueule, l'éclat qui en résultoit, & le brillant de leurs lances : & qui fournit par conséquent des points de comparaison absolument perdus jusqu'ici.

---

(1) Il. II. p. 143. (2) Jerusalem délivrée, Chant I. St. 73.

Depuis

ET DU BLASON DES ANCIENS.

Depuis que ceci est écrit, un savant Evêque à qui je faisois part de ces idées, m'a fait voir la version du P. HOUBIGANT qui ne s'écarte presque point de la mienne; elle en sera donc mieux reçue du public.

ARTICLE IV.
DES HÉRAUTS D'ARMES.

I.

Les nations liées par leurs besoins mutuels eurent sans cesse le plus grand intérêt à avoir un corps de personnes éclairées qui connussent leurs avantages respectifs; qui fussent au fait de leurs alliances communes, de ce qu'elles exigeoient, de leur observation, de leur violation; qui fussent en état de porter la parole aux nations, de leur déclarer la guerre si elles avoient fait des infractions aux traités sans vouloir y remédier, ou de dresser des traités de paix après les avoir ramenées par leur éloquence à des vues pacifiques & de bienveillance réciproque : il falloit qu'elles fussent en assez grand nombre pour pouvoir porter par-tout les ordres de leur nation, & d'un rang assez distingué pour être respectées à l'égal de leur nation; que leur personne d'ailleurs fût sacrée pour tous, afin qu'ils pussent aller par-tout sans crainte. Ces personnes durent même former un corps considérable toujours existant & divisé en deux classes; l'une, de personnes déjà instruites, l'autre, de jeunes gens élevés pour remplacer un jour leurs maîtres; en un mot, un vrai corps diplomatique, ou des *affaires étrangeres* relatives à la paix ou à la guerre.

Aussi tous les peuples policés de l'antiquité eurent des établissemens pareils: ceux qui les composoient furent appelés, suivant les lieux,

FECIAUX chez les Romains, & *Vezial* chez les Etrusques.

KERYCES chez les Grecs.

KERETIENS chez les Hébreux.

HERALDI ou Hérauts chez les peuples du Nord.

Nous dirons moins en quoi consistoient chacun de ces colléges, que nous ne chercherons à faire voir leur rapport étroit entr'eux, & qu'ils ne présentent qu'un seul & même objet, & comment il est arrivé que nos hérauts d'armes actuels ont des fonctions beaucoup plus resserrées.

Dissert. Tom. I.

2.

FECIAUX.

Les FECIAUX étoient au nombre de vingt ; tous nobles ou choisis dans les meilleures familles : ils formoient un collége fort considérable ; leur charge, qu'on appelloit un *sacerdoce*, ne finissoit qu'avec la vie ; leur personne étoit sacrée ; leurs fonctions consistoient à écouter les plaintes des peuples qui soutenoient avoir reçu quelque injure des Romains, à saisir les coupables, à les livrer à ceux qui avoient été léfés. Ambassadeurs eux-mêmes, ils connoissoient du droit des Ambassadeurs & des Envoyés adressés à la république : ils dressoient des traités de paix & d'alliance ; ils veilloient à leur observation ; & tout ce qui regardoit les symboles, les sceaux & les titres, étoit par conséquent de leur ressort.

Personne n'ignore que lorsque le peuple Romain croyoit avoir à se plaindre d'une nation, un Fecial se transportoit sur les frontieres de ce peuple, armé d'une javeline ferrée. Là, il réclamoit à haute voix l'objet que Rome prétendoit qu'on avoit usurpé sur elle, ou bien il exposoit d'autres griefs, & la satisfaction que Rome en demandoit. Il en prenoit Jupiter à témoin avec cette imprécation contre lui : « Grands Dieux ! si c'est contre l'équité & la » justice que je viens ici au nom du peuple Romain demander satisfaction, » ne souffrez point que je revoie ma patrie ». Il répétoit les mêmes choses à l'entrée de la capitale & dans la place publique.

Lorsqu'au bout de trente-trois jours Rome n'avoit pas reçu la satisfaction demandée, le Fecial alloit une seconde fois vers le même peuple & prononçoit publiquement ces paroles : « Ecoutez, Jupiter & vous Junon ; écoutez, » Quirinus, écoutez, Dieux du ciel, de la terre & des enfers, je vous » prends à témoins qu'un *tel* peuple refuse à tort de nous rendre justice ; » nous délibérerons à Rome dans le sénat sur les moyens de l'obtenir ».

De retour à Rome, il prenoit avec lui ses collégues, & à la tête de son corps, il alloit faire son rapport au sénat. Alors on mettoit la chose en délibération ; & si le plus grand nombre des suffrages étoit pour déclarer la guerre, le Fecial retournoit une troisieme fois sur les frontieres du même pays, ayant la tête couverte d'un voile de lin, avec une couronne de verveine par-dessus : là, en présence de trois témoins, il prononçoit cette déclaration de guerre : « Ecoutez Jupiter & vous Junon ; écoutez Quirinus, écoutez Dieux

» du ciel, de la terre & des enfers; comme ce peuple a outragé le peuple
» Romain, le peuple Romain & moi, du confentement du fénat, lui
» déclarons la guerre ». Après ces mots, il jettoit fur les terres de l'ennemi
un javelot enfanglanté & brûlé par le bout, qui marquoit que la guerre étoit
déclarée.

3.

CERYCES.

Les CERYCES étoient les hérauts d'armes chez les Grecs; ce nom leur
venoit, difoient ceux-ci, de Ceryx, fils de Mercure & de Pandrofe.
Mais *Ceryx* fignifie un proclamateur, c'eft le nom même des hérauts;
c'étoit le titre de Mercure lui-même comme Ambaffadeur des Dieux; & fi
Pandrofe étoit leur mere, c'eft que ce mot fignifie *celui qui fe porte rapidement* par-tout.

Ces Ceryces ou Hérauts avoient deux fonctions très-diftinctes, 1°. L'une
de porter la parole des Rois ou de la nation, & de déclarer de leur part la
guerre ou la paix. Ceux-ci étoient appelés *confervateurs* de la paix. Comme
à Rome, ils étoient facrés; c'étoit un crime de lèfe-majefté de les infulter
ou de les troubler dans leur miniftere. L'enlèvement du Héraut de Philippe
fut une des raifons qu'il allégua pour rompre la paix qu'il avoit jurée.
Homere parle fouvent de cette forte de Ceryces & de leurs fonctions. Achille
bouillant, emporté, traite, malgré fa fureur, avec refpect, les Hérauts que
l'injufte Agamemnon lui avoit envoyés, il les raffure même contre leur frayeur.

2°. L'autre fonction des Hérauts étoit relative aux jeux publics; ils en
proclamoient les ftatuts & le nom des combattans, qu'ils défignoient par
leurs boucliers & par leurs autres fymboles; ils annonçoient auffi le nom
des vainqueurs, & ils portoient les ordres de ceux qui préfidoient aux jeux.
Ils faifoient fouvent leurs proclamations en vers. Leur voix les rendoit
recommandables. Homere a rendu célèbre à jamais Stentor, dont la voix,
plus éclatante que l'airain, pouvoit fervir de trompette.

Ces Hérauts, dont nous venons de voir l'exiftence chez les Grecs & chez les
Romains, qui les tinrent eux mêmes des Etrufques, dont les monumens
nous offrent des perfonnages avec le titre de *Fecial* ou de *Vefial*, leur
étoient commun avec les Orientaux. Il eft vrai que jufques ici l'Hiftoire
Orientale ne nous en offre aucune trace; mais nous allons nous affurer que
c'étoit la faute de ceux qui fe font occupés de cet objet. Les livres Hébreux

nous offrent ces Hérauts avec leur nom primitif, & divisés également en deux classes.

4.

Des CERETHIENS *& des* PHELETIENS *attachés à David.*

Moïse défendit aux Hébreux (1) d'attaquer une ville sans lui avoir auparavant offert la paix ; mais cette offre ne pouvoit être faite que par des personnes qui eussent un caractere de représentation.

Les Hébreux avoient donc des Feciaux, des Ceryces ou Hérauts d'armes ; & nous avons trouvé leurs noms dans leurs livres, où jusques ici personne ne les avoit reconnus. Ce sont les CERETHIENS & les PHELETIENS. Tout l'indique, leur nom, leur placé à la tête des armées, la qualité de leur chef.

Si on ne s'en étoit pas apperçu, c'est que cette connoissance tenoit à d'autres sur lesquelles on s'étoit égaré ; cette premiere erreur en entraîna nécessairement d'autres à sa suite. L'ignorance de la vraie valeur d'un mot répand la plus grande obscurité sur tout ce qui y a du rapport, en sorte que plus on veut l'expliquer & plus on s'égare.

Le second livre de Samuel ou des Rois, parle en trois endroits différens d'un corps de troupes qui étoit attaché à David, formé des CERETHIENS & des PHELETIENS, & que commandoit un de ses trente Preux, Benaja, fils de Jojada (2).

Ces noms inconnus ont causé de terribles embarras aux commentateurs : ils y ont vu des hommes d'une merveilleuse force ; le Sanhedrin en corps, les Philistins & les Crétois. Tout est permis dans le pays des conjectures.

Ce ne pouvoient être des Philistins, peuple ennemi déclaré des Hébreux & avec qui David fut en guerre dans le tems même qu'il avoit des Pheletiens avec lui. Ce n'est pas à un pareil peuple que ce Prince eût confié sa garde ; c'étoient encore moins des Crétois avec qui David n'eut jamais rien à démêler.

Ajoutons qu'il est dit expressément de Benaja leur chef, que David en fit l'homme de sa confiance, celui qui portoit ses ordres, c'est qu'il étoit tout cela par sa place, ces Cerethiens & ces Pheletiens étant des personnes choisies & du premier rang.

On en conviendra sans peine dès qu'on se rappellera que dans Nahum, *phalt*, *phelt* signifie une *cotte-d'arme* en Hébreu, & que *cereth* vient de

---

(1) Deut. XX. 10-12. (2) Cap. VIII. 18. XV. 18. XX. 23.

ET DU BLASON DES ANCIENS.

carath, faire alliance, négocier. Ce corps de troupes si distingué étoit donc composé des Hérauts d'armes; corps sacré, troupe de confiance, & qui chez tous les anciens peuples étoient chargés des ordres les plus importans.

On sait encore que les Hérauts marchoient à la tête des armées, & il est dit expressément que ceux-ci marchoient devant David lorsqu'il abandonna Jérusalem au tems de la révolte d'Absalon, & c'est par cela même que l'Historien sacré n'omet pas cette circonstance remarquable.

Si on a cru qu'ils étoient étrangers, c'est que le texte nomme immédiatement après les Gethéens, troupe de volontaires étrangers qui étoient accourus au secours de David; mais on ajoute que ce Roi fit tout son possible pour engager ceux-ci à se retirer, par cela même qu'ils étoient étrangers, ce qui n'est point dit des autres.

Ces Hérauts d'armes tenoient d'ailleurs un rang trop distingué pour être omis dans l'état de la magnifique maison de David & de Salomon.

§. 5.

DU CADUCÉE.

Telles étoient les demi-connoissances sur l'antiquité qu'on n'avoit jamais su ni ce que représentoit le caducée, ni par quelle raison il étoit devenu le symbole de Mercure & un emblême de paix, & ensuite celui des Hérauts.

Dans nos allégories Orientales, nous avons démontré que le caducée étoit l'emblême parlant de Mercure, comme inventeur de l'astronomie & du calendrier, l'une des sciences les plus pressantes pour l'agriculture. Comme Mercure étoit en même tems le messager des Dieux, les Ambassadeurs des Rois & des peuples ne purent prendre un symbole plus noble que celui-là, & dès-lors ils furent tous armés du caducée; & chez les Grecs, un même nom désigna le caducée & les Hérauts.

Les Hérauts s'appelloient *Kérukes* ou *Ceryces*.

Le caducée, *Kérukeion ou Kérykaion*, en Athénien, & *Karukeion* dans le dialecte Eolien.

Les Latins ayant changé ici R en D, comme cela arrive très-souvent, ils en firent CADUCÉE, mot altéré qui sembloit ne tenir plus à rien.

Tout se tient dans l'Univers: les Grecs durent toutes leurs connoissances aux Orientaux; c'est donc de l'Orient qu'ils tinrent le droit noble & consolant des Hérauts, droit qu'on connoît mal, parce qu'on n'a jamais approfondi ni les caufes qui les avoient fait établir, ni celles qui les avoient rendus prefque inutiles & fur lefquelles nous tâcherons de répandre quelque lumiere.

Le nom de *Carux* vint lui-même de l'Orient : *Qar*, *Qarh* y fignifie *proclamer, annoncer, publier :* ce nom fut donc parfaitement relatif à fon objet, & dès-lors on en a déjà une idée étendue.

En vain on veut regarder comme nulle la fcience étymologique, fe refufer à fa néceffité, à fa beauté, à fon évidence; il faut toujours revenir à elle comme à la bafe de toute connoiffance folide. Mais tout eft rempli d'étymologies de mauvais aloi? Rejette-t on la monnoie parce qu'il y en a de fauffe? & à quoi fert la raifon? Qu'on prenne le bon, qu'on rejette le mauvais. Confondre l'un avec l'autre ou ne rien admettre de peur d'être trompé, c'eft porter beaucoup trop loin l'amour de la vérité.

6.

Du mot SCHILD, bouclier, &c.

Ce n'eft pas non plus par hafard que le nom Oriental du bouclier שלט *fchilt* eft parfaitement confervé dans les langues du nord avec la même fignification.

En Germain, SCHILD, écu, écuffon, 1°. enfeigne, armoirie;

En Anglo Saxon, SCYLD, } un écu, un bouclier,
En Anglois, SHIELT,

En Flamand, SCHILD, écu, bouclier, pavois; 2°. écu des armoiries,

En Danois, } SKIOLD, bouclier.
En Suédois,

Ce mot eft même devenu chez ces peuples la fource de plufieurs autres relatifs à la peinture, par cela même qu'on peignoit les boucliers.

Cette famille doit tenir au Theuton SCHIL, peau, & au Grec *Skyllô*, enlever la peau : les boucliers étant faits, dans l'origine, de peaux d'animaux. Celui d'Ajax étoit de fept peaux de bœuf l'une fur l'autre.

Comme les grands avoient feuls le droit de bouclier, on doit rapporter à cette famille celle-ci :

שלט *Schalt*, en Oriental, Seigneur, Chef, Préfident; *Schalta*, dominer, préfider;

D'où SULTAN & Soudan, Prince.

ET DU BLASON DES ANCIENS.

Shulth-eiz, Conful, Juge, Prévôt, en Theuton.
Sculteta, en Anglo-Saxon.
Sculduis, en Lombard.
Skuldais, en Sueo-Gothique.
Scultis & *Shultis*, en vieux Anglois.
Schuldais, Prêteur, Recteur, dans Paul Diacre, liv. 6, chap. 24.

7.

Hérauts d'armes Européens.

Toutes les nations modernes qui ont enlevé aux Romains l'Empire de l'Europe, ont des Hérauts d'armes : ceux-ci ont joui pendant plufieurs fiecles de tout l'éclat des anciens ; aujourd'hui ils femblent bornés à des objets de fimple parade ou purement blafoniques : prouvons que dans l'origine ils rempliffoient toute l'étendue des anciens Hérauts, & indiquons les caufes qui les ont réduits fi fort au-deffous de ce qu'ils furent d'abord.

Les anciens Hérauts d'armes François rempliffoient exactement toutes les fonctions de ceux dont nous venons de parler, les fonctions de Féciaux & de Ceryces ; ils avoient tous été calqués fur le même modele ; il n'en faut pas juger par nos Hérauts d'armes actuels, dont les fonctions & la confidération ont néceffairement reçu de très-grands échecs depuis que les nations Européennes ont eu des Ambaffadeurs à demeure les unes chez les autres, & depuis que les tournois furent fupprimés, car dans ceux-ci ils rempliffoient précifément les mêmes offices que les Cerices dans les jeux publics de la Grèce.

Les Hérauts d'armes font divifés d'une maniere qui correfpond parfaitement à ceux des Hébreux : Rois d'armes, Hérauts & Pourfuivans d'armes ; ceux-ci étoient diftingués par la couleur de leur cotte-d'armes ; de même que chez les Hebreux, il y avoit les Kerethiens ou Hérauts, les Pelethiens ou ceux qui diftinguoient leurs cottes-d'armes, & Benaja leur Général.

Ils étoient armés du *caducée*, bâton couvert, en France, de velours violet femé de fleurs de-lys d'or en broderie.

Ils étoient chargés, 1°. d'annoncer, dans les cours des Princes étrangers, la guerre ou la paix, en faifant connoître leurs qualités & leurs pouvoirs.

2°. Le jour d'une bataille, ils étoient placés devant l'étendard ; ils faifoient le dénombrement des morts, redemandoient les prifonniers, fommoient les villes de fe rendre, marchoient dans les capitulations devant le Gouverneur de la ville : ils publioient les victoires & en portoient les nouvelles dans les cours étrangeres.

3°. Il étoit de leur charge de publier les joûtes & tournois, de convier à y venir, ainsi que dans la Grèce; de signifier les cartels, de marquer le champ, la lice ou le lieu du combat; d'appeller, tant l'assaillant que le tenant, & de partager également le Soleil aux combattans à outrance. Ils publioient aussi la fête de la célébration des ordres de Chevalerie, & s'y trouvoient en habit de leur corps.

4°. Ils assistoient aux mariages des Rois & aux festins Royaux qui se faisoient aux grandes fêtes de l'année quand le Roi tenoit cour pleniere, où ils appelloient le Grand-Maître, le Grand-Panetier, le Grand-Bouteillier, pour venir remplir leur charge.

5°. Aux cérémonies des obseques, ils enfermoient dans le tombeau les marques d'honneur, le sceptre, la couronne, la main de justice, &c.

6°. Ils étoient aussi chargés de dresser des armoiries, des généalogies, des preuves de noblesse; de corriger les abus & usurpations des casques, timbres, supports & couronnes; d'avoir la communication de tous les vieux titres qui pouvoient servir à cet égard; enfin de blasonner l'écu des Chevaliers qui se présentoient pour les tournois; & tout cela en imitation plus ou moins parfaite de ce qui se pratiquoit dans les jeux de la Grèce.

On voit par tout ce détail que nos Hérauts d'armes, si étroitement liés avec notre blason, sont exactement les mêmes personnages que les Féciaux, les Céryces, les Céréthiens, qu'ils en remplissoient exactement toutes les fonctions, & qu'ils furent ainsi très-antérieurs au tems de ces tournois & de ces croisades pour lesquels on croyoit qu'ils furent inventés.

On voit également que s'ils furent chargés aux tournois de blasonner l'écu des Chevaliers, ou de vérifier si ces Chevaliers étoient réellement vrais Chevaliers, c'est que dans les jeux de la Grèce où ils proclamoient les combats, ils étoient chargés des mêmes fonctions. Certainement dans ces jeux où les Rois Grecs se faisoient un honneur de gagner des victoires, où Hiéron lui-même, ce Prince Syracusain si illustre, ne dédaignoit pas de combattre, nul n'y combattoit que des personnes libres, égales à la noblesse, toutes citoyennes, toutes nobles; car dans Athènes même, où le peuple étoit maître, ce peuple n'étoit composé que de très-anciennes familles citoyennes, de pere en fils, depuis plusieurs siecles : les esclaves, les artisans, les habitans étrangers n'avoient nulle voix dans ces assemblées & n'y paroissoient point.

Ces familles citoyennes étoient même si jalouses de leur droit de naissance,

sance, qu'on n'étoit regardé comme légitime qu'autant qu'on étoit né d'un Pere & d'une Mere Citoyens tous deux.

Celui qui étoit né d'une Mere non Citoyenne d'Athènes, étoit déclaré bâtard, non Athénien, & ne pouvoit prétendre à aucune Charge de la République : aussi n'étoit-il pas obligé, comme les Citoyens, d'avoir soin de ses parens jusqu'à leur mort.

Dans des Villes aussi jalouses de leurs droits & de leurs prérogatives, il étoit donc essentiel, de la plus grande importance, de constater la Noblesse de chaque Famille, de chaque Citoyen, & leurs titres aux objets pour lesquels ils se mettoient sur les rangs. Il est donc certain qu'aux Jeux solemnels de la Grèce les Hérauts étoient obligés de vérifier la qualité de chaque Combattant ; s'ils étoient Citoyens, Patriciens, tels que devoient être des personnes que l'Etat étoit appellé à honorer, à loger, à nourrir.

Ainsi nos Hérauts d'Armes, en vérifiant le Blason des Chevaliers qui vouloient combattre, ne faisoient qu'imiter un usage qui s'étoit constamment pratiqué dans les Jeux de la Grèce.

Quant à leur nom, qui est une altération de *Heraldus*, d'où le nom d*Art Heraldique*, donné à l'Art du Blason, il est composé de *Her*, Armes, & *Ald*, ancien : Seigneur : Roi, le Roi ou le Seigneur d'Armes : aussi leur Chef s'appelle encore aujourd'hui le *Roi d'Armes*, nom qui est la traduction littérale du mot *Héraud* ou *Heraldus*.

CRI DE GUERRE.

Dans les tems anciens comme dans les modernes, les boucliers ou les Armoiries étoient souvent accompagnés du cri de guerre adopté par ceux qui avoient droit de banniere. Ce cri étoit comme le mot du guet, au moyen duquel chacun pouvoit reconnoître sa banniere dans les ténèbres les plus épaisses, ou au milieu de la mêlée la plus terrible.

Ces cris étoient de plusieurs espèces. Le plus ordinaire étoit le nom propre : ainsi Gédéon donne pour cri à sa petite Troupe contre les Madianites, *au Seigneur & à Gédéon*.

D'autres avoient le cri d'invocation, tel le cris des Montmorencis, *Dieu aide au premier Chrétien*.

D'autres, de ralliement, *Montjoie Saint Denis*, c'est-à-dire, *ralliez-vous : sous la banniere de Saint Denis*.

On trouve le second de ces cris sur les Médailles de la Maison Thoria: c'est *Junon Conservatrice*.

Je ne doute pas qu'on n'en trouvât un très-grand nombre des uns & des autres, en examinant avec soin les devises & les inscriptions qui sont sur les Médailles anciennes.

Ordres de Chevalerie.

A mesure que nous avançons dans la connoissance de l'Antiquité, nous découvrons que des établissemens qu'on regarde comme des inventions très-modernes, n'ont été faits qu'en imitation de ce qui se pratiquoit dans la plus haute Antiquité. Tels sont les Ordres de Chevalerie.

Actuellement, il n'existe en Europe que des Ordres très modernes. On ne connoît rien de plus ancien en ce genre que celui de la Toison d'Or, fondé par les derniers Ducs de Bourgogne : & celui de l'Etoile en France. Et les Rois seuls en ont.

Mais dans l'Antiquité, il existoit également des Ordres de Chevalerie, & tout Prince Souverain chez lui, quoique relevant d'un autre, avoit le droit d'Ordre.

C'est ainsi que les Ducs d'Orléans & de Bourgogne avoient un Ordre à eux, déjà avant l'établissement de la Toison d'Or dans la Maison de Bourgogne & du Porc-épi dans celle d'Orléans. L'Histoire nous apprend que peu de jours avant que le Duc de Bourgogne fît assassiner le Duc d'Orléans, ils avoient pris & porté l'Ordre & le Collier l'un de l'autre, en preuve d'alliance & de bonne amitié. Cependant on ne trouve rien dans l'Histoire sur ces Ordres. C'est qu'on a toujours pris rénovation ou perfection & extension pour création : ce qui a sans cesse égaré.

Les Rois de Perse donnoient à leurs Grands-Seigneurs des Colliers d'or; & à Constantinople, du tems des Empereurs Romains, les Grands-Seigneurs portoient des ÉCHARPES d'or : c'étoient les marques d'honneur les plus distinguées.

Il seroit bien singulier que les Ordres de Chevalerie n'eussent été imaginés que dans un tems où l'esprit de Chevalerie n'existoit plus, ou qu'il s'éteignoit de toutes parts, & où l'on étoit bien-aise qu'il s'éteignît.

C'est qu'on ne s'est avisé qu'alors d'en tenir note.

Les Peuples Celtes, dit M. *Pelloutier* (1), portoient autour du cou des chaînes ou des Colliers d'or maſſif. Ils avoient auſſi autour du bras & autour du poignet des bracelets du même métal, appellé *Viriæ* par les Eſpagnols, & *Viriolæ* par les Gaulois. Autant qu'il eſt poſſible d'en juger, cet ornement ſervoit à diſtinguer les Nobles, & particulièrement ceux qui avoient quelque Commandement dans les Troupes. POLYBE repréſentant (2) une armée de Gaulois rangée en bataille, dit que le premier rang étoit compoſé de gens ornés de Colliers & de Bracelets, c'eſt-à-dire de gens de qualité qui ſe battoient toujours à la tête des Armées.

Le Collier & les Bracelets, obſerve-t-il auſſi, étoient chez les Perſes un ornement affecté aux Grands-Seigneurs. Hérodote parlant de Mardonius que Xerxès laiſſa en Grèce pour y continuer la guerre, nous apprend qu'il choiſit dans l'armée des Perſes tout ce qu'il y avoit de gens à Colliers & à Bracelets; c'eſt-à-dire, l'élite de la Nobleſſe.

Auſſi TITE LIVE ſpécifie ordinairement le nombre des Colliers & des Bracelets gagnés ſur les Gaulois, afin qu'on pût juger du nombre des Officiers & des perſonnes de diſtinction qu'ils avoient perdus dans la bataille. Les Guerriers qui avoient coutume de ſortir des rangs & ſe préſenter entre les deux Armées pour défier les plus braves des ennemis, étoient preſque toujours de ces gens à Colliers, qui vouloient ſignaler leur Nobleſſe & ſe faire un grand nom par des actions d'éclat.

Alors comme aujourd'hui les gros Colliers déſignoient les perſonnes de la plus haute diſtinction.

Les Hauſſe-cols des Officiers ſont un reſte de cet ancien uſage qui fut admis de bonne-heure par les Romains.

DES ECUYERS.

Tout Noble, tout homme ayant droit de bouclier, avoit celui de le faire porter par un de ſes hommes: celui-ci en étoit appellé *Scuti-Fer* & *Scuti-Ger*, porte bouclier, mot qui s'eſt altéré inſenſiblement en celui d'Ecuyer, par l'habitude où nous ſommes de ſupprimer les T dans le milieu des mots, & de changer les G en Y.

Cet *Scutiger* ou Ecuyer étoit toujours de la claſſe de ceux qui ſeuls avoient le droit de porter le bouclier; cette arme étoit ſacrée en quelque choſe: qui-

(1) Liv. II. Ch. VIII. (2) Liv. II. 117.

conque n'avoit pas droit d'en porter, n'étoit pas digne même d'en avoir la garde.

Ce n'étoit pas un simple effet de la vanité, mais une précaution sage : car quiconque a la garde d'une chose, se croit bientôt en droit d'en user ; & de proche en proche, à en rester seul possesseur ; sur-tout relativement à une arme aussi précieuse que celle du bouclier.

Le titre d'Ecuyer étoit ainsi un grade au-dessous de celui de Chevalier : des Familles entieres n'ont même jamais eu d'autre titre : c'est que tout Noble avoit droit d'être écuyer ; au lieu que pour être Chevalier, il falloit être Seigneur de plusieurs maisons nobles : de même que pour être Comte, il falloit être Chef d'un nombre de Chevaliers.

Enseignes de Sauvegarde.

Outre les Enseignes Militaires, on a été obligé d'en employer à nombre d'autres usages dans la vie civile.

Ainsi les Négocians ont tous un enseigne devant leur magasin ou boutique, afin que ceux qui ont besoin d'eux puissent les trouver sans peine.

Les Couvreurs suspendent une piece de bois du haut des toits qu'ils raccommodent, afin que les passans puissent éviter les tuiles & les décombres qu'ils ne peuvent empêcher de tomber dans la rue.

Lorsque les Hébreux assiégerent Jéricho, ils recommanderent à Rahab de mettre une piece d'étoffe rouge à la façade de sa maison, afin qu'elle fût à l'abri de toute insulte dans la prise de sa Patrie.

Dans les tableaux de Polygnotte relatifs à la guerre de Troie, que les Cnidiens avoient fait peindre à leurs frais dans un portique de Delphes & dont PAUSANIAS nous a conservé la description, on voit que les Grecs après avoir pris la ville de Troie, suspendirent une peau de Léopard à la porte d'Antenor pour lui servir de Sauve-garde (1) : ce Prince passoit pour avoir fait sa paix particuliere avec les Grecs, & Énée en étoit fortement soupçonné.

---

(1) PHOCID. Chap. XXVIII.

PARTIE III.

Du Droit des Monnoies; & des Symboles dont on les accompagnoit.

ARTICLE I.

DE LA MONNOIE EN GÉNÉRAL.

I.

Nécessité d'un moyen propre à faciliter les échanges des denrées & de l'industrie.

DÈs que la Terre fut cultivée, dès que plusieurs grands Propriétaires eurent établi divers Etats, & eurent donné lieu à une grande industrie & à un grand Commerce, il fallut nécessairement inventer un moyen propre à faciliter les échanges, non-seulement de proche en proche, mais jusques dans les Régions les plus éloignées. Il arrivoit sans cesse, par exemple, que ceux qui avoient des échanges à faire, ne pouvoient pas se procurer réciproquement ce dont ils avoient besoin. Celui qui avoit du bled de trop, auroit voulu le donner à celui qui avoit plus de troupeaux ou de telle autre denrée qu'il ne lui en falloit pour son usage; mais il ne trouvoit que des gens qui avoient besoin de bled & qui n'avoient point de troupeaux ou des denrées qui lui convinssent: dès lors, comment faire des échanges? Comment se rendre utiles les uns aux autres?

Celui qui avoit des vins, des légumes, des troupeaux, ou telle autre denrée, ne trouvant autour de lui que des Propriétaires riches en mêmes denrées, ou des personnes riches en industrie & qui ne pouvoient lui donner en échange le bled ou les autres objets dont il avoit besoin, restoit avec son vin, ses troupeaux, ses denrées, ou étoit obligé d'aller chercher dans le lointain des personnes avec qui il pût faire quelqu'échange.

De là, des entraves continuelles dans le Commerce, sur-tout relativement aux objets d'industrie.

Ces entraves augmentoient bien plus, lorsqu'il falloit échanger de très-petits objets: avec quelle portion d'industrie, par exemple, pouvoit-on se procurer la portion de bled, de vin, de fruit, &c. dont on avoit besoin pour la journée, ou pour un seul repas? Comment donner en change une légere portion d'animal ou d'habit?

Le befoin eft induftrieux, & notre grand principe eft que tout naquit du befoin: on fentit donc auffi-tôt que comme deux chofes égales à une troifieme font égales entr'elles, il pouvoit exifter un objet de Commerce qui, fans être être bled, vin, denrée, rien de tout ce dont l'homme a befoin pour fe nourrir, ou pour s'habiller, &c. pût être donné en échange de tous ces objets indiftinctement : qui, fans être la chofe même qu'on défiroit par fon échange, fût capable de la faire trouver ailleurs, ainfi qu'on donne un mandat, une délégation fur une perfonne qui doit : & qui fût fufceptible d'être réduit en auffi petites portions qu'on voudroit, afin de pouvoir fe prêter à toutes les circonftances poffibles.

2.

Métaux fervant de Monnoie.

Ce moyen fut fourni par les métaux, par le cuivre, l'or ou l'argent, & dans toutes les gradations poffibles. Ces objets inégalement précieux devirent repréfentatifs de la diverfe valeur des denrées. Un morceau de cuivre du poids d'une livre, fut repréfentatif d'une certaine quantité de denrées, ou d'objets d'induftrie. Un morceau d'argent du même poids put être repréfentatif de vingt fois autant en denrées; une livre d'or put valoir douze fois plus qu'une livre d'argent, deux cent quarante fois plus qu'une livre de cuivre, ainfi tel animal, telle quantité de denrée pouvoient être repréféentés par une livre de cuivre: telle autre par une livre d'argent, & telle autre infiniment plus grande par une livre d'or, bien plus aifée à tranfporter que deux cent quarante livres de cuivre. Et c'eft ce qu'on appella MONNOIE.

3.

La gradation entre les métaux qui fervent de Monnoie, donnée par la Nature même.

Ces rapports entre les métaux, qui fe proportionnent ainfi à toute l'étendue des befoins du Commerce, ne furent point arbitraires; car rien ne peut l'être en fait d'inftitutions permanentes. Elles furent établies fur la pefanteur refpective de ces métaux; une même maffe en argent pefe plus qu'en cuivre; & une même maffe en or pefe plus que l'argent : par conféquent, on put donner en échange une plus groffe maffe de denrées contre de l'or, que contre de l'argent; & une plus groffe maffe pour l'argent que pour le cuivre.

par le fait, on ne trouve à cet égard que ténèbres & que contestations parmi les Savans : la plûpart prétendent qu'elle ne remonte qu'à quelques siècles avant notre Ere; un très-petit nombre la regarde comme plus ancienne.

2.

Causes de cette diversité.

Il semble que sur des choses de fait, il ne devroit point y avoir de contestations; mais il faudroit pour cela que les faits fussent toujours exprimés d'une manière bien claire, & qu'ils n'eussent jamais variés : & c'est précisément le contraire sur cette question.

Les premieres monnoies furent désignées par les noms des objets dont elles étoient les signes représentatifs : les moindres qui représentoient la valeur des agneaux, furent appellées *Agneaux*; celles qui représentoient la valeur des bœufs en furent appellées *Bœufs*. Dès-lors grand embarras pour savoir si les mots d'agneaux & de bœufs désignent réellement dans les anciens des agneaux & des bœufs vivans, ou des monnoies.

Secondement, il est certain qu'on pesoit dès l'origine l'or & l'argent, & dès-lors on suppose qu'il n'y avoit aucune marque sur les métaux pour en fixer la valeur; qu'il n'existoit donc point d'argent monnoyé.

Troisiémement, l'Histoire nous apprend le tems où dans certaines contrées l'or & l'argent devinrent des objets monnoyés; & celui où furent frappées les plus anciennes médailles connues; & on en conclut que l'or & l'argent n'ont servi de monnoie nulle part avant ce tems-là.

Mais si en bonne Logique, aucun de ces raisonnemens n'est concluant, s'ils ne portent que sur de fausses suppositions, s'ils donnent à certains mots, à certains usages un sens infiniment trop restreint, s'ils supposent de l'opposition entre des objets qui ne sont point contradictoires, que faudra-t-il penser de ces assertions ! Qu'elles sont au moins prématurées; qu'on ne s'est point entendu, ou qu'on n'a jamais saisi ces objets sous leur véritable point de vue; qu'il n'est donc pas étonnant que les volumes se multiplient sans que la vérité en soit mieux connue; & les ténèbres, dissipées.

Afin d'éclaircir ces objets, nous devons donc avant tout peser la force de ces difficultés; nous allons par conséquent en faire autant de questions particulières.

PREMIERE QUESTION.

Les Pièces de Monnoie furent-elles désignées d'abord par les noms d'Agneaux, de Brebis, de Bœufs ?

1.

Tous les anciens Achats faits avec des Agneaux & des Bœufs.

Les premiers achats dont l'Hiſtoire nous parle, à remonter au temps d'A-BRAHAM pour les pays Orientaux, à ceux de THÉSÉE pour la Grèce, & de SERVIUS pour Rome, ſont repréſentés comme ayant été faits avec des brebis, des agneaux, des bœufs.

Ceux qui ne ſe ſont point fait de principes à cet égard, prétendent que par ces mots il faut entendre de vrais animaux, & non des pièces d'argent qui portoient l'empreinte de ces animaux. La raiſon qu'ils en donnent, c'eſt que dans ce tems là il n'y avoit point d'argent monnoyé; mais c'eſt une pétition de principe; les expreſſions *acheter & pièce d'argent*, dont on ſe ſert dans ces occaſions, ne peuvent être relatives à des échanges d'objets commerçables; on n'achete qu'avec des métaux. C'eſt bouleverſer les termes, c'eſt les dénaturer que de leur donner un ſens différent du ſeul dont ils ſoient ſuſceptibles.

2.

Monnoie appellée Brebis *en Canaan.*

S'il eſt dit dans la GENÈSE (1) que Jacob achete une portion de champ pour cent agneaux, ces Savans veulent qu'il ait donné cent agneaux en nature, tandis qu'il eſt dit dans les ACTES (2) que ce marché avoit été fait à prix d'argent.

3.

Monnoie appellée Bœuf *à Athènes.*

Lorſqu'HOMERE & HÉSIODE déſignent par tant de bœufs, tant de moutons, la valeur de divers objets, on ne manque pas de dire que la monnoie n'étoit certainement pas connue alors; que ces noms d'animaux déſigne manifeſtement des animaux & non des pièces d'argent.

---

(1) Chap. XXXIII. Verſ. 19. (2) Chap. VII. 16.

On oublie donc qu'HESYCHIUS dit expressément que la monnoie des Athéniens avoit un bœuf pour empreinte.

Et que PLUTARQUE dit expressément que cette monnoie avoit été battue à Athènes par Théfée, avant la guerre de Troie.

Mais puisqu'avant Homère & avant Héfiode, il existoit une monnoie à bœufs, à brebis, pourquoi ne veut-on pas que ce soit par cette monnoie que ces Poëtes évaluent les objets précieux dont ils parlent ?

C'est comme si lorsque nous parlons d'écus ou de livres, quelqu'un s'imaginoit qu'il s'agit non de monnoie, mais de vrais écus ou boucliers & d'un poids réel en métal.

Le Proverbe en ufage à Athènes Βυς εν γλωττη, *le bœuf fur la langue*, pour défigner ceux qui opinoient en conféquence de l'or qu'on leur avoit donné afin d'acheter leur fuffrage, n'a de fel qu'autant que ce bœuf étoit une monnoie.

Mais puifque les bœufs d'Athènes étoient une monnoie, pourquoi les agneaux ou les brebis des Cananéens du tems d'Abraham, n'auroient-ils pas été également une monnoie ?

4.
Monnoie appellée Bœuf & Brebis *à Rome.*

Si on fe refufe à l'évidence de ces chofes, on ne pourra du moins en difconvenir pour Rome.

Ses Hiftoriens nous affurent que leur Roi SERVIUS fit battre monnoie avec l'empreinte de bœufs & de brebis. On y pouvoit donc évaluer certainement les objets précieux par bœufs & par brebis ; & cependant les expreffions étoient parfaitement les mêmes qu'en Paleftine & que dans la Grèce. Pourquoi donner aux unes plus d'extenfion qu'aux autres ?

Ces mêmes Hiftoriens nous apprennent que l'an 300 de Rome, les Confuls Sp. TARPEIUS & An. TERMINIUS donnèrent la liberté aux Magiftrats d'impofer des peines pécuniaires, en prefcrivant cependant qu'elles n'iroient pas au-delà de deux bœufs & de trente brebis.

Par-tout le même langage, donc par-tout les mêmes idées & les mêmes ufages.

Il exifte encore de ces anciennes monnoies de cuivre marquées d'un bœuf. Le P. de MONTFAUCON en a fait graver deux dans fon Antiquité Expliquée, dont l'une eft conférvée dans le Cabinet de Sainte Genevieve. Elles pefent chacune quatre livres, & valoient quatre as, ou quatre fous.

Ce Savant dit à ce fujet que le nom d'*As* venoit d'*œs*, cuivre : c'étoit une erreur étymologique. As fignifie un, & eft un mot primitif, comme nous l'avons prouvé dans nos Origines Latines.

§.

Du mot PECUNIA.

C'eft parce que la monnoie Romaine portoit l'empreinte des animaux les plus précieux pour l'homme, de ceux qu'on appelloit PECUS, troupeaux, beftiaux, que la monnoie ou l'argent monnoyé fut appellé en général PECU-NIA, comme fi on eût dit richeffe en troupeaux; & la maffe des biens, PE-CULIUM, d'où PECULAT, crime de ceux qui s'enrichiffoient par des extorfions & d'autres voies criminelles. Cependant feroit-on en droit de reftraindre ces mots à la feule poffeffion de troupeaux?

6.

Monnoie appellée Loup, Cheval, &c. par la même raifon.

La monnoie d'Argos étant marquée d'un loup, celle de Theffalie d'un cheval, ne difoit-on pas loup d'Argos & cheval de Theffalie pour indiquer leurs monnoies? N'eft-ce pas un ufage conftant de défigner la monnoie par fa marque?

7.

Agneau ou Agnel, ancienne Monnoie de France.

La France n'a-t-elle pas eu elle-même une monnoie d'or fin appellée AGNEAU ou AGNEL & AIGNEL, comme on prononçoit alors, & qui prenoit fon nom de fa marque? Saint Louis la fit frapper le premier: Philippe-le-Bel en maintint l'ufage, & elle fubfifta jufqu'à Charles VII. Elle repréfentoit un agneau avec cette devife: AGNUS *Dei qui tollis peccata mundi, miferere nobis.* Sa valeur étoit de douze fous & demi tournois, qui étoient des fous d'argent pefant chacun autant que l'agnel. On l'appelloit auffi MOUTON d'or à *la grande* ou *à la petite laine.* On lui donnoit auffi le nom d'AGNELET.

Cependant ne fe moqueroit-on pas de celui qui en concluroit que ces Agneaux défignoient de vrais agneaux vivans?

CONCLUONS que par-tout où l'on a évalué les ventes & les achats par les mots de Bœufs & de Brebis, on a toujours entendu par-là des pièces d'argent, de la monnoie sur laquelle étoit l'empreinte de ces animaux.

IIme. QUESTION.

L'action de peser les Métaux, suppose-t-elle que la Monnoie étoit sans empreinte ?

I.

L'action de peser n'est pas en contradiction avec l'empreinte.

Ceux qui nient l'Antiquité de la monnoie, ne se contentent pas de prendre les mots de *bœuf & de brebis* au pied de la lettre pour de vrais animaux ; ils ajoutent que lorsqu'on eut recours aux métaux pour faciliter le Commerce, on les livroit au poids purement & simplement, & que ce ne fut que long-tems après qu'on s'avisa d'y mettre des marques relatives à leur poids.

Un fait comme celui-là mériteroit d'être prouvé, sur-tout par des personnes en apparence si scrupuleuses sur les faits, & qui ne veulent pas ajouter un mot à la lettre. Cependant, qu'alléguent-ils pour prouver qu'il n'y avoit point d'argent monnoyé avant les siècles voisins de Servius ? ceci uniquement, qu'on le pesoit.

Mais quel rapport entre le principe & la conséquence ? Nous n'avons donc point d'argent monnoyé, aujourd'hui, où tous les payemens de grosses sommes se font par sacs d'argent qu'on pese ; où on pese les louis même pour s'assurer s'ils sont de bon aloi ?

Nous n'en avons donc point, d'argent monnoyé, puisque nous le comptons par livres ?

Quel Etranger ne se croiroit pas, d'après les mêmes raisonnemens, en droit de conclure que nous sommes absolument privés des monnoies, puisque nos richesses ne sont composées que de livres & ne se connoissent qu'au poids ? Qu'il nous plaindroit de n'avoir pas eu l'esprit d'inventer quelque signe, quelque marque qui tînt lieu de poids, de balances, de toute la peine qui en résulte pour fixer la valeur des métaux, & sur-tout pour n'être pas trompé par de faux poids & de fausses balances ?

Ainsi on raisonne lorsqu'on isole tout, qu'on s'arrête à la lettre, qu'on ne remonte aux principes de rien, qu'on ne s'élève pas au-delà de ce qu'on a sous les yeux.

2.

Les Anciens avoient de l'argent monnoyé dans le tems qu'ils le peſoient.

Cependant, on avoit des preuves propres à faire voir que l'argent même peſé avoit des marques, & qu'il étoit diviſé en pièces égales & d'une même valeur, indépendamment de ce que nous avons dit ſur la première queſtion.

Moyse dit, par exemple, qu'Abimelech, Roi de Guerar, donna à Abraham mille pièces d'argent : que ce Patriarche achetant une caverne pour ſervir de tombe ou de ſépulture à ſa famille, il en donna quatre cents ſicles d'argent de monnoie publique qui avoit cours chez les marchands. Et que Joſeph fut vendu par ſes freres vingt pièces d'argent.

On voit donc ici l'argent diviſé en pièces reçues dans le public, & qui ont un cours fixe chez les Marchands. Il falloit donc néceſſairement que ces pièces euſſent une marque au moyen de laquelle on fût aſſuré qu'elles étoient toutes ſemblables, qu'elles avoient une valeur égale, & à laquelle on ne pouvoit ſe méprendre.

En voici cependant de différente eſpèce : des eſpèces d'argent, des ſicles, des agneaux : il exiſtoit donc néceſſairement entre toutes ces pièces d'argent, une proportion quelconque, connue, invariable, à laquelle on ne pouvoit ſe méprendre.

Sans cela, quel commerce eût pu ſubſiſter au milieu de tant de choſes inconnues & ſi longues à vérifier, & cependant ſi néceſſaires ?

Mais c'eſt qu'elles étoient monnoyées, & cette monnoie portoit toujours le nom de ſon empreinte. Ainſi AGESILAS, ce Héros Lacédémonien, obligé d'abandonner l'Aſie, théâtre de ſes exploits, pour venir au ſecours de ſa Patrie, contre laquelle trente mille pièces d'or marquées d'un Archer, avoient ſoulevé la Grèce, il dit plaiſamment que trente mille Archers l'avoient chaſſé de l'Aſie.

3.

Elle étoit indiſpenſable.

D'ailleurs qui pourra ſe perſuader qu'au tems d'Abraham où l'Egypte, l'Inde, la Chaldée, la Paleſtine, &c. exiſtoient avec cette ſageſſe qui leur a acquis un ſi grand renom, & où il ſe faiſoit un ſi grand commerce, on n'eût pas affez d'efprit pour fentir la néceffité de mettre une marque quelconque fur le cuivre, l'or, l'argent dont on fe fervoit pour faciliter le commerce : & fur-tout relativement à ces petits payemens qui reviennent à chaque inftant & pour lefquels il eût été trop long & trop pénible de pefer l'argent chaque fois : & qu'ayant fenti l'utilité d'un pareil expédient, ils n'ayent ni fu l'imaginer, ni voulu en faire ufage ?

Pour relever l'habileté de quelques hommes, faut-il frapper de ftupidité des Générations entieres, fur-tout quand on n'eft pas affuré d'avoir raifon, & que les faits ne font pas éclaircis ?

Tout devoit faire penfer qu'on n'avoit pas pu refter un fi grand nombre de fiècles dans l'ignorance fur des objets auffi fimples & auffi néceffaires : que l'intérêt & la néceffité furent toujours de grands Maîtres : & qu'on peut s'en rapporter au génie & à l'activité des Négocians fur tout ce qui peut faciliter leurs opérations.

4.

L'Orient dut en avoir beaucoup plutôt qu'Athènes, que Rome & que tout l'Occident.

Du tems d'Abraham, deux mille ans avant notre Ere, il exiftoit déjà un très-grand commerce dans l'Orient : déjà alors de très grandes Caravannes parcouroient les vaftes Etats de l'Afie pour profiter des richeffes de tous, en leur portant tout ce qui pouvoit tenter le luxe de tous ou fatisfaire leurs befoins. Ces Négocians commerçoient néceffairement avec des métaux : & il falloit bien que cet or eût une valeur reconnue, fixe & conftante : & cette valeur ne pouvoit exifter fans une marque quelconque, bien connue & fur laquelle il ne pût s'élever le moindre doute.

Comment eft-ce que les Peuplades de l'Europe, Athènes, Servius, fils d'un Efclave, dit-on, & tel autre petit Canton privés de ce grand commerce, auroient fenti dans leur pauvreté le befoin d'or & d'argent monnoyé, dont ne fe feroient pas douté pendant tant de fiècles les grands Etats de l'Afie, les Egyptiens, les Chaldéens, les Phéniciens dans le tems de leur plus grande profpérité, & au milieu du Commerce le plus étendu, le plus actif, le plus riche : ces Phéniciens en particulier qui perfectionnerent tout en faveur de leur Commerce, écriture, calculs, Navigation, Aftronomie : & qui étoient riches en or & en argent ?

Nous verrons d'ailleurs qu'au tems où Servius inventa, nous dit-on, fes brebis & ses bœufs, la monnoie d'or & d'argent exiſtoit déjà; qu'ainſi on a tort de regarder les Romains comme inventeurs en ce genre. Les Romains n'ayant point chez eux de mine d'or & d'argent, & n'ayant point de commerce, n'étoient pas en état de frapper de pareilles monnoies; ils ſe ſervoient de celles de leurs voiſins, ſur-tout de celles des Etruſques & des Grecs; mais pour leur commerce intérieur, pour les beſoins journaliers des Citoyens, il falloit une petite monnoie courante; telle qu'il y en avoit dans les Etats voiſins : & c'eſt celle-là que fixa Servius.

Il exiſte encore aujourd'hui des Etats en Europe où l'on ne frappe que de la petite monnoie courante : & où l'on admet pour les gros achats, les monnoies d'or & d'argent en uſage dans les Etats voiſins avec leſquels on eſt allié.

7.

On donne trop d'extenſion à des paſſages mal entendus.

Ce qui a tout brouillé, c'eſt qu'on a donné trop de force à quelques paſſages mal entendus : leur explication achevera de mettre ces objets dans tout leur jour : mais pour cet effet, analyſons en deux mots le ſyſtême de ceux qui font la monnoie trop moderne. Ce qui nous conduit à notre troiſieme Queſtion.

IIIe. QUESTION.

Ce que l'Hiſtoire nous apprend du tems où la Monnoie fut établie dans quelques Etats, prouve-t-il qu'il n'y en avoit eu auparavant nulle part ?

Il eſt certain par l'Hiſtoire, que la monnoie eſt aſſez récente chez quelques Peuples ; mais eſt-on en droit d'en conclure qu'elle étoit auparavant inconnue par-tout; où qu'elle n'avoit aucune marque, parce qu'on indique le tems où ces Peuples eurent des métaux monnoies ou marqués ? C'eſt ce qu'il s'agit d'examiner : afin qu'on puiſſe mieux nous ſuivre, mettons ſous les yeux de nos Lecteurs le précis des ſyſtêmes ſur cet objet.

I.

I.

Systême de WACHTER.

Le Savant WACHTER, si connu par son Glossaire Germanique & par son Ouvrage sur l'Origine des Lettres, publia en 1740 un Traité in-4°. sur l'Origine de la Monnoie, qui devoit être suivi de plusieurs autres.

Dans celui-ci, divisé en X Chapitres, il s'attachoit sur-tout à faire voir que la monnoie étoit une invention très-moderne. Voici comment il s'y prend pour démontrer son assertion.

1°. *Silence d'Homère.*

« 1°. L'argent monnoyé n'a pas toujours été en usage : on n'a imaginé
» cette voie de faciliter le Commerce que depuis l'établissement des Empires,
» & tout se faisoit par échange dans les premiers tems. En parcourant
» Homère, on n'y trouve pas un mot de pièces d'or ou d'argent, de solde
» payée aux Soldats ».

Mais qui parle de solde sur cette question ? Qui nie que dans l'origine on ait tout fait par échange ? Et puisque ce Savant convient que la monnoie fut établie depuis l'établissement des Empires, comment n'auroit-elle pas été établie au tems d'Homère où il y avoit des Empires fondés depuis tant de siècles ? Qu'attend donc cet Auteur pour faire commencer la monnoie après l'établissement des Empires ? On ne conçoit pas que l'esprit de système puisse faire raisonner aussi mal.

D'ailleurs, quand Homère n'en auroit point parlé, seroit-on en droit d'en conclure qu'il n'existoit alors nulle part aucune monnoie ? Ce seroit accorder au silence d'Homère une énergie & une extension bien singulière. Parce que ce Poëte a parlé d'une multitude de choses, il doit avoir parlé de tout : son ouvrage doit être une Encyclopédie parfaite, & tout ce dont il n'a point parlé n'existoit point. C'est se former de bien fausses idées d'Homère ; c'est vouloir que son Ouvrage eût été un mélange effroyable de tout. Cependant on n'adopte que trop cette manière de raisonner, & dans d'autres Ouvrages très-précieux, on a nié l'existence au tems de ce Poëte de toutes les modes ou usages relatifs aux diverses parties de l'habillement, dont il n'a point parlé. C'est comme si on exigeoit qu'un grand Poëte parlât souliers, boucles, jarretières, ou mouchoirs.

Diss. T. I.

2°. *Rome sans Monnoie.*

« 2°. Rome a pu subsister plusieurs siècles & soutenir tous les frais civils
» & militaires sans argent monnoyé : le soldat faisoit la guerre à ses frais ».

Et quand cela auroit été, qu'en conclure contre les anciens Empires Orientaux ? de ce qui se passe dans de très-petites Républiques, la conséquence est-elle juste sur ce qui doit se passer dans de vastes & puissants Etats ? Toujours Rome, toujours les Grecs ! jamais la Nature, jamais la Vérité ! Et qui a dit même que Rome dès l'origine n'eût pas de l'argent monnoyé, quoiqu'elle ne payât point de solde ? & qu'a de commun la solde avec la monnoie, pour que l'existence de l'une dépende nécessairement de l'existence de l'autre ?

3°. *Agneaux du tems de Jacob.*

Ce Savant cite l'achat d'un champ par Jacob pour cent agneaux ou brebis, comme une preuve qu'alors il n'y avoit point d'argent monnoyé, & il oublie que S. Etienne dans les Actes dit qu'il fut acheté à prix d'argent.

Il affirme qu'il n'y avoit point de monnoie du tems d'Homère, & que tout ce qui est payé en *bœufs*, se payoit réellement en bœufs vivans.

Cependant, parlant d'*Euryclée*, nourrice d'Ulysse & suivante de Pénélope, que Laërte avoit achetée vingt bœufs (environ mille écus,) il convient que ce passage ne désigne pas des bœufs en nature, mais leur valeur payée en d'autres denrées : mais pourquoi pas en argent ? D'ailleurs, comment seroit-il arrivé qu'on eût regardé les bœufs & les brebis comme la valeur comparative de tout ce qu'on avoit à vendre & à acheter, de tous les échanges possibles, tandis que cette valeur varioit sans cesse ? pourquoi recourir à un sens rempli de difficultés, lorsqu'il s'en présente un très-beau, très-simple, très-raisonnable & conforme au fait ?

BOUCLIER *d'Achille est une exception.*

Enfin, il est forcé de convenir que sur le bouclier d'Achille, cette valeur du bœuf consistoit en argent monnoyé : que les masses de métal avoient déjà pris la place du bétail. Sur ce bouclier deux hommes plaident devant les Juges pour deux Talens d'or, amende d'un homicide que le meurtrier prétendoit avoir payée, & que le plus proche parent du défunt nioit d'avoir reçue.

Il y avoit donc de la monnoie du tems d'Homère, Auteur de ce bouclier;

Pourquoi donc se débattre si fort pour se refuser à l'exiſtence de la monnoie dans ce tems-là ?

4°. *On peſoit la Monnoie.*

« Mais on la peſoit : or le poids & l'empreinte ne ſauroient ſubſiſter en-
» ſemble dans un Etat ; car celle-ci eſt une eſpèce de caution publique qui
» délivre de l'attention qu'exige la première ».

Mais aujourd'hui même, on ne ceſſe de peſer l'argent & l'or les mieux monnoyés : donc le poids & l'empreinte peuvent ſubſiſter enſemble dans les Etats les mieux ordonnés.

5°. *Eloge de la Monnoie.*

« Nous arrivons enfin aux eſpèces.... On ne pouvoit guères s'en paſſer.
» C'eſt l'ame du Commerce.... Il eſt donc évident que les eſpèces ſont les
» filles de la néceſſité ; que l'art & le génie ont préſidé à leur naiſſance ; que
» le luxe & l'avarice y ont applaudi, & qu'elles ont été reçues avec une
» joie univerſelle, tant à cauſe de leur commodité dans le Commerce, que
» parce qu'elles ouvroient la porte à l'acquiſition des richeſſes qui ſont comme
» mortes en denrées, au lieu qu'en métal elles ont une vie & une activité
» perpétuelle ».

Qui ne croiroit qu'après un éloge auſſi pompeux & une auſſi grande néceſſité de la monnoie pour le Commerce, notre Auteur ne finiſſe par conclure pour ſa haute antiquité ? Point du tout, cet éloge aboutit à ſoutenir que
malgré cette néceſſité indiſpenſable de monnoie pour le Commerce, les
Peuples les plus commerçans n'ont jamais eu l'eſprit d'imaginer la monnoie
pendant deux mille ans, & qu'ils ont été obligés de venir à l'école des Grecs
& des Romains, les moins Commerçans des hommes, & ſi fort poſtérieurs
à ces Nations civiliſées qui étendoient leur Commerce dans tout l'Univers.

Ce ſont cependant nos Maîtres qui raiſonnent, qui écrivent, qui décident
ainſi : eſt-il étonnant que l'Antiquité qu'ils veulent éclaircir, ſoit ſi obſcure ?

I I.

Système de Sperling.

Ces mauvais raiſonnemens de Wachter lui ſont communs avec tous ceux
qui ont traité de l'origine de la monnoie.

SPERLING, Savant du Nord, qui écrivit au commencement de ce siècle sur les monnoies, porta en 1704 le pyrrhonisme dans son Traité sur les Monnoies non frappées ni marquées, au point de nier même que les Princes Machabées se soient jamais servi de la permission que leur avoient donné les Rois de Syrie de battre monnoie, & il avance que les médailles qui paroissent sous leur nom sont toutes fausses.

Quand on en est là, & qu'on a pris son parti décidément malgré tous les faits & tous les raisonnemens, il faut renoncer à toute vérité.

Les Princes Asmonéens & Machabées ont fait frapper des monnoies en or & en argent, avec des inscriptions en caractères Hébreux, qui dans ce tems-là approchoient extrêmement des Samaritains: il existe encore aujourd'hui beaucoup de ces monnoies, qu'on peut voir dans différens recueils, & qui ont été expliquées par divers Savans. Nous en avons fait mention dans nos Origines du Langage & de l'Ecriture; & on peut consulter là-dessus l'intéressante Dissertation de M. l'Abbé BARTHELEMI sur les Médailles Samaritaines d'Antigone & de Jonathan (1).

Leur grand cheval de bataille à tous, le point d'où ils partent & auquel ils ramenent tout, est de dire que Phidon, Roi d'Argos, est le premier qui ait fait frapper des monnoies en Grèce; & ils ont tous adopté ce fait comme vrai: nous verrons dans la suite qu'ils ont tout-à-fait mal saisi ce point d'Histoire, & qu'ils l'ont entièrement dénaturé; tandis qu'il leur est contraire, & qu'il est de la plus grande utilité pour le seul système qui soit vrai & que la raison puisse avouer.

III.

Système de CHIFFLET.

CHIFFLET cependant leur avoit tracé la vraie route dans son Traité sur l'ancienne monnoie, imprimé pour la seconde fois à Anvers en 1656.

Il soutient dans le Chap. II que la monnoie est beaucoup plus ancienne qu'on ne croit, puisqu'on la connoissoit déjà au tems d'Abraham.

Il est vrai qu'on pouvoit lui accorder qu'il y en avoit alors, mais sans aucune marque quelconque, & que c'est de cette dernière qu'il s'agit.

Mais il fait bien voir au Chapitre VIII que c'est de cette dernière en effet qu'il entend parler, puisqu'ici il soutient qu'à Rome on eut de la monnoie

---

(1) Mém. de l'Acad. des Insc. & B. L. T. XXIV.

marquée avant le tems même de Servius, quoique tous les Antiquaires n'en aient rien cru.

Il s'appuie d'un passage de *PLINE* qui la fait remonter à Numa. Voici les paroles de cet illustre Romain; elles sont remarquables (1).

« Docuimus quandiù Populus Romanus ære tantum signato usus est &
» alia quæ vetustas tradidit, cùm æqualem urbi auctoritatem ejus declararet,
» à Rege Numa Collegio tertio ærariorum fabrûm instituto ». Ce qu'on peut rendre ainsi, car le sens est obscur.

« Nous avons dit pendant combien de tems le Peuple Romain ne fit battre
» que de la monnoie de cuivre à empreinte, & quelles furent les autres es-
» péces de monnoie que l'Antiquité nous a transmises, en déclarant leur juste
» valeur au moyen du troisième Collège des Monnoyeurs, établi par le Roi
» Numa ».

Ceci s'accorde avec un passage de FESTUS, qui nous apprend que du tems même de Romulus, les Romains se servoient d'une monnoie d'or & d'argent qui leur venoit d'ailleurs.

« Solebant jam inde à Romulo nummis auri atque argenti signati ultra-
» marinis uti ».

L'or & l'argent monnoyés étoient donc en usage aux premiers tems de Rome, par conséquent beaucoup plus anciens.

Ils venoient d'outre-mer, c'est-à-dire de Sicile, & peut-être de la Grèce.

IGNORANCE DES ROMAINS A CE SUJET.

Mais on voit ici combien peu les Romains connoissoient leurs origines. Pline parle d'une Compagnie de Monnoyeurs établie par Numa, & il avoit dit que Servius fit frapper le premier de la monnoie de cuivre avec une marque: ce qui est une vraie contradiction, de quelque maniere qu'on explique le nom de cette Compagnie; car le terme *auctoritas* désigne manifestement une monnoie qui a tout ce qu'il faut pour que sa valeur soit bien connue.

D'ailleurs Pline ne savoit ce qui regarde la monnoie établie par Servius qu'au moyen de TIMÉE, Historien toujours abandonné par ceux de Rome, comme mal instruit.

Il n'est pas moins singulier qu'on ne trouve dans aucun endroit de l'Histoire de Pline ce qu'il dit ici de Numa: il est apparent que des copistes ignorans

---

(1) Hist. Natur. Liv. XXXIV. Ch. 1.

l'auront supprimé, parce qu'ils n'auront pas su comment accorder ce fait avec ce qu'on attribuoit à Servius. Le moyen en effet que la monnoie n'ayant été inventée qu'au tems de Servius, elle eût une valeur au tems de Numa!

Enfin on voit par tout ceci combien raisonnent mal ceux qui prétendent que la monnoie est fort récente, sur ce que les Romains n'en frappèrent qu'au tems de Servius, puisque ce Peuple convient lui-même qu'il employoit dès son origine des monnoies étrangères.

Les achats de bled qu'ils faisoient en Sicile, & qui étoient déjà fort considérables avant la guerre Punique, exigeoient nécessairement de l'argent, & ils en avoient trouvé eux-mêmes prodigieusement au sac de Suessa, sous le régne de Tarquin, & dans la prise de plusieurs autres Villes opulentes d'Italie.

Ainsi tout ce qu'on dit pour prouver la *modernéïté* de la monnoie, tombe en ruine, & on ne peut se dispenser de reconnoître combien ont plus de raison ceux qui en cherchoient l'origine dans des tems beaucoup plus reculés.

Anciens INSTITUTEURS de la Monnoie en divers lieux.

On peut donc ajouter foi à ceux qui mettent au rang des Inventeurs de l'Art Monétaire, ERICHTONIUS qui vivoit seize cents ans avant notre Ere, DEMOCIDE, fille d'Agamemnon, Roi de Cumes, & femme de Midas, Roi de Phrygie : les LYDIENS, selon Hérodote & selon Xénophane dans Pollux : les NAXIENS selon Aglostene; THÉSÉE selon Plutarque; chacun d'eux Instituteur pour sa contrée, & tous postérieurs à ceux qui avoient établi la monnoie plusieurs siècles auparavant dans les anciens Empires de l'Orient, en Egypte, en Phénicie, chez les Hébreux, &c.

Ajoutons que cet Art s'étant perfectionné dans des époques très-éloignées les unes des autres, on a beaucoup trop aisément confondu la perfection de l'Art avec son invention, comme si cet Art n'étoit né qu'au moment où il paroissoit sous une forme nouvelle. C'est une erreur si facile à commettre & si commune, que nous aurons sans cesse lieu de la relever sur une multitude d'autres objets fort différens de celui dont nous nous occupons dans ce moment.

Les plus anciennes Monnoies connues.

La monnoie à empreinte remonte donc à plus de deux mille ans avant notre Ere : il en existoit du tems d'Abraham chez les Cananéens, & par conséquent chez les Egyptiens, & dans les autres Empires de l'Asie Orientale : elle s'étendit de-là avec le commerce & avec les Colonies Orientales, en Lydie, dans la Grèce, en Italie, à Rome, &c.

Les AGNEAUX du tems d'Abraham, & les BŒUFS du tems de Théſée, ſont ainſi les plus anciennes monnoies connues.

Les DARIQUES étoient une monnoie d'un or très-fin qui avoient été frappées par un Roi d'Aſie, antérieur à Cyrus, & par conſéquent à Darius, fils d'Hyſtaſpe. Mais tant de perfection ſuppoſe des commencemens très-anciens, tels que ceux dont nous parlons ici.

Phidon, Roi d'Argos, fait battre de la monnoie d'or déjà dans le IXe ſiècle.

Les PHILIPPIQUES étoient une monnoie Macédonienne qui portoit le nom de Philippe I. Roi de Macédoine, & qui étoit en uſage à Rome du tems de Tarquin l'Ancien, puiſqu'on lui demanda trois cents de ces piéces pour les livres Sibyllins.

Les Romains n'en eurent en argent que ſous le Conſulat de Fabius & d'Ogulnius, cinq ans avant la premiere guerre Punique.

Mais l'Italie & la Sicile, ſur-tout, avoient des monnoies de cuivre, d'argent, & même d'or déjà avant la fondation de Rome. Peut-être y furent-elles portées par les Phéniciens.

ARTICLE III.

Nature des Symboles placés dès l'origine ſur les Monnoies.

1.

Ils ne furent pas préciſément les mêmes que dans la ſuite.

Les Symboles qu'on plaça dès l'origine ſur les Médailles ne furent pas préciſément les mêmes, a tous égards, que ceux qui y paroiſſent aujourd'hui; & cette différence n'a pas peu contribué à la confuſion qu'offre cette matiere, & à toutes les erreurs dans leſquelles ſont tombés, à cet égard, ceux qui ſe ſont occupés juſques ici des Monnoies & des Médailles.

2.

En quoi différent les anciens Symboles & les modernes relativement aux Monnoies.

La monnoie de notre tems & les Médailles modernes ſe reconnoiſſent fur-tout aux Têtes des Princes & des Rois qui y font empreintes. Et comme cet ufage nous eft venu des Empereurs Romains & des Rois Macédoniens, on en a conclu que c'étoit une condition néceffaire de toute monnoie frappée dans les Royaumes, au point que MM. les Antiquaires ne favent que faire des piéces fans noms de Villes, ou fans Têtes de Rois; qu'ils ne connoiffent ni les contrées, ni les fiécles auxquels ils doivent les rapporter.

Il n'en étoit pas ainfi dans l'origine: jamais aucun Peuple, aucune Nation ne mit dans les premiers fiécles l'effigie de fes Rois fur fes monnoies. Alors les Nations étoient tout; l'Etat étoit dans elles, tout fe rapportoit à elles; leurs Rois n'étoient que leurs Repréfentans; ainfi le droit de monnoie, de même que tous les autres droits, appartenoient aux Nations, toujours ftables, toujours intéreffés au plus grand bien, tandis que les Rois ne faifoient que paffer, & que fe fuccéder les uns aux autres, leur bonheur étoit inféparable de celui de la Nation, toujours permanente.

Ces Nations dédaignoient donc de mettre fur leurs monnoies les fymboles paffagers de leurs Chefs fucceffifs; mais elles y plaçoient leurs propres fymboles, ceux qui les caractérifoient, & qui étoient relatifs, comme nous l'avons vu, à leur nom, à leur local, à leurs productions, ou à tel autre caractère national.

Elles y ajoutoient fur-tout la figure ou les attributs de la Divinité Patrone, fous la protection de laquelle elles s'étoient mifes.

Ainfi, la Divinité même étoit appellée comme garante de la bonne-foi qui devoit régner dans tous les Contrats, & dont la monnoie étoit le figne.

C'étoit une idée fublime, digne des Vertus fondatrices des Etats, & qui feules peuvent les foutenir & les éternifer. Auffi tout étoit ramené aux Dieux & à leur Providence; & avec ces principes, la Terre fe couvroit d'une population immenfe, qui fleuriffoit à l'ombre de la juftice & des Vertus fociales.

3.

Auteurs des Innovations à cet égard.

Cet ufage avoit toujours été refpecté & obfervé religieufement, lorfque de fimples mortels ne craignant pas d'ufurper une place confacrée jufques alors à la Divinité, firent frapper de la monnoie en leur nom, & avec leur empreinte.

Le premier fut PHIDON, Tyran d'Argos, dans le IXe fiécle avant Jéfus-Chrift. Il ofa fubftituer à l'empreinte de la Divinité d'Argos, fon nom & peut-être fa figure fur des monnoies d'or & d'argent qu'il fit frapper.

Une

Une nouveauté aussi révoltante fit grand bruit; & encore aujourd'hui on sait que ce Prince innova en fait de monnoie : mais comme on ignoroit qu'avant lui aucun Prince n'avoit osé mettre son effigie & même son nom sur les médailles & les monnoies, on a cru que la nouveauté qu'il avoit introduite consistoit dans la fabrication de monnoie d'or & d'argent, comme si on n'en avoit point eu jusqu'à lui; ce qui n'est qu'une erreur de plus.

Aussi ce Prince nous est représenté par Hérodote comme LE PLUS INSOLENT DES MORTELS (1), tant on fut frappé de son audace.

En effet, chez des peuples aussi religieux que les Grecs, & aussi zélés pour leur liberté, une pareille action dut être regardée comme le comble de l'insolence, de la tyrannie & de l'impiété. C'étoit se faire égal aux Dieux; plutôt croire qu'ils n'étoient rien, & qu'un Roi étoit tout.

Aussi n'eut-il point d'imitateur dans la Grèce pendant plusieurs siècles; il fallut pour cela que les Grecs eussent perdu toute idée de liberté, qu'ils fussent asservis à des tyrans dont ils devinrent les lâches flatteurs.

Ajoutons une autre preuve de l'insolence de ce Prince : il ne craignit pas de chasser tous les Présidens des jeux, & de se mettre en leur lieu & place; c'étoit attenter tout à-la-fois à la dignité des jeux & à la liberté de la Grèce: ce Prince fouloit donc aux pieds toute loi divine & humaine.

Les fameux marbres de Paros rapportent à l'an 895 avant J. C. l'époque où ce Prince fit battre de la monnoie d'argent pour la premiere fois dans l'isle d'Egine. Ils ajoutent qu'il étoit le onzieme descendant d'Hercule, inclusivement.

Il en descendoit par Temenus, & il étoit frere de Caranus qui fonda le Royaume de Macédoine. Ni l'un ni l'autre n'étoient nés sur le trône : leurs ancêtres avoient perdu leurs Etats, ou peut-être n'en avoient jamais eu; ils avoient vécu comme de simples particuliers à Corinthe, & avoient sans doute acquis de grandes richesses au moyen du commerce & de l'agriculture; c'est-là que furent élevés les deux freres, & c'est de-là qu'ils partirent pour acquérir, on ne nous dit pas comment, l'un le Royaume d'Argos, & la plus grande partie du Péloponèse; l'autre, le Royaume de Macédoine.

Ce dernier laissa ses Etats à sa postérité, qui en jouit jusqu'à Alexandre le Grand, le dernier Prince de cette race. Il n'en fut pas de même de Phidon, les Grecs étoient trop éclairés & trop amoureux de leur liberté, pour se

---

(1) Liv. VII. Chap. 127.

soumettre long-tems à un Prince aussi dangereux : il fut obligé d'abandonner Argos : on ne sait ce que devint cet homme superbe: nous aurons cependant occasion de parler tout-à-l'heure d'un de ses descendans.

Les habitans de l'isle d'Egine, où Phidon fit frapper cette monnoie, étoient déjà célèbres à cette époque par leurs beaux ouvrages en tout genre. PAUSANIAS les compare à cet égard aux Egyptiens (1); & pour faire connoître le mérite d'une statue de Diane en ébène, il dit qu'elle est pareille aux ouvrages connus des Grecs sous le nom d'*Eginéens* (2).

Pour terminer cet article, il nous reste à parler d'une médaille attribuée à Phidon, & d'un fête célèbre dans le goût de nos anciens tournois où figura Leocedes qu'Hérodote appelle son fils.

4.

Médaille sous le nom de Phidon.

BEGER a publié dans son Trésor de Brandebourg, une médaille d'argent qui appartenoit au Roi de Prusse & qui porte le nom de Phidon.

Elle est très-épaisse, comme toute ancienne médaille. Elle a d'un côté le mot ΦΙ ΔΩ *Phido*, séparé en deux par un vase surmonté d'une grappe de raisin. De l'autre côté est un bouclier *Ancile*, symbole de Junon Sospita, grande Déesse d'Argos, & sa patrone, qualité désignée essentiellement par ce bouclier.

On assure que l'argent en est si pur, qu'il est difficile d'en trouver de pareilles.

Cette médaille a occasionné diverses discussions sur son authenticité, que M. SCHOTT chercha à démontrer dans le premier volume des Mélanges de Berlin.

Dans le volume suivant, le savant CUPER fit paroître diverses objections contre ce sentiment, & son auteur ne négligea rien pour le faire triompher dans ce même volume.

Nous n'entrerons point dans cette discussion, qui nous éloigneroit trop de notre but, nous nous bornerons à demander comment un faussaire se seroit contenté d'y mettre le nom de ce Prince, sans l'accompagner d'une effigie

---

(1) Liv. VII. (2) Liv. VIII. Ch. LIII.

quelconque ? Comment prononcer d'ailleurs fur l'authenticité d'une médaille dont on n'a que des copies ?

Si elle eſt vraie, c'eſt la plus ancienne de toutes les médailles connues ; & depuis celle-là, jufques aux plus anciennes médailles des Rois, connues d'une maniere inconteſtable, celles d'Alexandre I, Roi de Macédoine, & de Gelon, Roi de Syracufe, il y a une efpace de quatre ſiècles entiers, celle de Gelon étant de l'an 493, & celle d'Alexandre de l'an 479.

§. 5.

Preuves en faveur de cette médaille, réſultantes des plus anciennes médailles de Macédoine.

Mais puifque nous en fommes fur les plus anciennes monnoies de Macédoine, difons un mot des conféquences auxquelles elles donnent lieu, fur-tout en faveur de celle de Phidon.

Les plus anciennes, celles d'Alexandre I & d'Archelaüs, n'ont point d'effigie de Prince ; elles offrent pour type un cheval, feul dans celle d'Archelaüs, accompagné d'un cavalier armé d'une lance dans celles d'Alexandre. On ne reconnoît donc les Princes qui les ont fait frapper qu'à leur nom ; ce qui étant le coſtume du tems, deviendroit une preuve en faveur de celle de Phidon.

Les favans en médailles conviennent en même tems qu'il exiſte des médailles de peuples plus anciennes que celles-ci. Elles fe rapprochent donc du tems de Phidon ; & puifqu'il en exiſte de pareilles, pourquoi ne s'en feroit il pas échappé quelqu'une de celles de Phidon fi remarquables à tant d'égards ?

Obfervons encore que fur une de ces médailles d'Alexandre I, on voit une chevre, ainfi que fur les plus anciennes médailles de la Grèce ; ce qui confirmeroit les remarques que nous avons déjà faites (1) fur la maniere dont Alexandre le Grand eſt peint hiéroglyphiquement dans les prophéties Hébraïques.

6.

Du CHAPEAU qu'on voit fur ces médailles, ornement des Rois Macédoniens.

Ces médailles d'Alexandre I ont un autre avantage dont perfonne, que je fache, ne s'eſt apperçu, c'eſt de nous donner la vraie forme du CAUSIE, efpèce

---

(1) Ci-deffus, pag. 194.

de chapeau dont parlent les anciens, PAUSANIAS, ATHENÉE, PLU-TARQUE, &c. & de nous apprendre la haute antiquité des chapeaux, ce qui n'étoit pas moins inconnu.

Le CAUSIE étoit une couverture de tête que les anciens expliquent par *pilos platys*; ce qu'on a cru rendre en François exactement par ces mots, *bonnet de poil à larges bords*, mais qui étant le PILEUS des Latins, est un vrai chapeau comme les nôtres, quand ils ont les ailes abaissées de tous côtés, comme pour servir de parasol.

Le causie étoit en effet de poil ou de laine, ainsi que les chapeaux, si bien tissu & si bien apprêté qu'il servoit d'abri contre le mauvais tems, & qu'il tenoit lieu de casque dans les combats. Les Rois de Macédoine le portoient avec un diadême à l'entour.

Ce chapeau, tel qu'il est sur les médailles d'Alexandre I, répond parfaitement au *baratlé*, chapeau affecté à quelques membres de la souveraineté à Berne, & qui sert souvent de dot à leurs filles; comme autrefois, mais avec moins de profit, le *chapeau de roses* des jeunes mariées.

Il ne ressemble pas mal non plus à la tocque Béarnoise.

On peut donc dire que les chapeaux sont un ornement vraiment Celtique par leur forme, par leur matiere, par leur antiquité, par leur usage, & combien on étoit éloigné de la vérité sur ces objets, puisqu'on a toujours soutenu que les chapeaux étoient une invention moderne qui ne remonte pas au-delà du quinzième siècle.

Il est très-apparent que tous les Macédoniens portoient des causies comme ceux des Rois, à l'exception du diadême, & peut-être avec quelqu'autre différence pour la forme ou pour la figure.

On dérive ordinairement ce mot de *causos*, chaleur, parce que les causies mettoient à l'abri du soleil; mais ils mettoient également à l'abri du froid: les mêmes mots qui ont désigné la chaleur, ont servi en même tems à désigner les habillemens, parce qu'ils tiennent au chaud; mais ce mot pourroit tenir également à la racine primitivee CAU, creux, fond, ce qui peindroit la forme du chapeau & seroit peut être une étymologie plus naturelle.

L'Anthologie contient une Epigramme d'Antipater de Thessalonique sur le causie qu'on offrit à ce Lucius Pison à qui Horace dédia son Art Poétique, & qu'Auguste avoit chargé de dissiper des séditions qui s'étoient élevées dans la Thrace & dans la Macédoine. On peut la rendre ainsi:

« Sous le nom de CAUSIE, je fus pour les Macédoniens une armure légère
» qui servoit de chapeau contre les mauvais tems, & de casque dans les

» combats. Jaloux de pomper la fueur de votre front, je paffe, vaillant Pifon,
» de l'Emathie fur une tête Aufonienne ; recevez-moi favorablement, quoique
» fimple tiffu, j'ai fait trembler les Perfes & je vous foumettrai les Thraces ».

Cette Epigramme a été auffi traduite & commentée par M. Boivin le cadet, dans les Mémoires de l'Académie des Infcriptions & Belles-Lettres (1).

7.

De LEOCEDES, *fils de Phidon felon Hérodote, & des tournois de Clifthenes auxquels il affifta.*

Hérodote parle de Phidon (2) à l'occafion d'un Prince Grec appelé Leocedes qu'il dit être fils de Phidon & qui affifta à des tournois donnés par Clifthenes, qu'on peut regarder comme un modele parfait de tout ce que notre ancienne Chevalerie a eu de plus galant en ce genre.

CLISTHENES, tyran de Sicyone, eft couronné aux jeux olympiques. Plein de joie d'un triomphe auffi glorieux, il fait publier dans l'inftant par un Héraut au milieu de toute la Grèce affemblée, que dans foixante jours tout Prince ou tout homme illuftre par fa naiffance, nous dirions, tout Chevalier qui fe croira digne de fa fille AGARISTE, ou d'être le gendre de Clifthenes, n'a qu'à fe rendre à Sicyone pour les noces de fa fille qu'il accordera à celui qui fe fera le plus diftingué dans les jeux ou tournois qui s'ouvriront alors, & qui dureront une année entiere dans un lieu préparé exprès.

La jeuneffe Grecque, la plus illuftre par fes ancêtres & par l'éclat de fa patrie, accourut de toutes parts. Là vinrent Smyndirides de Sybaris, qui furpaffoit tous fes concitoyens en luxe & en magnificence ; & Damas le Sirites, fils de Samyris, qu'on appelloit le Sage, tous deux de la grande Grèce.

Amphimnefte, d'Epidamne en Ionie, Males d'Eolie, frere de Titorme, le plus fort de tous les Grecs, & qui s'étoit réfugié dans l'extrémité de l'Eolie pour fuir la compagnie des vivans.

Leocedes, fils du tyran Phidon, l'Arcadien Amiante, fils de Lycurgue de Trapezonte.

Laphanes, fils de l'Arcadien Euphorion, qu'on difoit avoir reçu chez lui

---

(1) Tome II. (2) Liv. VI.

Castor & Pollux, & qui par cette raison avoit droit d'hospitalité chez tous. Onomastes d'Elée, tous du Péloponèse.

D'Athènes, Megacles, fils d'Almeon, qui avoit été chez Crésus. Un autre Hippoclides, fils de Tisandre (1), le plus riche & le mieux fait des Athéniens.

Lysanias, d'Eretrie, ville d'Eubée, alors très-florissante.

Cranonius, de Thessalie, & Alcon, du pays des Molosses.

A l'arrivée de tous ces prétendans, Clisthenes vérifie leur patrie & leurs familles ; il les blasonne, pourroit-on dire, comme on faisoit dans tous les tournois : il les éprouva ensuite une année entiere, pendant laquelle il les traita splendidement, d'une maniere digne de leur naissance & de son rang. Il eut ainsi le tems d'étudier leur courage, leurs mœurs, leur caractère, leur génie, l'étendue de leurs connoissances, & de les connoître, soit pendant les repas, soit pendant la durée des jeux, des combats & des exercices gymnastiques, où il les accompagnoit sans cesse. Les Athéniens lui plaisoient le plus, Hippoclides sur-tout, qui descendoit des Cypseles, autrefois maîtres de Corinthe.

L'année étant expirée, & le jour du choix de l'époux arrivé, le Prince fait égorger cent bœufs & donne un grand festin aux prétendans & à tous les Sicyoniens. Vers la fin du repas, Hippoclides demanda aux musiciens un air de danses baladines & après en avoir exécuté quelques-unes, il se met à danser sur la tête comme sur les pieds ; Clisthenes indigné, lui dit : *Hippoclides, vous avez dansé votre mariage* ; celui ci répondit : *c'est le moindre des soucis d'Hypoclides* ; ce qui passa en proverbe.

Alors Clisthenes adressant la parole à tous les prétendans, leur dit qu'il desireroit pouvoir les gratifier tous ; mais que la chose étant impossible, puisqu'il n'avoit qu'une fille, il les prioit, du moins en reconnoissance de ce qu'ils avoient bien voulu se mettre sur les rangs pour être son gendre, & de ce qu'ils avoient été si long-tems absens de chez eux, d'accepter chacun un talent d'argent, & que d'ailleurs il donnoit sa fille à Megacles. Celui ci l'ayant acceptée avec empressement, la fête se termina par ces noces qui furent célébrées dans toute la Grèce, & qui augmenterent de beaucoup la gloire & la puissance des Alcméonides.

---

(1) Les copistes ont donc omis le premier de ces Hippoclides & peut-être le nom d'autres prétendans.

8.

Epoque de ce Tournois.

Il eſt queſtion de fixer l'époque de ce tournois, afin de s'aſſurer ſi en effet Leocedes étoit fils de Phidon, & s'il ne s'eſt pas gliſſé ici une faute dans le texte d'Hérodote, à moins que le mot Grec, qu'on rend par celui de *fils*, παις ne ſignifie auſſi un *deſcendant*, ce que les traducteurs n'auroient cependant pas ſoupçonné.

Hérodote dit de Megacles qu'il étoit fils d'Alcmeon, qui avoit été chez Créſus. Mégacles étoit donc poſtérieur à Créſus, ou plus jeune : mais Créſus monta ſur le trône en 562, & il le perdit en 548. En ôtant 562 de 850 au moins où Phidon pouvoit encore vivre, on a un eſpace de 288 ans ; eſpace beaucoup trop long pour que Leocedes fût fils de Phidon.

D'un autre côté, on nous a conſervé la généalogie de (1) la fille de Cliſthenes juſqu'à Périclès qui mourut en 429, & qui étoit Général des Athéniens en 455.

De Megacles & d'Agariſte naquirent Cliſthenes & Hippocrates.

D'Hippocrates, Megacles & Agariſte.

Agariſte épouſa Xanthippe, fils d'Ariphron, & en eut Périclès.

Il n'y auroit donc que deux générations entre Megacles, contemporain de Leocedes & Périclès, qui étoit aſſez jeune en 455, à-peu-près environ 90 ans après le mariage de Megacles.

Cependant cette généalogie eſt brouillée, puiſque dans le fait Agariſte, mere de Périclès, devoit être fille de Cliſthenes l'Athénien, celui-ci ayant toujours été regardé comme le grand pere de Périclès.

C'eſt ce Cliſthenes qui étant Archonte d'Athènes, fit chaſſer, en 512, Hippias, fils de Piſiſtrate, & établit l'oſtraciſme.

Celui de Sicyone étoit ſi prévenu pour ſa patrie, qu'il bannit de cette ville tous les Bardes qui venoient y chanter les poëmes d'Homere, parce que ce Poëte ne célèbre qu'Argos & les Argiens. Il détruiſit même le beau monument qu'on y voyoit à l'honneur d'Adraſte, fils de Talaüs, un des ſept Princes ligués contre Thèbes, parce qu'il étoit d'Argos ; & pour mieux

---

(1) Hérod. Liv. III. 131.

marquer son antipathie, il éleva un maufolée à l'honneur de Menalippe de Thèbes, du parti oppofé à ces Princes, & qui avoit tué le fils & le gendre de cet Adrafte dont il venoit de détruire le monument.

9.

Rapport de cette fête avec nos anciens Tournois.

Le rapport de cette fête ne peut être plus grand avec nos anciens tournois; c'eft de part & d'autre le même efprit de galanterie, les mêmes jeux; les mêmes perfonnages, la même annonce folemnelle & faite long tems à l'avance; les mêmes précautions pour n'être pas trompé fur la nobleffe des combattans. La Grèce d'ailleurs étoit bien faite pour donner un pareil modèle à la Nobleffe Européenne, & fur-tout aux Chevaliers François, chez qui les favans ont fait tout ce qu'ils ont pu pour trouver l'origine des anciens tournois.

On croit que le premier qui les *inventa* en France, fut Geoffroy, Seigneur de Preuilly en Anjou, qui fut tué en 1066. Ils ne remonteroient ainfi qu'au onzième fiècle. Mais on ne penfe donc pas que les fêtes les plus galantes étoient établies depuis long-tems dans les provinces méridionales, fur-tout en Provence, & que les Grecs y avoient porté depuis nombre de fiècles, l'efprit, la vivacité & l'enjouement de leur nation?

On oublie également que les deux freres, Louis-le-Germanique & Charles-le-Chauve, avoient donné de fuperbes tournois à tous leurs Seigneurs Saxons, Gafcons, Auftrafiens, Bretons, &c. dès l'an 842, après qu'ils eurent fait cette célèbre alliance qui forme le fujet de notre vignette dans les origines Françoifes, & certainement ce ne fut pas une nouveauté.

10.

Confirmation de nos principes par les conditions qui accompagnerent l'établiffement des tournois en Allemagne.

1°. *Henri I établit les Tournois avec preuve de nobleffe.*

Dans ce moment nous rencontrons un paffage tiré d'un ouvrage fur la nobleffe par LA ROQUE, Ch. CLXXII qui nous auroit évité bien de la peine fi

nous

nous l'avions connu plutôt. On y assure que lorsque HENRI l'Oiseleur, Empereur d'Allemagne, institua les Tournois dans cette vaste contrée en 935, il ordonna que pour y être admis, il faudroit faire preuve de douze quartiers.

2°. *Première conséquence qui en résulte.*

Ce passage est très-heureux; nous y voyons les Tournois établis en Allemagne avant l'époque qu'on leur assigne en France; par conséquent on est obligé de reculer d'autant celle des armoiries ou Blason : & par-là même on voit combien peu étoient fondés ceux qui n'en vouloient pas reconnoître l'institution avant les Croisades.

3°. *Noblesse héréditaire très-ancienne.*

Il démontre de plus, que long-tems avant les Tournois, il y avoit une Noblesse héréditaire & un vrai Blason, puisque l'Empereur Henri exige de ceux qui voudront être admis à ces Tournois, qu'ils fassent preuve de douze quartiers. Ce qui eût été une extravagance s'il n'eût pas existé en effet des Familles où la Noblesse fût héréditaire, & si elles n'avoient pu constater leur filiation pendant quatre siècles, à trois quartiers ou générations par siècle. Ce qui nous conduit au sixième siècle, au tems du Royaume d'Austrasie, & long-tems avant Charlemagne même, dont la Maison venoit de s'éteindre. Henri étant le second Empereur pris d'entre les grandes Maisons d'Allemagne.

Ceci prouve encore avec quel peu de soin on a conservé en France les titres de la Noblesse, ou quelles affreuses révolutions elle y a essuyées, puisqu'on avoit entièrement perdu de vue son existence ou ses preuves antérieures au X°. siècle, à ce siècle où Henri II exigeoit une si haute Antiquité pour sa Noblesse, lors même qu'on prétendroit que ces douze quartiers ne seroient pas tous successifs, & qu'ils se partageroient en deux parties collatérales.

Mais supposer des Familles en état de prouver quatre cents ans de Noblesse, c'est en supposer de beaucoup plus anciennes, parce que dans ces sortes d'occasions on prend un parti moyen, ce qui est à la portée du plus grand nombre. Ainsi il devoit y avoir alors des Familles dont la Noblesse remontât à deux ou trois cents ans de plus, c'est-à-dire, à cette époque où les Peuples du Nord s'ébranlèrent contre le Midi, & où leur Noblesse étoit connue, puisqu'elle seule avoit droit de porter les Armes.

4°. *Noblesse héréditaire antérieure aux Fiefs héréditaires.*

Ainsi, lorsque les Francs firent la conquête des Gaules, ils étoient Nobles indépendamment de tout Fief; & d'une Noblesse héréditaire, que très-mal à propos on a confondu avec la Noblesse des Fiefs héréditaires; tant étoient nombreuses les fausses idées dans lesquelles on étoit à cet égard.

Aussi en Italie a-t-on conservé constamment cette Noblesse personnelle des Familles, indépendante de tout fief, de toute possession: ainsi elle est une preuve vivante de la certitude de nos Principes.

5°. *Preuves de Noblesse inséparables des Jeux & des Tournois.*

Puisqu'Henri I. établissant les Tournois en Allemagne, fixe à douze quartiers les preuves de Noblesse que feroient les Chevaliers qui demanderoient à y être admis, & que chacun s'y soumit sans difficulté; c'est une preuve que les Jeux anciens qu'on cherchoit à imiter dans les Tournois, étoient également appuyés sur le même usage, & qu'on étoit accoutumé depuis long-tems à faire de pareilles preuves de Noblesse.

6°. *Faits, souvent difficiles à se procurer.*

Plus on fouilleroit avec soin dans l'Antiquité & dans l'Histoire du moyen-âge, & plus on trouveroit de preuves convaincantes de ce que nous avançons dans nos divers Essais, & sur-tout dans celui-ci, sur lequel en particulier nous n'avons pas cru devoir faire des recherches plus profondes. Des faits isolés & noyés dans une immensité de livres qu'on n'a pas toujours sous la main, sont très-difficiles à se procurer, par le tems sur-tout qu'il faudroit sacrifier à ces recherches.

D'ailleurs nous nous estimons assez heureux de pouvoir offrir aux recherches des Savans de nouveaux points de vue, sans avoir la prétention de dire & de faire aussi bien qu'eux. Emportés par la masse immense de notre plan, & ne pouvant ni lire, ni approfondir tout ce qui est relatif à ses nombreuses ramifications, il nous échappe nécessairement sans cesse des preuves qui serviroient non-seulement à donner plus de force à ce que nous avançons; mais qui nous conduiroient sans doute à de nouveaux développemens.

Il est souvent tel fait, telle preuve, qui vaut mieux qu'une dissertation entière, quelque bien faite qu'elle soit.

ARTICLE IV.

De la différence des Symboles placés sur les Monnoies des Rois, & sur celles de divers Etats.

1.

Les Rois, les Empereurs mettent leurs effigie sur les Monnoies.

Lorsqu'une fois un Prince eût commencé de mettre son nom & ensuite son effigie sur ses médailles ou sur ses monnoies, tous les autres Rois en firent de même, sur-tout les Successeurs d'Alexandre.

Les Empereurs Romains s'arrogèrent à leur tour le même droit, non en qualité de Rois, on ne l'eût pas souffert, ou du moins ils auroient eu peur de soulever les Romains; mais en vertu de leur autorité pontificale, en qualité de Personnages sacrés, divins, de Lieutenans de la Divinité.

A cet égard, on ne peut trop admirer la bisarrerie des jugemens humains. On ne cesse de s'élever contre l'Apothéose des Empereurs, tandis qu'on ne dit rien de l'usage qu'ils s'étoient attribué de faire frapper la monnoie à leur coin : c'est qu'on est accoutumé à ce dernier usage, & qu'on ne voit pas qu'il étoit la base de l'Apothéose, & que celle-ci n'en étoit qu'une conséquence naturelle. Il n'est pas étonnant qu'on regardât comme admis après leur mort au rang des Dieux, ceux qui de leur vivant en avoient tenu la place & en avoient eu tous les droits. Ceux-ci étoient réels : l'Apothéose n'étoit qu'une cérémonie qu'ils amenoient à leur suite.

2.

Villes qui se refusent à ce droit.

Nous l'avons vu, les Villes libres ne mettoient jamais sur leurs monnoies, l'effigie & les noms d'aucun mortel : mais lorsqu'elles furent soumises aux Empereurs, il fallut qu'elles se soumissent à l'usage nouveau, & qu'elles frappassent monnoie au coin des Empereurs.

Quelques-unes cependant eurent assez de noblesse & de grandeur d'ame pour s'y refuser. Telles furent ATHÈNES & CORTONE.

Les Antiquaires conviennent que ces deux Villes ne frapperent jamais de médailles à l'honneur des Empereurs Romains : ils obfervent encore qu'elles n'en frapperent même aucune pour conferver le fouvenir de leur Gouvernement, de leurs magiftrats, de leurs Alliances, de leurs Jeux, de leurs Victoires.

Symbole d'Athènes.

On ne voit fur les Médailles d'Athénes, comme nous l'avons vu plus haut, que Minerve fa Patrone, fon Olivier, fa Chouette.

Symbole de Cortone.

Celles de Cortone ne nous préfentent également que les têtes des deux grandes Divinités Sabéennes, Junon LACINIA ou la Lune et Apollon ou Hercule repréfentant le Soleil, avec le Trépied d'Apollon, fymbole de l'année aux trois Saifons primitives, & emblême du Soleil.

Comme la caufe de ce fur-nom de LACINIA eft inconnue, & que les Grecs ne l'expliquoient que par un conte fabuleux à leur manière; que d'ailleurs il confirme ce que nous avons déjà dit pour faire voir que Junon eft une des Divinités fymboliques de la Lune, entrons dans quelque détail à ce fujet.

3.

Du fur-nom de LACINIA donné à Junon.

Le Temple de Junon Lacinia étoit à fix milles de Crotone, dans un bois facré d'une vafte étendue, avec des pâturages immenfes, où fe répandoient les nombreux troupeaux de la Déeffe, fans avoir befoin de gardiens, étant à l'abri des bêtes féroces & de la malice des hommes. Une colonne d'or maffif s'élevoit au milieu de ce Temple, auffi célebre par fes richeffes que par fa fainteté, étant vénéré de toutes les contrées voifines (1).

Ce Temple, difoit-on, avoit été érigé par Hercule en mémoire de ce qu'il avoit affommé en cet endroit le brigand LACINIUS, voleur redoutable de la Contrée, qui lui enlevoit de tems en tems quelqu'un de fes bœufs.

On fent très-bien que c'eft un conte inventé pour ne pas refter muet fur la

---

(1) Tit.-Liv. XXIV.

cause d'une épithète aussi singulière que celle de LACINIA donnée à Junon; il n'y avoit que des Grecs ou des Romains qui puſſent s'en contenter.

C'eſt un nom certainement ſignificatif, non dans la langue de ces Peuples nouveaux venus dans le Pays, mais dans celle de ces premiers habitans Peuples Celtiques, & qui conſacrèrent cette Forêt à la Reine des Cieux, à la Grand-Dame du Pays.

Ils l'appellerent avec beaucoup de raiſon LAT-CINia, mot-à-mot, REINE du PAYS; de deux mots qui ſubſiſtent encore dans nombre de Dialectes Celtiques, & dont nous avons déjà eu occaſion de parler.

LAT, ſignifie pays, comme nous l'avons dit dans nos Origines Latines & ailleurs d'où vint le LATium; & qui ſe naſalant, a fait le LAND des Peuples du Nord.

CIN, KIN, ſignifie Roi, Chef: de-là le KINg des Anglois, le KœNig des Allemands, le KEN & KœN des Orientaux, qui tous ſignifient Chef, Roi, Prince.

Il n'étoit pas étonnant que les Crotoniates ne fuſſent point au fait de cette étymologie: ils étoient une Colonie Grecque, fort poſtérieure, de leur propre aveu, à la fondation de ce Temple: ils ne remontoient, dit-on, qu'au tems de Numa, tandis que le nom de la Déeſſe & ſon Temple ſe confondoient avec le tems d'Hercule, c'eſt-à-dire, avec les tems les plus reculés, avec ceux où les Celtes étoient venus habiter le pays, & y avoient apporté le Culte du Soleil, de la Lune, & des bois, comme nous l'avons fait voir dans le Diſcours Préliminaire des Origines Latines.

4.

Monnoies de ces Villes, inutiles pour l'Histoire.

Mais il réſulte de-là un inconvénient fâcheux relativement à l'Hiſtoire: c'eſt que les monnoies de ces villes, quoiqu'elles ſe ſoient tranſmiſes juſqu'à nous, ſont abſolument inutiles pour nous mettre au fait des événemens qui leur ſont relatifs: au lieu que celles qui ont été frappées au coin des Rois, ou avec des Inſcriptions hiſtoriques, ſont un ſupplément précieux à ce qui nous manque en livres.

§. 5.

Motifs qui purent déterminer les Empereurs à laisser ces Villes libres à cet égard.

Comment des Princes aussi jaloux de leurs droits que les Empereurs Romains purent-ils consentir à ce que des villes entieres se refusassent constamment à frapper leurs monnoies à leur coin, & mêmes des médailles en leur faveur; tandis que l'Univers presqu'entier & Rome elle-même s'empressoient à leur donner à cet égard les marques de la flatterie la plus rampante?

Ils ne suivirent cependant sur cet objet aucun plan fixe: tandis que telle ville mettoit sur ses monnoies leur effigie, telle autre n'en faisoit rien, & des troisièmes y associoient leurs symboles à ceux du Prince.

C'est ce qu'a fort bien vu M. l'Abbé BARTHÉLEMI.

» Il est certain, dit il dans son Essai de Paléographie Numismatique (1),
» que les successeurs d'Alexandre & ensuite les Romains, voulurent que cer-
» taines villes ne missent sur leurs monnoies que le nom du Prince qui les
» gouvernoit: qu'ils permirent à d'autres de n'en faire aucune mention, &
» qu'ils consentirent bien souvent qu'on y associât le nom de la ville & celui
» du Prince: de-là trois différentes sortes de Médailles Grecques: celles des
» Rois, les Impériales Grecques & celles des Villes Grecques ou Auto-nomes ».

Cette condescendance de Princes aussi jaloux de leurs droits, n'est point naturelle: il faut qu'elle ait eu un motif puisé dans leur profonde politique. Ils savoient trop bien que leur droit d'effigie n'étoit qu'une usurpation sur les droits divins, pour l'exiger forcément: ils comprirent qu'en laissant les villes parfaitement libres à cet égard, on s'accoutumeroit insensiblement à regarder ce droit comme purement civil, comme de simple administration & d'une saine politique, & que le petit nombre de celles qui ne s'y conformeroient pas, ne pourroit être nullement contagieux. C'est avec cette adresse que se sont établis une foule d'usages & de coutumes qui auroient sans cela occasionné de terribles révolutions.

Aussi lorsque les Officiers de la Monnoie sous Auguste voulurent forcer les Athéniens à changer leur usage & à substituer la tête d'Auguste à celle de Minerve, ceux ci s'adressèrent directement à l'Empereur, & lui dirent avec

---

(1) Mém. des Insc. & B. L. T. XXIV.

cette noble fierté qui convient si bien à des hommes libres, égaux en élévation aux Princes, que jamais ils n'avoient mis sur leurs monnoies d'autres symboles que ceux de Minerve leur Déesse : que ces symboles étoient en même tems les preuves de leur liberté, de leur origine, de cet amour pour les Sciences qui faisoit de leur ville le centre des connoissances : qu'ils regarderoient comme la source de leur décadence à tous ces égards s'il falloit que la tête de leur Déesse, source de toute science & de toute sagesse, fît place à celle d'un Prince qui, quelqu'auguste qu'il fût, n'étoit pas la Divinité même. L'Empereur touché de cette noblesse de sentimens, fit un décret qui dispensoit les Athéniens de mettre jamais sur leurs monnoies d'autre effigie que celle de leur Patrone, paroissant accorder ainsi à la piété respectable des Athéniens, ce qui n'étoit que l'effet de sa politique.

Les habitans de Cortone firent sans doute la même démarche & avec le même succès, puisque leurs Médailles offrent toujours sous les Empereurs ainsi que celles d'Athènes, l'apparence d'un Peuple libre & qui ne reconnoissoit d'autres Protecteurs de la bonne-foi que les Dieux.

Qu'importoit d'ailleurs à ces Maîtres de la terre que quelques villes parussent un peu plus libres que d'autres ? Pourvu qu'ils fussent maîtres absolus dans Rome qui leur paroissoit l'Univers, ils n'étoient jaloux de se montrer ailleurs que comme des Généraux d'Armées destinés à étendre les frontières de l'Empire Romain & à le faire jouir de la plus profonde paix. Que Rome & les Armées reconnussent leurs loix, tout le reste pouvoit être libre, en ne se permettant rien contre leur autorité.

6.

Causes du scrupule de ces Villes.

Où donc ces Peuples non éclairés du Christianisme, avoient-ils puisé des maximes aussi honorables, dont se doutent si peu les Antiquaires & qui feroient regarder les Athéniens comme étant presqu'aussi scrupuleux que les Juifs.

Dans l'usage ancien & constant, nous le répétons, des premiers Peuples qui persuadés que la monnoie étoit l'ame du Commerce, & que le Commerce ne pouvoit réussir qu'au moyen de la bonne-foi, mirent l'un & l'autre pour les rendre infiniment respectables, non sous la protection des hommes mortels, mais sous celle uniquement de la Divinité présente à leurs actions, gardienne de la bonne-foi, vengeresse du parjure & du crime.

Rien n'étoit plus augufte, plus refpectable, plus facré que cette coutume: ne foyons donc pas étonnés qu'elle ait été commune à tous les Peuples anciens qui fe regarderent toujours comme étant fous la protection immédiate de la Divinité; & qu'elle fe foit conftamment maintenue chez les Athéniens, le plus religieux des Peuples, celui qui mettoit le plus de gravité & de décence dans le culte des Dieux.

La déférence d'Augufte pour ce Peuple, marque en même tems l'eftime & la confidération que cette République s'étoit acquife, & la met fort au-deffus des Romains qui fe livrerent aux flatteries les plus révoltantes pour célébrer la divinité de leurs Empereurs.

7.

Vexations auxquelles donnerent lieu ces empreintes de la tête des Empereurs.

La Divinité ou les refpect divins qu'on attachoit à l'empreinte de la tête des Empereurs fur les monnoies, parvint à un tel excès qu'elle fut une fource des vexations les plus odieufes fous les regnes des mauvais Empereurs & lorfqu'on laiffoit liberté entiere aux délateurs. Alors on faifoit regarder comme un crime de Lèze-Majefté divine & humaine de livrer ou de recevoir cette monnoie fans lui rendre les plus grands honneurs, & comme un bien plus grand crime de la porter fur foi en allant dans des lieux où on ne feroit pas allé avec un Empereur. En étendant ainfi de la maniere la plus abfurde le refpect civil qu'on doit avoir pour les objets inanimés qu'on expofe aux regards du Public & à fa fageffe, on trouvoit des coupables par-tout; toute action devenoit un facrilége, & il n'y avoit plus de principe.

8.

Les anciennes Monnoies des Romains, uniquement confacrées aux Dieux.

Les Romains ne mirent également fur leurs monnoies que des Symboles de Divinités, jufques vers les derniers tems de la République.

Sur leurs monnoies d'airain ou de cuivre, on voit les trois grandes Divinités du Calendrier.

JANUS aux deux faces, fous le regne de qui, difoit-on, fut inventée l'Agriculture & qui étoit par conféquent contemporain de Saturne.

MERCURE qui inventa le Calendrier pour les befoins de cette Agriculture.

HERCULE,

HERCULE, dont la marche dirigeoit tous les travaux de cet Art.

Ce choix de Divinités dont on n'a jamais cherché la caufe, parce qu'on n'a jamais foupçonné qu'il pût avoir un motif déterminé, eft d'autant plus remarquable, qu'il s'accorde parfaitement avec ce que nous avons dit dans l'explication des trois grandes Allégories Orientales relatives à Saturne, à Mercure & à Hercule; & qui prouve avec quelle fageffe les Anciens choififfoient leurs fymboles & dirigeoient toutes leurs inftructions, abftraction faite, fans contredit, des fauffes idées qu'ils paroiffoient avoir de la Divinité. Ces monnoies Romaines deviennent par conféquent une confirmation de nos grands Principes fur cet objet, & une preuve de leur accord avec la Nature & avec l'Antiquité entiere.

Le choix que les Romains firent pour leurs monnoies de ces trois Etres fymboliques, fait voir en même tems avec quelle fageffe les Anciens dirigeoient toutes leurs inftructions, & démontre que de tout tems on a cherché à fe conduire fur tous les objets relatifs au Public, de la maniere la plus réfléchie & la plus propre à produire les effets qu'on vouloit opérer.

Au revers, ces monnoies avoient la figure d'un NAVIRE, de ce Navire avec lequel, difoit-on, Saturne avoit abordé en Italie, & qu'ailleurs on appelloit le Navire d'Ifis; mais qui repréfentoit fi naturellement des villes fituées fur les eaux.

9.

Premiere Monnoie d'argent avec le nom d'un Conful.

La monnoie d'argent des Romains préfente d'un côté Rome fous la figure de MINERVE, & prefque toujours avec une croix en fautoir; au revers, le char de la VICTOIRE, attelé tantôt de deux chevaux, tantôt de quatre.

Ce dernier fymbole étoit très-bien choifi. Lorfque pour la premiere fois, cette ville fuperbe fit battre de la monnoie d'argent l'an 269 avant J. C. Rome étoit victorieufe & triomphante: Pyrrhus avoit été vaincu, les Tarentins fubjugués, les Samnites détruits après cent ans de combats plus cruels les uns que les autres, l'Italie étoit aux fers, la Sicile menacée, Carthage, la fiere Carthage frémiffoit de douleur à la vue de ces fuccès éclatans & foutenus. Les Rois de l'Orient eux-mêmes, malgré leur orgueil & leur puiffance, commençoient à rechercher l'amitié d'une République par laquelle leurs Etats devoient être dans peu anéantis & leurs defcendans maffacrés ou réduits aux fers comme de vils efclaves.

Diff. Tom. I.   L l

Il exifte encore aujourd'hui de ces Médailles d'argent frappées pour la premiere fois à Rome la cinquieme année avant la premiere guerre Punique : on en voit une dans le Recueil des Médailles des Familles Romaines, par PATIN, fous la famille FABIA. Rome y eft repréfentée fous le fymbole de Cybèle couronnée de fes Tours, avec cette Infcription E X A P V, *Ex Auro Publico*, de l'argent public.

Au revers on voit un Char à deux chevaux conduits par la Victoire, avec ces mots dans l'exergue, C. FABI. C. F. *Caius Fabius Fils de Caius*. Ce Fabius étoit l'un des Confuls de l'année, & le fecond de ceux qui furent furnommés PICTOR, *le Peintre*.

10.

Rome commence ainfi à s'éloigner de l'Ordre.

Nous voyons donc ici le moment où Rome enorgueillie de fes exploits, commence à s'éloigner de fa fimplicité primitive & à méconnoître la puiffance des Dieux : elle n'ofe pas, il eft vrai, bannir de fes monnoies leur effigie, un refte de pudeur la retient encore à cet égard ; mais du moins elle l'accompagne du nom de fes Confuls triomphans : ainfi elle s'effaye à mettre fes Héros fur la même ligne que les Dieux : bientôt elle en fera des Dieux mêmes : & prefqu'auffitôt elle fera forcée de proftituer ce nom en le donnant à des monftres plus dignes des Petites-Maifons que de l'Empirée. C'eft ainfi que dès qu'on commence de s'écarter de l'Ordre, qu'on fe réfout à lui porter quelqu'atteinte, on devient la proie du défordre, il nous inveftit de toutes parts ; & nous conduifant d'illufions en illufions, il nous entraîne dans les précipices les plus profonds.

D'ailleurs, celui qui fit faire ce premier pas à la République, réuniffoit toutes les qualités requifes pour cette innovation : c'étoit un Fabius, c'eft tout dire : la Famille FABIA, illuftre dans tous les tems, étoit alors peut-être la plus puiffante des maifons de Rome : la fplendeur de fon extraction, la multitude de fes branches, fes richeffes, la grandeur de fes exploits, la fierté & l'orgueil attaché conftamment à cette famille, tout contribuoit à favorifer la vanité de fes Membres. Ils fe croyoient au-deffus des Rois : ceux ci frappoient de la monnoie à leur coin : un Fabius pouvoit-il n'y pas mettre du moins fon nom ?

II.

L'Apothéose des Empereurs en fut la suite naturelle.

Rome ne vit donc jamais l'empreinte d'un mortel fur fes monnoies tandis qu'elle fut libre : elle fut alors comme tout autre peuple fous la protection immédiate de la Divinité, feule garante de la bonne-foi des Traités. Ce ne fut que lorfque fes vices la forcerent de ployer la tête fous le joug, qu'un mortel ofa fe placer fur fes monnoies à la place de la Divinité ; qu'il ofa en ufurper les titres, fe faire élever des Autels, & fe faire appeller divin comme ayant fuccédé à tous les droits des Dieux Protecteurs du Peuple Romain : & par cette fubftitution audacieufe, les Romains n'eurent plus qu'un pas à faire pour déïfier leurs Tyrans.

ARTICLE V.

MONNOIES DE L'ORIENT.

1.

Monnoie des Hébreux.

Ce que Rome avoit fait, ce qu'Athènes continua de faire malgré l'exemple contagieux de Rome, c'eft ce qu'avoient également pratiqué fcrupuleufement les anciens Peuples de l'Orient. Aucun d'eux n'avoit ofé mettre fur fes monnoies l'effigie de fes Princes : tous y plaçoient les fymboles de leur Empire & de la Divinité, tant étoit grande l'idée qu'ils avoient de leur augufte origine & de la dignité de l'homme.

Jamais fur les monnoies des Hébreux, on ne vit des têtes de Prince ; pas même lorfque les Rois de Syrie leur eurent donné permiffion de battre monnoie. Jamais on n'en voit fur celles des Mahométans defcendus des anciens Peuples Orientaux & qui ont confervé conftamment une foule d'ufages de la haute Antiquité. Jamais on n'en vit fur celles de l'Egypte libre & non fubjuguée ; mais comme c'eft un point abfolument neuf, nous en allons faire un Article féparé.

II.

Monnoie de l'ancienne Egypte tandis qu'elle se gouvernoit par ses propres Loix.

1.

On ne connoissoit avant nous aucune Monnoie de l'ancienne Egypte.

Aucun Antiquaire, aucun de ces hommes riches & infatigables qui avec un soin extrême ont rassemblé de toutes parts des amas prodigieux de Médailles, n'ont jamais pu parvenir à se procurer une seule Médaille connue des anciens Rois Egyptiens, de ces Princes qui régnoient sur cette Nation quand elle se gouvernoit par elle-même, & avant qu'elle eût été subjuguée par les Perses & par les Grecs.

On en a conclu, ce qui se présentoit naturellement à l'esprit, ou que jamais les anciens Egyptiens n'avoient eu de monnoie à empreinte, qu'on n'en jugeoit qu'au poids, ce qui sembloit confirmer merveilleusement l'opinion que la monnoie à empreinte étoit peu ancienne à l'époque de notre Ere; ou que les monnoies Egyptiennes s'étoient entierement perdues.

On ne pouvoit rien imaginer de mieux, dès qu'on n'avoit pas rencontré le vrai; quoiqu'il fût bien difficile de penser que les Egyptiens qui étoient si habiles dans les Arts en tout genre, en eussent négligé un qui étoit aussi avantageux pour le Commerce, tandis sur-tout que leurs voisins avoient été assez industrieux pour avoir de très-belles monnoies en or & en argent.

Et s'ils en ont eu, comment leur monnoie se seroit-elle absolument anéantie dans une contrée où tout brave les injures du tems & des siècles entassés? où les couleurs les plus tendres conservent depuis trois ou quatre mille ans toute leur fraîcheur?

2.

Il en existe cependant.

Disons mieux; ce Peuple sage eut des monnoies, des monnoies à figures, & il en existe encore de nos jours; on en voit même dans les cabinets les mieux composés; mais inconnues, dégradées comme le Peuple qui les fit frapper. Il y en a en bronze, en or, en argent; là, elles sont rangées parmi les Médailles inutiles, dont on ne sait que faire, qu'on met au rebut, parce qu'elles n'offrent aucune tête de Prince, aucune Inscription, aucun de ces caractères qui font connoître avec tant d'intérêt la date & le pays d'une monnoie ou d'une médaille.

Les Egyptiens, ou dédaignoient ces détails, ou ne les connoissoient pas; d'ailleurs, chez eux la Nation étoit tout, le particulier rien : ils n'ont pas même conservé le nom des Constructeurs des étonnantes Pyramides, parce que ces Pyramides ne furent jamais consacrées qu'à l'utilité nationale, & n'eurent jamais pour but de flatter l'orgueil d'un Prince ou d'élever un monument à sa gloire : c'eût été un genre de gloire bien bisarre.

3.

Les Egyptiens rapportoient tout aux Dieux & au Public.

Ce Peuple sage vouloit qu'on ne reconnût ses travaux qu'à leur utilité; par ce moyen, il évitoit les inconvéniens des ouvrages qui ne portent pas sur cette utilité, & qui sont plus propres à détériorer les Nations, à les éloigner de leur vraie route, qu'à les entretenir dans ce qui constitue leurs vrais intérêts. Il se peut que par ce moyen, ils se perfectionnassent peu; du moins, ils se maintenoient tels qu'ils étoient, & c'étoit déja beaucoup.

C'est par la même raison que tous leurs livres paroissoient sous le nom de THOT ou Mercure; tous sous le titre de l'*Instituteur du Genre-humain*, titre admirable & bien choisi, auquel il seroit à souhaiter que la plupart des livres fussent dirigés.

Il n'est donc pas étonnant que chez un pareil Peuple, les monnoies ne portassent d'autres symboles que ceux qui appartenoient à chacune des Villes qui les faisoit frapper : il étoit impossible qu'elles en eussent d'autres; à moins que les Egyptiens n'eussent renoncé à tous leurs principes.

C'est donc ignorer l'état primitif des monnoies ou de la Numismatique, que de chercher sous d'autres marques la monnoie de cet ancien Peuple ; c'est regarder la détérioration de cet art, comme son état primitif.

4.

Monnoies Egyptiennes contenues dans les Médailles de M. PELLERIN.

Le beau Recueil de Médailles de M. PELLERIN, offre plusieurs Médailles d'or qui sont, ou je me trompe fort, Egyptiennes, du tems où l'Egypte étoit gouvernée par ſes propres Rois, du ſixième ſiècle au moins avant J. C. Tems au-delà duquel remontent en effet nombre d'autres Médailles très-connues.

M. PELLERIN a placé celles-ci au nombre des inconnues, par les mêmes raiſons dont nous venons de parler. Telles ſont les huit dernières Médailles de la Planche CXV, Tome III des Peuples & des Villes. Elles ſont d'une forme très-ancienne, de ſon propre aveu, correſpondante aux tems où nous les plaçons : & en les comparant avec d'autres Médailles reconnues pour Egyptiennes par M. Pellerin lui-même, & qui font partie de la Pl. LXXXVI du même volume, on ne peut ſe diſſimuler qu'elles ſont parfaitement du même genre, ſur-tout celle qu'on peut voir dans notre Pl. I. n°. IV, & qu'on ne ſauroit méconnoître pour Egyptienne en effet à ſon Bœuf & à ſon Ibis.

Les Médailles de la Pl. CXV, & dont nous mettons quelques-unes ſous les yeux de nos Lecteurs dans notre Pl. I. offrent des ſymboles inconteſtablement Egyptiens.

Sur la 19, (n°. V. des nôtres) & la 23 on voit le LOTUS.
Sur la 22, (n°. VI. des nôtres) un grand Singe à queue.
Sur la 23, (n°. VII. des nôtres) un Oſiris aſſis.
Sur la 19 & 20, le Bouc MENDÈS, adoré en Egypte.
Sur la 18, une tête de *Loup*, ſymbole de quelques villes Egyptiennes.

5.

Ces Médailles comparées avec des Médailles Egyptiennes du tems des Empereurs.

On ne ſauroit douter que ſi on avoit à cet égard un plus grand nombre de points de comparaiſon, on ne vît les ſymboles Egyptiens ſe multiplier, & qu'on n'en trouvât même d'auſſi fortement caractériſés que ceux de la Pl. LXXXVI, & ceux du *Lotus* ou du Bouc *Mendès*.

Il eſt même très-apparent que ſi on comparoit ces ſymboles avec ceux des Médailles Egyptiennes poſtérieures accompagnées d'effigies & d'inſcriptions, on reconnoîtroit les mêmes ſymboles en tout ou en partie, enſorte qu'on n'auroit pas de peine à fixer le lieu même, la Ville où elles furent frappées, indépendamment des ſecours que l'Hiſtoire & la connoiſſance des lieux pourroit offrir; puiſqu'avec cette ſimple connoiſſance, & indépendamment de toute médaille à inſcription, nous pouvons aſſurer que la médaille du *Bouc* eſt de la ville de Mendès, & que celle ſur laquelle on voit un *Loup* eſt de la ville de Lycopolis.

Ce que nous avançons ici se change en démonstration, si on jette les yeux sur les Médailles Egyptiennes frappées sous les Empereurs & sur-tout à l'honneur d'Adrien, & qui ont été rassemblées par M. l'Abbé BELLEY (1) en particulier & par d'autres Savans. On voit par ces Médailles que les Villes de l'Egypte n'avoient pas renoncé à leurs anciens symboles, & qu'elles avoient pris le parti de faire passer au revers leurs Divinités, représentées par des personnages en pied, & ayant en main les symboles de la Ville où avoit été frappée la Médaille.

Par ce moyen ingénieux, elles ne se manquoient ni à elles-mêmes, ni à leurs nouveaux Maîtres.

Sur une Médaille de la Ville de MENDÈS, par exemple, frappée à l'honneur de Marc-Aurele le jeune, on voit Osiris debout, appuyé d'un côté sur l'hafte pure, & tenant de l'autre un BOUC (2), même symbole que sur les Médailles dont nous venons de parler, avec l'inscription MENDÈSIOS, *le Dieu de Mendès.*

La ville d'ATHRIBIS & celle de BUBASTE nous offrent sur leurs Médailles une Femme en pied, ou Diane tenant un oiseau (3).

La ville d'ANTÆO-POLIS, Serapis tenant un Crocodile.

La ville d'APHRODITO-POLIS, une petite figure & des Sphinx sur une base.

DIO-POLIS, sur les unes, un Cavalier qui tient un Serpent; sur d'autres, un Osiris qui tient un BŒUF.

HERMONTHIS & PHAR-BETH, Osiris tenant un Lion.

LÉTO-POLIS, un Crocodile.

XOIS, Hercule ayant le Lotus sur la tête, portant d'une main un Oiseau, & de l'autre sa massue.

LEONTO-POLIS, ou la ville des Lions, Osiris tenant en l'air un LION par le cou : cette dernière Médaille frappée aussi comme les précédentes sous la XIe. année d'Adrien, se trouve dans un Recueil de 258 Médailles, par le P. Louis de BIEL, pour servir de suite aux Médailles du célèbre VAILLANT (4).

Ainsi les Egyptiens ne renoncèrent jamais aux symboles armoriaux de leurs villes, & on les reconnoît avec quelqu'attention sur leurs monnoies, sous quelque forme qu'ils y paroissent, seuls comme dans les tems primitifs, ou accompagnés d'inscriptions & d'effigies comme au tems des Ptolomées & des Empereurs.

---

(1) Mém. des Insc. & B. L. T. XXVIII. (2) Mém. de l'Acad. des Insc. & B. L. T. I Hist. p. 259. (3) Ib. T. XXVIII. (4) Vienne en Autriche, *in-8*. 1734, N°. XVI.

6.

Chaque Ville Egyptienne avoit un Animal pour Symbole.

On fait d'ailleurs que chacune de leurs villes avoit un symbole particulier, & qu'il confiftoit prefque toujours en un animal qui varioit pour chaque ville, & qui étoit regardé, difoit-on, comme la Divinité de la Ville.

Le Bœuf Apis étoit adoré à Memphis.
Le Bœuf Mnevis, *mot-à-mot*, Mon, le Soleil, & Ev, Pere, à Héliopolis, *ville du Soleil*.
Une Géniffe, à Momemphis.
Le Crocodile, à Arfinoé.
L'Ichneumon, à Héraclée.
Le Chat, à Bubafte.
Le Chien, à Cyno-polis, *ville des Chiens*.
Le Poiffon Latus, à Lato-polis, *ville de Latone*.
Le Loup, à Lyco-polis, *ville des Loups*.
La Brebis, à Saïs & à Thèbes.
Le Cebe, efpèce de Singe, à Babylone près Memphis.
L'Aigle, à Thèbes.
Le Lion, à Leonto-polis, *ville des Lions*.
Le Bouc, à Mendès.
L'Epervier, à Phile.

7.

Fauffes idées qu'on fe formoit de ces Animaux.

Les Grecs & les Romains racontent des chofes étranges au fujet de ces animaux facrés de l'Egypte : ils ont tous été perfuadés que les Egyptiens leur rendoient un culte religieux ; mais lorfqu'ils en ont voulu indiquer la raifon, ils n'ont plus été d'accord.

Cicéron dit (1) que les Egyptiens n'adoroient que les animaux qui leur étoient utiles, & que c'étoit par un principe de reconnoiffance.

D'autres racontent que dans la guerre des Géans ou des Titans contre les Dieux, ceux-ci furent obligés de fe cacher fous la figure de ces animaux, afin

---

(1) De la Nature des Dieux, Liv. 1.

de pouvoir échapper à la fureur de leurs cruels ennemis. Devenus enfuite les plus forts, ils contraignirent les hommes à prendre foin des animaux de leur vivant & à les enterrer religieufement après leur mort.

Selon d'autres, les premiers hommes fe dévoroient les uns les autres, & les plus foibles étoient battus par les plus forts, jufqu'à ce qu'ils trouverent moyen de fe rallier en faifant porter au haut de quelques perches, des repréfentations d'animaux. Cet expédient ayant eu le plus heureux fuccès, non-feulement il fut défendu de tuer aucun de ces animaux, mais il fut même ordonné d'en prendre foin & de les refpecter comme les auteurs de leur falut.

Des quatriemes prétendent que les diverfes villes de l'Egypte étant portées à la révolte & à l'indépendance, un Roi établit dans chacune le culte de quelque animal, & en défendit l'ufage pour la nourriture, afin que chacune de ces villes, prévenue en faveur de fon culte, méprisât celui de fon voifin, & même qu'elle l'abhorrât en voyant qu'on mangeoit fans fcrupule les animaux qui étoient l'objet de fon adoration, afin que par ces haines réciproques, elles ne fuffent plus en état de fe liguer entr'elles & qu'elles demeuraffent fidelles au Prince.

On fent très-bien qu'aucun de ces motifs ne peut être vrai; qu'ils ne peuvent s'accorder avec la fageffe des anciens Égyptiens; qu'ils font tous infuffifans pour rendre raifon du fait; mais on n'en doit pas être furpris: les Grecs & les Romains qui ne connoiffoient rien à leurs origines, pouvoient-ils éclaircir celles des peuples étrangers, & fur-tout d'un peuple tel que les Egyptiens? Leurs voyageurs en Egypte faifoient aux Prêtres & aux fages du pays des queftions plus ridicules les unes que les autres, & ceux-ci répondoient à leur peu de fens, comme à des enfans qu'on berce de contes, parce qu'ils n'étoient pas dignes de raifonnemens plus relevés.

Auffi ne trouve-t-on dans Hérodote & dans les autres anciens qui ont parlé de l'Egypte, les caufes de quoi que ce foit; ils fe bornent à des faits qui femblent toujours finguliers & bifarres, parce qu'on n'en apperçoit jamais la caufe, & on feroit tenté de croire ou qu'ils en impofent, ou que les Egyptiens étoient un affemblage d'infenfés.

8.

Caufes de ce choix & de cette efpèce de culte rendu aux animaux.

1°.

Chaque ville portoit le nom d'un de ces animaux.

Difons mieux, les villes de l'Egypte, ainfi que la plupart des anciens peuples, prenoient pour leur nom des noms d'animaux, & ces animaux devinrent leurs fymboles & la bafe de leurs armoiries.

2°.

Chaque ville nourriffoit à fes frais quelques animaux de l'efpèce dont elle portoit le nom.

En même tems chacune de ces villes, ainfi qu'en plufieurs autres pays, entretinrent aux dépens du tréfor public quelques animaux pareils à ceux qu'ils avoient choifis pour leurs armoiries, & qui étoient ainfi leurs fymboles vivans : ils étoient logés, nourris & foignés par des gardes entretenus & défrayés également par le tréfor public. C'étoit un droit de la fouveraineté & une des marques de la majefté publique.

3°.

Ces animaux étoient apprivoifés & facrés.

On mit enfuite ces animaux fous la garde de la bonne-foi publique ; & afin qu'ils fuffent moins expofés, on les confacra à la Divinité patrone de chaque ville.

C'eft ainfi que STRABON nous apprend que les Momemphires, qui nourriffoient une géniffe aux dépens du public, l'avoient confacrée à Vénus leur Déeffe.

Le crocodile de la ville d'Arfinoé étoit apprivoifé : les étrangers fe faifoient un plaifir de lui donner du pain, de la viande, du vin ; il fe laiffoit careffer ; on ornoit fes ouies de pendants d'or & de pierreries, & fes pieds de devant d'une chaîne d'or.

Le bœuf Apis étoit logé & entretenu dans une très-belle falle foutenue par de fuperbes colonnes.

C'étoit à qui auroit de la laine ou des pièces d'étoffe faites avec la laine des brebis facrées de Saïs.

Ces animaux étoient entretenus dans des parcs facrés : des perfonnes destinées à cette fonction les nourrissoient de pâtes fines délayées dans du lait avec du miel, & de canards bouillis ou rotis. Les animaux carnivores étoient nourris d'oiseaux ; on les baignoit, on les parfumoit, on en perpétuoit l'espèce, & à leur mort on les embaumoit.

Leurs gardiens ou ceux qui étoient chargés de les nourrir & d'en avoir soin, étoient, dit-on, des personnes d'un rang distingué ; elles portoient les symboles de ces animaux, & on les respectoit jusqu'à se mettre à genoux sur leur passage.

Il est même très apparent que chaque Egyptien avoit également de pere en fils quelque animal sacré, symbole de la famille, & qu'on vénéroit dans chaque famille ; & que c'est de-là que sont descendus les Feriches en usage dans toute l'Afrique.

Cet usage dût dégénérer à la longue en une superstition folle & ridicule : mais pour juger sainement des usages d'un peuple ; il ne faut jamais s'arrêter à leur dégradation, mais remonter à ce qu'ils furent ou purent être dans leur origine.

C'est ce que ne pouvoient faire ni les Grecs ni les Romains ; & je ne doûte pas que les Prêtres Egyptiens eux-mêmes, du tems de ces peuples, n'eussent presque entierement perdu de vue le fil de leurs établissemens : assujettis depuis quelques siècles à des Princes étrangers, ils avoient laissé anéantir leur ancienne sagesse, & ils ne voyoient par-tout que des usages conservés par la superstition, & dont ils ne pouvoient plus pénétrer le but.

Des peuples tombés dans l'esclavage & gémissant sous le poids de la tyrannie & de l'ignorance, durent passer bientôt en effet des honneurs publics rendus aux animaux symboliques, à un culte superstitieux ; ils durent les regarder comme le palladium de la contrée ; & tout ce qui leur arrivoit de sinistre, devoit répandre la terreur dans tous les esprits : est il étonnant d'après cela que le peuple en fureur se jettât sur ceux qui les faisoient périr ?

Sans être superstitieux, ne puniroit-on pas ceux qui tueroient dans une ménagerie quelque animal que ce soit, ou qui feroient main basse sur quelqu'un de ceux qu'on montre à la foire ?

9.

Rapport des symboles d'Athènes avec ceux de l'Egypte.

Rien n'est plus dans le costume des Egyptiens que les médailles d'Athènes avec leur olivier, leur chouette, leur tête de bœuf & un vase qui a fort embarrassé ceux qui ont voulu en découvrir l'objet. Ils ont cru qu'il faisoit allufion à la fabrique des vafes de terre établie à Athènes, & dont ils s'attribuoient l'invention; mais ce peuple avoit inventé tant d'autres chofes dont il ne tint jamais compte fur fes médailles, & nous avons vu d'ailleurs qu'il n'y avoit rien de profane fur fes monnoies.

Tous ces fymboles étoient allégoriques. Minerve défignoit la fageffe; mais elle étoit la même qu'Ifis; or celle-ci avoit pour fymbole le *canope*, vafe facré, & la *tête de bœuf* qui lui fervoit de diadême. La chouette faifoit également partie des fymboles Egyptiens. Quant au *canope*, il étoit confacré à Ifis, comme Déeffe de l'eau que les Egyptiens regardoient comme le principe de tout.

10.

Symboles des peuples modernes comparés avec ceux de l'ancienne Egypte.

Les monnoies Européennes nous offrent aujourd'hui des exemples des diverfes efpèces de monnoies dont nous venons de nous occuper, & par-là même elles font très-propres à répandre un plus grand jour fur les principes que nous venons de pofer.

MONNOIES DES ROIS.

Les Princes des nations barbares qui renverferent l'Empire des Romains, firent tous frapper la monnoie à leur empreinte, ainfi qu'ils le voyoient pratiquer par les Empereurs : ils regarderent cet ufage comme un fimple ufage civil; ils ne foupçonnerent rien de relatif à la religion : & leurs defcendans les ont imité en cela, ainfi que nous l'avons expliqué ci-devant.

MONNOIES DES RÉPUBLIQUES.

Les républiques qui n'ont point de chef particulier ou conftant, ont continué l'ufage des anciens peuples, de ne placer fur leurs monnoies que leurs fymboles armoriaux & prefque toujours armes parlantes.

Le canton de BERNE met fur fes monnoies la figure d'un OURS, vraies armoiries parlantes.

Le canton d'URI met fur les fiennes la tête ou maffacre de ces anciens bœufs appelé URI, & qui étoient fi communs autrefois dans les montagnes & les forêts de la Suiffe.

GENÈVE met fur les fiennes l'AIGLE & la CLEF, cette derniere comme fymbole de fa fituation.

Animaux nourris aux dépens de diverses Républiques modernes, ainsi qu'autrefois en Egypte.

Plusieurs de ces républiques entretiennent même aujourd'hui, comme autrefois les Egyptiens, aux dépens du tréfor public, des animaux du genre de ceux qu'ils ont pris pour symboles.

Ainsi à BERNE on voit la fosse aux ours, comme il y avoit à Babylone la fosse aux lions, & en Egypte des demeures pour les animaux symboliques.

A GENÈVE, on entretient des AIGLES dans de grandes cages, ces aigles & ces ours font nourris ainsi que leurs gardes aux dépens du public.

L'usage moderne remonte par conséquent aux tems les plus reculés : il lie les tems actuels aux tems les plus éloignés ; il unit notre blason au blason le plus antique : pratiqué par les nations les plus sages, on voit qu'il fût pris dans la nature ; & que si on y attacha des idées superstitieuses, ce fut une erreur accidentelle, effet de l'ignorance & de la tyrannie, & non une suite nécessaire de l'usage ou de la politique ; c'est une preuve à ajouter à toutes celles qui établissent que la vérité & la lumiere ne peuvent jamais subsister avec l'ignorance & de mauvais gouvernemens.

Autres rapports entre l'Egypte & la Suisse.

Ajoutons que sur le dessin de la médaille de Leontopolis dont nous avons déjà parlé, le personnage qui tient en l'air le lion est représenté précisément comme un Cent-Suisse avec sa halebarde, son baudrier & ses larges culottes.

C'est donc un nouveau rapport entre ces peuples si éloignés cependant l'un de l'autre ; on en trouveroit même un plus grand nombre, si on s'appliquoit à cette comparaison. Il n'y a pas un siècle, par exemple, qu'en Suisse on ne mangeoit pas la tête des animaux, non plus que dans l'ancienne Egypte ; sans doute, parce qu'on la regardoit comme le siège de la vie.

TABLEAU chronologique des Monnoies.

Nous pouvons donc offrir à nos lecteurs en résumé un tableau chronologique des monnoies anciennes.

XXe. siècle avant J. C. Monnoies Orientales sous le nom de brebis, &

monnoies Egyptiennes de chaque ville avec les symboles relatifs à leur nom.

XIIIe. Monnoies d'Athènes par Théfée fous le nom de bœuf.

X^e. Homère parle des talens.

IXe. Phidon, Roi d'Argos, donne l'exemple aux Princes de mettre leur nom fur leurs monnoies.

Monnoies de Macédoine avec les noms de fes Princes.

Monnoies d'or Egyptiennes fans noms & fans effigie de Princes.

VIIIe. Monnoies du tems de Numa & dont parle Pline.

VIe. DARIQUES de l'Orient, antérieures à Cyrus, peut-être par Darius le Mède, Roi de Babylone.

Servius-Tullius fait frapper à Rome de la monnoie de cuivre fous le nom de bœuf & de brebis.

V^e. Médailles d'Alexandre & d'Archelaüs, Roi de Macédoine.

IIIe. En 269. Monnoie d'argent frappée à Rome avec le nom du conful C. Fabius.

Ier. Monnoie avec le nom & l'effigie des Empereurs.

DES NOMS DE FAMILLES,

POUR SERVIR DE SUITE AUX RECHERCHES SUR LE BLASON.

Fausses idées qu'on se formoit à cet égard.

Nous l'avons vu, & nous ne pouvons trop le répéter, toutes les erreurs se tiennent ainsi que toutes les vérités ; il suffit d'en avoir admis une pour qu'elles se présentent en foule à la suite les unes des autres ; on diroit qu'elles sont toutes solidaires les unes pour les autres : plus on sera conséquent & plus on s'enfoncera dans l'erreur ou plus on en triomphera, suivant qu'on aura eu le bonheur de commencer bien ou de se tromper dès le premier pas. C'est que l'esprit humain ne se plaît pas dans l'indécision, & qu'il aime mieux croire ou rejetter sur de légères preuves que de suspendre son jugement.

On se persuadoit, par exemple, que le blason étoit d'une invention moderne, parce que son existence ancienne étoit inconnue, & on ne soupçonnoit pas qu'elle pouvoit avoir échappé à ceux qui jusqu'ici avoient été à même de la découvrir.

On l'attribuoit aux croisades, parce que l'idée des Croisés distingués par des symboles se lioit parfaitement avec le blason & aux Croisades seulement, comme si les mêmes besoins, les mêmes réunions n'avoient pas existé long-tems auparavant, & n'eussent pas exigé les mêmes moyens de se reconnoître.

On le lioit avec les fiefs héréditaires, comme si les possesseurs des fiefs étoient les seuls qui eussent besoin de se reconnoître ; comme si la possession d'un champ, devenu fief héréditaire, exigeoit plus de marques pour se reconnoître que la possession d'une terre qu'on tenoit de ses aïeux, ou que celles des titres militaires de ses ancêtres.

On s'imaginoit qu'il n'avoit pas existé plutôt, parce que les noms de familles n'avoient pas existé plutôt ; ces noms ne devant leur origine qu'aux fiefs héréditaires, comme si le nom d'une terre héréditaire ne pouvoit pas donner lieu à un nom de famille héréditaire ; comme si les noms n'étoient absolument attachés qu'à des fiefs devenus héréditaires.

La vraie raison à alléguer est qu'on ne connoissoit, à cet égard, rien de plus ancien que les Croisades ; mais c'eût été convenir de son ignorance ou rester dans le doute ; car on auroit toujours été en droit de demander, comment auroit-on demeuré si long tems à imaginer une chose aussi simple, aussi naturelle, aussi nécessaire ? Comment est-on assuré que cette institution ne soit pas plus ancienne ? Questions embarrassantes qu'on éloignoit par l'affirmation pleine & entiere que jamais il n'avoit existé avant les croisades rien de semblable au blason.

Mais nous venons d'établir que le blason n'étoit pas moins essentiel pour les tournois que pour les croisades; que les tournois sont de beaucoup antérieurs aux croisades, & que dès leur établissement on exigea des Chevaliers qui y assistoient tout ce qu'on exige aujourd'hui relativement aux Chevaliers admis dans un ordre quelconque; des preuves de noblesse ou de nom par armoiries & par famille; des preuves de douze quartiers, dès le commencement du dixieme siècle, deux cents ans avant le tems où on fixe l'origine du blason.

Que cela seul fait remonter le blason jusques vers le cinquieme ou sixieme siècle de notre ère; qu'il tient également aux tournois & aux jeux de la Grèce établis il y a près de vingt-six siècles, & où l'on ne pouvoit être introduit sans avoir prouvé son extraction, en bon François, sans avoir été blasonné.

Nous avons en même tems fait voir que les noms principaux du blason étoient tous d'origine Orientale, & que c'est une science dont les croisés ne sont nullement les inventeurs.

Qu'elle tient même à l'antiquité la plus reculée par ses rapports avec la monnoie, avec les médailles & avec les symboles de la plus haute antiquité, qui servoient à distinguer les familles, les villes, les Etats, de la même maniere que pouvoient se distinguer les Croisés & les Seigneurs qui possédoient les fiefs devenus héréditaires.

Ainsi croule entierement tout ce système moderne du blason.

Mais comme il tient également à l'idée que les noms de famille n'existent que depuis les croisades, & que n'y ayant point eu auparavant de pareils noms, il ne pouvoit exister de blason ou d'armes héréditaires, nous ne pouvons nous dispenser d'entrer dans quelque détail sur cet objet & d'examiner si on peut en déduire effectivement ce qu'on croyoit en résulter.

Faits qui causoient ces erreurs.

Deux sortes de faits ont engagé les savans à adopter l'idée que les noms héréditaires ne sont pas antérieurs aux croisades.

1°. C'est que dans les siècles qui ont précédé les croisades, les divers personnages

DES NOMS DE FAMILLES.

fonnages mentionnés dans l'Hiſtoire ſont déſignés ordinairement par un ſeul Nom; même les Princes, les Rois, & ſur-tout les Membres du Clergé.

2°. C'eſt que les fiefs n'étant devenus héréditaires qu'à cette époque, ce n'eſt qu'alors que ceux qui s'en trouverent en poſſeſſion purent ajouter à leur Nom celui de leurs Terres, qui devint ainſi le Nom de Famille, ce Nom qui eſt véritablement l'objet du Blaſon.

Ils ajoutent qu'enſuite ceux qui n'ayant point de poſſeſſions en Terre, ne pouvant avoir de pareils Noms, ſe firent à leur imitation des Noms de Famille tirés de leur profeſſion, de leur couleur, de leur taille, d'un arbre, d'un oiſeau, d'un étang, ou de tel autre objet de fantaiſie : même des Noms formés par un aſſemblage fortuit de lettres qui n'avoient aucun ſens, ou qui ne repréſentoient aucun objet ſenſible.

Motifs qui obligent de les diſſiper.

Ces faits ont paru ſi évidens, ſi conformes à la vérité, qu'on n'a jamais cherché à les combattre. On s'en mettoit d'ailleurs d'autant moins en peine qu'on ne voyoit dans cela qu'une queſtion peu importante : mais elle eſt liée trop immédiatement avec nos Recherches ſur le Blaſon, avec ſon antiquité & avec nos Principes que tout Nom eut ſa cauſe, pour que nous puiſſions nous diſpenſer de la diſcuter : ſon objet eſt même trop relatif aux mœurs, aux uſages & à l'Hiſtoire, pour n'être pas digne de quelqu'attention La vérité d'ailleurs n'eſt jamais compoſée que d'un enſemble de vérités de détails dont le développement eſt toujours néceſſaire pour completter la grande maſſe des vérités, & pour parvenir juſqu'à la vérité elle-même.

Ces Erreurs ſont fondées ſur la connoiſſance imparfaite qu'on a du moyen âge.

Nous ne craignons donc pas de nous occuper un inſtant de ces objets, & de chercher d'autres principes pour décider cette queſtion.

Tout ce qu'on a dit juſqu'à préſent à ſon égard nous paroît trop vague & trop dénué de principes pour que nous puiſſions l'adopter : d'ailleurs nos propres Origines ou l'Hiſtoire du moyen âge ne ſont pas aſſez éclaircies pour qu'on puiſſe ſe repoſer ſur des conſéquences tirées ſi à la légère de ce qu'on ſuppoſe qui étoit alors en uſage.

Au renouvellement des Sciences, on s'enthouſiaſma des Grecs & des Romains; & on avoit raiſon : mais n'ayant d'yeux que pour ces Peuples, on négligea preſque totalement l'Hiſtoire du moyen âge, & on eut grand tort :

c'étoit se résoudre à ignorer ses propres origines : ce qui étoit un mal ; & par-là même à ne jamais éclaircir celles des Grecs & des Romains, ce qui en étoit un autre, puisque l'origine des uns & des autres est la même, & que le jour qu'on répand sur les uns, influe nécessairement sur les autres ; car il n'y a d'autre différence entr'eux & nous que d'avoir été civilisés les uns plutôt, les autres plus tard : & tel est l'effet de cette indifférence sur nos origines, que celles des Grecs & des Romains nous en sont moins connues, & que nous sommes presque toujours enveloppés de ténèbres ou du vague, lorsqu'il s'agit de discuter les questions relatives au moyen âge.

QUESTIONS à traiter.

Afin de répandre quelque jour sur ces objets peu connus, nous ferons voir;
1. Que toute Famille qui possédoit une Terre & des Armes, eut nécessairement un Nom de Généalogie ou de Famille commun à tous ceux qui la composoient : qu'on peut le prouver par les Grecs, par les Romains, les Orientaux, les Goths, les François même.
2. Que lorsque les fiefs devinrent héréditaires, on ne fit que substituer un Nom de fief à celui de Généalogie ; tandis que ceux qui n'avoient point de fief continuerent à s'appeller du Nom de leur Famille ; ce qui peut s'établir par la multitude des Noms Francs, Goths, Wisigots, Romains, Celtes même qui subsistent encore aujourd'hui, & qu'on n'auroit sûrement pas pensé de faire revivre aux onzieme & douzieme siècles, s'ils avoient cessé d'être en usage.
3. Que tout Nom fut significatif, en quelque Langue que ce soit ; parce que personne n'a jamais voulu ni pu se donner un Nom qui ne signifiât rien ou qui ne fût relatif à quelqu'objet.

Qu'ainsi une multitude de Noms François sont actuellement significatifs dans notre propre Langue, & que ceux qui ne le sont plus, l'étoient dans des Langues plus anciennes ou étrangeres dont ils sont venus, & dont furent originaires les Chefs des Familles qui les portent actuellement.

ARTICLE I.

TOUTE FAMILLE EUT UN NOM.

Rien dans l'Univers qui n'ait un Nom : c'est le privilége de l'intelligence de donner des Noms à tout ce qui existe, afin de pouvoir se représenter par ce moyen tout ce qui existe, lors même qu'on ne l'a plus sous les yeux : & telle est la gloire du Nom, qu'il fait infiniment mieux connoître une personne que sa vue même : c'est *l'anse* des esprits, c'est celle de l'immortalité.

A qui n'est-il pas arrivé de se rencontrer avec des personnes dont on ignoroit le Nom & qui paroissoient très-ordinaires, tandis qu'on étoit enthousiasmé de leur Nom : combien d'autres renfermés dans une petite enceinte dont le Nom vole dans l'Univers ? combien qui ne sont plus corporellement, qui vivent dans leur Nom, & s'attirent les hommages de tous les siècles ? La renommée, cette idole des grandes ames, n'est donc point une chimère : elle tient à notre propre existence ; elle est la suite nécessaire de l'intelligence & de sa supériorité infinie sur la matiere.

Excellence d'un Nom illustre.

Qu'un Nom est beau lorsqu'il est attaché à de grandes possessions qu'on a formées soi-même, sur lesquelles on a fait vivre une multitude de personnes qui sans cela eussent été malheureuses ; où l'on a déployé de grands talens, une grande industrie, une sagesse exquise, une bonté, une bienfaisance sans égales : qu'on s'est ainsi rapproché de la Divinité lorsqu'elle tira l'Univers du cahos : qu'on a cherché à se montrer digne d'avoir été fait à son image ! & n'est-ce pas là le vrai bonheur, les vraies jouissances ?

Qu'un Nom est beau lorsqu'il est attaché à de grandes & sublimes instructions qui inspirent aux hommes l'amour de la sagesse, de la vertu ; qui les remplissent de respect pour la vérité, où l'on ne se permit jamais d'offenser cette sublime source de lumiere & de connoissance : où rien d'empoisonné ne les détourna jamais du devoir : où tout éleve l'ame vers ce qu'il y a de plus grand, de plus parfait : où tout donne un nouvel essor aux facultés de l'homme : où rien ne les amollir, ne les énerve, ne leur fait perdre de vue leur vraie destination : où tout les éleve sans cesse au-dessus d'eux mêmes.

Je vous salue, Noms illustres, Hommes respectables, qui fûtes en tous lieux par vos actions, par votre exemple, par vos écrits, les bienfaiteurs du Genre humain, la gloire de votre siècle : vous qui préparâtes la place des Etats, des Empires, des Villes florissantes ; vous qui d'une Terre couverte d'eaux & de forêts en fîtes des campagnes riantes, où des sociétés heureuses & prospères ont pris la place des insectes & des reptiles qui seuls y représentoient la Nature animée : vous dont les Ouvrages immortels transmis de siècle en siècle nous consolent & nous instruisent en nous amusant !

Qui ne se réjouiroit à la vue de vos lumieres & de leurs heureux effets ? Qui ne seroit échauffé, ranimé par le foyer de tant de vertus brûlantes pour le bien ? Qui ne seroit transporté d'une sainte ardeur de vous imiter ?

Tandis qu'on sera sensible à votre exemple, tandis qu'on sera touché de vos vertus, pénétré de vos leçons, le génie s'élancera sur vos traces : & par la plus généreuse émulation, luttant avec vous, il nous fera cueillir de ses travaux les fruits les plus agréables & les plus utiles.

Leur utilité pour les Etats.

Malheureuses les contrées qui ne peuvent citer de pareils Noms ! Tout y végete, tout y languit : rien de grand n'y récrée les humains ; la Nature elle-même y travaille en vain : en vain elle s'efforce d'y fournir au génie : tout y est frappé d'une stérilité éternelle : c'est un hyver sans fin.

C'est dans leurs Noms illustres que consiste la gloire du Nom Romain, celle de la Grèce, de ces anciens Empires qui ont fait l'ornement de l'Asie : c'est dans leurs Noms que consiste l'éclat du siècle d'Auguste & celui des regnes de nos derniers Monarques. Ce n'est ni par l'étendue de ses Terres ni par l'éclat de ses conquêtes, qu'un Prince est grand : c'est par l'excellence des Noms qui ont distingué son règne, que son Gouvernement a fait naître ou qu'il a favorisés, pour qui il est comme un grand arbre à l'ombre duquel viennent respirer tous les Etres : combien sont coupables & peu dignes de leurs titres ces Chefs des Peuples sous la Loi de qui ne s'illustrerent nulles Familles, ou sous le regne desquels le luxe, la mollesse, les passions viles & désordonnées anéantirent ces anciennes Familles qui devoient être à jamais le gage & le Palladium le plus assuré de la durée de leur Empire : Combien ne sont pas coupables ceux qui flétrissent un beau Nom, qui s'en montrent indignes en laissant ses lauriers se faner entre leurs mains : qui laissent perdre tout ce que leur avoit acquis de gloire & d'illustration une longue suite de générations distinguées ! Du moins, ils se rendent justice en montrant par leurs actions combien peu ils étoient dignes d'une si grande gloire, en abandonnant ce sacré dépôt à des mains plus capables de l'entretenir.

De quel avantage cependant n'est pas un grand Nom ? Possessions, amis, richesses, honneurs, crédit, tout est en sa disposition : il n'a qu'à vouloir, des milliers de mains vont être à son secours : tous les ressorts possibles vont s'ouvrir ; tout va se prêter à ses vues : exécutez donc ces grandes choses ou votre Nom sera flétri : il disparoîtra devant des Noms inconnus auparavant, & qui avec de très-petits moyens, avec les ressources les plus bornées, auront exécuté des choses merveilleuses, se seront acquis un grand renom.

Les Noms héréditaires ne peuvent exister que chez les Nations Agricoles.

Ces Noms, il ne faut pas les chercher chez ces Hordes vagabondes qui n'ont ni feu ni lieu, qui errent à l'aventure, vivant de la chasse, de la pêche, des fruits qu'elles rencontrent en leur chemin : elles n'ont presque rien au-dessus des animaux qui se nourrissent comme elles des productions spontanées de la Terre. Que feroient les Familles qui les composent d'un Nom héréditaire ? Que leur représenteroit-il ?

Les Noms de Famille ne peuvent convenir qu'aux Nations Agricoles : elles seules sont la source de tout bien physique, sans lequel nul bien moral ne peut exister : elles seules possèdent des propriétés, des biens dont elles ont le droit de disposer : chez elles seules peuvent se trouver des personnes pour qui le Nom soit un droit de succéder à ces biens, pour qui le Nom soit un bien réel ; sans cela leurs possessions, leurs richesses auroient été comme au premier occupant.

Ces biens durent donc passer nécessairement aux enfans ou aux parens de ceux qui les avoient tirés du néant, qui les avoient défrichés, mis en valeur ; enfans, parens qui eux mêmes pouvoient avoir contribué à leur bonification par leurs travaux. On sait qu'aux campagnes les enfans sont les premiers des Serviteurs ou des Agens, qu'ils contribuent au plus grand bien de l'ensemble.

Mais plus les biens de chaque Famille étoient considérables & susceptibles d'envie, plus il importoit que les droits qu'on pouvoit avoir sur eux fussent constatés : or quels meilleurs titres pouvoit on produire que la naissance & la possession, 1°. du même Nom prononcé, & 2°. du même symbole, c'est-à-dire, du même Nom désigné par le même caractère écrit ou tracé ?

Origine des Noms de Famille.

Ces Noms de Famille furent dérivés ordinairement du Nom du premier qui se forma une propriété : il se transmit avec cette propriété à tous les descendans de ce Chef.

Ce Nom primitif fut toujours significatif, se rapportant à quelqu'objet qu'on aimoit de préférence, ou qui pouvoit donner du relief à celui qui le portoit. Aucun qui ait été donné au hafard ou qui n'eût pas un fens parfaitement connu du Peuple parmi lequel on vivoit, & dont on faifoit partie. Il n'en eft point dont on n'apperçoive en effet le fens auffi-tôt qu'on le rapproche des Elemens de la Langue dont il fut formé, chez quelque Peuple que ce foit.

Perfonne n'ignore que chez les anciens Hébreux, tous les Noms furent fignificatifs : il exifte des Dictionnaires où on les explique : mais cet ufage des Hébreux ne leur étoit pas particulier : il leur étoit commun avec toutes les Nations de ces tems-là : & nous verrons tout-à-l'heure qu'il en fut de même dans l'Orient.

ERATOSTHENE avoit expliqué fort heureufement la plupart des Noms des Rois Egyptiens de la Thébaïde.

Dans l'ufage ordinaire, chacun n'étoit défigné que par fon Nom propre : on ne faifoit mention de celui de Famille que lorfqu'il étoit queftion de la faire connoître : les preuves en font abondantes, malgré la difette des Monumens.

I.

GRECS.

Nous trouvons chez les Grecs divers Noms de Famille.

Les HÉRACLIDES, nom donné à tous les Membres des Familles qui defcendoient d'Hercule, entr'autres à celles qui firent la conquête du Péloponèfe & qui formerent le Royaume de Lacédémone, conftamment rempli par deux de ces branches, le Royaume de Meffénie & celui de Corinthe à la fin du XII°. fiècle avant Jéfus-Chrift. Le nom d'*Hercule* dont ils defcendent peut fignifier *la gloire de la Terre*.

Les ALCMÉONIDES, puiffante Famille d'Athènes, qui vint à bout de chaffer les Enfans de Fififtrate, & qui établit l'Oftracifme ; leur nom peut fignifier *le flambeau redoutable*.

Les EUMOLPIDES, puiffante Famille Sacerdotale d'Athènes qui defcendoit d'Eumolpe, choifi, difoit-on, par Cérès pour préfider à fes Myftères, & qui avoit une efpèce de jurifdiction fur ce qui fe rapportoit au culte des Dieux. Comme ils étoient les Dépofitaires, & même, felon LYSIAS, les Interprètes des Réglemens anciens qui fixoient les cérémonies des Fêtes de Cérès & des Traditions fur lefquelles ce culte myftérieux étoit fondé ; toutes les infractions légères contre les points les moins effentiels étoient foumifes à leur examen : ils fixoient la grandeur de la faute & de la peine qu'elle méritoit. Ces Loix d'ailleurs, relatives aux Fêtes de Cérès, n'étoient point écrites, felon ce même Lyfias ; elles ne s'étoient perpétuées que par une obfervation conftante ; par cette obfervation qui forme les Loix véritables, celles qui conftituent prefque tous les

États & qu'on ne peut changer en quelque maniere sans bouleverser tout, & sans établir des innovations dangereuses, si elles ne sont pas l'effet d'une conviction préliminaire & complette dans les esprits. On peut voir d'ailleurs des détails très-intéressans sur cet objet, dans la Dissertation de M. de BOUGAINVILLE sur les Ministres des Dieux à Athènes (1).

Le nom d'Eumolpe signifie d'ailleurs *grand Musicien, Chantre mélodieux*.

NOMS PATRONYMIQUES.

On peut ajouter à ces Noms de Famille ceux que les Grecs appelloient PATRONYMIQUES, Noms formés du Pere : tels, PÉLÉIDES, le fils de Pelée ; ATRIDES, les fils d'Atrée.

Cet usage prouve du moins le respect qu'on eut toujours pour le Nom de ses Peres, & comment tout tendoit à le rappeller sans cesse. C'étoit un grand acheminement aux Noms de Famille ; car qui n'étoit pas empressé de se réclamer d'un Nom illustre devenu l'objet de l'admiration des hommes & le soutien de l'État ?

II.

LYDIENS.

Les Lydiens furent gouvernés par trois Races de Rois qui se succéderent immédiatement, & qui furent distinguées chacune par un Nom de Famille pris de leur Chef. Ainsi ils eurent :

Les ATYADES, au nombre de onze ou douze Rois, en comptant Manes le premier de tous, & le même, à ce qu'on croit, que MEON. Ils descendoient d'ATYS, mot qui signifie l'*Ancien, le Pere*.

Les HÉRACLIDES, au nombre de douze Rois, & dont le premier fut AGRON : il se disoit descendu d'Hercule, mais par une Généalogie qui paroît fort suspecte : selon lui ou selon ses Généalogistes, Hercule avoit eu d'une Esclave d'Omphale, Reine de Lydie, un fils nommé Alcée, qui fut pere de Belus, & celui-ci de Ninus, de qui naquit Agron. On croit lire les Noms des premiers Rois de Babylone.

Nos Savans Modernes sont tombés dans une bévue assez singuliere sur ces Héraclides, entraînés par une équivoque qui aura trompé Hérodote le premier. Cet Historien dit qu'ALCÉE étoit fils d'Hercule & d'une *Doulé* de Jardanus, ce Roi de Lydie qui fut pere d'Omphale. On a rendu le mot *Doulé* par celui de Servante ou Esclave, tandis qu'il falloit le rendre par celui de fille de

---

(1) Mém. des Insc. & B. L. T. XVIII.

Jardanus, c'est-à-dire, Omphale. 1°. Dans toutes les Langues, le mot qui signifie fils, fille, signifie également domestique : de-là l'erreur d'Hérodote qui a pris au sens d'Esclave le mot Phrygien ou Lydien qui signifioit fille. 2°. Les Rois Héraclides de Lydie prétendirent très-certainement descendre d'Omphale, Princesse Atyade, & non d'une Esclave : la premiere leur donnant droit au Trône, tandis que dans la derniere supposition ils n'étoient que des usurpateurs. Les anciens ont brouillé tout cela en supposant que les Héraclides de Lydie descendoient d'un fils qu'Hercule avoit eu d'une Suivante d'Omphale nommée Malis.

Les MERMNADES, Race composée de cinq Rois, dont le dernier fut Crœsus qui prétendoit descendre des Atyades. Aucun Ancien n'explique l'origine de ce Nom, ou pourquoi il fut donné à ces Princes. Il est composé de MER, grand, & MEN, Soleil, le Grand-Soleil, Nom consacré aux Princes de l'Antiquité.

III.

ORIENTAUX.

Les Hébreux conservoient avec soin leurs Généalogies, & ils donnoient à chaque Famille le Nom de son Chef : c'est ainsi que David & tous ses descendans furent connus sous le Nom de Famille d'ISAÏ, dont ils étoient issus.

IV.

GOTHS.

Les Goths donnoient également des Noms à leurs Familles, sur-tout aux grandes Maisons. C'est ainsi qu'il y eut chez eux l'illustre Maison des AMALES qui devinrent Rois d'Italie.

Leur Noblesse d'ailleurs avoit le droit distinctif de porter les cheveux longs; & les Goths étoient si flattés du Nom de CHEVELUS, qu'ils le célébroient dans leurs Vers & dans leurs Chansons guerrieres, du tems même de JORNANDES, qui nous a transmis ce fait.

V.

FRANÇOIS.

En France même, la premiere & seconde Race de nos Rois ont formé deux Familles connues par un Nom commun à tous les Princes de chacune de ces Races. Les premiers furent appellés MEROVINGIENS ou Maison de Merouée :

rouée ; & les seconds, CARLOVINGIENS ou descendans de Charles, maison de Charles.

La seule différence entre cet usage & l'actuel, c'est qu'aujourd'hui on répete toujours à la suite du nom propre ou de baptême celui de la famille dont on est membre, & qu'alors on ne répétoit pas ordinairement.

Mais ces noms de famille n'en existoient pas moins, & la descendance n'en étoit pas moins prouvée.

VI.

ROMAINS.

1°. Ils avoient plusieurs noms.

Les Romains nous offrent à cet égard les preuves les plus évidentes & les plus nombreuses des vérités que nous cherchons à établir.

Chez ce peuple illustre chaque individu avoit jusqu'à trois & même jusqu'à quatre noms.

1°. Le nom propre qu'on appelloit *prénom*, parce qu'il marchoit le premier ainsi que le nom de baptême chez nous.

2°. Le nom de famille, qu'on appelloit proprement *nom*, & qui étoit placé le second.

3°. Le nom de la branche qui étoit placé le troisieme.

4°. Un surnom ou sobriquet.

Les FABIENS, par exemple, une des plus illustres familles de Rome, étoient divisés en quatre branches principales distinguées par les noms de VIBULANUS, AMBUSTUS, MAXIMUS & PICTOR ; ainsi on disoit :

CAIUS-FABIUS-PICTOR.

QUINTUS FABIUS-VIBULANUS.

La famille CORNELIA étoit partagée en plusieurs branches, telles que les SCIPIONS, LENTULUS, DOLABELLA, SYLLA, CINNA, ainsi il y eut :

PUBLIUS-CORNELIUS-SCIPIO, surnommé NASICA.

LUCIUS-CORNELIUS-SYLLA, surnommé FELIX.

La famille CALPURNIA étoit partagée de même en plusieurs branches. Les PISONS, riches en pois ; les BESTIA, riches en troupeaux ; les FRUGI, riches en fruits, ou économes ; les BIBULUS, riches en boissons.

Plusieurs noms de familles Romaines furent tirés des objets de culture.

Les Fabiens, de *faba*, féve.
Les Pifons, des pois.
Les Cicérons, des pois chiches.
Les Lentulus, des lentilles..
Les Porcius, des cochons.

Les Cæpio, des oignons.
Bubulcus, fignifioit bouvier.
Vitulus, veau.
Tubero, truffe.

Le nom de CORN-ELIENS dut fignifier ceux qui élevent des cormes ou la corne élevée.

Les CALP URNIENS portoient un nom Grec formé de *orn*, écrit *urn*, qui fignifie pouffer en avant, & *kalpé*, cheval.

PRÉNOMS.

Il eft digne de remarque que les Romains ne connoiffent que trente prénoms, à ce qu'affure Varron, c'eft-à-dire, autant qu'ils avoient de curies primitives.

Il eft très-apparent que ce nombre a été formé fur celui des jours du mois D'ailleurs, il n'en eft aucun qui n'ait une valeur fignificative plus ou moins facile à trouver, & prefque toujours relative aux travaux de la campagne.

CAIus, formé de *ghé*, la terre, fignifie le maître, le propriétaire.

Cæso, de *cæs*, abattre, le défricheur, l'abatteur des forêts, des buiffons.

NUMERius, de *no*, fruit, & MAR, riche, le riche en fruits, en productions.

CÆCILius, de *ghé*, terre, & *CEI*, illuftre, habile à cultiver la terre.

AULus, d'*aula*, oel, tente, le conftructeur de tentes, l'habitant des tentes.

DECius, de *dec*, doigt, l'induftrieux, le riche en induftrie.

PUBLIUS de *pou*, boe, prairie, & *BEL*, élevé, qui domine fur des prairies.

SPURius, du Grec *fpora*, femailles, l'habile femeur.

TIBERius, de *ti*, illuftre, fublime, honorable, & *bar*, var, riviere, eau, habile à conduire les eaux.

IULius, de *iol*, roue, révolution, habile à tracer les fillons, les révolutions de la charrue.

LUCius, de *lux*, lumiere, qui a éclairci le milieu d'une forêt pour en former un champ, qu'on peut comparer dès-lors à un œil, à un lucus.

MARCUS, de CU, QU, puiffance, & *MAR*, élevé; 2°. vignoble, peut fignifier grand en vignobles.

HOSTius, de OSTire, frapper, mot cité par NONUS, & dont font formés HOSTIA, victime, & HOSTIS, ennemi: HOSTIUS fignifie donc, qui frappe fort.

MAMERCus, de *ma*, grand, & *MARS*, la guerre, guerrier redoutable.

SERV*ius*, de *servus*, esclave, plutôt de SER-*vare*, conserver, habile à conserver.

POSTHUM*ius*, de *post*, après, & *humi*, terre; 2°. sépulture, venu au monde après la mort de son pere.

On pourroit dire aussi né après les sémailles, après que le grain a été enseveli dans la terre.

TI-*tus*, de *TI*, honneur, sublimité, qui répété deux fois TI-TI, signifiera le très honorable.

LART*ius*, même que LAR, noble chez les Etrusques.

On trouve aussi comme prénoms, AGRIPPA, POTIT*us*, PROCUL*us*.

Quelques autres étoient numériques.

| QUINT*us*, le cinquième. | OCT*avus*, le huitième. |
| SEXT*us*, le sixième. | DECIM*us*, le dixième. |

Noms relatifs ou à l'ordre de la naissance, ou à l'heure & au jour dans lequel on étoit né.

Les mêmes prénoms servoient pour les femmes, avec une terminaison féminine: CAIA, CÆCILIA, JULIA, MARCIA, &c. QUINT*a* ou QUIN-T*illa*, &c.

Au tems d'Auguste, les Cornelius-Lentulus prennent pour prénom le mot COSS*us*, les Fabius celui de PAUL*us*.

Dans les quatrième & cinquième siècles, on ne voit que des FLAV*ius*, nom devenu comme un titre depuis la famille de Vespasien, & sur-tout depuis celle de Constance Chlore, dont tous les individus furent des Flavius.

Antiquité de ces prénoms.

Ces prénoms étoient de beaucoup antérieurs aux Romains; nous les retrouverons chez les Sabins & chez les Etrusques, c'est-à-dire chez les plus anciens peuples de l'Italie dont il nous reste des monumens. Un usage pareil, commun à tant de peuples, fut donc fondé sur des motifs bien raisonnables, bien puissans pour avoir eu force de loi pendant un si grand nombre de siècles.

Ajoutons qu'on écrivoit rarement ces prénoms en entier, qu'on se contentoit pour le plus grand nombre d'écrire la premiere lettre; pour quelques autres, les deux ou trois premieres, & pour un très-petit nombre, le nom en entier, ainsi:

A, signifie Aulus. C, Caius. M, Marcus. T, Titus. Cn, Cneius. A P,

Appius. MAM, Mamercus. Et on écrivoit en entier HOSTIUS, AGRIPPA, PROCULUS, &c.

VII.

SABINS.

Les SABINS, peuple antérieur aux Romains, & qui contribuerent beaucoup, dès les premieres années, à la grandeur de ce peuple, en venant habiter en foule la ville de Rome, avoient certainement des prénoms, puisqu'on les trouve en usage chez les familles Sabines qui devinrent Romaines, entre lesquelles se distinguerent celles-ci :

La famille PETRONIA qui existoit déjà du tems des Rois de Rome, comme on le voit par VALERE MAXIME, & qui habitoit sans doute à Mutusca, ville des Sabins. Elle connoissoit les prénoms, puisqu'on a trouvé dans cette ville de Mutusca une inscription en faveur de

T. PETRONIUS SABINUS.

La famille PLÆTORIA de la même ville de Mutusca.

Les familles TITURIA, MUSSIDIA, VALERIA, dans l'origine VALESIA.

Ces familles, originaires de Lanuvium, CORNUFICIA, METTIA, PAPIA, PROCILIA, ROSCIA, SULPICIA, THORIA.

La famille CILNIA, dont étoit Mécène, descendoit de Princes Etrusques.

La famille SALVIA, qui descendoit aussi de Rois Etrusques, comme nous l'apprend SUETONE dans la vie d'Othon.

FAMILLE DES APPIUS-CLAUDIUS.

Entre ces familles originaires du pays des Sabins, brilla sur-tout celle des Appius-Claudius : comme on nous a transmis divers détails intéressans sur ce qui la concerne, rassemblons-en quelques-uns, afin qu'on puisse juger par elle de toutes les autres.

APPIUS CLAUDIUS étoit de Regille, ville des Sabins ; il en étoit sénateur, & un des plus distingués par l'éclat de sa naissance & par ses grandes richesses.

Il étoit si attaché aux Romains, sans doute par la considération de leurs vertus & par celle de leur sage administration, qu'il en devint suspect à ses concitoyens qui ne savoient ni vivre en paix avec les Romains, ni imiter leur sagesse ; aussi fut il obligé de s'expatrier : il se réfugia donc chez ce peuple qu'il admiroit ; & telle étoit sa puissance & son crédit, ou le fâcheux état dans lequel fe trouvoit la ville de Regille, qu'il fut fuivi de cinq mille perfonnes en état de porter les armes, & de leurs familles ; c'étoit une colonie complette. Ils furent reçus à bras ouverts par les Romains qui leur céderent des terres fur les bords de l'Anio. Appius fut lui-même admis auffi-tôt au rang des Sénateurs : bientôt après il fut élevé à la dignité de Conful, & fa famille fe vit toujours revêtue des emplois les plus éminens de la République. Auffi fon Hiftoire eft fans ceffe mêlée avec celle de Rome.

Leur nom Sabin étoit CLAUSUS, écrit par un de ces S qui fe prononçant D S, fe changea naturellement en D chez les Romains, d'où CLAUDIUS au lieu de Claufus.

Une chofe remarquable dans cette famille, c'eft qu'APPIUS en forma conftamment le prénom, & fur-tout pour les aînés. Ils l'avoient apporté avec eux de chez les Sabins. Appius étoit donc un prénom Sabin, & CLAUSUS le nom de famille.

Auffi voyons-nous que d'autres perfonnes avoient le même prénom. Tel, APPIUS-HERDONIUS, ou *Appius de la Forêt*, qui s'empara du Capitole l'an 458 avant J. C., qu'il perdit cependant bientôt avec la vie, & qui étoit Sabin.

Cette famille fournit à Rome, depuis l'an 493 jufqu'à 268 inclufivement, dix Confuls, dont cinq furnommés CRASSUS & un CÆCUS.

Le premier de ces Confuls fut celui qui vint s'établir à Rome; auffi on le défigne par ces mots, APPIUS CLAUDIUS-SABINUS-REGILLENSIS.

Son fils, Conful en 470, fe tua en 468. Il laiffa deux fils, dont l'un CAIUS-CLAUDIUS REGILLENSIS fut Conful en 458.

Et dont l'autre, qui étoit l'aîné, mourut de bonne heure, & fut pere d'APPIUS-CLAUDIUS-CRASSUS, ce fameux Décemvir, qui, après avoir fait d'excellentes loix, voulut opprimer la République, & fe vit jetter dans une prifon où il mourut en 446.

Depuis l'an 249 jufqu'à l'an 38, cette famille fournit également dix Confuls furnommés PULCHER, *le beau*.

Celui qui fut Conful en 464, s'appelloit APPIUS-CLAUDIUS-CAUDEX.

Il ne faut pas confondre cette famille avec celle des CLAUDIUS METELLUS : celle-ci étoit Plébéïenne & n'eut rien de commun par conféquent avec celle des Appius, à moins qu'elle ne lui ait dû fa premiere exiftence, puifque les cliens & les adoptifs prenoient le nom de leurs patrons.

VIII.

Etrusques.

L'ufage des noms de famille & celui des prénoms ne fut pas borné aux Romains & aux Sabins; on le trouve auffi établi chez les peuples de l'Etrurie. Cette nation induftrieufe, polie, favante, chez laquelle fleuriffoient le commerce & la navigation, long-tems avant que les Romains exiftaffent, & qui mérita avec raifon de fervir de modèle à ceux ci, ne put négliger une chofe auffi intéreffante que les noms de familles & la confervation de la mémoire des ancêtres. auxquels on devoit tout.

Si on ne peut le prouver par les livres Etrufques qui font tous devenus la proie du tems, on en trouve du moins des traces dans leurs infcriptions funèbres, qui étant enfevelies dans les tombeaux ont échappé à cette nuit profonde qui engloutit tout ce qui eft fur terre.

Le favant PASSERI en a raffemblé un grand nombre dans l'ouvrage qu'il publia en 1767, pour fervir de fuite à DEMPSTER (1) & dans fes Lettres Roncalliefes (2).

Entre ces familles Etrufques font les fuivantes:

La famille ARIMINIA, dont étoit ARIMNUS, Roi des Tofcans, qui le premier des étrangers fit des préfens au temple de Jupiter Olympien, comme on l'apprend de PAUSANIAS (3); ce préfent confiftoit en un trône.

La famille CILNIA & la SALVIA dont nous avons déjà parlé à l'article des familles Romaines.

Celles ci également dont plufieurs offrent des noms communs aux Romains.

ANTONIA.	LEINIA & LINIA.
ATATIA.	MUTIA.
CAINIA.	NARIA,
CECINIA.	ORATIA.
CAFATIA.	PETRONIA, dont un nommé VELI-
HELIA.	PETRUNI.
HELVIA.	TARQUINIA,
HERENNIA.	TTEBONIA.
LATINIA.	VESIA, fur une dixaine d'infcriptions.
LELIA.	VIBIA.

(1) Joh. Baptiftæ PASSERI, Pifaurenfis Nob. Eugubini in Thomæ Dempfteri Libros de Etruria regali Paralipomena, &c. (2) Dans le *Raccolta d'Opufcoli Scientifici e filologici*, Tom. 22, imprimé à Venife 1740, in-12. (3) Ier. Liv. des Eliaques, ch. XII.

DES NOMS DE FAMILLES.

URINATI, d'*oros*, montagne.

CAIMLINIS, fur plufieurs infcriptions.

FULNIA, fur une infcription Etrufque, & FOLNIA fur cette même infcription répétée en Latin, parce que les Etrufques écrivoient U pour O, de même que les premiers Romains.

Noms de femmes.

Leurs noms des femmes de condition étoient précédés du mot THANA, qui fignifie Dame, & qui tient à l'Oriental ATHENAÏS, Souveraine, titre qu'on donnoit à Minerve.

Les Latins le rendoient avec raifon par le mot HERA, Dame, nom qu'on donnoit également à Junon en Grec; de-là TANAQUIL, compofé de TANA & de QUIL, rendu en Latin par CAI-CILIA ou Cæcilia. Les TANA-HELIM, PETRUNI, LATINI, LEIVIAI, ou les Dames Elia, Petronia, Latinia, Livia.

LAR, titre d'honneur.

Les noms des hommes diftingués par leur naiffance & par leur rang étoient précédés du mot LAR ou LARTH; mais que fignifioit-il?

Ici, nous nous éloignerons fort du favant PASSERI. Il a cru que ce mot, relatif à celui des Dieux Lares, répondoit à celui des mânes, & qu'il défignoit les morts, à-peu-près comme notre mot FEU dont nous faifons quelquefois précéder dans la converfation les noms des morts, mais il feroit donné à tous les morts fur ces infcriptions funéraires; ce qui n'eft point: d'ailleurs, il étoit porté par des perfonnes vivantes, ce qui a échappé à la fagacité de cet illuftre critique Etrufque.

A Rome, par exemple, nous trouvons un illuftre Tofcan qui y fut Conful en 445 avant J. C., appellé LARS-HERMINUS, & qui étoit de cette famille défignée fur les vafes Tofcans par le mot ARMNL.

VIRGILE a immortalifé ce nom en l'introduifant dans fon poëme de l'Enéide: il y repréfente Herminius comme un héros d'une grande taille, d'un grand courage, blond comme les peuples du nord, demi-nud comme les barbares, & que les plaies les plus terribles ne faifoient pas friffonner; mais qui fut tué par Catillus d'Arcadie, fondateur de Tibur.

> . . . . . . Catillus folam,
> Ingentemque animis ingentem corpore & armis,
> Dejicit HERMINIUM: nudo cui vertice fulva,
> Cæfaries, nudique humeri: nec vulnera terrent,
> Tantus in arma patet.   *En. XI.* 640 *& fuiv.*

LAR ou LARTH, formé du radical AR, élevé, fignifie SIEUR, SEIGNEUR, mot dont la voyelle fe changeant en *O*, fubfifte encore de nos jours dans le Lord des Anglois.

Rapport de la prononciation des Etrufques avec celle des Allemands.

Dans nos origines Latines nous fîmes voir que les Etrufques étoient originaires des contrées Germaniques qui font en-deçà des Alpes, & dont les Grifons, fur-tout, font partie. Nous remarquâmes auffi qu'ils avoient divers mots communs avec les Allemands : ici, nous voyons de nouveau rapports entr'eux, tels que pour la prononciation.

Les Etrufques, par exemple, prononcent,

P pour B, PUPLIUS pour Publius : TREPUNI pour Trebonius.

T pour D, TAUNINEI pour DAUNUS, nom fort commun dans l'Apouille & chez les Rutules. LARTH, à l'Allemande, tandis que les Anglois prononcent Lord.

F pour V, SEFRI pour SEVERI.

VESIAI.

Cet ufage Etrufque de prononcer V pour F, jointe à ce qu'on ignoroit que toutes les nations anciennes euffent des Hérauts d'armes, a empêché le favant PASSERI d'appercevoir qu'il y eût des Féciaux chez les Etrufques & d'expliquer par-là même comme il faut le titre d'une infcription Etrufque qui fe trouve au bas de la robe d'une ftatue confervée dans la gallerie du Grand-Duc (1).

Cette ftatue repréfente un perfonnage debout en robe, la tête rafe, avec des brodequins aux pieds ; fa main eft élevée, il eft dans l'attitude d'un homme qui prend les Dieux à témoin de ce qu'il dit avec feu.

L'infcription eft de droite à gauche, & commence par ces mots :

AULEMI. METELIM. VN. VESIAI.

PASSERI qui a pris ce perfonnage pour un augure, explique cette infcription ainfi : *Aulus-Metellus, fils de Vefia.*

Mais VESIAL fe prononçant FECIAL, montre en effet que c'eft un Fecial, &

---

(1) On peut la voir dans le P. MONTFAUCON, Tom. III. Part. I. Pl. XXXIX.

on ne pouvoit mieux repréfenter un homme de cet ordre, par fon attitude & par fes brodequins.

Rapports de Noms avec les Peuples du Nord.

Outre ce rapport de Larth & de Lord, & celui de *Born* & de *Brun*, Fontaine, dont nous avons parlé dans nos Origines Latines pag. CLXXXIX, nous voyons ici celui d'ARMNI ou d'HERMINIUS avec l'ARMIN*ius* des anciens Peuples Germaniques. Et celui de CLAN qui fignifie en Irlandois Tribu, la Tribu dont on eft natif; & en Etrufque, la Famille dont on eft iffu, l'origine. Ce mot fe trouve avec cette fignification dans l'Infcription fuivante :

ANAMIME CLAN, fon *Clan* eft Anemia, il eft *né* de la famille Anemia.

Rapport d'ufage.

Un autre rapport remarquable entre les Etrufques & les Allemands des environs du Pays des Grifons, c'eft que les femmes Etrufques ont, de même que les Allemandes d'aujourd'hui, les cheveux treffés à longues treffes, flottantes ou relevées à volonté. Ces faits ne font point à dédaigner : l'Hiftoire des Peuples & leur origine, ne peut être éclaircie, ainfi que l'Hiftoire Naturelle, que par une multitude de faits & d'obfervations minucieufes, qu'on néglige trop.

Rapports des Noms avec les Orientaux.

On reconnoît divers noms Orientaux dans le petit nombre de noms Etrufques parvenus jufqu'à nous.

ANAMI, le même que celui d'*Anamim* donné à un des fils de Mefraïm.

ELCHINES, qui a tant de rapport à celui d'*Elchana*.

CAINEI NUEIMI, noms d'une Thana ou Dame Etrufque, & qui ont un fi grand rapport à celui de *Cain* & à celui de *Noemi*.

Ajoutons celui de CAI, dont CAIUS & CAIA, Romain & Etrufque, qu'on retrouve chez les Perfans à la tête du nom de plufieurs de leurs Rois, tels que CAI-CHOSRAU, ou *Cai chofroes* : & qui a fait certainement le CY-AXARE des Grecs, CAI-ASSARUS, l'Affuérus des Hébreux.

PRÉNOMS.

Les Noms Etrufques font fouvent précédés de Prénoms écrits en abrégé comme à Rome, & la plupart les mêmes que chez les Romains.

Aulus.	écrit	A. Au. Aul.
Caius.		C. Ca. Cai.
Cneius		Cne Cnei.
Lucius.		L. Lu. Luc. Luci.
Marcus.		M Ma. Mar. Marc. Marcas.
Publius.		P. Pu. Pup.
Titus.		T. Ti. Tit. Tite.

Ces rapports de noms entre les Etrufques & les Romains, prouve que ceux-ci n'en furent pas les inventeurs, & qu'ils remontent aux premiers tems où l'Italie fut habitée.

Ces Prénoms durent même être antérieurs aux Noms de Familles, puifque les individus font antérieurs à celles-ci : & ils durent être tous fignificatifs : fur-tout, ils durent peindre l'occupation de chacun.

En voici qui paroiffent particuliers aux Etrufques.

Fasti, qui prononcé en O, peut avoir fait Faustus des Latins.

Her ou Herthus.

Rantas, que Pafferi dérive du Grec *Rheo*, couler.

Turnus, nom commun aux Etrufques avec les Peuples du Latium.

Les Prénoms des femmes Etrufques étoient les mêmes que pour les hommes, mais fous une terminaifon féminine.

Larthia, Velia, Elia, Caia, Lucia, Fastia, Era.

ATTA, Pere, nom des Sénateurs.

Passeri croit avoir vu auffi parmi ces noms celui d'Atta, pere, titre d'honneur donné aux Anciens, & certainement aux Sénateurs, puifque le Sénateur Sabin Appius Clausus étoit furnommé Atta; & que les Romains appellerent leurs Sénateurs Peres, *Patres*; rapport qu'il eft affez étonnant que ce Savant n'ait pas apperçu.

Surnoms.

Les Etrufques eurent également l'ufage des Surnoms; Passeri en rapporte un grand nombre. Voici quelques-uns des mieux conftatés.

Cæcus, Lar Apinius Cæcus, le Seigneur Apinius l'aveugle.

Glaucus, Larthi Vetus Claucem, au Seigneur Vetius le bleu.

Gallus, Larte Larnei Cale, au Seigneur Larnius le coq.

Gracchus, *écrit* Crache à l'ancienne maniere des Romains.

MACER, le maigre.
NIGELLA, la noire, ou la brune.
RUFus, le roux.
SEVERus, le févère, *écrit* SEFRI.
TRE BONi, les trois Fontaines.

MÉTRONYMIQUES.

PASSERI croit avoir remarqué que les Etrufques ajoutoient fouvent à leur nom celui de leur mere, & qu'ils le terminoient par la fyllabe AL ou ALU, qui défigne comme en Latin le fens adjectif. Il rend en conféquence ces formules,

LARTHI EILEI VESENIAL *par* A l'honneur du Lar Elius, fils de Vefenia.
LA SENTINATE ATUNIAL, au Lar Sentinate, fils d'Antonia.

On voit fur les Monumens Etrufques, quelques autres *Sentinate*, fils de Varenia, de Lanirunia, d'Alefia, de Lartia.

Un Aulus NARSES, fils de Frumnia.

Cet ufage s'arrange fort bien en effet avec les Noms de Famille; car on a dès-lors le nom du pere & celui de la mere : auffi l'Auteur les appelle *Métronymiques*, noms formés fur celui de fa mere.

IX.

NOMS MYSTÉRIEUX.

Un ufage digne de remarque à l'égard des Noms, c'eft celui qu'avoient les Anciens de ne pas prononcer le nom des objets facrés, de crainte qu'avec ce nom augufte, on ne produifît quelqu'effet funefte.

Les Juifs ne prononçoient pas le nom de *Jehovah*, quoiqu'écrit dans les Livres facrés : ils y fubftituoient celui d'*Elohim* ou d'*Adonaï*.

Comme ce nom étoit appellé par les Pythagoriciens le mot de *quatre lettres*, il eft apparent qu'ils ne le prononçoient pas non plus, & qu'il faifoit partie de leur Doctrine fecrette : ainfi, cet ufage des Noms cachés remonteroit jufqu'aux Egyptiens.

Les Romains avoient également donné à leur ville un Nom fecret qui en étoit, difoit-on, le vrai nom, & qu'on ne fe permettoit jamais de prononcer, de peur que les ennemis n'en profitaffent pour invoquer les Dieux de la ville, & leur faire abandonner la défenfe de Rome. Ce nom étoit VALENTIA, qui en Latin & en Celte signifie la même chose que *Rome* en Grec, qui n'en étoit que la traduction, la ville ELEVÉE.

Les SIAMOIS ont conservé le même usage relativement à leur Roi. La plupart d'entr'eux ignorent absolument son nom : les Mandarins du premier ordre ont seuls le droit de prononcer ce Nom sacré & mystérieux. On craindroit, s'il étoit connu, qu'on ne s'en servît pour exercer des sortiléges contre la Personne du Roi.

C'est donc une superstition très-ancienne & très-étendue : avec quelqu'attention, on en trouveroit sans doute des traces chez beaucoup d'autres Nations. Plus on rassemblera les usages modernes les plus singuliers, & mieux on connoîtra l'Antiquité.

ARTICLE II.

Noms de Fiefs succèdent à ceux de Familles.

Lorsque sous les régnes des foibles descendans de Charlemagne, les grands Seigneurs eurent mis dans leurs Familles les Fiefs ou les Bénéfices dont ces Rois avoient disposé jusques alors, la plupart prirent le nom de leurs Fiefs & abandonnerent celui de leurs Familles. De-là, tant de noms de Grandes-Maisons qui ne sont point différens du nom de leurs Terres.

Telles sont les Maisons de Montmorency, de Lorraine & tant d'autres, ou éteintes ou encore subsistantes.

Cependant ces Maisons sont antérieures aux XIe. & XIIe. siècles, où on place l'origine des noms héréditaires, & au tems où on prit communément le nom des Fiefs.

On avoit donc élevé en cela un système contraire à tous les faits, & qui croule de toutes parts, parce qu'il ne pose sur aucun principe fixe & incontestable.

D'ailleurs, puisqu'en France même on connoissoit des noms de Famille sous la premiere race de nos Rois, & qu'il existoit dès-lors des Familles d'une très grande Noblesse, on ne peut se dispenser de faire remonter en France, même fort au-delà des XIe. & XIIe. siècles les usages qu'on n'attribue qu'à ces siècles pour reconnoître les Familles & pour en assurer la succession.

GRÉGOIRE de TOURS, par exemple : nous apprend que S. GAL (1) qui

---

(1) Vie des Peres, ch. VI.

vivoit au commencement du VIIe. fiècle, étoit d'une illuftre famille, par fon père *George*, & fur-tout par fa mere *Leocarde*, qui étoit, dit-il, de la Famille de Ventius Epagates, la plus illuftre des Gaules.

Il dit qu'Armentaria, femme de S. Grégoire, étoit d'une Famille de Sénateurs.

Ennodius étoit également d'une Famille de Sénateurs.

Ces Familles Sénatoriales ou Patriciennes étoient la plupart d'anciennes Familles Gauloifes ou Romaines Gauloifes, qui avoient fourni des Sénateurs foit à Rome, foit au Sénat de ces Empereurs qui avoient fait leur féjour dans les Gaules, & peut-être à ceux des grandes Métropoles des Gaules.

L'Hiftoire Eccléfiaftique des cinq ou fix premiers fiècles, parle auffi de diverfes perfonnes des Gaules, dont l'origine remontoit à des Familles de Druïdes, la vraie Nobleffe des Gaules, & à d'anciennes Familles Romaines.

Noms de Familles en ufage dans le XIe. Siècle.

Il eft certain que dès le commencement du XIe. fiècle on trouve les noms de Famille en ufage, foit qu'on les dût aux Fiefs qu'on poffédoit, foit qu'on les dût au droit de naiffance. Ainfi entre les Comtes de Lyon on compte,

En 1020, Durand de Roannois.

En 1072, Ifmion de Saffenage.

En 1096, Guillaume de Baffic.

En 1106, Foulques de Piney (1).

Des Bulles du Pape Calixte de l'an 1020 également, prouvent la même chofe. Elles font en faveur de Guillaume & de Geoffroi de Porcelet : par une, il eft porté que Geoffroi conjointement avec le Comte de Provence & l'Archevêque d'Arles prendroit les armes contre le Comte Alfonfe pour la défenfe de l'Abbé de Saint-Gilles (2).

En 1081, Opius de Fontanea & Egidius de Romano, en Italie (3) : & comme ils font accompagnés d'un Marfile de Vico Avigini, apparemment pour indiquer le lieu d'où il étoit, les autres défignoient donc des noms de Fief.

En 1008, Heveus Caffavaca & Rigaldus Butillier (4).

En 1027, Hugolin de Henbont, Vitalis de Minihi, David de Ploihinoc.

En 1029, Alain Cainart, de la Maifon de Dinan, & Gaufrid de Fou (5).

---

(1) Recueils imprimés du Marq. d'Aubais, *in*-4°. (2) *Ib.* (3) Muratori Antiq. Ital. T II. p. 270. (4) Hift. de Bret. Pièces Juftific. p. 100. (5) *Ib.* p. 102 & 116.

Noms de Familles en usage au dixième Siècle.

Mais puisqu'on trouve des Noms pareils dès le commencement du XIe. siècle en Italie, à Lyon, en Bretagne, on doit en trouver à la fin du Xe., & peut-être dans les VIII & IXe. Il faudroit pour cet effet avoir sous les yeux un grand nombre de Chartes de divers Pays, & relatives à ces siècles : malheureusement elles sont rares & très-dispersées : cependant, voici du moins des approximations, si ce ne sont pas des preuves démonstratives.

En 973 au plus tard, nous trouvons dans l'Histoire de Bretagne HELYAS de Lyniaco (1).

En 998, Léon Benton, Juge de l'Empereur Othon III, nommé comme témoin dans un Acte d'Odelric, Evêque de Crémone (2).

Cet exemple est d'autant plus heureux, que ces deux noms n'étant pas séparés par le mot *de*, on ne peut pas faire l'objection que par ce mot *de* on désignoit non le nom, mais le lieu dont on étoit originaire.

En 924, on trouve un FLAIPERT, Echevin, fils d'un FLAIPERT, Clerc.
« Manifestus sum ego FLaiperto, Scabino filio bone memorie FLaiperti » Clerici (3).

En 957, dans un Acte où la Comtesse Franche fait diverses donations à une Eglise du Territoire d'Adria (4), on voit divers noms pareils.

Martin de Sarzano, Badoro, de Rhodigio, Viso, de Vitale Russo, tous habitans de Castro-Rhodigii : de même que Enricus, surnommé Guazalino de Bugosso, & Gasselin Vasso.

En 946, Bernardus Alamannus (5).

Neuviéme Siécle.

Sous l'an 851 ou 352, Rothecarii de Cedraria : Digiverti de Buciningo (6).

Sous l'an 833, Garipert de Aucis ; Audoald de Vereniano ; Rodemas de Dungueno.

Huitiéme Siécle.

En 776, Maurus, fils de Bene-nati de Panicale ; Carofus de Postumiano (7).

C'étoit au tems des Rois Lombards & de Charlemagne : c'étoit donc long-tems avant que les grands fiefs fussent devenus héréditaires & bien des siécles avant les Croisades.

De même en Bretagne vers la fin du Xe. siécle on trouve un Herveus de Lohuiac (8).

---

(1) *Ib.* p. 84. (2) Murat. T. II. p. 29. (3) *Ib.* 44. (4) p. 130. (5) p. 189. (6) p. 954. (7) p. 200. (8) Hist. de Bret. *Ib.* p. 98.

Il n'y auroit qu'une réponse à faire : c'est que ces noms précédés par *de*, désignent la patrie & non le nom. Mais sur quoi seroit-elle fondée, d'autant plus que lorsqu'on veut indiquer le lieu on ajoute *de loco* : & qu'il n'y a nulle différence entre le nom, par exemple, de ce *Herveus de Lohuiac* & ceux des Comtes de Lyon que nous avons cités, Durand de Roannois, Ismion de Sassenage, &c. ? Pourquoi voudroit-on qu'étant à si peu de distance, se suivant de siécle en siécle, la même formule eût des valeurs si différentes ? Ne seroit-ce pas une pétition de principe ?

Ajoutons que le Savant MURATORI n'a pu s'empêcher d'observer que les surnoms étoient en usage dès le IX°. siécle : que sous l'an 845, un Loup avoit été surnommé *Suplainpunio*, ce qu'il croit signifier *Soppia in pugno*, caché au poing.

En 918, Lampert, fils de Léonard, surnommé CAVINSACCO, tête dans un sac.

En 941, un Clerc nommé Jean est surnommé RABBIA, la rage.

En 1073, un autre est nommé TOCCA-COSCIA, touche-cuisse : & un Pierre CAVAZOCHI, extirpe-souches (1).

Nous trouvons également en Bretagne vers la fin du X°. siécle, Gaufrid, fils de Conanus Curvus, Conan le Courbe (2).

Et en 1061, au XI°. siécle, Rainaud surnommé Manzellus (3).

L'Histoire du Languedoc par Dom Vaissette, &c. nous offre dès le commencement du IX°. siécle nombre de noms qui subsistent encore de nos jours, comme noms de Familles : tels,

Warin, prononcé Varin, Guarin, Guérin, &c.

Miron : Milon : Gaucelin : Ademar : Etienne.

Châtelain ou Castellan ; Pascalis.

Asinarius ; Asnier ou Lasnier.

Roncariolus, ou Roucairol.

Fulcherier, ou Foucher, Desiderius, ou Didier.

Ausbernus, ou Oberne ; Oliba ou Olive, nom très-commun dans ce IX°. siécle en Languedoc, comme celui d'Olivier en Bretagne.

---

(1) Murat. *Ib.* p. 1036. (2) Hist. de Bret. pag. 98. (3) *Ib.* p. 88.

2°.

Noms du moyen âge.

Une preuve qui me paroît décisive pour établir que les Noms de Familles sont beaucoup plus anciens que les XI & XII°. siécles, est tirée de cette multitude de Noms de Famille qui existent aujourd'hui, & qui sont manifestement empruntés des Langues de ces Peuples qui fondirent sur l'Empire Romain. On connoît par l'Histoire une multitude de Noms usités chez ces Nations, & puisqu'il s'en est conservé jusques à aujourd'hui un très-grand nombre comme Noms de Famille, il faut nécessairement qu'ils aient déjà été Noms de Famille chez ces Peuples : sans cela, par quelle raison seroit-on allé chercher des Noms chez des Nations anéanties ? C'eût été le comble de la déraison ; & une chose sans exemple, lors même qu'elle eût été possible.

Sans sortir de la France, nous y trouvons par-tout une foule de Noms descendus des anciens Goths, & des autres Peuples du Nord qui fondirent sur les Gaules.

BERT.

BERT est un mot Theutonique commun aux Celtes & même aux Orientaux, mais sans T, בהר, Bher, & qui signifie clair, limpide, 2°. illustre, célèbre.

Il étoit fort commun sous les deux premieres Races de nos Rois. Elles sont remplis de noms en

CHILDEBERT.	CARIBERT.
DAGOBERT.	SIGEBERT.

Le nom de la Reine BERTHE est encore aujourd'hui en vénération dans diverses contrées de la Suisse : & à Payerne, on montre la selle de cette Reine avec le même empressement qu'ailleurs le Trône du Roi Dagobert.

Ce nom subsiste aujourd'hui dans une foule de noms, seul ou en composé : tels,

BERT.	2°. En composés.
BERTIN.	ADI-BERT.
BEER.	Ari-bert.
BERTR-AND.	A-ber.
Bertran-di.	Al-bert.
	Alde-bert.

DES NOMS DE FAMILLES.

Alde-bert.
Au-bert.
Audi-bert.
Cari-bert.
Gali-bert.
Gau-bert.
Guim-bert.
Gi-bert.
Gilli-bert.
Gui-bert.
Gif-bert.
Hé-bert.
Hum-bert.
Im-bert.
Jom-bert.
Jou-bert.
Lam-bert.
Rim-bert.
Ro-bert.
Som-bert.

BALD,
Hardi, audacieux.

BALDI.
BAUDE, & BOLDE.
Guene-baud.
Guille-baud, & Wille-bald.
Baud-ouin.

BARN.
Homme, Guerrier.

BERN-ARD.
BERN-IERES.
BARN-OUIN.

CARL.
Vaillant.

CARLI, Maison d'Italie.
Differt. Tom. I.

CARLOS.
CARLOMAN.
CARLES.
CHARLES.
Charlemagne.

GER,
Extrêmement : beaucoup, 2°. désireux; 3°. armé.

GER-ARD.
Ger-bert.
Germ-ain.
Gerv-aise.
Ger-trude.

GARD,
Jardin, enceinte.

ERMEN-GARD.
GARD-INER.
GARD-ET.

GOD,
Dieu : 2°. bon.

GODE-FROI.
GOD-ART.
Min-got.
Min-gaud.
THUR-GOT, premier Evêque des Suédois.
TUR-GOT.

LOD,
LUD, LAUT,
célèbre.

LOTH-AIRE.
LOD-OVIC.
LUD-OVIC, d'où LOUIS.

Qq

CLOD IUS.
LUT-ON.
LUT-OL.

MUND,
Protecteur.

AU-MONT.
ED-MONT.
OS-MOND.
RICH-MOND.
RA-MON.

WALD
WAUD, GAUD,
forêt.

WAUTIER.
GAUTIER.
GUALTERI.

WARD,
Gardien.

BURC-WART.
ED-WART.
Edouard.

HER-WART.
MARC-WART.

WALN.
Aulne, Sapin.

WARN-IER.
WERN-ERI.
GARN-IER.
VERGNE.
Lavergne.

HART, ART.
Vif, véhément, extrêmement.

BONN-ARD.
Bri-ard.
Briz ard.
Coſt-ard.
Goth ard.
Ieon-ard.
Nith-ard.
Rich-ard.

DUR,

Eau : 2°. Acier.

DURAND, DURANT*is*, nom aſſez étendu en France, eſt un nom également Theuton, formé de DUR, eau ; 2°. acier : & de HAND, main, poſſeſſion, riche en eaux ou en acier. De cette derniere acception s'eſt formé le nom de la fameuſe épée de Roland, cette terrible DURANTALE qui briſoit le cuivre même ; formé de *tal*, mettre en pièces, & de *Duren*, acier.

HEN,

Ayeux.

HENRI, autrefois *Hen ric*, & qu'on prononce encore ainſi en Béarn, de même qu'en Latin, nom de la même Famille qu'*Hunne-ric*, eſt formé de *Hen*, ayeux, ancêtres : il ſignifie riche en ayeux, deſcendu d'une illuſtre famille ; c'eſt le *potens atavis* des Latins.

Dans l'Allemand moderne où *Han* signifie Poule, *hen-ri* signifieroit *riche en poules*. Wacheter dit que cette étymologie n'est bonne que pour ceux qui mangent du foin ou du chardon; mais elle seroit tout aussi bonne que celle des Lentulus, des Piso, de tous ces illustres Romains qui prirent leur nom d'objets champêtres, d'ailleurs l'Allemand moderne differe si peu de l'ancien, que les étymologies tirées de celui-là peuvent bien être aussi bonnes que celles du Theuton.

ARMAND, HERMAN, nom de Baptême & nom de Famille, doit venir du Theut. HERM, HARM, bélier, guerrier.

REUCHLIN, la Fumée.

ALMARI,
ALARIC,
AYMAR,
AUDEMAR,
ALDEMAR,
} Noms descendus des anciens Goths ou Getes, & devenus Noms de Familles actuellement existantes.

3°.

NOMS

Formés de l'ancienne Langue Romance.

Une multitude d'autres noms très-communs en France, ont été empruntés de l'ancienne Langue Romance, dans le tems où elle étoit dans toute sa splendeur, dès le neuvième siècle, & peut-être plutôt. Aussi en les rapprochant de cette Langue, on en voit aussi-tôt la valeur ou l'étymologie.

ARN signifie montagne; de-là ARN-*aldus* & ARN*aud*, nom très-répandu dans la France méridionale, & sur-tout en Italie. C'est ce même nom qui a formé celui des ARNAUTES, habitans de l'Albanie ou des montagnes de l'ancienne Epire. En Basque il désigne le vin, fruit des côteaux. Il fut donné aussi aux Albigeois et aux Vaudois, parce qu'ils habitoient des contrées montagneuses; & dès-lors le mot *Arnaute* devint un nom de mépris, une injure.

Les Princes de la Lomagne avoient affecté particulièrement ce nom d'AR-NAUD; aussi leur monnoie en portoit le nom. Il en est fait mention dans des chartres du treizième & du quatorzième siècles.

ARNAUD de Villeneuve commença, il y a plusieurs siècles, à rendre ce nom illustre. La fin du dernier siècle a produit un Héros singulier & peu connu, qui portoit le même nom, & qui, sous les titres de *Capitaine* & de *Ministre des enfans de Dieu*, remit les Vaudois descendans des anciens Arnautes, en possession de leurs montagnes dont ils avoient été entièrement chassés, donnant ainsi un exemple étonnant de ce que peut le courage intrépide, quand il se bat pour ses foyers.

BOUHIER, BOVIER, BOYER, nom très-communs en France, paroissent les mêmes que BOUVIER, en Latin barbare *Boverius*.

ROUHIER, ROYER, le ROYER, signifient voisin, contigu, charron, qui fait des roues Il est synonyme du mot CHARRON qu'un Auteur de ce nom a rendu très-célèbre.

COUDERC, pâturage commun.

COTEREL, grand couteau.

CORVOISIER, cordonnier.

CLAVIER, qui a les clefs, portier.

GASTELLIER, Marchand de gâteaux.

GRAVELOT, javelot.

GENDRE, GENURE, GENRE, même que *junior*, nom qu'on donnoit au premier garçon d'un Boulanger; comme on donne le nom de MAJOR au premier garçon d'un Perruquier; & *Prote* ou premier à celui qui dirige une Imprimerie.

MESLIER, néflier.

ESTACHE, pieu.

GAU, moulin à fouler les draps.

GAUCHER, qui foule les draps : mot qui peut également venir d'une personne qui étoit gauchere.

La seule lettre B du Dictionnaire vieux François qui fait le Xe. Volume du Glossaire Latin barbare de du Cange, continué par Carpentier, offre l'étymologie d'une multitude de noms françois qui ne présentent aujourd'hui aucun sens d'objets naturels : en voici quelques-uns.

BACON, le lard d'un cochon.

BARAIL, baril.

BARON, homme.

BARRIER, qui a la garde des barrieres.

BART, pavé.

BARTE, la BARTHE, bouquet de bois.

BASTIDE, château; 2°. maison de campagne.

BEHOURT, joûte.

BERRUYER, sorte d'armes.

BERTONNEAU, un turbot.

BIBELOT, jeu d'offelets.
BIGOT, pioche, pêche.
BLACHE, LA BLACHE, plant de jeunes chênes ou de châtaigniers, entre lefquels on peut labourer.
BOISSIERE, la BOISSIERE, BUISSIERE, lieu planté de buis.
BOUTILLIER, Officier d'Echanfonnerie.
BONNIER, mefure de terre.
BORDE, la BORDE, BORDERIE, } Ferme.
BORIE, la BORIE,
BOSQUEILLON, bucheron.
BOURDON, bâton de Pellerin.
BOURIGNON, filet à petits poiffons.
BREUIL, BRUEL, du BREUIL, lieu planté d'arbres, &c.
BROCHE, BROCA, fourche, pieu.
BUFFIER, donneur de foufflets.
BUIGNON, bouchée.
BURE, leffive.

En voici quelqu'autres.

PUECH, montagne à pic.
LA BAUME, BALME, LA BALME, grotte, caverne.
CLAVEL, clou.
MANDRAILLE, bergerie; de l'Italien & du Grec *Mandra*.
BAILE, chef.
MÉTRAL, Lieutenant de Police dans diverfes Provinces.
NIVET, terme de riviere; nom qu'on donne fur les ports & dans les chantiers à une remife que le marchand fait à celui qui vient acheter fa marchandife au-deffous de la taxe.
LA LANDE, des LANDES, étendue de pays.
BANE, corne.
GOUPIL, renard.
Le GALL, le coq.
FLON, rivière.
GALLOIS, Robufte, fort.
SAIGNE, LA SAIGNE, marais.
TAVEL, efpèce de bouclier.
TELLIER, LE TELLIER, Tifferand, faifeur de toiles.
VASSEUR, LE VASSEUR, VAVASSEUR, LE VASSOR, Vaffal,

Noms en IERE.

IERE est un mot Celtique qui désigne l'habitation, la demeure; de-là tant de noms terminés en IERE.

La Sorin-iere.	Morel-iere.
La Cantin-iere.	Mathon-iere.
La Cresson-iere.	Serv-iere.
La Renaud-iere.	Teisson-iere.
La Jausselin-iere.	Volpil-iere.

Cette terminaison en IERE venue de ER, terre, champ habité, est sur-tout propre à la Province du POITOU. Les habitans de chaque Province du Royaume & chaque pays de l'Europe même ont adopté ainsi une terminaison qui leur est propre, & au moyen de laquelle on les reconnoît aussitôt. C'est là-dessus qu'on a fabriqué fort plaisamment les diverses métamorphoses de M. TROTTIN dans ses voyages. Il est Trottincourt en Picardie, Trottinville en Normandie, Trottigneul dans le Perche, Trottinguer en Bretagne, Trottiniere en Poitou, Trottignac en Périgord, Trottinargue en Languedoc, Trottinoz en Franche-comté, Trottini en Italie, Trottinski en Pologne, Trottembach en Allemagne, &c.

4.

NOMS GRECS.

Le Languedoc, dont plusieurs villes ont eu des Noms Grecs parce qu'elles étoient des Colonies Grecques, doit offrir également des noms venus de la Grèce. Ainsi au commencement de ce siècle, existoient à Usez deux Familles dont les noms étoient vraiment Athéniens, celle de LICON & celle de BOUZIGE.

ARTICLE III.

Noms significatifs en François.

La France est remplie de Noms de Familles qui sont significatifs dans notre Langue: en voici un certain nombre que nous avons distribué en grandes classes, suivant que ces Noms sont relatifs à des Noms d'animaux, d'arbres, de plantes, de professions, de dignités, de couleurs, de qualités, de parties du corps, de l'habillement, &c. ou à des Noms d'objets relatifs à la Musique, à l'Année, aux Champs, aux Villes, aux Maisons, à la Guerre, aux instrumens, &c.

DES NOMS DE FAMILLES.

Ces Tableaux les rendront plus piquans : on sera étonné de leur étendue, d'autant plus qu'il n'y aura personne qui ne soit dans le cas d'y en ajouter un grand nombre.

Il en est de si singuliers, qu'on sera peut-être tenté de croire que nous les avons inventés à plaisir : nous sommes cependant en état de les justifier tous; & si nous n'avions craint d'abuser de la patience de nos Lecteurs, nous aurions accompagné chacun de ces Noms de quelque détail qui auroit fait connoître ceux qui les portent actuellement ou ceux qui les ont portés autrefois, ainsi que le temps & le lieu où ils vivent, ou dans lequel ils demeurerent de leur vivant. On y auroit vu des Personnages illustres par leurs vertus, par leur rang, par leurs Ouvrages, & un grand nombre chers à notre cœur.

Nous ne prétendons pas d'ailleurs ne nous être point trompés dans la maniere dont nous avons distribué ces Noms; il se peut que plusieurs dans leur origine ayent eu un rapport très-différent de celui que nous y avons apperçu : il suffisoit pour notre but qu'ils pussent figurer dans une classe quelconque ; on verra même qu'il en est que nous ayons rapporté à deux ou trois classes différentes à cause des divers rapports sous lesquels on pouvoit les envisager.

Nous ne saurions trop le répéter ; nous ne prétendons nullement à ne jamais nous tromper dans les détails; nous les abandonnons tous sans peine à nos Lecteurs; nous ne sommes jaloux que des grandes masses, des grands principes; l'édifice que nous avons à élever est si vaste & si intéressant qu'on auroit regret sans doute au temps que nous perdrions à en finir les plus petits objets ; peut-être même entreprendrions-nous en cela une chose impossible, sur-tout avant que tout l'ensemble soit parvenu à sa fin.

I.
NOMS DES ANIMAUX.

1°. *QUADRUPEDES.*

LION.
Léopard.
Loup.
  Le Loup.
  Louvel.
  Pas-de-Loup.
  Pince Loup.
Sanglier.
Renard.

Goupil.
Lievre.
  Le Lievre.
Cerf.
  Le Cerf.
Chevreuil.
Chèvre.
Chevreau.
Cabri.
Cheval.
Poullain.

Chameau.
Cochon.
  Porcelet.
  Bacon.
Bœuf.
  Du Bœuf.
  Sauve-Bœuf.
  Chasse-Bœuf.
  Le Bœuf.
  Des Bœufs.

Bellier.
Mouton.
  Gigot.
  Le Mouton.
  Lagneau.
  Dagneau.
  Robin.
Veau.
  Vedel.
  Bedel.
Bouc.
  Le Bouc.
Caftor.
  Bievre.
Lane.
  La Lane.
Baudet.
Beaudet.
Baudeau.
Ourfin.
Chat.
  Duchat.
Loir.
Chien.
  Des Chiens.
  Limier.
  Maftin.
  Roguin.
  Brac.
  Baffet.
Rat.
  Le Rat.
  Rat Gras.
Lefcureul.
Hériffon.
  D'Hériffon.
Dragon.

2°. OISEAUX.

OISEAU.
  Loyfeau.
  Loifel.
  Volée.
Coq.
  Chapon.
Poule.
  Poulle.
  Poulet.
Paon.
Faifan.
Pigeon.
Colombe.
Perdrix.
  Perdriau.
Caille.
  La Caille.
  Cailleteau.
Jard.
  Le Jars.
Loifon.
Merle.
  Merlet.
Geai.
Grive.
  La Grive.
Pinfon.
Linot.
  Linotte.
Tarin.
Serin.
Roffignol.
Verdier.
Moineau.
L'Etourneau.

Bruant.
Bréan.
Bifet.
Hirondelle.
Héron.
Corlieu.
Faucon.
  Falco.
Griffon.
Milan.
Duc.
Corbeau.
Corneille.
L'Autour.
L'Efpervier.
Grue.
Mouette.
Alouette.
Cigogne.
Pie.
  La Pie.
Pic.
Piverd.
Vaneau.
  Vanier.
  Vanieres.

3°. POISSONS.

POISSON.
Dauphin.
Barbot.
Brochet.
Turbot.
Lotte.
Goujon.
Chabot.
  La Perche.

DES NOMS DE FAMILLES.

La Perche.
Testard.

4°. INSECTES.
PAPILLON.
Mouche.
  Amiel.
Abeille.
Grillon.
  Grillet.
La Mouche.
Hanneron.
Cygale.

II.
NOMS
DES COULEURS ET DES FORMES.

1°. COULEURS.
DE COULEUR.
Rouge.
  Rougeau.
  Roux.
  Le Roux.
  Rousseau.
  De Rousses.
  Rosset.
  Roussel.
  Rousselot.
Vert.
  Le Vert.
  De Verd.
Noir.
  Negre.
  Negret.
  Le Noir.

Dissert. Tom. I.

Blond.
  Le Blond.
  Blondeau.
  Blonde.
  Blondin.
  Blondel.
Brun.
  Brunet.
  Bruno.
  Bruneteau.
  Brunel.
Viollet.
Vair.
  Duvair.
Veron.
Ponceau.
  Poncelet.
Maure.
  Moreau.
  Moricaud.
Blanc.
  Le Blanc.
  Blancher.
  Blanchon.
La Grise.
La Sale.

2°. FORMES & VERTUS.

GROS.
  Le Gros.
Grand.
  Le Grand.
  Le Nain.
Petit.
  Le Petit.
Long.
  Le Long.

Longuet.
Court.
  Le Court.
Large.
  Le Large.
Carré.
Rond.
  Rondeau.
  Rondel.
  Le Rond.
Gras.
  Le Gras.
  Grasset.
Maigre.
  Le Maigre.
  Maigret.
  Maigrin.
Menu.
Beau.
  Le Beau.
Bel.
  Le Bel.
  Belle.
Joli.
Poli.
Mignard.
Mignon.
Plaisant.
Villain.
Gentil.
  Le Gentil.
Vermeil.
Pesant.
Leger.
Sage.
  Le Digne.
Puissant.

Cours.
Constant.
Courant.
Comptant.
Gauffant.
Sauvage.
Fieffé.
Gelez.
Grimaud.
Chenu.
Clément.
Doucet.
  Le Doux.
Bon.
  Le Bon.
Mauvais.
Mollet.
Duret.
Benoist.
Luxe.
L'Heureux.
Vigoureux.
Le Sourd.
Le Tort.
Le Begue.
Le Net.
L'Enfumé.
L'Ecorché.
Le Pelé.
Pelé.
Pel-Levé.
Le Fort.
La Force.
L'Honoré.
  Honoré.
L'Eclopé.
Clopinel.

Pietre.
L'Egaré.
Maceré.
Hardi.
Gai.
Joyeux.
Badin.
Bourru.
Bosse.
Bossu.
Boiteux.
Aveugle.
Bouchard.
Camus.
  Le Camus.
Brûlé.
Gaillard.
Vaillant.
  Le Vaillant.
Peureux.
Ardant.
Noble.
  Le Noble.
Mondain.
Flandrin.
Ribaud.
Serré.
Baillé.
Trouvé.
Formé.
Foulé.
Levé.
Allongé.
Meslé.
Séjourné.
Grincé.
Barré.

Notté.
Recoquillé.
Desiré.
Couronné.
Marmottant.
Confidérand.
Rougissant.
Resplandy.
Parfait.
Courtois.
Le Franc.
Certain.
Gestes.
Conseil.
Mordant.
Galand.
Rebours.
L'Affilard.
Lavenant.
Mont-Fiquet.
Hérissant.
Creuzé.
Tapi.

3°. NOMS DE GUERRE.

PINCE-MAILLE.
Mouchard.
Jambe de-Fer.
Bras-de Fer.
Taille-Fer.
Besche Fer.
L'Espérance.
Complaisance.
L'Abondance.
Prudence.
Bonté.
Loyauté.

DES NOMS DE FAMILLES.

Fier-à-Bras.
Feü Ardent.
Patu.
Ragot.
Rouffin.
Mouricaud.
Damne Ville.
Men-à-Bien.
Rideaux-Vieux.
Corfembleu.
Boutemy.
Bouteroue.
Efcorne-Bœuf.
Follenfant.
Doré.
Dorez.
Rufé.
Fin.
Bizarre.
Char-d'Avoine.
Pain-d'Avoine.
Le Lieur.
Renvoify.
Tardif.
Lambin.
Coquin.
Brocard.
Paillard.
Rapillard.
Tendreffe.
Lamoureux.
Damours.
Pardon.
Suret.
Follet.
Mercenaire.
Vivant.

Martyr.
Merveille.
Lœuvre.
Récent.
Rival.
Tenant.
Hardiment.
Canal.
Chauve.
Le Vair.
Le-Refche.
Tenon.
Chalant.
Coulant.
Eveillon.
Dormans.

VERBES.

FIANCE.
Dure.
Babille.
Savonne.
Racle.
Brûle.
Serre.
Sauve.
Marque.
Rampon.
Marche.

LETTRES.

THAU.
Le Dé.
Emme.
Le Geay.
Vé.

ECRIT, LIVRE, &c.

LIVRE.

Le Lifeur.
Des Loix.
Bouquin.
Feuillet.
Billet.
Long Dit.
Fay Dit.
Scribe.
Sonnet.
Vérité.
Voyez.
Lumiere.
Oui.
Hanon.
Cédille.
Guillemet.

III.

NOMS

D'ARBRES, PLANTES.

FRUITS, FLEURS.

1°. ARBRES.

L'ARBRE.
Cinq-Arbres.
Chefne.
Du Chefne.
Sept-Chefnes.
Chêne-Vert.
Frêne.
Du Frêne.
Au-Frêne.
Frefnay.
Pommier.
Cerifier.
Poirier.

Des-Ormeaux.
Orme.
 L'Orme.
 De l'Orme.
Noyer.
 Du Noyer.
Coudrier.
 La Coudre.
Laurier.
 Du Laurier.
 Des Lauriers.
Chataignier.
 Caſtanet.
 Caſtain.
Cormier.
Meurier.
Prunier.
 Pruneau.
 De la Prune.
Peuplier.
Figuier.
 Figuieres.
Sorbier.
Pêchier.
Pin.
 Du Pin.
Saule.
 De Saule.
Olivier.
 Olive.
 L'Olive.
 L'Olivier.
Le Maronnier.
Palmier.
Vergne.
 La Vergne.
Aune.

Laune.
De Laune.
Launay.
Hêtre.
 L'Hêtre.
Rouvre.
 Du Rouvre.
Roure.
Rouviere.
Chenaye.
Sauſſaye.
Pommeraye.
Ceriſaye.
La Frenaye.
Châtaigneraye.
Prunelaye.
La Houſſaye.
Charme.
Fage.
 La Fage.
Faye.
 La Faye.
Houx.
 Le Houx.
Hozier.
Buis.
Branche.
 Branchu.
Rameau.
 Ramée.
 La Ramée.
Gaule.
 De Gaules.

2°. PLANTES.

VIGNE.
 La Vigne.

Des Vignes.
Grain.
 Grain-d'Orge.
 Caſſe-Grain.
Genet.
Blé.
Froment.
Millet.
Mill.
Roſier.
 Du Roſier.
 Des Roſiers.
Fraiſier.
 Fraiſſe.
Framboiſier.
Perſil.
Chou.
 Du Choul.
 Caulet.
Laitue.
Porreau.
Luzerne.
 La Luzerne.
Chardon.
Leſpine.
 Leſpinaſſe.
 L'Epinay.
Ortie.
 L'Ortie.
Guy.
Buiſſon.
Breuil.
 Dubreuil.
Gazon.
Plantin.
Sureau.
Racine.

Radix.
Canelle.

3°. FRUITS.

AVELINE.
Cerise.
Noix.
- La Noix.
Pomme.
Poire.
La Prune.
Prunelle.
Grenade.
Melon.
Perdigon.
Damas.
Raisin.
Pepin.
Pignon.
Le Pois.
Brou.
Raport-Blé.
Vin.
De Vin.
La Treille.

4°. FLEURS.

DE LA FLEUR.
Rose.
  Blanche Rose.
  Prime Rose.
Bleuet.
Œillet.
Muguet.
Violier.
Julienne.
Soucy.

Sans-Soucy.
Violette.
Lys.
  Du Lys.
Flore.
Bouquet.
Fleury.
Sainte-Fleur.
Sainte Rose.
Champ-Fleur.
Champ-Fleury.

IV.

NOMS DE DIGNITÉS, PARENTÉ, &c.

SOUVERAIN.
L'Empereur.
Le Roi.
  Des Rois.
  Hau du Roy.
Seigneur.
  Le Seigneur.
Duc.
Baron.
Marquis.
Comte.
Bachelier.
Damoiseau.
L'Ecuyer.
Gouverneur.
Commandeur.
Echevin.
Prince.
  Le Prince.

Sénéchal.
  Le Sénéchal.
Mayre.
  Le Maire.
Vidame.
Bailli.
  Le Bailli.
Viguier.
  Viguerie.
Page.
  Le Page.
Vallet.
  Le Vallet.
  Valleteau.
Vassal.
Doyen.
Capitaine.
Maître.
  Le Maître.
Prévôt.
Sergeant.
  Bon-Sergent.
Châtelain.
Receveur.
Mesureur.

2°. D'EGLISE.

LE PAPE.
Prélat.
Cardinal.
L'Archevêque.
L'Evêque.
Le Prêtre.
L'Abbé.
Le Moine.
L'Aumônier.

Le Prieur.
Chapelain.
L'Hermite.

3°. PRATIQUE.
L'AVOCAT.
L'Huiſſier.
Le Clerc.
Notaire.

4°.
DE-DIEU.
DIEU-DONNÉ.
Chan-Dieu.
Eſperan-Dieu.
Donna Dieu.
Mont-Dieu.
Grace de Dieu.
Ange.
　L'Ange.
Archange.
Saint-Ange.
Chérubin.
Eſprit.

5°.
SOLEIL.
BEAU-SOLEIL.
L'Eſtoile.
Paradis.
Chrétien.
Huguenot.
Payen.
Sarraſin.
Pate-Notre.
Touſſaint.
De Saint.
Sauveur.
Des Innocens.

Des Autels.

6°.
MARIAGE.
LE MARIÉ.
Mari.
Parent.
Comperè.
Le Gendre.
　Beau-Gendre.
L'Héritier.
Voyſin.
　Du Voyſin.
Pere-fixe.
Fils.
Fille.
　La Fille.
Beau-Fils.
Bon Fils.
Frere.
　Des Freres.
　Bon Frere.
L'enfant.
　Bon Enfant.
Couſin.
　Beau-Couſin.
Neveu.
　Niepce.
Filleul.
Belle-Mere.
Bonne Mere.
Compagnon.
Gars.
　Garçon.
　Bon-Gars.
　Bon-Garçon.
Ami.

L'Ami.
Beaux-Amis.
Bon-Ami.

7°.
BERGER.
CHEVRIER.
Porcher.
Vacher.
　Le Vacher.
Bouvier.
Chartier.
Foſſoyeux.
Gerbier.
Courtier.

8°. Bourreau.

V.
NOMS
DE PROFESSIONS,
　MÉTIERS, &c.

Arbaleſtrier.
L'Archer.
Argentier.
Baillet.
　Bailleux.
Barbier.
Bordier.
Boucher.
Boulanger.
Bourlier.
Braconier.
Braſſeur.
Brodeur.
Batelier.
Carrier.

DES NOMS DE FAMILLE. 319

Cartier.
Chapelier.
Charron.
Charpentier.
Charbonnier.
Le Coigneux.
Coutelier.
Couturier.
Cordier.
Le Couvreur.
Drapier.
L'Epicier.
Fabre.
Fabri.
Faber.
Fevre.
Le Fevre.
Faure.
Faucheur.
Le Faucheur.
Forestier.
Foulon.
Ferrand.
Fournier.
Fripier.
Fondeur.
Jardinier.
Laboureur.
Le Laboureur.
Maſſon.
Mercier.
Métayer.
Meunier.
Muſnier.
Moulinier.
Maréchal.
Marchand.

Pannetier.
Pelletier.
Le Pelletier.
Plaſtrier.
Potier.
Le Pileur.
Saunier.
Serrurier.
Sellier.
Sommellier.
Taillandier.
Teinturier.
Texier.
Teiſſier.
Thuillier.
Tourneur.
Le Tourneur.
Tonnelier.
Tripier.
Vanier.
Vigneron.

VI.

NOMS
TIRÉS DU CORPS.

PERSONNE.
L'Homme.
Bon-Homme.
Mal Homme.
Bel Homme.
Maſle.
Le Maſle.
Pucelle.
Corps.
Du Corps.
Beau-Corps.

Teſte.
Teſtu.
Belle-Teſte.
Groſſe-Teſte.
Hure.
Hurel.
Hureau.
Main.
Belle-Main.
Blanche-Main.
Pied.
Pied-Fort.
Petit-Pied.
Beau-Pied.
De Pied.
Pied-bot.
Bras d'or.
Front.
Bouche.
Toupet.
Caboche.
Le Membre.
Cerveau.
Oreille.
L'Oreille.
Mourre.
Patte.
Naſon.
Gorju.
Bec.
Dubec.
Bec-de-Liévre.
Babine.
Babinot.
Côte.
La Côte.
Côte-blanche.

Des Yeux.
De la Joue.
Du Doigt.
Long-Œil.
Talon.
Boyau.
Rate.
Barbe.
 Blanche-Barbe.
 Barbut.
 Courte-Barbe.
 La Barbe.
Cœur.
 Cœuret.
 Le Cœur.
 Cœur-de Roi.
 Francœur.
 Jolicœur.
 Tournemine.
De la Corne.
 Cornu.
 Cornuau.
 Le Cornu.

2.

JEUNE.
 Le Jeune.
 Jeune-Homme.
 Juventin.
 Jouvency.
Vieux.
 Le Vieil.
 Viel.
 Vieillard.
Aîné.
 L'Aîné.
Cadet.

Babouin.

VII.

HABILLEMENS.

ROBBE.
 Le Vestu.
Chapeau.
 Chapeau rouge.
Chaperon.
Bonnet.
Cornet.
Cornette.
Du Rochet.
Soulier.
 Du Soulier.
Semelle.
Blanchet.
Cotte.
Gamache.
Bourlet.
Pompon.
Bouton.
Collier.
Beguin.
Patin.
Gillet.
Mantel.
Manchon.
Le Bas.
Foureau.
Chappe.
Aube.
Collet.
Sarot.
Serpeaud.
Cuissard.

Berceau.
Des Peignes.
Des Chaux.

ETOFFES.

COTTON.
Basin.

VIII.

MUSIQUE ET DANSE.

CHANTRE.
 Le Chantre.
 Le Chanteur.
 Chante-Cler.
 Chante-Merle.
 Chante-Pie.
Ménétrier.
Ballet.
Sifflet.
Danse.
Bourrée.
 Bourée.
Rigaudon.
Clairon.
Cor.
 Du Cor.
Violon.
Viole.
Chalumeau.
La Harpe.
L'Organiste.

IX.

ANNÉE.

BONNE-ANNÉE.
Janvier.
   St. Janvier.

St. Janvier.
Février.
Mars.
Avril.
Mai.
  Du Mai.
  Le Mai.
Juin.
Juillet.
D'Août.
Saifon.
Moiffon.
Hiver.
Noël.
Dimanche.
Des Jours.
La Fin.
Du Temps.
Bon Jour.

X.
BEAU.

BEAU.
  Le Beau.
  Bel.
  Le Bel.
Beaux-Amis.
Beau Bois.
Beau-Breuil.
Beau-Champ.
Beau-Coufin.
Beau-Corps.
Beau-Cheíne.
Beau-Fort.
Beau-Fils.
Beau-Gendre.
Beau-Gué.

Beau-Harnois.
Beaux-Hoftes.
Beaux-Joyeux.
Beau-Jon.
Beau-Lieu.
Beau-Lac.
Beau Manoir.
Beau Mefnil.
Beau-Mont.
Beau-Poil.
Beau-Port.
Beau-Puits.
Beau Regard.
Beau Recueil.
Beau-Séjour.
Beau Semblant.
Beau-Sire.
  Sire-Beau.
Beau-Sol.
Beau-Soleil.
Beau-Son.
Beau-Teint.
Beau-Val.
Beau-Varlet.
Beau-Verger.
Beau-Voir.
Mir-a-Beau.
Bel-Bœuf.
Bel-Cros.
Belle Foreft.
Belle-Garde.
Belle-Combe.
Belle-Foy.
Belle-Mere.
Belle-Perche.
Belle Roche.

BON.

BON.
  De Bons.
Bonneau.
Bon-Lieu.
Bon-Temps.
Bonne-Aventure.
Bonne-Heure.
Bon Ami.
Bon Homme.
Bon-Ardi.
Bon Fils.
Bon-Repos.
Bonne-Foi.
Bonne-Ville.
Bonne Guife.
Boni Face.
Bon-Vouloir.
Bon-Valet.

BIEN.

BIEN-AIMÉ.
Bien-Affis.
Bien-Nourri.
Bénê.
  Béné-Fice.
Chef de-Bien.

MAL.

MAL-ASSIS.
Mal-Nourri.
Mal à Fait.
Malafpine.
Mal-Homme.
Mal-Herbe.
Males Herbes.
La Mal-Maifon.

Mal-me-Dy.
Mal-Vieux.
Mau Clerc.
Mau-Paſſant.
Mau-Petit.
Mau-Perché.
Mau-Voiſin.
Mau-Peou.
Mau-Vin.
Mau Point.
Mau-Pas.
Mau-Regard.

XI.
REPAS.

Table-Miſe.
L'Hôte.
Excellent.
L'Entretien.
Bon.
Dine-Matin.
Dine-Midi.
Buffet.
Boiſſon.
Vin.
De Vin.
Vinet.
Pot.
Pot de Vin.
Piſſe-Vin.
Caraffe.
Flacon.
Bouteille.
Gobelet.
Goblet.
Panier.
Du Vivre.

Pain.
Pain Blanc.
Pain d'Avoine.
Pouſſe-Pain.
Mie.
Coupé.
Poivre.
Le-Poivre.
L'Huilier.
De Sel.
Sallé.
Doux.
Douceur.
Le Sur.
Chaiſe.
La Chaiſe.
Neuf Chaiſe.
Tabouret.
Le Haut.
Le Bas.
Bien-Aſſis.
Mal-Aſſis.
Bien-Aſſiſe.
Mal-Aſſiſe.
Le Nourri.
Mal-Nourri.
Belle-Dent.
Goulu.
Dépenſe.
Chef-d'Hôtel.
L'Ecuyer.
Tranchant.
Tartier.
Boutelier.
Suc.
Goût.
Boi-Vin.

Boi-l'Eau.
Chaudiere.
Chaudron.
Couteau.
Charnage.
Carnavalet.
Fricault.
Boucherie.
Bouillon.
Bœuf.
Mouton.
Gigot.
Oie.
Chapon.
Coq.
Lièvre.
Lapin.
Rouelle.
Du Veau.
Rognon.
Du Lard.
Le Gras.
Sardine.
Poiſſon.
Paſté.
La Paſte.
Du Plancher.
Courte-Cuiſſe.
Pomme.
Fromage.
Fromageau.
Fromager.
Croquet.
Maſcaron.
De la Noix.
Reſtes.
Fourni.

Rendu.
Du Congé.
Revoir.
Torchon.
Net.
Renvoi.
Carmentran.

XII.
NOMBRES.

PREMIER.
  Premier-Fait.
Second.
Tiers.
Le Quatre.
Mille.
Vincent.
Quatre-Bœufs.

XIII.
LA MAISON.

BELLE.
Demeure.
D'Hôtel.
Cagniard.
Grand-Maison.
  Maisoncelle.
  Maison-Fleur.
  Mal-Maison.
  Des Maisons.
  Vieux-Maisons.
  Maison-neuve.
  Bas-Maison.
Caze.
  La Caze.
  Casali.
  Casa-Mea.

Caza Major.
Caza-Nova.
Caza-Bonne.
La Loge.
Bien-Assise.
Mal-Assise.
Chambre.
Cellier.
Grenier.
La Cave.
Grille.
Colonne.
Latte.
Chevron.
Hautoy.
Ancelle.
Trumeau.
Perron.
Pignon.
Chapelle.
Cabane.
  Cabanis.
Serre.
  La Serre.
Sale.
  La Sale.
Masure.
  Des Masures.
Planche.
  Planchon.
  La Planche.
Ais.
L'Hôpital.
Mur.
Du Mur.
Du Pan.

XIV.
CAMPAGNE.
1º. MONTS.

ROCHE.
Rocher.
Des Roches.
Du Rocher.
La Roche.
Roche Aymon.
Roche Baron.
Roche-Brune.
Roche-Chouart.
Roche Foucaud.
Roque.
  La Roque.
Montagne.
  Montagny.
  Mont-Rond.
Du Mont.
  Outre-Mont.
Tertre.
  Du Tertre.
La Motte.

2º. EAUX.

Font.
  La Font.
Fontaine.
  Sept-Fontaine.
  Font-Froide.
  Fons-Bonne.
  Font Brune.
  Font-Couverte.
  Sept-Fond.
Fontane.
Fontanès.

Fontanier.
Aigue.
Rivière.
　La Rivière.
Ruisseau.
　Du Ruisseau.
Lac.
　Du Lac.
Rive.
　La Rive.
　De la Rive.
　Haute-Rive.
L'Etang.
Vivier.
　Du Vivier.
L'Ecluse.
Pui.
　Dupui.
Marais.
　Des Marais.
　La Mare.
Du Port.
Pons.
Pont.
　Du Pont.
　Vieux-Pont.
　Pont-Carré.
L'Arche.

3º. *BOIS.*
Du Bois.
　Du Bosc.
　Bois-Neuf.
　Gros-Bois.
Bocage.
　Bocager.
　Du Bosquet.
Bocage.
　Bousquet.

Buisson.
Du Buisson.
Breuil.
　Du Breuil.
Bûche.
Forest.
　Forestier.
　La Forest.
　Du Taillis.
　La Pelouse.
Parc.
　Du Parc.
　Le Plessis.
　Duplessis.
　Du Pleix.
Bruyere.
　La Bruyere.

CHARBON.
Charbon.
Carbonnel.
Charbonneau.
Charbonnier.

4º. *CHAMPS.*
Champeau.
　Des-Champs.
　Champ-Poseau.
　Grand-Champ.
　Champ-Meslé.
Dupré.
　Després.
　Grand-Pré.
　Dupréau.
　Despréaux.
　Pré-Fontaine.
Clos.
　Duclos.
　L'Enclos.

Clausure.
Culture.
Cheneviere.
Verger.
　Duvergier.
Jardin.
　Desjardins.
　Du-Jardin.
Essarts.
　Des Essars.
　De L'Essert.
Haye.
　La Haye.
　Des Hayes.
　Haye-Neuve.
Fossé.
　Fosse.
　Des Fossés.
　La Fosse.

5º. *VALLÉES.*
Vallée.
　Val.
　Duval.
　La Val.
　Grand-Val.
　Petit-Val.
　Clair-Val.
Combe.
　La Combe.
　Des Combes.

6º. *MAISONS DES CHAMPS.*

Mas.
　Dumas.
　Massot.
　Du Mesnil.

DES NOMS DE FAMILLE.

Blanc-Mesnil.
Grand-Mesnil.
La Bastide.
Granges.
   La Grange.
   La Grangette.
   Granger.
Borde.
   La Borde.
   Des Bordes.
Colombier.
Colombeau.
Ménage.
   Ménager.
Moulin.
   Dumoulin.
   Des Moulins.
   Molin.
   Moulinet.
Molines.
   Molineux.
Four.
   Dufour.
   Fourneau.
Pressoir.
   Du Pressoir.
Chantier.
Bergerie.
   Des Bergeries.
La Butte.

7°. GRANDES HABITATIONS.

VILLE.
   La Ville.
Bourgade.

Bourg.
   Du Bourg.
   Le Bourg.
   Grand-Bourg.
   Bourgeois.
Château.
   Chasteau.
   Châtel.
   Château-vieux.
   Vieuf-Châtel.
   Neuf-Château.
La Tour.

PORTE.

PORTE.
   La Porte.
   Des-Portes.
   Basse-Porte.
   Portal.
   Portier.

8°. CHEMINS.

CHEMINS.
   Du-Chemin.
Sable.
   Sablon.
La Rue.
Pavée.
L'Estrade.
La Chaussée.
Ruelle.
La Roue.
Le Chariot.
La Borne.
La Pause.
Le Voyer.

XV.

1°. JEUX.

BOULE.
Bauche.
Billard.
Piquet.
Capot.
Doublet.
Sonnet.

2°. NAVIGATION.

MARIN.
Flotte.
La Galere.
Bachot.
Rame.
Lac.
   Du Lac.
Mole.
   Molé.
   Du Molard.
La Rade.
La Pêche.

3°. MÉTAUX.

DE L'ETAIN.
Fer.
   De Fer.
   Defferre.
Doré.
Dacier.
Dargent.
   De l'argent.
Liard.
   Liardet.
Quatre sous.
La Monnoie.

4°. PLACE.

PLACE.
　Des Places.
　La Place.
　La Placette.
Plan.
　Des Plans.
　Du Plan.
　Du Planil.
Gravier.
　La Grave.
Graviere.
　Sablon.
Galet.

XVI.
GUERRE.

GUERRE.
　Guerrier.
　La Guerre.
Bataille.
Combats.
Lescombats.
Champion.
Le Preux.
Cavalier.
Pillard.
Braconier.
La Mort.
Taille-fer.
Taille pied.
Bris acier.
Tranche-Montagne.
Tourmente.
Tricot.
Séche-épée.
Saque-épée.

Court-épée.
Brèche.
Fumée.
Fumeron.
Fusée.
Tournois.
Brette.
Baliste.
Arc.
　D'Arc.
La Flèche.
　De la Flèche.
Lépée.
La Lance.
　Porte Lance.
　Baise-Lance.
Boulet.
Canon.
Bombarde.
Pistolet.
Couteau.
Goys.
Le Glaive.
La Marche.
Héraud.
La Chasse.
　Chasse-loup.
　Chasse pot.

XVII.
INSTRUMENS, &c.

BOISSEAU.
Bousseron.
Briquet.
Bizeau.
Billon.
Broche.
Boiste.

Bourdon.
Bénitier.
Blason.
Coquille.
Carteron.
Chesneau.
Chesnel.
Chesnet.
Chauffe-pied.
Crosse.
Couronne.
Cerceau.
Cabestan.
Chevalet.
Coquille.
Corbin.
Cordon.
Couture.
Grapin.
Des Forges.
Gand.
Gadou.
Lyege.
Landier.
Hachette.
Maille.
Maillet.
　Pince-maille.
Marteau.
Martel.
Martinet.
La Marque.
Marre.
Miroir.
Mortier.
Massue.
Pilon.

Parasol.
La Potterie.
La Cloche.
La Brosse.
La Selle.
La Chaise.
Le Chandelier.
Plume.
Plumette.
Pinceau.
Rabaud.
Retz.
Robinet.
   Robineau.
Rubis.
Yvoire.
Serran.
Terrasson.
Paillasson.
Pile.
   Des-Piles.
Paquet.
Balot.

XVIII.

MÉLANGE.

MIDI.
   Mal-Midi.
Orient.

2.

VENTE.
   Des Ventes.
Marchand.
Mercator.

3.

BADAUD.
Poireau.
Barreau.
   Des Barreaux.
Barre.
   Barré.
   Barriere.
   La Barre.
   Des Barres.
   Barrafort.
Babille.
Besogne.
Bottée.
Bourbier.
Boursier.
Bourgevin.
   De Vin.
   Les-chevin.
Claret.
Erremens.
Haut-Pas.
Faix.
Gaucher.
Gaigne.
Garre.
De Goutte.
   De la Goutte.
La Garde.
La Commune.
La Barriere.
La Croix.
La Datte.
Le Grain.
Le Gain.
Le Queux.

La Blancherie.
Riche.
   Le Riche.
   Richard.
   Ris.
Germain.
Saugrain.
Saillant.
Tron-Joly.
Poirée.
Porte-Bise.
Chevillard.
Aigrefeuille.
Bord.
Travers.
Prud'homme.

XIX.

VILLES & PAYS.

Allemand.
   d'Allemagne.
L'Anglois.
D'Anjou.
D'Artois.
D'Arras.
D'Avignon.
D'Auvergne.
Bayeux.
Berne.
Berry.
Bohême.
Boullogne.
   Boullenois.
De Bourges.
Bourgogne.
   Bourguignon.

Breffe.
Breton.
Bretagne.
Champagne.
Cologne.
Corbeil.
Cornouaille.
Dorat.
D'Efpagne.
De Flandres.
France.
Florentin.
Galles.
Galice.
Genevois.
Grenade.
Gueret.
Jourdain.
Jourdan.
Limoufin.
Lombard.
Lorrain.
Madrit.
Mézieres.
Milanois.
Du Maine.
Marfeille.
De Meaux.
Normand.
De Normandie.
Nyon.
Paris.
Poitevin.
Picard.
Rome.
Romain.

S. Romain.
Rouen.
Savoie.
Spire.
Thurin.
Touloufe.
Touraine.
Tournon.
Vienne.
Villeneuve.
D'Ufez.

XX.

Noms de Baptême devenus Noms DE MAISONS.

ABRAHAM.
Adam.
Agar.
Alexandre.
André.
Antoine.
Barthelemy.
Batifte.
Balthafar.
Cazimir.
Charles.
David.
Daniel.
Elie.
Etienne.
François.
Grégoire.
Guillaume.
Henri.

Jean.
Jacob.
Luc.
Du Luc.
Levi.
Louis.
Lazare.
Manuel.
Martin.
Mathieu.
Marc.
Michel.
Moyfe.
Mariane.
Nicole.
Noé.
Paul.
Philippe.
Richard.
Simon.
Salomon.
Samfon.
Thomas.
S. Etienne.
S. Jean.
S. Germain.
S. Florent.
S. Luc.
S. Maurice.
Se. Marthe.
S. Paul.
S. Vincent.
Se. Beuve.
Colas.
Colin.

Colette

Colette.	Doubl-Et.	Sylva.
Guillot.	Sonne-Et.	Sylvius.
XXI.	XXII.	Marius.
DIMINUTIFS	NOMS	Darius.
OU	ROMAINS.	Ruffin.
NOMS EN *Et.*	LENTULUS.	Jubar.
RANCON-ET.	Marcel.	Sutor.
Tacon-Et.	Conſtantin.	Textor.
Trubl-Et.	Curtius.	Virgile.
Rouſſel-Et.	Felix.	Aurele.
		Mathon, &c.

Noms ſignificatifs dans d'autres Contrées.

Il n'eſt pas douteux que ſi nous faiſions les mêmes recherches chez les autres Nations Européennes, nous ne retrouvaſſions les mêmes uſages, & nous ne puſſions former de leurs Noms des tableaux pareils; que nous n'y trouvaſſions également des preuves de l'antiquité de ces noms, & qu'ils furent preſque toujours ſignificatifs.

Ainſi les Nations Germaniques ſont remplies de noms ſignificatifs.

Wolf,	Loup.
Schwartz,	Noir.
Schmidt,	Maréchal.
Schnider,	Cordonnier.

L'Italie offre une multitude de pareils Noms.

Borzacchini,	eſpèce de bottine.
Barilloti, Barillot,	eſpèce de peliſſe.
Zanchi,	eſpèce de pique.
Rocchetto,	un rocher.
Benenati,	bien-né.
CAVINSACO,	tête dans un ſac.
Cava-Zochi,	Extirpe ſouche.
Rufus,	le Roux.
Rabbia,	la rage.

Diſſ. Tom. I.

La petite Bretagne nous offre une multitude du Noms significatifs dès le Xe. siecle.

Bonus Gafus,	bon valet.
Achaftana,	achete-âne.
Bornus,	le borgne.
Bledic,	le loup; de *bleiz*, loup.
Bran,	corbeau.
Cahiart,	belliqueux.
Caphinus,	chauffon.
Driken,	beau miroir.
Impejorardus,	l'Empiré.
Tofardus,	tondu.
Curvus,	le courbe.

Les Auteurs de l'Histoire de Bretagne conviennent eux-mêmes qu'il existe dans cette Province nombre de Noms de Familles nobles, qui dans leur origine semblent n'avoir été que des sobriquets : tels sont ces Noms, disent-ils (1).

Tourne-borde.	Trop-à-de-nés.
Le Chat.	Le Diable.
Bon-gars.	Le Large.
Boivin.	Efcarcelle.
Trouffe-l'âne.	Tête verte.
Chauffe bouc.	Lafche-pied.
Pince guerre.	Breneur.
Travers.	Malle-terre.
Pille-voifin.	Pille vilain.
Cornu.	Alaifé.
Pille-gâteau.	Dure-dent, &c.
Champion.	

Dans le IXe. siècle, la terminaison *oë* étoit consacrée en Bretagne pour les Noms de la Nobleffe. Nominoé, Eripoé, Riskipoé, &c.

Le Languedoc offre auffi divers Noms significatifs ou sobriquets. Dès le IXe. siécle, on y voit des perfonnages appellés :

---

(1) Mém. pour fervir de preuves à l'Hiftoire de la Bretagne, par Dom Morice, 1742. Tom. I. XIII.

DES NOMS DE FAMILLES.

Eſperan Dei, ou Eſperan-Dieu.
Homo-Dei, l'homme de Dieu.
Longobardus, Lombard.
Deſiderius, le Déſireux.

D'une Chronique de Caſtres, relative au IXe ſiecle.

Le célèbre Baluze avoit vu une Chronique de Caſtres compoſée par un nommé Odon Aribert, très-glorieux Chapelain du Palatin Guernici, & qui feroit une excellente preuve de la vérité que nous cherchons à établir, ſi l'on pouvoit démontrer qu'elle n'a pas été altérée, ou qu'on n'y a pas inféré des faits faux.

Elle rapporte que Bernard, Duc de Septimanie, ayant pris le parti de Pepin II contre Charles-le-Chauve, celui-ci envoya quinze cents Cavaliers & cinq mille hommes d'infanterie dans la forêt de Lavaur, & dans le territoire d'Alby, qui y mirent tout à feu & à ſang; qu'alors Gaudouin, Evêque d'Alby, & Alphonſe de Vabres, Seigneur Mandeburgique des Montagnes de Caſtres, ayant réuni leurs troupes contre les Carloviens, ils tomberent ſur eux & les déſirent preſque entiérement, à un gué de l'Agout, nommé le Gué Morin, qui en fut appellé depuis ce moment le Gué du Talion (en langage du pays, Gui-Talent, Ville ou Bourg actuellement exiſtant ſur l'Agout).

Nous voyons donc ici un Alphonſe de Vabres, Seigneur Mandeburgique des montagnes de Caſtres. Mais, diſent les Hiſtoriens du Languedoc, « qui » eſt cet Alphonſe? n'eſt-il pas évident que c'eſt un nom ſuppoſé? On ſait que » les noms propres & les titres des Seigneuries étoient inconnus ſous le regne » de Charles-le-Chauve ».

Non, on ne le ſait pas d'une maniere qui ſoit ſans réplique; & ſi cette Chronique n'a d'autre preuve de fauſſeté que celle-là, nous pourrions ſoutenir hautement ſon authenticité: le refus d'admettre en cela ſon témoignage ne feroit qu'une pétition de principe, il n'auroit nul fondement.

Cependant comme ils conviennent que le nom de l'Evêque d'Alby qui accompagne celui-là n'eſt point ſuppoſé, non plus que le nom de Samuel, Evêque de Touloufe, qui eſt employé peu après, pourquoi le nom d'Alphonſe de Vables ſe trouveroit-il ſeul faux?

---

(1) Hiſt. du Lang. Tom. I.

Quant au titre de *Mandeburgique*, il est Teuton & vieux François, formé de *Mund-Burg*, Patron, défenseur du Bourg : dans les Ordonnances de Philippe-le-Bel on voit *Maimbournie* pour protection, patronat, défense.

De-là le nom de MAIM-BOURG, significatif par là même.

Cette Chronique ajoute que peu de temps après Charles-le-Chauve ayant fait la paix avec Bernard, il poignarda celui-ci, au moment qu'il lui rendoit visite dans le Monastere de Saint-Sernin à Touloufe en 844 ; que l'Evêque Samuel l'enterra au bout de quelques jours, & qu'il fit mettre sur sa tête cette inscription en vers vulgaires ;

Assi jay le Comte Bernard,	Le Comte Bernard est ici couché,
Fisel credeire al sang sacrat,	Fidelle à croire au sang sacré :
Que sempre prud'hom és estat,	Toujours vrai preux il a été,
Preguen la divina bountat	Prions la divine Bonté
Qu'aquela fi que lo tuat,	Que celui qui l'a tué,
Pusqua foy arma aber salvat.	Puisse avoir son ame sauvé.

Inscription contre laquelle on s'inscrit également en faux, peut-être aussi trop légérement : sans cela, on pourroit la regarder comme le plus ancien monument existant de cette langue.

Noms perpétués dans les familles au neuvieme siècle.

Les savans Historiens que nous venons de citer, nous instruisent d'un fait d'autant plus intéressant qu'on peut le regarder comme le passage de l'ancien usage à celui des noms de Famille.

Ils nous apprennent que dès le neuvième siècle, les noms se perpétuoient dans les Familles : il n'y avoit plus qu'un pas pour les noms de Famille.

---

(1) Hist. du Lang. Tom. I. preuves p. 716.

DES NOMS DE FAMILLES.

Armoiries de Raimond, Comte de Touloufe, pour fervir de fuite aux Monumens armoriaux de la page 129 & fuiv.

En parcourant l'Hiftoire du Languedoc pour y chercher des faits propres à répandre du jour fur les queftions que nous traitons ici, nous avons rencontré plus que nous ne cherchions : un de ces faits que nous avons dit qu'on pourroit trouver en fouillant avec foin dans les monumens peu connus du moyen âge, une nouvelle preuve de l'antiquité des Armoiries. C'eft un fceau armorial du Comte de Touloufe, de l'an 1088, antérieur par conféquent de fept ou huit ans au premier fignal des Croifades. Ce font ces Hiftoriens qui vont parler.

« Raimond de Saint Gilles, Comte de Touloufe (1), portoit la croix de Touloufe en plein dans fes armes, quelques années avant qu'il fe croisât pour l'expédition de la Terre-Sainte. C'eft ce qui paroît par fon fceau pendant à la charte qu'il donna en 1088, en faveur de l'Abbaye de Saint-André d'Avignon, & que nous avons inférée dans nos preuves. D. JERÔME DEIDIER notre confrere, qui nous a envoyé les variantes de cette charte, prifes fur l'original confervé dans les archives de cette Abbaye, a fait deffiner exactement le fceau qui eft en plomb, & nous le donnons dans ce volume, avec les autres fceaux de la maifon de Touloufe & de la Nobleffe de la Province. Il eft vrai qu'il n'eft pas fait mention de l'appofition du fceau dans l'acte ; mais nous en avons des exemples dans quelques autres chartes de Raymond de Saint-Gilles, où il a fait certainement appofer fon fceau, quoique cela n'étoit pas exprimé dans l'acte. Telle eft la charte que ce prince donna en 1096, au Concile de Nîmes, en faveur de l'Abbaye de Saint-Gilles, qu'on peut voir dans nos preuves, & où il n'eft rien dit de l'appofition du fceau, lequel y fut néanmoins appofé, comme il eft prouvé par le témoignage que Raymond, Evêque d'Apt, rendit à ce fujet en 1151 : *Et vidi inftrumentum guirpitionis* (2) *Raimundi Comitis Sigillo fignatum.*

« Il réfulte de ce que nous venons de dire, que les Armoiries des grands Seigneurs commencerent à être en ufage quelques années avant la premiere Croifade à la fin du onzième fiècle ; & nous ne croyons pas qu'on puiffe rien

---

(1) Hift. du Lang. Tom. V. pag. 680.
(2) GUIRPITIO, mot latin barbare qui fignifie *défaififfement*, action *de fe défifter*, formé du verbé GUERPIRE dont nous avons fait *déguerpir*.

trouver de plus ancien fur ce fujet, que le fceau de Raimond de Saint-Gilles, de l'an 1088. Ainfi, s'il prit les Armoiries qu'il tranfmit aux Comtes de Touloufe avant qu'il partît pour la Terre-Sainte, il eft toujours vrai de dire qu'il fut le premier de ces Comtes qui en ait eu ».

Il eft donc démontré que les fceaux à Armoiries font plus anciens que les époques qu'on leur affignoit : ce qui n'eft point indifférent, puifque dès-lors des chartes dont on n'auroit rejeté l'authenticité que par ce motif, fe retrouveroient en poffeffion de tous leurs droits. C'eft ainfi que rien n'eft inutile en fait de vérités.

EXTRAITS

De quelques LIVRES ARMORIAUX *Anglois, relatifs aux armes parlantes & aux Noms.*

Au moment où nos Recherches fur le Blafon & fur les Noms finiffoient d'être imprimées, M. le Comte de SARFIELD nous communique quelques Ouvrages Anglois fur le Blafon qui nous étoient échappés, ceux de *Nicolas* UPTON fur l'étude du Blafon ; de Jean du Bain d'or fur les Armes, (Ouvrage qui doit être du même Upton.) ; le traité du célebre *Henri* SPELMAN fur le même objet, intitulé *Afpilogie* ou Traité du Bouclier : les Notes *d'Edouard* de BISSE fur ces divers Traités (1).

Nous y trouvons nombre d'armes parlantes en ufage parmi la Nobleffe Angloife : comme elles confirment parfaitement ce que nous venons de dire fur cette matiere, nous avons cru que nos Lecteurs verroient ici avec d'autant plus de plaifir quelques-unes de ces armes parlantes, qu'elles déviennent une confirmation de nos principes, d'autant plus forte qu'elle nous vient d'au-delà des Mers, & d'une Nation rivale.

SWETING (de *Sweet*, doux, agréable) d'azur à trois violons d'argent, le manche tendant en bas vers la pointe.

BOLLEN (de *Bull*, taureau) d'argent au chevron de gueules, accompagné de trois têtes de bœuf de fable.

Le Pape ADRIEN IV, Anglois de naiffance fous le nom de Nicolas Break-Speare (lance brifée, ou brife-lance) portoit de gueules à la lance brifée d'argent.

RAME (de *Ram*, bélier) d'azur à trois rencontres de bélier d'argent.

RAM-SEY (du même) de fable au chevron d'argent, accompagné de trois têtes de bélier d'or.

LAMBARD (de *Lamb*, agneau) trois agneaux d'argent autour d'un chevron.

LAMBERT, les Cadets de la très-ancienne maifon de Lambert, dans le Duché d'Yock, trois agneaux d'argent.

LAMBTON, de même autour d'une fafce d'argent.

HERRIC, trois hériffons d'or en un champ d'azur.

---

(1) Londres, *fol.* 1654.

LOVET, d'argent à trois Loups.

HUNGAT (de *hound*, chien) trois chiens de chasse, d'argent.

BORE (de *bore*, sanglier) de gueule au sanglier passant d'argent.

BORES-HEAD (tête de sanglier) de sablé à la tête de sanglier d'argent.

SWINEY (de *Swin*, cochon) trois sangliers fauves d'argent.

FITZ-URSE, d'or à un ours passant de sable.

BEARE (de *beer*, ourse) d'argent à un ours de sable en pied.

HART (cerf de cinq ans) de gueules mentelé d'azur à trois cerfs d'or.

CAMEL, d'azur à un chameau d'or.

Autre, de sable à un chameau d'argent.

Autre, d'argent à trois chameaux de sable.

ARONDEL, de sable aux hirondelles d'argent, parce qu'on les appelloit *arondelles* en vieux François.

SWALLOW (hirondelle) trois hirondelles de sable aux ailes étendues.

TROUTBEC, trois truites d'argent.

GODOLPHIN (en Cornouaillien, aigle blanche) de gueules à une aigle blanche à deux têtes, & les ailes étendues entre trois lys blancs.

TANSTAL, de sable à trois peignes d'argent.

WOOLF, (loup) de sable à deux loups d'argent.

OLD-CASTLE, (vieux-château) château de sable avec trois tours.

CASTELL, trois châteaux d'or.

BOWES (arc) ou des ARCS, illustre famille équestre, qui descend d'un Guillaume à qui Alain le Noir, Comte de Bretagne & de Richemond, au XIIe. siécle, permit de porter l'Ecu de Bretagne avec trois arcs, c'est-à-dire, d'hermines à trois arcs de gueules cordés de sable posés en fasce.

CAPRAVILLE, d'argent à une chevre grimpante.

BUXTON, un bouc grimpant d'argent.

DE LA BESCHE, trois têtes de cerf d'or dans une bande de gueule au champ d'Argent.

GRIFIN, un griffon de sable, &c.

MET-CALF, (de *Calf*, veau) trois veaux de sable.

CALF, trois veaux de gueule.

CALVELEI, trois veaux de sable.

CALVERLEY, trois veaux d'or.

VELE, trois veaux d'or.

ASKEW, trois ânes passans, de sable.

ASCOUSGH, trois ânes d'argent.

ASCUE, trois têtes d'âne.
HÉRON, un héron d'argent.
—Autre en Lincoln, trois hérons d'argent au bec d'or.
BEESTON, (de *bee*, abeille) six abeilles de sable.
STARKEI, (de *storke*, cigogne) une cigogne au bec & aux jambes de gueules.
CAPENHURST, trois chapons d'argent.
MOELES, une mule d'argent.
BOTEREAUX, d'argent à trois crapauds de sable.
CORBET, d'or, à un corbeau de sable.
COLT, (poulain) trois poulains de sable.
CHEVAL, tête de cheval d'argent au frein de gueules.
HORSEY, (cheval) trois têtes de cheval d'argent.
RAVENS-CROFT, (*rauen*, corbeau) d'argent au chevron, accompagné de trois têtes de corbeau de sable.
APLEBY, (d'*apel*, pomme) d'argent à une bande de sable, chargée de trois pommes d'or.
POTTS, d'argent à trois petits pots de gueules.
DOGGET, deux dogues d'or en un champ d'azur.
BULKLEY, de sable à trois têtes de taureau d'argent.
BIRD, (oiseau) d'argent à la croix cantonnée de quatre merlettes de gueules.
CONESBY, de gueules à trois connils ou lapins assis à la bordure engreelée d'argent.
Une ancienne famille équestre de Lincoln qui accompagna Guillaume-le-Conquérant en Angleterre, porte le même nom CONI, & trois lapins d'argent.
COCKAYN, trois coqs de gueules dans un champ d'argent.
STOURTON, (de *Stur*, riviere, source) de sable à une bande d'or, accompagnée de six fontaines au naturel.
PARTRIDGE, trois perdrix d'or.
APWLTON, (d'*apel*, pomme) trois pommes de gueules en un champ d'argent, très-ancienne famille équestre de Norfolk.
DOVE, (colombe) de sable à la fasce vivrée d'hermines, accompagnée de trois colombes d'argent.
PIPE, (trompette) d'azur semé de croix à deux trompettes.
MAINARD, trois mains gauches de gueules en un champ d'argent.

QUATREMAINS, quatre mains droites de gueules autour d'une bande de fable en un champ d'argent.
TREMAIN, trois bras ployés emmanchés d'or.
MALMAINE, trois mains gauches d'argent.
BORLASE, deux mains qui caffent un fer à cheval. Le Chef de cette famille étoit Seigneur de *Taillefer* en Normandie.
SPELMAN obferve (1) à ce fujet, que les Armes parlantes font auffi anciennes que les autres, fi même elles ne font pas les Armoiries les plus anciennes.

Il rapporte toutes les Cérémonies qui étoient ordonnées pour la réception d'un Chevalier du Bain, repréfentées en vingt-quatre Tableaux: elles font très-curieufes par leur multiplicité & par leur liaifon avec les Cérémonies Religieufes. Le Récipiendaire, entr'autres chofes, devoit avoir les cheveux coupés en rond: c'étoit l'oppofé des chevelus.

Nous n'avons d'ailleurs rien trouvé dans ces Ouvrages qui fût propre à répandre quelque jour fur l'origine & fur l'antiquité des Armoiries. Ces Savans d'outremer ne font pas plus avancés que les nôtres à cet égard: ce font les mêmes vérités & les mêmes ténebres: ainfi nous ne changerons rien à ce que nous avons avancé jufqu'ici; & fi nous nous fommes fi fort écartés en cela de tous ceux qui jufqu'à préfent ont difcuté ces queftions, ce ne fut jamais par amour pour les paradoxes, mais par zele pour la vérité, & pour notre propre inftruction avant tout, enfuite pour celle des autres; convaincus que celui qui a été affez heureux pour qu'une vérité fe foit manifeftée à lui-même, ne doit rien négliger pour la faire connoître aux autres: cette manifeftation étant par elle-même une miffion fuffifante & fupérieure peut-être à toute miffion humaine; celle-ci ne pouvant porter que fur les vérités déjà connues, & non fur des vérités nouvelles: comment en effet donneroit-on miffion en faveur de ce qu'on ne connoît pas?

---

(1) Page 81.

DU BOUCLIER
D'ACHILLE,

CHANTÉ PAR HOMERE.

Homere, toujours admiré, toujours critiqué, se trouvera sans cesse sur nos pas dans nos Recherches sur le Monde Primitif: plus près du berceau du genre humain, sévere observateur du costume & des usages, nous devons trouver dans ses Poësies immortelles des preuves abondantes de nos découvertes sur l'Antiquité. Déjà, nous avons eu occasion de le citer quelquefois, même dans ce Volume, au sujet des voyages des Phéniciens autour de l'Afrique. Nous attachant actuellement à un morceau plus considérable, nous allons expliquer l'objet du Bouclier d'Achille, dont cet illustre Barde a peint les divers Tableaux qu'il supposa que le Dieu des Forges, VULCAIN, époux de la GRACE par excellence, y avoit tracés de sa propre main.

Ce fameux Bouclier a fixé l'attention des Savans. Les Ennemis d'Homere l'ont critiqué comme impraticable dans son exécution. Ses Admirateurs l'ont fait peindre & graver pour venger la gloire du Poëte: d'autres ont fait voir combien il étoit supérieur aux Boucliers chantés par Hésiode & par Virgile, & attribués, l'un à Hercule, l'autre à Énée. Mais aucun n'a pu nous apprendre quelles vues avoient dirigé ce grand Poëte dans le choix des Tableaux dont il a composé ce Bouclier.

C'est par ce but cependant qu'il tient à nos Recherches; & ce n'est que sous ce point de vue qu'il peut nous intéresser. Peu importeroit sans cela cet épisode du Poëte Grec, & la maniere dont d'autres l'ont imité. Nos Principes & nos Recherches précédentes nous ont fait trouver le lien commun des Tableaux variés dont Homere forma son Bouclier: aucun d'eux n'est arbitraire, ils font tous donnés par la Nature : l'habileté du Poëte eft d'avoir choifi un fujet auffi riche que fimple, qui lui fournit par lui-même les images les plus agréables, les plus riantes, les plus nombreufes, les plus diverfifiées; on pourroit dire le Tableau entier de la Société civile.

DIVISION.

Nous donnerons d'abord l'expofition du Bouclier.
Nous l'accompagnerons d'une explication à notre maniere.
Nous rapporterons ce qu'on en a dit.
Nous parlerons des Boucliers d'Héfiode & de Virgile.
Nous verrons quels rapports regnent entr'eux.

ARTICLE I.

THÉTIS DEMANDE A VULCAIN UN BOUCLIER POUR ACHILLE.

Achille venoit de perdre fon cher Patrocle : il veut venger fa mort, mais il n'a point d'Armes : il avoit donné les fiennes à fon ami, afin qu'il pût repouffer les Troyens; & ceux-ci s'en font emparés après la mort de Patrocle. Théris, la mere d'Achille, pénétrée de fa douleur, vole au Palais de Vulcain pour lui demander une armure à toute épreuve en faveur de fon fils.

Ce Dieu des Forgerons lui en promet une qui remplira d'admiration tous ceux qui la verront.

BOUCLIER D'ACHILLE.

Ως ειπων, την μεν λιπεν αυτυ, βη δ' επι φυσας,
Τας δ' ες πυρ ετρεψε, κελευσε τε εργαζεσθαι.
Φυσαι δ' εν χοανοισιν εεικοσι πασαι εφυσων,
Παντοιην ευπρησον αυτμην εξανιεισαι,
Αλλοτε μεν σπευδοντι παρεμμεναι αλλοτε δ' αυτε,
Οππως Ηφαιστος τ' εθελοι και εργον ανοιτο.
Χαλκον δ' εν πυρι βαλλεν ατειρεα, κασσιτερον τε,
Και χρυσον τιμηντα και αργυρον· αυταρ επειτα
Θηκεν εν ακμοθετω μεγαν ακμονα· γεντο δε χειρι
Ραιστηρα κρατερον, ετερηφι δε γεντο πυραγρην.

Ποιει δε πρωτιστα σακος μεγα τε στιβαρον τε,
Παντοσε δαιδαλλων, περι δ' αντυγα βαλλε φαεινην
Τριπλακα, μαρμαρεην, εκ δ' αργυρεον τελαμωνα.
Πεντε δ' αρ' αυτυ εσαν σακεος πτυχες· αυταρ εν αυτῳ
Ποιει δαιδαλα πολλα ιδυιησι πραπιδεσσιν.

Εν μεν γαιαν ετευξ', εν δ' υρανον, εν δε θαλασσαν
Ηελιον τ' ακαμαντα, σεληνην τε πληθυσαν·
Εν δε τα τειρεα παντα, τα τ' υρανος εστεφανωται,
Πληιαδας θ', Ύαδας τε, το, τε σθενος Ωριωνος,
Αρκτον δ' ἣν και άμαξαν επικλησιν καλευσιν,
Η τ' αυτυ στρεφεται, και τ' Ωριωνα δοκευει.
Οιη δ' αμμορος εστι λοετρων Ωκεανοιο.

Εν δε δυω ποιησε πολεις μεροπων ανθρωπων
Καλας . . . .

BOUCLIER D'ACHILLE.

SES PRÉPARATIFS.

Vulcain entre dans sa forge, il en dispose les soufflets,
il leur ordonne d'allumer le feu :
vingt fourneaux sont embrâsés à la fois par leur souffle docile,
toujours assorti à ses desirs & à la nature de ses travaux,
tour-à-tour tranquille & doux, impétueux & terrible.
Vulcain jette ensuite au milieu des flammes ardentes
des barres entieres d'airain, d'argent, d'or précieux :
il prépare une énorme enclume,
il se saisit de fortes tenailles & du pesant marteau.

FORME DU BOUCLIER.

Ce divin Artiste commence par un Bouclier vaste & solide :
il y déploye tout son Génie :
trois cercles d'un or éclatant en composent le contour,
une courroie d'argent y est attachée.
Cinq plaques posées l'une sur l'autre forment l'épaisseur de ce Bouclier;
il en diversifie les Tableaux avec un Art étonnant.

LES DEUX CERCLES INTÉRIEURS.

Le centre offre aux yeux éblouis, la Terre,
le Ciel & l'Océan :
le Soleil infatigable dans sa course,
la Lune en son plein,
les Signes qui forment l'enceinte des Cieux;
les Pleyades, les Hyades, le redoutable Orion,
l'Ourse que le vulgaire nomme chariot;
elle tourne en observant Orion,
seule elle ne jouit jamais des bains de l'Océan.

IIIe CERCLE, CONTENANT XII TABLEAUX.

Deux Villes superbes sont ensuite peuplées d'Êtres animés.

BOUCLIER D'ACHILLE.

..... Εν τη μεν ρα γαμοι τ'εσαν ειλαπιναι τε·
Νυμφας δ'εκ θαλαμων, δαϊδων υπολαμπομεναων,
Ηγινεον ανα αστυ, πολυς δ'υμεναιος ορωρει.
Κουροι δ' ορχηστηρες εδινεον, εν δ'αρα τοισιν
Αυλοι φορμιγγες τε βοην εχον· αι δε γυναικες
Ισαμεναι θαυμαζον επι προθυροισιν εκαστη.

Λαοι δ'ειν αγορη εσαν αθροοι. ενθα δε νεικος
Ωρωρει. δυο δ'ανδρες ενεικεον εινεκα ποινης
Ανδρος αποφθιμενου· ὁ μεν ευχετο παντ'αποδουναι,
Δημω πιφαυσκων· ὁ δ'αναινετο μηδεν ελεσθαι·
Αμφω δ' ιεσθην επι ιστορι πειραρ ελεσθαι.
Λαοι δ'αμφοτεροισιν επηπυον, αμφις αρωγοι.

Κηρυκες δ'αρα λαον ερητυον· οἱ δε γεροντες
Εἰατ' επι ξεστοισι λιθοις, ἱερω ενι κυκλω.
Σκηπτρα δε κηρυκων εν χερσ' εχον ηεροφωνων·
Τοισιν επειτ' ησσον, αμοιβηδις δ'εδικαζον.
Κειτο δ'αρ' εν μεσσοισι δυο χρυσοιο ταλαντα,
Τω δομεν ὁς μετα τοισι δικην ιθυντατα ειπη.

Την δ'ετερην πολιν αμφι δυο στρατοι εἱατο λαων,
Τευχεσι λαμπομενοι· διχα δε σφισιν ἡνδανε βουλη,
Ηε διαπραθεειν η ανδιχα παντα δασασθαι
Κτησιν ὁσην πτολιεθρον επηρατον εντος εεργει.
Οἱ δ'ουπω πειθοντο, λοχω δ'υπεθωρησσοντο.
Τειχος μεν ρ'αλοχοι τε φιλαι και νηπια τεκνα
Ρυατ'εφεσταοτες, μετα δ'ανερες οὑς εχε γηρας.

BOUCLIER D'ACHILLE.

Ier TABLEAU.

NOCES.

Dans l'une on voit un mariage & des festins solemnels.
De jeunes Époux sortent de leur chambre nuptiale :
ils s'avancent en pompe à la lueur éclatante des flambeaux :
tout retentit du nom de l'Hymenée : de jeunes gens forment une danse rapide :
les joueurs de flûte & de lyre les accompagnent du son de leurs instrumens :
les femmes accourent en foule aux portes de leurs maisons,
elles ne peuvent assez admirer ce spectacle.

IIe TABLEAU.

ASSEMBLÉE DU PEUPLE.

Un Peuple nombreux est rassemblé dans la place publique :
c'est pour juger un grand procès.
Deux hommes disputent avec chaleur pour le rachat d'un meurtre :
l'un jure qu'il a tout payé ; l'autre, qu'il n'a rien reçu :
tous deux offrent des témoins :
le Peuple les applaudit à mesure qu'ils parlent.

IIIe TABLEAU.

SÉNAT.

Des Hérauts s'avancent, ils font ranger le Peuple :
de vénérables vieillards viennent à leur suite se placer
sur des pierres polies qui forment un cercle brillant :
chacun d'eux reçoit un sceptre de ces Hérauts :
ils se levent, chacun à leur tour, & donnent leur avis :
au milieu d'eux sont deux talens d'or pour celui qui aura le mieux jugé.

IVe TABLEAU.

VILLE ASSIÉGÉE.

Deux Armées resplendissantes par l'éclat de leurs armes, assiégent l'autre Ville.
Déjà divisées entr'elles, l'une veut qu'elle soit mise au pillage :
l'autre, qu'on fasse un partage égal de ses grandes richesses.
Cependant les Assiégés se préparent à une embuscade :
leurs épouses chéries, leurs jeunes gens accourent sur les remparts ;
ils y veillent, avec les vieillards, à la sûreté publique,
tandis que leurs Guerriers sortent pour leur expédition.

Diss. Tom. I.

Οἱ δ' ἴσαν· ἦρχε δ' ἄρα σφιν Ἄρης καὶ Παλλὰς Ἀθήνη,
Ἄμφω χρυσείω, χρύσεια δὲ εἵματα ἔσθην
Καλὼ καὶ μεγάλω σὺν τεύχεσιν, ὥς τε θεώ περ
Ἀμφὶς ἀριζήλω· λαοὶ δ' ὑπολίζονες ἦσαν.

※

Οἱ δ' ὅτε δή ῥ' ἵκανον ὅθι σφίσιν εἶκε λοχῆσαι,
Ἐν ποταμῷ, ὅθι τ' ἀρδμὸς ἔην πάντεσσι βοτοῖσιν,
Ἔνθ' ἄρα τοί γ' ἵζοντ' εἰλυμένοι αἴθοπι χαλκῷ.
Τοῖσι δ' ἔπειτ' ἀπάνευθε δύο σκοποὶ εἵατο λαῶν,
Δέγμενοι ὁππότε μῆλα ἰδοίατο καὶ ἕλικας βοῦς.
Οἱ δὲ τάχα προγένοντο, δύω δ' ἅμ' ἕποντο νομῆες
Τερπόμενοι σύριγξι· δόλον δ' οὔ τι προνόησαν.

※

Οἱ μὲν τὰ προϊδόντες ἐπέδραμον, ὦκα δ' ἔπειτα
Τάμνοντ' ἀμφὶ βοῶν ἀγέλας καὶ πώεα καλὰ
Ἀργεννῶν οἰῶν· κτεῖνον δ' ἐπὶ μηλοβοτῆρας.
Οἱ δ' ὡς οὖν ἐπύθοντο πολὺν κέλαδον παρὰ βουσίν,
Εἰράων προπάροιθε καθήμενοι, αὐτίκ' ἐφ' ἵππων
Βάντες ἀερσιπόδων μετεκίαθον· αἶψα δ' ἵκοντο.
Στησάμενοι δ' ἐμάχοντο μάχην ποταμοῖο παρ' ὄχθας,
Βάλλον δ' ἀλλήλους χαλκήρεσιν ἐγχείῃσιν.
Ἐν δ' Ἔρις, ἐν δὲ Κυδοιμὸς ὁμίλεον, ἐν δ' ὀλοὴ Κήρ,
Ἄλλον ζωὸν ἔχουσα νεούτατον, ἄλλον ἄουτον,
Ἄλλον τεθνηῶτα κατὰ μόθον ἕλκε ποδοῖιν·
Εἷμα δ' ἔχ' ἀμφ' ὤμοισι δαφοινεὸν αἵματι φωτῶν.
Ὡμίλευν δ' ὥς τε ζωοὶ βροτοὶ, ἠδ' ἐμάχοντο,
Νεκρούς τ' ἀλλήλων ἔρυον κατατεθνειῶτας.

※

Ἐν δ' ἐτίθει νειὸν μαλακὴν, πίειραν ἄρουραν,
Εὐρεῖαν, τρίπολον, πολλοὶ δ' ἀροτῆρες ἐν αὐτῇ,
Ζεύγεα δινεύοντες ἐλάστρεον ἔνθα καὶ ἔνθα.
Οἱ δ' ὁπότε στρέψαντες ἱκοίατο δέπας μελιηδέος οἴνου

Mars & Minerve marchent à leur tête:
on les voit peints en or, l'or brille fur leurs habits:
leur beauté mâle, leur taille avantageufe, leur armure éclatante,
les font diftinguer fans peine entre tous ceux qu'ils animent.

Ve TABLEAU.

EMBUSCADE.

Arrivés au bord d'un Fleuve où les troupeaux viennent s'abreüver
chaque jour, ils fe cachent fur fon rivage; deux des leurs
placés fur une éminence guettent l'approche de ces nombreufes bandes:
on les voit paroître efcortées de deux Bergers,
qui fans défiance fe réjouiffent au fon de leurs pipeaux.

VIe TABLEAU.

COMBAT.

On fond fur eux, on enleve leurs bœufs & leurs brebis: ils périffent.
Des cris affreux parviennent jufqu'aux Affiégeans: ils accourent,
leurs chevaux s'avancent d'une courfe rapide: déjà l'ennemi eft atteint.
Les bords du Fleuve deviennent le théâtre du combat le plus fanglant:
de tous côtés volent les piques d'airain: la difcorde, le tumulte,
la Parque cruelle exercent leurs ravages dans tous les rangs:
la robe de celle-ci ruiffelle de fang,
elle traîne par les pieds un homme déjà mort;
elle en faifit deux autres; l'un eft bleffé,
un trait fatal eft déjà dans l'air prêt à fondre fur l'autre.
Ce Tableau eft vivant, tout y eft animé;
on en voit les divers perfonnages fe difputer les morts avec acharnement.

VIIe TABLEAU.

LABOURAGE.

Plus loin eft une vafte campagne, la Terre en eft graffe & meuble.
Pour la troifieme fois de nombreux Laboureurs y font paffer leurs charrues.
Revenus au bout du fillon, on leur préfente une coupe d'un vin exquis:
ils recommencent leur travail avec une nouvelle ardeur,

Δισκευ ανηρ επιων· τοι δε τρεψασκον αι' ογμυ,
Ιεμενοι νειοιο βαθειης τελσον ικεσθαι.
Η δε μελαινετ' οπισθεν, αρηρομενη δε εωκει,
Χρυσειη περ ευσα· το δη περι θαυμ' ετετυκτο.

≫★≪

Εν δ' ετιθει τεμενος βαθυληιον· ενθα δ' εριθοι
Ημων οξειας δρεπανας εν χερσιν εχοντες·
Δραγματα δ'αλλα μετ' ογμον επητριμα πιπτον εραζε,
Αλλα δ'αμαλλοδετηρες εν ελλεδανοισι δεοντο·
Τρεις δ'αρ' αμαλλοδετηρες εφεστασαν· αυταρ οπισθε
Παιδες δραγμευοντες, εν αγκαλιδεσσι φεροντες
Ασπερχες παρεχον· βασιλευς δ'εν τοισι σιωπη
Σκηπτρον εχων εστηκει επ' ογμυ γηθοσυνος κηρ.
Κηρυκες δ'απανευθεν υπο δρυϊ δαιτα πενοντο·
Βυν δ' ιερευσαντες μεγαν, αμφεπον· αι δε γυναικες
Δειπνον εριθοισιν, λευκ' αλφιτα πολλα παλυνον.

≫★≪

Εν δ' ετιθει σταφυλησι μεγα βριθουσαν αλωην,
Καλην, χρυσειην· μελανες δ' ανα βοτρυες ησαν·
Εστηκει δε καμαξι διαμπερες αργυρεησιν.
Αμφι δε, κυανεην καπετον, περι δ' ερκος ελασσε
Κασσιτερυ· μια δ'οιη αταρπιτος ηεν επ' αυτην,
Τη νισσοντο φορηες, οτε τρυγοωεν αλωην.
Παρθενικαι δε και ηιθεοι αταλα φρονεοντες
Πλεκτοις εν ταλαροισι φερον μελιηδεα καρπον.
Τοισι δ' εν μεσσοισι παις φορμιγγι λιγειη
Ιμεροεν κιθαριζε· λινον δ' υπο καλον αειδε
Λεπταλεη φωνη· τοι δε ρησσοντες ομαρτη
Μολπη τ' ιυγμω τε, ποσι σκαιροντες εποντο.

≫★≪

Εν δ' αγελην ποιησε βοων ορθοκραιραων.
Αι δε βοες χρυσοιο τετευχατο κασσιτερυ τε
Μυκηθμω δ' απο κοπρυ επεσσευοντο νομονδε
Παρ ποταμον κελαδοντα, περι ροδανον δονακηα.

BOUCLIER D'ACHILLE.

empressés de ramener leur charrue au même endroit :
le champ est d'or : on le voit brunir derriere les pas du Laboureur :
effet admirable de l'Artiste.

VIII.ᵉ TABLEAU.

MOISSON.

Cette campagne est suivie d'une autre couverte d'épis jaunissans.
Des Moissonneurs en abattent les bleds avec leurs faucilles tranchantes ;
d'autres se hâtent d'en faire des javelles : les jeunes gens
enlevent ces gerbes, & fournissent sans cesse de nouveaux liens.
Le Roi de cette Terre est au milieu d'eux,
Le Sceptre en main, la joie sur le visage :
ses Hérauts préparent cependant un repas champêtre
sous le feuillage d'un chêne altier : déja, ils ont immolé un bœuf énorme :
ils en assaisonnent la chair :
les femmes prodiguent une farine éclatante de blancheur.

IXᵉ TABLEAU.

VENDANGES.

Les yeux s'arrêtent ensuite agréablement sur un Vignoble chargé de fruits :
les seps en sont d'or : les grappes noires, les échalas d'argent :
un fossé d'un métal noir, & une haie d'étain en forment l'enceinte.
Dans le sentier étroit qui y conduit
marchent en file une foule de vendangeurs :
des bandes de jeunes filles & de jeunes garçons
emportent dans des corbeilles tissues avec art,
ces fruits admirables par leur douceur.
Au milieu de ce groupe, un jeune homme fait résonner sur sa lyre
des sons harmonieux : il célébre Linus du ton le plus doux :
on l'accompagne par des chants & des cris de joie,
en frappant la Terre en cadence & d'un pas léger.

Xᵉ TABLEAU.

TROUPEAU DE BŒUFS ATTAQUÉ PAR DES LIONS.

Des bœufs s'avancent la tête haute :
ils sont or & étain : sortant de leurs étables,
ils se rendent avec de longs mugissemens à leurs pâturages,

Χρυσειοι δε νομηες αμ' εστιχοωντο βοεσσι
Τεσσαρες, εννεα δε σφι κυνες ποδας αργοι εποντο.
Σμερδαλεω δε λεοντε δυ' εν πρωτησι βοεσσι
Ταυρον ερυγμηλον εχετην· ὁ δε, μακρα μεμυκως
Ελκετο· τον δε κυνες μετεκιαθον ηδ' αιζηοι·
Τω μεν αναρρηξαντε βοος μεγαλοιο βοειην
Εγκατα και μελαν αιμα λαφυσσετον· οἱ δε νομηες
Αὕτως ενδιεσαν, ταχεας κυνας οτρυνοντες.
Οἱ δ' ητοι δακεειν μεν απετρωπωντο λεοντων,
Ισταμενοι δε μαλ' εγγυς ὑλακτεον, εκ τ' αλεοντο.

Εν δε νομον ποιησε περικλυτος Αμφιγυηεις
Εν καλη βησση μεγαν οιων αργεννεων,
Σταθμες τε, κλισιας τε, κατηρεφεας ιδε σηκες.

Εν δε χορον ποικιλλε περικλυτος Αμφιγυηεις
Τω ικελον οἱον ποτ' ενι Κνωσσω ευρειη
Δαιδαλος ησκησεν καλλιπλοκαμω Αριαδνη.
Ενθα μεν ηιθεοι και παρθενοι αλφεσιβοιαι
Ωρχευντ' αλληλων επι καρπω χειρας εχοντες.
Των δ' αἱ μεν λεπτας οθονας εχον, οἱ δε χιτωνας
Εἵατο ευνητες, ηκα στιλβοντας ελαιω.
Και ῥ' αἱ μεν καλας στεφανας εχον, οἱ δε μαχαιρας
Ειχον χρυσειας εξ αργυρεων τελαμωνων.
Οἱ δ' οτε μεν θρεξασκον επισταμενοι ποδεσσι
Ρεια μαλ', ως ὁτε τις τροχον αρμενον εν παλαμησιν
Εζομενος κεραμευς πειρησεται αικε θεησιν·
Αλλοτε δ' αυ θρεξασκον επι στιχας αλληλοισι.
Πολλος δ' ἱμεροεντα χορον περιΐσταθ' ὁμιλος
Τερπομενοι· δοιω δε κυβιστητηρε κατ' αυτες
Μολπης εξαρχοντες εδινευον κατα μεσσες.

Εν δ' ετιθει ποταμοιο μεγα σθενος Ωκεανοιο,
Αντυγα παρ πυματην σακεος πυκα ποιητοιο.

BOUCLIER D'ACHILLE.

sur les rives d'un Fleuve qui coule avec impétuosité à travers des roseaux.
Quatre Bergers en or aussi les accompagnent:
ils sont suivis de neuf chiens lestes & dispos.
Deux redoutables lions saisissent cependant le taureau
qui marche à la tête des génisses : il pousse des cris affreux:
Bergers & Chiens, tous volent à son secours;
vains efforts : le taureau est en pieces,
les lions dévorent ses entrailles, s'abreuvent de son sang:
on anime les chiens, on les lance : mais remplis de terreur,
ils n'osent avancer, ils aboient de loin.

XIe TABLEAU.

Troupeau de Brebis.

On apperçoit ensuite une vallée charmante:
elle est couverte de brebis blanches comme la neige,
de bergeries, de parcs, de cabanes aux toîts ombrageans.

XIIe TABLEAU.

Danses.

L'Artiste incomparable trace ensuite une Danse ronde:
elle est semblable à celle qu'inventa autrefois Dédale
dans les murs de Gnosse en faveur d'Ariadne aux blonds cheveux.
Une brillante jeunesse forme des danses variées en se tenant par la main:
les jeunes filles sont vêtues d'un lin délié:
un tissu plus fort passé à une huile qui en augmente l'éclat,
sert d'habit aux jeunes hommes.
Des couronnes brillent sur la tête de leurs compagnes;
eux-mêmes ont à leurs côtés des épées d'or suspendues à des baudriers d'argent.
Tantôt d'un pied agile ils tournent en rond,
ainsi que cette roue rapide que le Potier essaye :
tantôt ils s'entrelacent en labyrinthes compliqués.
Une troupe nombreuse de Spectateurs ne cesse d'applaudir.
Deux Sauteurs souples & habiles entonnent le chant;
de leurs corps ils font la roue.

Cercle extérieur.

Enfin, Vulcain trace le cours impétueux du vaste Océan;
il fait rouler ses flots autour de ce Bouclier étonnant.

ARTICLE II.

OBJET COMMUN DES TABLEAUX TRACÉS SUR CE BOUCLIER.

Ce Bouclier est divisé, comme on le voit, en quatre cercles: les deux intérieurs représentent le Ciel; l'extérieur, la Mer; l'intermédiaire, la Terre. C'est l'Univers entier, mais Univers considéré dans une de ses révolutions, dans le cours d'une année : c'est le Calendrier Grec mis en vers ou en Tableaux, en commençant au mois de Janvier, & en suivant de mois en mois.

I.

Cette Galerie de Tableaux s'ouvre par une procession de jeunes Époux, par des Noces & par des Fêtes à l'honneur de l'Hyménée. Ce qui est dans l'ordre, puisque le mois de Janvier, le premier mois, étoit consacré chez les Grecs, ainsi que chez les Romains, à Junon, Protectrice des mariages & des noces : à Rome, à Junon *Pronuba*; en Grece, à Junon *Gamelia*; & que chez ce dernier Peuple, dès le premier jour de Janvier, on célébroit les Gamélies.

Chez ces Peuples qui ne connoissoient point les Troupes réglées, mais où chaque Citoyen étoit Capitaine ou Soldat, il falloit concilier la guerre avec les besoins de l'Agriculture : aussi chaque guerre ne duroit qu'une campagne : c'étoient des expéditions, & non des entreprises soutenues sans interruption. Aussi n'entroit-on en campagne qu'en Avril, après que les semailles étoient absolument finies. Aussi ce n'est qu'au quatrieme Tableau que commencent les aventures guerrieres. Mais avant que de commencer ces expéditions, on délibéroit sur la paix & sur la guerre; sur le lieu où l'on porteroit ses Armes, sur les Généraux qui commanderoient, sur le nombre des Troupes qu'on feroit marcher. Le Peuple commençoit à délibérer; le Sénat approuvoit : on voit donc ici les Assemblées du Peuple & du Sénat pendant les mois de Février & de Mars. C'est ainsi que nos Rois des deux premieres Races assembloient leurs Barons avant que d'entrer en campagne: ils tenoient leurs États pour décider de la campagne entiere : ce sont ces Assemblées si célébres sous le nom de MAILS, dont notre ancienne Histoire est remplie, & qui donnerent ensuite lieu aux États-Généraux.

2.

Les campagnes ne duroient dans ce tems-là que trois mois, car il falloit que chacun revînt pour faire ses moissons & ses vendanges. C'est ainsi que l'Histoire des premiers siècles de Rome est remplie d'expéditions militaires interrompues par la nécessité de venir vaquer aux travaux champêtres: aussi ne trouve-t-on dans ce Bouclier que trois Tableaux consacrés aux actions guerrieres.

Ils sont tous les trois très-agréables, & ils peignent parfaitement la petite guerre, la guerre de surprise, celle que se font encore de nos jours les Sauvages du Canada.

C'est un siége, une embuscade, un pillage, un combat. Ils renferment deux idées très-poëtiques; celle de ces deux Armées qui se disputent les richesses d'une Ville qu'elles n'ont pas encore prise, & qui se voient enlever leurs propres troupeaux : celle de ces trois hommes qu'enleve la Parque; l'un mort, l'autre blessé, le troisieme qui va l'être par un trait qui se balance déjà dans les airs.

3.

Ces expéditions guerrieres sont suivies des travaux Agricoles qui ont lieu dans les mois de Juillet, d'Août & de Septembre; & qui correspondent au combat d'Hercule contre le lion, à la destruction des têtes de l'hydre, & à la guerre des Centaures & des Lapithes.

D'abord, Vulcain représente le labourage, ce labourage du mois de Juillet, qui précéde immédiatement la moisson, & qu'on représentoit par la dépouille du lion.

Ensuite une moisson qui correspond aux têtes dorées de l'hydre qu'Hercule abat.

Il finit par une vendange qui correspond au combat des Centaures & des Lapithes.

Je suppose qu'on est au fait de la maniere dont nous avons expliqué dans notre premier Volume les douze travaux d'Hercule; on voit par-là que l'Antiquité est toujours semblable à elle même, & que lorsqu'on tient un de ses fils, tous les autres se développent sans peine.

Le combat des Centaures & des Lapithes tombant sur le mois de Septembre, est plus relatif aux vendanges qu'au labourage. C'est au mois de Septembre qu'on vendangeoit dans ces Contrées méridionales : auſſi dans le Calendrier Romain, les Dyoniſies ou Fêtes des vendanges ſont indiquées au troiſieme Septembre.

Nous prouvâmes, au ſujet des douze travaux, que les Centaures étoient le ſymbole allégorique des Laboureurs, & que ce mot ſignifie *pique-taureau*.

Les LAPITHES ſont manifeſtement le ſymbole allégorique des Vignerons ou Vendangeurs : leur nom ſignifie, *celui qui s'abreuve abondamment au tonneau*. Il eſt formé de LAP, s'abreuver, boire abondamment, & de PITHOS, tonneau.

D'ailleurs, ces deux Etats ſont toujours repréſentés dans l'Antiquité comme ennemis déclarés, parce que les ſeps & les épis ne ſont pas faits naturellement pour ſe trouver enſemble ; les uns croiſſent ſur les côteaux, où les épis ne peuvent naître, & ceux-ci dans les vallées ou dans les campagnes ouvertes, où l'on ne s'aviſe guères de planter des vignobles.

Auſſi Théſée, qui plante des vignes à Naxos, étoit repréſenté en guerre ouverte avec le Minautaure, ſymbole des champs : auſſi les Dieux des montagnes & les Dieux des plaines paſſoient pour être oppoſés les uns aux autres.

Nous avons été battus dans les plaines, nous ne le ſerons pas dans les montagnes, diſoit poëtiquement un Peuple ancien : ſi les Dieux de plaines ont été contre nous, ceux des montagnes ſeront certainement pour nous.

4.

Dans les mois d'Octobre & de Novembre, les campagnes dégarnies de fruits, ſont livrées en pâture aux troupeaux domeſtiques, & elles ſont abandonnées également aux Chaſſeurs. Auſſi les tableaux qui y correſpondent dans le Bouclier d'Achille, montrent les campagnes couvertes de nombreux troupeaux de bœufs, de vaches & de brebis ; ainſi que de parcs & de bergeries. La chaſſe y entre encore pour quelque choſe : non la chaſſe des hommes contre les animaux, mais celle des lions contre ceux ci, & ces lions ſont ſi fiers, ſi redoutables, que neuf chiens de chaſſe n'oſent ſe meſurer avec eux.

Le mois de Décembre, où l'on ſe réunit en ſociétés, & où l'on célèbre par des danſes le bonheur dont on jouit à la fin de l'année, eſt peint ici par les danſes les plus célèbres de la Grèce.

Enfin l'Océan enveloppe de ſes eaux l'enſemble de ce Bouclier : c'eſt ce fleuve d'*Ev-ene* qui termine l'année dans laquelle ſe fond le tems, de même que tous les fleuves aboutiffent à la mer, & c'eft également ce fleuve que traverfe Hercule expirant.

Ainfi Homere a fu décrire, en peu de mots, & fous des formes auffi variées qu'agréables, le Calendrier de l'ancienne Grèce, célébrer les opérations entre lefquelles il fe partageoit, peindre les occupations auxquelles ce Peuple, fe livroit pendant fa durée, & le faire avec d'autant plus d'art qu'il fembloit tirer tout cela de fon propre fonds & n'avoir fuivi aucun modèle.

ARTICLE III.

Point de vue fous lequel on l'avoit confidéré jufqu'à préfent.

I.

Ces rapports cependant s'étoient refufés jufques ici aux recherches de tous ceux qui s'étoient occupés de ce Bouclier. Le Traducteur le plus récent d'Homere, M. BITAUBÉ, qui après l'avoir fait paffer dans notre Langue en Rhéteur, a pris la généreufe réfolution de le traduire de nouveau en homme favant & plein de goût, eft peut-être celui qui a le plus approché du but, qui a le mieux faifi les grandes vues du Poëte : nous ne faurions nous refufer à tranfcrire ce qu'il en dit.

« Quelques Critiques, affure-t-il, trouvent peu de convenance dans le choix
» des fujets, parce qu'ils n'y voient pas un rapport direct au Héros. Je ne dirai
» pas que la Mer qui peut repréfenter Thétis, & que les combats qui rem-
» pliffent plufieurs compartimens, devoient intéreffer Achille ; mais l'enfem-
» ble de ces tableaux offre, en raccourci, l'image de la Société civile, image
» bien intéreffante dans ce fiécle, plus voifin des tems où les hommes virent
» naître le labourage, les arts & les loix qui devoient en être le fondemens.
» Leur admiration fut telle à la naiffance de ces arts, qu'elle enflamma leur
» imagination & leur fit enfanter un grand nombre de fables qui en font des
» emblêmes. Sous ce point de vue, dont on ne peut contefter la vérité, le
» Bouclier d'Achille eft un monument bien précieux, puifqu'il nous repréfente
» à la fois les lieux de la civilifation & les tranfports de joie que caufa cette
» efpèce de feconde création. Croira-t-on que ces images fuffent fans intérêt
» pour un Héros, dans ce fiécle où les Fondateurs de la Société civile & les
» Inventeurs des Arts qui la foutiennent avoient été mis au rang des Dieux,
» où les Héros fe propofoient l'exemple d'Hercule & de Théfée, qui s'étoient
» montrés Légiflateurs & Gardiens des Loix, & qui avoient purgé la terre de

» brigands, afin qu'elle pût être paisiblement cultivée & payer l'homme de ses
» travaux? Si ces objets ont aujourd'hui perdu pour nous de leur intérêt, c'est
» une marque sûre de la dépravation opérée par le luxe. Quelle leçon plus im-
» portante un Dieu peut-il donner à un Héros & à tous les Guerriers, qu'en
» leur faisant comme lire sur ce Bouclier, que la valeur doit être consacrée,
» non à la perte, mais au maintien du bonheur des hommes! »

2.

La description de ce Bouclier est placée fort ingénieusement dans l'intervalle d'une nuit, lorsque les Armées sont séparées, & qu'elles goûtent les douceurs du repos, en attendant que le lendemain les mette à même de renouveller le combat.

On a cherché nombre d'allégories dans l'emblême de cette nuit, dans les deux Villes qui font partie du Bouclier, & sur-tout ce qui regarde son ensemble : on assure que Danco, fille de Pythagore avoit brillé à cet égard : mais son explication allégorique est perdue. En général, les Commentateurs ont été fort malheureux dans ce genre. Ils ont souvent vu des allégories où il n'y en avoit point, & les allégories les plus saillantes ont presque toujours été perdues pour eux.

ARTICLE IV.

OBSERVATIONS CRITIQUES.

1.

De la Chanson sur Linos ou Linus.

Deux de ces Tableaux exigent une discussion particuliere pour être mieux saisis. Dans celui de la vendange, nous faisons dire à Homere que le Joueur de lyre chantoit la chanson de Linus : ce passage est susceptible de deux sens; car le mot de *Linon* que nous prenons ici pour un nom masculin, peut être un neutre qui désigneroit la corde de la lyre : *il accompagne sa corde d'une voix tendre*. M. BITAUBÉ a suivi ce sens : « Cette jeunesse est précédée d'un
» jeune garçon qui tire des sons enchanteurs d'une guittare sonore, dont les
» cordes s'unissent avec harmonie à sa tendre voix ». En même tems, il rejette comme forcée la traduction de POPE, qui avec un ancien Scholiaste voit ici un personnage qui chante la chanson de Linus. Il ajoute que Pope joue le rôle

BOUCLIER D'ACHILLE.

des Commentateurs en défendant son interprétation, & qu'il rassemble les passages où se trouve le nom de Linus, & qui n'ont guères de rapport à celui-ci.

Voici ce qui nous a décidé pour Linus. C'est qu'il existoit de tous tems en Egypte, en Phénicie, en Chypre, dans la Grèce & ailleurs, une Chanson célèbre sous le nom de LINOS.

« Elle change de nom, dit HÉRODOTE (1), suivant la différence des Peu-
» ples : mais on convient que par-tout elle est la même que celle que les
» Grecs chantent sous ce nom.... Au reste, le Linos s'appelle chez les Egyp-
» tiens MANEROS : ils prétendent qu'il a été le fils unique de leur premier Roi,
» & qu'ayant été enlevé par une mort prématurée, ils honorerent sa mé-
» moire par cette espèce de chant lugubre, qui ne doit son origine qu'à eux
» seuls ».

ATHÉNÉE (2) parle de cette Chanson ; il dit qu'on l'appelloit aussi *Ailinos*, & que, selon EURIPIDE, elle servoit également dans des occasions de joie comme dans la tristesse.

Il ne seroit donc point étonnant qu'Homere qui parle un instant après des Danses de Crète & de Dédale, eût fait allusion ici à cette fameuse Chanson de Linus si connue de son tems dans toutes les Contrées où il voyagea : il ne faut pas avoir les yeux d'un Commentateur pour le soupçonner ; il est vrai que si on n'est pas au fait de ce qui regarde cet usage, cette explication peut paroître moins naturelle à cause de l'autre sens du mot *Linon*.

Nous avions déjà soupçonné dans l'histoire du Calendrier que (3) la Chanson du Linos étoit relative à l'Agriculture ; nous la trouverions ici en usage dans les Vendanges ; ce qui confirmeroit nos vues. Quant à la mort prématurée de ce prétendu Prince, ce seroit une allusion à la récolte du bled & des grappes, qu'on fait long-tems avant que ces productions puissent se détacher d'elles-mêmes des tiges auxquelles elles tiennent : cette récolte n'est-elle pas comme une mort prématurée ? aussi a-t-elle toujours été représentée comme une mort ; c'est Saturne qui en un tems de famine coupe d'une faulx la tête à son fils unique, & s'en nourrit.

---

(1) Liv. II. (2) Liv. XIV. Ch. VI. (3) P. 532.

2.

Danse de Gnose inventée par Dédale.

La Danse que décrit Homere dans le XIIe. Tableau, est la Danse Grecque par excellence, danse absolument allégorique & qui subsiste encore de nos jours avec éclat chez ce Peuple enjoué, plein de graces. M. GUYS la décrit fort au long dans ses charmantes Lettres sur la Grèce ; ainsi que Madame CHENIER, femme d'un Consul de France, dans une Lettre que M. Guys a jointe aux siennes : nous allons donner un précis de ce qu'ils en disent l'un & l'autre : ce détail fera voir que puisqu'Homere a décrit la danse la plus connue de son tems, il peut très-bien avoir fait chanter à ses Vendangeurs la chanson qui leur étoit consacrée.

M. Guys après avoir transcrit le XIIe. Tableau du Bouclier d'Achille, dit :
« telle est à-peu-près la CANDIOTE qu'on danse aujourd'ui (1). L'air en est
» tendre & débute lentement ; ensuite, il devient plus vif & plus animé. Celle
» qui mene la danse dessine quantité de figures & de contours (2), dont la
» variété forme un spectacle aussi agréable qu'intéressant.

» De la Candiote est venue la Danse Grecque que les Insulaires ont conser-
» vée. Pour vérifier la comparaison, il reste à voir comment cette Danse de Dé-
» dale en a produit anciennement une autre qui n'étoit qu'une imitation plus
» composée du même dessin.

» Dans la Danse Grecque, les filles & les garçons faisant les mêmes pas &
» les mêmes figures, dansent séparément, & ensuite les deux Troupes se
» réunissent & se mêlent pour former un branle général. C'est alors une fille
» qui mene la danse en tenant un homme par la main ; elle prend ensuite un
» mouchoir ou un ruban, dont ils tiennent chacun un bout : les autres, & la
» file ordinairement est longue, passent & repassent l'un après l'autre, &
» comme en fuyant, sous ce ruban. On va d'abord lentement, & en rond, puis
» la conductrice, après avoir fait plusieurs tours & détours, roule le cercle au-
» tour d'elle. L'art de la danseuse consiste à se démêler de la file & à reparoî-
» tre tout-à-coup à la tête du branle, montrant à la main d'un air triomphant
» son ruban de soie, comme quand elle a commencé...

» Telle est la danse que dansa Thésée après avoir délivré les Athéniens du

---

(1) De l'Isle de Candie, nom moderne de l'Isle de Crète, où étoit Gnosse.
(2) Sans doute, puisqu'on représentoit le Labyrinthe de Gnosse.

» joug des Crétois pour la défaite du Minautaure. Il dansa à Délos dit Plutar-
» que, avec les jeunes filles Athéniennes, une danse qui étoit encore en usage
» de son tems chez les Déliens, & dans laquelle on imitoit les tours & dé-
» tours du Labyrinthe....

» Dans les Monumens anciens publiés par WINCKELMAN, Pl. XCIX, est un
» vase antique, qui représente Thésée devant Ariadne. Ce Héros tient le fa-
» meux peloton de fil qui le tira du Labyrinthe de Crète. Ariadne habillée
» comme une danseuse avec le *Caftan* ou l'habit grec qui serre le corps & qui
» descend jusqu'aux talons, tient un cordon de ses deux mains, précisément
» comme la danseuse moderne qui mène & commence la danse grecque ».

PAUSANIAS dit que cette Danse étoit la plus parfaite, & qu'on la dansoit encore de son tems à Gnosse.

Explication de ses divers mouvememens.

Madame CHENIER s'est attachée à expliquer les diverses variations de cette Danse: ses idées sont très ingénieuses.

« Dedale, dit cette Dame, composa, sa danse pour conserver la mémoire
» de son édifice & pour que la belle Ariadne pût en connoître tous les détours:
» alors la Candiote se danse sans rien tenir à la main, parce qu'il ne s'agit que
» de désigner les détours du Labyrinthe.

» Quand on danse la Candiote avec un cordon, je croirois que c'est en
» mémoire du peloton de fil qu'Ariadne avoit donné à Thésée, & par le se-
» cours duquel ce Héros, après avoir vaincu le Minautaure, sortit triomphant
» du Labyrinthe.

» Si l'on danse plus souvent encore la Candiote avec un mouchoir à la
» main, & alors elle exige plus de vivacité, il est vraisemblable que c'est pour
» rappeller & peindre la douleur d'Ariadne quand elle fut abandonnée par
» Thésée dans l'Isle de Naxos: on croit voir cette Princesse désolée, entou-
» rée de ses femmes, les cheveux épars, sa robe négligemment traînante,
» son voile déchiré dont elle tient une partie dans sa main, tantôt pour es-
» suyer ses larmes, tantôt pour faire un signal à Thésée qui est emporté par
» son vaisseau. Agitée entre la crainte, l'espérance & l'amour, elle aime trop
» Thésée pour vouloir l'accuser; elle s'en prend aux Elémens.. S'adressant au
» vaisseau même dans le cours de la danse, elle s'écrie en chantant:

» Navire qui êtes parti & qui m'e levez mon bien-aimé, la lumiere de mes
» yeux, revenez pour me le rendre ou pour m'emmener aussi...

» Le Chœur répond fur le même air :

» Maître du Navire, mon Seigneur; & vous, nocher, mon ame, que fe-
» rai-je de ma vie ? Revenez pour me le rendre, ou pour m'emmener auffi ».

Telle eft la Danfe célébrée par Homere, & à laquelle nous reviendrons dans notre Effai fur les Danfes anciennes : nous y développerons l'objet primitif & réel de cette Danfe : pourquoi elle fut appellée la Danfe de Théfée & d'Ariadne, & quel eft le Labyrinthe réel & naturel dont elle imitoit les détours.

ARTICLE V,

1,

Ce Bouclier attaqué comme impoffible dans fon exécution.

Les beaux Efprits du commencement de ce fiècle, attaquerent Homère avec une vivacité fans égale : le célèbre LA MOTHE, le Coriphée de ces tems-là, leur fervoit de point de réunion : fans entendre le Grec, il jugea Homère d'après la Traduction froide, lâche, prefqu'infipide de Madame DACIER : & d'après cette Traduction, il fit bien plus : il ofa mettre Homère en vers : c'étoit Homère traverfti ; Madame Dacier en jetta les hauts cris : cette Dame en devenant favante avoit abjuré les graces de fon fexe, elle avoit avalé à longs traits toute la pefanteur de l'érudition, toute la pédanterie de ceux qu'elle avoit pour modèle. M. de La Mothe l'attaquoit au contraire avec tous les charmes de l'efprit & toute la politeffe de fon fiécle. Le combat étoit par trop inégal : la gloire d'Homère en fouffrit prodigieufement : elle en fut éclipfée pour un tems : le Bouclier d'Achille fur-tout n'échappa pas aux farcafmes de cette nouvelle ligue contre Ilium : l'Abbé TERRASSON en particulier infulta vivement à cet égard au génie d'Homère : il foutint que pour repréfenter tout ce que cet illuftre Barde place fur ce Bouclier, il faudroit une étendue auffi grande que la Place Royale.

2,

Il eft vengé par Boivin.

L'ame homérique de BOIVIN s'enflamme à ces mots ; & pour confondre ce mauvais plaifant, il engage un grand Peintre, VLEUGHELS, à exécuter le Bouclier d'Achille fur un très-petit efpace : il le fit enfuite graver par M. Cochin : c'étoit en 1715.

C'eft d'après cette gravure que nous le redonnons au Public, ouvrage pofthume, posthume, ainsi que les VI planches du jeu des Tarots, de la personne qu'une mort funeste & inattendue nous enleva au commencement de l'année derniere.

ARTICLE VI.

Des Boucliers chantés par Hésiode & par Virgile.

1.

Deux autres Poëtes distingués, HÉSIODE & VIRGILE, ont aussi chanté des Boucliers, l'un celui d'Hercule, l'autre celui d'Enée : on comprend sans peine qu'on a toujours pris plaisir à les comparer l'un avec l'autre, sur-tout qu'on a demandé quel étoit le plus ancien, du Bouclier d'Hercule ou de celui d'Homere.

2.

Si celui d'Hésiode est plus ancien que celui d'Homere.

Ce qui rend cette question très-difficile à décider, c'est qu'on ignore si Hésiode est plus ancien qu'Homere ou s'ils furent contemporains.

M. le Comte de CAYLUS s'en est occupé essentiellement dans une Dissertation qu'il a composée sur ces trois Boucliers (1) : il prend un parti mitoyen à l'égard d'Hésiode; après être convenu qu'il étoit né & qu'il avoit écrit peu de tems avant Homere, il soupçonne qu'il avoit survécu à la composition de l'Illiade, & qu'à la vue du Bouclier d'Achille, son génie s'enflamma de nouveau, & qu'il composa le Bouclier d'Hercule pour arracher, s'il pouvoit, la palme à son rival.

M. de Caylus ne s'est point trompé en faisant Hésiode antérieur à Homere, vérité que nous espérons mettre un jour hors de toute contestation; mais nous ne saurions nous persuader que son Bouclier soit postérieur à celui d'Homere.

Les ouvrages d'Hésiode ont été écrits très-certainement long-tems avant qu'Homere pensât à composer l'Illiade, d'autant plus qu'alors comme aujourd'hui on ne composoit que dans un âge mûr : Homere sur-tout nous est représenté comme une personne déjà avancée en âge quand il composa l'Illiade : il avoit beaucoup vu, beaucoup lu, beaucoup voyagé; aussi son ouvrage a-t-il échappé à tous les ravages du tems, non-seulement à cause de

---

(1) Mém. de l'Acad. des Insc. & B. L. T. XXVII.

Dissert. Tom. I.

sa poésie, mais sur tout à cause du savoir immense qui y regne. Des vers harmonieux ont sans doute le droit de plaire; mais pour braver le tems, pour passer à la postérité la plus reculée, il faut qu'ils aient plus que de l'harmonie; il faut qu'on y chante plus que des bergeres. Il fallut ensuite bien des années à Homere pour achever son Illiade; il en fallut bien davantage pour qu'elle pût pénétrer dans la Grèce, du moins en entier, puisqu'on prétend qu'elle n'en fut redevable qu'à Lycurgue: il est donc presque impossible qu'Hésiode ait pu atteindre le tems où Homere chanta le Bouclier d'Achille, & plus qu'apparent qu'il ne fut jamais à même de lire aucun de ses vers.

D'un autre côté, le Bouclier d'Hercule se ressent infiniment plus du voisinage des fables; il n'en entre pas une dans celui d'Achille: le premier est donc de beaucoup plus ancien. Ce dernier n'offre au contraire que des scènes charmantes tirées de la vie civile; il eût été bien absurde de croire qu'on l'effaceroit par ce mélange de scènes fabuleuses & de scènes historiques.

Hésiode chanta le premier un Bouclier: Homere, réduit à l'imiter, le fit en grand maître; il laissa la fable à Hésiode, il chanta la vie civile, & la chanta de la maniere la plus agréable; & sur les objets qui leur furent communs, il l'emporte toujours sur son rival.

Quant à Hésiode, il put être conduit au Bouclier d'Hercule par l'idée de ses douziemes travaux, ou même par celle des douze mois.

3.

Explication du Bouclier d'Hésiode.

On peut, en effet, trouver l'année Grecque dans le Bouclier célébré par Hésiode; mais il faut reculer d'un mois, & commencer au solstice d'hiver: avec cette précaution, il marche d'un pas égal avec le Bouclier d'Achille.

1er. Tableau, en décembre, combat entre des sangliers & des lions.

2e. Tabl. en janvier, combat des Lapithes & des Centaures.

3e. Tabl. en février, assemblée des Dieux.

4e. Tabl. en mars, ou équinoxe du printems, Persée dont les pieds ne touchent pas la terre, il vole aussi vite que la pensée; c'est fort bien, on voit l'arrivée du soleil au printems, car nous prouverons quelque jour que le cheval Pégase, Persée & Bellerophon sont tous relatifs au soleil & à la vitesse de la course.

5e. Tabl. au mois d'avril, ville assiégée.

6ᵉ. Tabl. au mois de mai, mois des morts ; la Déeffe Achlys, Déeffe des morts.

7ᵉ. Tabl. au mois de juin, mois des jeunes gens, ou renouvellement au folftice d'été ; ville à fept portes où on célèbre des fêtes nuptiales.

8ᵉ. Tabl. au mois de juillet, courfe de chevaux ; on célébroit alors divers jeux dans la Grèce.

9ᵉ. Tabl. août, les moiffonneurs.

10ᵉ. Tabl. feptembre, des vendangeurs.

11ᵉ. Tabl. octobre, une chaffe.

12ᵉ. Tabl. novembre, courfe de chariots. On y voit le trépied d'or qui devoit être le prix du vainqueur, & il eft fans doute inutile de remarquer que c'étoit un fymbole de l'année, & qu'il étoit par conféquent confacré à Apollon.

Tel eft le grand cercle de ce Bouclier, il eft placé entre deux autres, dont l'extérieur repréfente également la mer, couverte de cygnes & de poiffons.

L'intérieur eft dans un genre fort différent de celui d'Homere. On y voit un dragon qui tourne la tête en arriere, & qui excite les hommes au combat : la terre s'entr'ouvre, les ames s'y précipitent. La parque inhumaine faifit un homme vivant & bleffé, un autre qui n'eft point bleffé, & un troifieme déjà mort.

Ce dernier trait, qui eft commun aux deux Boucliers, démontre également que celui d'Homere n'eft pas l'original ou le primitif : ce Poëte l'a mieux placé & il y a ajouté une belle idée, le trait qui traverfe l'air & qui eft prêt à fondre fur celui qui n'eft point bleffé : il eft étonnant que cette imitation ait échappé à M. de Caylus.

4.

Bouclier d'Enée chanté par Virgile.

Enfin le Bouclier d'Enée n'a rien de commun avec ceux-là, que d'offrir le même nombre de tableaux ; mais qui ne préfentent d'autre enfemble que celui de la flatterie, & qui font voir que Virgile avoit beaucoup moins de connoiffance des arts qu'Homere.

Le Poëte Romain vouloit également chanter un Bouclier, divifé également en douze tableaux ; on lui avoit enlevé les fujets les plus intéreffans ; il fut donc obligé de s'en dédommager, en choififfant divers points de l'Hiftoire Romaine, mais qui ne pouvoient guères intéreffer Enée qu'en prophétie & très-indirectement : ce qui étoit déjà un grand défaut.

Premier tableau ; Rémus & Romulus avec leur louve.
2ᵉ. Enlevement des Sabines.
3ᵉ. Alliance de Romulus & de Tatius.
4ᵉ. Supplice de Metius.
5ᵉ. Porsenna, Coclès & Clélie.
6ᵉ. Capitole attaqué par les Gaulois : Oie qui les découvre.
7ᵉ. Danse des Saliens.
8ᵉ. Danse des Prêtres de Jupiter, coëffés de leurs longs bonnets avec des houpes.
9ᵉ. Course des Luperques.
10ᵉ. Bouclier qui descend du ciel.
11ᵉ. Procession des Dames Romaines.
12ᵉ. L'enfer ; Catilina enchaîné sur un roc ; Caton donnant des loix aux ames justes.

Ce cercle est l'extérieur : l'intérieur, car il n'y en a que deux, représente la Méditerranée ; on y voit le combat naval d'Actium, la conquête de l'Egypte, le triomphe d'Auguste.

Ce Bouclier ne respire, nous l'avons déjà dit, que la flatterie ; & pour l'invention, il est fort inférieur aux Boucliers Grecs ; aussi chacun donnera, avec M. de Caylus, la palme à Homere.

5.

La seule inspection du dessin des trois Boucliers décide en faveur de celui d'Homere.

Nous osons même dire que la seule inspection du dessin des trois Boucliers, car M. de Caylus a fait dessiner & graver également par M. LE LORRAIN ceux d'Hésiode & de Virgile, que cette seule inspection suffit pour se décider en faveur de celui d'Homere, ils ne peuvent presque pas souffrir la comparaison. Comme les cercles intérieur & extérieur du Bouclier d'Achille ne sont point chargés d'objets, il n'est aucun de ses douze tableaux qui ne soit très-saillant & qui ne produise le plus grand effet. C'est tout le contraire dans les Boucliers d'Hésiode & de Virgile, dans ce dernier sur-tout qui n'offre que deux cercles & aussi chargés l'un que l'autre ; tout y est confus, rien n'y fixe agréablement la vue. C'est qu'il existe en tout genre un point de perfection au-delà ou en-deçà duquel rien n'est bien. Les prédécesseurs de Virgile, dirigés par la nature, n'avoient pu mal faire : celui-ci, conduit par sa seule imagination, n'avoit plus les mêmes avantages.

DU JEU
DES TAROTS,

Où l'on traite de son origine, où on explique ses allégories, & où l'on fait voir qu'il est la source de nos cartes modernes à jouer, &c. &c.

I.

Surprise que causeroit la découverte d'un livre Egyptien.

SI l'on entendoit annoncer qu'il existe encore de nos jours un ouvrage des anciens Egyptiens, un de leurs livres échappé aux flammes qui dévorerent leurs superbes bibliotheques, & qui contient leur doctrine la plus pure sur des objets intéressans, chacun seroit, sans doute, empressé de connoître un livre aussi précieux, aussi extraordinaire. Si on ajoutoit que ce livre est très-répandu dans une grande partie de l'Europe, que depuis nombre de siècles il est entre les mains de tout le monde, la surprise iroit certainement en croissant : ne seroit-elle pas à son comble, si l'on assuroit qu'on n'a jamais soupçonné qu'il fût Egyptien, qu'on le possede comme ne le possédant point, que personne n'a jamais cherché à en déchiffrer une feuille ; que le fruit d'une sagesse exquise est regardé comme un amas de figures extravagantes qui ne signifient rien par elles-mêmes ? Ne croiroit-on pas qu'on veut s'amuser, se jouer de la crédulité de ses auditeurs ?

2.

Ce livre Egyptien existe.

Le fait est cependant très-vrai : ce livre Egyptien, seul reste de leurs superbes bibliothèques, existe de nos jours ; il est même si commun, qu'aucun savant n'a daigné s'en occuper, personne avant nous n'ayant jamais soupçonné son illustre origine. Ce livre est composé de LXXVII feuillets ou tableaux, même de LXXVIII, divisés en V classes, qui offrent chacune des objets aussi variés qu'amusans & instructifs : ce livre est, en un mot, le JEU des TAROTS, jeu inconnu, il est vrai, à Paris, mais très-connu en Italie, en Allemagne, même en Provence, & aussi bisarre par les figures qu'offre chacune de ses cartes, que par leur multitude.

Quelqu'étendues que foient les contrées où il eft en ufage, on n'en étoit pas plus avancé fur la valeur des figures bifarres qu'il paroît offrir; & telle eft fon antique origine qu'elle fe perdoit dans l'obfcurité des tems, qu'on ne favoit ni où ni quand il avoit été inventé, ni le motif qui y avoit raffemblé tant de figures extraordinaires, fi peu faites, ce femble, pour marcher de pair, telles qu'il n'offre dans tout fon enfemble qu'une énigme que perfonne n'avoit jamais cherché à réfoudre.

Ce jeu a même paru fi peu digne d'attention, qu'il n'eft jamais entré en ligne de compte dans les vues de ceux de nos favans qui fe font occupés de l'origine des cartes : ils n'ont jamais parlé que des cartes Françoifes, ou en ufage à Paris, dont l'origine eft peu ancienne; & après en avoir prouvé l'invention moderne, ils ont cru avoir épuifé la matiere. C'eft qu'en effet on confond fans ceffe l'établiffement d'une connoiffance quelconque dans un pays avec fon invention primitive; c'eft ce que nous avons déjà fait voir à l'égard de la bouffole : les Grecs & les Romains eux-mêmes n'ont que trop confondu ces objets, ce qui nous a privé d'une multitude d'origines intéreffantes.

Mais la forme, la difpofition, l'arrangement de ce jeu & les figures qu'il offre font fi manifeftement allégoriques, & ces allégories font fi conformes à la doctrine civile, philofophique & religieufe des anciens Egyptiens, qu'on ne peut s'empêcher de le reconnoître pour l'ouvrage de ce peuple de fages; qu'eux feuls purent en être les inventeurs, rivaux à cet égard des Indiens qui inventoient le jeu des échecs.

DIVISION.

Nous ferons voir les allégories qu'offent les diverfes cartes de ce jeu.

Les formules numériques d'après lefquelles il a été compofé.

Comment il s'eft tranfmis jufqu'à nous.

Ses rapports avec un monument Chinois.

Comment en naquirent les cartes Efpagnoles.

Et les rapports de ces dernieres avec les cartes Françoifes.

Cet Effai fera fuivi d'une Differtation où l'on établit comment ce jeu étoit appliqué à l'art de la divination : c'eft l'ouvrage d'un Officier Général, Gouverneur de Province, qui nous honore de fa bienveillance, & qui a retrouvé dans ce jeu, avec une fagacité très ingénieufe, les principes Egyptiens fur l'art de deviner par les cartes, principes qui diftinguerent les premieres bandes des Egyptiens mal nommés Bohémiens qui fe répandirent dans l'Europe, & dont il fubfifte encore quelques veftiges dans nos jeux de cartes, mais qui y prêtent infiniment moins par leur monotonie & par le petit nombre de leurs figures.

Le jeu Egyptien, au contraire, étoit admirable pour cet effet, renfermant en quelque façon l'Univers entier, & les états divers dont la vie de l'homme est susceptible. Tel étoit ce peuple unique & profond, qu'il imprimoit au moindre de ses ouvrages le sceau de l'immortalité, & que les autres semblent en quelque sorte se traîner à peine sur ses traces.

ARTICLE I.

Allégories qu'offrent les cartes du jeu de TAROTS.

Si ce jeu, qui a toujours été muet pour tous ceux qui le connoissent, s'est développé à nos yeux, ce n'a point été l'effet de quelques profondes méditations, ni de l'envie de débrouiller son cahos; nous n'y pensions pas l'instant avant. Invité il y a quelques années à aller voir une Dame de nos amies, Madame la C. d'H. qui arrivoit d'Allemagne ou de Suisse, nous la trouvâmes occupée à jouer à ce jeu avec quelques autres personnes. Nous jouons à un jeu que vous ne connoissez sûrement pas.... Cela se peut; quel est il ?.... Le jeu des tarots.... J'ai eu occasion de le voir étant fort jeune, mais je n'en ai aucune idée..... C'est une rapsodie des figures les plus bisarres, les plus extravagantes : en voilà une, par exemple; on eut soin de choisir la plus chargée de figures, & n'ayant aucun rapport à son nom, c'est le monde; j'y jette les yeux, & aussi tôt j'en reconnois l'allégorie : chacun de quitter son jeu & de venir voir cette carte merveilleuse où j'appercevois ce qu'ils n'avoient jamais vu : chacun de m'en montrer une autre; en un quart-d'heure le jeu fut parcouru, expliqué, déclaré Egyptien; & comme ce n'étoit point le jeu de notre imagination, mais l'effet des rapports choisis & sensibles de ce jeu avec tout ce qu'on connoît d'idées Egyptiennes, nous nous promîmes bien d'en faire part quelque jour au public; persuadés qu'il auroit pour agréable une découverte & un présent de cette nature, un livre Egyptien échappé à la barbarie, aux ravages du tems, aux incendies accidentelles & aux volontaires, à l'ignorance plus désastreuse encore.

Effet nécessaire de la forme frivole & légère de ce livre, qui l'a mis à même de triompher de tous les âges & de passer jusqu'à nous avec une fidélité rare; l'ignorance même dans laquelle on a été jusqu'ici de ce qu'il représentoit, a été un heureux sauf-conduit qui lui a laissé traverser tranquillement tous les siècles sans qu'on ait pensé à le faire disparoître.

Il étoit tems de retrouver les allégories qu'il étoit destiné à conserver, & de faire voir que chez le peuple le plus sage, tout jusqu'aux jeux, étoit fondé sur l'allégorie, & que ces sages savoient changer en amusement les connoissances les plus utiles & n'en faire qu'un jeu.

Nous l'avons dit, le jeu des Tarots est composé de LXXVII cartes, même d'une LXXVIIIe, divisées en Atous & en IV couleurs. Afin que nos lecteurs puissent nous suivre, nous avons fait graver les Atous; & l'As de chaque couleur, ce que nous appellons avec les Espagnols, Spadille, Baste & Ponte.

A T O U S.

Les Atous, au nombre de XXII, représentent en général les chefs temporels & spirituels de la société, les chefs physiques de l'agriculture, les vertus cardinales, le mariage, la mort & la résurrection ou la création; les divers jeux de la fortune, le sage & le fou, le tems qui consume tout, &c. On comprend ainsi d'avance que toutes ces cartes sont autant de tableaux allégoriques relatifs à l'ensemble de la vie, & susceptibles d'une infinité de combinaisons. Nous allons les examiner un à un, & tâcher de déchiffrer l'allégorie ou l'énigme particuliere que chacun d'eux renferme.

N°. O, Zéro.

L E F O U.

On ne peut méconnoître le Fou dans cette carte, à sa marotte & à son hoqueton garni de coquillages & de sonnettes: il marche très-vîte comme un fou qu'il est, portant derriere lui son petit paquet, & s'imaginant échapper par là à un tigre qui lui mord la croupe: quant au sac, il est l'emblême de ses fautes qu'il ne voudroit pas voir; & ce tigre celui de ses remords qui le suivent galopant, & qui sautent en croupe derriere lui.

Cette belle idée qu'Horace a si bien encadrée dans de l'or, n'étoit donc pas de lui, elle n'avoit pas échappé aux Egyptiens: c'étoit une idée vulgaire, un lieu commun; mais prise dans la nature toujours vraie, & présentée avec toutes les graces dont elle est susceptible, cet agréable & sage Poëte sembloit l'avoir tirée de son profond jugement.

Quant à cet Atout, nous l'appellons ZÉRO, quoiqu'on le place dans le jeu après le XXI, parce qu'il ne compte point quand il est seul, & qu'il n'a de valeur que celle qu'il donne aux autres, précisément comme notre zéro: montrant ainsi que rien n'existe sans sa folie.

DU JEU DES TAROTS.

N°. I.

Le joueur de gobelets ou bateleur.

Nous commençons par le n°. 1 pour fuivre jufqu'au 21, parce que l'ufage actuel eft de commencer par le moindre nombre pour s'élever de là aux plus hauts : il paroît cependant que les Égyptiens commençoient à compter par le plus haut pour defcendre de là jufqu'au plus bas. C'eft ainfi qu'ils folfifioient l'octave en defcendant & non en montant comme nous. Dans la Differtation qui eft à la fuite de celle-ci, on fuit l'ufage des Egyptiens, & on en tire le plus grand parti. On aura donc ici les deux manieres : la nôtre, la plus commode quand on ne veut confidérer ces cartes qu'en elles-mêmes ; & celle-là, utile pour en mieux concevoir l'enfemble & les rapports.

Le premier de tous les Atous en remontant, ou le dernier en defcendant, eft un JOUEUR de GOBELET ; on le reconnoît à fa table couverte de dés, de gobelets, de couteaux, de bales, &c. A fon bâton de Jacob ou verge des Mages, à la balle qu'il tient entre deux doigts & qu'il va efcamoter.

On l'appelle BATELEUR dans la dénomination des Cartiers ; c'eft le nom vulgaire des perfonnes de cet état : eft-il néceffaire de dire qu'il vient de *bafte*, bâton ?

A la tête de tous les états, il indique que la vie entiere n'eft qu'un fonge, qu'un efcamotage ; qu'elle eft comme un jeu perpétuel du hafard ou du choc de mille circonftances qui ne dépendirent jamais de nous, & fur lequel influe néceffairement pour beaucoup toute adminiftration générale.

Mais entre le fou & le bateleur l'homme n'eft-il pas bien ?

N°. II, III, IV, V.

CHEFS DE LA SOCIÉTÉ.

Les numéros II & III repréfentent deux femmes : les numéros IV & V, leurs maris : ce font les chefs temporels & fpirituels de la fociété.

ROI ET REINE.

Le N°. IV repréfente le ROI & le III la REINE. Ils ont tous les deux pour attributs l'aigle dans un écuffon, & le fceptre furmonté d'un globe thaurifié ou couronné d'une croix, appellée THAU, le figne par excellence.

Le Roi eft vu de profil, la Reine de face : ils font tous les deux affis fur un

Diff. Tom. I.

trône. La Reine eſt en robe traînante, le doſſier de ſon trône eſt élevé : le Roi eſt comme dans une gondole ou chaiſe en coquille, les jambes croiſées. Sa couronne eſt en demi-cercle ſurmontée d'une perle à croix. Celle de la Reine ſe termine en pointe. Le Roi porte un ordre de chevalerie.

GRAND-PRÊTRE ET GRANDE-PRÊTRESSE.

Le N°. V repréſente le CHEF des Hiérophantes ou le GRAND PRÊTRE : le N°. II la GRANDE-PRÊTRESSE ou ſa femme. On ſait que chez les Egyptiens, les chefs du ſacerdoce étoient mariés. Si ces cartes étoient de l'invention des modernes, on n'y verroit point de Grande-Prêtreſſe, bien moins encore ſous le nom de PAPESSE, comme les Cartiers Allemands ont nommé celle-ci ridiculement.

La Grande-Prêtreſſe eſt aſſiſe dans un fauteuil : elle eſt en habit long avec une eſpece de voile derriere la tête qui vient croiſer ſur l'eſtomac ; elle a une double couronne avec deux cornes comme en avoit Iſis ; elle tient un livre ouvert ſur ſes genoux ; deux écharpes garnies de croix ſe croiſent ſur ſa poitrine & y forment un X.

Le Grand Prêtre eſt en habit long avec un grand manteau qui tient à une agraffe : il porte la triple thiare. D'une main il s'appuie ſur un ſceptre à triple croix, & de l'autre il donne de deux doigts étendus la bénédiction à deux perſonnages qu'on voit à ſes genoux.

Les Cartiers Italiens ou Allemands qui ont ramené ce jeu à leurs connoiſſances, ont fait de ces deux perſonnages auxquels les anciens donnoient le nom de PERE & de MERE, comme on diroit ABBÉ & ABBESSE, mots Orientaux ſignifiant la même choſe, ils en ont fait, dis-je, un Pape & une Papeſſe.

Quant au ſceptre à triple croix, c'eſt un monument abſolument Egyptien : on le voit ſur la table d'Iſis, ſous la lettre TT ; monument précieux que nous avons déjà fait graver dans toute ſon étendue pour le donner quelque jour au public. Elle a rapport au triple Phallus qu'on promenoit dans la fameuſe fête des Pamylies où l'on ſe réjouiſſoit d'avoir retrouvé Oſiris, & où il étoit le ſymbole de la régénération des plantes & de la nature entiere.

N°. VII.

OSIRIS TRIOMPHANT.

OSIRIS s'avance enſuite ; il paroît ſous la forme d'un Roi triomphant, le ſceptre en main, la couronne ſur la tête : il eſt dans ſon char de guerrier, tiré par deux chevaux blancs. Personne n'ignore qu'Ofiris étoit la grande Divinité des Egyptiens, la même que celle de tous les peuples Sabéens, ou le Soleil, symbole physique de la Divinité suprême invisible, mais qui se manifeste dans ce chef-d'œuvre de la nature. Il avoit été perdu pendant l'hiver; il reparoît au printems avec un nouvel éclat, ayant triomphé de tout ce qui lui faisoit la guerre.

N°. VI.

LE MARIAGE.

Un jeune homme & une jeune femme se donnent leur foi mutuelle : un Prêtre les bénit, l'Amour les perce de ses traits. Les Cartiers appellent ce tableau, l'AMOUREUX. Ils ont bien l'air d'avoir ajouté eux mêmes cet Amour avec son arc & ses flèches pour rendre ce tableau plus parlant à leurs yeux.

On voit dans les Antiquités de BOISSARD (1) un monument de la même nature pour peindre l'union conjugale; mais il n'est composé que de trois figures.

L'amant & l'amante qui se donnent leur foi, l'Amour entre deux sert de témoin & de Prêtre.

Ce tableau est intitulé FIDEI SIMULACRUM, tableau de la foi conjugale: les personnages en sont désignés par ces beaux noms, VÉRITÉ, HONNEUR & AMOUR. Il est inutile de dire que la vérité désigne ici la femme plutôt que l'homme, non-seulement parce que ce mot est du genre féminin, mais parce que la *fidélité constante* est plus essentielle dans la femme. Ce monument précieux fut élevé par un nommé T. FUNDANIUS EROMENUS ou *l'aimable*, à sa très-chere épouse *Poppée Demetrie*, & à leur fille chérie *Manilia Eromenis*.

PLANCHE V.

N°. VIII, XI, XII, XIII.

Les quatre VERTUS Cardinales.

Les figures que nous avons réunies dans cette planche sont relatives aux quatre vertus cardinales.

N°. XI. Celle-ci représente la FORCE. C'est une femme qui s'est rendue

---

(1) T. III. Pl. XXXVI.

maîtresse d'un lion, & qui lui ouvre la gueule avec la même facilité qu'elle ouvriroit celle de son petit épagneul; elle a sur la tête un chapeau de bergere.

N°. XIII. La TEMPÉRANCE. C'est une femme aîlée qui fait passer de l'eau d'un vase dans un autre pour tempérer la liqueur qu'il renferme.

N°. VIII. La JUSTICE. C'est une Reine, c'est ASTRÉE assise sur son trône, tenant d'une main un poignard, de l'autre une balance.

N°. XII. La PRUDENCE est du nombre des quatre vertus cardinales: les Egyptiens purent ils l'oublier dans cette peinture de la vie humaine ? Cependant, on ne la trouve pas dans ce jeu. On voit à sa place, sous le N°. XII entre la force & la tempérance, un homme pendu par les pieds : mais que fait-là ce pendu ? c'est l'ouvrage d'un malheureux Cartier présomptueux, qui ne comprenant pas la beauté de l'allégorie renfermée sous ce tableau, a pris sur lui de le corriger, & par-là même de le défigurer entierement.

La prudence ne pouvoit être représentée d'une maniere sensible aux yeux que par un homme debout, qui ayant un pied posé, avance l'autre, & le tien suspendu examinant le lieu où il pourra le placer sûrement. Le titre de cette carte étoit donc l'homme au pied suspendu, *pede suspenso* : le Cartier ne sachant ce que cela vouloit dire en a fait un homme pendu par les pieds.

Puis on a demandé, pourquoi un pendu dans ce jeu ? & on n'a pas manqué de dire, c'est la juste punition de l'inventeur du jeu, pour y avoir représenté une Papesse.

Mais placé entre la force, la tempérance & la justice, qui ne voit que c'est la prudence qu'on voulut & qu'on dut représenter primitivement ?

PLANCHE VI.

N°. VIIII. ou IX.

Le SAGE ou le chercheur de la vérité & du juste.

Le N°. IX représente un Philosophe vénérable en manteau long, un capuchon sur les épaules; il marche courbé sur son bâton, & tenant une lanterne de la main gauche. C'est le Sage qui cherche la justice & la vertu.

On a donc imaginé, d'après cette peinture Egyptienne, l'Histoire de Diogene, qui, la lanterne en main, cherche un homme en plein midi. Les bons mots, sur tout les épigrammatiques, sont de tout siècle; & Diogene étoit homme à mettre ce tableau en action.

DU JEU DES TAROTS. 373

Les Cartiers ont fait de ce Sage un Hermite. C'est assez bien vu : les Philosophes vivent volontiers en retraite, ou ne sont guères propres à la frivolité du siècle. Héraclide passoit pour fou aux yeux de ses chers concitoyens: dans l'Orient, d'ailleurs, se livrer aux sciences spéculatives ou *s'hermétiser*, est p esque une seule & même chose. Les Hermites Egyptiens n'eurent rien à reprocher à cet égard à ceux des Indes & aux Talapoins de Siam : ils étoient ou sont tous autant de Druides.

N°. XIX.

LE SOLEIL.

Nous avons réuni sous cette planche tous les tableaux relatifs à la lumiere; ainsi après la lanterne sourde de l'Hermite, nous allons passer en revue le Soleil, la Lune & le brillant Sirius ou la canicule étincelante, tous figurans dans ce jeu, avec divers emblêmes.

Le SOLEIL est représenté ici comme le pere physique des humains & de la nature entiere : il éclaire les hommes en société, il préside à leurs villes : de ses rayons distillent des larmes d'or & des perles; ainsi on désignoit les heureuses influences de cet astre.

Ce jeu des Tarots est ici parfaitement conforme à la doctrine des Egyptiens, comme nous l'allons voir plus en détail à l'article suivant.

N°. XVIII.

LA LUNE.

Ainsi la LUNE, qui marche à la suite du Soleil, est aussi accompagnée de larmes d'or & de perles, pour marquer également qu'elle contribue pour sa part aux avantages de la terre.

PAUSANIAS nous apprend, dans la description de la Phocide, que, selon les Egyptiens, c'étoient les LARM S d'Is s qui enfloient chaque année les eaux du Nil & qui rendoient ainsi fertiles les campagnes d'Egypte. Les relations de ce pays parlent aussi d'une GOUTTE ou larme qui tombe de la Lune au moment où les eaux du Nil doivent grossir.

Au bas de ce tableau on voit une écrevisse ou cancer, soit pour marquer la marche rétrograde de la Lune, soit pour indiquer que c'est au moment où le Soleil & la Lune sortent du signe du cancer qu'arrive l'inondation caufée par leurs larmes au lever de la canicule qu'on voit dans le tableau fuivant.

On pourroit même réunir les deux motifs; n'eft-il pas très-ordinaire de fe déterminer par une foule de conféquences qui forment une maffe qu'on feroit fouvent bien embarraffé à démêler?

Le milieu du tableau eft occupé par deux tours, une à chaque extrémité pour défigner les deux fameufes colonnes d'Hercule; en-deça & au-delà defquelles ne pafferent jamais ces deux grands luminaires.

Entre les deux colonnes font deux chiens qui femblent aboyer contre la Lune & la garder; idées parfaitement Egyptiennes. Ce peuple unique pour les allégories, comparoit les tropiques à deux palais gardés chacun par un chien, qui, femblables à des portiers fidèles, retenoient ces aftres dans le milieu des cieux fans permettre qu'ils fe gliffaffent vers l'un ou l'autre pôle.

Ce ne font point vifions de Commentateurs en us. CLEMENT, lui-même Egyptien, puifqu'il étoit d'Alexandrie, & qui par conféquent devoit en favoir quelque chofe, nous affure dans fes tapifferies (1) que les Egyptiens repréfentoient les TROPIQUES fous la figure de deux CHIENS, qui, femblables à des Portiers ou à des Gardiens fidèles, empêchoient le Soleil & la Lune de pénétrer plus loin & d'aller jufqu'aux pôles.

N°. XVII.

LA CANICULE.

Ici nous avons fous les yeux un tableau non moins allégorique & abfolument Egyptien, il eft intitulé l'ÉTOILE. On y voit, en effet, une étoile brillante, autour de laquelle font fept autres plus petites. Le bas du tableau eft occupé par une femme penchée fur un genou qui tient deux vafes renverfés dont coulent deux fleuves. A côté de cette femme eft un papillon fur une fleur.

C'eft l'Egyptianifme tout pur.

Cette étoile, par excellence, eft la CANICULE ou SIRIUS, étoile qui fe leve lorfque le Soleil fort du figne du cancer, par lequel fe termine le tableau précédent, & que cette étole fuit ici immédiatement.

Les fept étoiles qui l'environnent & qui femblent lui faire leur cour, font les planettes; elle eft en quelque forte leur reine, puifqu'elle fixe dans cet

---

(1) Ou Stromates, Liv. V.

inſtant le commencement de l'année ; elles ſemblent venir recevoir ſes ordres pour régler leur cours ſur elle.

La Dame qui eſt au-deſſous, & fort attentive dans ce moment à répandre l'eau de ſes vaſes, eſt la Souveraine des Cieux, ISIS, à la bienfaiſance de laquelle on attribuoit les inondations du Nil, qui commencent au lever de la canicule ; ainſi ce lever étoit l'annonce de l'inondation. C'eſt pour cette raiſon que la Canicule étoit conſacrée à Iſis, qu'elle étoit ſon ſymbole par excellence.

Et comme l'année s'ouvroit également par le lever de cet aſtre, on l'appelloit *SOTH-IS*, ouverture de l'année ; & c'eſt ſous ce nom qu'il étoit conſacré à Iſis.

Enfin, la fleur & le PAPILLON qu'elle ſupporte étoient l'emblême de la régénération & de la réſurrection : ils indiquoient en même tems qu'à la faveur des bienfaits d'Iſis, au lever de la Canicule, les campagnes de l'Egypte, qui étoient abſolument nues, ſe couvriroient de nouvelles moiſſons.

PLANCHE VIII.

Nº. XIII.

LA MORT.

Le Nº. XIII repréſente la Mort : elle fauche les humains, les Rois & les Reines, les Grands & les petits ; rien ne réſiſte à ſa faulx meurtriere.

Il n'eſt pas étonnant qu'elle ſoit placée ſous ce numéro ; le nombre treize fut toujours regardé comme malheureux. Il faut que très anciennement il ſoit arrivé quelque grand malheur dans un pareil jour, & que le ſouvenir en ait influé ſur toutes les anciennes nations. Seroit ce par une ſuite de ce ſouvenir que les treize tribus des Hébreux n'ont jamais été comptées que pour douze ?

Ajoutons qu'il n'eſt pas étonnant non plus que les Egyptiens aient inféré la Mort dans un jeu qui ne devroit reveiller que des idées agreables : ce jeu étoit un jeu de guerre, la Mort devoit donc y entrer ; c'eſt ainſi que le jeu des échecs finit par *échec mat*, pour mieux dire par *Sha màt*, la mort du Roi. D'ailleurs, nous avons eu occaſion de rappeller dans le calendrier que dans les feſtins, ce peuple ſage & réflechi faiſoit paroître un ſquelette ſous le nom de *Maneros*, ſans doute afin d'engager les convives à ne pas ſe tuer par gourmandiſe. Chacun a ſa maniere de voir, & il ne faut jamais diſputer des goûts.

N°. XV.

TYPHON.

Le N°. XV repréfente un célèbre perfonnage Egyptien, TYPHON, frere d'Ofiris & d'Ifis, le mauvais principe, le grand Démon d'enfer: il a des aîles de chauve-fouris, des pieds & des mains d'harpie; à la tête de vilaines cornes de cerf: on l'a fait auffi laid, auffi diable qu'on a pu. A fes pieds font deux petits Diablotins à longues oreilles, à grande queue, les mains liées derriere le dos : ils font eux-mêmes attachés par une corde qui leur paffe au cou, & qui eft arrêtée au piedeftal de Typhon ; c'eft qu'il ne lâche pas ceux qui font à lui, il aime bien ceux qui font fiens.

N°. XVI.

Maifon-Dieu ou Château de Plutus.

Pour le coup, nous avons ici une leçon contre l'avarice. Ce tableau repréfente une tour, qu'on appelle MAISON-DIEU, c'eft-à-dire, la Maifon par excellence; c'eft une tour remplie d'or, c'eft le Château de Plutus : il tombe en ruines, & fes adorateurs tombent écrafés fous fes débris.

A cet enfemble, peut-on méconnoître l'Hiftoire de ce Prince Egyptien dont parle HÉRODOTE, & qu'il appelle *RHAMPSINIT*, qui, ayant fait conftruire une grande tour de pierre pour renfermer fes tréfors, & dont lui feul avoit la clef, s'appercevoit cependant qu'ils diminuoient à vue d'œil, fans qu'on pafsât en aucune maniere par la feule porte qui exiftât à cet édifice. Pour découvrir des voleurs auffi adroits, ce Prince s'avifa de tendre des piéges autour des vafes qui contenoient fes richeffes. Les voleurs étoient les deux fils de l'Architecte dont s'étoit fervi Rhampfinit : il avoit ménagé une pierre de telle maniere, qu'elle pouvoit s'ôter & fe remettre à volonté fans qu'on s'en apperçût. Il enfeigna fon fecret à fes enfans qui s'en fervirent merveilleufement comme on voit. Ils voloient le Prince, & puis ils fe jettoient de la tour en bas : c'eft ainfi qu'ils font repréfentés ici. C'eft à la vérité le plus beau de l'Hiftoire ; on trouvera dans Hérodote le refte de ce conte ingénieux comment un des deux freres fut pris dans les filets; comment il engagea fon frere à lui couper la tête ; comment leur mere voulut abfolument que celui-ci rapportât le corps de fon frere ; comment il alla avec des outres chargés fur un âne pour enivrer les Gardes du cadavre & du palais ; comment, après

qu'ils

DU JEU DES TAROTS. 377

qu'ils eurent vuidé fes outres malgré fes larmes artificieufes, & qu'ils fe furent endormis, il leur coupa à tous la barbe du côté droit, & leur enleva le corps de fon frere : comment le Roi fort étonné, engagea fa fille à fe faire raconter par chacun de fes amans le plus joli tour qu'ils euffent fait : comment ce jeune éveillé alla auprès de la belle, lui raconta tout ce qu'il avoit fait : comment la belle ayant voulu l'arrêter, elle ne fe trouva avoir faifi qu'un bras poftiche : comment, pour achever cette grande aventure, & la mener à une heureufe fin, ce Roi promit cette même fienne fille au jeune homme ingénieux qui l'avoit fi bien joué, comme a la perfonne la plus digne d'elle ; ce qui s'exécuta à la grande fatisfaction de tous.

Je ne fais fi Hérodote prit ce conte pour une hiftoire réelle ; mais un Peuple capable d'inventer de pareilles Romances ou Fables Miléfiennes, pouvoit fort bien inventer un jeu quelconque.

Cet Ecrivain rapporte un autre fait, qui prouve ce que nous avons dit dans l'Hiftoire du Calendrier, que les ftatues des Géans qu'on promene dans diverfes Fêtes, défignerent prefque toujours les faifons. Il dit que Ramfinit, le même Prince dont nous venons de parler, fit élever au Nord & au Midi du Temple de Vulcain deux ftatues de vingt-cinq coudées de haut, qu'on appelloit l'*Été* & l'*Hyver* : on adoroit, ajoute-t-il, celle-là, & on facrifioit, au contraire, à celle-ci : c'eft donc comme les Sauvages, qui reconnoiffent le bon Principe & l'aiment, mais qui ne facrifient qu'au mauvais.

Nº. X.

La Roue de Fortune.

Le dernier numero de cette Planche eft la Roue de Fortune. Ici des Perfonnages humains, fous la forme de Singes, de Chiens, de Lapins, &c. s'élevent tour-à-tour fur cette roue à laquelle ils font attachés : on diroit que c'eft une fatyre contre la fortune, & contre ceux qu'elle éleve rapidement & qu'elle laiffe retomber avec la même rapidité.

PLANCHE VIII.

N°. XX.

Tableau mal nommé le JUGEMENT DERNIER.

Ce Tableau repréfente un Ange fonnant de la trompette : on voit auffi-tôt comme fortir de terre un vieillard, une femme, un enfant nuds.

Les Cartiers qui avoient perdu la valeur de ces Tableaux, & plus encore leur enfemble, ont vu ici le Jugement dernier; & pour le rendre plus fenfible, ils y ont mis comme des efpèces de tombeaux. Otez ces tombeaux, ce Tableau fert également à défigner la CRÉATION, arrivée dans le Tems, au commencement du Tems, qu'indique le N°. XXI.

N°. XXI.

Le TEMS, *mal nommé le* MONDE.

Ce Tableau, que les Cartiers ont appellé le Monde, parce qu'ils l'ont confidéré comme l'origine de tout, repréfente le TEMS. On ne peut le méconnoître à fon enfemble.

Dans le centre eft la Déeffe du Tems, avec fon voile qui voltige, & qui lui fert de ceinture ou de *Peplum*, comme l'appelloient les Anciens. Elle eft dans l'attitude de courir comme le Tems, & dans un cercle qui repréfente les révolutions du Tems, ainfi que l'œuf d'où tout eft forti dans le Tems.

Aux quatre coins du Tableau font les emblêmes des quatre Saifons, qui forment les révolutions de l'année, les mêmes qui compofoient les quatre têtes des Chérubins. Ces emblêmes font,

L'Aigle, le Lion, le Bœuf, & le Jeune Homme.

L'Aigle repréfente le Printems, où reparoiffent les oifeaux.

Le Lion, l'Été ou les ardeurs du Soleil.

Le Bœuf, l'Automne où on laboure & où on feme.

Le Jeune-Homme, l'Hiver où l'on fe réunit en Société.

ARTICLE II.

LES COULEURS.

Outre les Atous, ce Jeu eft compofé de quatre Couleurs diftinguées par leurs emblêmes: on les appelle ÉPÉE, COUPE, BATON & DENIER.

On peut voir les As de ces quatre couleurs dans la Planche VIII.

A repréfente l'As d'Épée, furmonté d'une couronne qu'entourent des palmes.

C, l'As de Coupe : il a l'air d'un Château ; c'eft ainfi qu'on faifoit autrefois les grandes Taffes d'argent.

D, l'As de Bâton ; c'eft une vraie maffue.

B, l'As de Denier, environné de guirlandes.

Chacune de ces couleurs est composée de quatorze Cartes, c'est-à-dire, de dix Cartes numérotées depuis I jusqu'à X, & de quatre Cartes figurées, qu'on appelle le Roi, la Reine, le Chevalier ou Cavalier, & son Ecuyer ou Valet.

Ces quatre Couleurs sont relatives au quatre Etats entre lesquels étoient divisés les Egyptiens.

L'Épée désignoit le Souverain & la Noblesse toute Militaire.

La Coupe, le Clergé ou le Sacerdoce.

Le BATON, ou Massue d'Hercule, l'Agriculture.

Le Denier, le Commerce dont l'argent est le signe.

Ce Jeu fondé sur le nombre septenaire.

Ce Jeu est absolument fondé sur le nombre sacré de sept. Chaque couleur est de deux fois sept cartes. Les Atous sont au nombre de trois fois sept; le nombre des cartes de soixante-dix-sept; le Fou étant comme O. Or, personne n'ignore le rôle que ce nombre jouoit chez les Egyptiens, & qu'il étoit devenu chez eux une formule à laquelle ils ramenoient les élémens de toutes les Sciences.

L'idée sinistre attachée dans ce Jeu au nombre treize, ramene également fort bien à la même origine.

Ce Jeu ne peut donc avoir été inventé que par des Egyptiens, puisqu'il a pour base le nombre sept; qu'il est relatif à la division des habitans de l'Egypte en quatre classes; que la plupart de ses Atous se rapportent absolument à l'Egypte, tels que les deux Chefs des Hiérophantes, homme & femme, Isis ou la Canicule, Typhon, Osiris, la Maison-Dieu, le Monde, les Chiens qui désignent le Tropique, &c.; & que ce Jeu, entierement allégorique, ne put être l'ouvrage que des seuls Egyptiens.

Inventé par un homme de génie, avant ou après le Jeu des Echecs, & réunissant l'utilité au plaisir, il est parvenu jusqu'à nous à travers tous les siècles : il a survécu à la ruine entiere de l'Egypte & de ces connoissances qui la distinguoient; & tandis qu'on n'avoit nulle idée de la sagesse des leçons qu'il renfermoit, on ne laissoit pas de s'amuser du Jeu qu'elle avoit inventé.

Il est d'ailleurs aisé de tracer la route qu'il a tenue pour arriver dans nos Contrées. Dans les premiers siècles de l'Eglise, les Egyptiens étoient très répandus à Rome; ils y avoient porté leurs cérémonies & le culte d'Iſis; par conſéquent le Jeu dont il s'agit.

Ce Jeu, intéreſſant par lui-même, fut borné à l'Italie juſqu'à ce que les liaiſons des Allemands avec les Italiens le firent connoître de cette ſeconde Nation; & juſqu'à ce que celles des Comtes de Provence avec l'Italie, & ſur-tout le ſéjour de la Cour de Rome à Avignon, le naturaliſa en Provence & à Avignon.

S'il ne vint pas juſqu'à Paris, il faut l'attribuer à la biſarrerie de ſes figures & au volume de ſes Cartes qui n'étoient point de nature à plaire à la vivacité des Dames Françoiſes. Auſſi fut-on obligé, comme nous le verrons bientôt, de réduire exceſſivement ce Jeu en leur faveur.

Cependant l'Egypte elle-même ne jouit point du fruit de ſon invention: réduits à la ſervitude la plus déplorable, à l'ignorance la plus profonde, privés de tous les Arts, ſes Habitans ſeroient hors d'état de fabriquer une ſeule Carte de ce Jeu.

Si nos Cartes Françoiſes, infiniment moins compliquées, exigent le travail ſoutenu d'une multitude de mains & le concours de pluſieurs Arts, comment ce Peuple infortuné auroit-il pu conſerver les ſiennes? Tels ſont les maux qui fondent ſur une Nation aſſervie, qu'elle perd juſques aux objets de ſes amuſemens: n'ayant pu conſerver ſes avantages les plus précieux, de quel droit prétendroit-elle à ce qui n'en étoit qu'un délaſſement agréable?

NOMS ORIENTAUX CONSERVÉS DANS CE JEU.

Ce Jeu a conſervé quelques noms qui le déclareroient également Jeu Oriental, ſi on n'en avoit pas d'autres preuves.

Ces Noms ſont ceux de TARO, de MAT & de PAGAD.

1. TAROTS.

Le nom de ce Jeu eſt pur Egyptien: il eſt compoſé du mot TAR, qui ſignifie voie, chemin; & du mot RO, ROS, ROG, qui ſignifie Roi, Royal. C'eſt, mot-à-mot, le chemin Royal de la vie.

Il ſe rapporte en effet à la vie entiere des Citoyens, puiſqu'il eſt formé des divers États entre leſquels ils ſont diviſés, & que ce Jeu les ſuit depuis leur naiſſance juſqu'à la mort, en leur montrant toutes les vertus & tous les guides phyſiques & moraux auxquels ils doivent s'attacher, tels que le Roi, la Reine, les Chefs de la Religion, le Soleil, la Lune, &c.

Il leur apprend en même tems par le Joueur de gobelets & par la roue de fortune, que rien n'eſt plus inconſtant dans ce monde que les divers Etats de l'homme : que ſon ſeul refuge eſt dans la vertu, qui ne lui manque jamais au beſoin.

2. MAT.

Le Mat, nom vulgaire du Fou, & qui ſubſiſte en Italien, vient de l'Oriental *Mat*, aſſommé, meurtri, félé. Les Foux ont toujours été repréſentés comme ayant le cerveau félé.

3. PAGAD.

Le Joueur de gobelets eſt appellé PAGAD dans le courant du Jeu. Ce nom qui ne reſſemble à rien dans nos Langues Occidentales, eſt Oriental pur & très bien choiſi : *PAG* ſignifie en Orient, Chef, Maître, Seigneur : & *GAD*, la Fortune. En effet, il eſt repréſenté comme diſpoſant du ſort avec ſa baguette de Jacob ou la verge des Mages.

ARTICLE III.

MANIERE DONT ON JOUE AUX TAROTS.
1°. *Maniere de donner les Cartes.*

Un de nos Amis, M. l'A. R. a bien voulu nous expliquer la maniere dont on le joue : c'eſt lui qui va parler, ſi nous l'avons bien compris.

On joue ce Jeu à deux, mais on donne les Cartes comme ſi on jouoit trois : chaque Joueur n'a donc qu'un tiers des Cartes : ainſi pendant le combat il y a toujours un tiers des Troupes qui ſe repoſent ; on pourroit les appeller le Corps de réſerve.

Car ce Jeu eſt un Jeu de guerre, & non un Jeu pacifique, comme on l'avoit dit mal-à-propos : or dans toute Armée il y a un Corps de réſerve. D'ailleurs, cette réſerve rend le Jeu plus difficile, puiſqu'on a beaucoup plus de peine à deviner les Cartes que peut avoir ſon adverſaire.

On donne les Cartes par cinq, ou de cinq en cinq.

Sur les 78 Cartes, il en reſte donc trois à la fin ; au lieu de les partager entre les Joueurs & la réſerve ou le Mort, celui qui donne les garde pour lui ; ce qui lui donne l'avantage d'en écarter trois.

2°.

Maniere de compter les points de son Jeu.

Les ATOUS n'ont pas tous la même valeur.

Les 21. 20. 19. 18 & 17. sont appellés les cinq grands Atous.

Les 1. 2. 3. 4. & 5. sont appellés les cinq petits.

Si on en a trois des grands ou trois des petits, on compte cinq points : dix points, si on en a quatre ; & quinze, si on en a cinq.

C'est encore une maniere de compter Egyptienne : le *dinaire* ou denier de Pythagore étant égal au quartenaire, puisque un, deux, trois & quatre ajoutés ensemble font dix.

Si on a dix Atous dans son Jeu, on les étale, & ils valent encore dix points ; si on en a treize, on les étale aussi, & ils valent quinze points, indépendamment des autres combinaisons.

Sept Cartes portent le Nom de Tarots par excellence : ce sont les Cartes privilégiées ; & encore ici, le nombre de sept. Ces Cartes sont :

Le Monde ou Atout 21.
Le Mat ou Fou. 0.   } Atous-Tarots.
Le Pagad ou Atout 1.

Et les quatre Rois.

Si on a deux de ces Atous-Tarots, on demande à l'autre : *qui ne l'a ?* si celui-ci ne peut répondre en montrant le troisieme, celui qui a fait la question marque 5. points : il en marque 15. s'il les a tous trois. Les séquences ou les 4 figures de la même couleur valent 5. points.

3°. *Maniere de jouer ses Cartes.*

Le Fou ne prend rien, rien ne le prend : il forme Atout, il est de toute couleur également.

Joue-t-on un Roi, n'a-t-on pas la Dame, on met le Fou, ce qui s'appelle *excuse.*

Le Fou avec deux Rois, compte 5. points : avec trois, quinze.

Un Roi coupé, ou mort, 5. points pour celui qui coupe.

Si on prend Pagad à son adversaire, on marque 5. points

Ainsi le Jeu est de prendre à son adversaire les figures qui comptent le plus de points, & de faire tous ses efforts pour former des séquences :

l'adverſaire doit faire tous les ſiens pour ſauver ſes grandes figures : par conſéquent voir venir, en ſacrifiant de foibles Atous, ou les plus foibles Cartes de ſes couleurs.

Il doit ſur-tout ſe faire des renonces, afin de ſauver ſes fortes Cartes en coupant celles de ſon adverſaire.

4°. Ecart de celui qui donne.

Celui qui donne ne peut écarter ni Atous ni Rois; il ſe feroit trop beau Jeu, puiſqu'il ſe ſauveroit ſans péril. Tout ce qu'on lui permet en faveur de ſa primauté, c'eſt d'écarter une ſéquence : car elle compte, & elle peut lui former une renonce, ce qui eſt un double avantage.

5°. Maniere de compter les mains.

La partie eſt en cent, comme au Piquet, avec cette différence, que ce n'eſt pas celui qui arrive le premier à cent lorſque la partie eſt commencée qui gagne, mais celui qui fait alors le plus de points, car il faut que toute partie commencée aille juſqu'au bout : il offre ainſi plus de reſſource que le Piquet.

Pour compter les points qu'on a dans ſes mains, chacune des ſept Cartes appellées Tarots, avec une Carte de couleur, vaut 5. points.

La Dame avec une Carte, 4.
Le Cavalier avec une Carte, 3.
Le Valet avec une Carte, 2.
2. Cartes ſimples enſemble, 1.

On compte l'excédent des points qu'un des adverſaires a ſur l'autre, & il les marque : on continue de jouer juſqu'à ce qu'on ſoit parvenu à cent.

ARTICLE IV.

Jeu des Tarots conſidéré comme un Jeu de Géographie Politique.

On nous a fait voir ſur un Catalogue de Livres Italiens, le titre d'un Ouvrage où la Géographie eſt entrelacée avec le Jeu des Tarots : & nous n'avons pu avoir ce Livre. Contient-il des leçons de Géographie à graver ſur chaque Carte de ce Jeu? Eſt ce une application de ce Jeu à la Géographie? Le champ de conjectures eſt ſans fin, & peut être qu'à force de multiplier les combinaiſons, nous nous éloignerions plus des vues de cet Ouvrage. San nous embarraſſer de ce qu'il a pu dire, voyons nous-mêmes commen

Egyptiens auroient pu appliquer ce Jeu à la Géographie Politique, telle qu'elle étoit connue de leur tems, il y a à-peu-près trois mille ans.

Le Tems ou le MONDE, repréfenteroit le Globe de la Terre & fes révolutions.

La CRÉATION, le moment où la Terre fortit du cahos, où elle prit une forme, fe divifant en Terres & en Mers, & où l'homme fut créé pour devenir le Maître, le Roi de cette belle propriété.

Les QUATRE VERTUS Cardinales, correfpondent aux IV. côtés du Monde, Orient, Occident, Nord & Midi, ces quatre points relatifs à l'homme, par lefquels il eft au centre de tout, qu'on peut appeller fa droite, fa gauche, fa face & fon dos, & d'où fes connoiffances s'étendent en rayons jufqu'à l'extrémité de tout, fuivant l'étendue de fes yeux phyfiques premierement, & puis de fes yeux intellectuels bien autrement perçans.

LES QUATRE COULEURS feront les IV. Régions ou parties du Monde correfpondantes aux quatre points cardinaux, l'Afie, l'Afrique, l'Europe & la Celto-Scythie ou les Pays glacés du Nord : divifion qui s'eft augmentée de l'Amérique depuis fa découverte, & où pour ne rien perdre de l'ancienne on a fubftitué à la Celto-Scythie les Terres polaires du Nord & du Midi.

L'ÉPÉE repréfente l'ASIE, Pays des grandes Monarchies, des grandes Conquêtes, des grandes Révolutions.

BATON, l'EGYPTE nourriciere des Peuples, & fymbole du Midi, des Peuples noirs.

COUPE, le NORD, d'où defcendirent les Peuples, & d'où vint l'Inftruction & la Science.

DENIER, l'EUROPE ou l'Occident, riche en mines d'or dans ces commencemens du monde, que fi mal à propos nous appellons le vieux-tems, les temps antiques.

Chacune des X. Cartes numérotées de ces IV. couleurs, fera une des grandes Contrées de ces IV. Régions du Monde.

Les X. Cartes d'ÉPÉE auront repréfenté, l'Arabie ; l'Idumée, qui régnoit fur les Mers du Midi ; la Paleftine, peuplée d'Egyptiens ; la Phénicie, Maîtreffe de la Mer Méditerranée ; la Syrie ou Aramée, la Méfopotamie ou Chaldée, la Médie, la Sufiane, la Perfe & les Indes.

Les X. Cartes de BATON auront repréfenté les trois grandes divifions de l'Egypte, Thébaïde ou Egypte fupérieure, Delta ou Baffe Egypte, Heptanome ou Egypte du milieu divifée en fept Goûvernemens. Enfuite l'Ethiopie, la Cyrénaïque, ou à fa place les terres de Jupiter Ammon, la Lybie ou Carthage, les Pacifiques Atlantes, les Numides vagabons, les Maures

appuyés

appuyés sur l'Océan Atlantique; les Gétules, qui placés au midi de l'Atlas, se répandoient dans ces vastes contrées que nous appellons aujourd'hui Nigritie & Guinée.

Les X cartes de DENIER auront représenté l'isle de Crète, Royaume de l'illustre Minos, la Grèce & ses isles, l'Italie, la Sicile & ses volcans, les Baléares célèbres par l'habileté de leurs troupes de trait, la Bétique, riche en troupeaux, la Celtibérie, abondante en mines d'or; Gadix ou Cadir, l'isle d'Hercule par excellence, la plus commerçante de l'Univers; la Lusitanie & les isles Fortunées ou Canaries.

Les X cartes de COUPE, l'Arménie & son mont Ararat, l'Ibérie, les Scythes de l'Imaüs, les Scythes du Caucase, les Cimmériens des Palus-Méotides, les Getes ou Goths, les Daces, les Hyperboréens si célèbres dans cette haute antiquité, les Celtes errans dans leurs forêts glacées, l'isle de Thulé aux extrémités du monde.

Les quatre cartes figurées de chaque couleur auront contenu des détails géographiques relatifs à chaque région.

Les Rois, l'état des Gouvernemens de chacune, les forces des Empires qui les composoient, & comment elles étoient plus ou moins considérables suivant que l'agriculture y étoit en usage & en honneur; cette source intarissable de richesses toujours renaissantes.

Les REINES, le développement de leurs religions, de leurs mœurs, de leurs usages, sur-tout de leurs opinions, l'opinion ayant toujours été regardée comme la Reine du monde. Heureux celui qui saura la diriger; il sera toujours Roi de l'Univers, maître de ses semblables; c'est Hercule l'éloquent qui mene les hommes avec des freins d'or.

Les CAVALIERS, les exploits des peuples, l'Histoire de leurs Héros ou Chevaliers; celle de leurs tournois, de leurs jeux, de leurs batailles.

Les VALETS, l'Histoire des Arts, leur origine, leur nature; tout ce qui regarde la portion industrieuse de chaque nation, celle qui se livre aux objets méchaniques, aux manufactures, au commerce qui varie de cent manieres la forme des richesses sans rien ajouter au fond, qui fait circuler dans l'Univers ces richesses & les objets de l'industrie; qui met à même les agricoles de faire renaître les richesses en leur fournissant les débouchés les plus prompts de celles qu'ils ont déjà fait naître, & comment tout est étranglé dès que cette circulation ne joue pas avec liberté, puisque les commerçans sont moins occupés, & ceux qui leur fournissent découragés.

L'ensemble des XXI ou XXII Atous, les XXII lettres de l'alphabet Egyptien

Dissert. Tom. I.

commun aux Hébreux & aux Orientaux, & qui fervant de chiffres, font néceffaires pour tenir compte de l'enfemble de tant de contrées.

Chacun de ces Atous aura eu en même tems un ufage particulier. Plufieurs auront été relatifs aux pricipaux objets de la géographie célefte, fi on peut fe fervir de cette expreffion. Tels,

Le Soleil, la Lune, le Cancer, les Colonnes d'Hercule, les Tropiques ou leurs Chiens.

La Canicule, cette belle & brillante portiere des cieux.

L'Ourfe célefte fur laquelle s'appuient tous les aftres en exécutant leurs révolutions autour d'elle, conftellation admirable repréfentée par les fept Tarots, & qui femble publier en caractères de feu imprimés fur nos têtes & dans le firmament, que notre fyftême folaire fut fondé comme les fciences fur la formule de fept, & peut-être même la maffe entiere de l'Univers.

Tous les autres peuvent être confidérés relativement à la géographie politique & morale, au vrai gouvernement des Etats, & même au gouvernement de chaque homme en particulier.

Les quatre ATOUS relatifs à l'autorité civile & religieufe font connoître l'importance pour un Etat de l'unité de gouvernement, & de refpect pour les anciens.

Les quatre Vertus Cardinales montrent que les Etats ne peuvent fe foutenir que par la bonté du gouvernement, par l'excellence de l'inftruction, par la pratique des vertus dans ceux qui gouvernent & qui font gouvernés : prudence à corriger les abus, force pour maintenir la paix & l'union, tempérance dans les moyens, juftice envers tous. Comment l'ignorance, la hauteur, l'avarice, la fottife dans les uns engendrent dans les autres un mépris funefte, d'où réfultent les défordres qui ébranlent jufques dans leurs fondemens les Empires où on viole la juftice, où on force tous les moyens, où l'on abufe de fa force, & où on vit fans prévoyance; défordres qui ont détruit tant de familles dont le nom avoit retenti fi long tems par toute la terre, & qui avoient regné avec tant de gloire fur les nations étonnées.

Ces vertus ne font pas moins néceffaires à chaque individu : la tempérance règle fes devoirs envers foi-même, fur-tout envers fon propre corps qu'il ne traite trop fouvent que comme un malheureux efclave, martyr de fes affections défordonnées.

La Juftice qui règle fes devoirs envers fon prochain & envers la Divinité elle-même à qui il doit tout.

La Force avec laquelle il fe foutient au milieu des ruines de l'Univers; il se rit des efforts vains & insensés des passions qui l'assiegent sans cesse de leurs flots impétueux.

Enfin, la Prudence avec laquelle il attend patiemment le succès de ses soins, prêt à tout évènement & semblable à un fin joueur qui ne risque jamais son jeu & sait tirer parti de tout.

Le Roi triomphant devient alors l'emblême de celui qui au moyen de ces vertus a été sage envers lui-même, juste envers autrui, fort contre les passions, prévoyant à s'amasser des ressources contre les tems d'adversité.

Le Tems qui use tout avec une rapidité inconcevable, la Fortune qui se joue de tout, le Bateleur qui escamote tout, la Folie qui est de tout, l'Avarice qui perd tout, le Diable qui se fourre par-tout, la mort qui engloutit tout, nombre septenaire singulier qui est de tout pays, peut donner lieu à des observations non moins importantes & non moins variées.

Enfin, celui qui a tout à gagner & rien à perdre, le Roi véritablement triomphant, c'est le vrai *Sage* qui, la lanterne en main, est sans cesse attentif à ses démarches, ne fait aucune école, connoît tout ce qui est bien pour en jouir, & apperçoit tout ce qui est mal pour l'éviter.

Telle seroit, ou à-peu-près, l'explication géographico-politique-morale de cet antique jeu, & telle doit être la fin de tous. Humanité, que vous seriez heureuse si tous les jeux se terminoient ainsi!

ARTICLE V.

Rapport de ce jeu avec un monument Chinois.

M. BERTIN, qui a rendu de si grands services à la littérature & aux sciences, par les excellens Mémoires qu'il s'est procurés, & qu'il a fait publier sur la Chine, nous a communiqué un monument unique qui lui a été envoyé de cette vaste contrée, & qu'on fait remonter aux premiers âges de cet Empire, puisque les Chinois le regardent comme une inscription relative au desséchement des eaux du déluge par Yao.

Il est composé de caractères qui forment de grands compartimens en quarré long, tous égaux, & précisément de la même grandeur que les cartes du jeu des Tarots.

Ces compartimens sont distribués en six colonnes perpendiculaires, dont les cinq premieres renferment quatorze compartimens chacune, tandis que la sixième qui n'est remplie qu'à moitié n'en contient que sept.

Ce monument est donc composé de soixante-dix-sept figures ainsi que le jeu de Tarots, & il est formé d'après la même combinaison du nombre sept, puisque chaque colonne pleine est de quatorze figures, & que celle qui ne l'est qu'à demi en contient sept.

Sans cela, on auroit pu arranger ces soixante-dix-sept compartimens de maniere à ne laisser presque point de vuide dans cette sixième colonne; on n'auroit eu qu'à faire chaque colonne de treize compartimens, & la sixième en auroit eu douze.

Ce monument est donc parfaitement semblable, quant à la disposition, au jeu des Tarots, si on les coloit sur un seul tableau : les quatre couleurs feroient les quatre premières colonnes à quatorze cartes chacune; & les Atous, au nombre de vingt-un, rempliroient la cinquième colonne, & précisément la moitié de la sixième.

Il seroit bien singulier qu'un rapport pareil fût le simple effet du hasard; il est donc très-apparent que l'un & l'autre de ces monumens ont été formés d'après la même théorie, & sur l'attachement au nombre sacré de sept; ils ont donc l'air de n'être tous les deux qu'une application différente d'une seule & même formule, antérieure peut-être à l'existence des Chinois & des Egyptiens; peut-être même trouvera t-on quelque chose de pareil chez les Indiens ou chez les peuples du Thibet placés entre ces deux anciennes nations.

Nous avons été fort tentés de faire aussi graver ce monument Chinois; mais la crainte de le mal figurer en le réduisant à un champ plus petit que l'original, joint à l'impossibilité où nos moyens nous mettent de faire tout ce qu'exigeroit la perfection de notre ouvrage, nous a retenu.

N'omettons pas que les figures Chinoises sont en blanc sur un fond très-noir; ce qui les rend très-saillantes.

ARTICLE VI.

Rapport de ce jeu avec les Quadrilles ou Tournois.

Pendant un grand nombre de siècles, la noblesse montoit à cheval, & divisée en couleurs ou en factions, elle exécutoit entr'elle des combats feints ou Tournois parfaitement analogues à ce qu'on exécute dans les jeux de cartes, & sur-tout dans celui des Tarots, qui étoit un jeu militaire de même que celui des échecs, en même tems qu'il pouvoit être envisagé comme un jeu civil, en quoi il l'emportoit sur ce dernier.

Dans l'origine, les Chevaliers du Tournois étoient divisés en quatre, même en cinq bandes relatives aux quatre couleurs des Tarots & à la masse des

Atous. C'est ainsi que le dernier divertissement de ce genre qu'on ait vu en France, fut donné en 1662, par Louis XIV, entre les Tuileries & le Louvre, dans cette grande place qui en a conservé le nom de Carousel. Il étoit composé de cinq Quadrilles. Le Roi étoit à la tête des Romains ; son frere, chef de la maison d'Orléans, à la tête des Persans ; le Prince de Condé commandoit les Turcs ; le Duc d'Enguien son fils, les Indiens ; le Duc de Guise, les Américains. Trois Reines y assisterent sous un dais ; la Reine-Mere, la Reine régnante, la Reine d'Angleterre, veuve de Charles II. Le Comte de Sault, fils du Duc de Lesdiguieres, remporta le prix & le reçut des mains de la Reine-Mere.

Les Quadrilles étoient ordinairement composés de 8 ou de 12 Cavaliers pour chaque couleur ; ce qui, à 4 couleurs & à 8 par Quadrille, donne le nombre 32, qui forme celui des cartes pour le jeu de Piquet ; & à 5 couleurs, le nombre 40 qui est celui des cartes pour le jeu de Quadrille.

ARTICLE VII.

Jeux de Cartes Espagnols.

Lorsqu'on examine les jeux de cartes en usage chez les Espagnols, on ne peut s'empêcher de reconnoître qu'ils sont un diminutif des Tarots.

Leurs jeux les plus distingués sont celui de l'Hombre qui se joue à trois ; & le Quadrille qui se joue à quatre & qui n'est qu'une modification du jeu de l'Hombre.

Celui-ci signifie le *jeu de l'Homme* ou de la vie humaine ; il a donc un nom qui correspond parfaitement à celui du Tarot.

Il est divisé en quatre couleurs qui portent les mêmes noms que dans les Tarots, tels que SPADILLE ou épée, BASTE ou bâton, qui sont les deux couleurs noires, COPA ou *Coupe*, & DINERO ou *Denier*, qui sont les deux couleurs rouges.

Plusieurs de ces noms se sont transmis en France avec ce jeu ; ainsi l'as de pique est appellé SPADILLE ou épée ; l'as de trefle, BASTE, c'est-à-dire, bâton ; l'as de cœur est appellé PONTE, de l'Espagnol *Punto*, as, ou un point.

Ces Atous, qui sont les plus forts, s'appellent MATADORS, ou les Assommeurs, les Triomphans qui ont détruit leurs ennemis.

Ce jeu est entierement formé sur les Tournois ; la preuve en est frappante, puisque les couleurs en sont appellées *Palos* ou pieux, les lances, les piques des Chevaliers.

Les cartes elles-mêmes sont appellées NAYPES, du mot Oriental NAP, qui signifie prendre, tenir, mot-à-mot, les TENANS.

Ce sont donc quatre ou cinq Quadrilles de Chevaliers qui se battent en Tournois.

Ils sont quarante, appellés NAYPES ou Tenans.

Quatre couleurs appellées *Palos* ou rangs de piques.

Les vainqueurs sont appellés *Matadors* ou Assommeurs; ceux qui sont venus à bout de défaire leurs ennemis.

Enfin les noms de quatre couleurs, celui même du jeu, démontrent qu'il a été formé en entier sur le jeu des Tarots; que les cartes Espagnoles ne sont qu'une imitation en petit du jeu Egyptien.

ARTICLE VIII.

CARTES FRANÇOISES.

D'après ces données, il n'est personne qui ne s'apperçoive sans peine que les cartes Françoises ne sont elles-mêmes qu'une imitation des cartes Espagnoles, & qu'elles sont ainsi l'imitation d'une imitation, par conséquent une institution bien dégénérée, loin d'être une invention originale & première, comme l'ont cru mal à propos nos savans qui n'avoient en cela aucun point de comparaison, seul moyen de découvrir les causes & les rapports de tout.

On suppose ordinairement que les cartes Françoises furent inventées sous le regne de Charles VI, & pour amuser ce Prince foible & infirme; mais ce que nous nous croyons en droit d'affirmer, c'est qu'elles ne furent qu'une imitation des jeux méridionaux.

Peut-être même serions-nous en droit de supposer que les cartes Françoises sont plus anciennes que Charles VI, puisqu'on attribue dans DUCANGE (1) à S. BERNARD de Sienne, contemporain de Charles V, d'avoir condamné au feu, non-seulement les masques & les dez à jouer, mais même les *cartes Triomphales* ou du jeu appellé la Triomphe.

On trouve dans le même Ducange les statuts criminels d'une ville appellée SAONA, qui défend également les jeux de cartes.

Il faut que ces statuts soient très-anciens, puisque dans cet ouvrage on n'a pu en indiquer le tems; cette ville doit être celle de SAVONE.

---

(1) Au mot CHARTA.

Ajoutons qu'il falloit que ces jeux fuſſent bien plus anciens que S. Bernard de Sienne; auroit-il confondu avec les dez & les maſques un jeu nouvellement inventé pour amuſer un grand Roi?

Nos cartes Françoiſes ne préſentent d'ailleurs nulle vue, nul génie, nul enſemble. Si elles ont été inventées d'après les Tournois, pourquoi a-t-on ſupprimé le Chevalier, tandis qu'on conſervoit ſon Ecuyer ? pourquoi n'admettre dès-lors que treize cartes au lieu de quatorze par couleur?

Les noms des couleurs ſe ſont dégénérés au point de n'offrir plus d'enſemble. Si on peut reconnoître l'épée dans la pique, comment le bâton eſt-il devenu trefle ? & comment eſt ce que le cœur & le carreau correſpondent à coupe & à denier, & quelles idées réveillent ces couleurs?

Quelle idée préſentent également les noms donnés aux quatre Rois? David, Alexandre, Céſar, Charlemagne, ne ſont pas même relatifs aux quatre fameuſes Monarchies de l'antiquité, ni à celles des tems modernes : c'eſt un monſtrueux compoſé.

Il en eſt de même des noms des Reines; on les appelle Rachel, Judith, Pallas & Argine; il eſt vrai qu'on a cru que c'étoient des noms allégoriques relatifs aux quatre manieres dont une Dame s'attire les hommages des hommes; que Rachel déſigne la beauté, Judith la force, Pallas la ſageſſe, & Argine, où l'on ne voit que l'anagramme *Regina*, Reine, la naiſſance.

Mais quels rapports ont ces noms avec Charles VI ou avec la France? que ces allégories ſont forcées!

Il eſt vrai qu'entre les noms des Valets on trouve celui de la Hire, qui pourroit ſe rapporter à un des Généraux François de Charles VI; mais ce ſeul rapport eſt-il ſuffiſant pour brouiller toutes les époques?

Nous en étions ici lorſqu'on nous a parlé d'un ouvrage de M. l'Abbé RIVE, où il diſcute le même objet, après l'avoir cherché en vain chez la plupart de nos Libraires, M. de S. PATERNE nous le prête.

Cet ouvrage eſt intitulé :

NOTICES hiſtoriques & critiques de deux manuſcrits de la Bibliothèque de M. le Duc de la VALLIERE, dont l'un a pour titre le Roman d'Artus, Comte de Bretagne, & l'autre le Roman de Pertenay ou de Luſignen, par M. l'Abbé RIVE, &c. à Paris, 1779, *in*-4°. 36 pages.

A la page 7, l'Auteur commence à diſcuter ce qui regarde l'origine des cartes Françoiſes, nous avons vu avec plaiſir qu'il ſoutient, 1°. que ces cartes ſont plus anciennes que Charles VI; 2°. qu'elles ſont une imitation des cartes Eſpagnoles : nous allons donner un précis ſuccint de ſes preuves.

« Les cartes, dit-il, font au moins de l'an 1330; & ce n'eſt ni en France,
» ni en Italie, ni en Allemagne qu'elles paroiſſent pour la première fois. On
» les voit en Eſpagne vers cette année, & bien long-tems avant qu'on en
» trouve la moindre trace dans aucune autre nation.

» Elles y ont été inventées, ſelon le Dictionnaire Caſtillan de 1734, par
» un nommé *Nicolao Pepin*.....

» On les trouve en Italie vers la fin de ce même ſiècle, ſous le nom de
» *Naibi*, dans la Chronique de *Giovan Morelli*, qui eſt de l'an 1393 ».

Ce ſavant Abbé nous apprend en même tems que la premiere piece Eſpa-
gnole qui en atteſte l'exiſtence, eſt d'environ l'an 1332. « Ce ſont les ſtatuts
» d'un Ordre de Chevalerie établi vers ce tems là en Eſpagne, & où les cartes
» ſont prohibées: cet Ordre s'appelloit l'*Ordre de la Bande* ; il avoit été
» établi par Alphonſe XI, Roi de Caſtille. Ceux qu'on y admettoit faiſoient
» ſerment de ne pas jouer aux cartes.

» On les voit enſuite en France ſous le regne de Charles V. Le Petit Jean
» de Saintré ne fut honoré des faveurs de Charles V, que parce qu'il ne jouoit
» ni aux dez ni aux cartes, & ce Roi les proſcrivit ainſi que pluſieurs autres
» jeux, par ſon Edit de 1369. On les décria dans diverſes Provinces de la
» France; on y donna à quelques-unes de leurs figures des noms faits pour
» inſpirer de l'horreur. En Provence, on en appella les Valets *Tuchim*. Ce
» nom déſignoit une race de voleurs qui, en 1361, avoient cauſé dans ce
» pays & dans le Comtat Venaiſſin, un ravage ſi horrible, que les Papes
» furent obligés de faire prêcher une croiſade pour les exterminer. Les cartes
» ne furent introduites dans la cour de France que ſous le ſucceſſeur de
» Charles V. On craignit même en les y introduiſant, de bleſſer la décence,
» & on imagina en conſéquence un prétexte, ce fut celui de calmer la
» mélancolie de Charles VI..... On inventa, ſous Charles VII, le jeu de
» Piquet. Ce jeu fut cauſe que les cartes ſe répandirent, de la France, dans
» pluſieurs autres parties de l'Europe ».

Ces détails ſont très-intéreſſans, leurs conſéquences le ſont encore plus. Ces
cartes contre leſquelles on fulminoit dans le XIVe ſiècle, & qui rendoient
indigne des Ordres de Chevalerie, étoient néceſſairement très-anciennes ; elles
ne pouvoient être regardées que comme des reſtes d'un honteux paganiſme ; c'étoient donc les cartes des Tarots : leur figure biſarre, leurs noms
ſinguliers, tels que la Maiſon-Dieu, le Diable, la Papeſſe, &c. leur haute
antiquité qui ſe perd dans la nuit des tems, les ſorts qu'on en tiroit, &c. tout

devoit

devoit les faire regarder comme un amufement diabolique, comme une œuvre de la plus noire magie, d'une forcellerie condamnable.

Cependant le moyen de ne pas jouer! on inventa donc des Jeux plus humains, plus épurés, dégagés de figures qui n'étoient bonnes qu'à effrayer : de-là, les Cartes Efpagnoles & les Cartes Françoises qui ne furent jamais vouées à l'interdit comme ces Cartes maudites venues de l'Egypte, mais qui cependant fe traînoient de loin fur ce Jeu ingénieux.

De-là fur-tout le Jeu de Piquet, qui eft une imitation fenfible & inconteftable des Tarots, vrai Piquet, puifqu'on y joue à deux, qu'on y écarte, qu'on y a des féquences, qu'on y va en cent : qu'on y compte le Jeu qu'on a en main, & les levées, & qu'on y trouve nombre d'autres rapports auffi frappans.

CONCLUSION.

Nous ofons donc nous flatter que nos Lecteurs recevront avec plaifir ces diverfes vues fur des objets auffi communs que les Cartes, & qu'ils trouveront qu'elles rectifient parfaitement les idées vagues & mal combinées qu'on avoit eues jufques à préfent fur cet objer.

Qu'on n'avancera plus comme démontrées ces propofitions.

Que les Cartes n'exiftent que depuis Charles VI.

Que les Italiens font le dernier Peuple qui les ait adoptées.

Que les figures du Jeu des Tarots font extravagantes.

Qu'il eft ridicule de chercher l'origine des Cartes dans les divers états de la vie civile.

Que ces Jeux font l'image de la vie paifible, tandis que celui des Echecs eft l'image de la guerre.

Que le Jeu des Echecs eft plus ancien que celui des Cartes.

C'eft ainfi que l'abfence de la vérité, en quelque genre que ce foit, engendre une foule d'erreurs de toute efpèce, qui deviennent plus ou moins défavantageufes, fuivant qu'elles fe lient avec d'autres vérités, qu'elles contraftent avec elles ou qu'elles les repouffent.

Application de ce Jeu à la Divination.

Pour terminer ces recherches & ces développemens fur le Jeu Egyptien, nous allons mettre fous les yeux du Public la differtation que nous avons annoncée, & où l'on prouve comment les Egyptiens appliquoient ce Jeu à

Diff. Tom. I.   D d d l'art de deviner, & de quelle maniere ce même point de vue s'eſt tranſmis juſques dans nos Cartes à jouer faites à l'imitation de celles-là.

On y verra en particulier ce que nous avons déjà dit dans ce Volume, que l'explication des Songes tenoit dans l'Antiquité à la Science Hiéroglyphique & Philoſophique des Sages, ceux-ci ayant cherché à réduire en ſcience le réſultat de leurs combinaiſons ſur les Songes dont la Divinité permettoit l'accompliſſement, & que toute cette ſcience s'évanouit dans la ſuite des tems, & fut ſagement défendue, parce qu'elle ſe réduiſit à de vaines & futiles obſervations, qui dans des Siécles peu éclairés auroient pu être contraires aux intérêts les plus eſſentiels des foibles & des ſuperſtitieux.

Cet Obſervateur judicieux nous fournit de nouvelles preuves que les Cartes Eſpagnoles ſont une imitation de l'Egypte, puiſqu'il nous apprend que ce n'eſt qu'avec un Jeu de Piquet qu'on conſulte les ſorts, & que pluſieurs noms de ces Cartes ſont abſolument relatifs à des idées Egyptiennes.

Le Trois de denier eſt appellé le Seigneur, ou *Oſiris*.

Le Trois de coupe, la Souveraine, ou *Iſis*.

Le Deux de coupe, la *Vache*, ou *Apis*.

Le Neuf de denier, *Mercure*.

L'As de bâton, le *Serpent*, ſymbole de l'Agriculture chez les Egyptiens.

L'As de denier, le *Borgne*, ou *Apollon*.

Ce nom de BORGNE, donné à Apollon ou au Soleil comme n'ayant qu'un œil, eſt une épithète priſe dans la Nature, & qui nous fournira une preuve à ajouter à pluſieurs autres, que le fameux perſonnage de l'Edda qui a perdu un de ſes yeux à une célèbre fontaine allégorique, n'eſt autre que le Soleil, le Borgne, ou l'Œil unique par excellence.

Cette Diſſertation eſt d'ailleurs ſi remplie de choſes, & ſi propre à donner de ſaines idées ſur la maniere dont les Sages d'Egypte conſultoient le Livre du Deſtin, que nous ne doutons pas qu'elle ne ſoit bien accueillie du Public, privé d'ailleurs juſqu'à préſent de recherches pareilles, parce que juſques à préſent perſonne n'avoit eu le courage de s'occuper d'objets qui paroiſſoient perdus à jamais dans la profonde nuit des tems.

RECHERCHES SUR LES TAROTS,

ET SUR LA DIVINATION PAR LES CARTES DES TAROTS,

PAR M. LE C. DE M.***

I.

LIVRE DE THOT.

LE defir d'apprendre fe développe dans le cœur de l'homme à mefure que fon efprit acquiert de nouvelles connoiffances : le befoin de les conferver, & l'envie de les tranfmettre, fit imaginer des caractères dont THOT ou Mercure fut regardé comme l'inventeur. Ces caractères ne furent point, dans le principe, des fignes de convention, qui n'exprimaffent, comme nos lettres actuelles, que le fon des mots; ils étoient autant d'images véritables avec lefquelles on formoit des Tableaux, qui peignoient aux yeux les chofes dont on vouloit parler.

Il eft naturel que l'Inventeur de ces Images ait été le premier Hiftorien : en effet, THOT eft confidéré comme ayant peint les Dieux (1), c'eft-à dire, les actes de la Toute-puiffance, ou la Création, à laquelle il joignit des Préceptes de Morale. Ce Livre paroît avoir été nommé A-ROSH; d'A, Doctrine, Science; & de ROSCH (2), Mercure, qui, joint à l'article T, fignifie Tableaux de la Doctrine de Mercure; mais comme Rosh veut auffi dire *Commencement*, ce mot TA-ROSH fut particulièrement confacré à fa Cofmogonie; de même que l'ETHOTIA, *Hiftoire du Tems*, fut le titre de fon Aftronomie; & peut-être qu'ATHOTHES, qu'on a pris pour un Roi, fils de Thot, n'eft que l'enfant de fon génie, & l'Hiftoire des Rois d'Egypte.

---

(1) Les Dieux, dans l'Ecriture & dans l'expreffion Hiéroglyphique, font l'Eternel & les Vertus, repréfentées avec un corps.

(2) Rosh eft le nom Egyptien de Mercure & de fa Fête qui fe célébroit le premier jour de l'an.

Cette antique Cosmogonie, ce Livre des Ta-Rosh, à quelques légères altérations près, paroît être parvenu jusqu'à nous dans les Cartes qui portent encore ce nom (1), soit que la cupidité les ait conservées pour filouter le désœuvrement, ou que la superstition ait préservé des injures du tems, des symboles mystérieux qui lui servoient, comme jadis aux Mages, à tromper la crédulité.

Les Arabes communiquerent ce Livre (2) ou Jeu aux Espagnols, & les Soldats de Charlequint le porterent en Allemagne. Il est composé de trois Séries supérieures, représentant les trois premiers siécles, d'Or, d'Argent & d'Airain : chaque Série est formée de sept Cartes (3).

Mais comme l'Ecriture Egyptienne se lisoit de gauche à droite, la vingt-unieme Carte qui n'a été numérotée qu'avec des Chiffres modernes, n'en est pas moins la premiere, & doit être lue de même pour l'intelligence de l'Histoire ; comme elle est la premiere au Jeu de Tarots, & dans l'espèce de Divination qu'on opéroit avec ces Images.

Enfin, il y a une vingt-deuxieme Carte sans numéro comme sans puissance, mais qui augmente la valeur de celle qui la précède ; c'est le zéro des calculs magiques : on l'appelle la FOLIE.

PREMIERE SÉRIE.

SIECLE D'OR.

La vingt-unieme, ou premiere Carte, représente l'UNIVERS par la Déesse Isis dans un ovale, ou un œuf, avec les quatre saisons aux quatre coins, l'Homme ou l'Ange, l'Aigle, le Bœuf & le Lion.

Vingtieme ; celle-ci est intitulée le Jugement : en effet, un Ange sonnant de la trompette, & des hommes sortant de la terre, ont dû induire un Peintre,

---

(1) Vingt-deux Tableaux forment un Livre bien peu volumineux ; mais si, comme il paroît vraisemblable, les premieres Traditions ont été conservées dans des Poëmes, une simple Image qui fixoit l'attention du Peuple, auquel on expliquoit l'événement, suffisoit pour lui aider à les retenir, ainsi que les vers qui les décrivoient.

(2) On nomme encore *Livret* au Lansquenet, ou Lands-Knecht, la Série de Cartes qu'on donne aux pontes.

(3) Trois fois 7, nombre mystique, fameux chez les Cabalistes, les Pythagoriciens, &c.

peu verſé dans la Mythologie, à ne voir dans ce tableau que l'image de la Réſurrection ; mais les Anciens regardoient les hommes comme enfans de la Terre (1) ; & Thot voulut exprimer la Création de l'Homme par la peinture d'Oſiris, où le Dieu générateur, du porte-voix ou Verbe qui commande à la matiere, & par des Langues de Feu qui s'échappent de la nuée, l'Eſprit (2) de Dieu ranimant cette même matiere ; enfin, par des hommes ſortant de la terre pour adorer & admirer la Toute-puiſſance : l'attitude de ces hommes n'annonce point des coupables qui vont paroître devant leur Juge.

Dix-neuvieme, la Création du Soleil qui éclaire l'union de l'homme & de la femme, exprimée par un homme & une femme qui ſe donnent la main : ce ſigne eſt devenu depuis celui des Gémeaux, de l'Androgyne : *Duo in carne unâ.*

Dix-huitieme, la Création de la Lune & des Animaux terreſtres, exprimés par un Loup & un Chien, pour ſignifier les Animaux domeſtiques & ſauvages : cet emblême eſt d'autant mieux choiſi, que le Chien & le Loup ſont les ſeuls qui hurlent à l'aſpect de cet aſtre, comme regrettant la perte du jour. Ce caractere me feroit croire que ce Tableau auroit annoncé de très-grands malheurs à ceux qui venoient conſulter les Sorts, ſi l'on n'y avoit peint la ligne du Tropique, c'eſt-à-dire, du départ & du retour du Soleil, qui laiſſoit l'eſpérance conſolante d'un beau jour & d'une meilleure fortune. Cependant deux Forteresses qui défendent un chemin tracé de ſang, & un marais qui termine le Tableau, préſentent toujours des difficultés ſans nombre à ſurmonter pour détruire un préſage auſſi ſiniſtre.

Dix-ſeptieme, la Création des Étoiles & des Poiſſons, repréſentés par des Étoiles & le Verſeau.

Seizieme, la Maison de Dieu renverſée, ou le Paradis terreſtre dont l'homme & la femme ſont précipités par la queue d'une Comète ou l'Épée Flamboyante, jointe à la chûte de la grêle.

Quinzieme, le Diable ou Typhon, derniere Carte de la premiere Série, vient troubler l'innocence de l'homme & terminer l'âge d'or. Sa queue, ſes cornes & ſes longues oreilles l'annoncent comme un être dégradé : ſon bras gauche levé, le coude plié, formant une N, ſymbole des êtres produits, nous

---

(1) Les dents ſemées par Cadmus, &c.
(2) Peint même dans nos Hiſtoriens ſacrés.

le fait connoître comme ayant été créé; mais le flambeau de Prométhée qu'il tient de la main droite, paroît completter la lettre M, qui exprime la génération : en effet, l'Histoire de Typhon nous induit naturellement à cette explication; car, en privant Osiris de sa virilité, il paroît que Typhon vouloit empiéter sur les droits de la Puissance productrice; aussi fut-il le pere des maux qui se répandirent sur la terre:

Les deux ÊTRES enchaînés à ses pieds marquent la Nature humaine degradée & soumise, ainsi que la génération nouvelle & perverse, dont les ongles crochus expriment la cruauté; il ne leur manque que les ailes (le Génie ou la Nature angélique), pour être en tout semblables au diable : un de ces êtres touche avec sa griffe la cuisse de Typhon, emblème qui, dans l'Ecriture Mythologique, fut toujours celui de la génération (1) charnelle : il la touche avec sa griffe gauche pour en marquer l'illégitimité.

Typhon enfin est souvent pris pour l'Hiver, & ce Tableau terminant l'âge d'or, annonce l'intempérie des Saisons, que l'homme chassé du Paradis va éprouver par la suite.

SECONDE SÉRIE.

SIÉCLE D'ARGENT.

Quatorzieme, l'ANGE de la TEMPÉRANCE vient instruire l'homme, pour lui faire éviter la mort à laquelle il est nouvellement condamné : il est peint versant (2) de l'eau dans du vin, pour lui montrer la nécessité d'affoiblir cette liqueur, ou de tempérer ses affections.

Treizieme, ce nombre, toujours malheureux, est consacré à la MORT, qui est représentée fauchant les têtes couronnées & les têtes vulgaires.

Douzieme, les accidens qui attaquent la vie humaine, représentés par un homme pendu par le pied; ce qui veut aussi dire que, pour les éviter, il faut en ce monde marcher avec prudence : *Suspenso pede.*

Onzieme, la FORCE vient au secours de la Prudence, & terrasse le Lion, qui a toujours été le symbole de la terre inculte & sauvage.

Dixieme, la ROUE DE FORTUNE, au haut de laquelle est un Singe couronné, nous apprend qu'après la chûte de l'homme, ce ne fut déjà plus la

---

(1) La naissance de Bacchus & de Minerve sont le Tableau Mythologique des deux générations.

(2) Peut-être son attitude a-t-elle trait à la culture de la Vigne.

RECHERCHES SUR LES TAROTS.

vertu qui donna les dignités : le Lapin qui monte & l'homme qui est précipité, expriment les injustices de l'inconstante Déesse : cette roue en même-tems est l'emblême de la roue de Pythagore, de la façon de tirer les sorts par les nombres : cette Divination est appellée ARITHMOMANCIE.

Neuvieme, l'HERMITE ou LE SAGE, la lanterne à la main, cherchant la Justice sur la Terre.

Huitieme, la JUSTICE.

TROISIEME SÉRIE.

SIECLE DE FER.

Septieme, le CHARIOT de GUERRE dans lequel est un Roi cuirassé, armé d'un javelot, exprime les dissentions, les meurtres, les combats du siécle d'airain, & annonce les crimes du siécle de fer.

Sixieme, l'HOMME peint FLOTTANT entre le vice & la vertu, n'est plus conduit par la raison : l'AMOUR ou le désir (1), les yeux bandés, prêt à lâcher un trait, le fera pencher à droite ou à gauche, suivant qu'il sera guidé par le hasard.

Cinquieme, Jupiter ou l'Eternel monté sur son Aigle, la foudre à la main, menace la Terre, & va lui donner des Rois dans sa colere.

Quatrieme, le ROI armé d'une massue (2), dont l'ignorance a fait par la suite une Boule Impériale : son casque est garni par-derriere de dents de scie, pour faire connoître que rien ne pouvoit assouvir son insatiabilité (3).

Troisieme, la REINE, la massue à la main ; sa couronne a les mêmes ornemens que le casque du Roi.

Deuxieme, l'ORGUEIL des Puissans, représenté par les Paons, sur lesquels JUNON montrant le Ciel de la main droite, & la Terre de la gauche, annonce une Religion terrestre ou l'Idolâtrie.

Premiere, le BATELEUR tenant la verge des Mages, fait des miracles & trompe la crédulité des Peuples.

---

(1) La concupiscence.

(2) Osiris est souvent représenté un fouet à la main, avec un globe & un T : tout cela réuni, peut avoir produit dans la tête d'un Cartier Allemand une Boule Impériale.

(3) Ou sa vengeance, si c'est Osiris irrité.

Il est suivi d'une carte unique représentant LA FOLIE qui porte son sac ou ses défauts par derriere, tandis qu'un tigre ou les remords lui dévorant les jarrets, retarde sa marche vers le crime (1).

Ces vingt-deux premieres Cartes sont non-seulement autant d'hiéroglyphes, qui, placés dans leur ordre naturel, retracent l'Histoire des premiers tems ; mais elles sont encore autant de lettres (2) qui différemment combinées, peuvent former autant de phrases; aussi leur nom (A-tout) n'est que la traduction littérale de leur emploi & propriété générale.

II.

Ce Jeu appliqué à la Divination.

Lorsque les Egyptiens eurent oublié la premiere interprétation de ces Tableaux, & qu'ils s'en furent servis comme de simples lettres pour leur Ecriture sacrée, il étoit naturel qu'un peuple aussi superstitieux attachât une vertu occulte (3) à des caractères respectables par leur antiquité, & que les Prêtres, qui seuls en avoient l'intelligence, n'employoient que pour les choses religieuses.

On inventa même de nouveaux caractères, & nous voyons dans l'Ecriture Sainte que les Mages ainsi que ceux qui étoient initiés dans leurs secrets, avoient une divination par la coupe (4).

Qu'ils opéroient des merveilles avec leur BATON (5).

Qu'ils consultoient les TALISMANTS (6) ou des pierres gravées.

Qu'ils devinoient les choses futures par des ÉPÉES (7), des FLÈCHES, des HACHES, enfin par les armes en général. Ces quatres Signes furent introduits parmi

---

(1) Cette Carte n'a point de rang : elle complette l'Alphabet sacré, & répond au Tau qui veut dire complément, perfection : peut-être a-t-on voulu représenter dans son sens le plus naturel le résultat des actions des hommes.

(2) L'Alphabet Hébreu est composé de 22 Lettres.

(3) Aussi la science des Nombres & la valeur des Lettres a-t-elle été fort célèbre autrefois.

(4) La Coupe de Joseph.

(5) La Verge de Moyse & Mages de Pharaon.

(6) Les Dieux de Laban & les Théraphim, l'Urim & le Thummim.

(7) Ils faisoient plus : ils fixoient le sort des combats; & si le Roi Joas avoit frappé la terre sept fois, au lieu de trois, il auroit détruit la Syrie, *II. Rois, XIII*, 19.

les

des Tableaux religieux aussi-tôt que l'établissement des Rois eut amené la différence des états dans la Société.

L'Épée marqua la Royauté & les Puiſſans de la Terre.

Les Prêtres faiſoient uſage de Canopes pour les Sacrifices, & la Coupe déſigna le Sacerdoce.

La Monnoie, le Commerce.

Le Bâton, la Houlette, l'Aiguillon, repréſenterent l'Agriculture.

Ces quatre caractères, déjà myſtérieux, une fois réunis aux Tableaux Sacrés, durent faire eſpérer les plus grandes lumieres; & la combinaiſon fortuite qu'on obtenoit en mêlant ces Tableaux, formoit des phraſes que les Mages liſoient ou interprétoient comme les Arrêts du Deſtin; ce qui leur étoit d'autant plus facile qu'une conſtruction due au haſard devoit produire naturellement une obſcurité conſacrée au ſtyle des oracles.

Chaque état eut donc ſon ſymbole qui le caractériſa; & parmi les différens Tableaux qui portèrent cette image, il y en eut d'heureux & de malheureux, ſuivant que la poſition, le nombre des ſymboles & leurs ornemens, les rendirent propres à annoncer le bonheur ou l'infortune.

III.

Noms de diverſes Cartes, conſervés par les Eſpagnols.

Les noms de pluſieurs de ces Tableaux conſervés par les Eſpagnols, nous en font connoître la propriété. Ces noms ſont au nombre de ſept.

Le trois de denier, nombre myſtérieux, appellé le Seigneur, le Maître, conſacré au Dieu ſuprême, au grand Iou.

Le trois de coupe, appellé la Dame, conſacré à la Reine des Cieux.

Le Borgne ou l'As de denier *Phœbeæ lampadis inſtar.*, conſacré à Apollon.

La Vache ou les deux coupes, conſacrée à Apis ou Iſis.

Le grand Neuf, les neuf coupes, conſacré au Deſtin.

Le petit Neuf de denier, conſacré à Mercure.

Le Serpent ou l'As du bâton (Ophion) ſymbole fameux & ſacré chez les Egyptiens.

IV.

Attributs Mythologiques de plusieurs autres.

Plusieurs autres Tableaux sont accompagnés d'attributs Mythologiques qui paroissent destinés à leur imprimer une vertu particulière & secrette.

Tels que les deux deniers entourés de la Ceinture mystique d'Isis.

Le quatre de denier, consacré à la bonne Fortune, peinte au milieu du Tableau, le pied sur sa boule & le voile déployé.

La Dame de bâton consacrée à Cérès; cette Dame est couronnée d'épis, porte la peau du lion, de même qu'Hercule, le cultivateur par excellence.

Le Valet de coupe ayant le bonnet à la main, & portant respectueusement une coupe mystérieuse, couverte d'un voile; il semble, en allongeant le bras, éloigner de lui cette coupe, pour nous apprendre qu'on ne doit approcher des choses sacrées qu'avec crainte, & ne chercher à connoitre celles qui sont cachées qu'avec discrétion.

L'As d'Epée, consacré à Mars. L'Epée est ornée d'une couronne, d'une palme & d'une branche d'olivier avec ses bayes, pour signifier la Victoire & ses fruits : il ne paroit y avoir aucune Carte heureuse dans cette couleur que celle-ci. Elle est unique, parce qu'il n'y a qu'une façon de bien faire la guerre; celle de vaincre pour avoir la paix. Cette épée est soutenue par un bras gauche sortant d'un nuage.

Le Tableau du bâton du Serpent, dont nous avons parlé plus haut, est orné de fleurs & de fruits, de même que celui de l'épée victorieuse; ce bâton mystérieux est soutenu par un bras droit sortant aussi d'une nuée, mais éclatante de rayons. Ces deux caractères semblent dire que l'Agriculture & l'Epée sont les deux bras de l'Empire & le soutien de la Société.

Les Coupes en général annonçoient le bonheur, & les deniers la richesse.

Les Bâtons destinés à l'Agriculture en pronostiquoient les récoltes plus ou moins abondantes, les choses qui devoient arriver à la campagne ou qui la regardoient.

Ils paroissent mélangés de bien & de mal : les quatre figures ont le bâton verd, semblable en cela au bâton fortuné; mais les autres Cartes paroissent, par des ornemens qui se compensent, indiquer l'indifférence : le deux seul, dont les bâtons sont couleur de sang, semble consacré à la mauvaise fortune.

Toutes les épées ne présagent que des malheurs, sur-tout celles qui marquées d'un nombre impair, portent encore une épée fanglante. Le feul figne de la victoire, l'épée couronnée, est dans cette couleur le figne d'un heureux événement.

V.

COMPARAISON de ces attributs avec les valeurs qu'on affigne aux Cartes modernes pour la Divination.

Nos Difeurs de bonne-fortune ne fachant pas lire les Hiéroglyphes, en ont fouftraits tous les Tableaux, & changé jufqu'aux noms de coupe, de bâton, de denier & d'épée, dont ils ne connoiffoient ni l'étymologie, ni l'expreffion; ils ont fubftitué ceux de cœur, de carreau, de trefle & de pique.

Mais ils ont retenu certaines tournures & plufieurs expreffions confacrées par l'ufage qui laiffent entrevoir l'origine de leur divination. Selon eux,

Les Cœurs, (les Coupes) annoncent le bonheur.

Les Trefles, (les Deniers) la fortune.

Les Piques, (les Epées) le malheur.

Les Carreaux (1), les Bâtons) l'indifférence & la campagne.

Le neuf de pique eft une carte funefte.

Celui de cœur, la carte du Soleil; il eft aifé d'y reconnoître le grand neuf, celui des coupes : de même que le petit neuf dans le neuf de trefle, qu'ils regardent auffi comme une carte heureufe.

Les as annoncent des Lettres, des Nouvelles : en effet qui eft plus à même d'apporter des nouvelles que le BORGNE, (le Soleil) qui parcourt, voit & éclaire tout l'Univers?

L'as de pique & le huit de cœur préfagent la victoire; l'as couronné la pronoftique de même, & d'autant plus heureufe qu'il eft accompagné des coupes ou des fignes fortunés.

Les cœurs & plus particuliérement le dix, dévoilent les événemens qui doivent arriver à la ville. La coupe, fymbole du Sacerdoce, femble deftinée à exprimer Memphis & le féjour des Pontifes.

L'as de cœur & la dame de carreau annoncent une tendreffe heureufe & fidelle. L'as de coupe exprime un bonheur unique, qu'on poffede feul; la

---

(1) Il eft à remarquer que dans l'Ecriture fymbolique les Egyptiens traçoient des carreaux pour exprimer la campagne.

dame de carreau indique une femme qui vit à la campagne, ou comme à la campagne : & dans quel lieu peut-on espérer plus de vérité, d'innocence, qu'au village?

Le neuf de trefle & la dame de cœur, marquent la jalousie. Quoique le neuf de denier soit une carte fortunée, cependant une grande passion, même heureuse, pour une Dame vivant dans le grand monde, ne laisse pas toujours son amant sans inquiétude, &c. &c. On trouveroit encore une infinité de similitudes qu'il est inutile de chercher, n'en voilà déjà que trop.

IV.

Maniere dont on s'en servoit pour consulter les Sorts.

Supposons actuellement que deux hommes qui veulent consulter les Sorts, ont, l'un les vingt-deux lettres, l'autre les quatre couleurs, & qu'après avoir chacun mêlé les caractères, & s'être donné réciproquement à couper, ils commencent à compter ensemble jusqu'au nombre quatorze, tenant les tableaux & les cartes à l'envers pour n'en appercevoir que le dos; alors s'il arrive une carte à son rang naturel, c'est-à-dire, qui porte le numéro appellé, elle doit être mise à part avec le nombre de la lettre sorti en même tems, qui sera placé au-dessus : celui qui tiendra les tableaux y remettra cette même lettre, pour que le livre du Destin soit toujours en son entier, & qu'il ne puisse y avoir, dans aucun cas, des phrases incomplettes; puis il remêlera & redonnera à couper. Enfin on coulera trois fois les cartes à fond avec les mêmes attentions; & lorsque cette opération sera achevée, il ne s'agira plus que de lire les numéros qui expriment les lettres sorties. Le bonheur ou le malheur que présagent chacune d'elles, doit être combiné avec celui qu'annonce la carte qui leur correspond, de même que leur puissance en plus ou en moins est déterminée par le nombre de cette même carte, multiplié par celui qui caractérise la lettre. Et voilà pourquoi la Folie, qui ne produit rien, est sans numéro; c'est, comme nous l'avons dit, le zéro de ce calcul.

VII.

C'étoit une grande portion de la Sagesse ancienne.

Mais si les Sages de l'Egypte se servoient de tableaux sacrés pour prédire l'avenir, lors même qu'ils n'avoient aucune indication qui pût leur faire présumer les événemens futurs, avec quelles espérances ne devoient-ils pas se flatter de les connoître lorsque leurs recherches étoient précédées par des songes qui pouvoient aider à développer la phrase produite par les tableaux des sorts !

Les Prêtres chez cet ancien Peuple formerent de bonne heure une Société savante, chargée de conserver & d'étendre les connoissances humaines. Le Sacerdoce avoit ses Chefs, & les noms de JANNÈS & MAMBRÈS, que Saint-PAUL nous a conservés dans sa seconde Epître à Timothée, sont des titres qui caractérisent les fonctions augustes des Pontifes. JANNÈS (1) signifie *l'Explicateur*, & MAMBRÈS le *Permutateur*, celui qui fait des prodiges.

Le Jannès & le Mambrès écrivoient leurs interprétations, leurs découvertes, leurs miracles. La suite non interrompue de ces Mémoires (2) formoit un corps de Science & de Doctrine, où les Prêtres puisoient leurs connoissances physiques & morales : ils observoient, sous l'inspection de leurs Chefs, le cours des Astres, les inondations du Nil, les Phénomènes, &c. Les Rois les assembloient quelquefois pour s'aider de leurs conseils. Nous voyons que du temps du Patriarche Joseph, ils furent appelés par Pharaon pour interpréter un songe ; & si Joseph seul eut la gloire d'en découvrir le sens, il n'en reste pas moins prouvé qu'une des fonctions des mages étoit d'expliquer les songes.

Les Egyptiens (3) n'avoient point encore donné dans les erreurs de l'idolâtrie ; mais Dieu, dans ces tems reculés, manifestant souvent aux hommes sa volonté, si quelqu'un avoit pu regarder comme téméraire de l'interroger sur ses décrets éternels, il auroit au moins dû paroître pardonnable de chercher à les pénétrer, lorsque la divinité sembloit, non-seulement approuver, mais même provoquer, par des songes, cette curiosité : aussi leur interprétation fut-elle un art sublime, une science sacrée dont on faisoit une étude particuliere, réservée aux Ministres des Autels ; & lorsque les Officiers de Pharaon, prisonniers avec Joseph, s'affligeoient de n'avoir personne pour expliquer leurs songes, ce n'est pas qu'ils n'eussent des compagnons de leur infortune ; mais c'est qu'enfermés dans la prison du chef de la milice, il n'y avoit personne parmi les soldats qui pût faire les cérémonies religieuses, qui eût les Tableaux sacrés, bien loin d'en avoir l'intelligence. La réponse même du

---

(1) De même que Pharaon signifie le Souverain, sans être le nom particulier d'aucun Prince qui ait gouverné l'Egypte.

(2) Le Pape GELASE I mit en 491 quelques Livres de Jannès & Mambrès au nombre des apocryphes.

(3) Long-tems encore après cette époque, les Mages reconnurent le doigt de Dieu dans les Miracles de Moyse.

Patriarche paroît expliquer cette pensée : est ce que l'interprétation, leur dit-il, ne dépend pas du Seigneur ? Racontez-moi ce que vous avez vu.

Mais pour revenir aux fonctions des Prêtres, ils commençoient par écrire en lettres vulgaires le songe dont il s'agissoit, comme dans toute divination où il y avoit une demande positive dont il falloit chercher la réponse dans le Livre des Sorts, & après avoir mêlé les lettres sacrées, on en tiroit les tableaux, avec l'attention de les placer scrupuleusement sous les mots dont on cherchoit l'explication ; & la phrase formée par ces tableaux, étoit déchiffrée par le Jannès.

Supposons, par exemple, qu'un Mage eût voulu interpréter le songe de Pharaon, dont nous parlions tout-à-l'heure, ainsi qu'ils avoient essayé d'imiter les miracles de Moyse, & qu'il eût amené le bâton fortuné, symbole par excellence de l'Agriculture, suivi du Cavalier & du Roi (1) ; qu'il sortît en même tems du Livre du Destin la Carte du Soleil, la Fortune & le Fol, on aura le premier membre de la phrase qu'on cherche. S'il sort ensuite le deux & le cinq de bâton, dont le symbole est marqué de sang, & que des tableaux sacrés on tire un Typhon & la Mort, il auroit obtenu une espèce d'interprétation du songe du Roi, qui pourroit avoir été écrit ainsi en lettres ordinaires :

Sept vaches grasses & sept maigres qui les dévorent.

Bâton. 1	Le Roi. 4	Le Cavalier. 2	2 de Bâ-ton.	5 de Bâ-ton.
Le Soleil.	La Fortune.	Le Fol.	Typhon.	La Mort.

(1) Le Valet vaut . . . . . 1.
 Le Cavalier . . . . . . 2.
 La Dame . . . . 3.
 Le Roi . . . . 4.

DU JEU DES TAROTS.

Calcul naturel qui réfulte de cet arrangement.

Le Bâton vaut........1.	Le Soleil annonce le bonheur.
Le Roi.............4.	La Fortune (1) de même.
Le Cavalier.........2.	Le Fol ou zéro met le Soleil aux centaines.
Total .... 7.	

Le Signe de l'Agriculture donne fept.

On lira donc, fept années d'une agriculture fortunée donneront une abondance cent fois plus grande qu'on ne l'aura jamais éprouvée.

Le fecond membre de cette phrafe, fermé par le deux & le cinq de bâton, donne auffi le nombre de fept, qui, combiné avec le Typhon & la Mort, annonce fept années de difette, la famine & les maux qu'elle entraîne.

Cette explication paroîtra encore plus naturelle, fi l'on fait attention au fens & à la valeur des lettres que les tableaux repréfentent.

Le Soleil répondant au Gimel, veut dire, dans ce fens, rétribution, bonheur.

La Fortune ou le Lamed fignifie Regle, Loi, Science.

Le Fol n'exprime rien par lui-même, il répond au Tau, c'eft fimplement un figne, une marque.

Le Typhon ou le Zaïn annonce l'inconftance, l'erreur, la foi violée, le crime.

La Mort ou le Thet indique l'action de balayer : en effet, la Mort eft une terrible balayeufe.

Teleuté en Grec, qui veut dire la fin, pourroit être, en ce fens, un dérivé de Thet.

Il ne feroit pas difficile de trouver dans les mœurs Egyptiennes l'origine de la plupart de nos fuperftitions : par exemple, il paroît que celle de faire tourner le tamis pour connoître un voleur, doit fa naiffance à la coutume que ce Peuple avoit de marquer les voleurs avec un fer chaud, d'un ת T, & d'un ס Samech (2), en mettant ces deux caractères, l'un fur l'autre, pour en faire un chiffre, *Signum adherens*, qui fervît à annoncer qu'on fe méfiât de celui qui le portoit, on produit une figure qui reffemble affez à une paire de cifeaux

---

(1) Précédée d'une Carte heureufe.
(2) *Tau*, figne : *Samech*, adhéfion.

piqués dans un cercle, dans un crible, lequel doit se détacher lorsqu'on prononcera le nom du voleur & le fera connoître.

La Divination par la Bible, l'Evangile & nos Livres Canoniques, qu'on appelloit le sort des Saints, dont il est parlé dans la cent neuvieme Lettre de Saint Augustin, & dans plusieurs Conciles, entr'autres celui d'Orléans; les sorts de Saint Martin de Tours, qui étoient si fameux, paroissent avoir été envisagés comme un contre-poison de la Divination Egyptienne par le Livre du Destin. Il en est de même des présages qu'on tiroit de l'Evangile, *ad apperturam libri*, lorsqu'après l'élection d'un Evêque on vouloit connoître quelle seroit sa conduite dans l'Episcopat.

Mais tel est le sort des choses humaines: d'une science aussi sublime, qui a occupé les plus grands Hommes, les plus savans Philosophes, les Saints les plus respectables, il ne nous reste que l'usage des enfans de tirer à la belle lettre.

VIII.

Cartes auxquelles les Diseurs de bonne-aventure attachent des pronostics.

On se sert d'un Jeu de Piquet qu'on mêle, & on fait couper par la personne intéressée.

On tire une Carte qu'on nomme As, la seconde Sept, & ainsi en remontant jusqu'au Roi: on met à part toutes les Cartes qui arrivent dans l'ordre du calcul qu'on vient d'établir: c'est-à-dire que si en nommant As, Sept, ou tel autre, il arrive un As, un Sept, ou celle qui a été nommée, c'est celle qu'il faut mettre à part. On recommence toujours jusqu'à ce qu'on ait épuisé le jeu; & si sur la fin il ne reste pas assez de Cartes pour aller jusqu'au Roi inclusivement, on reprend des Cartes, sans les mêler ni couper, pour achever le calcul jusqu'au Roi.

Cette opération du Jeu entier se fait trois fois de la même maniere. Il faut avoir le plus grand soin d'arranger les Cartes qui sortent du Jeu, dans l'ordre qu'elles arrivent, & sur la même ligne, ce qui produit une phrase hiéroglyphique; & voici le moyen de la lire.

Toutes les peintures représentent les personnages dont il peut être question; la premiere qui arrive est toujours celle dont il s'agit.

Les Rois sont l'image des Souverains, des Parens, des Généraux, des Magistrats, des Vieillards.

Les

Les Dames ont les mêmes caractères dans leur genre relativement aux circonſtances, ſoit dans l'Ordre politique, grave ou joyeux : tantôt elles ſont puiſſantes, adroites, intriguantes, fidelles ou légères, paſſionnées ou indifférentes, quelquefois rivales, complaiſantes, confidentes, perfides, &c. S'il arrive deux Cartes du même genre, ce ſont les ſecondes qui jouent les ſeconds rôles.

Les Valets ſont des jeunes Gens, des Guerriers, des Amoureux, des Petits-Maîtres, des Rivaux, &c.

Les Sept & les Huit ſont des Demoiſelles de tous les genres. Le Neuf de cœur ſe nomme, par excellence, la Carte du Soleil, parce qu'il annonce toujours des choſes brillantes, agréables, des ſuccès, ſur-tout s'il eſt réuni avec le Neuf de trefle, qui eſt auſſi une Carte de merveilleux augure. Le Neuf de carreau déſigne le retard en bien ou en mal.

Le Neuf de pique eſt la plus mauvaiſe Carte : il ne préſage que des ruines, des maladies, la mort.

Le Dix de cœur déſigne la Ville ; celui de carreau, la campagne, le Dix de trefle, fortune, argent ; celui de pique, des peines & des chagrins.

Les As annoncent des lettres, des nouvelles.

Si les quatre Dames arrivent enſemble, cela ſignifie babil, querelles.

Pluſieurs Valets enſemble annoncent rivalité, diſpute & combats.

Les trefles en général, ſur-tout s'ils ſortent enſemble, annoncent ſuccès, avantage, fortune, argent.

Les carreaux, la campagne, indifférence.

Les cœurs, contentement, bonheur.

Les piques, penurie, ſoucis, chagrins, la mort.

Il faut avoir ſoin d'arranger les Cartes dans le même ordre qu'elles ſortent, & ſur la même ligne, pour ne pas déranger la phraſe, & la lire plus facilement.

Les évènemens prédits, en bien ou en mal, peuvent être plus ou moins avantageux ou malheureux, ſuivant que la Carte principale qui les annonce eſt accompagnée : les piques, par exemple, accompagnés de trefles, ſur-tout s'ils arrivent entre deux trefles, ſont moins dangereux ; comme le trefle entre deux piques ou accolé d'un pique, eſt moins fortuné.

Quelquefois le commencement annonce des accidens funeſtes ; mais la fin des Cartes eſt favorable, s'il y a beaucoup de trefles ; on les regarde comme amoindris, plus ou moins, ſuivant la quantité : s'ils ſont ſuivis du Neuf,

Diſſert. Tom. I.

de l'As ou du Dix, cela prouve qu'on a couru de grands dangers, mais qu'ils font paſſés, & que la Fortune change de face.

Les As	1 de carreau, 8 de cœur,	bonne Nouvelle.
	1 de cœur, Dame de pique,	Viſite de femme.
	1 de cœur, Valet de cœur,	Victoire.
	1, 9 & Valet de cœur,	l'Amant heureux.
	1, 10 & 8 de pique,	Malheur.
	1 de pique, & 8 de cœur,	Victoire.
	1 de trefle, Valet de pique,	Amitié.
Les 7	7 & 10 de cœur,	Amitié de Demoiſelle.
	7 de cœur, Dame de carreau,	Amitié de Femme.
	7 de carreau, Roi de cœur,	Retard.
Les 9	Trois Neufs ou trois Dix,	Réuſſite.
Les 10	10 de trefle, Roi de pique,	Préſent.
	10 de trefle & Valet de trefle,	Un Amoureux.
	10 de pique, Valet de carreau,	quelqu'un d'inquiet.
	10 de cœur, Roi de trefle,	Amitié ſincère.

DES SEPT ROIS
ADMINISTRATEURS.

EMPIRE DES MODES.

TOUT est soumis à la domination impérieuse des Modes : elles subjuguent l'Homme depuis sa naissance jusques à sa mort. Ce n'est pas seulement dans la manière de se mettre, qu'il éprouve ces changemens, changemens tels, qu'une personne qui hier nous paroissoit grande, a perdu aujourd'hui jusqu'à deux pieds de sa taille : que telle autre qui entrant dans une voiture pouvoit y avoir la tête droite, est forcée de la pencher jusques sur ses genoux, & telles autres métamorphoses merveilleuses dignes d'un Ovide moderne : mais cet Empire s'est étendu jusques sur les Sciences, sur ces Sciences qui devroient être inébranlables, si elles étoient fondées sur la Nature toujours vraie, toujours la même. Le Savant est alternativement sectateur de Platon, d'Aristote, de Descartes, de Newton. Hier tout Paris s'occupoit d'une Science, elle étoit merveilleuse : aujourd'hui, elle est dans l'oubli le plus complet, une autre a pris sa place. Est-il donc étonnant que ce qui fait l'objet de nos recherches, soit hors de mode, qu'il paroisse surprenant, extraordinaire, venu de l'autre Monde ? Certainement le Monde ancien & le Monde actuel sont bien différens, quoique nous ne cessions d'en montrer les rapports.

A la tête de ces objets, qui ont tout-à-fait passé de mode, que l'Antiquité exaltoit & dont nous ne faisons nul cas, nous pouvons placer hardiment la Formule du nombre SEPT, cette Formule dont nous avons déjà eu tant de fois occasion de parler, sur laquelle fut fondée le jeu des Tarots dont nous venons de nous occuper, & qui revient sans cesse dès qu'on parle antiquité.

Il est vrai que nos Savans modernes l'ont abjurée, parce qu'ils ont cru d'abord que les Anciens ne l'avoient admise que dans des idées superstitieuses, ce qui n'est pas, du moins dans son origine ; & ensuite, parce qu'ils ont sans doute trouvé des formules plus vraies.

Cependant, celle-là nous assujettit encore aujourd'hui dans les sept Planettes, les sept jours de la semaine, les sept métaux, les sept couleurs, les septante Interprêtes, les sept, &c. &c. Nous avons beau vouloir être à la nouvelle mode, le Vulgaire s'obstine à conserver l'ancienne.

On sait d'ailleurs que les Egyptiens ramenoient à cette formule les élémens de toutes les Sciences : qu'ils l'appliquoient à la Grammaire, à cause des sept esprits ou voyelles; à la Musique, à cause des sept tons; à l'Astronomie, à cause des sept Planettes, &c. à la Chymie, à cause des sept métaux; au Calendrier, à cause des sept jours : aux Cartes même, comme nous venons de le voir, afin que tout ramenât à l'unité, vraie harmonie de l'Univers.

Formule de sept appliquée à la Législation.

C'est par la même raison que ces Anciens eurent les sept Merveilles du Monde, les sept embouchures du Nil, les sept Sages, les sept Poëtes, &c. &c.

Mais ce qu'on n'a pas vu, c'est que cette Formule fut également appliquée à la politique, à l'art de gouverner : c'est que les Anciens représenterent toutes les parties de l'administration sous une suite de sept Rois, dont chacun avoit réglé une portion particuliere du Gouvernement, en sorte qu'il n'avoit été complet & parfait que lorsque le septieme Roi avoit paru; & qu'ayant terminé la tâche totale, la Royauté avoit été supprimée.

Rien n'étoit plus ingénieux : d'un côté, la science de la législation s'avançoit de front avec toutes les autres : d'un autre côté, sept Personnages représentés avec des attributs divers, relatifs à une législation complette, suppléoient merveilleusement à l'art d'écrire si difficile dans les anciens tems.

Ces galeries de tableaux parloient bien plus à l'imagination, que nos froids Ouvrages Elémentaires. Un Commençant avoit bien plus d'idées dans l'esprit, après avoir vu la galerie des XII grands Dieux, celle des XII Travaux d'Hercule ou de l'Année, celle des VII Rois, ou telle autre, qu'il n'en a après avoir lu ses tristes & abstraits Élémens qui ne disent rien à son imagination.

Cependant où trouverons-nous ces sept Rois inconnus jusques ici ? Sera-ce dans les Ouvrages primitifs des Anciens ? mais ils ne composoient que des tableaux. Sera-ce dans ces tableaux ? mais ils n'existent plus, à moins qu'ils ne soient sur quelques-uns des anciens murs des Temples de l'Egypte, de ces Temples dont toutes les peintures étoient autant de leçons intéressantes.

Nous ne pouvons les trouver qu'à la tête de l'Histoire de chaque Nation : les Nations primitives avoient représenté l'administration entiere comme une suite de sept Princes distingués chacun par des attributs & par des actions différentes. Les Historiens qui ne vinrent que long-tems après que l'esprit de toutes ces choses se fut perdu, & qui recueillirent les traditions primitives avec d'autant plus de soin qu'ils n'y comprenoient rien, ces Historiens, dis-je, prirent nécessairement ces sept Personnages pour autant de Rois qui avoient tenu avec éclat les rênes des Empires : jusqu'à ce que le septieme & dernier se fût fait chasser par sa mauvaise conduite, ou eût été privé de ses États par une guerre malheureuse qui détruisit le Royaume.

C'est ainsi que l'Agriculteur ou Hercule représenté avec ses XII Travaux, fut regardé comme un personnage réel : & que les XII mois de l'année représentés sous l'emblême de XII Personnages, devinrent autant d'êtres réels.

Ici, je vois l'esprit du Lecteur nous devancer de vîtesse, être saisi de frayeur pour les VII Rois de Rome, & se soulever contre nous, comme si nous nous faisions un jeu de détrôner les anciens Rois, ainsi qu'un Docteur célebre étoit accusé de dénicher les Saints : mais qu'on se rassure; les Rois de Rome sont appuyés sur des Monumens trop inébranlables sans doute, pour que nous ne voyions en eux que des personnages allégoriques. Nos vues ne furent jamais d'ébranler la Foi Historique; elles tendent toutes au contraire à l'affermir en l'épurant, en la débarrassant de cette multitude d'allégories ou d'emblêmes que des Ecrivains mal-adroits confondirent avec les traditions historiques. Ces objets ne se contredisant plus, ou n'étant plus confondus l'un avec l'autre, la lumiere & la vérité y auront tout à gagner ; la sagesse des Anciens sera infiniment mieux connue, & elle en deviendra plus agréable : & les faits antiques seront débarrassés d'une multitude d'objets hétérogenes, qui en affoibliſſoient nécessairement la créance.

D'ailleurs, si nous nous trompons, on nous redressera, & ce sera un gain manifeste pour tout le monde.

Variétés qu'éprouva cette Peinture.

Avant que nous montrions ces sept Rois chez divers Peuples de l'Antiquité, nous devons observer que plus les Ecrivains d'une Nation auront été habiles, nombreux & bavards, ou *loquaces*, Rhéteurs pour mieux dire, & plus l'Histoire de ces sept Personnages aura été chargée de faits, sera devenue volumineuse, aura presqu'atteint la certitude de la Foi Historique : tandis que chez d'autres Peuples qui n'auront pas eu les mêmes avantages, ces sept Rois seront restés un simple tableau, qu'on n'aura conservé que par respect pour sa vétusté, sans savoir d'ailleurs qu'en faire. Telle une pelotte de neige qui tombe du haut des Alpes, devient une masse énorme qui sous le nom d'avalanche, finit par couvrir une vaste étendue de terrain avec tous ses habitans : telle une riviere grossie de cent autres, parvient à l'Océan avec une masse d'eaux qui en fait reculer les ondes.

Ces sept Rois Allégoriques, ces sept Esprits Administrateurs, nous les avons déja trouvés sans nous donner beaucoup de peine chez quatre Nations très-connues : avec des recherches plus suivies, les trouverions-nous peut-être ailleurs : mais elles n'ajouteroient rien à la force des conséquences qui résultent de cet accord, d'autant plus sensible qu'il consiste non-seulement dans le même nombre de personnages, mais sur-tout dans leurs noms, dans leurs attributs, dans l'ordre constant qu'ils observent entr'eux, & jusques dans la destruction qui suit le septieme.

I.

Les SEPT ROIS Administrateurs du JAPON.

Ces sept Rois, nous commençons à les trouver au Japon; chez ces Insulaires situés aux extrémités Orientales de l'ancien Monde, qui n'eurent jamais rien de commun avec les Egyptiens, avec les Grecs, avec les Romains; qui par conséquent n'eurent aucun motif de renchérir à cet égard sur leurs voisins : tels l'Antiquité leur a donné ces sept Rois, tels ils nous les ont transmis sans en ôter, sans y ajouter, avec une bonne foi digne de ces tems primitifs.

Les Japonois placent donc à la tête de leur Histoire sept Esprits Administrateurs, sept Personnages Divins, par lesquels ils prétendent avoir été gouvernés avant tout. Ces Personnages sont désignés par l'épithète commune de No MIK-OTTO. Le célèbre Voyageur KEMPFER dit que ce nom est relatif à la félicité de ces premiers Monarques; l'étymologie de ces deux mots primitifs répond assez à cette idée. No signifie Esprit, Intelligence; MIK, grand; OTT, signe. Il signifieroit donc *signes des grandes Intelligences, portrait des grands Administrateurs* : or ces Administrateurs étoient l'ensemble des objets nécessaires pour la félicité des Peuples.

Faut-il ajouter que No, MIK, OT, sont des mots primitifs exprimant les mêmes idées que nous leur assignons ici, & dont nous avons eu occasion d'insérer les familles dans nos Origines Françoises & dans nos Origines Latines ?

Outre ces noms communs à tous les sept, les trois premiers en ont un autre en commun, celui de KUN : nom encore primitif qui signifie Prince Souverain; & qui existe dans le KINg des Anglois, dans le KOENIg des Allemands, dans le CO-EN des Orientaux; chez tous, Prince Souverain.

KEMPFER à qui seul nous devons ces lumieres Japonnoises, convient que les noms de ces sept Dieux-Souverains sont purement métaphoriques, & qu'on ne trouve autre chose que ces noms dans leurs Livres Historiques : qu'ils n'y joignent aucune particularité relative à leur vie, à leurs actions, à leur Gouvernement : qu'ils croyent religieusement que ces Etres spirituels ont réellement régné au Japon pendant un tems; mais qu'il ne leur est pas possible ni de concevoir comment cela a pu arriver, ni de déterminer combien leur Gouvernement a duré (1).

On voit donc ici un tableau allégorique antérieur aux Japonois, qu'ils ont reçu de leurs Ancêtres, & auquel ils ne connoissent plus rien; mais qu'ils ont la bonne foi de donner pour ce qu'il est, & de laisser tel qu'il est.

Les Asiatiques, les Grecs sur-tout, n'ont pas été si flegmatiques ; ils avoient également ce tableau allégorique; ils voulurent le chanter, l'embellir de toute leur imagination : ils en firent des Rois successifs; ils leur assignerent un Empire; ils attribuerent à chacun des fonctions particulieres; sur-tout ils brillerent dans les événemens dont ils chargerent la destruction de leur Empire : ce fut pour leur génie allégorique & romanesque une source feconde de tableaux dans tous les genres.

Ainsi, ce que les Japonois ne conçoivent pas, quoiqu'ils l'admettent, deviendra très lumineux par les principes que nous avons déjà posés, & par la comparaison que nous allons faire de leurs sept Rois avec ceux de quelques autres Nations; en sorte qu'il restera démontré que l'ensemble de ces sept Princes donnés du Ciel, & qui n'occupent aucun tems, est le Tableau des sept Portions qui composent un Gouvernement bien constitué & harmonique.

Je ne doute pas qu'avec un Dictionnaire Japonois, ou même avec un peu d'application, nous ne pussions établir les mêmes vérités par le nom particulier donné à chacun de ces Esprits Administrateurs. Par exemple, le cinquieme a le titre particulier de Tsi, céleste ou divin, par excellence. Tono Tsi, le Grand Dieu.

Le quatrieme est appellé, à la vérité, Ou-Tsin, le céleste, mais sans l'addition de Ton, grand, très-grand.

Cette remarque est essentielle, le cinquieme ayant toujours été distingué des autres d'une maniere très-particuliere, & toujours relative aux mêmes objets.

II.

Les SEPT ROIS Administrateurs de l'ÉGYPTE.

L'ÉGYPTE, ce Royaume de Sages où tout étoit fait avec nombre, poids & mesure, & où les plus hautes Sciences étoient ramenées à des formules

―――――――――――――――――――――

(1) Hist. du Japon, par Kempfer. Tom. I. 154.

simples & communes à toutes; l'Egypte, difons-nous, ne laiffa pas échapper les avantages qu'elle pouvoit retirer de cette formule, relativement à la politique & à l'adminiftration. Elle eût donc également les fept Rois fpirituels du Japon, & elle leur donna des noms & des emplois relatifs à leur nature; ainfi fon Hiftoire devient pour nous un fupplément de ce que nous venons de voir chez ces Infulaires.

Ces fept Dieux, ou Efprits Adminiftrateurs de l'Egypte, avant qu'elle eût des Rois véritables, font ceux-ci :

PHTA, le Vulcain des Grecs, le Feu-Lumiere.

CHOM, le Soleil, ou l'Apollon des Grecs.

CNEPH, ou Agatho-Démon, la Bonne Fortune invincible.

SERAPIS, le Pluton des Grecs.

MENDÈS, le Pan de ceux-ci.

OSIRIS & ISIS, Bienfaiteurs de l'Egypte.

TYPHON, le fuperbe, le méchant, qui fait périr fon Prédéceffeur, & qui eft lui-même exterminé par les Dieux.

Ici, les Noms & les Attributs de ces Perfonnages commencent à développer le fyftême d'après lequel fut inventé le Tableau des fept Efprits Adminiftrateurs.

Dans tout Empire, dans toute Société bien policée, il faut un Fondateur, & ce Fondateur ne peut être féparé de la lumiere : les Egyptiens l'appellerent donc VULCAIN.

Il faut enfuite un Légiflateur, qui en compofe habilement toutes les parties; ce Légiflateur fut donc CHOM ou Apollon, regardé comme la fource de toute harmonie, comme le Légiflateur univerfel.

Il ne fuffit pas d'établir un Empire fur la lumiere & fur de bonnes Loix, il faut le mettre à l'abri de toute invafion étrangere; il faut le mettre fur un pied de défenfe invincible : ici eft donc placée la Bonne Fortune invincible, CNEPH le victorieux.

En vain tout eft réglé de maniere à réfifter aux invafions étrangères, fi la difcorde & les diffenfions regnent au-dedans. Il faut donc établir une Police exacte & févere; auffi s'avance au quatrieme rang SERAPIS ou le Jufticier; le PLUTON des Grecs, qui punit jufques dans l'Enfer les fautes des mauvais Citoyens.

Le Culte public, les Cérémonies de la Religion, les Jeux qui compofoient effentiellement ce Culte & ces Cérémonies, faifoient une partie effentielle de l'adminiftration. On la mit fous la protection de la Divinité Suprême.

On

DES SEPT ROIS ADMINISTRATEURS.

On voit donc ici au cinquieme rang MENDÈS, le PAN des Grecs, ou la NATURE Univerfelle, qui, avec fon Orgue à fept tuyaux, répand la joie & la férénité par-tout, & apprend aux Mortels à danfer & à fe réjouir à la vue des bienfaits dont les comble le Maître de la Nature Univerfelle.

Nulle Société ne peut devenir floriffante que par l'établiffement des Arts de toute efpèce, & par les diverfes claffes des Citoyens qui concourent toutes à la perfection & à la plénitude de la République. Ces grandes idées font fupérieurement indiquées par OSIRIS & par ISIS, repréfentés fans ceffe comme les Bienfaiteurs du Genre Humain, à caufe des Arts qu'ils inventerent. *Ofiris*, pour les Arts laborieux des hommes : *Ifis*, pour les Arts induftrieux & aifés exécutés par les femmes, & par la manière dont ils diftribuerent en diverfes Claffes tous les Habitans de l'Egypte.

Enfin TYPHON, ou le mauvais Principe, ferme la marche. On vouloit enfeigner par-là aux Humains que la Superbe, ou l'Orgueil, marche toujours avant l'écrafement ; & que fi on ne maintient ces fages établiffemens, le mal furvient comme un torrent qui entraîne tout.

LES SEPT ROIS de TROIE.

Les Orientaux Allégoriftes ne négligerent pas une auffi belle Source de Récits hiftoriques en apparence. Ils tranfporterent donc à TROIE, Capitale de la Phrygie, le Siége des fept Rois & la fcène de leurs faits mémorables. Les Grecs, à la vérité, nous ont conferve ces Récits : mais ils n'en furent pas les inventeurs, puifque les noms de ces Rois Troyens font Orientaux, & choifis de la maniere la mieux affortie à leurs fonctions, comme nous l'allons voir.

Le nom même de la Ville de Troie prêtoit parfaitement à l'allufion, puifqu'il fe confondoit dans l'Orient avec le mot T-ROI-E, la Royauté, l'Empire, l'Adminiftration. En parlant du Tableau de la Royauté, de l'Adminiftration en général, on avoit l'air de ne parler que de la Ville de Troie ; & telle étoit la marche conftante de l'Allégorie de paroître parler de toute autre chofe que ce dont il s'agiffoit, & qu'on avoit le plus d'envie de faire connoître.

Ajoutons qu'on trouvera fans doute très-furprenant qu'il ne fe foit confervé jufqu'à nous que ce Tableau fictif de Troie ; foit qu'il n'ait jamais exifté d'Hiftoire de Troie, foit que l'Allégorie, plus brillante, ait étouffé tout ce qui regardoit réellement cette Ville : c'étoit courir après l'ombre : mais cette ombre valoit sans doute plus que la réalité.

L'Histoire de Troie est, en effet, plus connue par ses Récits allégoriques, que par ses Monumens historiques. L'Abbé BANIER, qui voulut tout prouver par l'Histoire, est forcé d'en convenir lui même; car son Histoire de Troie est comme historique, un morceau absolument décharné & sans vie, où la Fable est beaucoup plus étendue que le peu de faits qu'on pourroit y trouver : il sera fort aisé d'en juger, car nous allons la rapporter en entier.

Cet Abbé commence par avouer que l'origine des Troyens & de leur Ville est comme celle de tous les autres Peuples, environnée de ténèbres & de fictions, & qu'on trouve divers sentimens parmi les Auteurs qui en ont parlé. Les uns le font venir de Crète, les autres d'Italie, ou de Samothrace, ou d'Athènes, ou d'Arcadie : n'est-ce pas une Histoire bien claire ?

» Quoi qu'il en soit, dit-il, en prenant leur Histoire vers le tems de Darda-
» nus, pourvu qu'on le croye avec Diodore de Sicile & Appollodore, Thrace ou
» Samothrace d'origine, & non d'Italie, comme a fait Virgile qui a voulu par-
» là flatter les Romains, cette Histoire, dis-je, commence alors à devenir
» moins obscure ».

Nous respirons donc : cependant voyons quelle est cette Histoire un peu moins obscure qu'on nous promet.

DARDANUS abandonne la Samothrace, après que son frere Jason a été tué d'un coup de foudre pour avoir offensé Cérès : nous voilà donc encore dans la Fable (1).

Il vient en Phrygie, épouse la fille du Roi Scamandre; mais c'est un fleuve : nous voilà donc dans les Allégories. Il succède à son Beau-Père, & il passe pour le Fondateur du Royaume de Troie. Scamandre n'étoit donc pas Roi; ou cette prétendue Fondation n'en est pas une.

ERICHTONIUS lui succede; mais on ne sait que son nom : ne voilà-t-il pas une Histoire bien appuyée ? Erichtonius cependant est un nom allégorique, & nous le retrouvons au nombre des Rois allégoriques d'Athènes.

TROS est le troisieme; il donne son nom à Troie : appellée auparavant Dardanie.

ILUS est le quatrieme, il bâtit la Citadelle d'ILION, ce qu'il ne faut pas omettre.

---

(1) *Voyez* Histoire du Calendrier, page 573, où nous avons expliqué cette Histoire de Jason.

DES SEPT ROIS ADMINISTRATEURS. 419

GANIMEDE enlevé par l'Aigle d'Iou, se trouve ici à côté d'Ilus son frère; circonstance essentielle: il est Pere du suivant.

LAOMEDON est un sixieme Personnage: il se sert de Neptune pour renfermer Troie. par de hautes murailles: mis il lui manque de parole. Le Dieu irrité renverse les murs qu'il a élevés; & exige qu'une Fille du Sang Royal soit exposée à un de ses Monstres marins: le sort tombe sur sa fille HESIONE. Hercule offre de la délivrer, à condition que LAOMEDON lui fera présent d'un attelage de chevaux: ce malheureux Roi ne tient pas plus parole à Hercule qu'à Neptune: Hercule saccage donc sa Capitale, lui enleve sa fille qu'il donne à Telamon, ôte la vie au Roi même, & met sur le Thrône son fils Podarce racheté par Hésione, & qui en fut appellé PRIAM: appellera-t-on cela de l'Histoire?

PRIAM est le septieme Personnage: enfin arrive ce septieme Roi ou Prince dont l'Histoire n'est pas moins chargée d'évenemens allégoriques que celle de ses Prédécesseurs. Il s'appelle PODARCE; on change son nom en celui de PRIAM; il est Pere de cinquante Enfans: il perd le Royaume & la vie à cause de son fils PARIS, & celui-ci est un Prince adultere qui a enlevé la femme de Ménélas, & cette belle s'appelle HÉLENE; toutes circonstances allégoriques.

Qu'est-ce donc qui reste d'historique? où est cette prétendue Histoire de Troie? Cependant, voilà tout ce que nous apprend l'Historien BANIER: je n'ai pas omis un trait.

Certainement rien ne ressemble moins à de l'Histoire: nous y retrouvons avec une exactitude très-remarquable, nos sept grands Personnages allégoriques, premiers Rois de chaque Peuple, modèle de toute Législation.

DARDANUS est le Fondateur, celui qui donne à son établissement une durée inébranlable. Son nom vient de DAR ou DUR, ferme, qui dure, durée; & TAN, pays: il signifie donc, celui qui établit un Empire ferme & durable; Ce Prince épouse en même tems la fille du fleuve Scamandre, Roi du Pays: mais la Terre, la Terre ferme, le sec, fut toujours regardé comme la production des Eaux, comme en étant la fille? ceci est donc encore vrai, au sens allégorique.

ERICH-TON lui succède; mais TON signifie puissant; ERS, la Terre; c'est celui qui règne sur la Terre par une excellente Législation, puisque sans loi, nulle propriété, nul Etat, nul Empire.

TROS donne son nom à la ville: il a donc mérité les honneurs par ses faits glorieux: c'est qu'il peint, comme nous l'avons vu dans l'Essai sur le Blason, l'Agriculture pépiniere d'une vaillante Milice, qui seule peut élever la gloire d'un Empire : ce n'eſt qu'alors qu'il peut exiſter des Villes, de grandes Capitales : elles ne peuvent arriver qu'à la ſuite de pluſieurs générations.

Ilus eſt le quatrieme, & il conſtruit Ilium ou la Citadelle de Troie. En effet, lorſque l'Empire eſt élevé, que les Loix ſont faites, que les Défenſeurs de l'Etat ſont en pied, il faut régler la Police intérieure qui exige des Forterefſes pour la maintenir contre les entrepriſes des factieux & des méchans. Le nom d'Ilus, l'Élevé, le Fort, le Puiſſant, eſt parfaitement aſſujetti à ces fonctions.

Ganymede paroît ici ſur l'Aigle qui déſigne le Souverain des Dieux : & dans la ſuite des tems on en a fait un jeune homme que Jupiter avoit fait enlever par ſon Aigle pour lui ſervir d'Echanſon. C'étoit une brillante allégorie que l'ignorance a malheureuſement traveſtie en un conte ridicule ou impie.

Nous l'avons vu : dans un Etat bien ordonné, il ne ſuffit pas de régler la Juſtice, la Guerre & la Police ; il faut encore régler tout ce qui ſe rapporte à la Religion, au Culte des Dieux, aux Aſſemblées ſolemnelles de chaque mois, de chaque ſaiſon, de chaque révolution. C'eſt l'objet conſtant du cinquieme Perſonnage : il eſt donc déſigné ici par l'Aigle, ſymbole de Jupiter, du Dieu ſuprême, & ſymbole du Printems, des révolutions renouvellées, comme nous avons déjà eu occaſion de le prouver.

Et c'eſt préciſément ce que ſignifie le nom de Gany-Mede : compoſé manifeſtement de deux mots, il eſt formé de l'Oriental מד, Med, meſure, & ען, Gan, Gon, tems ſolemnel, fête ; dont on a fait, comme nous avons dit ailleurs (1), les Agonales, jeux Romains qui ſe célébroient au renouvellement de l'année.

C'eſt ainſi que ce cinquieme Perſonnage correſpond parfaitement au même Perſonnage des Japonois & des Egyptiens.

Lao-Medon eſt le ſixieme : il doit régler les travaux publics, les Arts, les diverſes Claſſes de la Société, pour correſpondre à Iſis & aux ſoins du ménage : & tout cela ſe rencontre à point nommé. 1°. Le nom du Roi eſt compoſé du même primitif Med, qui meſure, qui regle, & du primitif לאה, Lae, travaux, Arts : 2°. travailler, prendre de la peine : c'eſt donc le Directeur, l'Inſtituteur des travaux.

2°. A ſon nom eſt joint celui d'Héſione ; celle-ci eſt ſa Fille, & elle épouſe Telamon ; tout cela eſt juſte. Héſione repréſente les Arts du ménage, ceux qui mettent l'abondance dans l'intérieur de la maiſon, & c'eſt ce que ſignifie Héſi-One, la Pourvoyeuſe, de עשה, Heſe, faire, & הון Eon ou hon, biens,

---

(1) Hiſtoire du Calendrier.

DES SEPT ROIS ADMINISTRATEURS.

subsistances, &c. Or les Arts du ménage sont Fils des grands travaux de la Campagne ; ils en naissent ; ils en sont le fruit.

L'Histoire de ce Prince qu'on fait manquer successivement de Parole à deux Divinités qui l'en punissent cruellement, ne peut être vraie au pied de la lettre. Ce Prince n'eût été qu'un imbécile, qu'un extravagant : Neptune ne vint point bâtir ces murs, Hercule ne vint point délivrer Hésione : on a certainement voulu représenter par-là les effets des Arts ; par ses travaux, une Ville maritime fait servir Neptune ou la Mer à sa force, à son agrandissement, à sa sûreté : par leurs succès, les Arts sédentaires naissent & se perfectionnent : ils sont délivrés des monstres marins ou des Corsaires qui viendroient en ravir les fruits, ou enlever celles qui s'en occupent ; & celles ci ont pour Mari des Tel-Amon ; mot-à-mot, *la sûreté la plus grande*; d'אמן, *Aman*, sûreté, & תל, *Tal*, élevé.

Enfin Hercule ou le Tems amene la fin de ces travaux, & alors arrive le regne de Pri-Am, qui signifie, mot-à-mot, עם, *Ham*, récolte, cachette, פרי, *Pri*, des fruits ; tems où l'on recueille les fruits : tems où tout est achevé, où on reçoit la récompense de ses soins : où il n'y a plus rien à faire.

Aussi le Royaume est détruit, il n'y a plus de Rois ; Priam est le dernier.

A ce Tableau allégorique, on en a joint un second, pour rendre raison de la destruction du premier.

Priam, Pere de cinquante Fils, & qui regne au tems de la récolte, a été considéré comme le Roi de l'Automne, comme le Soleil qui finit l'année, qui est accablé sous l'âge, & qui a produit cinquante Enfans, les cinquante Semaines, toujours désignées ainsi dans le style allégorique, comme nous l'avons vu si souvent : son premier nom étoit Pod-Arkes, ou aux pieds légers, car sa marche fut toujours rapide.

Il perd la vie lorsque Pâris, le beau & brillant Pâris, en qui on ne voit point la force de l'âge mûr, mais l'aménité de la jeunesse à la fleur de l'âge, enleve Hélene au vieux Ménélas.

Et cela est exactement vrai dans le sens allégorique. Le brillant Pâris est le symbole du Printems : quand il arrive, la vieille année, le regne du vieux Priam n'est plus. Cependant Pâris a envelé Hélene, femme de Ménélas : & il ne peut en être autrement, puisqu'Hélene n'est autre que la Lune ; Ménélas, un des noms du Soleil, le Soleil d'Hiver ; & Pâris, le Soleil du Printems. Celui-ci enleve la brillante Hélene au vieux mari avec lequel elle étoit auparavant unie. Auſſi HÉLÈNE étoit elle adorée à Lacédémone (1). Auſſi cette eſpece de leçon Aſtronomique fut elle toujours repréſentée comme un enlèvement, même chez les Babyloniens, qui imaginerent là-deſſus l'Hiſtoire de Sémiramis aux deux Maris également, l'un vieux, l'autre jeune, qui débuſque le premier en date; Allégorie que nous avons déjà expliquée dans l'Hiſtoire du Calendrier (2).

L'Hiſtoire de Troie ne contient donc aucun fait, aucun trait qui ne ſoit manifeſtement allégorique, & l'enſemble de ces faits, de ces allégories, n'eſt manifeſtement autre choſe que l'Hiſtoire des SEPT ROIS allégoriques, qu'un emblême de tout ce qui conſtitue un bon Gouvernement, une ſage adminiſtration.

Voilà donc dans l'Orient trois Peuples qui ſe ſont accordés dans les mêmes idées, qui ont peint les mêmes vues combinées préciſément dans le même ordre; la même Série ſous les mêmes ſymboles, ſous la forme de SEPT PRINCES, dont l'arrangement, les noms, l'Hiſtoire, ſont parfaitement d'accord & à l'uniſſon. Combinaiſon, Hiſtoire cependant qui ſe développent davantage à meſure qu'elles ſe rapprochent. Les Egyptiens nous ont plus appris que les Japonois; & les Troyens, ou les Grecs pour eux, ſont deſcendus dans des détails bien plus conſidérables.

Car, une choſe très-remarquable, ce ne ſont point les Troyens qui ont imaginé ces allégories: ce ſont les Orientaux qui ont appliqué toutes ces idées à Troie: jamais ils n'ont cité le moindre Hiſtorien, le moindre Poëte de Troie. Ils ont fabriqué des allégories ſur cette Ville, comme ils en ont fabriqué ſur tout ce qui exiſtoit. Nous pouvons même dire qu'ils n'ont fait que ſuivre à cet égard le génie du ſiécle, celui qui étoit à la mode, puiſque les noms des ſept Princes Troyens ſont abſolument Orientaux, & qu'ils ne peuvent être mieux aſſortis au rôle qu'ils étoient deſtinés à remplir. Ce qui nous ramène à des tems d'une antiquité plus reculée que les Grecs eux-mêmes.

Voilà cependant déjà vingt un prétendus Rois réduits à une même formule allégorique très brillante de ſept Princes, répétée chez trois Peuples différens. J'ai perdu, ſi de ces vingt-un Princes on peut tirer un ſeul fait hiſtorique qui leur ſoit propre.

Nous poſons en fait que le Lecteur même y auroit tout à perdre, rien à gagner. Eſt-il plus avancé, lorſqu'il croira qu'à Troie il y a eu ſept Princes ſucceſſifs dont l'Hiſtoire eſt abſolument inconnue, & ſur le compte deſquels on

---

(1) Hiſtoire du Calendrier, page 489.
(2) Page 493.

DES SEPT ROIS ADMINISTRATEURS.

ne met que des fables; ou lorsqu'il saura que leurs noms sont significatifs & fondés sur des fonctions qu'on leur a attribuées, pour repréfenter tout ce qui compose un Etat bien constitué.

Que Dardanus repréfente les bafes constantes d'un Empire.

Erich-Ton, sa législation.

Tros, sa gloire Militaire.

Ilus, la sage Police.

Gany-Mede, le Culte public & l'Etabliffement des Jeux & des Fêtes.

Lao-Médon, la régle des divers travaux de la Société, tandis qu'Hésione dirige ceux des femmes.

Pri-Am, la confection entiere de tout, & la pleine jouiffances des heureux effets d'une sage administration.

Je ne fais si je me trompe, mais il me paroît que ceci dit toute autre chofe, & est infiniment plus fatisfaifante qu'une vaine Nomenclature, qui n'est unie qu'à des Fables extravagantes.

Que sera-ce si nous rapprochons de tout ceci les Traditions Romaines, & si nous prouvons, par le propre témoignage de leurs Hiftoriens, qu'ils ont été jaloux de tranfmettre toutes ces idées; & de le faire précifément dans le même ordre que ceux que nous venons de remarquer chez les Egyptiens & chez les Troiens; en même tems, qu'ils le firent d'une maniere à perfuader que ces idées leur étoient abfolument propres, & n'avoient rien d'allégorique?

N'en faut-il pas conclure que ces idées d'une sage administration étoient si profondément enracinées alors dans tous les Efprits, que les Romains ne purent se difpenfer de les adopter?

Obfervons en même tems que ces idées ne nous ont pas été tranfmifes par tous ces Peuples de la même maniere: les Japonois & les Egyptiens les repréfentent comme un Tableau de Divinités qui ont regné sur la Terre: les Grecs, comme sept Princes mortels qui ont régné à Troie.

A Rome, il en est autrement; l'Hiftoire allégorique de ces sept Princes a été incorporée dans celle de ses Rois: les deux n'en on fait qu'une; il n'est queftion que de les féparer: ce qui ne fera pas difficile, vu la lumiere qui nous précede. La Galerie de ces sept Princes n'a rien d'étonnant quand on connoît le Génie allégorique de l'Antiquité: ce qui feroit vraiment étonnant, c'est qu'on ne l'eût confondu nulle part avec une fuite de Rois hiftoriques.

L'Histoire allégorique de ces sept Princes confondue à Rome avec celle de ses Rois.

1°. ROMULUS.

Le premier des sept Rois de Rome fonda la Monarchie : son nom même tient à celui de Rome : il peut signifier *Roi* ou *Soleil de Rome*, étant composé de *Rom* & de *El, Dieu, Soleil*.

2°. NUMA.

NUMA fut toujours représenté comme le Législateur de Rome : son nom même paroît en venir : il tient à NOM*os* Loi ; NUM*en*, Divinité ; NEM*us*, forêt : c'étoit un Sage qui étudioit la Nature dans l'ombre des forêts, & qui sortant de-là pour gouverner les hommes, leur donna des Loix dignes d'un Dieu. Son sur-nom de POMP-ILIUS ne tiendroit-il pas également à la pompe qu'il établit dans le Culte Religieux & dans les cérémonies publiques & sacrées ?

TULLUS HOSTILIUS.

Ce troisieme Roi de Rome offre des caractères & des noms d'un tout autre genre. Il nous est représenté comme un grand Guerrier, qui eut toujours les armes à la main, qui étendit considérablement les frontieres de l'Empire, qui détruisit même Albe cette Rivale de Rome.

Ses noms sont parfaitement assortis à ses qualités. TULLUS signifie élever ; & HOSTILIUS est formé de HOSTIS, Armée : ils désignent donc un grand Personnage qui créa l'Art Militaire, qui forma un Corps de Guerriers redoutables, un Prince qui repoussa les hostilités.

4°. ANCUS MARTIUS.

ANCUS MARTIUS nous est représenté comme l'Inventeur de la Police, & comme le Constructeur des Prisons publiques, nécessaires pour renfermer ceux qui violent les regles de la Police, & qui manquent à ce qu'exige la sûreté publique.

C'est Tite-Live qui nous l'apprend : « *Ingenti incremento rebus auctis, quum in tantâ multitudine hominum, discrimine rectè an perperam facti confuso, facinora clandestina fierent, Carcer ad terrorem increscentis audaciæ, mediâ Urbe, imminens foro, ædificatur.* » La Ville & le Peuple s'étant extrêmement

accrus,

» accrus, il en réfultoit une fi grande confufion, qu'on n'étoit plus en fûreté
» contre les crimes qui fe commettoient dans le plus grand fecret : ce qui
» engagea ce Prince à faire conftruire dans le centre de la Ville, & pour ef-
» frayer l'audace toujours croiffante, une Prifon qui dominoit fur la place
» publique ». N'eft-il pas remarquable que jufques-là il n'y ait point eu de
Prifon à Rome ? Il s'étoit écoulé cependant plus d'un fiécle depuis fa fondation. Une chofe non moins remarquable, c'eft que Denys d'Halycarnaffe
ait omis un fait auffi important. Il n'aura pu concevoir qu'il pût être vrai,
& il n'aura pu fe réfoudre à le rapporter : c'eft ainfi qu'on gâte tout, lorfqu'on
veut rapporter tout à fa manière de voir.

Cette Fortereffe qui domine la place de Rome ne figure-t-elle pas d'ailleurs
très-bien avec la Fortereffe bâtie à Troie par fon IVe. Roi, ainfi que Martius
eft le IVe. Roi de Rome ?

Les noms de ce Prince peuvent défigner les mêmes idées, puifque le
premier peut venir *d'angere*, preffer, refferrer, & que le fecond peut fignifier le redoutable, le févère, le jufticier. DENYS d'Halycarnaffe dit lui-même
qu'il faifoit bonne juftice de ceux qui négligeoient leurs Terres, & qui fe
conduifoient mal.

5°. *T A R Q U I N l'Ancien.*

Ce cinquieme Roi fit conftruire le Cirque : il inftitua les grands Jeux,
les Jeux publics : il eft peint également avec un Aigle, qui lui préfagea, dit-
on, fa grandeur future. On l'a donc mis en comparaifon fous ces divers
points de vue avec le cinquieme de ces fept Rois allégoriques défignés également par un Aigle, par le Cirque, & par les Jeux publics.

Sa Généalogie & fes Noms paroiffent fondés auffi fur les mêmes rapports :
il eft Etrufque, de Tarquinie, il fe nomme Lucius Tarquin ; il eft furnommé
l'Ancien ; Tanaquil eft fa femme ; & la quenouille de celle-ci eft dépofée
dans le Temple d'Hercule : tous faits très-intéreffans.

TAR-QUINIE eft la Ville de TAR-QUIN : mais QUEN fignifie en Etrufque
Roi ; c'eft le King des Anglois, d'où QUEN, Reine : TAR, même que TOR,
fignifie la lumiere, le jour, Jupiter ; *Tar-Quin* eft donc mot-à-mot, le
Roi du jour, *Dies-Piter*, le feul auquel l'Aigle foit confacré.

Il eft auffi nommé LUC*ius* ; mais ce mot tient également à *LUX*, LUC,
lumiere : auparavant il s'appelloit *Lucu-*MON ; mais MON fignifie flambeau,
mot-à-mot, le flambeau lumineux & rayonnant.

Diff. Tom. I.   Hhh

Il est appellé l'Ancien, l'ancien des jours, puisqu'il n'y a rien d'antérieur à la Divinité suprême, au Pere des tems & des jours.

Sa femme ne pouvoit être mieux nommée. On fait que TANA en Etrusque signifie Dame, Souveraine : nous avons déjà eu occasion de le voir souvent dans ce Volume. QUIL est le mot Latin CŒL, QUEL, le Ciel : *Cœlia*, la Céleste ; & quelle autre est l'Epouse de *Tar-Quin*, du Roi des Cieux ?

Sa quenouille, déposée dans le Temple d'Hercule ou du Soleil, nous ramene également à la quenouille de JUNON Argienne, ou Reine du Ciel, peinte avec la quenouille ; elle nous ramene à celle d'Omphale, & à Hercule qui filoit à la place de cette Reine, & pour lui plaire ; allégories sublimes dont le développement nous meneroit trop loin.

Enfin, quel autre Prince que le Roi du Ciel fonda le Cirque céleste & ces grands Jeux qu'on imita à Tyr dans la Grèce, à Rome même, & dont on attribuoit également l'Institution à Hercule, puisqu'il étoit le Soleil, le Roi du Monde. Ce Cirque & ces Jeux représentoient d'ailleurs les tems & l'harmonie qui réglent toutes choses.

6°. *SERVIUS TULLIUS*.

A mesure que nous avançons, les rapports augmentent & deviennent plus lumineux. Le sixieme de ces Princes ne pouvoit avoir un nom plus consolant : il signifie également *l'Esclave élevé*, ou *celui qui éleve les Esclaves* : son Histoire s'accorde avec ces deux significations. Il étoit né, disoit-on, dans l'esclavage : des prodiges annoncerent sa gloire future : il fut élevé dans le Palais du Roi & de la Reine, qui le prirent en amitié, lui firent épouser leur fille TARQUINIE, & le destinerent à être leur Successeur.

Dès qu'il fut Roi, se souvenant de son état primitif, il ne négligea rien pour adoucir le sort des Esclaves, auxquels jusqu'alors, disent les Historiens, on n'avoit fait aucune attention. On comprenoit donc parfaitement que dans un Gouvernement bien réglé, il falloit des Loix relatives aux Esclaves : & on les attribua au sixieme Roi, à celui qui correspondoit au sixieme Roi de Troie, sous le régne de qui Apollon lui-même s'étoit fait l'Esclave d'Admete, & gardoit ses Troupeaux.

Servius fit en même tems construire des Chapelles en l'honneur des Dieux des Carrefours, & il ordonna que les Esclaves en seroient les seuls Prêtres : il fit plus, il incorpora le premier, dit-on, les Affranchis dans les Tribus des Citoyens.

Il nous est d'ailleurs représenté comme ayant réglé les diverses Classes des Citoyens.

Enfin, comme Osiris, le sixieme de la Série Egyptienne, il est mis à mort par son Successeur, & comme *Lao-Medon*, le sixieme de la Série Troyenne, il perd la vie à l'occasion de sa propre fille TULLIE, qui fait passer sa voiture sur le propre corps de son Père, trait odieux d'une scène d'horreur qui ne me paroît vraie que dans le sens allégorique. Comment une fille, une Princesse, auroit elle jamais pu se rendre coupable d'une action aussi détestable? Comment les Romains eussent-ils pu obéir à une Souveraine aussi infâme, aussi scélérate?

7°. *TARQUIN le Superbe.*

Enfin, TARQUIN LE SUPERBE vient terminer cette liste singuliere.

S'il ne devient Roi comme Typhon & comme Priam qu'après le meurtre de son prédécesseur, il pose en même tems la derniere main à l'édifice par la fondation du Capitole, qui est comme le Centre de l'Etat, son Chef-lieu, ce lieu haut qui doit élever la gloire de l'Empire jusques aux Cieux, & qui doit prévenir à jamais sa division.

Ayant ainsi terminé ce qui a rapport au Gouvernement, il n'a point de successeur, mais il est chassé à cause de ses fureurs, de sa tyrannie, & par ce que son fils SEXTUS avoit ravi l'honneur de LUCRECE.

Tarquin perd donc son Royaume comme Priam pour une faute commise par son fils, & précisément de la même nature : l'accord ne peut donc être plus parfait.

Les noms de LUCRECE & de SEXTUS ne peuvent être également plus convenables : on retrouve la lumiere dans le nom de LUCRECE; & dans SEXTUS, qui signifie six, le Soleil du Printems qui enleve son épouse au vieux Soleil d'hiver & qui domine sur six mois. On me demande, & de COLLATIN*us* le vieux mari, qu'en faites-vous? Cela est juste, je ne dois pas l'omettre? LAT signifie contrée, nous l'avons prouvé : *COL LATinus*, celui qui régne sur la même contrée : en effet, ces deux maris, l'un jeune, l'autre vieux, régnoient constamment sur les mêmes Etats.

L'accord entre toutes ces suites de sept Rois ne peut donc être plus sensible & plus complet.

DES SEPT ROIS ADMINISTRATEURS.

SEPT ROIS de chaque côté.

ROME.	EGYPTE.	TROIE.	
ROMulus, Fondateur.	Vulcain,	DARDANUS,	Fondateurs.
Numa, Législateur.	Apollon,	Erichton,	Législateurs.
Hoſtilius, Guerrier.	La bonne Fortune,	Tros,	Guerriers.
Martius, la Police, Fortereſſe.	Serapis,	ILus,	Juſticiers & Forterefſes.
Tarquin, l'Aigle, les jeux.	PAN,	Ganymede,	règlent les jeux.
Servius & Tullie, rangs des Citoyens.	Oſiris & Iſis,	Laomédon & Héſione, }	les Arts.
Tarquin le Superbe perd le Royaume pour le rapt de SEXTus.	Typhon le Superbe, foudroyé par les Dieux.	Priam perd le Royaume pour le rapt de PARIS.	

Le rapport eſt d'autant plus grand qu'il n'eſt aucun des Noms des Rois de Rome qui ne ſoit parfaitement aſſorti au rang qu'il occupe dans cette Série, au point que lors même que nous n'aurions eu aucun détail ſur leur adminiſtration & ſur leurs règnes, nous aurions pu dire par la ſeule force de leurs noms, & ſans être taxés de nous abandonner à des étymologies arbitraires, obſcures, forcées, où l'on voit tout ce qu'on veut, que *Numa Pompilius* étoit un Législateur, *Tullus Hoſtilius* un Guerrier, *Ancus Martius* un Conſtructeur de forterefſes, un Juge ſévère; *Tarquin* un fondateur de jeux, &c. préciſément de la même manière que les noms des ſept Rois d'Egypte & ceux des ſept Rois de Troie ſont aſſortis à ces mêmes idées; même avec plus de facilité & d'évidence, au moyen, ce qui n'eſt pas moins étonnant, de leur double nom toujours aſſortis aux mêmes combinaiſons: ce qui ne peut avoir été l'effet du haſard; mais celui d'une réflexion profonde.

Durée de ces ſept Rois.

Ce ne ſont pas les ſeuls objets de réflexion qu'offre cet enſemble de ſept Rois: il en eſt de même de la durée qu'on leur aſſigne à Rome: on ſait quelle eſt de 245 ans, durée monſtrueuſe, double de ce qu'elle devroit être, & contre laquelle ſe ſont élevés tous les Chronologiſtes raiſonnables.

Mais ils n'ont pas vu qu'elle avoit été calculée d'après coup, par des nombres allégoriques qui donnent exactement cette ſuite d'années ni plus ni moins, ſans qu'on en doive ôter la plus petite portion poſſible.

Pour cet effet, il faut se rappeller que les Romains comptoient les années par lustres, & que ceux ci étoient un espace de cinq ans.

Or, si on multiplie le nombre de sept, sacré chez toutes les Nations, & qui forme la Série des Rois, par cinq, nombre sacré des Romains, on aura 35 ans pour la durée de chaque régne; ce qui multiplié par sept, donne exactement 245 ans pour la durée des Sept Rois. $5 \times 7 = 35 \times 7 = 245$.

C'est de la plus grande exactitude, comme on voit, rien n'y manque; & ceux qui ont élevé des contestations sur ces calculs, n'y entendoient rien, du tout, rien. Les Historiens Romains avoient très-certainement raison: c'est 245 ans.

Harangues inventées après coup.

Une autre remarque qui n'est point de nous seuls, mais que de Savans hommes ont faite avant nous, c'est l'étonnement où l'on est en comparant cette Histoire telle qu'elle est dans Denys d'Halycarnasse, avec le peu que nous en dit Tite-Live. Ce premier, bavard comme les Grecs, entre dans des détails inconnus jusques à lui: sur tout grand faiseur de Harangues, il n'en épargne aucune: c'est la quintessence de toute la Rhétorique Grecque transportée chez les sauvages & farouches habitans du Latium; toute l'élégance & l'urbanité des Peuples amollis de la Grèce, attribuée à des hommes de fer. Est-ce là ce qu'on doit appeller écrire l'Histoire? N'est-ce pas plutôt vouloir faire de l'esprit à quelque prix que ce soit; &, comme un Traducteur de Démosthène, vouloir que ses Héros aient absolument de l'esprit (1)?

Ce qui résulte de fâcheux d'une pareille méthode, c'est qu'en voyant manifestement que ces prétendues harangues sont faites pour les faits historiques qu'on rapporte, on est fort tenté d'avoir peur que les faits historiques n'aient été amenés là pour faire briller Messieurs les Harangueurs; que ceux-là n'aient été un beau champ inventé tout exprès afin qu'on admirât l'imagination de ceux-ci à nulle autre semblable.

SOLUTIONS.

Rassurons cependant nos Lecteurs: ils craignent peut-être que nous ne leur ôtions d'un coup de filet tous ces Rois de Rome, ainsi que nous avons cherché à prouver que Romulus étoit un Roi allégorique. Mais nous ne sommes pas

---

(1) Chacun connoit ce bon mot de RACINE au sujet de la Traduction de Démosthène, par TOUREIL; » Le bourreau! Il fera tant qu'il donnera de l'esprit à Démosthène ».

à ce point ennemis de l'Histoire. Voici donc ce que nous croyons qui est arrivé.

Il aura existé en effet six Rois à Rome, à commencer par Numa : les Historiens en auront fait un septiéme en prenant Romulus pour un Roi historique.

Ce Romulus d'ailleurs se trouvoit dans les Livres Liturgiques composés pour l'instruction du Peuple ; il s'y trouvoit à la tête d'une Série de sept Rois relatifs à une bonne administration, communs à toute Nation civilisée, & qui se terminoit par le septiéme, puisqu'alors tout étoit accompli : & à cette Série, on avoit joint comme chez tous les Peuples l'Histoire du renouvellement de l'année sous l'emblême du fils du dernier Roi ravisseur d'une belle femme.

Dans la suite des tems, les Historiens qui avoient perdu de vue tout ce qui avoit rapport aux Allégories, crurent faire merveille en confondant les sept Rois allégoriques avec les six Rois historiques devenus sept par l'addition de Romulus : des deux Séries ils n'en firent qu'une : dès-lors cette Histoire fut un mélange de vérités & d'allégories qui a toujours fait de la peine aux meilleurs esprits, sans qu'on pût en trouver la raison.

Par notre méthode, tous ces embarras disparoissent : en ôtant de l'Histoire des Rois de Rome ce qui n'est pas historique, ce qui est relatif au tableau des sept Rois allégoriques & à leurs fonctions, de même que cette durée de 245 ans, qui n'est qu'une formule, une combinaison de deux nombres sacrés, cinq & sept, ce qui restera sera l'Histoire réelle des six Rois de Rome, non compris Romulus ; de Romulus lui-même si on veut, ou si on lui trouve quelque caractère historique : cependant il vaudroit mieux qu'on nous l'abandonnât entiérement ; car ce rapport de sept des deux côtés, deviendroit furieusement suspect : il rendroit bien difficile tout accommodement, joint au rapport étonnant des noms.

Quant à nous, nous n'avons nul intérêt à la chose : qu'il y ait eu à Rome des Rois ou qu'il n'y en ait point eu : qu'ils aient été au nombre de six ou de sept, cela nous est en soi même très-indifférent ; & nous avons assez de brillantes allégories à expliquer, sans en faire naître de forcées, qui, loin de servir à nos vues, gâteroient tout. Ce que nous en avons fait, est la suite de notre respect même pour l'Histoire & pour ceux qui n'y cherchent que la vérité. Nous n'avons pu qu'être frappés du rapport étonnant qu'offroit celle des sept Rois de Rome avec ceux de tant d'autres Nations ? notre amour pour la vérité a donc dû nous porter à chercher jusques à quel point s'étendoient ces rapports & qu'elle en avoit pu être la cause : nous avons démontré les uns, autant que des choses de cette nature peuvent l'être : nous en avons indiqué les causes : nous en avons même donné une solution qu'on n'attendoit certainement pas de nous & qui concilie tout : notre tâche est donc remplie : ce sera au Public à décider de la maniere dont nous l'avons fait : mais quelle que soit sa décision, nous le prions d'être bien persuadé, que ce n'est point l'amour du paradoxe ni du merveilleux qui nous a jetté dans cette discussion : que nous avons même été tentés de la supprimer, quoique nous l'eussions annoncée, pour ne pas encourir ce reproche : & que ce qui nous a déterminé enfin à donner cours à ces rapprochemens, ce sont les avantages qui en résultent pour la vraie connoissance de l'Antiquité. On y voit jusques à quel point l'allégorie étendit ses influences, comment on la confondit avec l'Histoire, & avec quelle simplicité on peut rétablir l'état primitif des choses & séparer au profit de la vérité, des objets qui sembloient inséparables, & dont l'union monstrueuse l'offusquoit étrangement.

Réponse à une Objection qui a été faite.

Ceci ne satisfait pas entiérement : on voudroit que nous abandonnassions les explications que nous avons données des noms des Rois ; car si ces noms sont allégoriques eux-mêmes, que sont devenus les noms des vrais Rois Historiques ? Ce qu'ils sont devenus ? mais seroit-ce à nous à le chercher ? d'autant plus qu'en abandonnant le rapport de ces noms avec leurs objets, nous les privons d'un de leurs plus grands avantages. Cependant pour n'avoir pas l'air d'éluder la question, ce qui ne seroit nullement dans nos principes, voici ce qui sera arrivé : dans la réunion violente des six Rois historiques avec les sept Rois allégoriques, les noms de ceux-là auront subi nécessairement quelque secousse, quelqu'altération, au moyen de laquelle les deux suites n'en auront formé qu'une seule : ceci est d'autant plus vraisemblable, que nous en trouvons des traces manifestes dans cette Histoire même. On nous dit, par exemple, que Tarquin l'Ancien s'appelloit auparavant Lucumon, & que Servius Tullius n'eut ce premier nom qu'à cause qu'il étoit né dans l'esclavage : voilà donc des noms pris ou donnés par allusion.

Une autre observation importante, c'est que, selon OVIDE, (Fast. liv. VI.) Servius étoit le septieme Roi de Rome ; on comptoit donc TATIUS avant Numa. Mais celui-ci fut sacrifié au nombre *sept*.

Il ne seroit donc pas étonnant qu'on eût sacrifié également quelques noms : ceci étoit bien autrement aisé. Nous pourrions indiquer d'autres listes où en faveur de ce même nombre de sept on a sacrifié & noms & personnages, quel qu'en ait pu être le motif.

L'essentiel pour nous, est que les sept noms conservés peignent sans effort ce à quoi ils furent destinés : & c'est tout ce qu'on peut nous demander.

Il se pourroit même qu'on eût donné un double nom aux Rois de Rome, relativement à la double liste dont nous parlons.

Sept Conseillers.

Les Anciens étoient tellement persuadés que toute administration devoit procéder par sept, qu'ils avoient établi sept places de Conseillers pour chaque Roi, & ils les appelloient leurs Amis, leurs Fidelles.

Cet usage étoit en vigueur à la Cour des Rois de Perse. Ce sont ces sept Conseillers qui massacrerent le faux Smerdys, usurpateur de la Perse, & dont l'un eut ce Royaume en partage, le célèbre Darius, fils d'Hystaspe.

C'est par le même esprit que l'Election des Empereurs d'Allemagne fut remise à sept Seigneurs, aux sept Electeurs choisis entre les Princes les plus puissans d'Allemagne.

C'est là-dessus qu'a été arrangé le vieux Roman des sept Sages de Rome, dont on a donné une notice dans la premiere année de la Bibliothéque des Romans.

Roman des Sept Sages.

Ce nombre sept qui avoit fourni un jeu aux Egyptiens, une galerie de Rois aux anciens Peuples, une formule générale pour les Sciences, ne parut pas moins propre en effet pour un Roman, & ce Roman fut très-ancien : imaginé, dit-on, aux Indes par SANDABER, il passa chez les Latins sous le nom de *Dolopatos* : il fut traduit en vieux François par HEBERT sous le régne de Louis VIII. Les Italiens en ont fait *Erasle* ou les sept Sages de Rome. Ce fut une source inépuisable de contes adaptés aux mœurs & aux usages de chaque Nation, ou même au génie de chaque Conteur.

On suppose un jeune Prince qui est confié aux soins de sept Philosophes : il n'est question que de sa beauté, de son génie, de ses connoissances. Sa belle-mere en est enivrée, elle lui fait des avances mal reçues : elle irrite donc contre lui l'Empereur son Pere : cependant le jeune Prince a lu dans les Astres qu'il devoit être sept jours sans parler pour éviter les plus grands malheurs. Ce Prince si éloquent est donc un muet stupide : c'est un nouveau

DES SEPT ROIS ADMINISTRATEURS. 433

crime pour lequel on l'enferme dans une noire prifon ; & pendant ce tems-là, l'Impératrice & chacun des fept Philofophes font tour à tour à l'Empereur des récits de toute efpèce ; l'une pour le porter à fe venger, les autres pour l'engager à fufpendre la punition de fon fils ; enfin les fept jours de filence s'étant écoulés, le prétendu coupable fe fait entendre, le crime de la marâtre eft reconnu, & tout rentre dans l'ordre. Dans ce Roman, on fuppofe auffi que le Confiftoire de Rome ou Sénat Romain, au quatrième fiècle, étoit compofé de fept Sages qui faifoient battre de verges dans la ville quiconque avoit été arrêté dans les rues après qu'on avoit fonné la retraite ou le couvre-feu.

SEPT dans l'EGLISE primitive.

C'eft dans le même efprit également que l'Eglife primitive nous offre le nombre de SEPT dans les fept Anciens ou Diacres établis par les Apôtres, & dans les fept Eglifes auxquelles écrivit S. Jean. Ce nombre fept domine également dans l'Apocalypfe.

L'Eglife l'a confervé dans les VII Sacremens, les VII Pfeaumes Pénitenciaux, les VII Vertus, les VII Péchés mortels, &c.

Les Chronologiftes eux-mêmes n'ont-ils pas divifé le Monde en VII Ages ?

Les Prêtres Albigeois entr'autres cérémonies, récitoient SEPT *Pater* fur un mourant avec le commencement de l'Evangile felon S. Jean.

Cette SÉRIE venue des tems PRIMITIFS.

Un refpect auffi étendu, une formule auffi univerfellement reçue, prit fa naiffance dans le Monde Primitif, dans celui dont nous retracerons l'Hiftoire, & qui précéda tous les peuples connus. Ce furent fes Légiflateurs qui ouvrirent cette carriere à tous les autres ; ceux-ci n'eurent qu'à conferver & à imiter.

Ces Légiflateurs eux-mêmes, où avoient-ils puifé ces belles & intéreffantes idées ? certainement dans tout ce qu'ils voyoient, dans la contemplation de l'Univers, appuyée de l'harmonie de ce nombre fimple, mais divifible en tierces, quartes, quintes, fources de toute harmonie. Peut-être, dans des connoiffances plus profondes fur la nature des nombres, qui ont chacun leur diftrict féparé. Peut-être, dans une tradition fublime, qui avoit tracé un accord merveilleux entre le Monde phyfique & le Monde intellectuel ; furtout dans les fept Dieux ou Efprits Modérateurs de l'Univers, qui, fous la protection du Dieu fuprême, dirigeoient les fept Planettes.

Diff. Tom. I.

Les sept Dieux protecteurs des jours, distribués dans le même ordre.

Un rapport bien digne d'attention & qui acheve de démontrer avec quelle harmonie les anciens procédoient dans toutes sortes de choses, c'est que les jours de la semaine sont arrangés de maniere que leurs Divinités patrones forment exactement la même série des sept Esprits administrateurs, & précisément dans le même ordre.

Les deux grandes Planettes ouvrent la marche ; le Soleil, la Lune ensuite.

Le Soleil, premier jour, est mot-à-mot, QUIR-INus, le Roi du Cirque, l'œil de la ville ou ROM-ULUS, le Prince de la lumiere élevée : c'est le Fondateur de l'Empire ; car sans Soleil que deviendroit le Monde physique ?

La Lune, second jour, la même qu'Isis ou Cérès, Législatrices. Elles répondent parfaitement à cette Nymphe EGERIE qui enseigna à Numa tout ce qu'il devoit faire pour établir une sage Législation.

Mars s'avance à leur suite ; il peint donc cette milice redoutable qui fait la sûreté de l'Empire : peut il mieux répondre à Tullus Hostilius ?

MERCURE préside au quatrième jour : c'est le Dieu de l'éloquence ; c'est lui qui par son art enchanteur termine les dissensions, & qui, le caducée en main, établit une bonne police, maintient la paix.

Au cinquième jour est Jupiter avec son aigle ; ici l'accord ne peut être plus frappant : on diroit que chaque peuple a eu peur de s'en trop écarter : chez les Japonois c'est *Tono-Tsi*, le Puissant des Dieux, le *Maximus*, l'*Omnipotens* de tous : chez les Egyptiens, le Maître de la nature universelle : chez les Troyens, Gany-Mède avec son aigle : chez les Romains, Tar-Quin ou le Roi du jour, avec un aigle qui lui annonce sa grandeur future.

Au sixième jour, une Femme, comme en Egypte, comme à Troye, comme à Rome, Vénus symbole de la fécondité des citoyens dont la naissance regle les rangs.

Au septième, SATURNE, qui, ainsi que Typhon ; que Priam, que Tarquin, s'éleve sur les ruines de son prédécesseur ; qui, aussi coupable qu'eux, puisque Typhon avoit fait périr son frere, Tarquin son beau pere, mutile lui même le Ciel son auguste pere ; & qui semblable à eux, perd également son Empire.

Ainsi tandis que les anciens disposoient les jours sur les Planettes arrangées de quatre en quatre, leurs Divinités patrones se trouvoient également disposées

DES SEPT ROIS ADMINISTRATEURS.

sur le modèle des sept parties conftitutives de tout Gouvernement : ils offroient également le tableau des sept Esprits adminiftrateurs.

Cette série fondée sur les VII Esprits chefs des chœurs célestes.

Ceux qui étoient perfuadés que le Monde phyfique n'étoit qu'une allégorie, qu'un emblème du Monde intellectuel, donnoient de leur côté à la férie des fept Rois adminiftrateurs, l'origine la plus augufte, une origine toute Divine. La Divinité qui a imprimé par tout l'harmonie feptenaire, voyoit déjà autour de fon trône les fept Efprits céleftes, les fept Archanges qui préfident fous elle à toutes les nombreufes bandes des intelligences angéliques : tel fut, felon eux, le type harmonieux d'après lequel fut difpofé tout ce qui eft matériel : telle fut la fource des couleurs admirables qui font la gloire de la nature, de ces globes qui roulent fur nos têtes, de cette marche finguliere de la Lune qui trace, en caractères de feu, les jours, les femaines & les mois fur la voûte célefte ; de cette harmonie qui regle tout avec une fimplicité & une fécondité étonnantes : tel le Créateur peignit à nos yeux étonnés l'harmonie Divine : tel fut le télefcope à travers lequel ces Sages apperçurent les rapports étonnans & l'origine néceffaire de tous ces objets merveilleux.

Ces idées perdues de vue aujourd'hui.

Quoi qu'il en foit, il eft inconteftable que les modernes, pour s'éloigner des abus qu'on voit chez les anciens à l'égard des nombres, fe font jettés dans une extrémité oppofée, & ont trop négligé l'ufage qu'en fit l'antiquité, & les avantages que nous pourrions en retirer. Peut-être ces objets fe rétabliront-ils dans leur état primitif avec un plus grand fuccès, à mefure que nous nous rapprocherons nous-mêmes des tems primitifs, & de leur belle & noble fimplicité.

AVERTISSEMENT
SUR LES TROIS PIECES QUI SUIVENT.

Au commencement de l'année derniere, M. de la Br. inféra dans le Mercure de France une critique très-ingénieuse contre les explications de l'antiquité qui confiftent dans les étymologies des noms propres; explications en général trop vagues & nullement utiles quand elles ne portent que fur des étymologies. Mais comme cette critique fembloit relative aux grands principes du Monde primitif, deux favans s'empreſſerent à parer le coup.

M. Pr. fit paroître le premier fa réponfe dans le Journal de Paris.

Celle de M. de la D. fut inférée bientôt après dans le Mercure de France.

Nous avons cru devoir réunir ces trois pièces fous un même point de vue : elles font d'ailleurs écrites de maniere à fe faire lire avec intérêt.

Nous rappellerons en même tems ici à nos lecteurs qu'ils auront vu dans le Difcours préliminaire de notre tome VII qui parut alors, les détails dans lefquels nous entrâmes, afin qu'on pût diftinguer toujours les vraies explications de l'antiquité de celles qui ne repofent que fur de fimples étymologies, ou plutôt fur de feuls rapports de noms; & pour empêcher qu'on confondît avec notre marche ordinaire, celle des perfonnes qui fe livreroient trop à celle-ci.

LETTRE
DU F. PAUL, HERMITE,

Insérée dans le Mercure de France, mois de janvier, samedi 29, 1780.

MONSIEUR,

M. COURT de GÉBELIN & M. DUPUIS sont deux savans distingués par leur sagacité & leur savoir immense; j'estime leur érudition, j'honore leurs personnes, & je respecte infiniment les mœurs pures qu'exige une vie consacrée à des études aussi constantes que laborieuses; ainsi ce n'est point d'eux dont il est question dans la lettre suivante, mais d'un de leurs disciples. Il m'a dit des choses si étonnantes, que j'en suis encore tout pénétré, & que depuis l'entretien que j'ai eu avec lui, je suis resté sous le charme de l'enthousiasme.

Il m'a fait connoître l'origine de tous les peuples & de tous les usages; il m'a démontré qu'aucun des personnages de l'antiquité n'avoit existé; qu'aucun des faits transmis par l'Histoire n'étoit arrivé; que tous les livres des anciens n'étoient que des recueils d'énigmes; que tous les événemens qu'ils ont rapportés n'étoient que des allégories; que *Cecrops* signifie œil rond de la terre; ce qui prouve que ce Roi Athénien n'a jamais existé; que ce n'est qu'un emblême du Soleil; que le Roi *Menès* en Egypte, le Roi *Minos* en Crète, le Roi *Mon* en Phrygie, le Roi *Mannus* en Germanie, sont tous des personnages allégoriques, parce que dans une langue qu'on n'a jamais parlé dans aucun de ces pays-là, le mot de *Man* veut dire flambeau; ce qui démontre que tous ces Rois ne sont autres que le Soleil même. J'ai voulu d'abord alléguer qu'en Germanie, en Angleterre & dans tout le Nord, *Man* signifie homme & non flambeau; que de-là, Nor-Man, Norman, homme du Nord : il m'a répondu que *Janus* étoit le Soleil; qu'il avoit épousé

Carmenta, mot dérivé, non de *Carmen*, comme on l'avoit cru, mais de *Carne*, qui vient de *Car*, cornu, & de *Men*, flambeau; qu'il étoit clair que le mariage de *Janus* avec flambeau cornu, n'étoit autre chose que le mariage du Soleil avec la Lune.

Je lui dis que je trouvois l'étymologie aussi vraie que le mariage; frappé de ma conception, il ajouta qu'*Enée* étoit encore le Soleil tout aussi bien qu'Hercule; que ses douze travaux étoient les douze signes du zodiaque. En vain, Monsieur, j'ai voulu faire quelques objections; l'étendue de son savoir m'a fait taire, & la profondeur de son jugement a confondu le mien.

Plein de ces grandes idées, admirant ce travail prodigieux, méditant sans relâche sur ce système, j'en ai senti toute l'importance; j'ai même fait quelques réflexions qui viennent à l'appui de ces grandes découvertes, & qui achevent d'en démontrer la vérité, au point de ne pas laisser le moindre doute à l'incrédule le plus décidé.

Permettez-moi de vous en faire part, je ne remonterai pas bien haut.

Toute l'Histoire du dix huitième siècle est évidemment une allégorie, l'antiquité même n'en fournit point de plus sublime.

Pour la pénétrer, attachons nous à la véritable signification des mots, & nous connoîtrons bientôt la finesse du génie des savans qui ont composé cette allégorie sous le nom d'Histoire, & qui ont désigné tous les phénomènes de la nature sous des emblêmes héroïques; car les savans de ce tems-là vouloient cacher aux peuples la sublimité de leur doctrine afin de les mieux éclairer & de se rendre plus utiles.

Il nous disent que la plupart des Rois de l'Europe descendoient de la maison de Bourbon, de celle d'Autriche ou de celle de Holstein. Pour peu qu'on soit instruit des langues de ce siècle, on est frappé de la ressemblance de ces noms avec des objets terrestres, & l'on voit bientôt ce qu'ils signifient.

La plus célèbre des maisons, celle dont la domination est la plus étendue en Europe & dans tout le globe, est, disent-ils, celle de Bourbon; mais ce n'est point là un nom d'homme, un nom de famille; c'est un nom allégorique qui enseigne que les plus grands Rois de la terre, comme le reste des humains, sont formés de limon, de fange, d'argille détrempée avec un peu d'eau: car dans l'ancienne langue des Francs, c'est ce que signifie ce vieux mot dont on a fait depuis Bourbon. Je ne crois pas qu'il soit possible de trouver une allégorie plus morale & plus conforme à la nature de l'homme. Aussi les savans de ce tems-là avoient-ils eu le bon sens d'affirmer que tel étoit le nom de la famille la plus ancienne & la plus nombreuse des Rois de l'Europe, du Méxique, du Pérou, d'une partie de l'Afrique, des Indes, & des isles de l'Asie.

C'est avec la même évidence que je vous démontrerai que les Rois des isles de l'Ouest, vulgairement nommées isles Britanniques, ne sont point issus originairement de la maison d'Est. Ce n'est qu'une allégorie qu'on a imaginée pour montrer à ces fiers insulaires, sans blesser leur orgueil, qu'ils tirent leur origine de l'Est, du continent qui est à l'est de leurs isles ; & cette allégorie étoit d'autant plus nécessaire que ces insulaires, enfans très-ingrats, n'ont jamais pu souffrir les peuples dont ils descendent.

La maison qu'on appelloit Autriche ou plutôt *Austria*, s'étendoit, disent-ils, de la mer Noire à l'Océan ; mais elle avoit régné en Espagne, en Italie, en Sicile ; elle avoit pensé anéantir la maison de Bourbon. Voilà encore une allégorie bien frappante : *au* n'est qu'un article, une préposition, qui marque le lieu ou le tems, à telle époque, à tel endroit, au jour, au pays. *Stria* vient plus évidemment encore du mot Latin *striare*, *strier*, faire des raies, fendre, séparer, éparpiller. *Austria*, *Autriche*, signifie donc au tems de l'éparpillage, de la séparation. Toute la rivalité de cette maison, toutes ses guerres avec la maison de Bourbon, ne signifient rien, si ce n'est qu'après que les hommes furent sortis de la fange dont ils étoient formés, ils se répandirent, ils s'éparpillèrent dans toute l'Europe, & qu'ils foulèrent aux pieds ce limon dont ils étoient formés.

Les railleurs ont beau contester ; quand on trouve tant de faits qui viennent à l'appui les uns des autres, sur-tout lorsqu'ils se suivent ainsi, & que l'allégorie est juste dans toutes ses parties, il faut finir par se rendre à l'évidence, & par céder à la foule de preuves dont on se sent accabler.

Ce qui acheve de porter ce que j'avance jusqu'à la démonstration, c'est la place que les savans ont assignée à la maison de Holstein.

Il ne faut pas être bien instruit pour savoir que Hol vient de Houle, & que stein dérive ou de *stur*, en Latin, ou de *stad* en Anglois, qui se traduisent par arrêter, demeurer, ou qu'il vient de *stand*, rivage, ou même de *stein*, pierre, en Allemand. Holstein signifie donc houles de la mer, arrêtez-vous ; comme *solstice* signifie Soleil arrête-toi. Aussi les savans nous disent-ils que cette maison régnoit vers le Nord, dans cet endroit où une invasion de l'Océan avoit formé la mer Baltique, les golfes de Finlande & de Bothnie, & peut-être les lacs d'Onéga & de Ladoga. Vous voyez bien que dans le dix-huitième siècle les savans cachoient, sous les emblêmes historiques, tous les phénomènes de la nature.

Ils avoient aussi l'usage de désigner les talens & les révolutions par des emblêmes. Veulent-ils faire entendre que la terre fleurit par une bonne administration? Ils disent que le Ministre de la maison de Bourbon s'appelloit Fleuri. Veulent-ils désigner l'attention qu'on doit apporter à choisir un Ministre dans des tems difficiles? ils disent que ce Ministre se nommoit Choiseul.

Les fables se répandent comme l'eau sur la terre: ils ont appellé leur fabuliste *la Fontaine*: le génie du théâtre tragique a été représenté sous l'emblême d'un oiseau qui parle lentement; ils l'ont nommé *Corneille*. Le goût ne vole point, il germe, il fleurit quand on le cultive; ils ont marqué ces qualités sous le nom de *Racine*. Le mot de *Liesse* ou de *Liere* indique la joie; le génie de la comédie sera donc Moliere. Une grande révolution s'opere-t-elle dans les idées? ils l'attribuent à Newton, c'est-à-dire, nouveau ton, nouvelle maniere de s'énoncer. C'est ainsi que le tems où les idées étoient brouillées, où on les développoit mal, où les erreurs philosophiques combattoient les erreurs populaires, avoit été désigné par un emblême très-juste, & s'étoit appellé *Descartes*.

Pour montrer qu'un Général doit être le boulevard de sa nation, ils vous assurent que leur plus grand Général s'appelloit *Rocher, Saxum, Saxe*. Voilà comme l'Histoire du dix-huitième siècle n'est évidemment qu'une allégorie pour tout homme qui connoît les langues, & qui pénètre la véritable signification des mots.

Ce ne sont pas quelques faits isolés, c'est l'Histoire entière qui le prouve. Plus on approfondira cette matiere, plus on en sera convaincu. La religion, la prédication réforment les cœurs & ouvrent le ciel: c'est le Pere *Neuville* & le Pere *Elisée* qui prêchent; vous voyez bien que ces gens-là n'ont jamais existé. C'est ainsi que l'on nous prouve que *Romulus*, en Italie, dérive du mot Grec Ρωμη, robur, force, & que *Numa* vient de Νομος, Lex, Loi; qu'ils ne sont que des mots allégoriques, & qu'ils ont trop de rapport avec les vertus qu'on attribue à ces deux Rois, pour qu'ils soient effectivement leurs noms. C'est avec un tel argument que je vous démontre qu'*Aristote*, qui vient du Grec Αριστος, *optimus*, très-bon, n'est qu'un personnage idéal; car quel homme s'est jamais appellé *Très-bon*?

Une preuve encore plus frappante que toutes celles que je vous ai données, c'est la sublime allégorie du Roi & des douze Pairs de France. Ils représentent plus évidemment le Soleil & les douze signes du zodiaque, que la fable d'*Hercule* accomplissant ses douze travaux, ou que celle d'*Enée* passant de Phrygie à Carthage, en Sicile, au bord du Tibre. On trouve les six carac-

tères

tères du Soleil dans Énée : on nous prouve que la fyllabe *Her* veut dire Soleil ; mais dans le nom de *Louis*, je trouve à la fois le nom & le caractère de cet Aftre. Lifez ce nom à rebours ; en fupprimant la troifieme & la quatrieme lettre, vous trouverez *Sol :* c'eft bien le nom Latin dont nous avons fait Soleil.

Non feulement, Monfieur, dans ce nom de *Louis*, il y a ce grand caractère, mais on y trouve auffi le mot de *Lois*, parce que le Soleil qui difpenfe au Monde les jours & les Saifons, femble être le Légiflateur de l'Univers. Ce n'eft donc point le hafard qui a raffemblé toutes ces grandes idées dans un mot qu'on nous donne pour un nom d'homme, & qui eft l'emblême du Pere de la Nature.

Les douze Pairs font les douze fignes du Zodiaque, la preuve en eft qu'il y en a fix Laïques & Militaires, répréfentant les fignes d'Eté, pendant lefquels les hommes font la guerre & cultivent les champs ; & fix Eccléfiaftiques & Célibataires ; repréfentant les fignes d'Hiver, pendant lefquels la Nature ceffe d'être productive & animée. Peut-on voir rien de plus jufte ? Et que font auprès de ces allégories, celles *d'œil rond* & *de flambeau cornu ?*

Vous favez, Monfieur, qu'un Savant du fiècle paffé avoit donné aux douze fignes du Zodiaque le nom des douze Apôtres, à la Conftellation d'Andromède, le nom de la Vierge-Marie. Tout fon planifphère étoit tiré de la Légende. Cette idée pieufe a été rejettée par toutes les Académies de l'Europe, & n'en eft pas moins bonne.

Ce mot de douze a toujours défigné les fignes du Zodiaque : les Francs ont toujours été fort attachés à cette idée. Ils ont dit auffi que leur Louis, leur Soleil, avoit toujours eu fes douze *Parlemens*, où il falloit infcrire tout ce qui émanoit de lui : mais vous fentez bien l'allégorie : la lumiere qui émane du Soleil fe répand dans les douze fignes du Zodiaque.

Cela eft fi vrai, cet emblême eft fi jufte, qu'après avoir défigné le Soleil & les douze mois de l'année par le Roi & les douze Pairs ou Parlemens, on a défigné les jours du mois par trente & un grands Gouvernemens Militaires, & les fept jours de la femaine par fept petits Gouvernemens. Il eft vrai qu'on a fait, depuis quelque tems, un trente-deuxieme Gouvernement de la Loraine, comme on ajoûte un jour à une année biffextile ; mais cela ne prouve que mieux la juftefle de l'allégorie : le hafard ne raffemble point tant de chofes.

Que feroit-ce, Monfieur, fi au lieu de me borner à ces allégories frappantes, je voulois m'armer de toutes les reffources de la Grammaire ; décompofer les mots, les réduire à la valeur des fyllabes primitives ? je vous démontrerois

Diff. Tom. I. K k k

que *Paris* n'a jamais existé; que ce n'est que l'emblême de ce que doit être la Capitale d'un Empire.

Paris vient évidemment du Latin *Par* & du Grec πυρ, qui n'ont point du tout la même signification ; mais c'est en cela que l'allégorie est admirable ! Le premier signifie égal ; & le second veut dire feu : ce qui fait entendre clairement qu'une Capitale doit être comme un feu toujours égal, qui, situé au centre de l'Etat, en éclaire & en échauffe toutes les parties. C'est ainsi, Monsieur, que Bordeaux ne signifie que le bord des eaux, comme *Rochefort*, la *Rochelle*, le *Havre*, *Calais*, caler, couler bas, sont des noms allégoriques. Ici, Monsieur, il s'offre à ma vue un horison si vaste, une foule de preuves si prodigieuses, qu'il m'est impossible de les indiquer dans une seule Lettre.

Je vous prie, Monsieur, d'insérer la mienne dans votre Journal, parce que je suis bien aise d'apprendre à l'Univers que c'est moi qui ai découvert toutes ces belles choses, après avoir étudié profondément les Ecrits des Savans ci-dessus nommés, & leurs admirables Disciples.

Je ne doute pas que si ces Messieurs eussent poussé leurs recherches jusqu'au dix-huitieme siècle, ils n'eussent trouvé tout ce que j'ai découvert, & beaucoup d'autres choses encore : mais enfin, comme c'est moi qui, le premier, en ai conçu l'idée, je suis bien aise que votre Journal atteste la date du jour où m'est venue une pensée si lumineuse & si incontestablement vraie.

Je suis bien aise encore, Monsieur, que la postérité apprenne, pour l'intérêt de notre gloire, que le même Siècle qui a produit l'Esprit des Loix, l'Histoire Générale, l'Histoire Naturelle, l'Emile, l'Encyclopédie, a produit l'interprétation de toutes les énigmes de l'Antiquité.

Je ne dois pas non plus laisser ignorer à l'Univers que j'ai pénétré dans une matinée toutes les allégories que renferme cette Lettre, & même un grand nombre d'autres, afin qu'on soit bien convaincu que quand j'aurai médité cette idée féconde pendant vingt ou trente années ; que j'aurai dépouillé toutes les Grammaires des Langues du Nord, & les mots Celtiques ou Bas-Bretons, arrachés par Bullet, en 1754, à l'oubli total où cette Langue étoit tombée depuis vingt Siècles ; que j'aurai épuisé ce que M. Anquetil & quelques Savans Anglois nous ont appris du *Hanscrit* & du *Pelhvi*, & que j'aurai comparé ce que j'en sais avec ce que je sais de la Langue Chinoise & de la Langue Tartare, & avec les figures hiéroglyphiques des pyramides d'Egypte, & avec les lettres de l'Alphabet Palmyrenien, que nous devons aux travaux de M. Barthelemi, je serai en état de jetter du jour sur cet important sujet, de composer douze ou quinze volumes *in-folio*, & sur-tout que je serai parvenu à croire moi-même tout ce que j'aurai imaginé.

J'ai l'honneur d'être, Monsieur, avec un très-profond respect,

Votre très-humble, &c.

Le frere PAUL, Hermite de Paris.

P. S. N'allez pas croire, Monsieur, que ce nom n'est qu'une allégorie, & que je n'ai jamais existé, parce que le Grec παυλα est plus convenable à la tranquillité d'un Hermite qu'à l'activité d'un Apôtre : je puis vous certifier que j'existe très-réellement.

O rêves des Savans ! ô chimères profondes !

comme dit notre grand & immortel Voltaire, homme véritablement docte, dont la vaste imagination n'égara jamais le jugement. Les Erudits se trompent quelquefois ; il n'est pas trop bien de s'en moquer : il n'est pas donné à tout le monde de s'égarer comme eux ; & moi, moi qui parle ici, je serois bien fier si j'avois la science des Hommes dont j'ai amplifié le système.

REPONSE

A LA LETTRE DU F. PAUL,

Insérée dans le Journal de Paris, N°. 40, le Mercredi 9 Février 1780,
(*par M. Pr.*)

SOUFFREZ, Monsieur, qu'en admirant la rare fécondité de votre génie, qui d'une seule plaisanterie fait la matiere de douze pages, je vous propose avec modestie deux réflexions qui m'ont frappé à la lecture de votre Lettre. Vous attaquez le système de M. C. de Gebelin avec l'arme du ridicule, ce système est exposé dans un grand & savant Ouvrage, que peu de personnes sont en état de bien lire & de bien juger. Ouvrage rempli de recherches, le fruit d'une étude immense & d'un travail sur l'Antiquité utile & précieux, lors même que cette hypothèse seroit une pure chimere ; mais est-elle une chimere ? c'est-là, Monsieur, ce que vous croyez pouvoir décider par une plaisanterie, un peu longue à la vérité, mais qui n'en est pas plus concluante.

Au dix huitieme Siècle, dites-vous, l'on ne parloit que par allégorie : Bourbon n'est point un nom de Famille : c'est un nom allégorique ; la Fontaine, Corneille, Racine, Louis, &c. sont aussi des noms allégoriques.

Permettez-moi de vous dire que vous confondez des choses très distinctes, l'Histoire & la Mythologie. Quand on nous parle du vieux Saturne qui mange ses propres enfans, & qui avale une pierre au lieu de son fils Jupiter ; quand on nous dit qu'Atrée, entr'autres prodiges, fit rétrograder le Soleil ; il est permis, je crois, quelque respect qu'on doive à l'Histoire, de quelque fonds de crédulité que l'on puisse être pourvu ; il est permis, dis je, de douter de la vérité de ces faits là. Sont-ils faux ou allégoriques ? Qui a pu les imaginer ? ils choquent la vraisemblance. Qui a pu les persuader aux hommes ? Si toute la Mythologie n'est que le fruit d'une imagination déréglée, d'où vient l'accord entre celles des différens Peuples ? S'il est prouvé que les Egyptiens ont exprimé par des signes emblêmatiques, les vertus & les qualités morales, la force & la puissance de la Nature ; si le Calendrier des anciens Peuples est chargé de figures symbolyques, dont nous voyons encore subsister les traces dans l'Astronomie moderne, n'est il pas naturel de penser que l'allégorie, ce voile élégant de la vérité, a pu s'étendre aux objets de la Religion & de la Mythologie Payenne ? Je ne vois là rien qui puisse justifier le ridicule que vous voulez jetter sur un système vaste & brillant.

Si l'on me donnoit Gulliver pour l'Histoire véritable d'un Voyageur du dix-huitieme Siècle, me défendriez-vous de douter de son existence, & d'envoyer à Liliput ses Commentateurs historiques ?

J'ai l'honneur d'être, &c.

P. S. Quelqu'heureuse que soit à vos yeux l'idée qui vous a mis la plume à la main, je crois, Monsieur, devoir vous prévenir qu'elle n'a pas le mérite de la nouveauté, & que M. de Gébelin a eu occasion d'y répondre (1).

---

(1) Voyez Monde Primitif, Tome III, Réponse à un Anonyme, page 41.

LETTRE
DE FRERE PACOME,

Hermite de la Forêt de Sénars,

A FRERE PAUL, HERMITE DE PARIS,

En réponse à celle qu'il a fait inférer relativement à l'Ouvrage intitulé : le Monde Primitif. (Par M. de la D. tirée du Mercure de France, 26 Février 1780.

FRERE PAUL,

Je n'aime pas trop les malices, mais j'approuve la gaîté. On peut être tout à la fois Censeur, Hermite, & jovial. Je suis Hermite comme un autre, & je sais me dérider à propos Il n'en est pas ainsi de ces hommes tristement laborieux, qui osent fouiller la mine de nos connoissances, remonter jusqu'à leur source, déblaïer les ruines de l'Antiquité, interroger des monumens presque toujours muets, exprimer leur vrai langage, interpréter jusqu'à leur silence, juger de ce qui n'est plus par ce qui est, en un mot contraindre en quelque sorte, la main du Tems de rétablir ce qu'elle avoit pris soin d'effacer ; ces gens là, dis-je, ne sont pas plus enclins à rire que le Sigismond de la vie est un Songe. Hé bien ! direz-vous, rions pour eux, & même à leurs dépens : soit. Diogene s'amusoit à rouler son tonneau, tandis que d'autres Citoyens poussoient péniblement la brouette pour relever les murs d'Athènes.

Mais, à travers tant de gaîté, je cherche aussi quelque lueur de raison. Il ne suffit pas de fronder un Livre uniquement parce qu'il est du format *in*-4°. ou même *in folio*, il faut encore démontrer qu'il n'est pas utile ; & s'il a réussi, (comme le Monde Primitif par exemple) malgré l'étendue qu'il a déjà, & celle qu'il promet d'avoir encore, c'est une preuve nouvelle de ce qu'il vaut : c'étoit une épreuve de plus à subir, un obstacle de plus à surmonter. Croyez-vous, Frere Paul, qu'une Diatribe de douze pages puisse ébranler ce vaste Edifice Littéraire ? Seroit-il bien vrai que vous préférassiez la lettre à l'esprit de la Fable ? Croyez vous que Saturne ait mangé ses Enfans, & que la bonne Rhéa soit parvenue à lui faire croire que des pierres bien ou mal assaisonnées, étoient encore un mets de la même espece? Croyez-vous que Jupiter se soit fait Taureau pour enlever Europe, Cygne pour tromper Léda, Monnoie pour séduire Danaé ? Croyez vous que pour repeupler le Monde, Deucalion & Pyrrha n'eussent pu imaginer d'autres moyens que de jetter des cailloux par-dessus leurs épaules ? Croyez-vous que Persée ait emprunté les talonieres de Mercure pour délivrer Andromede? que Bellérophon ait usé du même expédient, ou d'un autre d'égale force, pour combattre la Chimere ? Croyez-vous à la Chimere ? Croyez-vous qu'Hercule se soit montré si obéissant envers Euristhée, qu'il pouvoit traiter comme Cacus ? Croyez-vous qu'il ait nétoyé les étables d'Augias, réuni l'Océan à la Méditerranée, attaqué une Nation entiere pour conquérir une ceinture ?....! Et les cinquante Filles de Thestius rendues meres en une même nuit ?... Ah! Frere Paul!.... Frere Paul! ... croiriez-vous donc à ces prodiges-là ? Ce n'est pas tout : voyez de combien d'horreurs aussi incroyables que dégoutantes, l'Ouvrage de M. Court de Gébelin débarrasse l'Histoire Primitive! Voyez disparoître la ridicule & monstrueuse aventure de Pasiphaé ; le hideux Minautaure ; le tribut scandaleux que Minos exigeoit en faveur de ce monstre. Ne soyez plus étonné si l'on vous parle d'un Cécrops à deux têtes, d'un Cerbere à trois, d'un Janus à deux faces, d'un Romulus fils de Mars, allaité par une louve, & qui tue son frere pour une plaisanterie d'Ecolier, après quoi rien ne lui manque pour devenir un Dieu, &c. &c. Le mot est placé au bout de l'Enigme, & M. Court de Gébelin est l'Œdipe qui a trouvé ce mot. Tout s'éclaircit, tout se simplifie par sa méthode; elle ramene tout à l'ordre naturel; & il y auroit, sans doute, un peu d'humeur à trouver mauvais qu'on nous y ramenât. Après tout, je vois d'où vient votre erreur : vous avouez ne connoître le systême de l'Auteur du Monde Primitif que sur le rapport d'un de ses Disciples, c'est dans l'Ouvrage même qu'il faut l'étudier. Vous y verrez que l'étymologie n'est point la base de ce systême : elle n'y figure qu'à titre d'accessoire & par surabondance, comme les hors-d'œuvres dans un festin.

De plus, l'Auteur du Monde Primitif n'employe aucune de celles que vous lui attribuez dans votre Lettre. Il ne dit nulle part que Janus, ou le Soleil, épou-

LETTRE DE FRERE PACOME.

fa *Flambeau cornu*, &c. Vous glissez sur les étymologies dont l'identité est palpable, & dont la découverte n'est due qu'à lui ; vous lui en prêtez de ridicules ; cette rubrique n'est pas neuve, & paroîtra toujours commode à la critique. Mais qu'en peut-il résulter : Que ne trouvant point dans l'Ouvrage censuré le ridicule que le Censeur a cru y voir, on le cherche & on le trouve ailleurs.

J'avouerai pourtant que j'aime votre Parodie ; elle est plaisante ; mais ce n'est pas la premiere fois qu'on a parodié plaisamment un bon Ouvrage. On ne révoquera jamais en doute l'existence de la Maison de Bourbon ; ses Fastes n'offrent rien qui passe les limites de toute vraisemblance. On y verroit plus d'un Héros de cette race illustre commander à la Victoire ; un autre obligé de conquérir son Royaume, pardonner à tous ceux qu'il a soumis ; un Louis XIV faisant prendre à la Nation qu'il gouverne un essor envié, admiré de toutes les autres, sans pouvoir être imité par aucune ; enfin Louis XVI, à peine dans son cinquieme lustre, réparant les fautes, les malheurs, les abus de deux longs Regnes, & préparant avec autant de fermeté que de sagesse la gloire & le bonheur du sien. Tout cela est grand, tout cela est sublime, je l'avoue ; mais aucun de ces faits ne sort de la classe des possibilités. Si, au contraire, on attribuoit au Connétable de Bourbon, qui eut l'ame & le génie de César, ou au grand Condé qui eut l'audace & l'impétuosité d'Alexandre, les impraticables travaux dont la Fable gratifie Hercule ; si l'on ajoûtoit qu'Henri IV, à l'exemple de Thésée, descendit aux Enfers pour en arracher Sully & caresser Proserpine ; si l'on disoit enfin que Louis XIV, nouveau Lycaon, dévoroit ceux à qui il donnoit l'hospitalité, & payoit mal Apollon & Neptune, qui travailloient aux murs de son Parc pour gagner de quoi vivre ; avouez-le, Frere Paul, il faudroit chercher un autre sens à ce récit, ou risquer en l'adoptant de n'avoir pas soi même le sens commun.

Je vois que vous regrettez la Fable : je la regrette quelquefois aussi ; mais nous sommes nés sous le regne tardif de la raison ; il faut écrire & parler son langage. Vous le parlez si bien quand vous frondez nos travers ! Peut-être vaut-il encore mieux, en bon Hermite, cultiver & manger ses racines. Laissons M. Court de Gébelin défricher les Déserts de l'Empire Savant ; les fruits utiles que son travail fait éclore, se trouvassent-ils mêlés de quelques plantes hétérogènes, peu nous importe ; c'est toujours autant de conquis sur la nature brûte. Je n'ai point l'honneur d'être Disciple de ce profond Ecrivain ; mais je respecte fes lumieres, fon courage, fa conftance & fon extrême fagacité. Je ne fuis qu'un fimple Hermite comme vous, encore moins favant que vous, encore moins curieux de le paroître, & je vous quitte pour reprendre ma bêche & mon rateau.

Je fuis, avec toute la cordialité qu'infpire le renoncement aux vanités humaines, très-cher Frere & Confrère PAUL,

Votre &c. Frere PACÔME, Hermite de la Forêt de Sénars.

LETTRE
SUR LE MOT *WAR*,
A l'Auteur du Journal Littéraire de Luxembourg.

MONSIEUR,

EN annonçant dans un de vos Journaux les Origines Françoises qui forment le cinquieme Volume du Monde Primitif, vous vous êtes arrêté sur ce passage du Discours Préliminaire où je dis « que du mot primitif VER, qui désignoit » l'eau, nom resté dans les fleuves appellés aujourd'hui *VAR*, *Varmo*, *Varna*, » *Verefis*, *Vero*, *Vir*; *Vire*, que de ce mot dériva celui de VÉRITÉ, parce » que l'eau étant, par sa clarté & par sa limpidité, le miroir des corps ou des » êtres physiques, la VÉRITÉ est également le miroir des idées ou des êtres » intellectuels, & leur représentation d'une maniere aussi fidelle, aussi nette, » aussi claire que la représentation des corps par l'eau; & que c'est par cette » raison que le Latin VERus signifioit sincere, net, réel ».

Non-seulement vous avez douté du rapport annoncé entre VAR, eau, & la VÉRITÉ, mais vous semblez avancer que VAR n'a jamais signifié eau, & que vous l'avez inutilement cherché dans la Langue Hongroise, où VAR signifie *ville* & non *eau*.

Sensible à la bonne foi avec laquelle vous dites que vous avez cherché ce mot dans la Langue Hongroise, & sans m'arrêter à ce que pourroit présenter de louche cette espèce d'affectation de citer cette Langue, comme si dans le Monde Primitif on s'en étoit appuyé nommément, ou comme si un mot devroit être exclus des primitifs, parce qu'il ne se trouveroit pas dans une Langue quelconque, je vais reprendre les diverses significations qu'offre cette idée, & prouver :

1°. Que VAR est le nom d'un grand nombre de fleuves, rivieres, fontaines.

2°. Que c'est un des noms primitifs de l'eau, existant encore en diverses Langues, & même dans cette Langue Hongroise où vous n'avez pu le trouver.

Dissert. Tom. I.

3°. Qu'il est la racine physique dont on s'est servi pour peindre l'idée métaphysique de la VÉRITÉ, & qu'il étoit peut-être impossible d'en choisir une plus convenable, plus juste.

Aimant la vérité, comme vous faites, vous ne refuserez pas de me suivre dans cette discussion, & de l'inférer dans votre Journal, afin de dissiper les doutes que pourroit avoir causé innocemment votre Extrait au sujet des Principes sur lesquels est élevé le Monde Primitif, & dont votre propre expérience vous aura fait voir la simplicité, la certitude & l'utilité dont ils sont pour l'étude des Langues, & leur supériorité sur tous les autres principes relatifs à cette étude, & sur toutes les méthodes qu'on avoit employées jusques ici.

ARTICLE I.

Le mot de VAR, ou WAR, nom d'un grand nombre de Rivieres.

Une des preuves qui démontrent, selon le Monde Primitif, que le mot VAR signifie *eau*, c'est le grand nombre de rivieres qui portent ce nom. Peu touché de cette preuve, vous avez préféré d'ouvrir le Dictionnaire Hongrois, où vous avez trouvé que WAR signifioit *Ville, Citadelle*: mais de ce que le mot WAR ne signifieroit pas *eau* dans la Langue Hongroise, s'en suivroit-il qu'il n'auroit pas cette signification dans les Langues Celtiques, infiniment plus anciennes en Europe que celle des Hongrois? Est-ce dans le Dictionnaire de cette derniere Langue que tout homme sensé ira chercher l'origine des anciens noms de l'Europe? Et a-t-on jamais pû penser à faire dépendre la masse des mots primitifs, même un seul d'entr'eux, d'une seule Langue?

Il y a plus; les noms de lieux forment un Dictionnaire très-juste & très-net, indépendant de tout Dictionnaire écrit; ceux-ci sont souvent relatifs à des Langues fort postérieures à celles de ces noms; souvent ils ont laissé échapper des masses entieres de mots primitifs: on ne peut donc juger l'un par l'autre.

Tout ce qu'on en peut conclure en faveur des Dictionnaires écrits, c'est que plus ils fourniront de mots relatifs aux noms des lieux d'une contrée, plus ils auront conservé des traces de la Langue qu'on y parla primitivement.

Tout ceci est fondé sur ce principe certain, que dans l'origine les noms de lieux furent toujours imposés d'une maniere pittoresque & analogue à la nature de l'objet qu'on avoit à nommer, ou que les noms ne furent jamais que des épithètes qui peignoient les qualités des objets.

En voyant le grand nombre de Rivieres qui portent le nom de VAR, on ne pourra douter qu'il ne fût un mot existant dans la Langue des anciens

LETTRE SUR LE MOT *WAR*.   451

habitans de l'Europe, & qu'il ne fût relatif à l'eau, puisqu'on l'appliquoit à tant de Rivieres.

Mais pour reconnoître ce mot, il faut convenir auparavant que la voyelle forte s'est souvent affoiblie en E ou en I, comme cela est arrivé à tout mot primitif, & qu'il s'est uni avec d'autres noms de Rivieres, tels que *AM*, *VAN*, *ACH*, *NEISS*, *ON*, lorsqu'on l'a pris pour un nom propre.

Voici le nom de plusieurs de ces Rivieres :

Le VAR, riviere qui sépare la Provence de l'Italie, *mot-à-mot*, le fleuve.

VAR-*amus*, fleuve d'Italie chez les Venetes.

VAR-*anus*, lac de la Capitanate.

VAR-VAN*e*, fontaine de la Brie.

VAR-VAN*e*, ou BAR-BAN*e*, aujourd'hui VER-BAN*o*, riviere de l'Illyrie.

WAR-WACZ,
VIORZ*a*, } rivieres voisines de celle là.

VAR-D*ari*, ou BAR-*darus*, aujourd'hui VAR-*dar*, riv. de la Turquie. Elle vient de la Bulgarie.

WAR-*de*, riviere du Dannemarck dans le Jutland.

Le WARF, riviere d'Angleterre.

WAR-*micus*, WIR*m*, ou WOR*ms*, riv. du Duché de Juliers.

WAR-*na*, riv. de la Romanie en Turquie.

WAR-*ne*, riv. du Northumberland en Angleterre.

WAR-*ne*, riv. du Duché de Mecklimbourg.

BAR-*dalach*, riv. de Moldavie.

HI-BAR, lac, riviere, vallée & ville dans la Servie.

WAR-*ta*, riv. de Pologne.

VER, riv. de Calabre.

VER*e*, riv. de Bulgarie.

WER*e*, riv. d'Angleterre dans la Province de Durham.

VER*o*, riv. d'Espagne.

WER*o*, lac & ville de la Carinthie.

VER-*don*, riv. de Provence.

VER*a*,
VER*ia*, } riv. de la Lombardie, & qui se jettent dans le Pô.

VER-BAN*us*, le lac Majeur : *mot-à-mot*, la grande eau, le grand lac. Lac majeur en est la traduction littérale.

VER-*esis*, riv. du Latium.

VER-*gellus*, riv. d'Italie près de Cannes.

LII ij

VER-*onis*, riv. du Duché de Rezan en Ruffie.
WER-*nitz*, riv. de Franconie.
WER *tach*, riv. de Souabe.
WERR*a*, nom du Wefer en Weftphalie, dans la plus grande partie de fon cours.
WERR*e*, riv. de Lorraine.
WERR*a*, riv. de la Thuringe.
VER-*na*-DUR*um*, riv. de la Gaule Narbonnoife.
VER-*Suy*, riv. & ville du Pays de Gex.
A-VEIR-*ou*, riv. du Languedoc.
A-BER, lac d'Ecoffe.
Le VEYR*on*, en Suiffe.
VIR, riv. de l'Efpagne Tarraconoife.
WIR*e*, riv. d'Angleterre.
VIR*e*, riv. de Normandie.
VIR*one*, riv. du même Pays dans le Cotentin.
VIR*bius*, riv. de Laconie.
WIR*m*, riv. & lac de Bavière.

Et un grand nombre d'autres en WAR, en BAR, ou moins aifés à reconnoître.

Mais n'omettons pas celles qui furent appellées BI-EVRE, ou BI-BER, BI-VER, parce qu'elles étoient habitées par des Caftors dont le nom Celtique étoit BI-BER, mot que les Latins altérerent en FI-BER; telles,

La BIE-VR*e* ou la riviere des Gobelins à Paris.
La BIE VR*e*, riv. du Dauphiné.
BI BER
BI-BER*en* Bach, ou le ruiffeau des Bibers. } En Suiffe.

BEVERS & l'eau de la vallée des BIEVR*es* dans l'Engaddine en Suiffe.
BE VER, quatre riv. de ce nom en Weftphalie.
BIE-BER, une riv. de ce nom dans chacun de ces Pays, Franconie, Palatinat, Souabe, Wetteravie, Darmftad.

Et fi le Caftor fut appellé *BI-Ber* par les Celtes, *FI.-Ber* par les Latins, ce fut avec raifon, puifque ce nom formé de *Vi*, vivre, & de VAR, eau, fignifioit *animal qui vit dans l'eau*, & peignoit parfaitement ce quadrupede amphibie.

Pour vous ôter tout doute d'ailleurs, Mr fur le changement continuel de V en F, & d'A en E, permettez que je vous en donne un exemple frappant que vous pourrez d'autant moins récuser qu'il est pris à votre porte : il se rapporte au mot *VAN* qui, associé à celui de VAR, a fait les noms de VARVANE.

Vous savez qu'entre les Duchés de Luxembourg & de Limbourg, & dans l'Evêché de Liége, il existe des restes de ces anciens marais si célèbres dans les Gaules, & qui servoient, au besoin, d'asyle aux Nations qui les habitoient.

Les uns sont appellés en Flamand *Das Hoghe VEEN*, & en François les Hauts VAGNES, Marais.

Les autres, ceux de l'Evêché de Liége ou du Marquisat de Franchimont, le grand FAIGNE.

Vous voyez donc ici dans le même Canton le même nom écrit F & V, les *Vagnes*, le *Faigne*.

Vous y voyez également la voyelle A changée en AI & en EE.

Et de plus la finale primitive N devenue GN dans le patois Vallon.

Exemple d'autant plus intéressant qu'il vous fait voir en même tems la vérité de ce principe, que tout nom Celtique ou Antique fut toujours significatif. Si j'avois besoin de le prouver ici, le nom même de la ville de Luxembourg d'où vous publiez votre Journal en seroit une preuve incontestable. Vous voyez qu'il est composé de deux mots, dont l'un très-connu, BOURG, qui signifie *habitation élevée*, & dont l'autre très-inconnu, *Luxem*, rentre dans la classe de ceux dont s'occupe le Monde Primitif : mais il est lui-même un nom Celtique commun à un grand nombre de lieux, très-significatif & très-bien assorti à la situation de ces lieux.

Toute la portion antique de la ville de Luxembourg est bâtie sur une hauteur & presqu'environnée de rochers ; c'est précisément ce que désigne son nom, *LUX-EM*, habitation sur des rochers, au bord d'une riviere. LUX, LUG, signifie en Langue Celtique élévation, rocher ; il se forma du primitif LO, LOH, LAW (Origin. Fr. 634) qui signifie grand, tout ce qui s'apperçoit de loin, & qui appartient à toute Langue.

De-là, LUG DUNUM, ancien nom de Lyon, qu'on a toujours traduit ridiculement, parce qu'on ignoroit la vraie valeur de ce mot Celte.

De-là, *Lussan*, village du Languedoc, & *Lucens* en Suisse, perchés sur des hauteurs considérables.

C'est de là que se forma le Latin Luxus, qui signifie *mot-à-mot*, grande dépense, prodigalité, action de s'élever au-dessus des autres par sa dépense.

Il en est de même du nom de LIM-BOURG ; il tient au Celtique LAM, LEM, LIM, bois, forêt, (*voy*. Orig. Franç. p. 626). Cette ville encore aujourd'hui environnée de forêts, fut bâtie à une des extrémités de la vaste forêt des Ardennes.

J'aime à prendre ainsi mes exemples de près. Ils en font plus fenfibles. Ceux-ci vous prouvent qu'il n'eft aucune Contrée en Europe qui ne puiffe concourir à démontrer la certitude des Principes du Monde Primitif.

Il n'eft pas jufqu'au nom de la forêt des ARDENNES qui ne foit Celtique. Ce mot fignifie *Forêt*; j'en ai parlé dans le *Difc. Prélim. des Orig. Franç.* p. XXI. Il forma le nom de cette vafte forêt qui traverfoit la Germanie, & qu'on appelloit HARTZ-CYN ou HER-CYNIA, nom dont perfonne n'a connu l'origine, pas même le Savant WACTER, & qui vient manifeftement de ARD, HARD, forêt, & de KUN, vafte, puiffant.

C'eft également de ce mot que s'eft formé le nom que la *Transylvanie* porte dans la Langue Hongroife, où elle s'appelle ERD-*eli*, ou la forêt ERD, ayant cette fignification en Hongrois; ce qui eft le même nom que celui des ARDENNES; avec cette différence, que ARD s'eft adouci en ERD.

Ceci nous ramene à la Langue Hongroife où vous n'avez pas trouvé le mot WAR, eau, ni dans aucune autre Langue, & c'eft le fecond Article que j'ai à prouver.

II.

WAR, Eau, dans toute Langue, même dans la Hongroife.

Ne foyez pas furpris, Mr. que j'aye vu dans la Langue Hongroife un mot que vous n'avez pu y trouver, & n'en concluez pas que j'ai les yeux fafcinés par le merveilleux de l'Etymologie, ou que j'imagine des rapports là où il n'y a rien de pareil : concluez plutôt qu'il exifte une fcience étymologique dont on n'avoit pu reconnoître les principes; infiniment intéreffante en ce qu'elle rétablit le rapport de tous les Peuples, de toutes les Langues, & qu'elle anime tous les mots; qu'elle y met une vie, une expreffion dont ils étoient totalement privés; qui feule peut les rendre précieux & infiniment utiles, en ce qu'elle abrége prodigieufement l'Etude des Langues. C'eft de cette fcience dont je veux vous rendre le défenfeur, vous, fait pour la connoître, & qui êtes à la tête d'un de ces Ouvrages deftinés a répandre les grandes vérités & à les faire germer dans la tête de quiconque aime à s'inftruire.

Afin que vous puiffiez appercevoir comme moi dans la Langue Hongroife le radical WAR fignifiant *Eau*, ayez la complaifance de remarquer, 1°. que la lettre V fe confond fans ceffe dans la prononciation avec les lettres F & B : le F Allemand fe prononce comme le V François, & leur V comme le F François.

B, chez les Grecs modernes ainfi que chez les Gafcons, en V : & V devient B pour eux.

LETTRE SUR LE MOT *WAR*.

Tous les mots radicaux en V font écrits chez les Hébreux en B, parce qu'ils ne favent ce que c'eft que V à la tête d'un mot : mais auffi ce B prend chez eux la prononciation tantôt d'un B, tantôt d'un V. J'ai fait voir dans les Origines du Langage & de l'Ecriture, une multitude d'exemples pareils & inconteftables, dans notre propre langue où nous avons changé une foule de B & de P Latins en V & en F, difant, par exemple, *Gouv*erner au lieu de *Gub*ernare ; *ch*ef, de *Cap*ut ; *Ch*eval, de *Cab*alus, &c. 2°. Souvenez-vous encore, que la voyelle A fe change fans ceffe en E.

D'après ces principes, ouvrez avec moi ces mêmes Dictionnaires Hongrois qui ne vous difoient rien, & vous y trouverez ces familles dérivées de VAR, eau.

FER*idem*, je lave.

FER*ido*, FOR*do*, bain, chef d'une famille nombreufe.

FOR*to*, lac ; 2°. marais ; 3°. fange ; 4°. lac de Hongrie.

VER*em*, VER*om*, foffe, foffé, lagune.

F & V changés continuellement en M, ont produit également ces mots Hongrois :

MER*ules*, immerfion.

MER*ulni*, être plongé, être fubmergé ; mots qui tiennent au Latin,

MER*go*, plonger.

MER*gus*, plongeon.

IM-MER*fio*, immerfion, *mot-à-mot*, action de plonger.

Je ferois même fort tenté de croire que ce changement de V en M a dénaturé les noms de quelques Rivieres, & que c'eft à cette même famille qu'il faut rapporter le MAR*och*, riviere de Hongrie, & le MAR*oz* & MEIR*a*, riv. du pays de Chiavenne en Suiffe.

Cette Famille exifte en nature dans la Langue Illyrienne, Mere de l'Efclavonne. Là,

BAR*a* fignifie foffé, marais, lagunes.

BAR*aizl*, marécageux, où il y a des foffés, des lagunes.

Elle a formé le mot Polonois.

WAR*t*, le fil de l'eau, le fort d'un fleuve.

Et le Flamand, VAAR*t*, le fil de l'eau, le courant, 2°. navigation.

Tous ces mots tiennent à l'Oriental ;

BAR, VAR, BER ; 1°. puits ; 2°. fource d'eau ; 3°. clair, limpide, lumineux.

BUR, BOR, VOR, foffe, citerne, réfervoir.

B*a*R, V*a*R, 1°. pur, net ; 2°. favon, qui lave & nettoye.

En Phrygien B*ê*R, qui, felon E*tienne* de Byfance, fignifioit un puits. C'eft l'Arabe B*ir*, puits.

L'Irlandois, B*ir*, puits, eau.

En Indien, B*a*R*a*, eau, mer, qui fe prononçant enfuite en deux fyllabes, eft devenu,

P*oh*a*R*a, fontaine, fource, puits ; de même que l'Hébreu B*a*R s'eft prononcé avec le tems,

B*ae*R, B*eh*eR, &c.

En Ecoffois, V*a*R*a*, fleuve.

Il en eft de même dans les autres Dialectes Celtiques & Theutons.

B*er*, B*or*, B*ro*, B*ru*, fignifient dans tous, eau, fontaine, fource, &c.

Angl. B*ourn*, fontaine, fource. Franç. P*runna*.
Flam. B*orn*, B*ron*.   Allem. B*runn*.
Suéd. B*runn*.   Valdois, Borné.
Crimée, B*runna*.   Grec, B*ru*ein, fourdre, jaillir.

B*or*, B*oro*, limon, boue, qui tient à nos mots *Bourbe*, *Bourbier*, lefquels appartiennent à la Famille B*ar*, B*er*, B*or*, eau, (Orig. Franç. col. 148).

En voilà, je penfe, plus qu'il ne faut pour conftater l'exiftence du mot V*ar*, eau, fa qualité de Primitif, & qu'il a donné des dérivés à une multitude de Langues. Il eft ainfi une preuve que les Langues de toutes les Nations ne font que les débris d'une feule, prife dans la Nature & clef de tous les mots.

Je conviens avec vous, Mr. que ce mot W*ar*, dans fa prononciation forte, fignifie *ville* dans la Langue Hongroife, tandis qu'il n'y fignifie *eau* qu'avec fa prononciation foible F*er* & V*er*.

Mais puifque vous me mettez fur cet article, permettez que je vous faffe voir, 1°. que le mot W*ar* ne fignifia *ville* que parce qu'il fignifioit déjà *eau* ; 2°. que tous les noms de villes de la Hongrie, dans lefquels entre le mot W*ar*, font tous fitués dans des lacs ou fur des rivieres.

Vous conviendrez fans peine, Mr. que les hommes eurent l'idée de l'eau long-tems avant que d'avoir celle des villes, & que par conféquent ces deux mots V*ar* fignifiant eau & ville, celui-ci fut très-certainement poftérieur à l'autre.

Mais l'eau eft de premier befoin pour l'homme ; on commença donc toujours par s'établir le long des eaux : ainfi les noms des premieres habitations durent toujours être relatifs aux eaux : & ils le furent effectivement, comme il ne feroit pas difficile de le prouver.

Ces

Ces eaux servirent encore de défense aux premiers hommes pour se mettre à couvert eux & leurs possessions des animaux sauvages ou des peuples coureurs, car ou ils se réfugierent dans les cantons appellés *isles*, parce qu'elles sont environnées d'eaux de toutes parts, ou ils s'en formerent d'artificielles en creusant autour d'eux de grands fossés où ils faisoient couler les eaux.

Ainsi l'eau qui étoit déjà pour eux un objet de subsistance, leur devint un objet de défense, de sûreté, de rempart; dès-lors toute habitation devint un WAR, un fort, où l'eau les mettoit à couvert de tout danger.

Et une multitude d'habitations pareilles furent également appellées WAR, ville.

Cette marche, conforme à la nature des choses, est confirmée par la langue Persane, où le mot BAR signifie tout à-la-fois eau, eau de pluie, réservoir d'eau & ville.

Or, ce mot BAR est précisément le même que VAR, de l'aveu des savans Hongrois eux-mêmes, nommément du savant Georges MOLLNAR dans ses vues sur la langue Hongroise.

Jettons maintenant les yeux sur la carte de la Hongrie, nous y verrons cette double signification de VAR, réunie en une seule, par la situation sur les eaux de tous les lieux dans les noms desquels entre ce mot.

WAR-*asdin*, est situé dans un lac de même que VI-WAR & *Sala*-WAR.
Le grand VAR*adin* est situé sur une riviere.
Le petit VAR-*adin*, dans des marais.
UNG-WAR est dans le lac d'Ung.
Temes-WAR, sur le petit Temes.
Aba vi-WAR, sur une riviere.
Ja-WAR-*in*, ou Raab, au confluent du Raab & d'un bras du Danube.
Walko-WAR, sur une riviere.
S. Georges-WAR*a*, sur la Drave.
Colos-WAR, sur le petit Samos.
Sas-VAR*os*, sur le Maroch.

Il en est de même dans la Transylvanie.

SEGES-WAR } sont sur des rivieres.
UD-VAR-*Hey*, }

De simples villages, situés sur des rivieres, y prennent aussi le nom de VAR: tels Feld-*Var*, Miklos-*Var*; *Var*-Gios, Miko-*War*, &c.

Diss. Tom. I.

On trouve également ces noms en VAR sur les côtes & au nord de la mer Noire.

La ville & la riviere de VAR-*na*, au midi des bouches du Danube.

Tomis VAR, entre Varra & ses bouches; VAR-*Nitza*, sur le Dnestr aux portes de Bender; tandis que de l'autre côté, près des bords de la mer Adriatique, on voit des rivieres appellées VAR-*Vanes*, WAR-*Wacz*, VIORZA, &c.

On trouve encore d'autres noms qui se ressemblent dans ces deux extrémités des vastes pays qu'arrose le Danube.

Près des sources du Rhône est le lac *Leman*, mot-à-mot, *grande eau*, & sur les bords de la mer Noire, aux bouches du Dnestr, on voit un golfe, espece de lac, appelé *Ovidi Liman*, le lac d'Ovide, de ce Poëte aimable qu'Auguste relégua dans les déserts de la Sarmatie.

Près de là, un autre lac appellé *Murtaza Liman*, & plus au midi, pas loin de Constantinople, un grand golfe, appelé *Limani-FOROS*.

Tout ceci prouve que dans l'origine, depuis l'Helvétie ou le nord de la mer Adriatique jusqu'à la mer Noire, & depuis la Sarmatie jusqu'à la Grèce, on ne parla qu'une seule & même langue, dialecte Celtique, fort approchante de la Phrygienne, & conservée en grande partie dans les langues Esclavonne & Hongroise, parlées aujourd'hui dans ces mêmes contrées qu'on appella autrefois Pannonie, Thrace & Illyrie. Il est vrai que dans le cœur de cette vaste région, cette langue s'est confondue avec celles des peuples qui en dépossédèrent les anciens habitans ; mais les noms semblables conservés aux deux extrémités, attestent hautement, comme nous venons de le dire, que là on parla dans l'origine une langue unique.

Quant à la ville de *Tomis-Var*, si peu éloignée des lieux habités par Ovide, je ne doute pas que ce ne soit la ville même de *Tomis* dans laquelle ce Poëte fut relégué, & qu'il dit avoir été bâtie par les Grecs ; il en existe encore des médailles intéressantes.

LETTRE SUR LE MOT *WAR*.
III.

VAR, eau, source du mot VAR, vérité.

Nous venons de voir comment du mot VAR naquit le mot VAR, ville; sera-t-il plus difficile de faire voir qu'on en forma le mot VAR, vérité?

Dans tous les tems on n'a pas eu des miroirs artificiels pour se regarder: mais dans tous les tems on s'est miré dans les eaux; elles étoient donc un miroir donné aux hommes par la nature? C'est ce miroir toujours vrai, jamais menteur, qui donna lieu à la fable du vieux Nérée qui ne mentit jamais, qui dit toujours vrai, chantée autrefois par Hésiode, & qui avoit intrigué tous les interprètes, tous les critiques, jusqu'à ce que le Monde primitif fît voir que c'étoit une allusion au miroir naturel que fournissent les eaux, & que Phèdre lui-même appella *speculum lympharum*.

Ainsi dans tous les tems les idées d'eaux, de miroir & de vérité, furent incorporées ensemble & conduisirent de l'une à l'autre; il fut donc très-naturel que le nom de l'une devînt le nom des autres.

De VAR, eau, on fit donc en Celte Theuton, WAR, vrai, vérité; les Latins l'adoucirent en VER*us*, vrai, VER*itas*, vérité.

Les Latins pour peindre la troisième idée associée à celles-là, changerent encore V en M, d'où MEIR, MIR, voir, regarder, d'où nos mots MIR*er*, MI*roir*; tandis que les Theutons, les Hongrois, &c. conservant la racine primitive, en firent WAR*en*, voir.

WART, guérite, lieu d'observation, &c. source immense de dérivés. Tandis que,

BAR, BER, signifioit en Hébreu clair, manifeste, certain.

BAR en Theuton, clair, certain, incontestable.

BAR*en*, manifester, mettre au jour.

BAIR*h* chez les Goths, clair, brillant, manifeste.

Aussi peignit-on sans cesse la VÉR*ité* comme un miroir qui peint les choses telles qu'elles sont, qui les représente au naturel & très-fidellement; aussi est-elle sans cesse armée d'un miroir.

Tout se réunit donc pour démontrer que ceux qui assignerent le mot VER à la peinture exacte & fidelle des idées, n'en pouvoient choisir un plus animé, plus sensible, plus pittoresque, plus philosophique, en même tems qu'étroitement lié au physique, & à la langue primitive parlée dans le tems où on en fit une aussi brillante application.

Ainſi, Monſieur, ne vous en prenez pas à moi, ſi les idées de Vérité, de miroir & d'eau, ont été étroitement liées entr'elles & déſignées par le même mot : je ne fais qu'être l'interprète de la nature & des langues : la tâche eſt belle autant que longue & difficile ; mais avec de la conſtance de quoi ne vient-on pas à bout ? & quoique j'aie encore, à la vérité, bien du chemin à parcourir, j'eſpere que dans le centre où je ſuis placé & d'où j'apperçois une ſi grande maſſe de vérités utiles & intéreſſantes, je ne pourrai jamais m'égarer ſenſiblement, je ne rencontrerai jamais de difficultés qui m'obligent à m'arrêter en chemin.

Vous-même, Monſieur, je vous invite à examiner de près ces grandes vérités ; à conſidérer les avantages ineſtimables qui en peuvent réſulter, & à inviter les hommes à les adopter, non comme l'ouvrage d'une belle & ingénieuſe imagination, mais comme le miroir fidele & vrai des opérations de la nature & du génie des humains.

POT,

Famille primitive qui signifie ÉLEVÉ, PUISSANT.

Nous avons souvent eu occasion de parler de cette famille, mais toujours par parcelles; nous croyons donc faire plaisir à nos lecteurs en rassemblant ici ces membres dispersés : par leur réunion, ils en acquerront une toute autre force : on en aura une idée beaucoup plus avantageuse. On sera étonné de la fécondité de cette famille ; on admirera qu'elle ait pu fournir tant de mots à tant de peuples éclairés & savans ; qu'elle ait formé tant de noms de lieux ; qu'elle ait figuré dans tant de noms allégoriques ; & de même que les langues ne sont cultivées qu'à proportion des lumieres qu'on peut y puiser, cette famille de mots deviendra recommandable entre toutes par ses influences & par les lumieres qui en résulteront sur nombre d'objets intéressans.

Mais afin qu'on puisse nous suivre sans peine dans le labyrinthe de ses mots, on doit observer qu'afin de pouvoir l'appliquer à un plus grand nombre d'objets, on lui a fait subir les diverses modifications qu'éprouve en pareil cas toute racine primitive.

1°. On en a varié sans cesse la voyelle, en le prononçant PAT, PET, PIT, POT, PUT, suivant l'exigence du cas.

2°. On a changé sa consonne T en D, S, SS, Tch.

3°. On l'a fait précéder de la sifflante, SPAT, SPES, SPISS.

4°. On l'a nasalée en PONT, ainsi que cela arrive à tous les mots radicaux. Par exemple,

Had, *main*, devient Hand, } en Allemand.
Lat, *pays*, Land,

Tag, *toucher*, Tango, } en Latin.
Pag, *affermir*, Pango,

Lab, prendre, Lambano, } en Grec.
Math, enseigner, Manthano,

En François même nous disons mesure & incom-mensurable.

Rompre & Rupture : Trape & Tromper.

Principes que nous avons développés dans un très-grand détail dans nos origines du langage & de l'écriture, & sans lesquels il est impossible de répandre quelque lumiere sur les rapports des mots ; ces principes faisant une partie fondamentale des élémens du langage & de l'étude des langues.

POT, PUISSANT.

I.

NOMS ALLÉGORIQUES.

Si quelque objet fut digne d'être appellé d'un nom formé de la racine dont nous nous occupons ici, c'est certainement la masse immense des eaux. Aussi les Grecs ne s'oublierent pas à cet égard ; & afin de rendre ce mot plus sonore, plus rapproché du mugissement des eaux qu'ils vouloient nommer, ils le nasalerent ; de-là :

1. PonT-*os*, la mer, les grosses eaux, les eaux bruyantes.

2. Dans leur style allégorique, ils en firent PONT*us*, le Dieu de la mer ; ils le firent fils de Nérée ou des eaux, & pere de Poséidon ou Neptune. C'est ce que nous avons vu dans nos allégories Orientales.

3. POSEIDON, nom de Neptune, est lui-même formé de la même racine POT. Ce mot doit s'écrire POT-SEIDON. Ce dernier mot signifie *Pêcherie*, le premier *grand* ; c'est donc le Dieu des grandes eaux poissonneuses, le Dieu des grands poissons.

NÉRÉE, PONTUS & POSEIDON ou NEPTUNE, ces trois Dieux marins de Sanchoniaton, ajoutent donc tous quelque chose à l'idée des eaux. *Nérée*, peint l'eau mobile. *Pontus*, l'eau mugissante, *Poseidon*, l'eau, demeure des énormes baleines & autres monstres marins.

4. Ce mot changeant *o* en *e*, entra dans le nom de JA-PET ou Japhet, un des six fils d'Uranus & de Ghé ; il le désignoit comme un grand propriétaire, comme ayant une grande étendue de domination, idée constante qu'offre le nom de Japet.

Cet Uranus & sa femme Ghé, eurent donc six fils & six filles ; mais l'un est le ciel l'autre la terre : ils représentent donc le Monde avec ses révolutions, composées de douze mois ou de six Soleils & de six Lunes, gouvernés par six grands Dieux & par six grandes Déesses, ces douze grands Dieux des Romains dont l'origine intrigua toujours si fort les hommes.

II.

NOMS SACRÉS.

Cette famille dut fournir des noms à la religion ou au culte public ; de-là le mot Grec :

POT*nios*, vénérable, pour *Pot-en-ios*, celui qui est élevé en majesté, en sublimité.

Ce mot en se nasalant, forma également

PONT*i*-FEX, Pontife, celui qui dirige les choses sacrées, les choses dignes de la plus grande vénération. Aussi fut-il bien nommé de *Fex*, qui fait, & POT ou PONT, choses élevées. On voit par-là combien étoit ridicule l'étymologie qui en faisoit des constructeurs de ponts, parce, disoit-on, qu'ils étoient obligés d'entretenir à Rome le Pont-Sublicius.

III.

NOM DES FLEUVES.

1°.

POT, associé en Grec au mot AM, eau, forma le mot
POT-AM*os*, riviere, fleuve : d'où MESO POTAMIE, au milieu des eaux.
PONT*us*, fleuve de Macédoine.
POT*entia*, riviere d'Italie.
Prononcé BOD en Celte, il forma,
BOD*incus*, le Pô, le plus grand fleuve de l'Italie.
BOD*incus* LAC*us*, le lac de Constance en Suisse.

2°.

Ce nom devint ensuite celui des villes situées sur des fleuves.
POT*entia*, ville d'Italie sur la riviere du même nom.
PAT-AV*ium*, Padoue, mot-à-mot, ville sur une grande eau.

IV.

Noms de montagnes & de villes sur des montagnes ou dans des abîmes.

POD désigna chez les Celtes des montagnes élevées en forme de pic, & des lieux placés sur ces sortes de montagnes : les Latins ajoutant une terminaison à ce mot, en firent POD*ium* : de-là,

P*odium*, le Puy en Velay.
PO*dium*-CEL*sum*, Puyceley en Albigeois.
PO*dium* LAUR*entii*, Puylaurens en Albigeois.
POD*ium*-NAUTER*ium*, Penautier, diocèse de Carcassonne.

Pod*ium*-Sor*i*-*Guer*, Puy-Salquier, près de Béziers.
Pod*ium*-Ferr*andi*, Puy Ferrand en Auvergne.
Pod-Ea*cia*, la Puyſaye, pays de montagnes dans l'Auxerrois.
La Roche-Pot, mot-à-mot, la grande Roche, la plus haute montagne ſur le chemin de Lyon à Fontainebleau.
Pot*entia*, ville ſur de hautes montagnes de la Baſilicate au Royaume de Naples.
Pot*es*, ville des Aſturies en Eſpagne.
Pod*ius*-Cere-Tan*us*, Puy-Cerda en Eſpagne, au pied des montagnes dans la Ser-Dagne, *mot-à-mot*, pays de montagnes.

Ce mot s'altéra en Poet, Pui; de-là:

Poet Lav*al*, en Dauphiné.
Puides, en Bourgogne ſur une montagne.
Poug*ues*, dans le Nivernois, au pied d'une montagne avec des eaux minérales.
Puy-de-Dome, la plus haute montagne de l'Auvergne.
Puy Bel*iard*, ſur une montagne du Poitou.
Puech-d'Uſſelou, montagne entre le Quercy & le Limouſin.

Les Grecs prononçant ce mot Pud ou Pyd, en firent:

Pyd*ius*, fleuve de Troade.
Pyd*es*, ville & fleuve de Piſidie.
Pydn*a*, montagne de Crète ou Pitn*a*.
Pydn*a*, ville & colline de Phrygie.
Pyt*hia*, lieu de Bithynie rempli de ſources d'eaux chaudes.
Pyt*hicus*, fleuve de l'Aſie mineure.
Pyt*hos*, fleuve de Carie.
Pyt*ho* Pol*is*, ville ſur ce fleuve, &c. &c.

Le Ponthieu, diſtrict le plus occidental de la Picardie, eſt appuyé ſur la mer, & ſe rapporte eſſentiellement à cette famille; ſoit, comme on l'a cru, qu'il ait dû ſon nom à la quantité de ponts qu'on y voyoit, ce qui a l'air d'une fable, ſoit plutôt qu'il le doive à ſa ſituation ſur le pont ou la mer.

V.

CHATEAU.

Les Italiens ayant changé ce mot en Pogg*io*, pour déſigner les lieux élevés, les montagnes, il s'eſt tranſmis à divers châteaux; entr'autres au ſuivant.

Le

POT, PUISSANT.

Le Poggio, Bourg de Toscane, remarquable par un Palais du Grand-Duc, bâti sur une Colline, est digne de la curiosité des Etrangers. Il fut commencé par Laurent de Médicis le Magnifique, Pere de Léon X. On y voit de superbes Peintures, peut-être encore une belle Ménagerie, de magnifiques allées, &c. Voici ce qu'en dit M. Guys (1).

« Le Poggio, qui est sur la hauteur, jouit de la vue de la plus belle
» Campagne du Monde, & de Montagnes toutes vertes, parsemées de
» maisons jusqu'à l'Apennin. Ce Palais est vaste, & il est encore meublé des
» Tableaux des meilleurs Maîtres, de Bustes & de Statues Grecques, &
» d'une quantité d'Idoles en bronze, qui sont dans un Cabinet. On y admire
» la Venus du Titien... un Adonis... de Michel Ange... les anciens Por-
» traits de Laure & de Petrarque... je ne finirois point... On descend avec
» plaisir pour se reposer dans un très-beau Jardin rempli d'orangers.

VI.

PONT, PUITS, POT, &c.

De cette Famille se formerent plusieurs dérivés intéressans.

1. POT, vase creux & profond : d'où le Grec
   PIT*hos*, Tonneau,
   PIT*aknê* & P*hidaknê*, petit Tonneau.
   PUT*inê*, vâse revêtu d'osier.
   PIT*Hus* & PIT*Heus*, nom d'un Bourg de l'Attique, parce que ses Habitans étoient ouvriers en Tonneaux.

2. Puits, en Latin PUT*eus*, eau profonde : d'où plusieurs noms de lieux tels que
   PUTEOL*i*, ou Pouzzols, en Italie, lieu abondant en sources.

3. PAT*ella*, en Latin, coupe, vase; d'où poële à frire.
   PAT*ena*, coupe, d'où patène.

Un nom mythologique se rapporte à cette branche, c'est celui de LAPITHES, les Ennemis des Centaures : nous avons vu dans ce Volume qu'ils désignent les Vendangeurs, les Vignerons, ceux qui boivent le jus des Tonneaux, & qu'il est composé des deux mots LAP & PIT*h*.

4. PONT, en Latin PONS, PONT*e*; les Ponts sont élevés sur les eaux, &

---

(1) Voyag. d'Italie, Lett. XVII.

par leur moyen on passe par-dessus les eaux.

Nombre de noms de lieux en sont dérivés : tels que

P ons, en Saintonge, avec plusieurs Ponts sur la Seigne.

P ont-Audemer, en Normandie.

P ont-a-Mousson, en Lorraine.

P ont-Saint-Esprit sur le Rhône.

P ont-Saint-Nicolas bâti par les Romains, sur le Gardon près d'Uzès.

P ont-ARLier, sur le Doux, en Franche-Comté.

P ont-Oise, à cause de son Pont sur l'Oise.

En Italie plusieurs lieux en sont appellés P onte.

P ont-Eba, sur la Fella, aux frontières d'Autriche & d'Italie. D'un côté du Pont, la Ville est absolument Italienne ; de l'autre, toute Allemande.

VII.

P o t, Puissant.

Ici se rapporte une nombreuse Famille Latine, Françoise, &c. désignant le pouvoir, la puissance.

1. Pot-*est*, en Latin, il peut.

Poss*um*, au lieu de Pot-Sum, je suis puissant, je peux.

Pot*entia*, la qualité d'être puissant : la P uissance.

Pot*is*, haut, élevé, qui a du pouvoir.

2. Pot*ior*, je suis jouissant : je suis Maître d'un bien.

3. Poss-Ibilis, doué de la propriété de pouvoir, être possible.

4. Possideo, avoir la puissance, posséder.

On voit que les François ont changé cette syllabe Pot, en *peut*, *puis*, *poss*, *pouv*, il peut, je puis, possible, pouvoir.

Ils en firent anciennement *poste*, *poêste*, puissance.

De-là encore Pot*entat* ; & en Italien, P od-esta, le Chef dans diverses Villes.

De-là, une Famille Grecque célèbre :

Des-Pote, le Maître, le Seigneur.

Des-Pot*isme*, l'autorité du Maître absolu.

Ce mot est formé en effet de Pot ou Spot, puissant, précédé de l'article *The* : ou de Pot, puissant, & *Thés*, Esclave, celui qui ne voit que des Esclaves à ses pieds : idée qui répond au mieux au mot Despote.

Et le François, Ap-Puy, en Italien Ap-Poggio, ce qui sert pour le soutien.

VIII.

DÉRIVÉS Moraux.

Les Grecs appliquant ce mot à la force morale, en firent,
1. POTHos, defir, amour extrême, ce qui nous entraîne avec une force presqu'irréfiftible.
2. Les Latins, de leur côté, nafalant cette fyllabe, & la faifant précéder de la fifflante, en firent un mot dont l'origine étoit abfolument inconnue.

   SPONTIS, puiffance propre, liberté pleine & entière.

   Homo SPONT*is fuœ*, homme de fa propre puiffance, qui ne dépend que de foi.

   SPONT*aneus*, qui fe fait par fa propre puiffance, d'où notre mot SPONTANÉ.
3. De POT, vafe, les Grecs formerent,

   SPOND*eion*, en Latin SPOND*eum*, vafe pour les Sacrifices.

   SPONDé, libation, engagement à la face des Dieux au pied des Autels.
4. D'où le Latin,

   SPONS*io*, engagement, promeffe, fur-tout celle de deux Epoux.

   SPONS*o*, fiancer; SPONS*us*, Epoux.
5. RE-SP*o*ND*eo*, fe lier à fon tour, répondre aux promeffes par une pareille.
6. SPONDÉE, pied de deux fyllabes longues; foit que ce nom vienne de POT, long, pefant; foit qu'il vienne de SPONDÉé, libation, pour indiquer un vers ufité dans les grandes Cérémonies.
7. PASS*io*, paffion, fouffrance.

   PAT*ior*, fouffrir, pâtir.

   PAT*ientia*, patience, action de fouffrir.

   Gr. PAT*heo*, fouffrir: PAT*hé*, fouffrance: d'où,

   PAT*hétique*, qui émeut les paffions.

IX.

CHAPEAU DE MERCURE.

Mercure étoit repréfenté avec un Chapeau à larges bords rabattus; les Grecs l'appellerent par cette raifon PET*afos*, en Latin PET*afus*, d'où le François PET*afe*.

X.

ETENDUE.

Ce mot tient à une branche très-nombreuse relative à l'étendue.

En Hébreu, PATHE; en Grec, PETao; en Latin, PATeo, avoir de l'étendue, étendre, s'étendre, &c : de-là :

En Grec, 1. PETaomai, déployer ses ailes voler.

PETalos, étendu.

PETauros, perche pour les poules.

2. SPAThés, Tissu & toute sa nombreuse Famille.

3. PITys, sapin, arbre élevé, d'où,

PITYUSES, deux Isles voisines de Minorque, qui durent leur nom aux pins dont elles étoient couvertes : on les appelle aujourd'hui Yviça & Frumentaria.

PYTIS, m-à-m. le Pin, Ville de Carie.

PYTEIA, Ville de la Troade, au pied d'une montagne couverte de pins, au rapport de Strabon.

PYTIO-NESE ou l'Isle des pins, vis-à-vis Epidaure sur la côte du Péloponèse.

PITTa, planche, ais.

PITTaca, cohorte, bande nombreuse, étendue.

En Latin, 1. PATeo, être étendu, être ouvert, clair, découvert, &c.

PATulus, large, étendu.

PETasites, la grande bardane aux feuilles étendues.

2. PAssus, étendu.

PANDO, étendre, déployer, ouvrir.

PANSa, qui a de larges pieds.

PANTex, ventre, partie du corps qui se distend.

3. PETO, tendre la main, demander, rechercher; d'où en François o-pter, ap petit, PÉTition, &c.

A cette Famille se rapportent en François,

PATente, mot-à-mot, ce qui doit se développer, se montrer à tous.

PALLier, étendue entre les marches; de Patulus.

XI.

FAMILLES LATINES ET FRANÇOISES.

1. SPATium, espace, l'étendue.
2. SPATula, spatule.

XII.

FAMILLES GRECQUE, LATINE ET FRANÇOISE.

1. PETRa, en Grec & en Latin, Rocher, Pierre : en François, Pierre.
2. SPIDés, en Grec, SPIssus, en Latin prononcé SPEIssus ; EPais en François.
3. SPASMa, en Grec & en latin, SPASME, contraction, arrachement.

XIII.

FAMILLE CELTIQUE.

PAD, en Celte, gras ; en Oriental, FAD, gras, abondant ; en Anglois, FAT ; en Allemand, FETT, graisse : d'où,
AF-FATim, en abondance.

XIV.

FAMILLES GRECQUES.

S-PHONDRos, fort, roide, véhément.
S-PHONDylos, & S-PONDylos, épine du dos.
PHEIDomai, ménager, entasser, n'user pas.
PHUTon, Plante, & sa Famille immense.

XV.

FAMILLES LATINES.

PEDum, houlette ; 2°. échalas ; du même PAT, plante ;
PEDo, échalasser.
PUL-PITum, pupitre, *mot-à-mot*, élevé sur un pied.
PUTare, approfondir, creuser, caver un objet, un sujet ; d'où,
Dif-PUTer, Im PUTer, Ré-PUTer, &c.
PUTare, élaguer, tailler, rogner, ôter le superflu.

XVI.

Enfin, à ces Familles nombreuses tient celle de
PODos, en Grec, les pieds ; en Latin, PEDes ; en François, PIEDS ;
Anglois, FOOT, &c, &c.
Ils sont la base étendue, large, sur laquelle s'élève le corps entier.
PATTe, en François, est une branche du même mot.

XVII.

FAMILLE DÉGRADÉE.

Ce mot s'eſt également pris dans un ſens moral, pour déſigner une femme inſatiable dans ſes deſirs effrénés : il exiſte en Italien, dans le vieux François, &c ; mais cette Famille s'eſt tellement dégradée, qu'on s'abſtient même de la prononcer en aucune manière.

XVIII.

MOTS AMÉRICAINS.

Ce mot traverſant les Mers ſe retrouve dans diverſes Langues d'Amérique, avec les idées de grandeur, contenance, élévation ; même avec celle de penſée ou de profondeur dans l'eſprit.

1°. Poutaome, en Algonquin, faire chaudiere.

Buta, dans le Chily, grand.

Putz, en Méxicain, offre la même idée avec la terminaiſon méxicaine li ; & joint au primitif Hid, Wit, le tems, il eſt devenu le mot Witzli-Puizli, nom de la Divinité Suprême : m-à-m. le Seigneur des tems.

Apoto, en Caraïbe, grand, gros, enflé.

A-bou-Pouton, pied.

2°. Pouto, en Taïtien, bleſſer, couper : Epouto, bleſſure, coupure.

Na-Puitagoni, inciſion, Puitacoua-banna, fais-moi une inciſion.

Toutes ces idées ſe trouvent dans ces mots Péruviens,

1. Pata, banc de pierre : Pata-Pata, eſcalier.

Par-Pa, groſſe plume, aile : le Feder des Allemands.

Patarani, doubler une choſe : Patmani, la couper en deux.

Pataraſca, choſe doublée : Patmaſca, choſe coupée en deux.

Puti, coffre, c'eſt un grand contenant.

2. Puticoc, homme qui penſe, qui approfondit, qui ſonde.

Puticoni, être penſif, être enſeveli profondément dans ſes penſées.

On retrouve donc ici le Putare des Latins qui ſignifie également couper & penſer, ſe replier dans la profondeur de l'eſprit : ainſi les deux hémiſphères réuniſſent aux mêmes ſons les mêmes idées, & les mêmes manières de les modifier.

OBSERVATIONS

Sur *l'Interprétation des Fables Allégoriques de l'Antiquité*, relativement au MONDE-PRIMITIF de M. DE GÉBELIN. Par M. B***.

LES Obfervations que nous avons faites fur la difpofition & fur la nature des couches de la terre, nous ont fait voir de la manière la plus évidente & la plus fenfible les preuves des terribles & nombreufes révolutions qu'a effuyé la malheureufe Planette que nous habitons. Si les Hiftoriens de l'Antiquité paroiffent avoir gardé le filence fur ces anciennes cataftrophes, nous ne devons pas en être furpris, Les hommes qui ont échappé à tant d'horribles défaftres, ont dû être bien plus occupés pendant les premiers fiécles qui les ont fuivis, à chercher une fubfiftance dure & laborieufe, & à pourvoir à leur extrême mifere, qu'à tenir des journaux de ces triftes années, pour en faire paffer les dates & les détails à leur poftérité. Joignons à ces motifs la négligence des anciens monumens, & l'oubli où l'on étoit tombé fur les Caractères & fur l'Ecriture fymbolique des premières générations du monde réparé, telles font les raifons du filence des Hiftoriens fur ces actes les plus intéreffans de l'Hiftoire ancienne de la Nature.

Le fouvenir de ces malheurs n'a pu cependant s'effacer totalement de la mémoire des hommes; ces événemens ont été trop univerfels & trop terribles, pour n'avoir pas affecté le Genre humain d'une manière finguliere & profonde. En effet, lorfque les Nations ont commencé à refpirer & à fe reconnoître fur la terre, & lorfque la Nature a ceffé de les effrayer & de les perfécuter, elles ont dreffé des monumens, établi des ufages, perpétué des traditions, confervé des fables & des fymboles, inftitué des cérémonies religieufes & commémoratives qui en auroient dû entretenir perpétuellement les hommes, fi elles ne s'étoient pas corrompues ou altérées par la fucceffion des tems, & par les révolutions auxquelles les inftitutions humaines font auffi fujettes que celles de la Nature. En examinant avec une attention fuivie l'enchaînement, l'accord & les rapports de tous ces monumens phyfiques & moraux, on ne peut voir fans étonnement & fans admiration que les lumières qui en réfultent conduisent au plus vaste champ de connoissance qui se soit encore présenté à l'esprit humain. Le savant Auteur du Monde Primitif vient d'entrer avec le plus grand succès dans cette immense carrière. Il seroit à désirer que dans le cours de cet admirable Ouvrage, il voulût joindre aux preuves que lui a fourni l'Etymologie des mots, celles que lui fourniroient encore les traditions & usages des Peuples, & les révolutions physiques du Globe terrestre. Il semble qu'il donneroit par-là une nouvelle force à la vérité des explications déjà si lumineuses qu'il donne des Symboles, des Allégories, des Hiéroglyphes & des Fables de l'Antiquité.

Quelques exemples pourront faire reconnoître aisément les rapports frappans qui se trouvent entre les Etymologies des mots employés dans tous ces symboles, non-seulement avec l'invention & les opérations de l'Agriculture & de l'Astronomie, comme l'a si bien démontré notre Auteur; mais encore avec les révolutions affreuses & diverses qu'a essuyé notre Globe, & dont le souvenir s'est perdu dans l'éloignement des siécles, mais dont les preuves les plus évidentes sont & seront pour jamais conservées dans la structure même de la terre. Personne ne peut mieux que cet estimable Auteur réunir tous ces rapports, les présenter dans tout leur jour, & leur donner la même force & la même clarté qui régne dans le premier Volume de son excellent Ouvrage qui en fait attendre la suite avec le plus grand empressement.

L'exil du premier homme de la Genêse hors d'un lieu de délices, & le Chérubin armé d'une épée de feu qui lui en défendit l'entrée, a été regardé par plusieurs Interprètes comme l'emblême & le symbole d'un embrâsement opéré par l'ordre de la Divinité, & qui contraignit l'homme de sortir de son séjour, pour aller vivre dans une terre maudite, d'une façon pénible & laborieuse. On voit par-là un rapport évident entre les traditions intéressantes & augustes des Hébreux & les monumens de la Nature.

On ne peut méconnoître dans la Création turbulente de Sanchoniaton, l'analogie avec ces mêmes monumens : il en est de même de cette autre tradition du même Auteur; que les Enfans de Protogonus, brûlés dans la Phénicie par les ardeurs du Soleil leverent les mains vers le Ciel pour en être délivrés. Anecdote qui se concilie avec la tradition de l'Historien Josephe qui rapporte que les Enfans de Seth ayant prévu que le monde périroit par l'eau & par le feu, érigerent des colonnes pour en instruire les races futures, & leur faire passer les observations astronomiques qu'ils avoient faites.

La correspondance de ces traditions sur les événemens des premiers âges connus du Monde, ne peut avoir d'autre source que les maux réels de la

Nature

Nature, dont l'ordre & le genre de tant de monumens nous inftruifent.

Il paroît que c'eft du reffentiment obfcur & confus qui eft refté des malheurs du Monde, qu'eft forti cette attente univerfelle de tous les Peuples, que le Monde finiroit par le feu ; dogme confacré par toutes les Religions.

Ajoutons à ces traditions ce que les Annales Egyptiennes nous difent de ces longs régnes de Vulcain & de Vefta avant Menès leur premier Roi, ce qui ne peut fignifier que le régne du feu, dont ces deux fauffes divinités n'étoient originairement que les fymboles, & l'embrâfement du Monde après lequel les hommes commencerent à fe réunir & à former des Sociétés tranquilles & réglées ; le régne de Menès ne fignifiant en effet que le régne des réglemens & de la police. (*Voyez* Menès dans les Allégories Orientales, pag. 143 & 144.

C'étoit vraifemblablement pour la même raifon commémorative que le Temple de Vulcain en Égypte étoit le plus ancien de tous les Temples des autres Dieux.

Vers les premiers tems connus de l'Hiftoire de la Chine, fous le régne d'Yao, qui, felon les Hiftoriens de cette Contrée, régnoit vers l'an 2357, avant l'Ere vulgaire, ce qui eft à peu près l'époque du déluge de Moyfe felon le Texte Hébreu, les Chinois placent une anecdote qui a encore un rapport vifible aux anciennes révolutions caufées par le feu. Le Soleil y fut, dit-on, dix jours fans fe coucher, d'où réfulta une fi prodigieufe chaleur que toutes les Nations appréhenderent l'embrâfement du monde.

Les Péruviens qui avoient affez bien confervé quelques détails du déluge, parlent encore d'une révolution toute contraire & d'une autre nature, arrivée long-tems avant le régne de leur Dieu *Pachacamac*. *Choun* qui conduifoit l'Univers avant lui, s'étant un jour mis en colere convertit toute la Contrée du Pérou, qui étoit alors très-fertile, en un fable aride. Il arrêta les pluies, & ferma les fources & les fontaines, fufpendit le cours des rivieres, & deffécha les plantes ; ce qui rendit les Péruviens miférables. Ce Dieu *Choun*, difent-ils, étoit un homme extraordinaire, fans os & fans mufcles, qui abaiffoit les montagnes, combloit les vallées, & fe faifoit des chemins par des lieux inacceffibles. Par où il eft aifé de conjecturer que ce prétendu Dieu n'a été que le vent, la tempête & l'orage perfonnifiés en Amérique, comme M. Pluche & M. Court de Gébelin ont démontré que tous les anciens Symboles ont été perfonnifiés en Afie.

Les Pyrénées n'ont reçu leur nom que pour conferver à la poftérité le fouvenir du feu dont elles furent embrâfées. C'eft fans doute d'après quelques événemens semblables, qu'à été formée la fable des Mufes qui demanderent des aîles à Jupiter pour fe fauver de chez le Tyran *Pyrénée* qui les perfécutoit, quoiqu'elles ne fe fuffent retirées chez lui que pour y trouver un afyle. En faifant attention que le mot *Mufe* fignifie *fauvé des eaux*, (Hift. du Ciel, Tom. I. p. 282) on verra que cette Hiftoire allégorique ne peut fignifier autre chofe que les habitans de la terre échappés aux inondations en fe fauvant fur les montagnes, & qui enfuite furent obligés d'y implorer le fecours du Ciel, parce que ces montagnes les perfécuterent à leur tour par les volcans qui s'y ouvrirent, & les feux dont elles furent embrâfées. Telle étoit fans doute la malheureufe deftinée des hommes dans ces fiècles de défolation, d'être pourfuivis par le feu dans les lieux élevés, & d'être chaffés des lieux bas par les inondations.

Le Phyficien attentif trouvera dans tous les lieux de la terre des preuves inconteftables de ces différentes révolutions.

Si les neuf Mufes, repréfentées par neuf Ifis chez les Égyptiens, étoient chez ce peuple les fymboles des neuf mois pendant lefquels l'Egypte étoit délivrée des inondations du Nil, fuivant M. Pluche; ou que, fuivant M. Court de Gébelin, elles fuffent les fymboles des neuf mois pendant lefquels on peut travailler à la terre, comme les trois Graces repréfentoient les trois mois de repos & de divertiffement du laboureur; leur Hiftoire allégorique n'en fera pas moins relative à ces grandes révolutions phyfiques de la terre, pendant lefquelles les travaux de la campagne étoient néceffairement & alternativement abandonnés, tantôt dans les pays de montagnes par les embrâfemens, tantôt dans les plaines par les inondations.

Plufieurs Contrées de la terre ne tiennent leurs noms que des anciens événemens de la Nature; ainfi la Géographie phyfique ne doit point négliger d'approfondir les étymologies & les racines des dénominations des anciennes Régions & des anciennes Villes; M. de Gébelin en prouve bien les avantages.

Privé des connoiffances néceffaires fur les anciennes Langues, je rapporterai d'après de bons Auteurs les Étymologies des noms de quelques Contrées, par lefquelles nous verrons les rapports de ces noms avec les événemens qui y ont donné lieu, & la nature du fol de ces Contrées.

L'Angleterre, fuivant le Dictionnaire de la Langue Bretonne, a été autrefois appéllée *Tanet* par fes habitans, nom qui dans l'ancienne Langue de ces Infulaires, & dans la Langue actuelle de la Bretagne, fignifie encore *feu*; nom qui a dû autrefois convenir parfaitement à cette Ifle fi remplie de veftiges du feu comme le prouvent fes abondantes & nombreufes mines de Charbon.

SUR L'INTERPRÉTATION DES FABLES.

Le Mont Ararat, fur lequel les traditions portent que les hommes se sauverent hors du Déluge, fignifie *malediction du tremblement*, ou *terre maudite du tremblement*. Cette affreufe montagne eft encore par fes débris un des grands monumens naturels des défaftres de l'Arménie.

C'eft fur-tout dans la Phénicie que l'on trouve de ces noms commémoratifs. *Philifta*, & plus rudement *Paleftina*, fignifie *confperfa cinere*, Contrée couverte de cendres. Damas, en Hébreu Damefec, *fimilitudo incendii*, l'image de l'incendie. Gomorrhe, de *Gomar*, confumer, & de *Gumera*, charbon ; nom bien analogue à la conftitution de cette Région, & à la pofition de cette ancienne Ville.

On pourroit peut-être penfer à l'égard de cette ville, qu'elle ne tire ce nom commémoratif que de l'embrâfement qu'elle a fouffert du tems d'Abraham : mais on doit remarquer que cette ville eft connue fous ce nom dans l'Écriture avant qu'il foit queftion de fa deftruction, & qu'il y eft même dit avant qu'elle arrivât, que cette ville & fes environs avoient dans leur voifinage un grand nombre de puits de bitume : or, ces bitumes étoient dès-lors les monumens des anciens incendies, & ils conftatent qu'elle mériteroit le nom de *Ville de charbon* avant Abraham, & que lors de fa deftruction finale, les inftrumens de fon fupplice étoient depuis long tems fous fes pieds, où il avoient été dépofés par les anciennes cataftrophes de ces contrées.

Je ne m'étendrai pas davantage fur ces objets qui pourroient faire la matiere d'un très-grand ouvrage ; c'eft une carriere que notre favant Auteur du Monde Primitif peut feul parcourir avec fuccès. Ce qu'il nous a donné commence à diffiper les fombres nuages répandus fur l'Hiftoire ancienne du Genre-Humain, & nous fait efpérer de pouvoir parvenir à la connoiffance de toutes les Enigmes de l'Antiquité.

Le Dictionnaire de la Langue Primitive que nous attendons avec impatience, ne manquera pas de nous donner de grandes lumieres pour l'intelligence de l'Hiftoire de l'homme & celle de la Nature, qui étant fi étroitement liées doivent être inféparables. Il eft fort à fouhaiter qu'à la fuite de ce précieux ouvrage, il nous donne, fuivant fes principes, un Dictionnaire raifonné de toutes les Fables des Peuples connus de la terre. Il femble que dans un tel Ouvrage il ne faudroit point s'embarraffer d'y fuivre l'Hiftoire des Héros fuivant des Généalogies & des Chronologies qui ne font que de l'invention des Poëtes ; mais s'en tenir fimplement à l'ordre alphabétique. Il faudroit n'omettre aucune Divinité, aucun Héros, aucun Roi, aucune Nymphe, aucun des Etres tant animés, qu'inanimés, & aucune des chofes foit phyfiques, foit morales, foit religieufes, fur lefquelles les Fables fe font exercées.

On y expliqueroit à chaque article la fignification de tous les noms & de tous les mots en Langue Grecque & en Langues Orientales; & lorfqu'on auroit comparé tous ces perfonnages fabuleux & leurs exploits les uns avec les autres, & qu'on auroit rapproché les Fables d'une Nation de celles des autres, on découvriroit enfin que cette multitude d'anecdotes fabuleufes, & même que beaucoup d'Hiftoires qui paffent pour conftantes, peuvent fe réunir à un petit nombre de faits naturels; que les premieres Fables ont été la fource de toutes les autres; que parmi les vérités qu'elles renferment, il y a des erreurs entées fur d'autres erreurs & diverfement circonftanciées, fuivant le genre des événemens naturels arrivés en chaque Contrée, fuivant le génie des Peuples, fuivant la différence des Langues & le goût des fiècles où elles ont été produites. Enfin, il en réfulteroit cette connoiffance fondamentale que toutes les erreurs de l'Antiquité n'ont pas eu d'autre origine que l'abus & l'oubli des mémoriaux du paffé : il en réfulteroit une multitude d'autres connoiffances & d'autres vérités que nous avons ignorées jufqu'à préfent, & que le premier volume du Monde-Primitif commence à nous dévoiler.

Plan d'Histoire Physique de la Terre.

Création. — Révolutions. — Tranquillité.

1°. La Création, fuivant les Cofmogonies,
    des Anciens Peuples;
    des Juifs, & des Chrétiens, d'après la Genèfe;
    des Peuples modernes d'après leurs traditions;
    des Phyficiens & Naturaliftes de nos jours.

La Création, fuivant toutes ces Cofmogonies, a pu être confondue avec un renouvellement opéré par des révolutions.

2°. Les Révolutions de la Terre démontrées,
    par la difpofition extérieure & intérieure des Terres & des Mers;
    par les pétrifications & les corps étrangers renfermés dans les couches de la terre;
    par les traditions communes à tous les peuples, particulieres à plufieurs;

SUR L'INTERPRÉTATION DES FABLES.

par les changemens & les diversités dans les Langues, dans les Signes, Symboles & Caractères des différens peuples;

par les cérémonies religieuses, usages commémoratifs, diversité des Religions chez les Peuples anciens & chez les modernes;

par la crainte qu'inspirerent à tous les peuples les Eclipses, les Cometes, les Météores, les Phénomènes extraordinaires, &c.

3°. LA TRANQUILLITÉ de la Terre a donné lieu,

à l'Agriculture;
à la formation des Sociétés;
à la Population;
aux Arts de premiere nécessité;
aux Défrichemens;
aux Écoulemens des Eaux;
à l'établissement des Nations, la fondation des villes, l'institution des Loix Civiles, Politiques, Religieuses;
aux Colonies, émigrations;
aux Guerres;
à la communication entre les Peuples par les rivieres, par la construction des chemins, des canaux, &c.
aux Arts de commodité & de luxe;
aux Sciences;
au Commerce;
à la Navigation;
aux Découvertes de nouvelles terres.

VUES
SUR LES RAPPORTS DE LA LANGUE SUÉDOISE

Avec les autres Langues & fur-tout avec la PRIMITIVE,

ADRESSÉES A M. LE C. DE SCH. EN SUEDE.

AVERTISSEMENT.

M. IHRE, Savant diftingué de Suède, connu par divers Ouvrages très-précieux fur les Langues & fur la Littérature du Nord, de même que par fon Gloffaire Etymologique des Langues Svéo-Gothiques, craignoit que nos Recherches Etymologiques ne fuffent auffi fauffes & auffi erronées que celles de tant d'autres, fur-tout que nous ne fuffions trop tranchans fur le rapport des Langues & fur les caufes de ces rapports. Renvoyer ce Savant à nos développemens, étoit une route trop longue : nous en prîmes une qui nous parut plus fimple, plus décifive, & qui devoit être beaucoup plus agréable à ce célèbre Auteur. Ce fut de réunir fous un feul point de vue nombre d'obfervations étymologiques fur les Langues dont il s'étoit occupé avec tant de fuccès, & de montrer que fon propre Gloffaire fourniffoit une multitude de preuves démonftratives en faveur de notre Méthode; & que cette Méthode donnoit en même tems une folution auffi claire que fimple de diverfes difficultés étymologiques qu'il avoit fort bien fenti & qui étoient fans réponfe par toute autre méthode. Cet effai produifit la Differtation que nous mettons ici fous les yeux du Public & que nous eûmes l'honneur d'adreffer dans le tems avec nos hommages à un Seigneur Suédois diftingué par fon rang, par fes vertus, par fes rares connoiffances, par la bienveillance dont il nous honore, & bien propre à nous concilier M. IHRE.

Nous nous fommes décidés d'autant plus volontiers à rendre ces remarques publiques, qu'on y verra que la Langue Suédoife fe concilie de la façon la plus fatisfaifante avec notre méthode, même dans les objets qui paroiffoient aux Savans de cette Nation les plus impoffibles à réfoudre.

Si le public agréoit cette maniere de traiter les Langues, nous pourrions lui préfenter fucceffivement divers Effais de la même nature, fur nombre de Langues plus ou moins connues.

VUES SUR LA LANGUE SUÉDOISE.

I.

Du Glossaire de M. IHRE, & de ses craintes sur les erreurs où l'on est entraîné par le goût pour l'Etymologie.

M. IHRE a très-bien vu dans son Glossaire Svéo-Gothique qu'on nous a communiqué, les rapports étroits de la Langue Hébraïque avec les Langues du Nord, sur-tout avec celle de Suede. L'article de sa Préface intitulé LANGUE HÉBRAÏQUE, (*Lingua Ebræa*) contient des rapprochemens très-bien faits; tels que ceux de

HORN & קרן *Kærn*, corne.
TISSE & דד, *Dad*, mammelle.
KALLA & קל, *Kal*, voix: appeller.
Le vieux GÆDAS & חדה *Chadé*, s'égayer.
Les vieux mots SA, SU, THAT, ce; & זה, *Zé* ou *Sé*. ce, &c.

On trouve nombre de rapports semblables dans le corps du Dictionnaire.

Mais souvent M. IHRE n'ose franchir le peu de différence qui regne entre un grand nombre de mots Hébreux & de mots Suédois. Il craint que ces rapports ne soient l'effet du hazard : il craint d'être comme THOMASSIN, & tant d'autres Étymologues qui ont vu dans les mots tout ce qu'ils ont voulu ; semblables, pour me servir de la comparaison qu'il employe, semblables à ceux qui frappés de la jaunisse, voyent tout jaune.

M. IHRE, en nous voyant affirmer avec tant d'assurance les rapports des Langues d'Asie & d'Europe, doit craindre par-là même que nous n'ayons été nous-même frappés de la même maladie; que nous ne nous soyons livrés témérairement à l'attrait des étymologies, que nous n'ayons pas été assez séveres dans leur choix.

Nous ne serions nullement surpris de cette défiance, n'ayant pas l'avantage d'en être connus : elle feroit d'ailleurs honneur à son amour pour la vérité : mais ce même amour du vrai lui fera sans doute voir avec plaisir les soins que nous avons pris pour n'être pas surpris ; & que nos procédés à cet égard sont conformes aux siens & dignes qu'il les approuve.

OBSERVATION.

Observons avant tout, qu'il ne faut pas regarder la Langue Hébraïque, telle qu'elle est dans les Livres Hébreux, comme la Langue Primitive, mais seulement comme une de ses filles : qu'elle n'est donc pas la mere des Langues d'Europe & d'Asie, mais seulement une de leurs sœurs, leur sœur aînée si l'on veut. Cette observation anéantit au moins la moitié des prétendues origines données par ces Etymologues que notre Savant Auteur peint trop bien, malheureusement pour eux : & ce principe seul doit déjà nous concilier la bienveillance de M. IHRE ; mais entrons dans quelque détail.

II.

REMARQUES PARTICULIERES.

A.

Nous avons dit dans notre Plan général & raisonné, que A étoit un mot primitif qui désigne propriété, possession : qu'envisagé comme Verbe, il signifie IL A ; comme Article, UN ; comme Préposition inséparable à la tête d'un mot, c'est la négation, ou NON, en ce qu'il désignoit par cette place la propriété comme étant derriere l'objet dont on parle, c'est-à-dire, comme étant nulle pour cet objet.

Avec quelle satisfaction n'avons-nous donc pas vu que tout ce que ce Savant a dit sur cette lettre A, confirme en plein nos observations.

M. IHRE nous apprend donc, qu'A est une particule inséparable qui emporte *privation* !

Que dans plusieurs districts de la Suède, dans la Dalécarlie, dans le Gothland, &c. il signifie UN, comme en Anglois.

Qu'A est la premiere & la troisieme personne du verbe AGA, signifiant *avoir, possédé, avoir droit*.

Nous voyons donc ici de très-beaux rapports de la Langue Suédoise avec la Primitive.

A, signifie SUR, ajoute ce Savant : ceci s'accorde parfaitement aussi avec nos Principes Grammaticaux : car *posséder, avoir propriété*, emportent l'idée de dominer, d'être *sur*.

Quant au mot A qui signifie eau, c'est une altération du mot *au*, ou *eau* : aussi sa vraie orthographe en Suédois est un *a* surmonté d'un *o*, c'est-à-dire, le son *au*.

M. IHRE & moi, nous nous accordons ainsi parfaitement sur un article qui sembloit être de la discussion la plus pénible : par notre méthode, les diverses significations de ce mot sont en même tems liées & ramenées à une seule ; ce qui,

qui, en fait de Langues, eft d'un avantage effentiel, on pourroit dire inappréciable.

En voyant les étymologies qu'il rapporte dans ce même Article, du mot AMAZONES, & les comparant avec celles que nous en avons données dans nos Allégories Orientales, on s'affure de la lumiere qui réfulte pour les étymologies anciennes, lorfqu'on confidere les mots dans leur enfemble & non féparés.

Auffi, fans la comparaifon ou fans le rapprochement des Langues, il eft telle étymologie qu'on n'oferoit donner, & qui acquiert la plus grande évidence par cette harmonie : & fans harmonie, que peut-on expliquer?

C'eft encore par la comparaifon des Langues qu'on voit les dérivés de ce même mot A, prendre des formes auxquelles il femble qu'on ne fe feroit jamais attendu. D'A fe formerent HAF, HAB, ou HAV avoir, & AGA qui fignifia la même chofe chez les anciens Peuples du Nord.

AGA forma chez les Anglo-Saxons l'infinitif AG*an* : & cet infinitif devint AIG*an* chez les Mœfo-Gothiques : mais d'ici vint,

ÆGA des Suédois qui fignifie *poffédér*, & dans lequel on ne peut méconnoître le Grec

EXΩ, *Ekhô*, pofféder, mot qui n'a plus de rapport à *habeo* & à *avoir*, mais qui en vient cependant manifeftement au moyen de tous ces intermédiaires, qui prouvent ce que nous avons déjà tant de fois avancé, que le Grec *Ekhô*, avoir, defcendoit du verbe A.

Ajoutons, que dans notre troifieme Volume, nous avons confacré une dixaine de pages, (*pag.* 290 & *fuiv.*) aux développemens de cette importante Famille, qui jufques à nous avoit été cependant, comme tant d'autres, entiérement inconnue.

Autres mots en A.

A-DEL, Nobleffe ; ADEL, le plus grand, &c. Ce font des mots communs à toutes les Langues du Nord. M. IHRE a raffemblé une foule d'étymologies de ce mot, dont aucune n'eft en effet fatisfaifante. Son origine eft cependant très-fimple, très facile à conftater. Ce mot s'eft chargé de l'initiale A, comme tant d'autres en toute Langue : fa vraie racine eft DAL, élevé, haut, grand ; racine commune à une foule de Langues.

En Anglois, TALL, grand.

En Hébreu, דלה, *dalé*, élever.

En Grec, THALLÓ, germer, fleurir. AN-TLAÓ, puifer.

En Valdois, DAILE, un pin; c'eft le Suédois TALL: les pins & les fapins font en effet très-élevés.

De même, les Nobles, ADEL, font les Grands d'une Nation.

Æ.

Après avoir avancé qu'A défignoit la poffeffion, nous foutinmes qu'E défignoit l'exiftence, & qu'il devint le nom de ce qui ne ceffe d'être, de ce qui eft perpétuel. Nous en trouvons des preuves dans la Langue Suédoife. A, Æ, E, EE, y fignifient *toujours*: ils y fignifient également la *perpétuité*. De-là réfultent naturellement ces mots Suédois:

Æ, marque de l'univerfalité, tout ce qui eft.

Æ, marque de l'affirmation, de ce qui eft.

ÆFVE ou ÆFE, vie, cours de la vie; 2°. mœurs, manière de vivre, eft donc un autre mot qui appartient à la même Famille. M. IHRE y reconnoît le Goth ÆFE, dans lequel on ne peut méconnoître l'Hébreu EVE, à l'Allemande EFE, la mere des Humains; 2°. la vie.

AEGG, *Acies*, pointe, tranchant: ce mot vient de la même Racine qu'*Acies*, *Acus*; *Occa*: que le Grec ακη, οκαζω, &c. de la racine AC, qui défigne tout ce qui eft tranchant, aigu; famille immenfe en toute Langue.

ÆLF, Génie: M. IHRE rejette avec raifon les diverfes étymologies de ce nom: il paroît avoir la plus grande analogie avec l'Oriental אלף *alf*, ou *œlf*, dans l'orthographe Maſforethique, & qui fignifie *élevé*; tels font les Génies, au-deſſus de l'homme.

ALSKA, aimer; en Danois, *elske*. M. IHRE tire avec raifon ce verbe du mot ELD, feu; c'eft un de nos grands Principes que les Verbes viennent des noms. De-là *œlta*, défirer avec ardeur; & le Grec *Eldomai* qui fignifie auſſi défirer. Ce mot *eld* lui-même, en Danois *ild*, en Iſlandois *eldur*, eft l'ancien Perfan, *ala*, feu; d'où le Goth *ala*, allumer, nourrir.

ÆMBAR, cruche, Anglo-Sax. *Ambar*; c'eft le même fans doute qu'AMPHORA, cruche. Ajoutons qu'ils viennent l'un & l'autre de *bar phar*, fer, *bœra*, porter, voiturer; & d'*amb*, deux; vafe à deux mains.

ÆMBETE, office, emploi; c'eft un mot très-ancien, de l'aveu de M. IHRE, commun à toutes les Langues, & d'origine Scytique. Il rejette avec raifon toutes les étymologies qu'on en a données, & a très-bien vu qu'il devoit venir du mot BATH, parce qu'il eft écrit *and-baths* dans Ulphilas; ajoutons *ambacht* dans nombre de Langues. Ainſi au lieu de la racine *bath*, qui n'a nulle signification, on a la racine BACH, BACZ, &c. qui signifie Officier, Servant, Employé ; & d'où se formerent *Bacca-laureus*, &c.

ÆNDA, jusques. M. IHRE a très-bien vu que c'est le même mot que l'Islandois *Ath-ur*, l'Hébreu עד, *ad* ou *od*, l'Anglo-Sax. *oth* ; & qui se nazalant est devenu *ænda*, & en Mœso-Gothique *und*. Ce Savant ne sera donc pas étonné lorsqu'il verra dans notre Ouvrage tant d'autres mots dont les rapports étoient perdus, parce qu'une partie de leur Famille étoit nazalée ; c'est ainsi que *hand*, main, d'où *præ-hendo*, est le même que l'Òriental AD & ID, main.

ÆNNE, le front ; en Alamannique, *endi*, *andi*. M. IHRE a fort raison de lier ce mot avec AND qui signifie contre ; mais *and* vient d'*anne*, au lieu d'en être la racine. PRINCIPE CONSTANT : toute préposition vient d'un nom. La vraie racine d'*ænne* est le primitif *ain*, œil ; d'où, *anne*, le front ; *ance*, devant ; *anti* (Grec) contre, &c.

ÆRIA, labourer ; *Ar*, moisson, récolte ; ÆRA, moissonner ; ARF, terre, viennent tous de la même racine que l'Hébreu ארץ *Artz* ou *Erez*, la terre : l'Hébreu cependant n'est pas la vraie racine : il faut la chercher dans le primitif *ar*, devenu *ear* en Anglois, d'où *aro* en Latin. Ce primitif AR subsiste dans le Gallois, où il désigne également la terre.

M. IHRE a très-bien vu que *Ara*, remus ; Isl. *ar* ; Finon, *airo* ; Anglo-Sax. *ar*, Angl. *oar*, rame, venoient du verbe *ar*, labourer, sillonner ; la rame sillonne, *sulcat*.

AGÆTR, bon, excellent. M. IHRE a très-bien vu qu'il se lie avec le Grec A-GATH*os*, bon ; mais le Grec vient lui-même de l'Orient. *Gad*, *God*, bon.

B

BAR, nud : 2°. clair, évident : BARA, illustrer, éclaircir ; c'est de l'Hébreu tout pur ; באר *bar*, clair ; 2°. éclaircir.

BARBAR : M. IHRE a très-bien vu que ce mot avoit été inventé pour désigner un langage inconnu plutôt que des mœurs étrangeres & féroces : l'étymologie de ce mot le démontre. C'est la répétition du primitif BAR, qui signifie *parole*, & dont nous avons inféré la Famille dans notre III.e Volume : elle est des plus intéressantes : elle a produit

L'ancien Suédois VARA, parler, dont M. IHRE a fait mention dans l'article *Swara* : de-là sont venus encore :

L'Anglo-Saxon AND-WAR-*an*, répondre ; mot-à-mot, parler à son tour, parler à l'encontre : l'ancien AND-WAR, réponse.

Le Suédois *S-Wara*, répondre ; *Swar*, réponse. De là encore, WORD, en Theuton *parole*, qui a produit le Suédois ORD, qui signifie également parole.

VAR signifie aussi lèvre en Islandois. On sait que lèvre & langue ont toujours été deux mots synonymes.

F.

FEM, cinq. M. IHRE convient dans sa Préface Page LII. que ce mot vient de la même source que le Grec *pente*, que le Latin *quinque*, que l'Hébreu חמשׁ KAMESH, qui tous signifient cinq. « Mais ce seroit, ajoute-t-il, » perdre son tems, *operam ludere*, que de chercher comment ces mots sont » venus d'une même origine ; & cette origine même a été inconnue jusqu'ici ». Cependant quelle certitude étymologique & quelle satisfaction peuvent donner les étymologies, si l'on n'a aucun moyen de suivre les mots à travers toutes leurs altérations ? si l'on ne peut tenir compte de toutes ces altérations, si l'on ne peut même les deviner ? Essayons donc de suivre le fil de celles ci relativement au mot *Fem*.

Il existe une racine inconnue jusqu'ici, qui est cependant la source d'une multitude de dérivés en toutes Langues : c'est HAM, HEM, qui signifie *liaison*, *union* ; de-là l'Ethiopien *Hamu*, qui signifie *lier*, *unir* ; le Grec AMA, ensemble ; le François *amas*, &c. Mais c'est de là que vient le primitif HEM, pour dire cinq, désignant ainsi les cinq doigts qui ne font qu'un tour, & que l'on prit tous ensemble pour désigner cinq. Ce mot *Hem*, cinq, devint en Hébreu, en Syriaque, en Arabe, en Ethiopien, &c. le mot חמשׁ *Hemsh* ; ou *Kemsh*, *Kamsh*, &c. cinq.

En Suédois, *Fem*, l'aspiration se changeant sans cesse en F.

En Grec, *Pem*, *Pemp*, *Pempe*, *Pente*.

De *Pempe*, les Latins changeant P en Q, à leur maniere, firent *Quinque*, dont nous avons fait CINQ.

H.

HOG, HUG, esprit, intelligence : 2°. désir.

HOGa, HUGa, HYGGa, méditer.

Ces mots sont l'Hébreu הגה *HaGé*, méditer : le Grec HEGheomai, penser. M. IHRE a très-bien vu que H se change quelquefois en C : qu'ainsi KID est de la même Famille que HŒDus, chevreau, bouc : d'où il conclut que COGito, penser, pourroit bien venir de ce HOG primitif joint à la terminaison ITO, qui marque la fréquente réitération. Mais c'est à tort qu'il blâme VARRON d'avoir dérivé Go-Go de Co-Ago, puisque ce verbe fait au supin Co-Actum, au participe Co Actus, au prétérit Co Egi, & dans les noms Co Act o, &c.

K.

Kull, enfans nés d'un même pere & d'une même mere. M. Ihre a très-bien vu que ce mot est de la même Famille que l'Hebreu חול *Kul*, *Kil*, enfanter : en Islandois Kylla, mettre au Monde : d'où l'Anglois Child, l'Espagnol Chula, le Suédois Kullt, qui tous signifient enfans; & le Suédois Kulla, jeune Fille, Vierge.

Kall, froid, gelé ; Kœle, glace ; Kyla, froid; Kulen, glacial.

Ces mots appartenant à la même Famille, & tous distingués par la voyelle prouvent NOTRE grand PRINCIPE, que chez un même Peuple, le même mot prend successivement toutes les voyelles pour former des dérivés : ainsi qu'il les prend toutes par altération chez divers Peuples. Aussi l'Anglois dit Cold, l'Allemand Kalt, & le Flamand Coud, pour Kall, froid.

Tous ces mots rentrent dans la célèbre Famille Kald, froid, dont nous avons dérivé autrefois le nom de Celtes, (Plan général & raisonné).

D'un autre côté, Kol signifie feu : Kylla, chez les Westrogoths, allumer le feu. Kaleos, en Grec, chaud; en Latin Calor, Caleo, &c. En Hébreu קלה *Qalh*, torrefier ; גהל, *Ghel*, *Gæl*, charbon allumé.

Cette même Famille fournissant ainsi des mots pour désigner les idées opposées, confirme en plein NOTRE grand PRINCIPE, que les Extrêmes furent exprimés par le plus léger changement fait à un même mot. Ce sont d'ailleurs des exemples à ajouter à ce que nous avons dit de la Famille Kal dans notre Plan général & raisonné.

Kerewe, Gerbe; en Allemand Garwe; en Flamand Garwe; en François Gerbe.

M. Ihre a rejetté avec raison toutes les étymologies qu'on a données de ce nom ; & il voit fort bien que ce mot tient au Latin A-Cervus.

Mais quand il regarde *Acervus* comme la racine de ces mots *Garwe*, *gerbe*, &c. il ne le fait certainement que faute de mieux. Il verra donc sans doute avec plaisir qu'*Acervus* n'est lui même, ainsi que tous ces mots, qu'un dérivé de Gar, Ger, Gur, qui signifie amas, assemblage : 2°. rassembler.

En Hébreu גור Gur, recueillir, rassembler, mettre en gerbe.

גורן, Gurn, grenier. אגר, A-Gar, récolter, rassembler.

En Gr. A Gheiró, rassembler, amasser. Agora, Marché, Assemblée, place où l'on se réunit, &c.

En Lat. AGGER, digue, amas. AG-GERo, rassembler, entasser. A-CERVus, monceau.

L.

LAND, Pays. Ce mot commun à toutes les Langues du Nord, & qui a produit notre mot François LANDES, a été la croix de tous les Etymologes. M. IHRE a rejetté avec raison toutes leurs frivoles conjectures : il se seroit ouvert lui-même une belle perspective, s'il avoit appliqué ici son principe des voyelles nasalées qu'il a si bien développé au mot ÆNDA. Land est dans le même cas, ainsi que *hand*. En dénazalant le premier, on a LAT qui signifie Pays, Contrée, non-seulement dans l'Orient, mais aussi en vieux Allemand, comme on voit dans WACHTER : de-là, le nom si célèbre du LATium, la Contrée par excellence, (& comme nous avons déjà dit dans ce VIIIe Volume, celui de LAT-CINIA, *Dame du Pays*, donné à Junon).

P.

PLOG, charrue, mot de tous les Dialectes Theutons ; mot Esclavon aussi, comme l'a fort bien vu M. IHRE. Mais ce mot vient également de l'Orient, en faisant attention que le G tient la place de Y, S, W, &c. Ainsi,

En Angl. PLOW, en Bohêm. PLUH, signifient charrue.

PLO-Ja, en Suéd. labourer.

Le Persan Pelhvi, A-FLOUN-*Atan*, labourer, creuser, tient à la même famille : ainsi que ces mots Hébr.

פלא PHLa, פלג PHLeg, פלה PHLEH, פלח PHLeK, qui tous emportent l'idée de séparer, de partager, couper, diviser.

R.

RAFN, corbeau, autrefois Ramn. Il s'est écrit *Ræfen*, *rauen*, en Anglo-Saxon.

En Anglois *Rauen*, en Allem. *Raab*.

C'est le primitif רב *Rau*, onomatopée, imitation du cri de cet oiseau.

Les Orientaux en firent ערב HoRb, c'*horv*, d'où le Latin CORVus, ablat. CORVo, dont nous avons fait CORBeau qui n'a plus de rapport à *Rafn*.

RAD, Conseil. RADA, commander, en Suédois, en Anglo-Saxon, en Irlandois, en Allemand, en Goth.

C'est exactement l'Hébreu, le Chaldéen, le Syriaque, l'Ethiopien, &c. רדה, ררא, *Rada*, *Radh* ; l'Hébreu רוד RUD, régner, commander.

SUÉDOISE.

M. IHRE croit cependant que c'est par hazard que le Suédois *Rada* ressemble au RADA des Hébreux, des Chaldéens, &c.

Mais sera-ce par hazard que tant de Peuples d'Asie & d'Europe ont le même mot, tandis qu'on voit qu'ils en ont un si grand nombre de communs, & qu'on sait que tout est venu de l'Asie? Loin de nous le hazard qui ne put jamais rien produire; bien moins encore des rapports aussi vastes, aussi lumineux & sensibles, aussi multipliés.

C'est de ce même mot joint à celui de MATH, mort, nazalé en *Manth*, que les Grecs formerent le nom de

RHADa-MANT*he*, un des Juges des Enfers, dont l'étymologie étoit absolument inconnue, mais qui signifie manifestement le JUGE DES MORTS.

Ce n'est pas le seul rapport que nous trouverons entre les Grecs & les Peuples du Nord, en fait de Langues, en fait de Mythologies, & relativement à d'autres objets; rapports qui supposent de très-grandes communications dès l'origine, peut-être même une source commune.

RIK, puissant, riche, considéré: d'où RIKe, Royaume, & nos mots Riche, Richesses. Cette Famille est également Orientale. רבוש, ReKUS signifie en Hébreu richesses, biens, possessions, facultés. רכש RaKsa, avoir amassé des richesses, être riche & puissant.

RIM, nombre; 2°. mesure, rime. M. IHRE ne voit pas comment ce mot pourroit venir du Grec *Rythmos*, & il a raison: mais ce mot n'en appartient pas moins à une racine qui a formé divers mots en Grec, en Hébreu, &c.

Les Gallois disent RHIF, pour nombre: RHIFa, nombrer.

L'Anglo-Saxon, RYFe, nombreux: RYM, nombre.

En Hébreu, RIB, multitude, grand nombre.

En Arabe, RIB*h*, multitude.

M. IHRE convient que F se change chez les Grecs en Th. *Rif* sera donc devenu RITH chez eux: & de-là,

ARITH-*Mos*, qui signifie nombre, & dont nous avons fait, d'après les Grecs,

ARITH-MÉT*ique*, ou science des Nombres.

Voilà donc un nouveau rapport entre les Orientaux & les Occidentaux, que ne niera pas M. IHRE, ou il doit renoncer à tous ses principes.

RIK, fumée, nom commun à tous les Dialectes Theutons, Anglo Saxons, &c. Notre Savant ne peut se résoudre à admettre que ce mot soit dérivé de la même famille que l'Oriental רוח, RUK, RYK, commun aux Hébreux, Syriens, &c. &c. & qui signifie Esprit.

Mais les mots qui signifient Esprit, signifient également souffle, vapeur, exhalaifon : or la fumée, qu'eft-elle ? qu'une vapeur, qu'un fouffle. Notre refpiration même en hiver n'eft-elle pas comme une fumée ?

W.

WED, forêt, arbre, &c. En Angl. WOOD; en Anglo Sax. WUDU.

Ce mot, dit notre illuftre Auteur, eft de la plus haute antiquité, *in vetuftioribus Dialectis* : il en dérive fort bien WEDA, chaffer.

Mais peut-on méconnoître dans ces mots l'Oriental עץ, *WODS*, forêt, bois ?

CONCLUSION.

En voilà fans doute plus qu'il ne faut pour établir les rapports étroits de la Langue Suédoife avec la Grecque, l'Hébraïque, & les autres Langues Orientales ; pour démontrer que ces rapports ne font point l'effet du hazard, encore moins un fimple jeu étymologique : que la Langue Svéo-Gothique rentre ainfi avec fes nombreux Dialectes dans la claffe de toutes les autres qui font analyfées dans le Monde Primitif, & ramenées à des principes communs : que ces principes fatisfont à tous les phénomènes, & qu'eux feuls peuvent y fatisfaire.

Ces rapports de la Langue Suédoife tiennent en même tems à d'autres non moins vaftes & non moins intéreffans de la Langue de l'Edda avec celles de l'Orient ; de la Mythologie qui y eft contenue avec celle des autres Peuples ; d'une multitude de noms tels que ceux de la Semaine avec les idées Orientales.

Ces divers objets, nous nous propofons de les développer quelque jour ; ils doivent intéreffer effentiellement MM. les SAVANS du Nord : nous avons donc, nous ofons le dire, quelque droit à leur bienveillance à cet égard, & c'eft pour mériter leur confiance que nous fommes entrés dans ces détails fur leur Langue. Ils trouveront fans doute qu'une Perfonne qui en connoît fi bien les origines, ne doit pas leur être étrangere : nous ferons très-flattés fi en conféquence ils veulent bien prendre plus d'intérêt encore à notre Ouvrage, & nous mettre à même par leurs propres lumieres de le perfectionner de plus en plus, fur-tout fur les origines du Nord, relativement auxquelles ils ont une multitude de fecours inconnus dans les Pays plus Méridionaux : le Public, qui feroit inftruit des obligations que nous leur aurions à cet égard, feroit de moitié dans notre reconnoiffance.

ESSAI

ESSAI
SUR LES RAPPORTS DES MOTS,
ENTRE LES LANGUES DU NOUVEAU MONDE
ET CELLES DE L'ANCIEN.

INTRODUCTION.

Problêmes auxquels donna lieu la découverte de l'Amérique.

LA découverte de l'Amérique, d'un monde entier dont on n'avoit point d'idée, fut fans doute un des plus beaux fpectacles qu'on pût offrir à la curiofité humaine ; fpectacle bien plus touchant s'il ne s'étoit changé prefque par-tout en une affreufe tragédie, où toutes les paffions humaines fe développant avec une explofion qui ne connoiffoit ni bornes ni pudeur, devinrent les vengereffes de la violation de toutes les vertus par l'extermination de ceux même qui les avoient fi odieufement foulées aux pieds.

Cette augmentation pour l'Européen d'un fi vafte domaine, dut donner lieu à toutes fortes de problèmes ; d'où venoient les nombreux habitans de ces vaftes contrées ? quels étoient leurs arts, leur religion, leurs coutumes ? fi jamais ils avoient eu quelque commerce avec l'ancien Monde ? fi c'étoit des races d'hommes abfolument différentes de toutes celles qui étoient répandues fur cet ancien Monde ? fur tout quelles étoient leurs langues ?

Jufqu'à ces derniers tems, on n'a rien dit de fatisfaifant fur tous ces objets ; on a affirmé, on a nié, prefque toujours fur parole : on appercevoit quelque fombre lueur, mais elle n'étoit pas affez forte pour faire diftinguer les objets. Ceux même qui croyoient que les Américains étoient venus de l'ancien Monde, manquoient des moyens néceffaires pour expliquer la route qu'ils avoient tenue. Ils difoient fort bien comment ceux de l'Amérique feptentrionale avoient pu venir des vaftes contrées de la Tartarie ; mais ils étoient fans réponfe pour expliquer l'origine des Américains méridionaux,

& de ceux qui font répandus dans les ifles à des diftances énormes du continent Américain.

Celui de l'origine des langues d'Amérique, inexplicable jufqu'à préfent.

Lors même qu'ils auroient pu retrouver ces diverfes routes, comment auroient-ils fatisfait à la grande queftion de l'origine de leurs langues ? C'étoit ici la grande pierre de touche de ces fyftêmes ; c'étoit le nœud gordien qui fembloit infoluble. Si les langues de cette vafte contrée n'ont aucun rapport aux langues de l'ancien Monde, comment prétendre que ces nations avoient la même origine ? ou comment une langue commune aura t-elle pu fe changer en langues fi prodigieufement différentes qu'elles ne laiffent foupçonner aucune communication en aucun tems ?

Auffi perfonne jufqu'à préfent n'avoit pu développer d'une maniere fatisfaifante l'origine de cette moitié du Monde ; auffi avoit-on gardé un filence profond fur celle des langues qu'on parle dans ce vafte hémifphere, ou plutôt on femble s'être accordé à les envifager comme des idiomes informes, indignes d'attention, qui ne peuvent avoir aucun rapport avec les langues anciennes ou modernes de l'Europe, de l'Afie ou de l'Afrique ; qui furent les enfans du hafard ou du fol bourbeux & fauvage dans lequel végetent les peuplades qui les parlent. Et fi quelque faifeur de fyftême croyoit appercevoir des rapports entre quelqu'une de ces langues & nos langues mortes, il étoit regardé comme un vifionnaire qui ne méritoit aucune créance.

Variété prodigieufe des langues de l'Amérique.

Ceux qui jugeoient ainfi des langues de l'Amérique, fembloient avoir tout pour eux. En effet, de quelque maniere qu'on comparât ces langues, foit entr'elles, foit avec les nôtres, on n'appercevoit nul rapport, nulle reffemblance. Dans le nord de l'Amérique chaque nation a fa langue. Les Illinois, les Hurons, les Iroquois, les Efquimaux, les Acadiens, les Virginiens, les habitans des Apalaches, les Caraïbes, &c. parlent autant de langues différentes. Dans l'Empire du Méxique on en compte autant que de Provinces. Si les habitans du Pérou en avoient une entendue de tous, c'étoit l'effet du bon efprit de leurs premiers Incas, qui n'avoient voulu, difoit-on, qu'une langue dans leurs Etats ; cependant chaque canton avoit la fienne propre. Le Chili, le Bréfil, la Guiane, ont chacun la leur : il en exifte une multitude dans cette vafte étendue de terres qu'arrofe le fleuve des Amazones, & entre celles-ci se distingue la langue des Moxes. Enfin, les habitans des isles dispersées dans l'immensité des eaux de la mer du Sud, ont chacun une langue qui leur paroît propre; & souvent on en parle plusieurs dans une même isle, dès qu'elle est un peu étendue. Le nombre des langues en usage dans l'Amérique ne paroît donc céder en rien à celui des langues de notre hémisphère.

On n'a d'ailleurs sur celles-ci, généralement parlant, que des vocabulaires informes, & qui, lors même qu'ils seroient aussi complets qu'ils le sont peu, ne nous donneroient que l'état actuel de ces langues, & nous laisseroient dans une ignorance entiere sur leur état primitif, & sur les changemens successifs qu'elles ont nécessairement éprouvés; changemens dont la connoissance seroit cependant si utile pour remonter à leur origine.

Quelles conséquences pouvoit-on tirer de connoissances aussi foibles? aucune sans doute ni pour ni contre. De l'état actuel des langues de l'Amérique on ne pouvoit conclure qu'elles avoient toujours été dans le même cas. On en pouvoit bien moins tirer quelque lumiere sur les routes qu'avoient suivi les peuplades qu'on y rencontre.

Ces langues cependant ont éprouvé & éprouvent des changemens continuels ; elles en éprouveront d'aussi grands jusqu'à ce qu'elles s'éteignent entiérement avec les hordes qui les parlent, & dont le nombre diminue de la maniere la plus frappante, soit par le peu d'espace qui leur reste depuis l'arrivée des Européens qui les resserrent, les investissent de toutes parts, soit à cause des eaux-de-vie qu'on leur fournit en abondance, qui abregent les jours des générations actuelles, & réduisent au plus petit nombre possible celles qui arrivent.

Nécessité de s'en occuper dans l'ensemble du Monde primitif.

Nous ne pouvions ne pas nous occuper de ces langues; elles sont trop liées avec l'ensemble du Monde primitif pour que nous négligeassions les résultats que pouvoit fournir leur examen; nous nous empressons de les mettre sous les yeux du public; nous osons nous flatter que cet essai en sera favorablement reçu : un tableau de ces langues, si étrangeres en apparence à notre Monde, ne pourra que lui être agréable : on sera frappé des nombreux rapports qui règnent entr'elles; plus frappé encore des masses de mots que ces peuples ont en commun avec ceux de notre hémisphère, sur-tout avec les langues Orientales ; rapports non seulement de mots, mais même jusques dans les pronoms, jusques dans des signes grammaticaux sujets à l'arbitraire, & par lesquels ces langues se rapprochent plus des Orientales que nos langues même d'Europe. Phénomène bien étonnant, & qui atteste hautement une origine commune, d'autant plus que ce phénomène est de la plus grande facilité à vérifier ; que l'art trompeur de l'étymologue n'y entre pour rien ; que ce n'est pas nous qui montrons ce rapport, qu'il se démontre de lui-même.

Avantages uniques que nous avons eus à cet égard.

Nous avons eu même à cet égard des avantages uniques. Nous devons travailler sur les langues de l'Univers, & voilà que des héros marins se portent avec des travaux admirables jusqu'aux extrémités de la terre, & ils nous en rapportent des vocabulaires de langues parlées dans des terres inconnues jusqu'alors, & ces vocabulaires sont remplis d'une immensité de mots communs à toutes : on diroit que c'est pour nous que ces grands hommes ont voyagé ; ils étoient bien sûrs que leur travail ne seroit pas inutile, que leurs diamans ne tarderoient pas à être enchâssés.

La langue Virginienne avoit été négligée par les Lexicographes. Le Secrétaire d'une République illustre nous envoie une Bible entiere dans cette langue, & elle nous met à même d'en développer le génie & d'en reconnoître les mots primitifs.

Les savans de l'Amérique Angloise nous honorent en même tems de leur correspondance ; ils nous envoient des mots, des Grammaires, un monument unique.

En même tems on fait des découvertes aux extrémités des deux Mondes qui constatent la maniere dont ils ont été unis, dont on a pu passer de l'un à l'autre ; ainsi les résultats géographiques viennent confirmer les grands résultats donnés par l'analyse des langues ; ainsi tout s'accorde, tout se concilie ; & de tous les points de l'Univers, les preuves les plus intéressantes, les plus inattendues, viennent s'unir à notre travail, le rendre plus frappant, plus complet, plus instructif.

On sentira de plus en plus la beauté de ce principe que TOUT est UN dans l'Univers ; grande & sublime vérité, si consolante pour les hommes, dont rien n'a pu anéantir les traces ou nous arracher les preuves, ni la vaste étendue des mers, ni l'entaſſement des ſiècles, ni la différence des mœurs, des uſages, des couleurs, ni les variétés apparentes des langues diverſifiées à l'infini, & qui ſembloient ſe refuſer à toute analyſe. Ainſi, la nature ſe laiſſant en quelque façon dérober ſon ſecret, en brillera d'un tout autre éclat, en acquerra une toute autre énergie.

C'eſt ce beau tableau que nous expoſons ici aux yeux de nos lecteurs; ils feront étonnés de la multitude des grands rapports qui le compoſent: les voyageurs & les ſavans en ſeront plus empreſſés à raſſembler les mots de ces langues trop peu connues, & les grands objets dont on s'occupoit dans le Monde primitif, en deviendront plus fermes & plus intéreſſans, étant appuyés ſur les trois Mondes, l'ancien, l'actuel & le nouveau; ce ſera le faiſceau que rien ne peut rompre.

I.

LANGUE DES ESQUIMAUX ET DES GROENLANDOIS.

La LANGUE des ESQUIMAUX, peuple le plus ſeptentrional de l'Amérique, eſt exactement la même que celle des GROENLANDOIS, peuple le plus ſeptentrional de l'Europe. C'eſt une vérité ſi reconnue, que l'Auteur des Recherches Philoſophiques ſur l'Amérique n'a point fait de difficulté d'en convenir. « Les » Eſquimaux, dit-il (Tom. I. 253.) ne different en rien des Groenlandois: » ils conſtituent un même peuple, une même race d'hommes dont l'IDIOME, » les mœurs, l'inſtinct & la figure ſont parfaitement ſemblables ».

Les Eſquimaux ſe donnent comme les Groenlandois les noms d'INUIT & de KARALIT: le premier de ces mots ſignifie homme.

La langue Groenlandoiſe ne commence aucun mot par les lettres B, C, D, F, G, L, R & Z, de la plupart deſquelles même elle eſt privée. Ainſi elle a fait diſparoître ces lettres des mots à la tête deſquels elles ſe trouvoient, ou elle les a changées en d'autres. C'eſt une obſervation indiſpenſable ſans laquelle on ne ſauroit parvenir à trouver les rapports du Groenlandois avec les autres langues.

En voici quelques-uns qui paroîtront ſans doute dignes de quelqu'attention. Les mots qui en font la baſe ſont tirés, à l'exception du ſeul que nous citons ſous la lettre R, du Dictionnaire Groenlandois, Danois-Latin, de PAUL EGEDE, imprimé à Copenhague en 1750.

ESSAI

A.

ABBa, pere, dans l'ancien Groenlandois : mot Oriental & Occidental.

AIUM, Soleil : en Or. יום EIUM, jour.

ALLa, autre : comme le Latin ALius, & le Grec ALLos, autre.

AL-LUK-pok, il leche, il lape : du prim. Lac, Lech. Pok est une terminaison verbale.

AMA-mak, mammelle : formé par la répétition du prim. MA.

ATa-Tack, Pere. ATTa, Pere, en Grec, en Esclavon, &c. & dans nombre d'autres langues d'Amérique.

E.

Esyok, il mange, il mâche : c'est le primitif Es, ED, manger.

Plusieurs autres mots sont dérivés de primitifs en E, mais précédés ou changés dans la voyelle I : on les trouvera sous cette lettre qui suit.

I.

IGLO, maison. Primitif CEL, demeure, case : on aura dit Ikelo, Iclo. Hongrois, Kal-Iba, maison, cabane.

IMek, eau, mer. Oriental, Im, mer, vaste.

IMER-Pok, boire : Imuk, lait.

INGN-Ek, feu, & nombre de dérivés. Latin, Ignis. Oriental, In, Soleil, feu.

INNE, lieu : Innello, intestins. Latin & Grec, In, dans.

INNak-Pok, il chante. Gr. Hymne, chant.

IPEK, ordure, saletés,

IPEK-POK, être souillé, taché, sale. En Valdois, Pacot, boue, ordure.

ISOR-Pok, il est obscur. Oriental, Ser, obscurité. François, soir.

INNuk, Homme. Groenland. Innusatok, jeune.

INNuvok, il vit ; du primitif EN, qui existe, un.

ITSOR-Pok, regarder par la porte ; du primitif DOR, TSOR, porte. De ET, tems :

ITuet, ayeul, vieillard.

IT-Sak, il y a plusieurs années.

ITu-Mak, la paume de la main ; de l'Or. יד id, la main.

ITIvok, profond. En Danois DIB.

IVEIT, œuf. En Oriental ביץ beits, œuf.

K.

KALLek, portion supérieure ; Kelluvok, élevé. Primitif *Cel*, élevé ; Hongrois *Kel*.

KILLak, Ciel, du même *Cel*, élevé, ou de *Kæl*, creux.

KALL-Ek, tonnerre. *Kaller-Pok*, tonner. Oriental KOLL.

KALLA-*Pok*, bouillir, fermenter, être fervent. Primitif, *Kal*, chaleur.

KALE, parle. Oriental *Cal*. parler. Latin & Grec, *Calo*, appeller.

KABlo, sourcil : *Kabb-arpok*, monter ; de CAP, sommet, sur, ce qui couvre.

KEP.k, couverture, habillement ; du même.

KAU, jour ; KAU-MET, Lune. En primitif, GE, KE, Soleil.

KAT, assemblée, d'où KAT-*Ipok*, se rendre au même lieu.

KAT-*Ibik*, place publique ; c'est le prim. ךג GaD, d'où le Lat. CATerva, bande, troupe.

KAMmik, bottes ; *Kammook*, voyage. Primitif *Cam*, d'où chemin.

KANgak, tête ; KANGO, mont ; *Kang-attarpok*, monter ; s'élever ; primitif *Can*, d'où le Latin *scando*, monter, s'élever.

KANNig, neige ; KANNerpok, il neige : de CAN, blanc.

KILL-Ek, ulcere, pus : Hongrois, *Kelis*, Island. *Kyle*.

KI-Ek, chaleur : Gr. *Kaiô*, chauffer, brûler.

KIPut, faulx ; *Kipa-Ko*, morceau ; *Kip-Uvok*, il a été coupé. Primitif, *Kop*, couper.

KIMmag, chien : Gr. &c. *Kyn*.

KONa, femme : Gr. & Nord, *Gyn*, *Kun*.

KONGe, Roi : dans le Nord, *King*. Danois, *Kongen*.

KAR-*Isak*, cerveau : primitif *Kar*, qui a donné des dérivés au Grec, au Latin, &c.

KOLLeck, lampe. Norwégien, *Kolle*.

KULLeg, dos. Gr. *Kol*, qui suit, qui est derriere.

KUTTE, goutte : c'est le mot même Latin, François, &c.

KUT-*Kiug*, petit. Hongrois, *Küis-ig* & *Kitsi*.

M.

MAKI-*Pok*, il leve, il éleve. Pr. *Mag*, grand.

MANA*to-Pok*, il mange. Latin, *Mando*. François, *manger*.

MAM-MAT, nourriture. Hongrois, *Madar*. Primitif *Ma, Mad*.
MAITſek, Latin *Madidus*, mouillé. Hongrois, *Nedves*.

N.

NISE, poiſſon. Norwégien, *Niſa*: dans les langues du Midi, P-Ish, F-Ish.
NUTEIſiah, neuf. Oriental, *Nu, Now*.
NUIA, nuée, commun à une foule de langues.
NAPPUA, ſe brûler, échauder. En Arabe, NAPPa, manger un ragoût chaud.
NOUK, fin, *extrémité. Naua-Pok*, dans Anderſon, finir, terminer. Or. *Nau*, fin, repos.
NUT-*Ak*, nouveau, neuf. Primitif, *Nov, No*.
NUTA-*Vok*, il eſt nouveau.
NU-NA, terre, ſol, mot commun aux Groenlandois avec les Caraïbes & les Galibis, chez qui il ſignifie *Terre* & *Lune*. Il a beaucoup de rapport à l'Oriental *Nuh*, habitation, demeure; d'où Nef, Navire, &c. *Naos* en Grec, *Navis* en Latin.

O.

OK-*Ak*, langue, parole. Hongrois, *Ige*, parole, mot, diction.
OKALL-*upok*: parler: *Ok-Allutuak*, Hiſtoire.
OKALL-*ubik*, Temple, lieu conſacré à la parole. Du primitif הלל.
OKior, hiver: 2°. année, qu'ils comptent par hiver: c'eſt le Celte KER, froid.
ORN-*Ga*, aile; 2°. aiſſelle.
ORN-*Ikpok*, il vole, s'envoler. Gr. *Ornis*, oiſeau.
OMA, lui; mot commun aux langues du Nord & de d'Orient.

P.

PANNig, fille. Oriental, *Bane*.
PAUNa, le plus haut: BAN, PEN, en Celte, élevé.
PEK-*Ipok*, courbé. Nord, *Bog*, arc.
PENNa-*Mich*; lame d'épée, pointe; primitif, *Penn*, pointe; & *Mag, Mic*, grand.
PIG-*Ak*, veille; *Pig-Arpok*, il veille; primitif *Vig*, veiller.
PIKka, là-deſſus; *Pikkunga*, ſur; primitif, *Pic*, pointe, ſommet.

PIC,

SUR LES LANGUES D'AMÉRIQUE.

Pec, pointe, sommet; *Pinga*, qui est sur; *Pingasaut*, trois, le nombre supérieur, pluriel.

Pinner*sok*, beau; *Pinnerau*, il plaît; *Pinnersaut*, ornement : primiti *Wen*, beau.

Pill*aut*, petite faulx; *Pillek*, scie : primitif *Fal*, faulx, action de couper.
Pissuc, agilité, *Pissukpok*, il va. Algonquin, *Pitchi-Bac*, courir.
Piss-*Kek*, ancien, pour *Vit-Kek*, Latin, *Vetus*, ancien, formé du primitif Oed, tems.
Puill-*Asok*, fontaine. Anglois, *Wel*, puits.
Pupik, lèpre, Hébreu, *Beq*.
Pook, sac, poche; c'est le même mot Pook-Sac, un sac.

Q.

Quan, racine d'Angélique : en Norwégien *Quanne*.

R.

Rypar, perdrix : en Island. *Ryper*. Danois *Rype*.

S.

Sane, sein : 2°. devant, avant : en Latin Sin*us* : en François *sein*; mot également Oriental.

Sek*kia*; Latin, Soc*rus*, belle-mere.
Sek*ko*, pique, arme, pieu : c'est la Zag*aie* des Africains, la Sag*itta* des anciens Celtes.
Sor-*Ojupok*, il est barbouillé, crasseux. Latin *Sordeo*.
Sort-*Lak*, racine. Hébreu, S*h*r*sh*, *Sorsh*, racine.
Sill*it*, pierre à aiguiser : ici se rapporte le Latin Sil*ex*, mot également Oriental.
Silla, air, Monde, Ciel. Grec *Selas*, lumiere. Oriental *Hell*.
Sik-*Akpok*, il est sec. Latin *Siccus*, François *Sec*.
Sekki*her-Pok*, le Soleil brille, luit. Danois *Skinner*. Anglois *Shine*.

T.

Tarr-*Ak*, ombres, ténèbres; *Tarsoak*, grandes ténèbres. Anglois, *Dark-Ness*.

Toko, mort. Dan. *Doer*, mourir.

Le R Danois se change ici en *K*, ce qui est commun en Groënlandois.

U.

Uge, semaine. Anglois *Week*.

Uipok, il leve les yeux. Primitif *Up*, élévation, sur.

Un-Nuk, soir, peut-être de la même famille que *Nox*, nuit.

Upernak, printems; de la même famille que *Ver* des Latins, printems.

Ulle, flots de la Mer. François *Houle*.

Ullok, jour, année, *Ullor-Iak*, étoile. Ces mots paroissent tenir à l'Oriental *Hell*, lumiere, splendeur.

Ursok, cuit; d'où *Urso-Pok*, brûler. Oriental *Ur*, feu. Latin *Uro*, *Ustus*.

La Langue Groënlandoise d'ailleurs fait usage d'Affixes, à la maniere des Langues Orientales, Hongroise & Américaines Septentrionales; mais elle les place, à la maniere des Orientales, à la fin des mots. Ainsi on dit, *Nuna-Ga*, ma terre; *Nunet*, la terre; *Nunà*, sa terre (de lui pour qui on agit); *Nunane*, sa terre (de lui qui agit); *Nunangoak*, une petite terre; *Nunar-Soak*, une grande terre.

Les Verbes se désignent, comme dans les Langues Orientales, par la troisieme Personne du Présent, qui est en même tems un Prétérit; & elle marche, par conséquent, la premiere, de même que dans ces Langues: *Ermik-Pok*, il se lave; *Ermik-Potit*, tu te laves, *Ermik-Ponga*, je me lave.

Ajoutons, que les rapports que nous avons cités ici de la Langue Groënlandoise avec la Hongroise, sont d'autant plus remarquables que cette derniere Langue est la même que celle des Vogules, habitans de la Tartarie, comme M^r. Scherer l'a fait voir dans son Ouvrage sur la Population de l'Amérique, & la même que celle des Lapons, les plus près voisins des Groënlandois, comme l'a reconnu le P. Hell dans son Voyage en Laponie.

SUR LES LANGUES D'AMÉRIQUE.

II.

LANGUES DU CANADA.

Descendent de l'Algonquin.

Les Nations Sauvages du CANADA parlent diverses Langues qui paroissent être des dialectes de celle des ALGONQUINS. Voici les principales, selon le P. *Lafiteau*.

La Langue des HURONS, qu'on peint noble & majestueuse, mais d'une prononciation rude & gutturale.

Celle des AGNIES. Elle est plus douce & moins gutturale.

Celle des ONONTAGUES. Elle approche le plus de celle des Hurons.

Celle des ONNOIOUTS. Elle paroît s'être formée de l'Agnies. Ce Peuple affecte de la délicatesse dans sa prononciation. Il change R en L, comme les Chinois, la Langue Zend, &c. & il ne fait pas sentir les finales.

Celle des TSONNONTOUANS. Elle est très-rude : les Iroquois s'en moquent : cependant, selon le P. CARHEIL, elle est la plus énergique & la plus abondante.

Celle des IROQUOIS, moins réguliere que celle des Hurons.

Voilà donc six Dictionnaires qu'il faudroit avoir pour analyser ces Langues, & arriver à une source commune qui pût nous conduire à des objets de comparaison assurés entre ces Langues & les nôtres. Or, je ne connois à cet égard, en fait de Livres imprimés, que le *Vocabulaire de la Langue Huronne* du P. *Sagard* THÉODAT, imprimé à Paris en 1632, & *celui de la Langue Algonquine* du Baron de LA HONTAN, qu'il a accompagné de quelques mots Hurons.

Ce dernier Voyageur dit que toutes les Langues du Canada « ne different » pas tant de l'Algonquine, que l'Italien de l'Espagnol, ce qui fait que tous les « Guerriers & les Anciens de tant de Peuples différens, se piquent de la par- » ler avec toute sorte de délicatesse. Elle est tellement nécessaire pour voya- » ger en ce pays-là, qu'en quelque lieu où l'on puisse aller, on est assuré de » se faire entendre à toutes sortes de Sauvages, soit à l'Acadie, à la Baie d'Hud- » son, dans les Lacs, & même chez les Iroquois ».

Lettres ou sons qui leur manquent.

LA HONTAN assure que les Hurons & même les Iroquois n'ont point de lettres labiales, c'est-à-dire point de B, F, M, P; que pour prononcer *bon* ils difent *ouon* ; *rils* pour *fils* : *Coanfieur* pour *Monfieur* ; & qu'aucune Nation du Canada en deçà du Miffiffipi n'a la lettre F.

Le P. *Lafiteau* voulant donner quelque idée de ces Langues Canadiennes, affuroit (*Mœurs des Américains*, Tom. IV. 194.) « qu'elles n'ont » proprement que des Verbes ; que tout fe conjugue, & que rien ne fe dé-» cline ; que chez ces Peuples tout eft Verbe ; qu'il n'y a point de Subftan-» tif, d'Adjectif & d'Article ». Le P. *Lafiteau* croyoit dire quelque chofe, & il ne peignoit qu'une chimere.

Si les Onnoiouts changent R en L, les Iroquois au contraire changent L en R, & P & F en K. Ils difent *rux* au lieu de *lux* ; *Roufikouer* au lieu de *Lucifer*.

Ils prononcent *ou* au lieu de *B* & de *M*.

Comme les Celtes, ils font précéder R de C ou de G, & tandis que les Hurons difent *Areskoui* (Dieu, 2°. Soleil), les Iroquois difent *Agriskoué*.

Obfervations Grammaticales.

T eft pour eux une efpece d'Article, comme dans la plupart de nos anciennes Langues. Ainfi *T arr-ha* fignifie *il y a là une forêt*.

Leurs VERBES fe terminent à l'Infinitif en IN, EIN, terminaifon commune aux Verbes Grecs, Theutons, Celtes, &c. ce qui eft déjà un rapport fingulier.

Leurs Affixes.

En voici un autre auffi frappant. *N* eft le Pronom de la premiere Perfonne, *K* celui de la feconde, *Ou* celui de la troifieme.

NI-*Sakia*, j'aime.

KI-*Sakia*, tu aimes.

OU-*Sakia*, il aime.

Or, dans les Langues Orientales *N* défigne la premiere Perfonne, *K* la feconde, *Hou* la troifieme.

MIN eft ici comme en Grec *Men*, la marque finale de la premiere Perfonne du pluriel. *Nifakia-Min*, nous aimons.

Ils ont, comme les Péruviens, deux premieres perfonnes plurielles, celle que nous venons de voir, & une autre formée de celle-là & de la terminaifon de la feconde Perfonne plurielle.

Kifakia-Min-Aoua ; nous & vous, aimons.

SUR LES LANGUES D'AMÉRIQUE.

Les Langues Latine & Grecque employent également *N* pour défigner la premiere Perfonne, du moins au pluriel, & *ou*, *hou* pour la troifieme.

Entrant dans le détail de leurs mots, plufieurs paroiffent avoir un grand rapport avec nos anciennes Langues.

RAPPORTS DE MOTS.

1°. Tirés du Dictionnaire du P. THÉODAT.

HAR, WAR, GAR eft un mot primitif qui fignifie fur, au-deffus, & qui défigne l'élévation : nous avons eu fans ceffe occafion de le voir ; il fe prononce également HOR, WOR : GOR. Ces Peuples en ont fait

GAR-AKoua, & IKARe, le Soleil.

Le comparatif AR, plus, comme en Latin OR.

HOU-EN, âgé ; AR OUANNE, plus âgé. Ce HEN, âgé, eft un mot Celte dont les Latins firent SENex, vieux ; SENI-OR, plus âgé.

HARR & GAR, une Forêt ; en Hébreu עי I-HOR, IKAR : de-là le mot *T-arr-ha* que nous avons cité il y a un inftant.

AOUEN, eau : E-AUOY, je nage, je vais à l'eau. C'eft le primitif AU, AV, AOU ; EAU, en toutes Langues.

AIHTAA, AYSTAN, pere, c'eft l'AITA, pere, d'un grand nombre de Langues : l'ATTA d'Homère, du Groënland, des Sabins. Voyez ce que nous avons dit dans ce Volume fur APPIUS.

ACHia, Enfans : primitif *Ach*, Tribu, Famille.

AIN, voir : YE EIN, & EGa-YEIN, je vois. Peut-on méconnoître ici le primitif עין Œen, Ain, œil : 2°. Soleil ?

CARHata, Village : en Prim. *Kar*, *Kair*, *Karth*, Ville : il tient à GER, GAR, enceinte.

SCON, TSCON, cabane : mais c'eft un mot Oriental pur, d'où le Grec SKENé, tente, cabane, qui a formé notre mot SCENE.

OURHenha, jour. En Oriental OR, OUR, jour, lumiere, Soleil, feu : Famille immenfe en toute Langue.

TANonte, donne. Dans nos anciennes Langues, DA, TA, DONNe.

GAGNENou, chien. C'eft une Onomatopée : les Latins en firent CANis, chien, prononciation que nous avons confervé dans faim CANine, la CANicule, &c.

HOUOYSE, aimer, a beaucoup de rapport avec le primitif *Aoue*, chérir, d'où le Latin Aveo.

YOURY, il eft cuit ; du primitif OR, OUR, d'où le Latin URo, brûler ; chauffer. Nous venons de le voir également chez les Groënlandois.

ESSAI

2°. *Tirés d'un Vocabulaire manuscrit.*

Un jeune Huron de naissance, M. LOUIS VINCENT, Etudiant au College de Darmouth dans l'Amérique Angloise, né d'une Tribu Huronne établie à Lorette, petit bourg, à neuf mille Nord-Ouest de Québec, sur la riviere Saint-Charles, nous a envoyé un Abrégé de Grammaire Huronne de sa façon, accompagnée d'un petit Vocabulaire.

Nous y retrouvons quelques uns des mots que nous avions extraits du P. THÉODAT, & nous y appercevons que L & T se placent chez ce Peuple, à la tête des mots en qualités d'articles. Ainsi:

TICH*eon* signifie Etoiles, &

LA-DICHA, la Lune, mots formés de TI, DI, lumiere.

KIOR*ati* signifie ténèbres, obscurité. Mais c'est le Groëlandois KIOR qui désigne l'hiver, leur tems de ténèbres & d'obscurité.

TE-OR*hathche*, lumiere; mot formé manifestement de l'article Oriental TE, & du mot primitif OR, lumiere.

LA-RAK*oua*, Soleil, formé de l'article L, & du primitif RAY, RAG, Soleil, Roi, rayon.

LA-RONH*ia*, le Ciel formé du même article L, & du primitif ROM, *Ronh*, élevé: de là encore

ONH*ia*-RON*on*, Ange, *mot-à-mot*, les Très-Elevés.

OND*esha*, la Terre. OND*eshon*, colline. C'est le BENDES ou *Bendis* des Thraces, des Phrygiens, par lequel ils désignent la Terre. En Siamois BENDIS, encore de nos jours. Ces rapports prouvent le chemin immense qu'a fait ce mot, & que le centre commun du point de départ est à de grandes distances. Ajoutons qu'il n'est pas étonnant que ce mot ait perdu sa lettre B chez les Hurons, puisque cette lettre labiale leur manque: d'ailleurs elle peut avoir été ajoutée par les Phrygiens pour adoucir l'aspiration.

HAIST*en*, Pere; c'est le AISTAN du P. THÉODAT.

AN-IN-EN, Mere; c'est le primitif AM, mere. répété: ce Peuple n'ayant point de labiale, changea nécessairement M en N.

HAT-ISH*aiaha*, Enfans, Race, postérité: oserons-nous entrevoir que ce mot est composé de HAT, semence, postérité, & de ISHA, femme?

NOMS DE JOURS.

Nous n'avons pas assez d'Elémens pour analyser les noms de leurs jours, d'autant plus que nous n'avons que les noms de six: le septieme ou le Dimanche ayant un nom Européen, DIODE, jour de Dieu.

Cependant ceux des Jeudi & Vendredi font très-remarquables.

Okar*iſtia*, Jeudi, tient à Okar, Suprême.

Honou*aata* Run*Ta*-Ti, le Vendredi eſt un nom manifeſtement compoſé. Run déſigne le Ciel ; Hon, Won, ſignifie beau, brillant, c'eſt donc *le jour de la* brillante *Étoile* du Ciel : nous dirions Vénus Céleſte.

Ouatatotenti eſt une terminaiſon qui ſignifie *Saint*, par ces T redoublés ils ont donc voulu peindre la vénération, le reſpect ; idées qu'emporte le primitif Ti.

3°. *Tirés du Vocabulaire de* La Hontan.

Ab*ou*, ſuc ; de *Av*, *Ab*, eau, liqueur.

Arim*ac*, de grand prix ; important. Prim. *Rym*, élevé grand.

Al*anck*, Étoile. En Prim. *Hal*, *Hel*, briller.

Hem*iſca*, aller par eau. *P-imiſca*, naviguer, ſe lient avec nos primitifs *Im* & *Iſc*, eau.

Kiss, gelée, mot Celte. Dans l'Edda, *Ghez*, ſignifie *gelée*.

Mag*at*, fortement, beaucoup. Prim. & Groënl. *Mag*, tout ce qui eſt grand, étendu.

Mack*ate*, noir ; Celte *Macha*, meurtrir : François *machuré*, &c.

Mal*atat*, mal ; *Malatiſſi*, mauvais.

N p, dormir. En Angl. *Nap*. En Celte *Lap* ; d'où *Sleep* dans le Nord.

Okim*a*, Chef. *og*, grand, ſupérieur.

Ou*Agan*, Eſclave. *Gan* eſt une Terminaiſon Algonquine commune aux Subſtantifs. Reſte *oua* pour le radical, qui correſpond au Celte *Was*, *Gouas*, Eſclave, Domeſtique.

Ou-Den*ane*, village. Prim. *Den*, habitation, Ville.

Ouack Ay*gan*, un Fort ; *Ouack-Aik*, faire un Fort. Remettez *ou* en *b*, & vous avez *Bak* des Égyptiens, *Pag* des Celtes, *Pacha* des Péruviens, déſignant une habitation, un Canton, une Contrée.

Ouats-Ga*Amink-Dac-Irini*, les Anglois : mot-à-mot, les hommes d'au-delà de la grande Mer. *Ouats*, au-delà, en Anglois*Weath*. *Dach*, derrière ; en Angl. Danois, &c. *Back*, dos, derrière : ici *d* pour *b*, à la Grecque, & ſur-tout chez un Peuple qui n'a point de *b*.

Irini, homme ; en Péruvien *Runa* ; en Égyptien *Romi* ou *Pi-Romi* ; en Ceyland. *Pi-Rimyaa*.

Ockol*a*, robe, Hébr. גלם *Glom*, manteau. Angl. *Cloke*. Franç. *Cloche*, ancien habillement d'homme, & enſuite de femme.

OU-Ton, Langue. Dans le Nord, *Tong*, *Zung*, Langue. On voit par ce mot & par celui de Ou-Denane que les Hurons employent *ou* comme article ainsi que les Caraïbes, les anciens Egyptiens, les Grecs, &c.

Proueb, poil des animaux, mot primitif.

Poutaome, faire chaudiere ; mot qui tient au primitif *Pot*, *Pout*, &c. chaudiere, pot.

Scoute, feu ; primitif *Ash*, *Esch*, feu, prononcé *Sc*.

Sakia, aimer ; Angl. *Sake*, amour, égard, considération.

Talamia, saluer ; en Oriental *Talam* & *Salam*.

Tit, dire ; prim. *Di*, jour, dire.

Vendao, lumiere ; prim. *Ven* ; en Pehlvi *Venadan*, lumiere.

Yao, corps, substance. *Iao*, en Héb. en Chinois, en Egypt. l'*Etre*.

III.

Langues des CARAIBES & des GALIBIS.

Les Caraïbes étoient les Habitans des Isles qui sont entre l'Amérique Septentrionale & l'Amérique Méridionale, lorsque les Européens en firent la découverte. Leur Langue a un si grand rapport avec celle des Galibis, Peuples de la Terre Ferme du côté de Cayenne, qu'on voit manifestement qu'ils eurent une origine commune, lors même que ces Peuples n'en conviendroient pas ; car les Caraïbes disoient, selon quelques Auteurs, qu'ils étoient sortis du Pays des Galibis, & qu'ayant fait la Conquête des Isles, ils en avoient exterminé les Habitans mâles, & avoient épousé leurs filles & leurs femmes. C'est ainsi qu'ils rendent raison d'une multitude de mots dont le sexe féminin se sert seul chez eux, comme étant les restes de leur Langue maternelle, transmises avec soin à leurs filles par les Descendans de la Nation exterminée. Mais dans l'Histoire des Antilles, par Rochefort, Tome II, on dit positivement que les Caraïbes sont originaires de l'Amérique Septentrionale, de la Contrée qu'on appelle aujourd'hui la Floride, qu'ils demeurerent long-tems dans le voisinage des Apalachites, où quelques-uns de leurs Descendans s'appellent encore Caraïbes, & qu'ils partirent de chez les Apalachites pour la Conquête des Isles.

Les Rapports de la Langue des Caraïbes avec celle des Galibis sont d'autant plus intéressans, qu'ils ne s'étendent pas à tous les mots qui composent ces Langues, qu'il n'en embrassent pas même la moitié ; ensorte qu'ils sont une

preuve

SUR LES LANGUES D'AMÉRIQUE.

preuve sans réplique des altérations prodigieuses qu'ont éprouvé les Langues de l'Amérique, & qu'à cet égard on doit se contenter de quelques rapports, étant peut être impossible de restituer ces Langues dans leur état primitif. Ils sont tirés du Vocabulaire Caraïbe de ROCHEFORT, dans son Histoire des Antilles, *in-*4°. 1658; du Dictionnaire Galibi, *in-*8°. imprimé à Paris depuis quelques années, & du Dictionnaire de la Langue Caraïbe du P. RAYMOND BRETON, un des premiers Missionnaires de la Guadeloupe & de quelques autres Isles, imprimé à Auxerre en 1665, *in-*12.

On peut donc rapporter les mots de ces Peuples à quatre Classes différentes : 1°. mots communs aux Caraïbes & aux Galibis ; 2°. mots particuliers à chacun ; 3°. mots qu'ils peuvent avoir pris des autres Nations Américaines ; 4°. mots qu'ils ont empruntés des Européens. La maniere dont ils ont altéré ces derniers, & les différences qu'on remarque entre les mots qui leur sont communs, donnent une idée de leur prononciation ainsi que des changemens qu'ils peuvent avoir faits à leurs mots primitifs.

Exemple de Mots GALIBIS empruntés d'Europe.

Rakabouchou,	Arquebuse.	*Choukre,*	Sucre.
Canabire,	Navire.	*Mouche,*	Beaucoup. C'est l'Espagnol *Mucho,* Beaucoup.
Pisket,	Poisson.		
Couloubera,	Couleuvre.		
Carattoni,	Rat.	*Baina,*	Peigne.
Pipa,	Futaille, Tonneau, Pipe.	*Bouiroucou,*	Porc.
		Barou,	Balle de fusil.
Kaniche,	Canne à sucre.	*Chamboura,*	Tambour.

Cependant *Choukre* étant Indien, *Mouche* primitif de même que *Kan* pour canne, ces mots pourroient bien avoir été connus des Caraïbes longtems avant que les Européens découvrissent l'Amérique au tems de Christophe Colomb.

Exemples de Mots communs aux GALIBIS & *aux* CARAIBES.

GALIBI.	CARAÏBE.	FRANÇOIS.
Ouato.	Onattou.	*Feu.*
Veyou.	Huyeyou.	*Soleil.*
Nouna.	Nonum.	*Lune.*
Bebeito & Pepeite.	Bebeité.	*Vent.*
Oukili.	Ouckelli.	*Homme.*
Ouheli.	Ouelli.	*Femme.*
Touna.	Tona.	*Eau.*
Tobou.	Tebou.	*Pierre.*
Ourepa.	Oullaba.	*Arc.*
Iromou.	Liromouli.	*Été.*
Bulana.	Balanna.	*Mer.*
Penna, Pena.	Bena.	*Porte.*
Eitoto.	Etoutou.	*Ennemi.*
Iroupa.	Iroponti.	*Bon.*

Rapports des Mots CARAIBES *avec ceux de notre Hémisphere.*

NA marque la premiere Personne, de même que chez les Algonquins : ainsi d'*Ayoubaka*, marcher, ils font *N-ayoubaka-yem*, je marche.

LA, LI, LOU, est l'article *le*.

T est chez eux un autre article, que nous avons déjà vu en usage dans les Langues du Canada, qui répond à l'article *The* des Anglois, & qui est venu de l'Orient.

OU est aussi une initiale comme chez les Egyptiens & chez les Grecs.

Famille A C.

Du Prim. Ac, pointu, aigu, piquant, pointe, ils ont dérivé

AKoucha, aiguille. | AKourou, scorpion.
HAGue, fourmi. | AKourelou, gros chardon.

2°. Du même mot désignant l'éclat de l'œil, l'œil perçant, ils ont fait, AKOU, œil; en Primit. AK, OK, AUG} œil.

3°. Ils en ont fait la famille AC, veiller, d'où,

AC-Acotoni, réveil. AC-Acoutoa, réveiller. AC-Acochoui, résurrection.

C'est notre racine occidentale WAG, WIG, veiller : vigilance.

Famille AU.

Du Primitif AU, AV, eau, ils ont dérivé,
AUThe, poisson, habitant des eaux : mot également Arabe.
OPi, baigner, laver.

Famille ASH, feu.

Du Prim. ASH, ATh, feu, ils ont dérivé

ASSimbei, chaud.	OU-ETE, bois du Brésil ; en Oriental ETS, עץ, bois d'ailleurs ce bois est rouge.
OU-ATou, feu.	A-OThe, AUTo, hute, case : mot de toutes nos Langues.

Les cases ou hutes sont en bois, & le bois sert au feu ; de là tous ces rapports de mots, non-seulement chez les Caraïbes, mais chez les Orientaux & en Europe. Ainsi les mêmes idées, les mêmes combinaisons ont lieu dans tout l'Univers, & l'intelligence des Américains en fait de Langues, ne cede en rien à la nôtre. Moins éloignés de la Nature, leurs Langues mieux connues seront une anse au moyen de laquelle nous la saisirons mieux ; nous retrouverons mieux les traces primitives du langage qui sembloient perdues pour toujours.

A s'est sans cesse ajouté à la tête des mots chez eux, comme chez nous.

A-CAYOUMan, un caïman, espece de crocodile.

ACou-RABAMe, quatre : Orient. RABY, & en Massor. RABAng.

A-MOGNegak, il est beau : en Lat. AMOENus. Ces mots viennent de MOEN, VOEN, VEN, beau, mot Celtique, d'où VÉNus, &c.

Cette Famille est très-remarquable. Les mots suivans ne le sont pas moins.

ABou-POUTou, pied : en Prim. POU, POD, pied.

A-POTO, grand, gros, enflé : c'est le Prim. POT, grand, dont nous avons rassemblé la Famille dans ce Volume.

A-BIHERa, sanglier ; en Orient. BHER, d'où le Lat. A-PER.

A-RIABou, nuit ; en Orient. ARAB, l'EREBE des Grecs.

ARou, bord, lisiere ; en Lat. ORa : en Grec ORos, bord, frontière, borne.

AOUEMBO, fin, fini, terminé. C'est le Zend APEMO, fin, achevé, qui se prononçant AOUEMO, se trouve le même que le Caraïbe.

C'est donc à ce mot qu'il faut rapporter le Valdois,

APAMOz, nom du repas qui termine les funérailles : il étoit donc très bien désigné par ce mot, *la fin de tout.*

AGAN*euke*, tems, faison; c'est le primit. ןע, ON, GON, GAN, tems, formé de OEN, Soleil, devenu les AGON*ales* chez les Latins, & qui est entré dans le nom de GAN*y-Mede*, chez les Troyens

De la même Famille, A-GUEN*ani*, lueur, lumiere:

AR*aali*, tems chaud & sec où on rôtit.

AR*aogane*, sueur. Ces mots tiennent au primitif AUR, UR, brûler.

AR*ianga*, parler, haranguer. } On ne peut méconnoître ici le
AR*iangone*, Langue, idiôme. } primitif AR, HAR, parler.

ATAR*a*, potage, pitance, viande cuite. Ce mot tient donc au Grec & au Latin ATAR*a*, potage, bouillie, &c.

AHAN, respiration forcée, & qui a fourni des mots à notre Hémisphere, sur tout aux Celtes.

B.
Famille BAL, *élevé, fort.*

De la famille primitive & si connue BAL, élevé, fort, vigoureux, &c. les Caraïbes ont dérivé,

BAL-*Oue*, la grande-terre.

BAL*aoua*, & BAL*ana*, la grand-eau, la mer.

Mouchi PÉELI, très-grand.

BAL*ipe*, vigoureusement, fortement.

OUAL*imé*, guerre: en Algonq. *Nant*-OUAL*i*. C'est le primitif BAL, BEL-LUM. 2°. De cette même famille ils ont fait

BOUL*eoua*, grand roseau, dont ils font des flèches. C'est le Malais BOUL*ou*; & à Madagascar VOUL*ou*. De-là

BOUL*cbae*, écris: on se sert en effet de roseaux pour écrire; c'est mot-à-mot prends le boulou, le roseau.

N*a*-BOUL*etacayem*, j'écris, je peins.

A-BOUL*etouti*, Peintre, Ecrivain.

A BOUL*etoni*, peinture, écriture.

A BOUL*itagle*, pinceau, roseau à peindre.

Voilà donc un nom assigné chez ces Peuples à la peinture, ou écriture, & ce nom leur est commun avec les Orientaux. Ils ont donc connu la peinture ou écriture par l'Orient; mais en quel tems? O Européens, qui avez exterminé ces Peuples, que de connoissances vous avez ensevelies! Ainsi notre monument des rives du Jonston s'accorde avec cette connoissance de l'écriture, qui nous ramene, ainsi que ce monument, à l'Orient.

Famille BOU, *petit, jeune.*

Le primitif BOU, BOY a toujours désigné les idées de petit, jeune, enfant, domestique : de-là chez les Caraïbes,

BOU*ro*, POI*ro*, jeune, petit.

A-BOU*you*, esclave, domestique : en Vald. *Boybe*, un petit goujat.

N-ABOU*you*, mon esclave. ABOU*you-Keili*, il sert encore.

A-BOU*you* MATOB*ou*, ouvrage commandé.

Famille BA, BO, *je vas.*

AB*OA*, venir. O-BOUI, je suis venu. M-OBOUI, tu es venu.

SETE-BOUI, venir, être arrivé.

No BOUI, venu.

B.

BABA, Pere : 2°. Oncle paternel ; mot prim.

BOUL*i*, sourdre. ABOUL*icani*, source ; du prim. BOUL, BULL*io*, &c. bouillonner.

BIAM*a*, deux : en Lat. BIS, deux.

BE-BEIT*e*, vent : en Zend VAD, prononcé VEID, BEIT : nazalé, VEND.

BAMB*ou*, roseau : mot Indien.

BAT*h*, lit, en Angl. BED, mots venus de l'Orient.

BAT*ia*, melon ; en Oriental נטב-א, A-BAT*ih*, melon ; en Chald. A-BAT*tikim*, melons. Le Caraïbe est plus simple que l'Oriental.

BAR*a*, porter, faire : c'est un mot de toute Langue.

BAR*e-Banum*, porte-le.

BA*cachou*, vache ; en Galibi, PAC*a* : en Lat. VACC*a*, vache.

Famille CAL, *appeller, parler, voix.*

Ini-CAL*eteli*, parler.

Chi-CAL*eteba-Lone*, parle lui.

Ini-CAL*etebou*, Livre qui parle, d'où l'on tire ses paroles.

Famille CAM.

Le mot primitif C'HAM signifie lumiere, chaleur, Soleil, &c. ; de-là CHEM*un*, le BON-DIEU, le bon Esprit. Il tient au Japonois

CAM*ina*, Dieu : à l'Or. SAM, le Ciel.

CAM*bounné*, rôtir la viande, boucaner.

KEMerei, brouillard : Or. KAMar, obscur, nuit, absence de lumiere.
Les extrêmes s'expriment toujours par la même racine.
De-là, les ténèbres Cimmériennes, pour dire les ténèbres les plus épaisses, les plus profondes.

Famille CAR.

Le mot primitif CAR, GAR, élevé, que nous avons déjà vu chez les Hurons, a donné aux Caraïbes ces mots :

I-CHEIRi, Dieu : ce mot correspond à l'Algonquin IKARE, Soleil.

I-COURita, le midi : le moment où le Soleil est le plus élevé.

2°. A cette Famille CAR tient celle de CAR, rouge, Famille répandue dans tout l'ancien Monde, & qui doit ce nom à sa qualité d'être la plus élevée, la dominante, la plus sensible entre les couleurs. De-là en Caraïbe :

KARionarou, Liane dont les feuilles donnent en teinture, un très-beau cramoisi, le plus beau rouge.

Nous trouvons donc ici la premiere étymologie qu'on se soit avisé de donner d'un nom de Peuple Américain, celui de CARaïbes : il vient de cette Famille CAR, soit qu'il ait désigné la couleur rouge ; & il étoit très-bien nommé, puisque nous les appellons nous-mêmes les hommes rouges : soit qu'il ait désigné les habitans des Montagnes, puisqu'ils sont descendus des Apalaches.

Pendant que nous sommes en train de conjecturer, de rêver, si on veut, le nom de ces Montagnes se présente lui-même à merveille. On voit sans peine qu'il tient au radical BAL, VAL, PAL, élevé, escarpé; Famille qui leur a donné nombre de mots comme nous venons de voir.

2°.

Il est une autre Famille en KHAR, très-connue, qui signifie faire une incision, labourer, tracer des sillons, des caractères : elle se trouve chez les Caraïbes avec cette derniere signification.

CHAR ou-Rouali, il est gravé.

Ka-CHARougouty, Graveur.

Ta-CHERa-Ketaioni. division, séparation.

Na-CHARaketiem, je plante, je pointe.

Famille CAP.

De la famille primitive CAP, tête, sur, &c. vinrent
A-CABouchi, sourcil. A-CABo, vieux.

C.

CANaoua, grand vaisseau : c'est le primitif CAN, qui désigne la contenance.

COULiela, canot; du primitif CAL, CŒL, creux : de-là encore ces dérivés KAL-oon, en Galibi, canot.

CHALicae, creuser; CHALounaïm-lo-arou, je l'ai creusé : en Or. הלל c'hall, creuser.

COCI, aller vite : COCHI, vîte, promptement. Or. חוש c'hus, c'hys, courir, se hâter, marcher nuit & jour. En Abenaq. KIsous, le Soleil.

CHIRiriti, rond,
CHIRiboula, faire virer, tourner. | CHIRiali-NOMum, la Lune est ronde, pour dire pleine.

CHIRIC, l'année ; c'est un cercle : 2°. la Poussiniere : cette constellation est rassemblée en rond.

Tous ces mots tiennent au primitif GYR, cercle, dont nous avons rassemblé une foule de mots en toute Langue dans notre Grammaire universelle & comparative, en particulier.

CHICatai, CHIqueté, couper: du prim. CHIC, morceau, dont nous avons fait CHIQuet, & Dé-CHIquetter.

CHEU, brûler : Li-CHEU Hueyou Kai. le Soleil brûle : en Grec Kai, brûler.

E.

ENE, voilà. ENourou, œil. Latin EN, voilà : du primitif EN, ŒN, œil, voir.

E PERI, fruit : c'est l'Oriental PERI, que nous prononçons PRI, qui signifie fruit, & qui a donné à l'ancien Monde une masse prodigieuse de mots.

H.

AN-HIN, mon aîné; plus vieux que moi : c'est le prim. Celte HEN, vieux.

HUERA, Ne-huera, nudité; T-ORa, la peau.

Ces mots tiennent à l'Or. עור HUR, HOR, peau, nudité : qui se prononçant également GOR, COR, a produit le CORium des Latins, nos mots cuir, courroie, &c.

I.

ICHE, vouloir : en Algonq. D-huish, avec l'article T. Dans tout le Nord, WISH, souhait, désir.

IMMer, mere : Oriental AMM, EM.

L.

Du primitif LOU, LU, lumiere. blanc., font venus :
AL-LOUtacaoni, blancheur.
AL-LOUTi, il eſt blanc.
L-AL-LOUNi, le blanc.

M.

MALia, MARia, couteau : c'eſt le primitif MAL.
MANati, mamelle : c'eſt le primitif MA.
MONa, la Lune, dans la Langue des femmes. C'eſt donc le prim. MON, MEN que nous avons eu tant de fois occaſion de voir, & que nous trouvons au-delà des Mers, chez les Caraïbes ainſi que chez les Virginiens, comme nous le verrons tout-à-l'heure.

MOUCHin-agouti, long : du primitif MAG, MOUG, MUG, grand ; le même que nous avons vu dans *Mouchi-peeli*, très-grand.

A-MACHI, Capitaine, doit tenir à la même Famille.

N.

NISSan, aller, partir ; en Or. נבע *Nſy*, *Naſſo* ; en Maſſoreth NISan, aller, partir.

NUCE, haut ; en Or. נםה *Naſé*, élever.

NUCH-Ucu, derriere de la tête ; ce mot reſſemble bien à nuque.

O.

OUA eſt une négation comme OU en Grec : en terminaiſon, elle ſe change en *Pa*. ICE, vouloir ; ICE-*Pa*, ne vouloir pas.

OUIMBo, entrailles, ventre : c'eſt le primitif OB naſalé en *Oimb*, ventre.

OUIPi, haut ; OUIPoui, montagne, chez les Galibis ; en Caraïbe, OUEBo ; c'eſt le primitif UP, HOUP, haut.

OUIN, AUNique, AHUINique, TE-OUIN, ſeul, UN, unique : c'eſt le primitif EN, UN, un.

OU, eſt une initiale ajoutée à la tête de pluſieurs mots comme article.

OU-CABO, la main ; de l'Or. *Caph*, main.

OU-ARoue, le ſec, la terre. Orient. AR, la terre, le ſec ; d'où ARide. Ces mots appartiennent à la famille AR, ſueur, que nous avons déjà vu ci-deſſus ; en Latin ARefco.

O-CUNa,

O-CUNa, & IE-CONori, genou: c'est le primitif CEN; GENu en Latin; GONu en Grec.

Du primitif HOL, creux, trou, les Caraïbes firent:

OULLouco, fenêtre: T-OULLepen, trou, ouverture.
OULLepeti, il est percé, troué.

P.

PHOUBae, souffle. En Grec *Phusé*, souffle.

POUL, mot primitif qui signifie eau, étang: en Oriental POUL, lac, marais: en Anglois *Pool*: nous l'avons vu dans le Discours préliminaire de nos Origines Latines. De-là,

Na-POULou-*Kaiem*, je nage: en Algonq. *Ta-poué*, nager.

I-POL*iri*, riviere, fleuve.

POURONNE, fille: en primitif POR, enfant; d'où *Puer*: en Zend A-PE-REN*aeoko*, fille, jeune fille.

PON, rouge; en Or. PUN; d'où PŒNI, & le Latin PUN*iceus*, PON*ceau*.

PIT*ani*, jeune enfant. Primitif PET*h*: d'où le François PET*it*.

PLIA, flèche. En Celte *Fly*, voler; flèche, &c.

PUIT, couper, est le primitif PUT; d'où le Latin PUT*are* couper, qui a formé le François AM-PUT*er*.

PUIT*acoua-banne*, fais-moi une incision.

NA-PUIT*agoni*, incision.

T.

TI-TI, grand, élevé, en terminaison.

TOB*ou*, lieu, en terminaison.

TOU-BAN*a*, maison: ils disent aussi BANN*a*. En Or. *Bana*.

TON*a*, eau, riviere. En Celte DON, TON, eau profonde.

Ajoutons que l'orthographe du même mot change beaucoup dans toutes ces Langues, suivant les personnes qui nous les transmettent. Ainsi dans le même Dictionnaire Galibi, on voit sept manieres différentes d'écrire le mot qui correspond à pesant, épais, massif: *Amotchimbé, Maucimbé, Maucipé, Mochimbé, Mosimbé, Mossimbé, Naucipé*; en sorte qu'on le prendroit pour sept mots différens.

On y voit:

Acoropo, Acolopo, Coropo, Colobo, pour demain.

Diss. Tom. I.

Coyare, Coignaro, hier.
Noene, Nonna, Nouna, Lune & terre.
Oly, ouali, ounly, fille, femme.
Payra, pira, oule-mary, bois qui sert à écrire, &c.

IV.
LANGUE DES ABENAQUIS.

Les Abenaquis, anciennement Canibas, font une Nation du Canada unie aux Souriquois ou Micmas habitans de l'Acadie, & aux Etechemiens leurs Voisins. Ces trois Nations parlent à-peu près la même Langue, & on l'appelle Langue Abenaquise. Je ne connois aucun Ouvrage, aucun Vocabulaire imprimé sur cette Langue; mais quelques mots que j'en possede font voir qu'elle a un très-grand rapport avec la Langue des Sauvages de la Virginie & avec nos anciennes Langues. On assure d'ailleurs qu'elle n'est qu'un dialecte de la Langue Algonquine & de l'Outaouaise ; & qu'elle est riche & énergique.

Ne marque la premiere personne, *Ke* la seconde, *Ou* la troisieme, de même que chez les Algonquins & ceux de Virginie : *Ni ouka*, nous ; ANMINE, nous en terminaison verbale.

Nis signifie deux, de même qu'en Virginien & en Thibétan.

Yeou, quatre : & en Virg. *Yeou*.

Nizinske, vingt : en Virg. *Nisnikha*.

Nanniske, cinquante : en Virg. *Nanannatahshinchag*.

RAOUE, *Méreouangan*, cœur: c'est l'Or. RIE, *Roé*, affection de cœur, amitié, cœur.

On voit ici la terminaison *Gan* commune à ces divers Peuples du Nord de l'Amérique.

Esse, dans les composés, A-OUASON, bois à brûler ; c'est l'Or. *Ytz, hets, hess*, bois ; & le Caraïbe, OU-ETE, nom du bois de Brésil; il est rouge.

Me, De, comme l'Hébreu *mi, min*.

TEBaï, mesurer; חוה TEVE en Hébr. mesurer, borner, limiter.

KIZOUS, Soleil, tems : en Hébr. חוש *c'hus, c'hys*, courir, se hâter.

ABANNemena, pain : Orient. *ab, aban*, fruit, nourriture.

Observons que les Abenaquis sont les mêmes Peuples que les Anglois appellent OWENAGungas : c'est le même mot exactement avec une prononciation & une terminaison différentes.

Les Algonquins portent également un nom différent chez les Anglois : ils les appellent ADIRONDAKS.

Demandera-t-on enfuite pourquoi on a tant de peine à reconnoître chez les Anciens les mêmes Peuples, les mêmes perfonnages à travers les noms différens que chaque Hiftorien leur donne?

V.

LANGUE des VIRGINIENS.

Cette Langue eft à-peu près inconnue : il n'en exifte qu'une Grammaire imprimée à Londres en 1666, fi rare que je n'ai encore pu la découvrir nulle part : on n'a pu me la procurer ni à Paris, ni à Londres, ni en Amérique : on m'a écrit du nouveau Monde qu'il en exiftoit un ou deux exemplaires dans une Ifle ; qu'on y avoit écrit pour m'en procurer un, & que les malheurs de la guerre avoient empêché toute réponfe. Qu'eft-ce donc que cette guerre qui m'empêche d'avoir un femblable Livre ? Que font donc mes Recherches qui exigent des correfpondances dans tout l'Univers, qui me rendent tout néceffaire, à moi qui n'ai pas même deux pouces de terrein ; qui ai été obligé de lutter contre tous les obftacles pour m'enfoncer dans ces Recherches ; qui efpéroit que la gloire, l'amour de la lumiere, le zèle pour les Sciences engageroient les Puiffans de la terre à venir au fecours d'une perfonne qui, en arrangeant les matériaux des Origines du Monde, en facilitoit fi prodigieufement la connoiffance ?

Heureufement une perfonne dont le nom feul eft un éloge, M. ISELIN, Secrétaire de la République de BASLE, eut la générofité de fe défaire en notre faveur d'une Bible en Langue Virginienne, traduite de l'Anglois au fiecle dernier : ce préfent ne pouvoit être plus précieux : il nous a valu ces Dictionnaires, ces Grammaires que nous n'avions pu nous procurer malgré nos foins.

D'après cette Bible, nous n'avons pas eu de peine à ébaucher une Grammaire de cette Langue ; un Tableau de fes terminaifons & de fes initiales, un commencement de Dictionnaire.

Nous y avons reconnu nombre de grandes Familles communes aux habitans de l'ancien & du nouveau Monde : des mots communs aux Peuples du Canada, & qui prouvent qu'une feule Laugue fut parlée dans tout le Nord de l'Amérique.

Ici, comme chez les autres Peuples de l'Amérique dont nous avons déjà parlé, & comme dans l'Orient, les préfixes ou les pronoms qu'on met à la tête des mots font les mêmes.

NE marque la premiere perfonne, | How la troifieme,
KE la feconde, | How *an*, qui.

On trouve chez eux également les terminaisons Orientales des noms Pluriels ; IM pour les noms masculins : OTH pour les noms féminins.

Ils ont une autre terminaison plurielle très-remarquable, celle de *ouaongash*, & *ouongash* : elle répond à l'*antes*, à l'*ontes* des participes pluriels Latins & Grecs, prononcés *anghes*, *angas*.

Ils ont la terminaison Grecque KONT pour marquer la multitude : mais dans les dixaines, ils ne la nasalent pas ; c'est le primitif pur KAT, KUT, multitude, dont les Latins firent CAT-*erva*, troupe armée.

RAPPORTS DE MOTS.

Les Rapports des mots entre cette Langue & les autres, sont très-remarquables.

GÉ, ou GHÊ, la Terre.

On sait que la Terre s'appelloit *Ghé* en Grec : & que ce Peuple ingénieux en fit la Fille célèbre d'Elion, la Femme d'Uranus ou du Ciel, & la Mere non moins célèbre de Saturne ou de Cronus. Ce mot existe chez les Peuples du Canada, ainsi que chez les anciens Perses, mais ici précédé de l'article O, ou A.

En Algonquin AHKE, en Virginien OHKE ; en ancien Persan ou Pelhvi AKhe, chez tous, la Terre, le Monde. Ils en ont dérivé OHKeitt, Terre, Pays ; OHKe-konit, des champs ; *Ta* OHKet-*eonganith*, Jardin ; OHKE-kontu, du pays, de loin ; MUtta-OHKet, le Monde.

On a déja dû remarquer dans cette Dissertation divers autres Rapports des Langues du Canada avec celles de la Perse. Ces Rapports particuliers sont très-frappans : ils mériteroient d'être suivis avec soin : non qu'il en faille conclure que les Canadiens sont Persans ; ce seroit le casse-cou ordinaire des Etymologues : mais ils supposeroient un foyer commun à rechercher & à approfondir.

A T Ta, Pere.

Nous avons déjà eu occasion de voir que chez tous les anciens Peuples ATT*a* signifioit Pere : dans ce Volume actuel, nous l'avons trouvé chez les Sabins : nous venons de le voir chez les Peuples du Canada ; il est également chez les Virginiens ; mais adouci.

Les Peuples du Tangut le prononcent ATsh*he*.

Les Czeremisses, vrais Tartares, ATs*a*.

Les Esclavons, OTSE.

Chez tous, le T changé en sifflante *Tch*. Les Virginiens ont suivi ce Dialecte ; de même que les Algonquins.

SUR LES LANGUES D'AMÉRIQUE.

Ous*h*, chez ces deux Peuples, signifie Pere.
N-Ous*h*, mon Pere. K-ous*h*, ton Pere. H-ous*h*, son Pere.

Von, Bon, Bun, *Intelligence.*

Du Primitif Bun, Von, intelligence, prudence, sagesse, les Virginiens ont fait Wan*tam*, sage; Wan*tammonk*, sagesse.

V e n, Beau.

Le Primitif Oen, Ven, signifie Œil, Soleil; 2°. éclat; 3°. beauté, perfection : nous avons déjà vu qu'il a donné des mots à diverses Nations Américaines : nous le retrouvons en Virginie.

Wunn, voir; Wunn*aumun*, il vit; Wunn*egan*, bon, parfait ; Wunne-Tow*onk*, bonté, intégrité; Wunn*anum*, bénis.

Les Pensylvaniens le prononcent Winn*it*, bon.

N e p, N i p, Eau.

Nep, dans notre hémisphère signifie étendue d'eau; de-là notre expression, une belle Nappe d'eau. Les Grecs ne négligerent pas cette famille : ils en tirent Nip*ó*, je laverai; Nip*hó* & Nip*to*, je lave, Nip*has*, neige. De-là les Monts Nip*hates*, les Monts blancs ou neigeux; le Nap*hte*, bitume liquide; Nep-tune ou la grande Eau, &c. &c.

En Virginien, Nippe-Kont*u*, eau : ici Kont*u* répond au Kon*ta* des Grecs pour marquer multitude.

Dans le Dialecte de Noridgewalk, Tribu Indienne qui habite les bords de la Riviere de Kennebec, ce mot se prononce simplement Nipp*y*.

N a m, prendre.

Nam est une Famille antique très-étendue, dont nous avons eu occasion de parler plus d'une fois, qui signifie prendre, & qui a produit des mots Orientaux, Theutons, &c. même Espagnols, comme nous avons vu dans l'Essai sur les Tarots. Il a formé,

Le Virg. Neo*munau*, il prit.

K a l, parler.

Kal est un mot primitif qui signifie voix, parole ; 2°. parler : en Hébr. Qui, voix : en Tangut & en Mongal, Kel, parler. C'est le Cal*o* des Latins & des Grecs, d'où sont venus chez nous une foule de mots, tel que CALendrier.

En Virg. KENos, parle ? Ici L changé en N, comme cela arrive continuellement, même à Paris où on prononce sans cesse Nantille pour Lentille.

M A T, mauvais, funeste.

MAT, MATCh, signifie en toute Langue, mauvais, funeste, ruine, mal, mort. En Hébr. מות Mat, Mut, mort, ruine, destruction.

Virg. MATChée, prononcé Matchi, en Algonq. MATchi; en Abenaquis, MATsighek, mauvais. De-là, ces dérivés : Matchée-Towehtu, le méchant : Matches-eaenuut, les pécheurs : Num-matches-oonganash, mes péchés.

MATTa, privation.

Autres Mots Orientaux.

SQUITTer, signifie feu chez les Indiens Noridgewalk. C'est l'Algonquin SCOUTe feu, formé du primitif אש, Esch; feu.

OU TCHIPP-Anoouonganit, Tribu : Héb. שבט, SHEBet, Tribu, sceptre. GANIT est un terminatif de Collection.

Nou-SITumm-Ouongash, mes jugemens, Orient. סוד, Sud, Syd, conseil, avis, Seigneurie : joint à Nou, mes.

Nuk-Khuk-Ouwaongash, mes commandemens; mot composé également de la terminaison Ouwaongash, du préfixe Nou, écrit Nu, & de Kuhk, mot Oriental חק, Huq, Khuq, qui signifie statut, décret, commandement, & dérivé de חק, HAQ, peindre, graver, tracer, décerner, où l'on ne peut méconnoître la racine primitive AC.

Nou ou Nu est ici suivi d'un K, ce n'est qu'un redoublement de la consonne K qui commence le radical Kuhk.

KAh est la conjonction et. On ne peut y méconnoître la même racine qui forme le Kai, &, des Grecs, & le que des Latins.

MANITTou, la Divinité, le Dieu bon. C'est un nom très-connu par toutes les relations de l'Amérique. C'est le même nom que MAN, donné au Soleil & à la Lune.

AYNNeat, habitation, mot primitif, en Oriental עין, Hun, Oyn, habiter, d'où le Flamand WONNen, habiter : de-là peut-être WuNNaumun, il vit; vivre en un lieu, l'habiter, sont termes synonymes.

PUN, mot primitif qui signifie peine, punir, &c. Les Virginiens en ont fait Ootameh-PUNNA-Onganouash, ses troubles, ses peines, ses inquiétudes.

SUR LES LANGUES D'AMÉRIQUE.

AK, mot primitif, en Orient. אח, *Ach*, frere; les Virginiens le faifant précéder de l'article P, en ont fait,

P*ey*-AOG, freres.

WE-QUAI, lumiere; c'eft l'article ou, & le primitif *Ghé*, גה, lumiere.

WE-QU*Ananteganash*, luminaires. WE-QUO*h-Sumwog*, pour éclairer. Ce mot doit être entré dans la formation de celui-ci, KES-UK, Ciel; 2°. lumiere, jour; 3°. face, vifage, le fiége de la lumiere de l'homme.

NASHAU*anith*, efprit, ame; du prim. נשב, *Nashav* foufle, foufler, refpirer : & נשם *Nafham*, ame, efprit, refpiration : c'eft une vraie Onomatopée.

CHAD eft un primitif qui fignifie tailler, couper, rogner; les Orientaux en firent כהד, *Ched*, & les Latins *CÆDO*, couper, trancher, tailler. De-là le Virg. CHAD-CHAP, divifion, partage; d'où,

CHAD-Chape-m*ooudj*, qu'il divife : Chadcha-penumo-adm*og*, ils partagent : Wurchadchabe-ponumun n*ap*, il partagea, il divifa : il mit en partage : de *Pono*, mettre.

SEPAK doit fignifier élévation : c'eft l'Oriental שפה, *Shaphe*, élever, hauffer : de-là,

SEPAK*ehta-Mounk*, le Firmament, la Voûte célefte : (ce qu'on prononce & écrit ici *Mounk*, eft écrit dans d'autres mots par *Wonk*).

MASS, eft un mot primitif qui fignifie grand; il eft devenu MESS, & en Virginien MISS : de-là,

MISSI-Yeu*ash*, les grands : MIssug*ken*, grand.

MIS*hum*-Muchnm*egk*, croiffez.

AIHE fignifie chez les Virginiens, eft, être.

Wutt-AIHe, eft : PISH-NUT*t*-aïh, je ferai,

P*ish* eft chez ce Peuple la marque du futur.

DTAN, produire, donner : le *Ta*, *Tan*, *Dan*, primitif, donner, produire.

NOMS DE NOMBRES.

	Deux.		*Quatre.*	*Vingt.*
En Noridgewalk,	Nees, prononcé	Nis	You,	Nees infcut.
Virginien,	Neefuna, prononcé	Nifuna.	Yaou,	Nis-nikha.
Algonquin,	Nis.		Yeou,	Niz-inske.
Abenaquis,	Nis, & Ninch.		Yeou.	
Tangut,	Nis.			

Cut, Cot, comme nous avons déjà observé qui sert ici pour marquer les dixaines, est le primitif Cot qui désigne multitude, & qui se nasalant fit le Kon*ta* des Grecs & le Gin*ta* des Latins qui marquent également les dixaines.

Seul, il fit Kat, qui signifioit cent, que les Grecs changerent en Ekat*on*, & dont les Latins en le nasalant firent Cen*tum*, cent, qui est si différent du Cut des Indiens, quoiqu'ils ayent tous puisé dans une même source.

Ne-Qout*ta*, est six en Virg. Nexout*ans* en Algonquin.

VI & VII.

Langues des Chipéways *& des* Naudowessies.

M. Carver, Capitaine Anglois qui fit dans les années 1766, 1767 & 1768, un voyage dans l'intérieur de l'Amérique Septentrionale, en a donné une Relation très-intéressante à en juger par les Extraits que m'en a fournis M. Ramond versé dans les Langues du Nord, & qui les étudie d'après les vrais principes.

M. Carver distribue toutes les Langues de l'Amérique Septentrionale en quatre classes, suivant les quatre Points Cardinaux. Dans la premiere sont les Nations Iroquoises qui habitent l'Orient : la seconde renferme les Dialectes des Chipéwais ou Algonquins, dont le séjour est la partie Septentrionale en tirant vers l'Ouest. La Langue des Naudowessies qui habitent l'Ouest, forme la troisieme classe. La quatrieme est composée des Langues que parlent les Cherokis, les Chikasaws, &c. habitans des Régions plus méridionales. On trouve, ajoute-t-il, l'une ou l'autre de ces quatre Langues constamment en usage dans toutes les parties de cette immense étendue comprise entre les Eskimaux, la Floride, l'Océan. & sans doute la grande mer Pacifique, ou le Nord de la mer du Sud.

La Langue des Chipéways, comme on le savoit déjà, paroît la plus étendue : c'est la seule que parlent dans leurs Conseils les Chefs des Tribus qui habitent les environs des grands lacs jusqu'aux rives du Mississipi, de l'Ohio, & de la baie de Hudson : elle est aussi la Langue du Commerce.

Elle est devenue naturelle aux Ottowaws, aux Saukies, aux Ottagaumies, Peuples dont les terres sont comprises entre le lac *Michigan*, l'*Ouiscousin*, le *Mississipi*, & la riviere *Chipéway*. Enfin aux Killistonoés, aux Nipegons & aux Bandes du *Lac de la Pluie*.

Si la Langue des Chipéwais est la plus riche, celle des Naudowessies est la plus douce, & sa prononciation n'a rien de guttural. Presqu'aussi répandue

que

que l'autre, elle prévaut à l'Ouest du Mississipi : & même, suivant le rapport des Naudowessies qui campent à la fourche de la Riviere *Saint-Pierre*, elle domine chez tous les Peuples qui s'étendent depuis le Nord du Missouri jusqu'à la mer Pacifique.

Un Vocabulaire de cette Langue devenoit ainsi un complément précieux de tout ce qu'on a sur les Langues du Nord : M. Carver l'a publié dans son Voyage, en l'accompagnant d'un Vocabulaire des Chipéwais : & M. Ramond nous a donné une Copie comparée de l'un & de l'autre.

Il y a joint quelques remarques de sa façon, qui nous ont paru trop intéressantes pour les omettre : d'autant plus qu'on aura occasion de voir par-là que les principes du Monde Primitif sont déjà employés dans l'étude des Langues, & quelles lumieres ils répandent sur leur analyse.

Les Naudowessies ont le mot WAHKON dont il s'agit de déterminer le sens propre. Il entre dans un grand nombre de mots :

Wahkon-She*jah*, l'Ours. | Shanuapaw-Wahon, le Calumet.
Muzah Wahkon, le fusil. | Mene*h* Wakon, liqueurs fortes.

Mais *Meneh* signifie eau, liqueur ; c'est le primitif *Mi, Mei, Mein*.

Wahkon signifie donc, *fort, puissant*. C'est donc le primitif AK, OUAK, MAG, grand, fort, puissant.

Le mot qui désigne le *Calumet*, signifiera donc *la pipe forte, puissante*.

Le mot qui désigne le *Fusil*, signifiera, *le fer fort & redoutable*.

Le mot qui désigne l'Ours étant composé de leur mot *Shejah*, méchant, signifiera *la mauvaise bête, forte & puissante*.

Enfin dans le mot TONGO-*W*akon, qu'on applique au Maître de l'Univers, il signifiera le *Fort Elevé*.

Ici *Tongo* est formé du prim. TON, DON, élevé.

Dans les mots *Capotiwian*, habit ; *Shaw Bonkin*, aiguille ; & *Maw-Signaugon*, une lettre, M. Ramond reconnoît les altérations du mot François Capote, ou du mot Anglois *Coat*, habit : de l'Anglois *Bodkin*, épingle, & du mot Européen, *signe*.

Il trouve d'ailleurs des rapports très-sensibles entre ces Langues & celle que nous appellons GALLIQUE, parlée dans l'Ecosse, dans les Isles ORCADES, & Dialectes des Langues Erse & Bas Breton, &c.

I, IN, INNIS existe dans les Dialectes Galliques, Erses, Armoriques, soit seuls, soit en composition, pour signifier une Isle, ou les objets relatifs à l'eau. Les Chipéways l'ont fait précéder simplement de la lettre M ; MINNIS, Isle : MINNISS-*in*, Presqu'Isle.

Diss. Tom. I.

MiNkwah, boire : Kitchi-gaw-MINK, grande eau, lac ; & chez les Nauloweilies MENeh, eau.

TY, maifon, dans tous les Dialectes Celtes : les Naudow : appellent une maifon TI-BI. Or Bi, Ky, font pour eux des terminaifons favorites.

TAD, dans ces Dialectes, fignifie pere ; nombre de Peuples en ont fait ATTa : & les Naudow : difent OTAh, dans ce même fens.

BOU fignifie petit jeune : les Bas-Bretons en ont fait Bu Ghel, enfant mâle, où Ghel fignifie garçon : chez les Chipéways, Bo-BELosh-in, enfant mâle.

Ici IN eft une terminaifon diminutive comme dans Minifſ-in.

MAHON, MAThon en Gallique un Ours ; en Chipéways MAKon & MAKwah.

ER, homme en Gallique ; chez les Chip. IRine, Nation.

OI, IO, NION, MOI, font autant de radicaux Celtes relatifs aux idées de femme, fille, vierge. De là en Chip. Ichwi, & en Naudow : Winna-Kejah, femme : wi-Win, époufer.

Jeck-Waſſin, jeune fille. Mais on peut reconnoître dans ces mots I-Kvi, I-kwaſſin, le primitif Gu, Gun, femme, également Celtique.

O'-SHEan, en Gallique vieux. Chez les Chipéways :

Shaw-Shia, vieux, arrivé il y a long tems.

SHia, fait, paſſé ; SHean, paſſé, écoulé.

TAIamh, en Ecoſſois, la terre natale. En Chipéways, Aw-keen, qui fignifie terre, eft joint à Endala : ENDAL-Aukeen, pour défigner Patrie, Contrée. (Et dans ce mot Aukeen, on reconnoît également le Ghe, primitif, Terre).

SINNi, en Naudow : neige. C'eft le Sne, neige des Septentrionaux, le Snow Angl. & Schnee Allem.

MEOH, moi ; MEWah, mien des Naudow : nous ramene au Me de tous les peuples.

Ajoutons quelques obfervations.

Un javelot, un dard eft appellé She Shikwi, en Chip. c'eft le Zagaye, le Sek de tous les Peuples.

K-iſſin, gelée : Kiſſin-magat, forte gelée, eft le Nord Iss, glace, d'où Is-lande, pays de glace.

PA-ATAah des Naudow. Feu, Soleil, eft le ın, Esh, ET, Oriental!

Les Indiens s'appellent chez les Chipéways, ISHI-NAWBATS ; & un homme, Al-Issi-nape. Ce font donc deux mots de la même nature, compofés du primitif Ish, homme, & du Chipéways Nape, mâle, au pluriel Nawbats, C'eft de ce mot que les François auront fait ASSINIPŒLS, nom d'une Tribu Indienne dans le Canada Occidental.

SUR LES LANGUES D'AMÉRIQUE.

Ma Skimot, signifie en Chip. un sac: il est donc formé du primitif Sac, devenu *sec*, Sc.

Nebbi, eau; de *Ev*, eau.

L-Ou*tin*, vent; du primitif Out, vent.

M-itti, bois; du primitif It, Ets bois.

Ni Ape, mâle; du primitif *ap*, *ab*, Pere.

On voit qu'ils aiment à commencer les mots par des consonnes, plutôt que par des voyelles; qu'ils les font précéder des lettres liquides, *l*, *m*, *n*.

Ce qui peut former un caractere particulier de ces Langues de l'Amérique Septentrionale & propre à les faire reconnoître.

N'omettons pas que le Vocabulaire chipéways du Capitaine Carver a de très-grands rapports avec celui du Baron de La-Hontan, contre la véracité duquel on avoit élevé de grands doutes: le travail intéressant du Capitaine Anglois venge donc le Voyageur François.

VIII.

Langue de Pensylvanie.

Dans le Journal des Sçavans in-4°. 1710, pag. 49 & suiv. on trouve quelques mots de la Langue de Pensylvanie, voisine de celle de Virginie. On voit par là que ces deux Langues ont un très-grand rapport entr'elles & avec les nôtres.

Mat*ta*, dans les deux Langues signifie *sans*, non.

Winn*it*, bon; & en Virginien, *Wunne gan*.

Anna, mere. | Pone, pain. En Oriental *Pan*, *Pam*, fruit.

Hatt*a*, avoir. | Paya, venir, primitif Ba.

Met*se*, manger. Celtique *Mad*; *Mets*, mers.

IX.

Langue Mexicaine.

Je ne connois de cette Langue que quelques mots, que Jean de Laet dit avoir tiré d'un Vocabulaire que les Espagnols avoient publié à la Ville de Mexique dans cette Langue, & qui sont rapportés en partie par Reland, dans la dissertation dont j'ai déjà parlé, & dans le 4ᵉ. Volume de l'Histoire des Voyages, *in*-12. Malgré cette disette de mots, on ne laisse pas que d'apperce voir divers rapports de cette Langue avec d'autres.

La premiere Perſonne y eſt également déſignée par *Ne*, comme dans toutes celles que nous venons de parcourir, & *lui* par *yeu*; la ſeconde Perſonne par *te*, *K* étant devenu ici *t* par un changement très-commun. Mais ce en quoi la Langue Mexicaine ſe diſtingue de toutes les autres, c'eſt par la terminaiſon HUALT qu'elle a ajoutée à chacun de ſes mots, diſant,

NE-*Huatl*, moi; TE-*Hualt*, toi; YEU-*Huatl*, lui, il. Quant à la valeur de l'addition, c'eſt ce que je ne ſaurois déterminer avec ſi peu d'élémens. Ce doit être un mot expreſſif, & qui déſigne quelque idée relative à une exiſtence élevée: c'eſt ainſi que l'Eſpagnol ajoute *autres* à ces Pronoms pluriels,

Nos-Otros, &c.

Ils ont le Verbe E pour déſigner l'exiſtence: ce Verbe, qui marque la même idée dans toutes les Langues de l'ancien Monde, comme nous l'avons vu: ils diſent,

Ma Ni E, que je ſois.	Ni Ez, je ſerai.	Ma Ni Ez, que je ſerai.
Ma Xi É, ſois.	Ti Ez, que tu ſeras.	Ma Ti Ez, que tu ſeras.
Ma Y É; qu'il ſoit.	Y Ez, qu'il ſera.	Ma Y Ez, qu'il ſera.

Ys, ſignifie lui, celui qui eſt: c'eſt comme en Latin Is, & en Hébreu Is*h*.

SU-E, ſignifie homme; mot-à-mot, celui qui eſt.

Tli, *Tl*, abréviation de *Tel*, eſt une terminaiſon très-fréquente dans cette Langue: elle paroît répondre à notre terminaiſon *ter* des Latins, & *tre* en François.

TAHT*li*, pere. Primitif, *Tat*.

NANT*li*, mere. Primitif, *Na-na*.

TEUCH-*Poch*, fille. En Oriental *Tuch*, *Doch*, &c. fille.

TEUT-CAT*li*, nom du Temple de *Vitzliputzli*; mot-à-mot, dit-on, maiſon de Dieu; mais *Catli* ſignifie *maiſon* en Mexicain. *Teut* eſt donc Dieu; & c'eſt ainſi un mot primitif.

CA *Tli*, maiſon. Primitif, & Or. *Ca*, *Cas*, maiſon.

VITZ*li*-PUTZ*li*, Dieu Souverain du Mexique. C'eſt un mot manifeſtement compoſé. *Id* ſignifie le tems; PUT, POD, la puiſſance: racine dont nous venons de donner les diverſes branches & ramifications, & que nous avons déjà recontrée dans les Langues d'Amérique. Ce mot déſigne donc *le Dieu des Tems*.

LAN, pays, région, lieu. En Celtique *Land*, pays; *La*, lieu, qui, en ſe naſalant, fait *Lan*.

A-Tl, eau ; *A*, *Av*, eau, en Primitif.

Il-Hui-Call, le ciel. Ce mot est donc composé de Call, maison, & de *Ilhui*, qui signifiera lumière, astres. En Primitif *Hell*, *Ill*, briller, éclat, splendeur, Soleil, &c.

Tepec, montagne. Primitif *Top*, *Tup*, sommet, élévation, toupet.

Ameyalli, fontaine. Primitif *Mei*, eau.

Te Colli, charbon. Primitif *Col*, charbon. *Te* seroit un préfixe, cet article que nous avons rencontré dans toutes les Langues d'Amérique.

Zahza-Catla, lac. Primitif *Ze*, *Za*, mouvement, agitation des eaux. *Ze*, *see*, mer, lac.

Puisqu'avec si peu d'élémens, nous avons reconnu tant de mots primitifs, que ne pourrions-nous pas espérer avec des Vocabulaires bien faits & étendus!

X.

LANGUE DU PÉROU.

Dans un Mémoire de M. PELLOUTIER, sur le rapport des Américains avec les Celtes (Mém. de Berlin, 1747), on voit que le Docteur HEINIUS trouvoit une *grande conformité* entre la Langue Hébraïque & celle des habitans du Pérou, qu'il croyoit descendus des Carthaginois. Il est fâcheux que ce Savant n'ait point spécifié la nature de ces rapports: nous en aurions profité avec empressement, & nos Lecteurs y auroient sûrement gagné. A ce défaut, voici quelques comparaisons qui nous ont frappés.

M. de la CONDAMINE, dans son Mémoire sur les anciens Monumens du Pérou au tems des Incas (Mém. de Berl. 1746), rapporte ces six mots Péruviens, dans lesquels nous n'avons pu méconnoître autant de mots Orientaux.

Inca, fils du Soleil: In-Ti, Soleil : c'est l'Oriental In, Soleil, & Ti, élevé.

Inca-Pirca, Palais des Incas ; en Oriental *Bir*, Palais : d'où *La-Bir-*Int, le Palais du Soleil ou le Labyrinthe.

Ichu, jonc délié, dont les Péruviens font la brique en la pétrissant avec de la terre grasse. En Oriental אחו, *Ach'u*, jonc.

Tica, brique faite avec l'Ichu. } En Oriental דוך, pétrir, broyer.
Ticani, faire la brique.

Hoco, une niche ; 2°. une fenêtre : Primitif Og, œil, ouverture.

C'est une chose digne de remarque, que ce Savant Académicien n'ayant cité que six mots Péruviens, ils offrent tous des rapports aussi frappans. En voici quelques autres non moins sensibles, & plus nombreux qu'on ne pourroit croire, relativement à une Langue aussi peu connue & dont les Vocabulaires sont si informes.

A.

A, exclamation.

Acay, exclamation de celui qui se brûle.

A-CARcana, membrane qui enveloppe les visieres; du primitif CAR cercle.

A-CHURa, morceau de chair,
A-CHURacuni, couper un morceau de chair : Du primitif QAR, couper,
2°. distribuer des morceaux de viande : ou de CAR, chair,
découper.

ACHCA, en quantité, beaucoup, extrêmement : du primitif,

AX, OX, OCHS, grand, nombreux : il s'est aussi prononcé & écrit ANCHA, d'où un grand nombre de dérivés.

ANCHA-*Allin*, chose très-bonne. | ANCHA-*Chanioc*, d'un grand prix.
ANCHA-*Coc*, libéral.

ANCHA-*Yanigui*, exagérer, se glorifier, se vanter.

A-CULLini, manger des herbes, brouter : primitif CAL, ACAL, manger.

ALa; malheureux : c'est l'exclamation hélas! en Péruvien, *ala*, *alau*, *alalay*, &c.

ALLi, chose bonne : ALLIcay, profit.

ALLiachin, donner la santé, guérir, sauver.

ALLiapuni, recouvrer la santé, guérir.

On ne peut pas méconnoître dans ces mots le primitif HAL, salut, santé, bonheur, qui a fait SALut, FÉLicité, &c. On peut voir cette immense Famille dans nos Origines Latines.

A-MARac, méchant, mauvais, amer : qui vaut peu : c'est le primitif MAR; en Latin A-MARus, amer.

A-MACHac, Protecteur; c'est le primitif MAG, grand; Famille immense qu'on peut voir développée dans nos Origines Françoises & Latines.

A MU, muet. AMUyani, devenir muet : c'est le primitif MU, muet, silence : source de nos mots *muet*, *myſtere*, &c.

La Famille ANC, ferré, crochu, angoissé, &c. leur a fourni nombre de mots.

ANCA, aigle, ou l'oiseau au bec crochu.

ANCHIni, être dans l'angoisse, gémir, soupirer.

ANÇHUYcuni, se faire en dedans, dans l'intérieur.

ANCHurini, être separé.

ANTI, les Andes, hautes montagnes du Chili; du primitif AND, élevé. Ce nom est devenu celui d'une des IV parties de l'Empire des Incas ANTI-SUYU.

A-PACHITa, colline, montagne de pierre, de PAC, PIC, montagne pic.

A-PACHimuni, faire apporter.
A-PACHicuni, envoyer.
A-PAYCHacuni, apprêter.
A-PAC, celui qui conduit.
} De *Bach*, porter, servir.

APi, biscuit; APini, faire du biscuit: du primitif APH, OP, cuire.

Du primitif AB, pere, élevé, excellent, vinrent,

APU, APPO, APPOcac, Chef, Maître, Seigneur. En Brésilien: APO; en Galibi, YOUPO-PO.

APPO-Suyochac, Capitaine; mot-à-mot, le Seigneur, Chef d'une Division.

APPOTucuni-gui, devenir riche: grand Seigneur.

APPOsquine, ayeul, bisayeul, précisément les AVI des Latins, ablat. AVO.

APPOscachac, présomptueux: APPOscachane, présomption.

APu-Kucu, grands chiens.

AYÇANa, balance; AYÇANi, peser avec une balance: AYÇAsca, chose bien pesée. Cette Famille relative aux Arts est très-remarquable. Elle tient à une famille Orientale très-fortement caractérisée. AZEN, à la Massoréthique AUZEN. signifie en Arabe, poids: en Hebreu, balance & oreille. Nous avons vu dans nos Origines que notre mot ANSE vient de la même racine.

Voilà donc des rapports d'Arts bien constatés, entre le Pérou & l'Orient.

A-TUN, grand, chose très grande: c'est donc le primitif DUN, TUN, élevé.

ATUNyani-gui, devenir grand.

AUCani, combattre en bataille. AUCac: combattant, ennemi: AUCA-Conap, cris des combattans: AUCacuc, Tyran: AUCAC, Corsaire, Soldat, &c.

Du primitif & Hébreu אנכ, AUK, pointe d'une épée: 2°. combat, tuerie, carnage.

Ajoutons que le nom de leur dernier Roi, le trop célèbre ATAPALIBA, que ses vainqueurs firent mourir avec une férocité qui a peu d'exemple, avoit un nom significatif en Péruvien; dans mes Vocabulaires ce mot signifie *Poule*.

C.

CACHa, & HACHa, arbre, plante: du primitif עץ, *Gats*, arbre.

CACHa-CACha, forêt, c'est un nom formé à la manière primitive en redoublant le mot.

CACHa-PICac, arbre de montagne, de pic.

HACHa-*Runa*, homme sauvage, mot-à-mot homme des bois.

CAY & CHAY, celui-ci, celle-ci, ce. C'est le primitif זה, ZE, *fai*, ce.
CAPI, CAYme, le voici, les voici. CHAY CHAY, ces choses-là.
CAYssina, ainsi: CAYTa, pour ceci.

CALLo, Langue: en Oriental CALL, signifie appeller, parler.

CAMa, ame, esprit: en Galibi, A-CAPo, ame, de-là encore

CAMAC, Souverain, qui commande, qui gouverne: Dieu.
    CAMAC*hicoc*, pourvoyeur, qui commande.
    CAMAC*hicuni*, commander.

Du primitif CAP, chef, tête, sont venus:

CAPAC, Roi, Empereur. CAPA*quey*, Mon-Seigneur.
CAP*acchani*, faire le Seigneur, le riche.
CAP*ac*-MAM*a*, matrone, grande Dame.
CAP*ac Apalla*, très-gracieux.
CAP*as-Raymi*, fête des Indiens qui se célèbre en Décembre. C'est donc la fête des Saturnales où l'on faisoit un Roi.

Du primitif CAR, cher, rare, de grand prix;
    CAR*u*, excès.
CAR*upim*, qui excède de beaucoup.
CAR*u*, dédaigneux.
CAR*u-Runa*, homme qui vient de loin, étranger.

CAPA, main étendue: CAP*ayac*, palme, empan: c'est l'Oriental CAP*h*, main, d'où le Latin CAP*ere*, prendre, dont la famille est immense.

CHAL*La*, paille du maïs: tient au primitif CAL, tuyau, d'où le Latin CAL*amus*.

CHIR*i*, froid. CHIR*iyani*, avoir froid, se refroidir.

CHIR*issi-Ita*,

SUR LES LANGUES D'AMÉRIQUE.

CHIRI*ſſi*-ITA, hiver : Chiringa PAC, lieu à rafraîchir les liqueurs : ce mot tient au primitif *Kar, Keir*, froid.

CHOUN, Conducteur de l'Univers chez les Péruviens ; il abaiſſoit les montagnes, combloit les vallées, &c. C'eſt le CHOM des Egyptiens, l'Hercule céleſte.

CIRCA, veine ; CIRCA*ſca*, ſaigner ; CHIRCA*na*, lancette : ces mots tiennent au primitif *Ker*, rouge, ſang.

COLL*oc*, homme qui perfectionne, qui achéve la deſcendance ; en Oriental COLL, achever, finir, parfaire.

CUMU & COMO, courbe, tortu, boſſu.

COM*oyani*, *Comoni-gui*, ſe courber, baiſſer la tête.

COM*oyachini*, courber quelque choſe. Ces mots tiennent au primitif CAM, courbe, dont on peut voir les dérivés dans nos Orig. Lat. & Franç.

CON*ac*, Conſeiller. CON*ani*, conſeiller, avertir ; du primitif CON, KEN, Chef, Maître, Seigneur.

CON*gouy*, les genoux ; Grec, GONU ; Latin, GEN*u* ; François, GEN*oux*.

CUNAN, à cette heure ; CON*an-guata*, cette année ; CON*anm* ITA, cette fois ; de l'Oriental גון GON, révolution, d'où les Agonales.

COP*a*, balayeure, tient au primitif qui a formé le Latin SCOP*æ*, en Languedocien Eſcoube, balay, balayeures.

COR*i*, or, avec nombre de dérivés. Il s'eſt donc formé de l'Oriental HOR, or. Ici l'aſpiration s'eſt changée en C, comme cela eſt arrivé ſans ceſſe en Orient & dans toute l'Europe : nos Origines en fourmillent d'exemples. Nous en trouverons d'autres en Péruvien même.

COTO-COTC*o*, COT*ontin*, à tas, par Monceaux. C'eſt donc le primitif COT, amas, que nous avons déjà cité dans l'article des Virginiens, &c.

COZN*i*, fumée ; COZN*uni*, fumer. COZNI-*Plluſſina*, tuyau de cheminée ; c'eſt l'Oriental pur גשן, *Goshn*, *c'Hoshn*, fumer, faire de la fumée.

COR*ini*, recueillir ; C*o*RI*ſca*, choſe raſſemblée : c'eſt le primitif COR, CAR, aſſembler, mot Hébreu, Grec, &c

COR*iquenque*, oiſeau de proie, qui tournoie.

COR*muni*, rouler ; COR*maycachac*, aller en roulant.

CUR*ur*, peloton ; CUR*urani*, faire un peloton : du primitif GYR, GOR, rouler, cercle.

COYLL*u*, brillant, étincellant : COYLL*ur* & CUYLL*or*, étoile. Ces mots tiennent à CUILL*a*, Lune, que nous verrons tout-à-l'heure.

CUÇ*uni*, rôtir à la braiſe : CUÇ*aſca*, rôti : c'eſt le primitif COQ, HOUQ, cuire, rôtir.

CUCHI, cochon; ce font les mêmes mots.

CUCHI-VITA, Sain-doux.

CUCHin-Huacan, grogner.

CUCHI, diligent, empreſſé, actif. CUCHicuni, être diligent. Nous avons vu p. 514, au mot KIZOUS, la famille à laquelle ces mots répondent.

CULLu, tronc : c'eſt le primitif COL, tige, que nous avons cité il y a un moment.

CURaca, Seigneur, aîné ; de l'Oriental חור Khur, Prince.

CHILLchini, danſer avec des ſonnettes; du primit. QUEL, SQUILL, ſonnette.

CHURani, former, faire.

CHURai, Dieu, le Conſtructeur de l'Univers : ces mots viennent du primitif KER, faire ; on peut le voir dans nos origines Latines & Françoiſes.

CHURi, fils ; CHURi-Chacuni, adopter un fils : en Grec KOROS, fils : mot Oriental auſſi. Il tient certainement à la famille précédente.

G.

GUAYNA & HUAYNa, jeune ; c'eſt le Celte YUEN, d'où le Latin JUVENis.

GUAYRa, air ; ici le G ajouté comme dans Huayna : c'eſt donc le primitif HAIR, AER, l'air : ce mot eſt ainſi employé ſur tout le globe.

GUAYRoni, jouer au jeu de la Fortune : ce mot a bien l'air d'être une altération du nom des Taro.

GUARA, culotte : c'eſt donc un dérivé du primitif צר Gor, Guar, nudité.

H.

Nous avons déjà vu que H ſe change en G & en C chez les Péruviens, ainſi que chez tous les peuples du monde.

AC, HAC; pointu, eſt un primitif qui ſe retrouve chez ce peuple.

HACHuna, croc, crocher, hameçon.

AÇUa, acide, d'où Mama-AÇUa, vinaigre; mot-à-mot, mere-acide.

HAPini, ſaiſir, empoigner. HAPiſca, ce qu'on a cueilli ; HAPicuni, ſaiſir ; HAPtay, poignée, &c. C'eſt le primitif HAPer.

HANan, Supérieur : du primitif AN, ON, élevé.

HANan-PACHa, le Ciel : mot-à-mot, le Monde ſupérieur.

HARuini, rôtir ; tient au primitif AR, chaleur, rôtir.

HATUN, le même qu'A-TUN, grand; ſa famille eſt conſidérable.

HA TUNyani, croître.

HA TUN Pocoy, le mois de Février : c'étoit le dernier de l'année ; elle avoit fait ſon cru, & c'étoit le mois des ancêtres.

HAYLLini, chanter, chanter victoire : 2°. triompher ; c'eſt l'Oriental הלל,

chanter, danser, jouer de la flûte : H*ayllisca-Runa*, captif, prisonnier de guerre : *mot-à-mot*, homme acquis par la victoire, homme dont on a triomphé.

Ho*ma*, tête : 2°. sommet de montagne.

H*ua*-H*ua*, fils : ce mot tient au Grec *Uios*, fils, & au primitif, Hou, Voa, fruit.

Cette famille est très-étendue en Péruvien.

H*ua-Hua* Coto, femme féconde, où revient le primitif Cot.

H*uachani*, accoucher, mettre au monde : 2°. produire.

H*uachachic*, Sage Femme.

H*uachay*, accouchement.

H*ua-Choc*, adultere, avec une grande famille.

H*uachi*, flèche, javelot, zagaie : 2°. rayon du Soleil.

H*uachisca*, archer, tireur d'arc.

H*uachi-Chacuni*, tirer des flèches.

Ces mots tiennent à la famille Ac, pointe, dard.

H*uaci*, maison ; sa famille est très-nombreuse en Péruvien : c'est un mot primitif ; d'où le Grec O*ikos*, maison ; d'où le V*icus* des Latins.

Mais on se lasse peut-être de tant de rapports, comme je me lasse moi-même de les transcrire.

Cependant en voici encore quelques-uns, & je finis cet article.

I, L, M, &c.

Y*scay*, deux, nous rappelle le N Is des peuples de l'Amérique septentrionale & du Thibet : pour douze ils ont ajouté *Pachac*, qui signifie grand, quantité, la dixaine ; Y*scai-Pachac*, douze.

Y*ura*, blanc, ou I*oura* ; c'est le primitif הור, Hur, blanc.

L*liquini*, déchirer, lacérer ; c'est un dérivé de la même famille que ce dernier.

L*locllay*, déluge : ce mot tient au Celte Loc, eau, qu'on peut voir dans le Discours préliminaire de nos origines Latines, en Irl. Loug.

M*acho*, grand, vieux, âgé.
M*ac-Ma*, grande tine. } Du primitif Mag, grand.

M*ayo*, fleuve : primitif Mai, Mi, eaux.

M*a-Ma*, Mere : 2°. Belle Mere : 3°. Tante. Peut-on méconnoître ici le primitif commun à tous les peuples ?

M*icuy*, manger, dîner : c'est du primitif Mac, mâcher. On trouve ce mot associé avec le primitif M*anta* ou M*ath*, mort.

MICUI-MANTA, mourir de faim : à moins qu'on ne dérive ce *Manta* du négatif *Man*, non, qui n'a rien à manger.

MILLUA, toifon, laine. C'eſt un primitif, d'où le Grec MELON, & le Latin VELLUS, toifon, laine.

OYANI, entendre, écouter.

OYAC, auditeur, qui entend. C'eſt le primitif OU, oreille, OUIR, entendre.

P, Q, T.

PACARI, la matinée, le matin : c'eſt le mot Oriental בקר *BaKaR*, le matin.

PACCHA, fontaine, ſource : 2°. conduite d'eaux. C'eſt le primitif בחר, *Pache*, couler : le Grec *Pagá*, & puis *Péghé*, fontaine, ſource : mot qui entre dans celui d'Aréo Page.

Les Péruviens diſent auſſi PUCYA, fontaine.

PUCYU, citerne.

PUCYO-PUCYU, lieu rempli de ſources, de fontaines.

PAY eſt un article Péruvien : mais il eſt également Oriental, & ſur-tout Egyptien.

QUILLA, lune : 2°. mois : 3°. argent.

QUILLA-PURA, pleine lune : *Quillantin*, à chaque mois.

A-QUILLA, plat d'argent.

Ces mots tiennent aux précédens, COYLLA, blanc, & viennent tous du primitif HEL, OEL, ſplendeur.

QUILLINCA, charbon, eſt l'Oriental גחל *Goel*, charbon.

De TI, primit. maiſon, ſont venus,

TYANA, demeure : 2°. aſſiette : 3°. ſiége, chaiſe.

| TIAC, habitant. | TYA-POCOC, étranger. |
| TIANI, demeure. | TIA-PONACOC, nouvelle mariée. |

TICNO, borne, limite : du primitif TAE, תאח, ſigne, borne, limite : d'où l'Occidental TAG.

TOME, couteau, raſoir, tient à la famille A-TOME, TOME, EN-*Tamer*, &c.

U.

UICHAY, eſcalader : monter ſur une montagne : c'eſt le primitif UCH, *Uich*.

VICQUE, pleurs : VICQUEYANI, verſer des larmes.

VICQUI, gomme, elle diſtille des arbres. C'eſt l'Oriental בכה *UaKhe*, pleurer.

SUR LES LANGUES D'AMÉRIQUE.

VICRO, manchot, estropié; c'est l'Oriental כפח, *Vakho*, estropier, blesser, déchirer.

VIRa, graisse; VIRayani, engraisser: VIRpacapa, qui a de grosses lèvres, c'est l'Oriental ברי *Biria*, gras, graisse.

UPIani, boire; UPiac-Capa, buveur, & toute sa famille; c'est le primitif PI, boire, en Grec *Pino*, en Latin BI BI, j'ai bu.

URiani, travailler : URiac, travailleur.

URO-*Paccha*, araignée, mot à-mot, grande travailleuse.

C'est donc un dérivé du primitif OR, WOR, travail, d'où notre mot FORGE & toute sa famille qu'on peut voir dans nos origines Françoises. *ARanea*, araignée, en Oriental ARGan, tient à la même famille, d'où le Grec ERGon, ouvrage.

En voilà plus qu'il ne faut pour montrer les rapports nombreux & sensibles qui regnent entre le Péruvien ou la langue générale du Pérou appellée QUICHUA, & toutes celles de l'ancien Monde : en particulier avec l'Hébreu & par conséquent avec la langue des Phéniciens qui étoit la même.

Ces résultats mettront les savans beaucoup mieux en état de juger de la langue Péruvienne en elle-même & de l'origine de ce peuple, & sur-tout d'où put venir ce Législateur habile qui fonda sur de très belles connoissances le vaste Empire du Pérou.

TERMINAISONS PÉRUVIENNES.

On voit en particulier, par les exemples que nous avons rapportés, que ce peuple employoit un certain nombre de terminaisons, entre lesquelles on en reconnoît une qui leur est commune avec la plupart des langues d'Europe : c'est celle d'AN pour désigner l'Infinitif. Ce rapport est très-remarquable.

Si M. GODIN, qui a demeuré un si grand nombre d'années dans le Pérou, & qui en sait si bien la langue, ainsi que son épouse, connue sur-tout par son voyage infortuné & attendrissant à travers toute l'Amérique méridionale, si M. Godin, dis je, avoit exécuté son projet de donner un Dictionnaire complet & raisonné de cette langue, nous aurions été en état de rassembler des rapports plus nombreux.

Il faut espérer qu'il viendra un tems où l'on sera plus heureux & où les savans de toutes les nations sentant vivement l'utilité d'un pareil travail, s'empresseront à publier des Vocabulaires bien faits de toutes les langues qui en sont privées.

ESSAI
DES QUIPOS.

Les QUIPOS, ce mot si célèbre & par lequel les Péruviens désignent les nœuds qui semblables aux grains des chapelets, leur servoient d'écriture, est un de ces mots que nous n'osons analyser par le défaut d'élémens. Il est certainement composé de QUI & de POS : mais que signifient ces deux mots séparés ?

Il est très-remarquable qu'une pareille écriture s'appelle dans la Chine Coué. Mais ce mot signifie en Oriental *Elément*.

Po en Oriental signifie la bouche, & par-là même 2°. la parole.

QUI-POS devroit donc signifier élémens du discours, caractères qui peignent la parole ; mais nous n'osons affirmer.

Vues de Dom Antoine de ULLOA sur la langue du PÉROU.

Le savant DOM ANTOINE de ULLOA fit imprimer à Madrid, en 1773, un ouvrage aussi intéressant que rare, puisqu'il n'en existe, à ce qu'on dit, que quelques exemplaires en Europe, où il expose avec une grande sagacité l'Histoire Naturelle de l'Amérique méridionale, ainsi que les mœurs & les antiquités du Pérou, de même que ses réflexions sur l'origine des Péruviens & sur celle de leur langue.

D'après les grands rapports qu'on trouve, selon lui, entre le Péruvien & l'Hébreu, & d'après quelques rapports de mœurs, il ne doute pas que le Pérou n'ait eu pour ses premiers habitans quelque peuplade Orientale voisine des Hébreux ; il avoit sans doute en vue les Phéniciens, mais il n'aura osé franchir le mot.

L'espace immense qui est entre les Canaries & l'Amérique orientale, ou entre l'Asie & l'Amérique occidentale, ne l'étonne point : les Péruviens nagent comme des poissons. En 1738 ou en 1739, quelques Indiens qu'on occupoit à la pêche aux isles de Juan-Fernandez, ennuyés de ce genre de vie, abandonnerent ces isles furtivement, & avec un simple canot, sans provisions & sans agrêts, ils s'en furent à travers une vaste étendue de mer à Valparaiso, où la flotille qui les croyoit ensevelis dans les flots, fut fort surprise de les retrouver. Ce voyage, selon Dom ULLOA, est plus étonnant que celui des Canaries aux isles Américaines.

Les hardis navigateurs qui vinrent dans le Pérou n'eurent besoin ni de

SUR LES LANGUES D'AMÉRIQUE.

cartes ni de bouſſole; les vents & les courants ſuffiſoient pour les faire avancer: & cependant Dom d'Ulloa eſt un bon juge en ces matieres : il a fait ſes preuves en fait de navigation, & il a long-tems habité le Pérou. Nous devons la connoiſſance de cet ouvrage, qui meriteroit d'être traduit en notre langue, à M. Le Fevre de Villebrune, connu lui-même avantageuſement dans la république des lettres.

N'omettons pas, d'après les remarques du ſavant Eſpagnol, que la langue Quichua ſe parle dans toute l'étendue du Pérou; mais que dans le haut Pérou, la prononciation differe de celle du bas & qu'elle y eſt plus gutturale. Cette obſervation s'accorde parfaitement avec les principes du Monde primitif, & démontre que les goſiers Américains ſubiſſent les mêmes loix que ceux de l'ancien Monde.

Ce ſavant ajoute que cette langue eſt conciſe & agréable.

X I.

LANGUE DU CHILI.

Nous n'avons du Chili, pays plus enfoncé dans les terres, que quelques mots recueillis par Reland dans ſa diſſertation ſur les langues de l'Amérique. Cependant nous en avons trouvé un grand nombre de communs aux autres langues : ce qui nous perſuade que ſi nous avions eu un Vocabulaire complet, nous aurions pu beaucoup mieux prononcer ſur l'origine de cette langue & du peuple qui la parle.

Bid*a*, palais de la bouche : en Oriental *Eeth*, palais.

But*a*, grand : n'eſt ce pas le Bot, Pot de tous les peuples?

Bengn*e*, bâtir : en primitif & Oriental Ben ; ici, il ſe mouille en *gn*.

Charawilla, caleçon. Ce mot très remarquable tient au Perſan.

Cur*aca*, Seigneur, eſt le mot Péruvien.

Cur*am*, œuf, tient au primitif חור, *Cur*, blanc.

Cur*i*, ortie, tient au primitif Hur, cuire, brûler.

Cuch*i*, cochon, eſt primitif & Américain.

Lemo-Cuch*i*, ſanglier.

Guet*al*, feu, tient au primitif Et, Wed, feu.

Ien, manger, eſt le primitif naſalé E, Ie, manger.

L.

LAME, Phocas, même famille que LAMentin, vient de l'Américain LEM, LAM, main, formé du primitif AM, réunion.

LEVO, fleuve, tient à EV, eau.

LIQuanque, lumiere : c'est un dérivé de Lix, Lux.

LYE, blanc, tient au même mot LUX.

LY-CURam, blanc de l'œuf, est donc un composé Chilien de Curam, œuf, & de Ly, lumiere, blancheur.

M & suivantes.

MACane, massue ferrée : du primitif MAC, assommer, meurtrier.

MA-MA, mere ; mot de toute langue.

MAPPa, terrain, sol : n'est-ce pas notre mot Mappe, étendue, champ?

MEDDa, bouillie ; l'Oriental Med, manger : formé de ET.

PICHi, petit, mot primitif.

De la racine primitive TAL, élevé, ils ont fait ;

TOL, front : la portion la plus élevée de l'homme.

UTALenen, élever, dresser, se lever.

UMatum, dormir : en Taïtien, EMoe.

WEDDo, nombril : en Taïtien, PITo.

WEI, celui-ci ; c'est le primitif Hou, Hou-e.

ZEVO, sein : en Javan, SOU-SOU : en Taïtien, EOU, &c. c'est le ZE, SHE, primitif, en Oriental *sein*.

XII.

LANGUES SUDÉENNES ou des ISLES répandues dans la MER du SUD.

Jusques dans ces derniers tems, les isles de la vaste mer du Sud étoient inconnues à l'Europe. En vain avoient-elles été découvertes il y a environ deux siècles par le célèbre LE MAIRE, après qu'il eût trouvé le passage du Sud de l'Amérique qui porte son nom ; en vain avoit-il tracé la route de son voyage & donné des noms à ces isles ; personne depuis lui n'avoit été assez heureux pour les retrouver : il sembloit qu'elles eussent disparu du milieu des mers. Leur découverte étoit donc restée sans utilité : on ne pouvoit même tirer aucun parti pour les langues, de quelques mots que ce célèbre navigateur avoit rapportés de ce voyage.

Mais

SUR LES LANGUES D'AMÉRIQUE.

Mais depuis que nous nous sommes livrés aux recherches immenses du Monde Primitif, la découverte de ces Isles a été faite de nouveau, à trois mois de distance, par d'illustres Navigateurs de deux Nations rivales : MM. BANKS, SOLANDER & Capitaine COOK pour les Anglois : M. de BOUGAINVILLE pour la France. Les uns & les autres, entr'autres richesses, en ont rapporté de nombreux Vocabulaires plus précieux pour nous que l'or, & qui viennent arrondir & perfectionner nos recherches sur le rapport des Langues, confirmer sur-tout nos grands Principes que tout est un.

M. BANKS nous mit lui-même à cet égard à une épreuve unique jusques alors, & qui a fait trop de bruit pour que nous n'en fassions pas mention ici, d'autant plus que la renommée qui l'a répandue en divers lieux, l'a souvent défigurée comme c'est l'ordinaire en pareil cas.

A peine cet illustre Anglois étoit-il de retour à Londres avec les richesses nombreuses & variées qu'il avoit apportées de ces Isles, qu'il entendit parler de nos recherches sur les Langues : la renommée mensongere y avoit ajouté un tel merveilleux, que ne pouvant y croire, il se décida à nous envoyer une soixantaine de mots Taïtiens, numérotés & sans explication, afin que nous en devinassions la valeur si nous pouvions : notre excellent ami M. HUTTON dont il se servit pour nous les faire parvenir, nous dit que si nous pouvions les déchiffrer, nous serions pour lui *Magnus Apollo*, le devin par excellence.

En témoignant aux célèbres Auteurs de ce défi, notre vive reconnoissance de leur attention, nous répondîmes que nous ne nous étions jamais donnés pour devineurs de Langues, mais pour une personne qui se contentoit de les rapprocher : que dans leur comparaison, nous étions toujours dirigés par deux principes, par le son du mot & par sa valeur : qu'ici nous n'avions qu'un de ces deux objets à comparer ; & qu'ainsi le défi ne nous regardoit point : que cependant pour ne pas laisser sans réponse l'espece d'énigme qu'ils nous proposoient, & pour leur donner une idée de notre maniere d'opérer & de son utilité, nous avions essayé de comparer tels & tels de ces mots inconnus avec tels ou tels mots Orientaux & primitifs entre lesquels nous appercevions de très-grands rapports : en sorte que si ces mots inconnus que nous citions, avoient un rapport effectif de sens avec les mots que nous leur assimilions, ils devoient offrir en Taïtien telles & telles idées générales, sans que néanmoins nous pussions déterminer leur objet particulier : & pour faire mieux saisir cette idée, nous ajoutions, qu'une personne, par exemple, qui ne sauroit pas l'Anglois, & qui voudroit l'analyser d'après nos Principes, pourroit sans se tromper rapporter à une même Famille & à l'idée générale de *pointe* & de *piquant*, une trentaine de mots Anglois que nous citions en *pek*, *speck*, &c. quoiqu'elle ne pût déterminer la valeur propre de chacun. Cet essai parut plaire, & on nous écrivit que nous avions passé ce qu'on attendoit de nous.

L'analyse des Langues parlées dans les Mers du Sud & dont M' de Bougainville, Mrs Banks, Solander, Cook & le Maire, ont publié divers Vocabulaires, cette analyse, dis-je, prouve que ces Langues tiennent étroitement à la Langue Malaye, la plus méridionale de l'Asie & parlée dans les Isles du Midi de l'Asie & de l'Afrique, ou dans toute la Mer des Indes : en sorte que le Midi entier de notre globe paroît uni par une Langue commune aux peuplades qu'on y a rencontrées.

Mais comme la Langue Malaye elle-même a les plus grands rapports avec les autres Langues de l'Asie, sur-tout avec la Langue Arabe qui en a elle-même de très-grands avec la Celtique, on ne sera pas étonné de voir que les Langues de la Mer du Sud, ou Sudéennes, ont de si grands rapports avec toutes nos anciennes Langues.

I.

ISLES D'OTAHITÉE ou de TAÏTI.

Les Habitans des Isles de Taïti, en Anglois Otahitée, qu'on prononce Otaïti, sont riches en voyelles & en diphtongues : ils le sont moins en consonnes. Leurs voyelles sont A, E long, E bref, I, O long, O bref, U prononcé Ou ; ce qui donne sept voyelles.

Ils ont pour diphtongues AI, aou, ei & eou.

Leurs consonnes sont L, M, N, P, R, T, V, au nombre de sept aussi, ou deux linguales, L, R : deux labiales, M, P, même V : une nasale N, & une dentale T. Ils font donc usage de quatre touches de l'instrument vocal, & même de ces quatre, ils n'en tirent en quelque façon que l'intonation forte.

On voit par-là que leur Langue n'est pas assez riche pour qu'ils ayent eu besoin de faire usage d'un plus grand nombre d'intonations naturelles. Aussi, lorsqu'ils ont eu occasion de prononcer eux-mêmes des mots Européens composés d'intonations nouvelles pour eux, ils ont été obligés d'y substituer des intonations analogues : ainsi ils changent B en P : G & C en T, à la Picarde, à la Grecque, &c. & deux L en R. Il n'est donc pas étonnant que le Taïtien ATOUROU, celui que M. de Bougainville avoit amené à Paris, changeât le nom de ce Capitaine de Vaisseau en celui de POUTA-VERI : on y recon-

SUR LES LANGUES D'AMÉRIQUE.

noît toutes les intonations correspondantes assorties à un instrument moins étendu, moins parfait, & d'une maniere exactement conforme aux loix générales posées dans le Monde Primitif.

Nous croyons même pouvoir assurer, d'après la comparaison des Vocabulaires modernes avec celui de LE MAIRE, que les Isles de Taïti sont les mêmes que celles que ce Voyageur désigna sous le nom d'Isles de SALOMON : elles sont sous les mêmes Méridiens, & la Langue est la même, mais celles de Salomon étoient marquées trop au Nord. Il ne seroit pas étonnant qu'il se fût glissé une erreur relativement à leur latitude, dans l'impression du Journal de Le Maire. Sinon il faut supposer qu'au Nord des Isles de Taïti étoient alors d'autres Isles où on parloit la même Langue, & que d'affreux tremblemens de terre ont anéanties. Une erreur de chiffre est bien plus aisée à admettre qu'une catastrophe aussi terrible.

On peut donc dire que l'Archipel des Isles de Taïti est au centre d'une chaîne ou d'un cercle qui, se confondant avec le Tropique méridional, embrasse toutes les Isles de l'Ancien & du Nouveau Monde placées sous ce parallèle, qui renferme d'un côté les Isles Molucques, celles de la Sonde, & s'étend jusqu'à l'Isle même de Madagascar ; & qui de l'autre côté embrasse la nouvelle Zélande, puisque le Taïtien TOBIA s'y faisoit fort bien entendre, la nouvelle Guinée, l'Isle des Princes, l'Isle Amsterdam, &c. & celles que le Maire appelloit Isles de Cocos, de Moyse & de Moo.

Afin qu'on en soit mieux assuré, nous allons entrer dans quelque détail sur les Rapports des Langues qu'on parle dans ces diverses Isles, & en particulier sur la conformité de leurs Noms de NOMBRES.

ESSAI

NOMS DES CINQ PREMIERS NOMBRES,
EN XIV LANGUES DE LA MER DU SUD.

	UN.	DEUX.	TROIS.	QUATRE.	CINQ.
Taïtien Franç.	Ataï.	Aroua.	Atorou.	Aheba.	Frima.
Taïtien Angl.	Atahay.	Eroua.	Torou.	Ahaa.	Erima.
Le Maire,	Taki.	Loua.	Tolou.	Fa.	Lima.
Isle de Pâques,	Kattahaï.	Roua.	Torou.	Haa, Faa.	Rinia.
... des Marquises,	Attahaï.	Aoua.	Atorou.	Afaa.	Aïma.
... d'Amsterdam,	Tahaï.	Eoua.	Torou.	A faa.	Nima.
... du Prince,	Hegie.	Dua.	Tollu.	O-pat.	Limah.
Nouv. Guinée,	Tika.	Roa.	Tola.	Fatta.	Lima.
Javan,	......	Lo Rou.	Tullu.	Pappat.	Limo.
Malais,	S-atou.	Dua.	Tiga.	Ampat.	Lima.
Isle de Madagasc.	......	Rua.	Tellou.	Effats.	Limi.
... de Malicolo,	Tsikaï.	E-Ry.	Erei.	Ebats.	Erim.
... de Tanna,	Ridi.	Ka-Rou.	Ka-HAR.	Kai-phar.	Kri-rum.
Nouv. Calédo.	Wagi-haing.	Wa-Rou.	Watin.	Wam baïk.	Wan-nim.
Nouv. Zélande,	Tahaï.	Rua.	Torou.	Ha.	Rama.

Noms des cinq derniers Nombres.

	VI.	VII.	VIII.	IX.	X.
Taïtien Franç.	Aouno.	Ahitou.	Awarou.	Ahiwa.	Aourou.
Taïtien Angl.	Aono.	Ahitou.	Awarou.	Aïva.	Ahourou.
Le Maire,	Houw.	Fitou.	Walou.	Ywou.	Ongefoula.
Isle de Pâques,	Honou.	Hidou.	Varou.	Hiva.	Attahorou.
... des Marquises,	Aono.	Awhitou.	Awaou.	Aiva.	Wann-ahou.
... du Prince,	G-unnap.	Tudiu.	Delapan.	Salapan.	Sapoulou.
Nouv. Guinée,	Wamma.	Fita.	Wala.	Siwa.	Sanga-foula.
Javan,	Nunnam.	Petu.	Wolo.	Songo.	Sapoulou.
Malais,	Annam.	Tudju.	Delapan.	Sambilan.	Sapoulou.
Madagascar,	Ene, Enny.	Titou.	Wallon.	Sivi.	Poulo.
Malicolo,	Tsokaï.	Gouy.	Hourey.	Goodbats.	Sone-arn.
Tanna,	Ma-ridi.	Ma-Karou.	Ma-kabar.	Ma-kaiphar.	Ma-krirum.
Nouv. Calédonie.	Wannim-gick.	Wannim-noo.	Wannim-gain.	Wannim-baïk.	Wannim-naiuk.
Nouv. Zélande,	Ono.	Etu.	Warou.	Wa.	Angahourou.

Tel est le Tableau des Nombres en usage dans les Isles de Taïti, de Pâques, des Marquises, d'Amsterdam, de Malicolo, de Tanna, de la Nouvelle Calédonie & de la Nouvelle Zélande, toutes dans la Mer du Sud en Amérique : dans la Nouvelle Guinée entre la Mer du Sud & la Mer des Indes : chez les Malais, dans l'Isle de Java & dans celle du Prince & de Madagascar : ces quatre derniers Peuples dans la Mer des Indes.

Leur rapport frappant prouve de la maniere la plus sensible que tous les Peuples épars dans ces vastes mers tiennent tous ces noms de Nombres d'une même origine, & que peut-être ils ne formoient eux-mêmes dans le principe qu'une seule & même Nation, qui de proche en proche se répandit dans toutes ces Isles, faisant ainsi le tour du globe.

Du Nombre Cinq.

Le Nombre Cinq est parfaitement le même dans les XV Listes que contient ce Tableau. Composé du son IM, précédé de la touche linguale, il n'offre d'autre variété que celles qui résultent de cette touche elle-même, qui fait entendre R si on la frappe fortement, L si elle est frappée légerement, & N si le son est plus sourd : aussi ce mot se prononce-t-il en Lim, Rim & Nim.

Lim chez six Peuples, *Rim* chez six aussi, *Nim* chez deux. Un seul a fait disparoître la linguale ; c'est celui de l'Isle des Marquises qui dit *Aïma*.

Ce mot signifie en même tems chez tous la MAIN. C'étoit très-bien vu, puisque la main se divise en cinq.

Ici la linguale L n'est qu'un article : le mot primitif est HAM, HEM, qui signifie réunion : les Orientaux en formerent HEMS, pour désigner le même nombre. Les Grecs & les Theutons le firent précéder de l'article P, d'où PEMpe en Grec, altéré en *Fif* chez les Theutons : les Latins changerent le P en Q à leur maniere, d'où *Quinque* : ce qui a formé notre Cinq. Ainsi chez tous les Peuples la même racine primitive HEM, réunion, a produit le nombre cinq : HEMS en Oriental, P-EM dans l'Occident, L-EM au Midi.

Nous insistons sur cet Objet, parce que ce rapport soutenu & constant ne peut être que l'effet d'un accord universel & non celui du hasard ou de l'arbitraire.

N'omettons pas qu'à l'Isle de Tana, on a fait précéder *Rim* & tous les autres nombres, de la syllabe *Kri*, & dans la nouvelle Calédonie de la syllabe *Wa*, *Wan*, &c. Sans cette observation, on seroit tenté de croire que ces deux Isles font bande à part.

Du Nombre Trois.

Ce nombre eſt exprimé par un mot compoſé de la dentale T ſuivie de la linguale R chez ceux qui prononcent fortement, & L chez ceux qui prononcent légerement.

Six prononcent Torou, ou Atorou ; ce ſont les mêmes qui diſent Rim. Cinq diſent Tolou, Tollu, &c. Ce ſont ceux qui diſent Lim. La nouvelle Calédonie qui aime les ſons ſourds, & qui a fait *nim* de *lim*, obſerve ici la même choſe & dit *Wa-tin* pour *Wa-til*. Le Malais en a fait *Tiga*, non moins ſourd : deux ont ſupprimé T, Malicolo qui dit *Erei*, & Tanna qui dit *Kahar*.

On ne peut méconnoître dans ce mot le primitif Tal, trois, devenu *Talti* en Chaldéen, *Shels* en Hébreu par le changement ſi commun de T en S & Z : & qui changeant L en R, comme dans l'Iſle de Taïti, eſt devenu Ter en Grec, en Latin, en François, &c.

Ainſi *Trois* eſt exprimé par les mêmes élémens, depuis le Nord juſqu'au Midi, dans toute l'étendue du Globe.

Quant à l'Origine de ce nom, elle eſt due à la valeur de la dentale T, qui marque la ſupériorité ; le Peuple primitif qui vit que l'harmonie n'étoit complette qu'à la tierce, qu'une Famille n'étoit complette qu'à trois, &c. exprima ce nombre par le ſon T, qui déſigne l'excellence, la perfection, & il le fit ſuivre de la linguale *al* qui marque toujours l'élévation, & qui étoit par conſéquent très-propre à figurer à côté du ſon T.

Ces idées ne ſont point biſarres, elles ne ſont point arbitraires : elles ſont une ſuite néceſſaire des Principes du Monde Primitif : elles n'en ſont qu'un développement : elles prouvent qu'avec eux, on n'eſt étranger nulle part ; qu'avec eux, on voit la Nature donner une ſeule Langue aux hommes, ainſi qu'elle leur a donné le même goſier, la même figure, les mêmes Loix.

Malheur à celui qui, plein de ſots & vains préjugés, aime mieux en être la victime & reſter dans les ténèbres, que de ſe pénétrer de principes lumineux !

Du Nombre Deux.

Nous ne pouvons réſiſter aux rapports que fournit le Nom de ce nombre dans ces divers pays. Il eſt formé chez les Malais & à l'Iſle du Prince, du mot Dua. Peut-on y méconnoître le *Duo*, le Deux des Grecs, des Orientaux, de l'Europe entiere ?

Mais D se change sans cesse en L & en R, même en Europe, ainsi d'O-dysse les Latins firent Ulysse: un de ces Vocabulaires dit donc ici *Loua*, tandis que dix prononcent *Rou* & *Roua*.

Nous pourrions parcourir de la même maniere tous les autres Nombres, si nous n'avions peur d'excéder nos Lecteurs.

Observons seulement que plusieurs de ces Peuples se servent de la syllabe FOUL ou POUL pour désigner le nombre DIX. Ce qui est très-bien vu, ce mot primitif signifiant multitude; n'existe-t-il pas dans nos mots FOULE. PLUS, &c.?

Observons encore que chez les trois derniers Peuples on a repris les noms des cinq premiers nombres pour désigner les cinq derniers, en les faisant précéder d'une même syllabe: ainsi l'Isle de Tanna chez qui *Ka-rou* signifie deux, en a fait *Ma-ka-rouk*, pour désigner sept, *mot-à-mot*, cinq & deux.

Les Calédoniens qui font précéder les cinq premiers Nombres de la syllabe *Wan*, se contentent de l'accompagner de la terminaison plurielle *im*, pour désigner les cinq derniers Nombres.

Wam-baïk, quatre; *Wannim-baïk*, quatre & cinq, ou neuf.

ISLE DE SAVU.

Nous retrouvons les mêmes Noms de nombres dans l'Isle de Savu, voisine de celle de Java, & dont le Capitaine Cook a publié un Vocabulaire très-court.

Une,	un.	Unna,	six.
Lhua,	deux.	Pedu,	sept.
Tullu,	trois.	Arru,	huit.
Atpah,	quatre.	Saou,	neuf,
Lumme,	cinq.	Singourou,	dix.

NOMS DES PARTIES DU CORPS, à TAÏTI.

EUPO, tête: c'est le primitif HUP, élévation, hupe.

MATA, les yeux. MAT*ari*, œil du taureau ou les Pleyades. Ce mot est Malayen: chez eux, *Matta*, œil: de même dans l'Isle des Cocos: Moyse le prolonge, & en fait *Matt-Anga*. En Javanois MOTO: à l'Isle de Savu, *Matta*. Dans la même Isle & aux Cocos *Matta-Mai* signifie que je voye. On ne peut méconnoître ici *me*, *moi*, *je*: avec la négation *Po*, les Taïtiens en font *Mata-Po*, borgne, louche.

AR*Rero*, la Langue: ce mot est formé par la Linguale même; ce qui est conforme aux Principes du Monde Primitif; il vient de la radicale AR, d'où les mots *Bar*, *Dvar*, *Par*, &c. qui font tous noms de la parole dans notre ancien Monde.

TAR*ia*, les oreilles. Tous les autres Peuples voisins changent ici R en L. De-là TAL*inga* en Malais & aux Cocos : TAL*ingan* dans la nouvelle Guinée; qui tous signifient oreilles.

LAM*olou*, les lèvres : aux Cocos LAM*otou* : ici *M* est une labiale de la même nature que B. Ce mot tient donc à *Lab*, lèvre, dont les Latins firent LAB*ium*.

OUR*ou*, les cheveux : ce mot tient donc à HOR, HURE, dont vient notre mot *haire*, en parlant d'une peau avec son poil.

RIM*a*, le bras : E RIM*a*, la main : APOU-RIM*a*. la paume de la main.

Ces mots tiennent à *Rom*, *Rim*, élévation, force : la force est dans le bras : le *bras*, dans l'ancien Monde, fut toujours le symbole de la puissance.

A-HOUT*ou*, le cœur : en Egyptien HET, le cœur : en Grec HET*or*.

EOU, les mamelles. Tous les autres ont changé l'aspiration en sifflante.

CHOU, aux Cocos : SOUS, en Malayen : ZEUO, au Chili.

ZOU-SOU en Javanois : SOU-SOU dans la nouvelle Guinée, &c. chez tous, mamelle, sein, poitrine. C'est l'Oriental שׁ *Se*, qui a la même signification.

TIN*aï*, le ventre, tient à notre radical TEN, qui contient, & d'où l'Oriental *Be-Ten*, ventre; d'où notre mot *be-daine* : à l'Isle du Prince, *Bétung*; à Java, *Wuttong*.

OB*ou*, les intestins : dans l'Orient, OB le ventre, les entrailles.

A.

AIBOU, venez : de l'Or. *ba*, *bo*, venir.

AOU-AOU, fi ; c'est l'Onomatopée *aoü*, *oué* des Anciens ; les Taïtiens en ont formé divers dérivés : *eoui*, roter ; *eouao*, dérober, &c.

Du prim. OR, lumiere, feu, chaleur, rouge, &c. vinrent,

A-OUIR*a*, éclair :   EOUR*amai*, lumiere.

OUR*a*, rouge :   OUER*a* & IVER*a*, rouge.

EAI, feu : à la nouvelle Guinée, E*ef ou* If : c'est l'Orient. *aish*, feu.

AIN*ou*, boire, tient à l'Or. יין EIN, vin.

EEUU, ou IU*u*, le matin : c'est l'Or. *Eô*, l'Aurore.

EET*e*, ou IT*e*, connoître ; mais c'est le primitif ID, main, connoissance,
comme

SUR LES LANGUES D'AMÉRIQUE.

comme nous avons vu au sujet de l'IDÉE dans la Grammaire universelle & comparative.

E*a*-TOUA, Supérieur ; Dieu ; Génie.
 Chez les Cocos, L*a*-TOU, un Chef.
 Chez le Maire, L*a*-TOU, un Prince.
 Nouv. Guinée, L*a*-T*euw*, un Roi.
 Malayen,   R*a*-TOU, un Chef.

C'est le *Tho* des Orientaux ; le *Théos* des Grecs : de-là sans doute,
M*e*-TOUA, parent.

EURE, le fer ; AOUR*i*, les méraux : du primitif AR, fer.

Ev*ai*, l'eau : Ev*ate*, humide : dans l'Isle des Cocos, W*aii*. C'est un mot de toute Langue : d'où l'Eve, mot usité sur l'Océan pour désigner le flux.

Ev*ai*NE, femme : c'est l'Or. B*ei*NE, femme : en Celte, B*a*N.

EV*e*RO, lance : c'est le prim. BER ; d'où le *Veru* des Latins, & le *Sper* du Nord, lance.

Evuvo, flûte : c'est le Avuv ou *Abub* Oriental, flûte : d'où le Latin nasalé A*m*BUB*aiæ*, joueuses de flûte.

HWET*ou*, étoile : du prim. E*sh*, ET, feu, lumiere.

HU*e*RO, fruit : du prim. HUA, fruit.

HUR*u*-HUR*u*, poil, haire : il tient au mot OUR*ou*, cheveux, que nous venons de voir.

M.

M*a*ï, de plus. } Ces mots appartiennent à une Famille immense de
M*a*L*a*, plus. } mots Orientaux, Celtes, Grecs, Latins, &c.
M*a*L*ou*, grand. }

M*a*L*a*M*a*, Lune, flambeau de la nuit : en Malais, *Malam*, nuit : en Javanois, soir.

M*a*-D*oa*, Mere. Ce mot est formé du prim. MA, grand : 2°. Mere.

De la même Famille M*a*, viennent :

M*a*M-M*a*, bouillie.	M*a*E, gras.
M*aa*, manger : 2°. aliment.	E-M*a*O, requin.
M*a*EO, démanger.	

M*a*-GILI, froid, doit venir de *Ma*, grand, & du prim. GEL, qui en toutes Langues signifie gelée, de froidure.

M*a*N*oa*, bon jour, a le plus grand rapport au prim. MAN, bon : d'où le

Latin MANe, le matin; le moment où on dit, qu'il foit bon pour vous ce jour-ci.

MAFou, maint, en nombre. C'eft le prim. Man, nombreux.

MARa-MARa-ma, jour; grande lumiere : du prim. MAR, jour, lumiere.

MAT, vent: c'eft le VAT des Orientaux, des Perfans, &c. qui fe nafalant eft devenu *Vent*. Les Caraïbes en ont fait BE-BEITe. De-là *Mataï-Malac*, vent d'Orient. *Mataï-Aouerai*, vent d'Occident. Ce dernier mot AOUERai, eft une altération du Malais BARet, ou OUARet, Occident.

MALac, vient également du Malais MAL: MOUL, origine. L'Orient eft en effet l'origine du jour.

Tout ces mots font donc venus de l'Orient ou de l'Afie.

MATe, tuer: en Malayen, *Matte*: en Javanois *Patte*. C'eft un mot Or. d'où *Echet-Mat* pour *Shah-Mat*, le Roi eft mort. En Hébr. *Mat*, mourir. De là fans doute,

MATTEra, baguette à pêcher. MATao, hameçon: chez le MAIRE, *Matau*; En Malais, *Mata*.

MA-TEINa, diftrict; mot qui appartient au prim. TAN, diftrict, pays, contrée.

MI, moi.

MONa, eau profonde; ce mot tient à *bon*, *von*, *fon*, eau, fource.

MOUA, MAOU, montagne : mot formé du prim. MA, grand.

MOReou, calme; mot Orient. Il tient au Latin MORa, retard; d'où notre mot *Remore*.

O.

OU-MARa, puiffant, fort: c'eft le prim. MAR, grand, fort, un des dérivés de MA, grand.

OUANao, accoucher. Ou, ou U, eft ici le même que B: ce mot tient au Javanois *Biang*, Sage-Femme; & à l'Or. *Ban*, *Ben*, enfant.

OUENeo, qui ne fent pas bon : Onomatopée, comme nos mots VENé, VENaifon.

OU-PANI, fenêtre : TOU-PANoa, ouvrir la fenêtre, la porte, &c.

PA-PANI, non-ouvrir, fermer, boucher. Du prim. PAN, qui a fait le Malayen PENT, porte.

OUPia, épaiffeur; du prim. *ob*, épais, gros.

OUTI, bleffure; de l'Or. OT : en Gr. OUTao, bleffer; qui en fe nafalant a fait le Theut. *Wund*, *Wound*, bleffure, plaie.

SUR LES LANGUES D'AMÉRIQUE. 547

Our*ah*, piece d'étoffe dont on s'enveloppe. C'est le prim. Hour, en Héb. עוֹר *Hur*, habit de peau : 2°. toute espece d'habillement.

P.

Par*abou*, langage, parler. Ce mot tient au prim. *Par*, parole.

Pouaa & Boua, cochon, sanglier ; au Cocos *Pouacca* ; chez le Maire ; *Wacka*. Ce mot a bien du rapport à *Pouacre* : ils tiennent au même prim. & à la même idée.

Poua, fleur des plantes : il tient à l'Or. Voa, plante, production, fleur.

Pou-Poui, à la voile.
E-Pou*ma*, souffler.
E Pou-*Poni*, soufler le feu. } Onomatopée, comme *Bucca* des Latins.

Pou*re*, le verd : de la même Famille que Pour*eau*.

Pou*to*, blesser : E-Pou*ta*, blessure. Voyez la Famille Pot.

Pot*a*, grand, large.

Pot*o*, petit : mot de toutes Langues. C'est l'opposé de Pot, grand : ce qui confirme notre principe que les extrêmes ont toujours été désignés par la même racine.

R.

De la Famille Ra, Roi, Soleil, les Taïtiens ont dérivés,

E-Ra, le Soleil.	Erie, Royal.
E-Rai, le Ciel.	Er*oi*, rendre blanc, laver.
E Ri, Roi.	Ere, Po, non blanc, sale.

Les Cocos disent Arik*i*, Roi.

T.

De la Famille Tan, pays, mot de tout l'ancien hémisphere ; 2°. possession ; 3°. propriétaire, maître qui tient, qui possede, vincent :

Tane, homme, mari.

Tar-*a*-Tane, femme mariée : de Tar, qui en Taïtien signifie, uni, associé, assorti.

Cette Famille tient donc à l'Etrusque Tana, dame, le Féminin de Tan.

Tane, possession, terre, est un mot également Malais.

Zzz ij

MA-TEINI, diſtrict, que nous avons vu plus haut, appartient ainſi à une Famille de l'ancien & du nouveau Monde.

TAMOU, le Tems; c'eſt encore un mot de Famille ancienne; en Angl. TIME.

TARRA, rudeſſe, âpreté, aſpérité : TERO, noir. Ces mots appartiennent au primitif TAR, rude, eſcarpé, noir; & au Latin A-TER, noir.

TEOU TEOU, eſclave, valet, eſt un ancien mot qui forma le Grec *Thés*, eſclave, ſerf.

TOMAITI, enfant; dans l'Iſle des Cocos, *Tama* : c'eſt le diminutif de *Dom*, grand.

TONI, cri d'appel ou d'invitation, paroît venir du Malais *Tan*, prier, inviter.

TOPA, précipiter; de *Top*, *Deep*, bas, profond.

Ajoûtons qu'à l'Iſle des Cocos.

FATTOU ſignifie Pierre; mot qui eſt le VATOU du Madagaſcar; BATOU en Malais.

Du Nom de TAÏTI.

Chez ces Peuples, TAÏ ſignifie Mer: dans la nouvelle Guinée, *Taa*, mais TI ſignifie pays; c'eſt donc pays de Mer. Les Siamois appellent également leur Contrée TAÏ, & c'eſt une Contrée Maritime, une preſqu'Iſle.

ENOUA, ſignifie *Pays* chez les Taïtiens : mais EN, dans les Langues anciennes, ſignifie Iſle.

Rapports apperçus par le Capitaine COOK.

Le Capitaine COOK, & ceux qui ont voyagé avec lui, ont remarqué eux-mêmes divers rapports entre ces Langues; leur témoignage eſt trop favorable à nos Principes pour que nous l'omettions : voici donc leur tableau de comparaiſon.

François.	Mer du Sud.	Malais.	Javanois.
Œil,	Matta.	Mata.	Moto.
Manger,	Maa.	Macan.	Mangan.
Boire,	Einu.	Menum.	Gnumbe.
Tuer,	Matte.	Matte.	Matte.
Pluie,	Euwva.	Udian.	Udan.
Bambou,	Owhe.		Awe *dans l'Iſle du Prince*.
Poitrine,	Eu.	Souſou.	Souſou.

SUR LES LANGUES D'AMÉRIQUE.

François.	Mer du Sud.	Malais.	Javanois.
Oiseau,	Mannu.		Mannu.
Poisson,	Eyca.	Ican.	Iwa.
Pied,	Tapaa.		Tapaan.
Ecrevisse de Mer,	Tooura.	Udang.	Urang.
Igname,	Iswhe.	Ubi.	Urve.
Enterrer,	Etannou.	Tannam.	Tandour.
Mosquite,	Enammou.	Gnammuck.	
Se gratter,	Hearu.	Garru.	Garu.
Racines de cocos,	Taro.	Tallas.	Tallas.
Intérieur des Terres,	Uta.	Utan.	

Ils ont très-bien vu encore que les Noms de Nombre, dans l'Isle de Madagascar, ont quelque rapport à ceux en usage dans ces Isles: mais si de ce Tableau précédent, ils ont conclu que ces différens Peuples ont une origine commune, ils avouent que ce rapport avec l'Isle de Madagascar les déroute : c'est un problème qu'ils regardent comme trop difficile à résoudre.

XIII.

Nouvelle ZÉLANDE.

La nouvelle Zélande, placée entre les deux hémisphères, & composée réellement de deux Isles, l'une au Nord, l'autre au Midi, séparées par un Détroit peu large, & qui sont à 400 lieues des Isles de Taïti, offre la même Langue que celle de ces Isles. C'est ce dont conviennent tous les Voyageurs : voici quelques-uns des mots comparés par le Cap. Cook.

	Taïti.	Nouvelle Zélande.
Homme,	Taata.	Taata.
Femme,	Whahine.	Whahine.
La tête,	Eupo.	Eupo.
L'oreille,	Terrea.	Terringa.
Le front,	Errai.	Erai.
Les yeux,	Mata.	Mata.
Les joues,	Paparea.	Paparinga.
La bouche,	Outou.	Hang-Outou.
Venez ici,	Harromai.	Haromai.
Poisson,	Eyca.	Heica.

	Taïti.	Nouvelle Zélande.
Oiseau,	Mannu.	Mannu.
Dent,	Nihio.	Hen Nihew.
Non,	Oure.	K-Aoura.
Mauvais,	Eno.	K-Eno.
Arbres,	Eraou.	Eratou.
Grand-Pere,	Toubouna.	Toubouna.
Comment appellez-vous ceci, cela,	Owyterra.	Owyterra.

Le *He* & le *K* ajoutés dans ces derniers mots Zélandois, sont des articles, de l'aveu du Capitaine Cook.

Rapports entre quelques Idiômes.

1°.

Ils ont encore apperçu ces rapports entre l'Isle du Prince, le Malais & Java.

	Isle du Prince.	*Malais.*	*Java.*	*Madagascar.*
Nez,	Erung.	Edung.	Erung.	Ourou.
Ventre,	Beatung.		Wuttong.	
Clou,	Cucu.	Cucu.	Cucu.	
Main,	Langan.	Tangan.	Tangan.	Tang.

Ajoutons que le troisieme de ces mots est attribué par le Maire aux Isles de Salomon, & qu'il l'écrivoit *Ha-Kou-Bea.*

2°.

Les Voyageurs Anglois ont également apperçu divers rapports entre les Isles de Taïti & celles de Pâques, des Marquises, d'Amsterdam, de la nouvelle Zélande, de Malicolo, de Tanna & de la nouvelle Calédonie; & ils en ont fait un rapprochement dans le deuxieme Voyage du Capitaine Cook.

Ainsi *Manou* signifie un oiseau, à Taïti, Pâques, Amsterdam, Tanna, & nouvelle Calédonie.

Un arc est *Efana* à Taïti; *Fanna* à Amsterdam; *Na-Fanga* à Tanna.

Evaa, un canot à Taïti & aux Marquises; *Wagga* à Pâques; *Wang* à Calédonie; *Ta-Wagga* à la nouvelle Zélande.

SUR LES LANGUES D'AMÉRIQUE. 551

Matta, œil, presque par-tout; *Maitang* à Malicolo.

Eooa, pluie à Taïti; *Ooa* à Pâques, *Nam-Awar* à Tanna; *Ooe* à Calédonie, où il signifie aussi eau.

Oui se dit presque par-tout *Ai, eo, eeo*, ou *io*.

En général les cinq premieres de ces Nations ont beaucoup mieux conservé les rapports de leurs Langues, que les trois dernieres. Cependant les Anglois observent que dans la nouvelle Calédonie, on semble parler deux Langues, dont l'une a le plus grand rapport à celle de Taïti : ainsi, par exemple, ils appellent une étoile *Pijou*, & *Fy-Fatou*, dont le dernier approche beaucoup de *Efaitou*, *Whettou*, noms des étoiles à Taïti.

Ces mêmes Observateurs nous apprennent qu'à Malicolo la prononciation est chargée de labiales très-rudes; à Tanna de gutturales, & à la nouvelle Calédonie de nasales, quoique ces Isles soient peu éloignées les unes des autres.

OBSERVATIONS.

Il résulte donc de ces rapports qu'une seule Langue est parlée dans toutes ces Isles qui sont au Midi de notre Globe, & que cette Langue a le plus grand rapport au Malais & à celle de Madagascar.

Par conséquent que ces peuples Méridionaux ont eu, en fait de navigation, des connoissances qu'on ne leur avoit jamais soupçonnées, & d'autant moins que ces Peuples eux-mêmes étoient absolument inconnus.

Il y a donc eu très-anciennement une communication étroite entre tous ces Peuples du Midi, soit que ces Isles soient les débris d'un très-ancien Continent, soit que la hardiesse & la curiosité d'anciens Peuples les aient porté à aller de découvertes en découvertes à travers mille périls.

Mais d'où seroient venus ceux qui ont peuplé ces Isles, ou qui y ont porté la Langue? On ne peut s'y méprendre dès que l'on considere les Langues de Madagascar. Ici nous sommes obligés d'anticiper sur notre plan : nous ne parlions que des Isles de l'Amérique, & nous voilà obligés de parler de l'Asie & de l'Afrique, ou de la Mer des Indes.

DE LA LANGUE DE MADAGASCAR.

L'Isle de Madagascar est remplie de mots Phéniciens; nous pourrions en rapporter une longue nomenclature; contentons nous de quelques-uns d'autant plus intéreffant qu'on les retrouve dans les Langues Theutonnes ou Germaniques, ce qui eft très-remarquable.

Ainfi, ils ont la Famille TAN, pays.

TANE, terre, pays : TANE-TI, pays haut, montagne.

On-TAGNÉ, la Nation qui occupe le pays, la Cafte.

TANou, tenir, occuper, poffféder.

Ils ont le mot WAZaa, blanc; c'eft le Theuton WEISS, blanc; l'Oriental בץ Byts, Wits, blanc, d'où Byffus, coton & Bazin, &c.

RA, fang; de R, couler : en y ajoutant l'article D, le Malais en a fait Da-Ra, fang, & le Theuton A-DER.

SOLPh, Renard ; c'eft l'Oriental עלף HOLph : que le Latin adoucit en VOLPes, le vieux François en GOUPil.

VOUA, fruit, le HUA du Pérou; le POA des Grecs : le TE-BOUA ou TE-VOUA, fruit en Hébreu.

HOURou, brûlé; de OUR, Oriental, feu.

O MALLe, hier; en Hébreu TA-MOUL, hier : de Mall, devant, &c, &c.

Mais puifque cette Langue eft remplie de mots Phéniciens, qu'elle en a fur-tout les noms de nombre, nul doute qu'elle ne foit l'effet des Voyages Phéniciens fur les Côtes de l'Afrique : nul doute qu'ils n'euffent des Comptoirs très-confidérables dans cette Ifle, & de très-grands Entrepôts pour leur commerce dans toute la Mer des Indes, & dans les deux Continens : des Navigateurs auffi diftingués, auffi entendus, auffi favans, auffi habiles, n'auroient-ils pas fait ce qu'ont exécuté ces Peuplades Méridionales; ce que les Indiens exécutoient avant que les Européens euffent été dans tous ces parages? Tout ceci n'ajoûte-t-il pas infiniment de force à ce que nous avons déjà dit fur les Voyages des Phéniciens, non-feulement autour de l'Afrique, mais auffi dans le Continent de l'Amérique?

Rien n'étoit plus aifé pour eux que de fe tranfporter à Madagafcar; d'aller de-la aux Indes Orientales : mais d'ici on eft allé dans toutes les Ifles de la Mer du Sud : pourquoi donc n'en auroient-ils pas fait autant?

Des Géographes modernes ont cru qu'ils n'avoient navigué que le long des Côtes Orientales de l'Afrique : ils placent Ophir à Sophala, fur cette Côte, au Nord même de Madagafcar : en vérité, c'eft fe moquer de fes Lecteurs : c'eft abufer de leur crédulité, ou vouloir fe tromper cruellement foi-même. Des Marins qui franchiffoient la Méditerranée entiere, qui avoient des étabfliffemens à Cadix, à l'entrée de l'Océan, auroient-ils mis trois ans à aller à mi chemin de la Mer Rouge à Madagafcar, & à revenir fur leurs pas? Ces

Voyageurs

Voyageurs hardis, on les travestit en enfans qui savent à peine marcher. Non, ce n'est point là où est Ophir : ou ce n'est point là où on le place, que se terminoit ce long voyage.

Quoi qu'il en soit, tout dépose la communication la plus étroite entre toutes les Isles du Midi de notre Globe dans les deux Hémisphères, & tout nous ramene à cet égard aux Phéniciens.

XIV.

Langue de Californie.

Pour achever le tour de l'Amérique, n'omettons pas la Langue des CALIFORNIENS, ce Peuple qui est à l'extrémité Occidentale de l'Amérique, & dont on n'a presque aucune idée.

Ce que nous en savons, nous le devons sur-tout à M. le Baron de COLEMBACH, qui nous envoya dans le tems, entr'autres Notices, l'Extrait d'un Ouvrage Allemand, intitulé : *Relation de la Presqu'Isle Américaine de Californie*, publiée à Manheim, en 1772.

L'Auteur de cette Relation, après avoir dit qu'on parle dans cette Contrée six Langues différentes, entre dans divers détails sur la Langue WAÏCURIENNE, la seule qu'il ait apprise : il en dit tout le mal possible Selon lui, elle est sauvage & barbare au suprême degré ; elle est absolument physique, & bornée aux sens les plus grossiers, les plus imparfaits, n'ayant pas même les mots de vie, mort, froid, chaleur, monde, pluie ; étant à plus forte raison privée de ceux d'intelligence, mémoire, volonté, amour, haine, beauté, figure, jeune, vieux, vîte, rond, profond, &c. &c. &c. car il en cite une légende. De mots métaphoriques, il en faut bien moins encore chercher chez eux la moindre traces : quant aux couleurs, ils n'ont que quatre mots pour les désigner toutes.

Voilà donc un Peuple bien grossier, bien inférieur à tous les Sauvages les plus stupides de ce vaste continent ? Voilà.... Non, vous vous tromperiez en tirant cette conséquence : elle est tout au moins prématurée ; car on trouve ensuite dans cet Ecrivain qu'ils savent fort bien dire, il est chaud, il pleut, il est vivant, &c. qu'ils savent imposer pour nom à chaque objet une épithete qui la peint parfaitement par métaphore : qu'ils appellent une porte, *bouche* : le fer, *pesant* : le vin, *eau méchante* : un Supérieur, *Porte-bâton* : l'Espagnol, le *Farouche*, le *Cruel*.

Que conclure de là? que l'Auteur de cette Relation s'est trompé du tout au

Diff. Tom. I. A 4

tout dans les idées qu'il s'est formées de cette Langue : parce qu'il ne l'a pas trouvée semblable à celles d'Europe, il n'a pu se reconnoître, & la Langue Waïcurienne en a été la victime.

Nos Principes deviendront sans doute un moyen propre à analyser les Langues avec plus de vérité & de justesse; & celles-ci deviendront ainsi, à leur tour, une confirmation pleine & entière de nos Principes.

Dans cette Langue, ainsi que dans toutes celles de l'Amérique Septentrionale, les Pronoms se confondent dans les noms, & les précèdent. La labiale ME, & quelquefois BE qui la remplace, marque la première Personne au singulier : M APA, mon front; ET-apa, ton front; T-apa, son front : ici T est l'Article commun à tant de Langues Orientales & Occidentales.

A.

APa, front, tient au primitif AP, UP, élevé.

ARe, signifie *Pere* pour les hommes : c'est le primitif AR, HER, maître.

CUe, signifie *Pere* pour les femmes, si j'entends bien mon Auteur : c'est le prim. CUH, produire, mettre au monde.

ATEMBa, & D-ATEMBa, terre; du primitif ADaM, la terre : joint à l'Art. T.

ATUKiara, mal; en Oriental מעה, Toh, Coc'h, faire mal, faillir.

APANNe, grand; du primitif PAN, grand.

B, D, E, I.

BARRAK, obéir : en Oriental BaRaK, être à genoux, servir.

D-AI, tu es : on retrouve donc ici le primitif E.

ETe : homme : ils disent aussi TI; le premier peut tenir à IS, homme en Oriental, prononcé Ess, ET. Le second au primitif I'I, élevé.

Ie-BITSCHene, qui commande : en Oriental Basch, Bach.

K, N, P.

KERITSheu, descendu; il paroît tenir à l'Oriental קרס, QaRaX, s'incliner, se baisser.

KUITSCherraka, pardonner : on ne peut méconnoître ici le כוס Kux des Orientaux, qui signifie également pardonner.

N\Mu, nez. C'est donc une onomatopée comme chez nous, où le nom du nez dérive du son même nasal que rend cette touche de l'instrument vocal.

SUR LES LANGUES D'AMÉRIQUE.

Puduenne, pouvant. C'est la grande Famille. Pud, Pod, puissant, de tous les Peuples.

Pe, en : 2°. par, &c. C'est le *be* des Orientaux, *en*, *par* : & le *by* des Septentrionaux.

R, S, T, U.

Riman, croire : I-Ri-Man-*Jure*, je crois : de Ri, regarder, & Man, *Mun*, assuré, certain.

Schanu, fils : ce mot tient au Theut. Son, *San*, fils.

Tau, ce; *Tau-pe*, celui-ci : mots qui tiennent au primitif Te, ce ; Tau, cela, ce signe.

Te-Kereka-*Datemba*, terre courbée, c'est-à-dire, le Ciel, la voute céleste : de *Datemba*, terre, & Ker, Kerk, cercle.

T-Ipé, vivant; du primitif Ip, Iv, Ev, vie : & avec la négation T-Ibi-Kin, mort.

Tschakarr, louer : c'est l'Oriental שבר, Schakar, évaluer, mettre un prix à une chose, la louer.

Tschuketa, la droite : Tschuketi, monté. Ces mots tiennent à l'Oriental שוק, Shuk, l'épaule : la cuisse.

Un-Tairi, jour : ce mot pourroit tenir à *Day*, jour, prononcé *Dair* : le R se joint sans cesse en terminaison : aussi disent ils :

Dèi, toujours.

Ces mots sont presque tous tirés du *Patér* & du *Credo* : il est fâcheux que l'Auteur n'ait pas joint à son Ouvrage quelque Vocabulaire: on en auroit pu tirer plus de lumiere. Il n'est pas moins à desirer qu'on recueille les mots, non seulement de cette Langue, mais aussi de tous les autres idiomes qu'on parle dans cette Contrée, la moins connue de toutes. Les Russes qui font de si grandes découvertes de ce côté-là, suppléeront sans doute quelque jour à tout ce qui nous manque à cet égard.

ESSAI

OBSERVATIONS GÉNÉRALES

Sur la population de l'Amérique Septentrionale.

Quant aux Langues de l'Amérique Septentrionale, elles portent un caractère abſolument différent de celles du Midi; elles ſe rapprochent beaucoup plus de celles du Nord de l'Europe & de l'Aſie, même du Zend. Ces Contrées ſe ſont donc peuplées par le Nord, ſoit par la Mer d'Europe, ſoit par la Mer d'Aſie. Premierement, les découvertes modernes des Ruſſes entre le Kamſatka & l'Amérique, prouvent que l'Amérique eſt très-peu éloignée de l'Aſie : & comme l'entre-deux eſt rempli d'Iſles & de Volcans, c'eſt preſqu'une vérité inconteſtable que dans l'origine ces deux Continens ou n'étoient point ſéparés, ou ne l'étoient que par des détroits preſqu'auſſi peu larges que celui qui eſt entre Conſtantinople & l'Aſie : & qu'ils ont été ſans ceſſe augmentés par d'affreux Volcans qui font tomber tout à la fois dans la Mer des lieues entieres de pays : auſſi les Côtes d'Amérique de ce côté ſont coupées à pic, & portent les preuves les plus frappantes des bouleverſemens les plus épouvantables.

D'un autre côté, le paſſage du Nord de l'Europe au Nord de l'Amérique, a été connu dans tous les tems, à ce qu'il paroît. Les Eskimaux d'Amérique, & les Gröenlandois de notre Hémiſphere, ne ſont qu'un ſeul & même Peuple.

Amérique connue anciennement de pluſieurs Peuples.

On ſait que dans le XIe Siècle, les Norvégiens Navigateurs & Conquérans, ces Norvégiens auparavant ſi redoutables à l'Europe, à la France en particulier, ne pouvant plus faire de courſes en Europe, ſe jetterent ſur l'Amérique Septentrionale, & qu'ils y découvrirent des Provinces qu'ils appellerent *Helle-Land*, *Marck-Land* & *Wein-Land*, qu'on prend pour les Côtes des Eskimaux, de Terre Neuve, du Canada, &c.

SCHEIDIUS, à la tête des Origines Germaniques, par ECCARD, dit, d'après André HESSELIUS, que les Norvégiens & les Suédois avoient découvert l'Amérique, & y étoient deſcendus ſous les regnes d'Olaüs Trygguin & de Charles II, & qu'ils donnerent le nom de Nouvelle-Suede à la Contrée qu'on appelle aujourd'hui Penſylvanie : que Thormod TORFÉE, dans ſon Hiſtoire de l'ancien Wein-Land, dit qu'il eſt preſque ſûr que les Iſlandois ont fait, dans des tems reculés, nombre de Voyages en Amérique. Que dans le XIe Siècle l'Évêque Saxon, JONAS, ſouffrit le Martyre dans ce pays de Wein-Land : & que dans

SUR LES LANGUES D'AMÉRIQUE.

le XIIe, MANDOC, fils d'Ouen Guilneth, & Prince de Cornouaille, conduisit des Colonies dans l'Amérique, soit dans la Virginie, soit dans le Mexique, & qu'il y construisit des forteresses.

Charles LUNDIUS, dans sa Dissertation sur Zamolxis, premier Législateur des Getes, assure également que le Nord de l'Amérique a été connu anciennement par les Norvégiens, les Danois, les Suédois & les Bretons.

On annonça il y a peu d'années un Voyage Anglois à la Baye de Hudson, où l'on assuroit avoir rencontré dans les terres adjacentes à cette Baye, une Peuplade qui avoit le plus grand rapport à un Peuple Tartare voisin de la Sibérie, qu'on y nomme, & qui entendant très bien ce qu'on leur disoit dans cette Langue Tartare, ont répondu exactement dans cette même Langue.

J'ai lu aussi quelque part que des PP. Jésuites se trouvant dans un bourg peu éloigné de cette Baye, furent fort étonnés d'y rencontrer une femme, qu'ils avoient vue dans la Chine, & qui leur dit y avoir été amenée à travers l'Amérique par des Tartares, qui l'avoient faite prisonnière.

Les Naudowessies racontoient à M. Carver qu'ils étoient souvent en guerre avec une Nation qui habite plus à l'Ouest vers la Mer Pacifique, & qui combat à cheval. C'est donc comme les Tartares. Ils ont pour armes une pierre médiocre attachée à une corde de quatre ou cinq pieds de long, fixée à leur bras.

Une autre preuve de communication entre l'Amérique & l'Asie, c'est qu'au Nord du Kamsatka on présenta aux Capitaines Russes BERING & TSHIRIKOW le calumet ou la pipe de paix, usage que jusqu'à présent on n'avoit trouvé établi que dans l'Amérique Septentrionale (1).

Il est donc à présumer que plus on s'occuperoit de ces objets, plus on feroit des recherches à cet égard, & plus on découvriroit des traces nombreuses & frappantes d'une communication soutenue entre le Nord de l'Ancien Monde & le Nord du Nouveau.

Quant à l'Amérique Occidentale, il paroît que si M. de Guignes, dont nous avons cité le Memoire ci dessus, a raison, les Chinois l'ont connue long-tems avant nous, & qu'ils y ont fait un grand commerce.

» Les Chinois, dit-il en se résumant (2), ont pénétré dans des Pays
» très-éloignés du côté de l'Orient : j'ai examiné leurs mesures, & elles m'ont

---

(1) Nouv. Découv. des Russes entre l'Asie & l'Amérique, Paris, in-4°. 1781. p. 202.
(2) Mém. des Inscript. T. XXVIII, p. 520.

» conduit vers les Côtes de la Californie ; j'ai conclu de-là qu'ils avoient
» connu l'Amerique l'an 458 de J. C. Dans les Contrées voisines de l'endroit
» où ils abordoient, on trouve les Nations les plus policées de l'Amérique :
» j'ai pensé qu'elles étoient redevables de leur politesse au commerce qu'elles
» ont avec les Chinois ».

Selon lui, plusieurs Colonies ont passé en Amérique par le Nord de l'Asie : les Peuples de la Baye d'Hudson, du Mississipi, de la Louïsianne, ont pû venir de Tartarie.

Les Isles Britanniques, la Norvége, l'Islande, &c. peuvent avoir contribué à cette population.

Il ne trouve pas moins naturel, que les Chinois & les Indiens, après avoir peuplé toutes les Isles de la Mer des Indes, ayent passé de là successivement dans toutes celles de la Mer du Sud : les Peuples les plus barbares ayant toujours été assez habiles dans l'art de la Navigation pour aller dans des Isles très-éloignées, & par une suite nécessaire se rendre jusqu'en Amérique.

Cet amas d'Isles Européennes qui sont dans le Golphe du Mexique & que nous appellons Antilles & Isles du Vent, ont pu se peupler par l'Afrique & par l'Europe. On remarque des usages bien singuliers communs aux Caraïbes, aux Cantabres des Pyrénées & à d'autres Peuples, tel que celui pour les maris dont les femmes sont en couche, de se mettre au lit en expiation pendant six semaines.

Les anciens Historiens citent divers traits qui semblent se rapporter à l'Amérique.

DIODORE de SICILE (Liv. V.) dit que les Phéniciens ayant passé le Détroit de Gibraltar, & voguant le long de l'Afrique, furent repoussés par les vents au milieu de l'Océan, & qu'après une tempête qui dura plusieurs jours, il furent jettés dans une Isle très-considérable, très peuplée & très-fertile. Que les Toscans voulurent y envoyer des Colonies ; mais que les Carthaginois les en empêcherent, craignant que les charmes de ce Pays ne fissent dépeupler le leur, & le regardant comme un asyle assuré en cas d'accident.

PAUSANIAS raconte un fait pareil (Desc. de l'Attique), & il y ajoute la Description des Habitans. Faisant des recherches pour savoir s'il existoit des Satyres, EUPHEMUS, Carien de nation, lui dit que voyageant fort au-delà de l'Italie, il fut poussé par une tempête des plus violentes, aux extrémités de l'Océan ; qu'ils y trouverent des Isles appelées, par les Marins, SATYRIDES, & qu'habitent des hommes sauvages dont la chair est fort ROUGEATRE, & qui ont de grandes queues comme celles des chevaux. On ne peut méconnoître

SUR LES LANGUES D'AMÉRIQUE.

ici, dit le P. LAFITEAU, les Habitans des Ifles de l'Amérique, ou les Caraïbes, hommes rouges & qui s'ornent, ainfi que les autres Nations Sauvages, de *queues poftiches*, fur-tout lorfqu'ils vont en guerre, ainfi que dans l'occafion dont parle *Eupheme* & où ils attaquerent ces Etrangers, qui, ajoute-t-il, ne purent fe dégager qu'en leur abandonnant une femme de l'équipage.

Auffi le célébre Jean LE CLERC avec qui nous nous accordons fi rarement, étoit perfuadé (1) que les Phéniciens ou des Peuples de l'Europe avoient peuplé l'Amérique, & c'eft par-là qu'il expliquoit comment les Ibériens d'Efpagne, les Tibareniens d'Afie & les Caraïbes étoient en ufage de *faire la Couvade*, cet ufage dont nous venons de parler.

Mais fi nous voulions prouver le rapport des Américains avec l'Ancien Monde par les ufages communs, nous ferions obligés d'aller fort au delà de l'objet de cette Differtation : peut-être pourrons nous nous en occuper quelque jour, d'après tous les Ouvrages & toutes les Defcriptions de ces derniers tems, fans négliger ce qu'ont recueilli à cet égard le P. LAFITEAU (2) & notre ami M. SCHERER. (3).

Origine des GROENLANDOIS & des ESKIMAUX.

Ce dernier rapporte un fait propre à répandre un grand jour fur l'origine des Eskimaux & des Groenlandois, & qui tient étroitement à l'objet dont dont nous nous occupons ici : il eft tiré de l'Hiftoire des Mongous, par le P. GAUBIL.

En 1203, un Prince nommé *Toli* ou *Taugrul*, Seigneur des Keraïts ou de la Corée, ayant abandonné le parti de Gengiskan, fut battu & maffacré par ce Monarque : fon fils *Hahu* fit de vains efforts pour fe relever de l'état de foibleffe où il fe trouvoit réduit ; dès-lors il n'eft plus queftion de cette Tribu dans l'Hift. des Mongous : c'eft qu'elle abandonna une Patrie où elle étoit trop malheureufe, & qu'elle alla chercher dans les glaces du Nord un afyle contre fes nouveaux Tyrans : & c'eft elle que nous retrouvons chez les Groenlandois & chez les Eskimaux, qui s'appellent encore aujourd'hui Kalalit & Karaït. Comme cette Tribu ne connoiffoit point le labourage, il lui fut plus aifé de

---

(1) Bibliot. Anc. & Mod. T. XXII. p. 206.
(2) Vie & mœurs des Sauvages Américains, comparées aux mœurs des premiers tems, 4 Vol. in 12. Amft. 1752.
(3) Recherches Hiftoriques & Géographiques fur le Nouveau-Monde, Paris, in-8°. 1777.

fuir loin de ses nouveaux Maîtres ; par-tout où elle pouvoit pêcher, elle trouvoit une Patrie.

C'est un de ces exemples si fréquens dans l'Histoire, de Nations jettées à des distances immenses de leur Pays natal : celle des Peuples actuels de l'Europe est-elle autre chose dans son origine que le tableau de leurs déplacemens & de leurs transmigrations à des distances bien plus considérables que celle des Groenlandois au Pays des Karaïts ?

Sur le Monument qui fait l'objet de la Dissertation suivante.

Si jusques à présent, nous avons été réduits, sur l'origine des Américains, à des rapports de mœurs, d'usages, de Langues, la scene change ; nous allons voir les faits mêmes parler en notre faveur : un Monument gravé en Amérique dans des tems très anciens par des Phéniciens, peut-être par ceux-là même dont nous avons vu que parle DIODORE, va nous apprendre de la maniere la plus évidente que l'Amérique fut connue de l'ancien Monde.

OBSERVATIONS

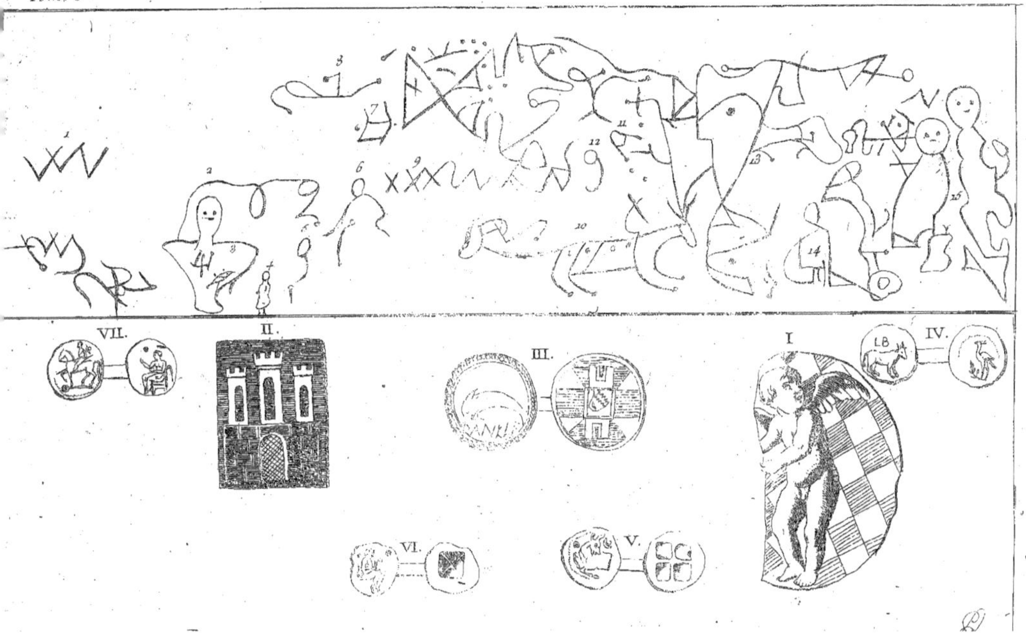

Tom. 8
Pl. I. Dissert. T. I.

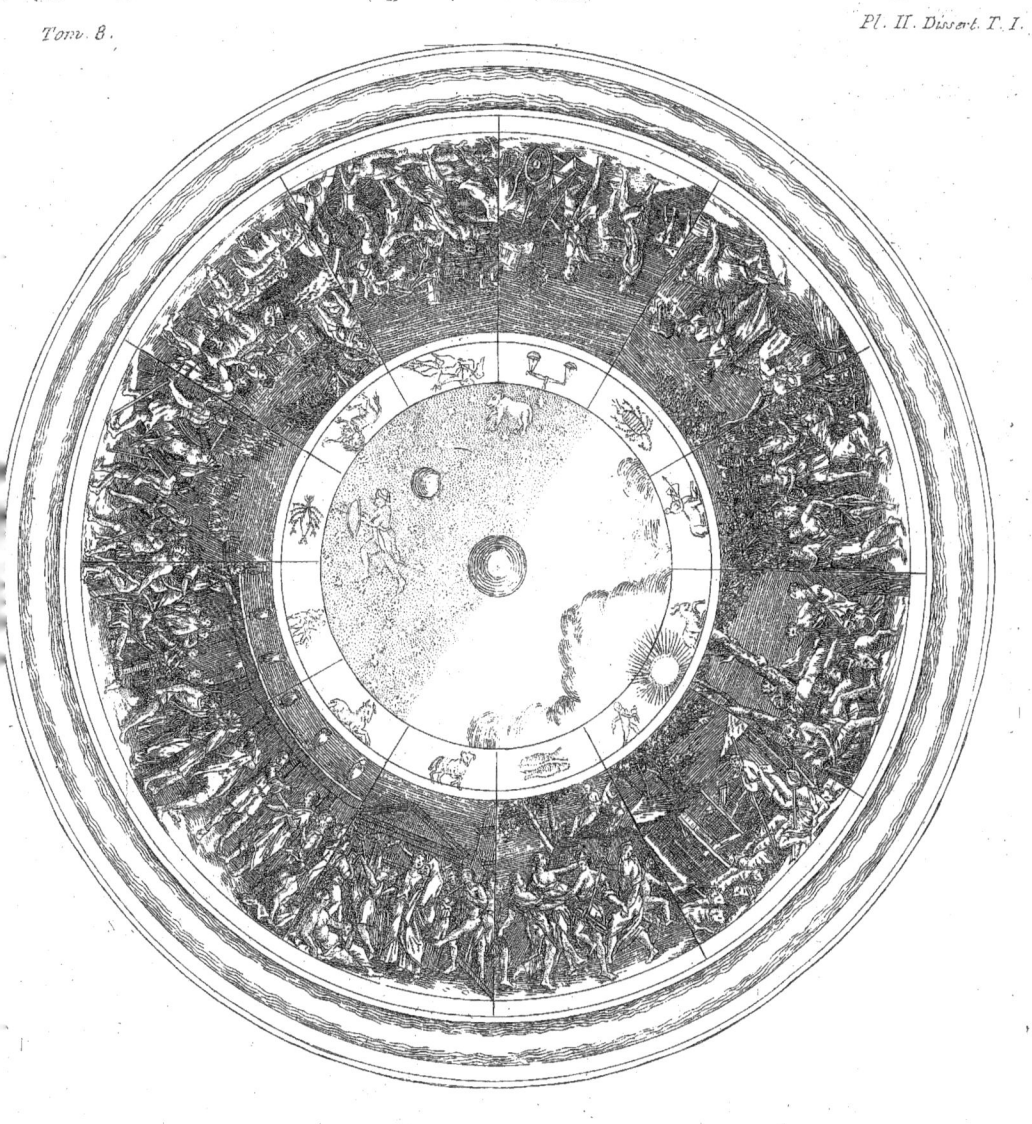

Tom. 8. Pl. III. Dissert. T. I.

Tom. 8   Pl. IV. Dissert. T. I.

Tom. 8 Pl. V. Dissert. T. I.

Tom. 8. Pl. VI. Dissert. T. I.

Tom. 8.   Pl. VII. Dissert. T. I.

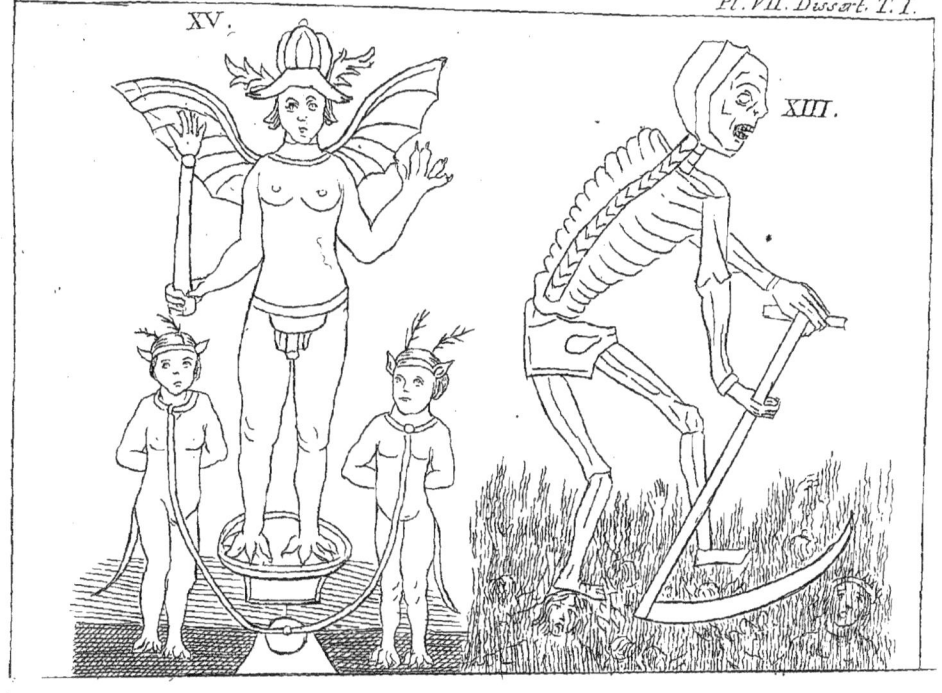

Tom: 8 Pl. VIII. Dissert. T. I.

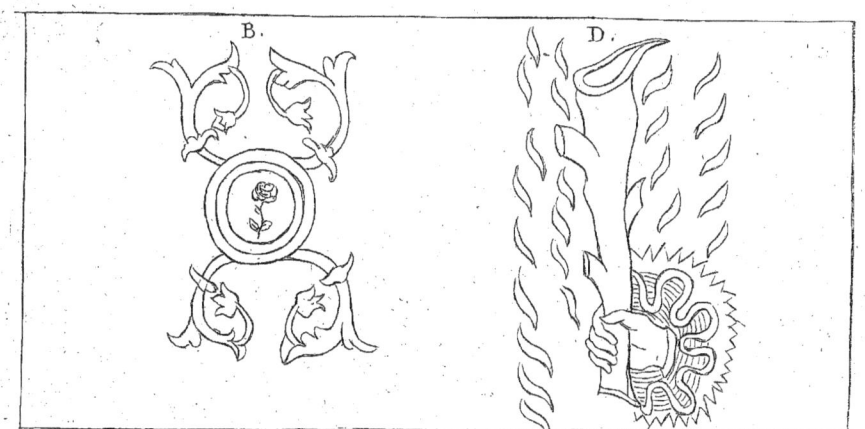

OBSERVATIONS
SUR LE MONUMENT AMÉRICAIN
De la Planche I, cité Pages 58, 59.

Lorsqu'au sujet des Navigations Phéniciennes, nous avons parlé de ce Monument unique, nous promîmes quelques observations relatives à son origine que nous regardâmes comme Phénicienne. Nous ferons plus :

Nous prouverons, 1°. que ce Monument n'est point l'ouvrage d'une Nation Américaine.

2°. Mais celui d'une Nation Phénicienne, qui divisant ce Tableau en trois actes ou en trois Scènes, l'une passée, l'autre présente, la troisième future, nous a tracé de la manière la plus sensible le souvenir de son arrivée en Amérique, celui de son alliance avec les Naturels du pays, ses vœux pour son retour.

3°. Enfin, qu'on ne peut méconnoître sur ce Tableau diverses Divinités Phéniciennes fortement caractérisées, & des lettres de la même Nation, tracées avec beaucoup de goût & d'élégance.

I.

Ce Monument n'est pas un Ouvrage Américain.

Ce Monument n'est point l'ouvrage d'une Nation Américaine. 1°. Les Savans du Nouveau Monde qui nous en ont envoyé une copie, sont persuadés que c'est celui d'une Nation étrangere, telle peut être que les Chinois, les Japonois, ou même les Phéniciens : il faut donc que l'Amérique ne leur ait rien offert d'analogue dans les diverses peintures que gravent ces Nations Indiennes sur les arbres & sur les rochers. On ne va pas chercher au loin ce dont on a des modèles sous les yeux. Ce jugement de leur part seroit donc seul suffisant pour trancher la question. Voici quelques autres considérations dont on peut appuyer cette preuve.

Les Peintures Indiennes connues jusques ici, soit du Mexique, publiées par THEVENOT, foit des Nations du Canada dont le Baron de LA HONTAN nous a donné des exemples, n'ont rien qui approche des caractères alphabétiques.

C'eſt d'ailleurs une vérité généralement reconnue, que les Américains n'ont point de caractères pareils.

Enfin, & ceci eſt déciſif, on voit ſur ce Monument des objets inconnus à l'Amérique.

2.

Il eſt diviſé en trois Scènes.

Ce Monument offre trois Scènes différentes auxquelles on ne peut ſe méprendre, & qui préſentent, l'une un événement paſſé, l'autre un événement préſent, la troiſième un événement futur : c'eſt ce que prouve la poſition des figures relatives à chacune de ces Scènes.

Première Scène, Événement paſſé.

A la droite ſont quatre figures dont les regards ſe portent hors du Tableau, tournant le dos aux figures principales qui repréſentent l'événement préſent au moment où on fit le Tableau : elles ſont donc manifeſtement relatives à un événement paſſé : & comme elles ſont groupées avec beaucoup d'intelligence & de gradation, elles n'indiquent pas moins manifeſtement les divers événemens de cette Scène paſſée : la nature même des figures qui compoſent ce groupe, indique hautement que ceux qui les graverent furent des Phéniciens, ſoit de Tyr, ſoit de Carthage, & ne purent être que des Navigateurs de cette Nation, comme nous allons en aſſurer.

1. FIG. On voit d'abord le Dieu de la fécondité, PRIAPE. m. à m. Pere des fruits : on ne peut le méconnoître : il indique le Pays d'où venoient ces hardis Navigateurs : d'un Pays proſpere, abondant en toutes choſes.

2. FIG. Vient enſuite un HIBOU ; c'étoit le Symbole de MINERVE, ISIS ou ASTARTÉ, Déeſſe de la Sageſſe & des Arts : il déſigne donc la grande ſupériorité dans les Arts, de la Nation dont étoient les nouveaux débarqués, & leur habileté dans la navigation, à laquelle ils devoient leur découverte.

3. FIG. La tête d'EPERVIER qu'on voit un peu plus bas avec une eſpèce de manteau ſur les épaules, marque, à ne pas s'y méprendre, des perſonnes arrivées par mer. Chez les Egyptiens & les Phéniciens, l'Epervier

SUR UN MONUMENT AMÉRICAIN.

étoit l'emblême des vents, sur-tout du vent du Nord, nécessaire pour se rendre d'Europe en Amérique.

4. Fig. La Figure qui termine ce groupe, & qui par conséquent est la plus basse, est si fortement caractérisée, qu'on ne peut s'y tromper : c'est le petit TÉLESPHORE ou la Divinité de l'heureux Evénement : (*Telos*, la fin, le succès : & *Phore*, qui apporte.) On le voit enveloppé de son manteau sans manche & couvert de son capuchon : il démontre que cette Navigation avoit eu le plus grand succès. Pour des personnes qui avoient traversé tant de mers inconnues, & qui avoient tout à craindre, la vue de la terre dut être un sujet de joie inexprimable; & dont ils durent remercier les Dieux de tout leur cœur. Qu'on se rappelle tout ce qu'eut à souffrir en pareil cas Cristophle Colomb, & on n'aura point de peine à convenir de notre observation.

Seconde Scéne, Événement présent.

La Scène change ensuite : ce n'est plus un événement passé qu'elle indique : c'est un événement présent, & dont on cherchoit à conserver le souvenir, non moins que des objets précédens. Aussi est-il placé sur le devant du Tableau.

Deux animaux en regard composent l'objet essentiel de cette Scène : ils sont armés de bannieres ou de banderoles qui flottent au gré du vent. On ne peut douter qu'ils ne représentent deux Nations, l'une étrangere, l'autre Américaine.

L'Etrangere, représentée par un Cheval qui se repose, en s'agenouillant; la Nationale, par un Castor qu'on ne peut méconnoître sur-tout à sa queue longue & applatie.

Le bon accord de ces deux animaux, prouve l'intelligence des deux Nations, & l'accueil favorable qu'on fit aux Etrangers, soit à titre d'hospitalité, vertu connue dans toutes les Nations, soit à titre des merveilles qu'offroient ces Etrangers aux yeux des Sauvages de l'Amérique : ainsi, lorsque les Espagnols y arriverent à leur tour, ces mêmes Peuples les regarderent comme des Dieux : mais que ces Espagnols sont au-dessous de ceux qui nous ont laissé ce rare Monument:

Le Cheval, & sur-tout la tête de ce fier animal, étoit d'ailleurs le symbole de Carthage, comme ville maritime. La Colonie de la sœur infortunée de Pygmalion avoit choisi, disoit-on, ce symbole, parce qu'en jettant les fondemens de leur nouvelle ville, ils avoient trouvé une tête de cheval après en avoir trouvé une de bœuf. Et cela étoit vrai, non une tête de cheval réel, mais de cheval symbolique, un excellent port de mer, tel qu'il en falloit pour établir une Reine des mers ; & précédée d'une tête de bœuf, symbole également d'un pays des plus fertiles en tout genre, d'un pays chéri du Dieu des jardins & de la fécondité.

Personne n'ignore que si le bœuf fut le symbole de l'Agriculture, le cheval fut celui de la Navigation, l'animal favori de Neptune, son œuvre merveilleuse dans sa dispute contre Minerve, à qui auroit la gloire de donner son nom à la Capitale de l'Attique. Neptune, d'un coup de pied, fit sortir de terre un superbe Coursier : Minerve, l'Olivier ; & elle l'emporta : c'est que les productions de la terre sont supérieures à l'art de les voiturer : & sans elles, qu'auroit on à voiturer ?

Il n'est pas étonnant qu'un vaisseau fût comparé à un cheval dans le style allégorique : ils servent tous les deux à transporter les richesses nourricieres des hommes ; le vaisseau parcourt la plaine liquide avec cette vîtesse qu'un cheval met à fendre les airs sur les plaines terrestres.

Ce cheval d'ailleurs a l'air d'un Souverain, tandis que le castor a presque celui de suppliant : peinture bien vive de la différence qui regne entre le noble orgueil de la Science & des Arts, & la timide foiblesse de l'ignorance : ainsi, alors, comme aujourd'hui, l'Européen dominoit par tout où il étoit, par cette supériorité prodigieuse que donne la connoissance des Arts & des Sciences, la science de s'élever au dessus des besoins, de commander à la Nature entiere, d'être véritablement homme, où le maître & le bienfaiteur de la terre, dont les autres ne sont que les inutiles spoliateurs. Heureux ces Peuples, s'ils avoient su joindre bienfaisance à science ; si leur joug n'étoit pas devenu trop souvent une tyrannie affreuse, un fléau épouvantable, plus funeste que ces déluges & ces embrâsemens qui accablerent tant de fois les Nations consternées !

Partie supérieure de cette Scène.

La partie supérieure de cette Scène, ou du milieu du Tableau, offre un grand TERREIN enfermé tout autour avec trois entrées enfoncées, comme trois portes, une au Nord, une à l'Orient, la troisieme au Midi : il se termine à l'Occident par un triangle avec une croix plantée ou dessinée dans le milieu : on voit enfuite au n°. 8. une BARQUE ou Vaiffeau ; on en diftingue la poupe, la proue, le mât, le gouvernail.

Ici, on ne peut méconnoître une habitation divifée en deux portions : la plus grande où font les Naturels du Pays : la plus petite, où fe font logés les Étrangers, & où ils ont placé la croix. On fait que la croix étoit en ufage dès la plus haute antiquité chez les Egyptiens ; on doit la retrouver chez les Phéniciens ; d'ailleurs elle étoit connue des Carthaginois, puifqu'elle étoit un de leurs inftrumens de fupplice.

Ceux-ci ont derrière eux la Barque ou le Vaiffeau qui les a amenés, & avec lequel ils s'en retourneront.

Entre cette Partie Topographique & les deux Animaux, eft une bande de Caractères alphabétiques qui vont de droite à gauche : ils commencent au n°. 11, & fe terminent au n°. 9, vers la figure n°. 6.

La lettre n°. 11 peut être un H ou un A fermé, ce qui feroit unique en fait de caractère Phénicien, & qui pourroit défigner un alphabet un peu différent ; car en fupprimant la portion à droite du trait coupé en deux qui ferme l'A, on a l'A Phénicien de la maniere la plus exacte.

La lettre 12 peut être un B ou un R : ces deux lettres ayant fouvent cette forme fur divers monumens.

Cette bande Alphabétique, dont on ne peut déchiffrer la fuite, fe termine par trois X, qui peuvent être ou trois T alphabétiques, ou plutôt trois X indiquant fans doute le nombre des Etrangers.

Entre le n°. 8 & le n°. 9 eft le n°. 7, qui reffemble à des Caph Phéniciens reconnus pour tels par les Savans.

Troifieme Scène.

Nous voici arrivés à la derniere Scène de ce Tableau : c'eft celle qui eft à gauche : elle eft très-peu remplie ; elle eft prefqu'auffi nue que celle de la droite eft abondante en objets variés : c'eft la folitude de l'avenir : n'en foyons pas étonnés ; cette Scène défigne en effet un avenir, des vœux pour un heureux retour.

Elle eft compofée d'abord d'un Bufte coloffal n°. 3. Une petite Statue ou Perfonnage eft au-deffous ; un Perfonnage n°. 6, s'avance avec empreffement. Ce Bufte eft l'Oracle ; le voile n°. 2 qu'il enveloppoit eft déjà tiré : on vient le confulter, fon Prêtre eft déjà prêt.

Ce qu'on lui demande, c'eft le tems du départ pour retourner d'où on étoit venu : c'eft qu'il accorde un tems favorable.

Aussi voit-on sur le bras droit de l'Oracle un papillon, emblême du retour, de la réfurrection.

Sur la poitrine du Dieu est un caractère qui, s'il est hiéroglyphique, peint le Trident de Neptune : n'est-ce pas Dieu qu'il falloit se rendre favorable pour avoir une heureuse navigation ?

Si ce caractère est alphabétique, c'est un M Phénicien. Comme cette lettre commence en Phénicien le nom des eaux, elle pourroit fort bien être devenue le symbole de ce Dieu : & comme sa figure est celle du Trident, il se pourroit très-bien que ce fût par cette raison que le Trident est devenu le Sceptre de Neptune.

Au-dessous du n°. 5, est une lettre qui ressemble parfaitement à la lettre Q des Syracusains, Corinthiens, Carthaginois, &c., & qui étant un des caractères de Carthage & la premiere lettre de son nom, nous ramene encore à ce Peuple navigateur, & qui étoit bien dans le cas d'avoir été poussé par les vents du Nord sur les côtes Orientales de l'Amérique. On pourroit même soupçonner que ce vaisseau étoit fort avancé dans l'Océan, allant ou revenant des Isles Cassiterides, nom ancien de l'Angleterre, lorsqu'il fut poussé par quelqu'orage sur cette côte devenue dans ces derniers tems l'Angleterre Américaine.

A l'extrémité du Tableau n°. 1, sont trois Monogrammes, formés par des caractères incontestablement Phéniciens. Celui d'en haut offre les deux lettres Sh & N, ou le mot *Sh-na*, année; sans doute l'année de cet événement mémorable : ceux de dessous doivent indiquer le quantieme, & vraisemblament le mois aussi.

De l'Art des Caractères.

Ces lettres sont tracées avec plus de goût & de dextérité que les figures à personnages, qui sont d'une forme grossiere, & cela est dans l'ordre. L'Ecrivain du vaisseau devoit être plus habile que leur Peintre chez un Peuple tel que les Phéniciens & les Carthaginois : nos vaisseaux François seroient fréquemment aussi mal habiles en pareil cas : ils ont des Ecrivains, que seroient-ils d'un Peintre ?

Cependant la distribution du Tableau est faite avec beaucoup d'intelligence; elle offre un historique parfaitement lié dans toutes ses parties, résultantes chacune en particulier des traits qu'elles offrent; & tellement déterminées qu'on ne sauroit se tromper à leur ensemble.

Et n'eſt-ce pas ſur cet Art qu'eſt fondée la Peinture ? n'eſt-elle pas un récit ? & ne faut-il pas que chacune de ſes parties réponde parfaitement à ſon objet, & que l'enſemble ſoit tel qu'on ne puiſſe ſe méprendre dans l'application qu'on en doit faire à l'objet repréſenté, & que cette peinture doit faire connoître ?

Notre explication eſt donc auſſi honorable pour l'Artiſte qui dirigea ce Monument, que le Monument lui-même eſt intéreſſant dans ſon objet, rare dans ſon eſpèce, & propre à confirmer ce que nous avons déjà écrit ſur la connoiſſance de l'Amérique, très-antérieure à nos découvertes modernes.

Il eſt heureux pour nous que ce Monument unique nous ait été envoyé à point nommé par des Savans diſtingués, dans le tems que l'enſemble de notre Ouvrage nous obligeoit de développer nos idées à ce ſujet : ſi nous avons bien vu, le fait vient confirmer ainſi de la maniere la plus agréable, tout ce que la vérité nous faiſoit dire à cet égard.

CONCLUSION.

Le bon uſage que nous tâchons de faire de tout ce qu'on a la complaiſance de nous communiquer, la vive lumiere qui réſulte de la comparaiſon & de la réunion de tous les Monumens, les grands avantages qu'on en retire pour les Sciences & pour la déciſion finale de tout ce qui a rapport aux grandes origines de l'Univers, deviendront ſans doute autant de puiſſans motifs pour tous les Savans & pour les Voyageurs, à raſſembler avec ſoin tous les monumens de quelqu'eſpèce que ce ſoit qui leur tomberont ſous la main, lors même qu'ils ne leur offriroient en apparence rien d'eſſentiel. Que peuvent dire en effet des Monumens iſolés, & dont on n'apperçoit pas le rapport ? en les raſſemblant, en les mettant en regard, ils s'expliquent d'eux-mêmes : ce qui étoit mort & ſans énergie, ſe ranime : il devient une ſource abondante de vérités ſublimes ou de démonſtrations merveilleuſes.

Nous avons tout à eſpérer déſormais à l'égard de Monumens pareils qui exiſteroient encore aujourd'hui en Amérique. Des Savans célèbres viennent de former dans les Colonies Angloiſes une Société des Sciences & des Arts, dont un des objets eſt de raſſembler tout ce qui a quelque rapport à l'origine & aux antiquités de ce vaſte continent : que ne doit-on pas attendre d'un Corps auſſi nombreux & auſſi bien compoſé ? Nous ſerons très-flattés s'ils goûtent l'explication du Monument dont nous leur ſommes redevables ; ſi elle nous en mérite d'autres de leur part ; & ſi nos Principes & nos Eſſais dans ce genre peuvent être de quelqu'utilité pour réveiller l'attention sur ces objets intéressans.

N'omettons pas d'obferver que les bords de la riviere du Jaunston se font déjà élevés au point que ce Monument est couvert dans les grandes eaux, ensorte que si on n'y remédie, il sera ou rongé ou enseveli par ces eaux mêmes ; il seroit donc digne de cette Société qu'elle prît les mesures les plus propres pour la conservation d'une Antiquité aussi illustre.

Peut-être pourront-ils aussi découvrir quelle fut cette Nation qui avoit pour symbole le Castor, & qui reçut avec tant de cordialité sur ce beau fleuve ceux qui en conserverent le souvenir par ce précieux Tableau.

ANALYSE

ANALYSE
D'UN OUVRAGE INTITULÉ
LES DEVOIRS.

A Milan, au Monaſtere Impérial de S. Ambroiſe, in-8°. 1780, pp. 343.

Un de nos amis, frappé de ce que nous diſons des droits & des devoirs de l'homme, dans le compte que nous venons de rendre du Monde Primitif, & de leur rapport avec l'objet d'un ouvrage qui paroiſſoit dans le moment, intitulé les Devoirs, nous prêta cet ouvrage deſtiné à développer l'ordre ſimple, éternel & immuable au moyen duquel ſe formerent les ſociétés, les Empires, & par lequel ſeul ils peuvent proſpérer : cet ordre ſimple, qu'ont toujours ſuppoſé les anciens Légiſlateurs, de même qu'ils ont toujours ſuppoſé l'amour de ſoi-même, & ſur lequel ils ont ſans ceſſe fondé leurs loix & leur morale. Mais, ordre qu'il faut rappeller aujourd'hui, d'un côté, afin de pouvoir juger par quels moyens les hommes s'éleverent à ce haut degré de gloire & de proſpérité ; d'un autre, afin de pouvoir les y ramener relativement aux objets ſur leſquels ils s'en ſeroient écartés. Une analyſe de cet ouvrage ſi conforme d'ailleurs à tous les principes & à la baſe même ſur leſquelles eſt élevé le nôtre, nous a donc paru convenable dans le Monde primitif, en montrant les beaux développemens du principe ſur lequel il eſt établi, que dès les premiers momens, les hommes firent tout ce qu'ils durent faire pour ſurvenir à leurs beſoins ; & en même tems les vraies reſſources qu'ont les Etats pour ſe perfectionner & pour ſe maintenir, il rentre ainſi dans les vues du Monde primitif, deſtiné, moins à montrer ce qui s'eſt fait, qu'à faciliter ce qu'on doit faire par la connoiſſance de ce qui s'eſt fait, par celle des motifs qui le dirigerent & par celle des moyens qui en faciliterent l'exécution.

Dans un tems où on cherche à détruire tous les liens de la ſociété, à perſuader que les enfans ne doivent rien à leurs parens, comme s'ils n'avoient été dirigés que par un vil inſtinct ; les ſujets, rien aux Souverains, comme ſi la force ſeule les avoit établis ; les hommes, rien à la religion, comme ſi elle n'étoit que l'effet de la terreur, de la foibleſſe, de la ſuperſtition ; dans ce tems l'Auteur entreprend de faire voir qu'il existe un ordre donné par la nature, fondé sur la terre ou sur la culture, qui regle les droits & les devoirs de l'homme comme homme, comme membre d'une société, comme dépendant de Dieu; qui les regle invariablement de la maniere la plus calculable, la plus salutaire pour le bonheur de tous, pour l'affermissement de la société, pour son avantage physique & moral, & qui devient la regle de toute morale, de toute religion, de tout culte. Ainsi s'explique la grande promesse du bonheur, & de la longue vie promise aux hommes s'ils respectent leurs devoirs filiaux; & ce grand devoir de l'homme, analyse de toute la religion, d'aimer son prochain comme soi même & Dieu de tout son cœur.

La déduction des objets que l'Auteur veut établir, nous a paru rigoureuse, serrée, ramenée sans cesse aux principes qu'il a posés; les conséquences en sont claires, nombreuses, intéressantes, & par-tout l'INSTRUCTION y est présentée comme le seul moyen d'amener les sociétés à l'état parfait auquel elles sont appellées par l'ordre. On peut dire de cet ouvrage qu'il donne beaucoup à penser, que la marche en est rapide, sûre, lumineuse sur les questions les plus délicates.

Il est précédé d'un Discours préliminaire qui fait un septieme du tout & qui amene très-bien l'ouvrage entier.

L'Auteur commence par établir une de ces vérités dont on sera quelque jour très-surpris qu'il ait fallu démontrer l'existence, que les Rois & leurs Ministres ne peuvent être éclairés, qu'autant que les nations elles-mêmes seront éclairées & instruites, & que celles-ci ne peuvent l'être si quelqu'un ne se consacre aux vrais objets de leur instruction & ne s'occupe des moyens de rendre cette instruction sensible dans ses preuves, sûre dans sa marche, immuable dans ses effets; & d'élever sur sa vraie base cette instruction capitale & primitive.

Cette base est la nature; toute politique, toute morale doivent être assorties à ses plans, à ses leçons; ainsi de la nature, bien ou mal observée, résultent nécessairement le bien & le mal physique, source & principes du bien & du mal moral.

En effet, nos devoirs sont relatifs à nos droits, & nos droits partent tous d'un point physique, nos BESOINS. Notre premier droit est de les satisfaire; notre premier devoir est le TRAVAIL qu'exige la satisfaction de nos besoins.

Tel est en nous le principe de l'ACTION, animale d'abord, sociale aussitôt; car la création physique & ses ressorts devant être le moyen de la perfectibilité de l'homme, Dieu voulut que l'instinct primitif dont fut douée cette créature privilégiée étant mis en œuvre par les nécessités physiques, devint industrie d'abord; que par les rapports indispensables avec ses pareils, il parvint à l'intelligence; & par le bien-être, à la spiritualité. L'homme isolé, dépourvu de tout, en proie à ses besoins, ne pouvoit être que brute craintive & farouche: l'homme social par son intérêt présent & journalier, devient le compagnon & l'ami de ses semblables, & par obéissance, amour & désignation, l'ami de Dieu.

Nos droits se trouvent ainsi dans la société, tous nos devoirs se rapportent à elle. C'est dans la maniere d'y rechercher nos droits & d'y accomplir nos devoirs, que consiste le bien ou le mal moral, puisque tout le bien & le mal physique en résulte. Cette grande regle embrasse tous les individus, grands & petits, la généralité entiere. Le bien de l'un est le bien de tous, le mal de l'un est le mal de tous: telle est la loi de société qui tient à la nature humaine.

L'intelligence de ces principes est la véritable introduction aux pensées qui nous initient à la vraie MAGNANIMITÉ; ainsi que l'habitude des calculs qui assurent ces mêmes principes, est l'initiation aux mœurs qui en facilitent les effets, puisque la magnanimité n'est que le dégagement des petits intérêts pour s'attacher à de plus grands & de plus essentiels; or, plus on aura de lumieres, plus on aura le choix à cet égard.

Ici, les passions ne sont que ce qu'on les fait être: l'amour, par exemple, l'amour est pur, ardent, passionné, tournant en estime & en amitié dans les sociétés simples: il fut noble, élevé, romanesque & brillant dans les sociétés jactancieuses; il est corruption, débauche, crapule dans les sociétés oisives & dépravées.

Tout dépend de l'EXEMPLE: véritable agent de l'éducation, & l'exemple à la fin dépendra de l'instruction. Il n'est point d'homme, en effet, qui ne puisse aisément être instruit de son origine, de sa destination, de sa fin; il n'en est point que cette instruction, qui se proportionne aisément à tous les organes, à tous les genres d'esprit & d'emploi, aidée par l'impulsion que lui donneront les mœurs publiques résultantes d'une instruction pareille, ne puisse préserver de tout vice d'ignorance, de toute erreur du défaut d'entendement. Refuser cette instruction à l'homme, est un crime; la lui accorder, est l'unique moyen de le rendre instructeur lui-même par l'exemple, seule maniere de le gouverner.

L'ignorance a amené la brutalité, & la fausse science a réduit l'oppression en systême; tous ont abandonné la nature, regle infaillible & nécessaire des devoirs. Dès-lors, la loi, l'enseignement n'ont annoncé que les résultats; l'ignorance a jetté le voile le plus épais sur les principes liés à notre intérêt visible & palpable, & sur les conséquences qui font dépendre notre bonheur de l'acquit de nos devoirs & de l'exactitude de nos travaux, dès-lors l'homme n'a plus vu de vrai intérêt à être équitable & bon; les notions du juste & de l'injuste n'ont plus été qu'arbitraires & variables.

L'objet de la SCIENCE législative & politique est donc d'éclairer les hommes sur la nature de leur intérêt, sur les principes qui l'établissent, sur les conséquences qui lient l'intérêt particulier aux divers intérêts qui l'environnent & qui le croisent en apparence, & tous ensemble à l'intérêt commun; sur les résultats enfin qui assurent & perpétuent ce grand & unique intérêt, en vertu de la Toute-Puissance Divine, qui seule fait les frais de cet ordre bienfaisant & admirable.

La démonstration en appartient à la SCIENCE ÉCONOMIQUE; jusqu'à elle, l'instruction *religieuse* avoit civilisé les peuples, banni les vices brutaux, fondé les hautes espérances; l'instruction *civile* avoit accoutumé les hommes au frein des loix; l'instruction *sociale* avoit domicilié les citoyens, établi des annales, excité l'émulation; l'instruction *domestique* avoit perfectionné les arts, guidé l'imitation, dirigé l'industrie; mais ces objets étoient demeurés sujets aux variations, aux abus, & livroient tôt ou tard les sociétés à des catastrophes déplorables, & souvent à l'absolue destruction. La raison en est que l'homme charnel ou physique ne fut jamais dans ces instructions vraiment associé à l'homme moral; le perfectionnement à cet égard est le point où se réunissent toutes les instructions possibles, c'est à-dire, la connoissance de notre véritable intérêt physique perpétuel & momentané; celle des liens qui unissent cet intérêt à celui d'autrui, l'intérêt commun à l'intérêt général; la connoissance en un mot du point de réunion auquel aboutissent tous les intérêts.

La connoissance de cette grande UNITÉ ne peut être que le fruit d'une étude simple, mais réguliere, qui prend l'homme à son aurore & le voit naître avec le besoin de vivre & par conséquent de dépenser, qui prend les dépenses à leur source, reconnoît leurs avances, voit marcher leur distribution, remarque leurs effets & trouve enfin leur reproduction mesurée.

C'est pour préparer ces heureux effets, que notre Auteur entreprend d'embrasser & de déduire la masse entiere des devoirs de l'homme: une circonstance particuliere en amena le commencement: des chagrins & des malheurs en firent achever l'exécution: il est beau, il est consolant de savoir faire de pareilles diversions; de s'acquitter si bien de ce qu'on doit à la société.

SUR LES DEVOIRS.

1.

Devoirs de l'homme.

Les droits de l'homme font de jouir de fes *organes* ou de fes attributs corporels, & de fes *facultés* ou attributs intellectuels.

Ceux-là fervent à fa confervation, ceux ci à fon bonheur.

Les devoirs de l'homme font donc de maintenir fa vie & d'être heureux.

2.

Devoirs du citoyen ou de l'homme en fociété.

Mais l'homme feul ne fauroit vivre & être heureux, parce que feul il ne pourroit pourvoir à fa fubfiftance & à fa confervation; dès-lors réfulte la fociété fondée fur des droits & fur des devoirs.

De même que les droits de l'homme font de fe conferver & de tendre à fon bonheur; ainfi ceux de la fociété font de fe conferver & de tendre à fon bonheur.

Le premier de fes devoirs eft donc de travailler à fa confervation, à fa fubfiftance, à fa vie; effets qu'opere l'AGRICULTURE. Le fecond, de rendre cette agriculture auffi profpere qu'il foit poffible; ce qui exige des *avances* annuelles, primitives & fonciéres au moyen defquelles on fe procure un *produit net*, fource unique de la profpérité des fociétés, & qui fuppofent pour le cultivateur une *propriété* perfonnelle, mobiliaire & fonciere; car s'il n'eft pas libre, & s'il ne peut faire un libre ufage des fruits de fon travail, il feroit hors d'état de s'y livrer, ou il le feroit fans fuccès.

Tout ce qui trouble cet arrangement & fon accroiffement progreffif, eft *défordre*: de là réfultent donc des confequences néceffaires & immédiates, tous les devoirs fociaux, rendre à chacun felon fes avances, & ne rien prétendre dans ce qu'on n'a pas acquis par des avances, en un mot refpecter la *propriété* d'autrui. C'eft par ces principes que fe démontrent les devoirs de fils, de frere, d'époux, de pére.

3.

Devoirs du propriétaire.

C'eft fur-tout des devoirs des propriétaires que réfulte la bonne conftitution & la durée des fociétés. Ces devoirs font fondés fur le principe que, qui plus reçu, plus doit rendre ; que qui plus entreprend, doit une mise d'autant plus forte d'activité & de travail.

Le devoir de cette classe est de faire valoir sa propriété, c'est-à-dire d'en tirer le plus de produit net possible ; ce qui s'opère en économisant le plus qu'il est possible sur les frais, à production égale.

Par ce moyen, le propriétaire a du *disponible*, objet dont la mesure est celle de la vraie société, & dont la constante égalité est le seul *garant* de la *stabilité sociale*.

De-là le *revenu constant*, fruit de la meilleure culture, garant premier & principal de l'ordre & de la durée des Empires, par la richesse des entrepreneurs de culture qui répondent à l'Etat d'un revenu fixe & toujours égal, malgré les cas majeurs & fortuits qui attaquent la subsistance dans sa racine.

Ces cas majeurs sont dans la nature & dans les vues de son sage Auteur, qui ordonnent le travail, & permettent les épreuves & les contradictions pour redoubler ce travail ; mais l'ordre lui donne les moyens de résistance, & le rend capable de prodiges en ce genre ; l'humanité combinée a des forces presque divines, tandis que l'homme seul ne peut rien.

Il faut de plus que le propriétaire sache faire la part de tous ; celle des cultivateurs & journaliers qu'il emploie : la sienne, & celle du Souverain, qui, à raison de ses devoirs envers le propriétaire, a des droits sur sa propriété. Il faut encore qu'il aime sa terre ; en un mot, son devoir est d'accroître sans cesse les avances foncieres, & de le faire d'une maniere raisonnable & utile.

4.

Devoirs du notable dans la société.

La NOTABILITÉ est un droit qui suppose & qui entraîne un devoir pour acquitter, étendre & perpétuer ce droit. Il fut acquis par des avances ; il faut donc qu'elles soient entretenues, & que le produit net qui en résulte tourne le plus qu'il soit possible en accroissement des mêmes avances ; en sorte que l'agriculture parvienne au point vraiment desirable de n'acheter que des services, & de ne vendre que des denrées.

En effet, une société agricole est, entre les sociétés humaines, ce que la classe productive est entre les classes d'industrie ; elle est censée tirer tout de la nature en premiere main, & peut n'acheter que des services, & ne vendre que des produits : or, que vendent tous les propriétaires, si ce n'est des denrées ; & qu'achetent-ils, si ce n'est des services ?

SUR LES DEVOIRS.

Cet esprit est le même nécessairement pour tous les Etats agricoles : ils n'ont que des denrées à vendre & des services à acheter ; de là, CONCURRENCE, qui n'est que propriété ; ainsi, l'esprit de COMMERCE est subordonné à l'esprit agricole.

Jusqu'ici tout est physique dans la notabilité : voici le moral. Un NOM CONNU est un droit qui entraine le devoir de le soutenir par les mêmes services qui l'ont fait connoître, ou du moins par une vertu qui montre que si les circonstances étoient les mêmes, les services ou la volonté seroient pareils.

Ainsi, le devoir prête des forces à l'ambition louable, & la religion des devoirs peut seule la rendre telle ; ainsi du cercle des droits & des devoirs se forme le *juste milieu* où se trouve la sagesse & le mérite devant Dieu & devant les hommes.

Quant à l'intérêt commun, dont se forme la chose commune, il consiste dans le repos & la concorde publique, afin que chacun fasse librement ses affaires, qui, par cohérence, sont celles de tous ; ainsi se forme le devoir du CHEF, de pourvoir à ce que chacun fasse ses affaires librement & facilement.

Ce devoir ne peut être que celui d'un SEUL, en vertu de ses droits qui sont ceux d'un seul, résultant des avances de la Souveraineté, sans lesquelles les avances foncieres ne purent exister, & ne sauroient s'augmenter.

Aussi tous les peuples ont-ils, dans le fait, reconnu le titre de propriété Souveraine, seule base du bonheur des sociétés ; tandis que l'usage des Souverains électifs y est toujours contraire : ce titre est en effet la seule barriere contre les usurpations civiles, & la base des devoirs de la souveraineté, qui se rapportent aux trois parties des besoins généraux de la société.

1°. Instruction générale & perpétuelle. 2°. Paix & protection au-dedans & au-dehors. 3°. Travaux publics relatifs au maintien général du territoire & à la facilité des débouchés.

Dans cette heureuse constitution d'un Etat agricole, les propriétaires notables sont les vrais consultans & coadjudans de la Souveraineté ; ils aident l'autorité sans jamais la partager.

Ainsi leurs devoirs sont de servir la société, de l'instruire, de la protéger, de la gratifier, de l'édifier, & de lui rendre ce qu'ils en ont reçu.

5.

Devoirs du Prince dans la société.

Sans société, point de Souverain : le Prince est donc dans la société, & comme son chef; de là résultent ses devoirs, puisqu'il n'y a point de droits sans devoirs; ainsi, il est obligé de travailler, comme tout autre, à son avantage personnel, c'est-à dire, de connoître, d'étendre & de maintenir ses droits, qui ne peuvent subsister & se développer que par le succès, l'ordre, le perfectionnement humain; & par lui, l'extension des propriétés publiques & privées.

D'ailleurs, un Souverain n'a à GOUVERNER que sa cour, ses conseils, ses préposés, tout le reste va de soi-même : il doit à ses préposés de la vigilance, à ses conseils, de l'équité; à sa cour de bons exemples.

Son devoir est, 1°. de servir le public, en empêchant tout ce qui troubleroit le devoir de chacun.

2°. D'instruire son peuple avec soin, personnellement, c'est à-dire, de l'instruire de la vérité, s'il ne veut que l'erreur toujours divergente ne l'entaîne; & si aujourd'hui on se dispense des formalités dans les guerres, c'est qu'on se bat avec de l'argent, & qu'on compte plus là-dessus que sur les hommes. Ici, le droit d'écrire en toute matiere résulte du droit de parler; c'est une propriété acquise par les avances du tems & du travail pour apprendre à écrire: l'opposition à ce droit est un délit; le bien de la société peut seul le modifier.

Un troisieme devoir du Prince est de protéger; ce qui embrasse justice, police, finance, défense & politique extérieure.

A tous ces égards, l'art de gouverner ne consiste pas à ordonner, puisque tous les droits, tous les devoirs, tous les intérêts sont donnés & prescrits par la nature; mais il consiste à veiller à ce que l'ordre ancien soit maintenu & subsiste à perpétuité; car en cette perpétuité consiste la loi de l'ordre, le vœu de la nature, le vrai objet de la société. Aux yeux du sage, & dans le fait, les changemens, les événemens frappans, font la critique de l'administration plutôt que son éloge, attendu qu'il n'y a que la maladie qui avertisse & non la santé. D'ailleurs, sur les changemens essentiels la voie d'instruction est ouverte au Prince envers ses sujets.

Le Prince est absolu dans sa *justice*, pourvu qu'il se conforme à la loi de l'ordre, dans laquelle seule elle existe.

La *police* est l'exécution sommaire des ordres relatifs à la protection & à l'accélération; elle a pour objet sur-tout les villes, les rendez-vous d'une population

lation entassée. Elle seroit despotique, si elle étoit arbitraire: mais il faut qu'elle soit éclairée; car *l'autorité* doit être absolue: ce qui n'est pas despotisme, toujours arbitraire. Quant aux campagnes, la paix publique & le bonheur y maintiendront l'ordre, y feront elles mêmes la police la plus vigilante, la plus sûre.

La *Finance* est le revenu de la propriété du Prince: c'est par les Propriétaires seulement qu'il en peut faire la récolte; & quant à la dépense, c'est l'objet que l'ordre facilitera le plus: elle est ainsi un objet *d'administration* & non de gouvernement, car c'est le bien propre du Souverain.

Relativement à la *défense*, le Prince est Chef de la Milice, hommes d'élite, toujours disponibles, prêts à se porter au premier ordre par-tout où la défense l'exigera: d'ailleurs, *équité & gestes de concorde* sont les vrais Plénipotentiaires d'un bon Prince.

Enfin, le Prince doit édifier la Société par ses mœurs & par sa Religion, seule maniere dont il doive la gratifier.

La définition des *mœurs* ne sera plus vague, lorsque l'instruction aura appris à discerner le bien & le mal physique, base du bien & du mal moral: par là s'établira cette grande vérité, base de toute bonne conduite, que la vraie liberté ne se trouve que dans l'acquit des devoirs; vérité qui tient à une racine indispensable, la connoissance des devoirs, leur nature, les droits qui en résultent, leur identité avec la *vie* & le *bonheur*; ces droits de tout homme, & de toute Société.

Quant aux *mœurs sociales*, elles sont relatives à toute l'action sociale, qui consiste dans les rapports mutuels des hommes entr'eux. Le *rapprochement* est *l'œuvre sociale* par excellence. Les bonnes mœurs sont donc celles du rapprochement.

La Religion, de son côté, n'est pas soumise à la Politique: la véritable épreuve de la Politique, au contraire, est son accord avec la Religion: la nôtre ne nous ordonne pas de réprouver notre frere: elle nous défend, au contraire, de le condamner: & toute excommunication religieuse ne s'étend pas au-delà de l'exclusion de la communauté des prieres, des Sacrifices, des graces surnaturelles.

D'ailleurs, tout est pour nous, à nos pieds, sur nos têtes, un ensemble de Mystéres aussi inconcevables que l'Incarnation, l'Eucharistie, la Trinité; *puissance, amour, intelligence* séparées & réunies pour créer, sauver, éclairer les hommes; & pour les ramener à jamais dans le sein de l'éternelle Puissance, amour & intelligence.

On voit ensuite que la Religion est l'étendard nécessaire de toute réunion sociale ; que le Prince ne doit vouloir que ce qu'il peut, & comme il le peut ; que la recette du juste milieu est la seule régle de sa conduite, & le seul moyen par lequel il puisse rendre à la Société ce qu'il en a reçu : qu'en un mot son devoir, dans la Société, est celui du Pere dans la Famille.

6.

Devoirs de l'Homme envers son Auteur.

L'homme doit tout à Dieu, la vie, d'abord, puis tout ce qui la compose & qui la perpétue. Ce sont autant d'avances faites par la Nature ; avances que Dieu veut que nous fassions valoir, bien loin de les enfouir ; que nous les fassions servir à notre profit bien entendu, tel qu'on vient de le développer.

En effet, l'homme est né pour la Société ; elle ne consiste qu'en rapports ; ces rapports sont des échanges ; & ces échanges ne sauroient être que des produits de son travail : il a acquis le langage, reçu par l'exemple quelque teinture de mœurs, conçu quelqu'ébauche d'opinions admises par l'étonnement & par la crédulité : il a ressenti quelques sentimens attisés par la Nature ; il a tout cela, & ce n'est rien encore ; si la Société ne l'éclaire, il sera toujours très-éloigné de toute idée fixe de la religion raisonnable & sensible.

A cet égard, l'instruction est encore le chemin qui conduit à la piété véritable, piété des simples, qui ont reçu le germe de la véritable instruction, fécondée par une ame douce & sage ; & qui sont eux-mêmes bornés à l'acquit de leurs devoirs, à l'exactitude de leur travail dans le succès duquel ils concentrent leurs intérêts, & à l'attention de ne pas léser ceux des autres.

La Religion d'ailleurs est dans le cœur, non dans la tête : mais pour ramener celle-ci au cœur, il faut nécessairement l'instruction.

Cette instruction doit être générale, & renfermer en même tems les droits de chaque Classe d'une Société agricole complette, composée de Propriétaires, de Cultivateurs ou Productifs, & de Salariés.

Ceux de la Classe productive, sur-tout, qui ont de gros fonds sur la Terre & sous le Ciel, sans cesse flottant entre la crainte & l'espérance, ont absolument besoin d'un Patron & d'une croyance qui leur offrent un appui supérieur. Si on leur ôte leur Religion épurée, cette Religion qui rend modeste dans les succès & qui console dans les revers, ils rameneront bientôt celle du bon

& du mauvais principe : les oisifs se feroient celle de leurs passions : les Philosophes, celle de leur Métaphysique.

Heureusement, le Créateur veut l'extension de nos ressorts moraux, comme il veut la progression de nos richesses physiques : il veut qu'on éclaire l'homme, que le tems nous apprenne à vivre ; que le vivre nous apprenne à vieillir ; vieillir à mourir ; & mourir, à revivre dans le sein de notre Puissant Bienfaiteur : il veut que nous tenions à la vie comme à un présent du Ciel ; que nous sachions comment il en faut user pour nous rendre le Ciel favorable ; & que nous le sachions non-seulement dans le langage qui interroge la Foi, qui réveille, étend & éleve nos espérances ; mais en même tems dans l'idiôme qu'entendent les organes de notre cupidité, dans la Langue du calcul qui assure chacun de nos pas, fixe chacune de nos idées ; & nous montre clairement que l'obéissance à la voix du Ciel est la voie assurée de nos succès sur la Terre.

La Religion est un avantage réel pour la Société en ce qu'elle n'est autre chose que l'aveu, la connoissance, le sentiment d'une autorité suprême, du Code de ses Loix, de la Sanction qui en assure l'exécution.

Toujours sainte dans son principe, c'est la barbarie, l'ignorance, le vice, la foiblesse qui en défigurent les ornemens extérieurs. La Religion présente toujours un Pere bienfaisant, Protecteur, Rémunérateur, qui montre une multitude d'Associés liés par le vœu de la fraternité : qui n'exige de nous que la recherche de nos propres avantages ; le travail pour nous les procurer, la bonne foi pour nous les assurer, la soumission à l'ordre propice, la reconnoissance envers son Auteur, la résignation à sa volonté toujours la plus sage, & qui pour récompense promet une nouvelle vie sans fin ; car ce qu'on voit, assure de l'immensité de ce qu'on ne voit pas.

Cette Religion qui n'est point disputante, mais fondée sur la fraternité, consiste, 1°. à distinguer le droit du prochain, du sien : 2°. à le chérir comme inséparable du nôtre, d'où résulte l'*équité*. Elle doit donc être enseignée, prêchée, sentie, respectée, & jamais livrée à la dispute essentiellement irréligieuse.

Etablie sur l'Ordre, elle est la régle des devoirs sociaux de tous les genres, ensorte que l'homme juste ou qui désire de l'être, n'a plus d'offrande à faire à Dieu que celle de son cœur, qui n'est autre chose que la soumission à l'Ordre.

Le Culte enfin est le point de ralliement physique, comme la Religion est le ralliement moral : c'est le seul acte de fraternité qui demeure entre les membres d'une Société complette & riche, diſtinguée par les rangs & par les fortunes. Celui qui s'y refuſe par dédain ou par moleſſe ſe donne un vernis de faux frere & d'apoſtat qui nuit à ſes vrais avantages. C'eſt une profeſſion de foi extérieure des vertus que la Religion exige ; on y fait des échanges d'édification reſpective ; on y traite de la probité mutuelle ; on y apprend enſemble la langue de la juſtice, l'alphabet des vertus.

Le devoir de l'homme envers Dieu, eſt donc de le connoître par ſes bienfaits, dans ſoi même, dans tout ce dont on jouit, dans tout ce qu'on eſpere : de l'aimer dans ſon ordre : de le ſervir par ſon obéiſſance, par ſon travail, par ſa réſignation.

7.

Telle eſt la ſcience du bonheur de l'homme conſidéré comme un individu deſtiné à faire corps avec ſes ſemblables pendant le cours de ce qu'on appelle la *vie*, carriere d'épreuve, d'obéiſſance & de travail toujours récompenſé par ſes fruits ; paſſage pour arriver à la vie univerſelle & à la réintégration dans le ſein du grand Auteur ſource de tout ordre & de toute rémunération : telle eſt la ſcience du bonheur de l'Humanité conſidérée en maſſe, comme douée excluſivement d'intelligence & d'amour entre les Œuvres du Créateur.

Tous les travaux phyſiques & moraux des hommes doivent ſe rapporter à l'objet de parvenir à cette voie unique du bonheur, de s'y maintenir, & de concourir conſtamment au bien public, général & particulier : chacun doit être aſſuré de travailler en cela à ſon propre avantage. Là tout amour-propre qui n'eſt pas fou & paſſionné trouvera ſa place marquée, & des ſuccès aſſurés : l'univerſalité de l'inſtruction contre-balancera les effets contagieux du délire, & donnera une direction ſage, c'eſt-à-dire utile, aux efforts de tout amour-propre conſtant & à tous les talens diverſement répartis par la Nature qui ne donne rien en vain ; l'*eſtime publique* en montrera la voie, en applanira le trajet, en récompenſera les efforts.

Conclusion par l'Auteur du Monde Primitif.

Quant à nous, nous n'avons pas attendu cet encouragement qui ne pouvoit nous venir chercher dans notre retraite, pour faire le premier pas dans une carriere devenue immenſe par notre maniere de l'embraſſer, & par le terrein que nous avons entrepris de parcourir. Mais à peine eûmes-nous débuté, que l'Humanité entiere ſembla jetter ſur nous un regard ſecourable, parut avoir deviné nos intentions.

Si quelque choſe en nous a pu paroître mériter cette bonté, c'eſt le zèle & la bonne foi, ſon caractère inſéparable, qui garantit de toute erreur volontaire, de tout projet de décevoir. On ne ſauroit donc nous ſoupçonner d'avoir fait tant d'études & tant d'obſervations éparſes & relatives à un grand tout, pour en faire un uſage forcé à l'appui d'un ſyſtême dont la baſe ne fut jetté que vingt ans après l'époque de nos plus opiniâtres travaux.

Si donc nous nous sommes rencontrés depuis, c'eſt à la fontaine de vérité: j'avoue que la rencontre de tels Compagnons de voyage me donna beaucoup d'aſſurance & de courage; qu'il me fut aiſé d'appercevoir qu'ils arivoient par un chemin plus court; mais ma miſſion étoit & ſera d'éclairer la vie humaine en la prenant depuis ſon aurore juſqu'à nous, à travers les brouillards des Annales, des Traditions, des Fictions, des Allégories, des Opinions, des Conjectures, &c. &c. De préſerver les hommes de l'enflure des viſions généalogiques; de les relever du matérialiſme, de les retirer du vague ténébreux du ſcepticiſme hiſtorique; de les ramener au ſimple enfin, aux voies de la Nature, hors deſquelles ils tenterent toujours de marcher, & toujours à leur dommage.

Mais quelque ſuccès que puiſſe avoir mon travail, quelque crédit qu'il puiſſe me procurer ſur l'eſprit public, le terme de mon voyage ſeroit d'arriver aux préceptes & au plan de conduite tracé ici pour le bonheur général des Sociétés: c'eſt ce qui m'a fait un plaiſir de cette Analyſe & qui me donne droit à l'inférer dans le Monde Primitif.

Fin du Tome I. des Diſſertations.

TABLE DES MATIERES,
PAR ORDRE ALPHABÉTIQUE.

A

A, ses significations en Suédois, 480
A, Aw, eau, 108, 480
ABRAHAM connut la monnoie, 234
ADAM, ce que signifioit ce mot en Blason, 215
AFRICAINS Orientaux, leur habileté dans la Navigation, 53
AFRIQUE, (Voyages autour de l') 49
Noms de ses Caps Orientaux, 50
AGÉSILAS; bon mot de ce Prince, 238
AGNEAU, Monnoie du temps de Jacob, 242
Monnoie de France, 236
AGRICULTURE, source du Blason; son Symbole, 379
Symboles qui y furent relatifs, 168
Source des Noms & Prénoms Romains, 290
Du Royaume de Juda, 116
AIMAN, son nom chez les Anciens, 55
ALRUNUS, nom d'un Druide, & ce qu'il signifie, 195
ALCMÉONIDES Nom de Famille, & ce qu'il signifie, 286
ALEXANDRE I. ses symboles, 251
ALGARVES, ancienne étendue de ce nom, 43
ALLÉGORIES Orientales, analysées, xxvIIj
Anciennes; de leur interprétation, 471
AMALEKITES, 17
AMALES Famille, 288
AMÉRIQUE; si les Phéniciens l'ont connue, 57
Rapports de ses Langues avec celles d'Orient, 58
Monument qu'on y a trouvé, ib.

Vues sur ce Monument, 561
AMI des hommes, ix
AMMONITES, Description de leur Pays, 21
Leur ruine, 39
AMORRHÉENS, Description de leur pays, 21
ANGES, vestige des Anges Tutélaires dans les Prophêtes, 106
De Perse & de Babilone, 89
ANIMAUX d'Égypte, fausses idées qu'on s'en formoit, 272
Causes de leur prétendu Culte, 274
Entretenus dans les Républiques modernes, 277
ANTENOR, sauve-garde que les Grecs mirent à sa porte, 228
ANTIPATER de Thessalonique; Epigramme de sa façon, 252
ANTIQUITÉ; nécessité de connoître ses Symboles, 125
APOLLON, pourquoi blond, 201
APOTHÉOSE des Empereurs, son origine, 259, 267
APPIUS, valeur de ce nom, 292, 293
APPIUS CLAUDIUS; origine & histoire de cette Famille, 292
AR, eau en Oriental; mots qui en sont venus, 108
AR, OR montagne; noms Orientaux qui en sont venus, 110
ARABES, en Mésopotamie & très-anciennement, 11
ARABIE d'Occident; quelle 42
Connue de Pline, 49
ARCHE, banniere sacrée des Hébreux, 207
ARCHER, Monnoie Orientale, 238

TABLE DES MATIERES.

ARGOS, pourquoi un loup dans ses Armoiries, 164
ARMÉES anciennes; comment on y reconnoissoit la Noblesse, 139
ARMES héréditaires, exemples, 147
ARMES PARLANTES, aussi anciennes que les autres, selon Spelman, 338
   Leur rapport avec les Langues, 157
   Ce qu'on en a dit, ib. 132
   En Egypte, 187
   A Rome, 159
   En Grèce, 160
   En Orient, 162
   Familles modernes qui en portent, 151, 157
   En Angleterre, 335
   Relatives au Soleil, 162, 167
ARMOIRIES, leur origine, 150
— Héréditaires, 144
— Imprimées avec un fer chaud, 212
— Placées devant les maisons, ib.
— Relatives à l'Agriculture, 167
   Et à ses Divinités, 175
   Aux Vignobles, 170
   A la Mer, 171
— Des druides, 130
— Des Villes de Sicile, 182
— Des Villes d'Égypte, 185
— Des Villes Sacrées, 188
— Des Colonies, 178
— Communes à diverses Familles, & pourquoi, 180
ARMORIALISTES, n'ont jamais pu prouver l'antiquité du Blason, 127
ARPHAXAD, Chef des Philosophes Chaldéens, 8
   Est le Caïnan d'après le Déluge, 9
ARNAUD, sens de ce nom, 307
ARRÊTER le Soleil, le Croissant &c. sens de cette expression, 145
ARTS, combien parfaits à Babilone, 6
A Egine
AS, son origine, 236
ASIE Occidentale, décrite, 2
   Son sort décidé à la Bataille de Thymbrée, 78
ASYLE, source de ce droit, 191
ASSYRIE, décrite, 10
ASTARTÉ, voyez EUROPE.
ATÉ la Phrygienne; son tombeau & ce qu'il signifie, 166
ATHÈNES, Ville Sacrée, 190
   Ses Symboles, 260

Comparés à ceux de l'Égypte, 275
Sa Monnoie, 234
Ses médailles nulles pour l'Histoire, 261
Pourquoi ne mit jamais sur les monnoies l'Effigie d'aucun Prince, 263
ATTA, nom des Sénateurs ou Pere, 298
ATYADES, Famille, 287
AVENTIN; ses Armoiries, 144
   Leur cause, 211
AUGURE, de ce droit, 137
AZUR, son étymologie, 199

B.

B... (Mr.) Observations sur les Fables Allégoriques, 471
BAALIS, Roi des Ammonites; son portrait, 32
BABYLONE, son Histoire conciliée avec la Sacrée, 83
   Fin de son Empire, 82
   Son dernier Roi n'a pas été tué dans la Prise de cette Ville, 90
BABYLONIE, décrite, 5
BACCHUS, pourquoi peint jeune & gras, 201
   En Armoiries, 170
BAÏS, nom Oriental du palmier, 174
BALD, sa signification, 305
BANNIERES, sacrées, 207
BARBARIE, ses funestes effets, 4, 21
BATON, ce qu'il peignoit, 379
BEGER, publie une Médaille de Phidon, 250
BELSASAR, Roi de Babylone; quel il est dans Ptolomée, 84
   Explication de sa vision, 88
BERNARD, Duc de Septimanie; son Histoire, 331
BERNE, ses Armoiries, 276
BERT, ce que signifie ce nom & ses dérivés, 304
BITAUBÉ, (M.) ce qu'il pense du Bouclier d'Achille, 355
   Comment traduit un passage de ce Bouclier, 356
BLANC, ce qu'il peignoit, 206
BLASON, son étymologie, 198
   Son origine remonte à la plus haute Antiquité, 125
   Armorialistes n'ont jamais pu la prouver, 126

TABLE

Légereté avec laquelle on s'en est occupé, 127
Monumens blasonés antérieurs aux Croisades, 129
Pris dans la Nature, 133
Moderne; ses couleurs mi-parties, d'Origine Ancienne. 204
BLEU, ce qu'il désignoit, 202
BŒUF en Armoiries, sa signification, 169
Ancienne Monnoie, 234, 235
Formait l'attelage des Dieux, 193
BOIVIN, venge le Bouclier d'Homere 360
BOUCLIER, droit de Bouclier, 143
Droit de le colorer, 204
Chargé d'Armoiries, 144
Sonnettes & grelots, qu'on y suspendoit, ib.
Sacré, servoit de palladium, 145
Son nom chez les Peuples du Nord & son origine, 222
Des sept devant Thèbes, 148
ANCILE, Symbole de Junon Sospita, 250
D'ACHILLE, chanté par Homère, 339
Attaqué, ib. 360
Vengé, ib. ib.
Son motif, 341
Sa Description 342
Son objet, 352
Point de vue sous lequel on l'envisageoit, 355
D'HERCULE, par Hésiode, 362
D'ÉNÉE dans Virgile, 363
BOUGAINVILLE, (M. de) ses Découvertes dans la Mer du Sud. 537
BOURGOGNE, sa Noblesse porte presque toute de gueule & pourquoi, 187
BOURSE, ce quelle peignoit, 208
Pourquoi ce nom au rendez-vous des Marchands, ib.
BOUSSOLE, voyages sans elle, 53
Si les Phéniciens l'ont connue, 54
Existoit dans l'Afrique Orientale avant les Portugais, ib.
BREBIS, nom primitif de la Monnoie, 234, 235
BRETONS, Origine de ce nom, 205
BR*** (M. de la) sa Critique sous le nom de F. Paul, 437

C.

CADMUS, pourquoi appelé serpent, 211
CADUCÉE, emblème nécessaire des Hérauts d'armes, 221
Son Origine et celle de son nom, ib.
CAINAN d'après le Déluge, nom d'Arphaxad, 9
CAÏUS, ce qui signifie ce nom, 290
CALENDRIER, (Histoire du) analysée, XXXIV
GREC, peint sur le Bouclier D'Achille, 356
CAMPAGNES, ne duroient que trois mois chez les Anciens, 351
CANAAN, (Pays de) décrit 20
CAP de bonne-Espérance peut-être plus dangereux aujourd'hui, 52
CAPITALES, funestes aux Empires, IX
De Crésus, lui est funeste, 87
De Nitocris lui est funeste, 77
Désignées par le mot Rabbah, 11. 14
CARACTERES que vit Belsasar & sa Cour; dans quelle écriture furent tracés, 88
CARTE des Conquêtes de Nabuchodonosor, ses noms expliqués; 108
CARTES à jouer, d'origine Egyptienne, 365
Espagnoles, leur Origine, 389
Françoises leur Origine, 390
Quelles bonnes, quelles mauvaises, 408
CAUSIE, ce qu'on entendoit par-là &c. 252
CAYLUS, (M. le Comte de) avoit apperçu que les Armoiries étoient antérieures aux Croisades, 131
Monument dont il n'a pas apperçu le vrai objet, ib.
Son sentiment sur le tems où vivoit Hésiode 361
CELTES, leur Noblesse; 141
Pourquoi un lion leur servoit d'Armoiries, 181
CÉRÈS, pourquoi blonde; 201
Pourquoi son char tiré par des Dragons; 210
En Armoiries, 169
CÉRÉTHIENS, Hérauts d'armes chez les Hébreux, 220
Ce que signifie leur nom, 221
CÉRYCES, Hérauts d'Armes chez les Grecs & leur Fonctions, 119
Origine de leur nom, ib.
CHALDÉENS, Philosophes, 7
CHANSON de LINUS, 356
Relative aux récoltes, 357
CHAPEAU, Symbole des premiers Roi de Macédoine, 251

De

DES MATIERES.

De roses, 252
CHARIOTS, privilége de la Noblesse 139
   Leur utilité dans les batailles, 79. 81
CHENIER, (Madame) son explication de la Danse Grecque, 359
CHÉRUBIN armé d'une épée de feu, ce qu'il désigne 472
CHESEAUX, (Loys de) anecdotes, IX
   Ses Ouvrages Astronomiques, 99
CHEVAL, Monnoies, 236
   En Armoiries ce qu'il peignoit, 172
CHEVALLERIE (Ordres de) très-anciens, 226
CHEVALERS anciens, blasonés dans les Tournois, 254
   DU BAIN, Tableaux de leur réception; 338
CHIENS, ce qu'ils peignoient en Egypte, 374
CHIFFLET, son Systême sur l'origine de la monnoie, 244
CHINOIS, au tems de Nabuchodonosor, 71
   Leurs Grands Hommes à cette époque, 72
   Monument ancien, 387
CIEL, ses droits sur l'homme, XVIJ
CLAIR, (Saint) pourquoi Patron des yeux foibles, 208
CLAN, mot Irlandois & Etrusque, 297
CLERGÉ, son Symbole en Egypte, 379
CLISTHENE, magnificence de ses Tournois pour se choisir un Gendre, 253
COCHON, Symbole de Troye, 147
CŒLÉ-SYRIE, décrite, 14
COLLIERS d'or: ce qu'ils désignoient, 227
COLONIES, leurs Armoiries, 178
COLONNES de Tyr, 18
COMMERCE, son symbole 379
COOK, (le Cap.) ses découvertes dans la mer du Sud. 537
   Rapports qu'il apperçoit entre diverses Langues, 548
CORDONNIERS; pourquoi Saint Crépin est leur Patron, 208
CORPS, droit de le colorer, 204
   Quand défendu, 205
CORTONE, ses Symboles, 260
COTTES d'armes, d'origine Orientale, 215
COULEURS, en Blason, 196
   Leur Origine, ib.
   Leur Nom Oriental, 198
   Mi-parties, 203
   Des Boucliers, 204

Leur rapport avec les planetes & les Saisons; 200
COUPE: ce qu'elle peignoit, 379
COURONNE de Jotham 22
COURT de GÉBELIN, Génie & Vertus de son pere, V. IX
   Privé de tout par des événemens barbares, LXVIII
   Avantages qu'il en a retirés, ib.
   Ses premieres études, V
   Combien redevable à son Pere, V. IX
   Et à sa Mere; X
   Ses Liaisons, IX
   Refond ses études, X
   Résultats auxquels il parvint, XII
   Comment parvenu à l'analyse des Langues, XL
   Philosophie qu'il trouve en son chemin, LX
   N'embrasse aucun systême exclusif, LXII
   Ses vœux pour une PATRIE qui le méconnut toujours, LXIX
   Excellens Amis qu'il y trouve, LXVIIJ
   Monument qu'il a reçu d'Amérique, 58
   Que lui a prêté M. BERTIN, 387
COURTAUT origine de ce nom, 206
CRÉSUS commande l'Armée combinée contre les Médes & les Perses, 75
   Battu à Thymbrée, 78
   Perd ses Etats, 81
CRI de Guerre, divers, 225
   Des Hébreux, 207
CRITIQUES superbes & exclusifs, presque toujours ignorans, 48
CROCODILE, Symbole de l'Egypte, 187
CUPER, écrit contre la médaille de Phidon, 250
CURIES, avoient des Armoiries relatives à leur nom, 212
CYAXARE, I. Roi des Médes, son éloge, 31
   II. Prince apocryphe, 93
CYCLE parfait donné par les nombres de Daniel 99
CYRUS, ses Campagnes contre Crésus & contre Nabonid, 78. 80
   Soumet la Lydie, 81
   Prend Babilone, 82
   Successeur immédiat de Nabonid, 92
   Soumet la Médie les armes à la main. 123

Diss. Tom. I.   E 4

D

Dames Orientales qui ont des sonnettes au bas de leur robes, 145
Avec leur rouge, comme des furies, 203
Danco, fille de Pythagore avoit expliqué le Bouclier d'Achille, 356
Daniel, trace la durée de la guerre entre les Perses & les Babyloniens, 93. 95
Sa Chronologie rétablie, 95
Son Histoire & son éloge, 96
Ses connoissances en Astronomie, 98
Ce qui le distingue des autres Prophètes, ib.
De ses Ouvrages, 100
Leur authenticité, 106
Son Tombeau, 115
Faute glissée dans son I. Chap. 37
Danse de Gnosse, décrite, 358
Daphné, son Temple en Syrie, 17
Explication de sa Fable, ib.
Dariques, Monnoie, 247
Darius le Mède, Roi de Babylone; quel il est des Rois de Ptolomée, 89
David, ses Conquêtes, 13. 14. 25
Decius; signification de ce nom, 290
Decouvertes sur l'Océan, 44
Dedale, invente la danse de Gnosse, 358
Delphes, Ville sacrée, 190
Pourquoi fut appellée Delphes ou nombril, 191
Demodice, établit la monnoie en Phyrgie, 246
Denier: ce qu'il peignoit, 379
Devoirs; analyse d'un ouvrage sur cet objet, 569
Diane, en Armoiries, ce quelle peint, 177
Chasseresse, Symbole de Ségeste, 182
Description de sa statue, 183
Dictionnaire des Langues de Madagascar, 52
Dieu, son vrai nom mistérieux, & pourquoi, 299
Comment peint en Egypte, 202
Dieux, quand peints en rouge, ib.
Cause des formes sous lesquelles on les peignoit, 201
D*** (M. de la) sa réponse à F. Paul, 445
Dioscures en Armoiries, leur signification, 171

Dissertations qui entreront dans le Monde Primitif, LXIII
Divination, par les Flèches, 38
Divinités Protectrices de l'Agriculture, leurs Symboles, 175
Dracme, son étymologie, 231
Dragon, Symbole commun,
Servoit d'étendard, 210
Ce qu'il peignoit, 211
En Cavalerie, origine de ce nom, 210
Droit de colorer le corps, 204
Sa cause, ib.
Quand défendu, 205
De monnoie, 229
D'effigie sur les monnoies usurpé, & quand 259
D'Enseigne, 207
Druides, leurs Armoiries, 130
Dur; ce que signifie ce nom, 306
Durée des Empires, calculable, LVIII

E.

Eau, pourquoi désignée par les noms de Nérée, Pontus & Poséidon, 462
Voyez A, & War,
Echarpes d'or, ce quelles désignoient, 226
Ecrivains sacrés conciliés avec les profanes sur les derniers Rois de Babylone, 83
Ecuyers, leur origine, 227
Egine, habileté de ses habitans, 250
Egypte; tout y étoit symbolique, 190
Armoiries de ses villes, 185
Leur source, ib.
Etoient parlantes, 187
Avoit trois villes sacrées, & pourquoi, 189
Ses animaux sacrés, & pourquoi, 187
Ses symboles ibid.
Ravagée par Nabuchodonosor, 40
Source de nos superstitions, 407
Egyptiens, ne pouvoient naviguer sur la Mer-Rouge avec plus d'un vaisseau, 27
Leur valeur à Tymbrée, 80
Ne mirent jamais d'effigie humaine sur leurs monnoies, 268
Pourquoi leurs monnoies inconnues, ibid.

Rapportoient tout aux Dieux & au Public, 269
Monnoie de ce Peuple encore existantes, ib.
Comparées avec les médailles de leurs Empereurs, 170
Chacune de leurs villes avoit un animal pour Symbole, 272
Vues nouvelles sur leur culte des animaux, ib.
Livre de ce Peuple transmis jusqu'à nous, 365
ÉLOGES des princes ; combien placés à contre-sens, LVIJ
ÉMAUX, leur origine, 199
EMPEREURS Romains ; liberté qu'ils laissoient à la plupart des villes, 263
Pourquoi mirent leur effigie sur les monnoies, 259
Villes qui s'y refuserent, ib.
Pourquoi, 263
De Constantinople ; tout étoit rouge chez eux, 202
EMPIRES ; leur dureé peut se calculer, LVIIJ
ENSEIGNE, droit de Noblesse, 207
Militaires, honneur qu'on leur rendoit, 209
De sauve-garde, 228
EPÉE ; ce qu'elle peignoit, 379
EPIS en Armoiries, 170
EREMBES d'Homère, où habitoient, 46
Strabon n'y a rien compris, 48
ERICHTONIUS établit la monnoie, 246
Roi de Troye ce qu'il désigne, 418
ESOPE, 72
ESPAGNE : expédition de Nabuchodonosor dans ce Pays, 40
Preuves, 44
Warb, son nom primitif, 41
ÉTATS ; ne doivent pas s'ysoler, LIX
De quelles classes étoient composés, 135
ETRUSQUES, avoient des noms & des prénoms, 294
Prononçoient à l'Allemande, 296
Noms qui étoient Orientaux, 297
Leurs femmes avoient les cheveux tressés à l'Allemande, ib.
ETYMOLOGIES des noms de lieux, fleuves, &c. contenus sur la Carte des Conquêtes de Nabuchodonosor, 108

Leur connoissance indispensable, 222
Les mauvaises ne doivent pas faire rejetter les bonnes ib.
Des noms de plusieurs villes de Silé, 182
PARTICULIERES,
Adiabéne, 10
Aradus, 19
Aram Naharim, 4
Balbec, 15
Bélus, (Mont) 17
Casius, 17
CASPIENNE, (mer), 111
CAUCASE, ib.
Cap Prassum, 51
Cap Raphum, ib.
CURD-ISTAN, 4
Diarbec, 5
Kuth, 7
Mambyce, 16
Thapsaque, 15
Zaïtha, 11
Plusieurs autres, 12
& 108
ETYMOLOGIES de noms propres.
Dardanus, 419
Erichton, ib.
Ganymede, 420
HESIONE, ib.
Laomédon, ib.
PRIAM, 421
RHADAMANTHE, 487
Rois de Rome, 424
Tanaquille, 426

Autres.

DESPOTE 466
Lapithes, 354
Lacinia, 260
Le Poggio 464
Petase, 467
Répendre, ib.
Spontis, ib.
SUÉDOISES, 480 &c.
Grecques, 481 & suiv.
ETYMOLOGIQUE, (Science) nulle sans l'harmonie des Langues, des mots & des idées, 481
Et si on ne peut remonter à l'origine des mots, 484
EUDOXE, son voyage autour de l'Afrique, 50
EUMOLPIDES, famille & étymologie, 286

EUROPE en Armoiries, ce quelle peint, 176
EVILMERODACH, Roi de Babylone; sa vie 73
EXPLICATION des noms de lieux sur la Carte des Conquêtes de Nabuchodonosor, 108
EZÉCHIEL, & de sa Poësie, 102
 Authenticité de ses Ouvrages, 106
 Un de ses Passages expliqué, 41
 Son Tombeau 115

F.

FABIUS, innove à Rome en fait de monnoie, 265
 Orgueil de cette famille 266
FAITS, souvent difficiles à se procurer, 258
FAMILLE; toute famille eut un nom, 283
 Rois doivent vieller au lustre des grandes familles de leurs Etats, 284
FAMILLES NOBLES, leur origine dans la Nature, 135
 Comment formerent un Etat, ib.
 Leurs prérogatives dans la Nature, 136
 Leurs Armoiries, ib.
 Leurs droits d'Images & de Généalogie, 137
 De feu sacré, 135
 D'augure, 137
 D'onction, 140
 De Bouclier, 143
 Existoient en Orient, 138
 En Grèce, 139
 Chez les Celtes, 141
 Chez les Lombards, 142
 Illustres des Gaules, 300. 301
 Qui portent des Armes parlantes, 151. 157. 333
FÉCIAUX, Hérauts d'armes des Romains; leurs fonctions, 218
FESTUS Passage remarquable de cette Auteur, 245
FILS & FILLE, synonymes de domestiques, 288
FLÈCHES, servoient au sort, 38
FRÊNE, désigne les lances, 216

G.

GABALÈNE, contrée des Iduméens, 24
GARD; ce que signifie ce nom, 305
GAULOIS; marque de leur Noblesse 227
GÉANS ce quils peignoient, 377
GÉANS des Philistins, 29
GÉNÉALOGIE; de ce droit, 137
GENEVE, ses Armoiries, 276
GENEVIEVE (Sainte) remplace Isis, 208
GÉNIE allégorique brille dans le Blason, 125
 Symbolyque & allégorique analysé, XXXIII
GENS; ce qu'on entendoit par-là, 133
 Famille qu'a produit ce mot, 134
 Leurs Privilèges, ib.
 Leur confédération, 135
GÉOGRAPHIE ancienne fort obscure, & pourquoi, 40
GER, ce que signifie ce nom; ses dérivés, 305
GOD, ce que signifie ce nom; ses dérivés, 305
GOTHS, eurent des noms de Famille, 288
GRAMMAIRE universelle & comparative, analysée, XLI
 Succès de cette ouvrage, LXXII
GRECS, écrivirent trop tard l'Histoire, LVI
 Eurent des noms de Famille, 386
 De leur Noblesse, 139
 Armoiries de leurs Colonies, 179
GRIGNON, (M.) Monument antique blasonné qu'il a découvert, 130
GUEULE, en Blason son étymologie, 199
GUYENNE; pourquoi un léopard dans ses Armoiries, 181
GUYS, (M.) ce qu'il dit sur la Danse de Gnosse, 358

H.

HABITS blasonnés, 206
HARANGUES des Anciens inventés après coup, 429
HART; ce que signifie ce nom & ses dérivés, 306
HAUSSE-COLS, leur origine 227
HÉBREUX, ne mirent jamais d'effigie humaine, sur leur monnoies, 267
HÉLIOPOLIS d'Egypte, ville sacrée, 189
 De Syrie, ville sacrée, 192.

HEN; ce que signifie ce nom, 306
HENRY I. établit des Tournois en Allemagne, 256
Exige XII Quartiers des Tenans, 257
HÉRACLIDES nom de famille, 286, 287
HÉRAUT d'Armes leurs noms chez chaque Peuple, 217
   Chez les Hébreux, 220
— Inconnus jusques ici, *ib.*
   Chez les Européens, 223
   Fonction de ceux-ci, 224
   Origine de ce Nom, 225
HERCULE en Armoiries ce qu'il peignoit, 176
   Sur les Monnoies de Rome, 265
HERDONIUS, ou de la Forêt, 293
HERMÈS à Armoiries 212
HERMUNTHIS, Ville Sacrée, 189
HÉRODIEN relevé 205
HÉRODOTE relevé, 6
—Sur Omphale, 287
—Sur le fils de Phidon, 255
HÉSIODE, en quel tems vécut, 361
   Chante le Bouclier d'Hercule, 362
   Sa Description, *ib.*
   Imité par Homère, 363
HIERAPOLIS en Syrie, Ville Sacrée, 192
HISTOIRE. doit peser les actions avec courage, 69
   Ancienne n'est qu'une énigme, LVI.
   Du Calendrier analysée, XXXIV
HOMÈRE, expliqué au sujet des Érembes, 46
   Grand Géographe, 48
   Chante le Bouclier d'Achille, 339
   S'il est antérieur à Hésiode, 361
HUMANITÉ; nous publierons son Histoire, LVIII.
   Profite de l'exil des gens éclairés, 28

I.

JAMBES, Symbole à trois Jambes, cq u'il désignoit, 174
JANUS sur les monnoies de Rome, 264
   Remplacé pat S. Pierre, 208
IDUMÉE décrite, 24
IDUMÉENS, confondus mal à propos avec les Phéniciens, 61
   Empêchoient les Égyptiens de naviguer sur la Mer Rouge, 27
JÉCHONIAS, Roi de Jérusalem, fait prisonnier, 37
   Délivré par Evilmérodach, 74
JÉHOJAKIM, Roi de Jérusalem, son portrait, 33
IERE, ce que signifie cette terminaison, 310
JÉRÉMIE son Histoire, 104
   Sa Chronologie, *ib.*
   Ses Lamentations, leur beauté, 106
   Authenticité de ses Ouvrages, *ib.*
   Cité sur la Colombe d'Assirie, 194
JEROBOAM; pourquoi établit plusieurs Veaux sacrés, 190
JERUSALEM, Ville sacrée, 188
   Pourquoi appelée *Salem*, *ib.*
   Sa ruine, 39
JEU de Tarots expliqué, 365
JEUNES Mariées avoient un chapeau de roses, 252
IHRE, (M.) remarques à son occasion, 478
   Doit renoncer à tous ses Principes Etymologiques, ou adopter les nôtres, 487
ISLE sacrée en Germanie, 193
ILIADE, couverte en Rouge, 202
ILUS, pourquoi regardé comme le fondateur d'Ilium, 166
IMAGES, droit de Noblesse, 137
IMPÔTS sur le Commerce, très-anciens, 11
INITIATIONS sur la côte de Guinée, 118
INSIGNIA; origine de ce mot, 209
   Sa signification, 136
   Répondent à nos Armoiries, 146
   Synonyme d'*Arma*, *ib.*
INSTRUCTION; qu'elle utile à tous LV
   Sa nécessité pour les Empires, 68
   Fautes de Nabuchodonosor à cet égard, *ib.*
   Efforts qu'on fait à ce sujet dans le VIe siècle avant J. C. 73
JOB, son tombeau en Chaldée, 115
JOUR prophétique; origine de cette expression, 90
ISIS, comment peinte, 102
   Patrone de l'Égypte, 188
   Remplacée à Paris par Ste Geneviève, 208
ITHOBAL, Roi de Tyr, son portrait, 32
JOIDA (Royaume de) décrit, 52
   D'une maniere plus étendue, 116
   Ses initiations 118
   Connu des anciens Phéniciens, 53

JUNON en Armoiries, ce qu'elle peignoit, 178
  Armée du Bouclier Ancile, & pourquoi, 146
  LACINIA, origine de ce nom, 260
MONETA, son origine. 232
PRONUBA, ou Gamélia; mois auquel elle présidoit, 352
SOSPITA, 146

K

KAR, Ville; noms Orientaux qui en sont venus, 111
KEDAREKIENS, 27

L

LABOROSOARCHOD, Roi de Babylone, 76
LACÉDÉMONIENS, (soldats) pourquoi en rouge, 203
LACINIA, origine de ce nom donné à Junon, 260
LAMENTATIONS de Jérémie, essai de traduction, 106
LA MOTHE attaque Homère, 360
LANCES, leurs noms figurés, 216
LANGAGE, son origine, & celle de l'Ecriture analysées, xxxvj.
  Symbolique, dans la Nature, 208
LANGUE unique dans l'Orient, 3
LANGUES, comment l'Auteur du Monde Primitif est parvenu à leur analyse, XL
  D'Amérique leurs rapports avec les Orientales, 58, 489
LAPITHES, signification de ce nom, 354
LAR, ce qu'il signifie, 295
LEGISLATEURS, ne réussissent qu'en se conformant à l'ordre, LIX.
LEOCEDES, fils de Phidon, assiste à un Tournoi, 253
  Si Hérodote ne s'est pas trompé à son égard, 255
LETTRE de F. Paul, 437
  Réponses, 443
  Sur le mot WAR, 449
  Sur les Allégories anciennes, 471
LIBERTÉ nécessaire pour les Empires, 30
LIMAN, étendue & signification de ce mot 458
LINUS, chanté, 356
LION en Armoiries, ce qu'il peint, 169
LIPPE, (Comte de la) IX.

LIVRES; Poëme sur les utilités du Palmier; 6
  Sur l'Agriculture, 8
  Ville des Livres, 12
  Prophétiques des Hébreux; Réfléxions, à leur sujet, 106
  Egyptien, 365
LOCMAN, lieu qui porte ce nom, 115
LOD, ce que signifie ce nom 305
LOMBARDS; de leur Noblesse, 142
LOUP, Monnoie, 236
  Symbole du Soleil, & pourquoi, 162, 164
LOUVE, pourquoi nourice de Rémus & Romulus, 165
LUMIERE, donné par une Colonne, &c. 18
LUNE, Divinités qui la répréfentoient, 177
  Ses fêtes en Afrique, 121
  Temples qui lui sont élevés, 16
  Grande Déesse des Peuples, ib.
  Ses Symboles, en Égypte, 186
LONUS en Armoiries, ce qu'il peignoit 178
LYCAONIENS; étimologie de ce nom, 163
LYCOS, nom du Soleil, & pourquoi, ib.
LYDIE, fin de ce Royaume, 81
LYDIENS, eurent des noms de famille, 287

M

M*** (M. le C. de) sa Dissertation sur les Tarots, Livre de Divination, 395
MADAGASCAR, (Isle de) connue des Phéniciens, 52
MAILS, ou Parlemens, des François; leur modele, chez les Grecs, 350
MAINBOURG, origine de ce nom, 332
MAIRAN, (M. de) ce qu'il pense du Cycle parfait de daniel, 99
MAÏS, son utilité en tisanne, 6
MAISONS à plusieurs étages, 18. 19
MANDEBURGIQUE; sens de ce mot, 331
MARCHANDS, pour quoi leur rendez-vous appelée BOURSE, 208
MÉDAILLES Macédoniennes, 251
  Les plus anciennes, avec têtes de Princes, 251
MEDES, subjugués par Cyrus, 92, 123
MEMPHIS, Ville sacrée 189.
MENELAS, son Voyage autour de l'Afrique, 50

MENINS, leur origine. 121
  Nécessité pour les Princes d'en avoir, 122
MER, S'ymboles qui y furent relatifs, 171
ROUGE donne son nom aux Phéniciens, 59
  Origine de son nom, 24
MERCURE pourquoi peint avec un caducée, &c. 208
  Pourquoi appelé, pere de Ceryx, &c. 219
  Sur les monnoies Romaines, 264
MERMNADES, nom de Famille, 288
MEROVINGIENS, nom de Famille, *ib.*
MÉSOPOTAMIE, décrite, 11
MÉTAUX, servent de Monnoie. 230
  Leur différence à cet égard dans la Nature, *ib.*
MINERVE; ses Symboles, 168
  Aux yeux bleux. & pourquoi, 201
  Armée d'une quenouille, & pourquoi, 167
  Son voile, banniere des Panathenées, 207
MINOTAURE, en Armoiries, sa signification, 168
MOABITES, leur Pays, décrit, 22
MODERNÉÏTÉ, de la monnoie est une erreur, 246

MONDE PRIMITIF.

Vue Générale, 1
Objets qui ont déjà paru, XXI
Ses Volumes précédens analysés, XXVIJ
Ouvrage de tout le Monde, LXII
Attaqué comme n'étant qu'un systême, LXX
  Par M. de la Br. 437
  Défendu par M. Pr. 443
  Par M. de la D. 445
  Le Public son vrai juge, LXXII
Objets qui restent à publier, LI
Dissertations dont il sera composé, LXIIJ
Ses principes confirmés par la Langue Suédoise, 485
Appuyés sur les trois Mondes, 493
MONDE, ses diverses révolutions, 476
MONNOIE, opinions diverses sur son Antiquité, 232
  Si elle fut désigné d'abord par des noms d'Animaux, 234

Si elle étoit dans l'origine sans empreinte, 237
Si son établissement dans certains États prouve qu'elle étoit inconnue auparavant 240
Nature des Symboles placés sur les Monnoies, 247
Dut naitre en Orient 239
Sans tête de Princes dans l'origine, 248
Qui innova à cet égard *ib.*
Dans l'Origine uniquement consacrée aux Dieux, 263. 264
Sa nécessité. 229
N'est qu'un signe, 231
Ses Noms, *ib.*
Pourquoi mise sous la protection, des Dieux, 232
Son Antiquité, *ib.*
Connues à Rome du tems de Romulus & de Numa, 245
De l'Orient; 267
Tableau des plus anciennes, 247
Autre tableau 277
Romaine quand on y vit les noms des Consuls, 265
MONUMENT trouvé en Amérique, 58, 561
Envoyé de la Chine, 387
MOTS primitifs, conservés dans les noms de l'Orient, 108
MOVERE arma, sens de cette expression. 145
MOYSE établit des Hérauts d'Armes, 120
MUND, ce que signifie ce nom 306

N

NABONID Roi de Babylone, 76
Guerres qu'il est obligé de soutenir, 77
Perd son Royaume, 82
Devient Satrape de Caramanie, *ib.*
NABUCHODONOSOR, devient Roi, 1
Princes ses Contemporains, 30
Époque de son règne, 34
Explication de son nom, 35
Ses premiers exploits, 36
Met Sédécias sur le trône de Juda, 38
Ses 3e & 4e expéditions, *ib.*
Son expédition d'Espagne, 40
Preuves, 44
Motifs, 46
Ses dernieres années, 62
Prédiction qu'on lui attribue 64

Disparoît, sens de cette expression, 65
funestes effets de sa gloire pour ses États & sa Famille, 65, 70
Son Éloge, 66
Ce qu'il eût dû faire, 67
NAHUM, (passage de) expliqué, 212
NAVIRE en Armoiries, ce qu'il représente, 171
NECHAO, Roi d'Égypte; son portrait, 33
Ses fautes, 34
Perd Carkemis, 36
Fait faire le tour d'Afrique pour le Commerce, 49
NÉOMÉNIE, observée en Afrique, 121
NERIGLISSAR, Roi de Babylone; sa vie, 74
NESOS, Isle, en Grec; étymologie de ce nom, 114
NINIVE; du nombre de ses habitans, 10
Son Empire, par qui détruit, 1
Sa ruine annoncée par Nahum, 214
NIZIBE, est l'ancienne Zoba, 15
NITOCRIS, Reine de Babylone, 76
Sa mauvaise politique en fortifiant Babylone, 77
NOBLESSE Celtique, à quoi se reconnoissoit, 205
Gauloise, ses marques, 227
Héréditaire, antérieure au Xe siècle, 257
Antérieure aux fiefs héréditaires, 258
Ses preuves inséparables des Jeux & Tournois, ib.
NOIR, ce qu'il peignoit, 206
NOMBRIL, pourquoi ce nom donné à Delphes, 191
NOMS, excellence d'un nom illustre, 283
Son utilité pour les États, 284
De FAMILLES, 279
Fausses idées qu'on s'en formoit, ib.
Fondées sur la connoissance imparfaite du moyen âge, 281
Leur Origine, 285
De Fiefs, succèdent à ceux de Familles, 300
Héréditaires, ne peuvent exister que chez les Nations agricoles, 285
Des princes de l'Orient, leur vrai point de vue, 35
Grecs en Languedoc, 310

Significatifs en François, divisés en 22 Classes, 310
Significatifs en Allemagne, 329
En Italie, ib.
En Bretagne, 330
En Languedoc, 331
En Angleterre, 335
Dérivés de l'ancienne Langue Romance, 307
Des Romains, 289
Des Etrusques, 292
Perpétués dans les familles, au IXe siècle, 332
De Famille, en usage aux VIIIe & IXe siècles, 302
Au Xe. ib.
Au XIe. 301
Du moyen âge, 304
Métronymiques, 299
Mystérieux, ib.
Patronymiques, 287
NUMISMATIQUE, son étymologie, 231

O

ODYSSÉE, couverte en bleu, 202
OLBA, Ville sacrée, 192
OLIVIER en Armoiries, 168
ONCTION, origine de ce droit, 140
ORDRE, gouverne tout, XIX
Fait seul prospérer les Peuples, LIX
Ses heureux effets, LXVI
ORDRES de Chevalerie, très-anciens, 226
—Même, en France, ib.
ORIENT, combien a changé de face, & pourquoi, 29
ORIENTAUX eurent une Noblesse, 138
ORIGINES Françoises analysées, XLVI
ORIGINES Latines analysées, XLVIIj
ORIGINES du Langage & de l'Ecriture, analysées, XXXVj
ORLÉANS) Duc d') Régent, V
OVIDE, Lac qui porte son nom, 458

P

PACÔME, (Fr.) sa Lettre en réponse à celle de Fr. Paul, 445
PALESTINE, décrite, 28
PALMIER, en Armoiries, ce qu'il peignoit, 173
Abondant en Palestine, ib.
Son nom Oriental, 174
Poëme sur ses utilités, 6

PALUDAMENTUM,

DES MATIERES.

PALUDAMENTUM, d'origine Orientale, 215
PANDROSE, pourquoi mere de Ceryx, 219
PARIS, (Abbé) sa Dissertation sur les Voyages des Phéniciens autour de l'Afrique, 123
PATRICIENS, donnés par la Nature, 133, 139
PAUL, (Fr.) sa Lettre sur le monde primit. 437
PECUNIA, son origine. 236
PELOPONÈSE, son Symbole, 174
PEREGRINUS, son vrai sens, 133
PERUVIENS, mots de ce Peuple, 470
   Leur Dieu Choun, 473
PHÉLÉTIENS, Hérauts d'Armes chez les Hébreux, 220
   Origine, de ce Nom, 221
PHÉNICIE, décrite, 17
PHÉNICIENS, leur origine, 59
   Leurs Voyages, 49
   S'ils ont connu la Boussole, 54
   S'ils ont été en Amérique, 57
   Dissertation, de l'Abbé Paris à leur sujet, 123
   Armoiries de leurs Colonies, 178
PHIDON, innove dans les monnoies, 248
   Portrait de ce Prince, 249
   Frere de Caranus, premier Roi de Macédoine, *ib.*
   Médaille qui porte son nom, 250
   Son authenticité, 251
   Pere de Léocedes. 253
PHILIPPIQUES, Monnoie, 247
PHILISTINS, leur pays décrit, 28
PHILOSOPHES Chaldéens, 7
   Étoient Sabéens, 8
   Leurs Chefs, *ib.*
PHILOSOPHIE analytique, ses avantages, VIIj
   (Genre de) qui a été utile aux recherches du Monde Primitif, LX
PICTES, origine de ce nom, 205
PIERRE, (Saint) remplace Janus, 208
PISON (Lucius) Horace lui adresse son Art Poëtique, 252
   Il pacifie la Macédoine, *ib.*
   Épigramme à sa louange, *ib.*
PLINE, a connu l'Arabie d'Occident, 49
   Passage remarquable sur les Monnoies des Romains, 245
POIDS des Monnoies, n'est pas incompatible, avec leur marque, 237
PONCEAU, origine, de ce mot, 174

Diss. Tom. I.

POT, Famillés que ce mot a produites, 461 & *suiv.*
PRÉNOMS Etrusques, 298
—Romains, expliqués, 290
   Leur antiquité, 291
—Sabins, 292
PR** (M.) sa réponse à Fr. Paul, 443
PRINCES loués à contre sens, LVII
PROPRIÉTAIRES, source de la Noblesse, 133, 138
PROSERPINE, en Armoiries, 169
PROTESTANS François, leur exil utile à l'Europe, 29
PUBLIC, vrai Juge du monde Primitif, LXXII

Q

QUENOUILLE de Minerve, 167

R

RABAH, Ville de ce nom, 114
RAGNEMOND, Syrien Evêque de Paris, 13
RAHAB Sauve-Garde mise à sa porte, 228
RAIMOND de Toulouse, ses Armoiries antérieures aux Croisades, 333
RAISINS, en Armoiries, 170
RELIGION, unique dans l'Orient, 3
   Une & nécessaire XIX
RENARD en Armoiries, ce qu'il peignoit, 174
RÉPUBLIQUES d'Europe, suivent sur leurs monnoies l'exemple d'Athènes & d'Egypte, 276
RIVE (M. l'Abbé) cité, 391
ROBERT I. Comte de Flandres; ses Armoiries antérieures aux Croisades, 129
ROIS, leur vraie éducation; 122
   Enfans gâtés de la fortune. 81
   Doivent être éclairés, 31
   Ne sont grands que par leurs sujets, 30
   Coupables lorsqu'ils laissent se flétrir, les familles des plus illustres de leurs Etats, 284
   De Babylone leurs noms expliqués, 35
   Contemporains de Nabuchodonosor, combien foibles, 30

TABLE

D'Europe, fuivent fur leurs monnoies l'exemple des Empereurs Romains, 276
— De Rome, leur Chronologie allégorique, 428
RCK, ce que défignoit cet habillement, 215
ROMAN, Egyptien, 376
— Des fept Sages, 432
ROMAINS, avoient plufieurs noms 289
   Combien ignorans fur leurs premieres monnoies, 245
ROME, fon ancienne monnoie, 235
   Ville facrée, 191
   Son vrai nom myftérieux, & pourquoi, 299
   Ses fuccès quand elle prit la Victoire pour Symbole 265
   Met fur fes monnoies le nom de fes Confuls, 266
   S'éloigne ainfi de l'ordre, ib.
ROSES, (Chapeau de) pour les nouvelles mariés, 252
ROUGE, pourquoi peint les combats, 201
   Eftimé chez tous les Peuples. 202

S.

SABÉENS leur trois grandes Divinités, 177
   Adorées en Égypte, 186
SABÉISME, en Orient, 3
   Son Culte, 7
SABI, Capitale de Juida; fon étymologie, 116
SABINS, ont des prénoms, 292
SABLE, en blafon, fon étymologie, 199
SAGÉES, Fête de Babylone, 82
SAGES, de l'Égypte, traces de leurs Inftitutions en Afrique, 121
SAISONS leurs Symboles, 378
SAPIN, nom figuré des lances, 216
SAUVE-GARDES, leur enfeigne, 228
SCHOTT, fon fyftême fur la médaille de Phidon, 250
SCIENCES, n'aiment que liberté, 30
SCYTHES qui affujettirent, l'Afie, d'où ils venoient, 70
SÉGESTE; fes Armoiries, 182
   Son étymologie, 183
SEMAINE, ce mot dans Daniel, 64
SEPT, (nombre au phyfique, 63
   Au hiéroglyphique, ib.
   Au civil, 64
   Couleurs dans le Blafon, 199
   Devant Thèbes, Boucliers de ces Princes fuivant Efchyle, 148

Suivant Euripide, 149
Bafe du Jeu des Tarots, 379
Ufage de ce nombre dans les Monarchies, 432
   Dans l'Eglife, 433
Joas devoit frapper fept fois, 400
Sa formule appliquée à la Légiflation, 412
Rois au Japon, &c. 415
   Dans la femaine, 434
   Au Ciel, 435
SEPTANTE, relevés, 213
SERPENT, pourquoi Symbole de la Terre, 211
— D'or dans les Myftères, & pourquoi, ib.
SEWALL, (M.) profeffeur en Amérique, cité, 58
SIAMOIS, nom de leurs Rois un Miftère, & pourquoi, 300
SICILE, Armoiries de fes villes, 182
SIGNA, origine de ce mot; 209
SINOPLE, fon étymologie, 199
SOLDE des Troupes Ammonites, 22
SOLEIL, Symbole de plufieurs villes, 162. 165
   Appelé, Lycien, & pourquoi, 163
   Ses Symboles en Egypte, 186
   Grande Divinité Sabéenne, 176. 177
SONGES; leur explication exigeoit une grande fcience, 97
   Portion de la Sageffe ancienne, 405
— De Pharaon; comment auroit peut-être été expliqué par les cartes, 406
SONNETTES aux robes, 145
SPELMAN, fon opinion fur les Armes parlantes, 338
SPERLING, fon fyftême fur l'origine de la monnoie, 243
SPHINX en Armoiries, 168
SPURIUS, ce que fignifie ce nom, 290
STRABON, Géographe à fyftême, 48
   Attaque mal à propos Eudoxe, 50
SUISSE & Egypte, divers rapports entr'elles, 276, 277
SUÉDOIS, rapports de cette Langue, 478
SURNOMS Etrufques, 298
   En ufage au IXe. fiècle en Italie 303.
   En Bretagne au Xe. ib.
SYMBOLE relatif à la triple effence, des chofes, 88
SYMBOLES, *Voyez* ARMES & ARMOIRIES.
   Imprimés avec un ferd chaud, 212
   Subftitués aux Noms, 193
— Egyptiens, confervés dans les cartes

TABLE DES MATIERES.

à jouer, 394
SYRIE décrite, ib.
Ses Marchands venoient jusqu'à Paris, ib.
SYSTÊMES (des); LXX

T.

TAL, TEL, élevé; noms Orientaux qui en sont venus, 112
TANA; ce qu'il signifie, 295
TAROTS, Jeu Egyptien, 365
   Ses Allégories, 367
   Ses Atouts, 368
   Comment s'est conservé, 380
   Fondé sur le nombre sept, 379
   Comment on le joue, 381
   Considéré comme un jeu de Géographie, 384
   Son rapport avec un Monument Chinois, 387
   Avec nos Cartes, 388
   Sert à la Divination, 395
TARTARES, aiment la couleur rouge, 202
TEMPLES Sabéens, 7
   En Mésopotamie, 11
   De Venus, 15
   A Hiéropolis, ib.
   A Hierapolis, 16
   A Daphné, 17
   A Tyr, ib.
TERRASSON (Abbé) attaque le Bouclier d'Homère, 360
TÊTES des Princes, quand ont commencé d'être sur les monnoies, 248
THÉSÉE, établit une monnoie, 246
   Oublie de changer de pavillon, 206
THYMBRÉE (bataille de), on y décide par les armes du sort de l'Ane, 79
TORTUE en Armoiries, 174
TOURNOIS, célèbre à Sicyone, 253
   Non inventés en France, 256
   Célébrés sous Louis le-Germanique & Charles-le-Chauve; ib.
   Etablis en Allemagne au Xe. siécle, ib.
   Origine des Cartes à jouer, 388
TOURS en Armoiries; leur signification, 174
TREMULI; ce que peint cette expression, 216
TRIPLE essence des choses, 88
TROIE, son Symbole, 147
   Cause de ce Symbole, 165
TROTTIN, ses métamorphoses, dans ses voyages, 10
TYR, ses révolutions, 17
   Son siége,, 39
   Vraie époque de sa prise par les Babyloniens, 104

U.

URIS, Armoiries, 276

V.

VACHE de differentes couleurs; ce qu'elle représente, 167
— Symbole, d'Egypte, 187
VEAU d'or des Juifs, servoit de bannière 207
VERD, pourquoi Symbole, de l'Espérance, 107
VÉRITÉ, source de son nom, 460
VÉSIAL ou Héraut d'Armes, chez les Etrusques, 217. 219
   Statue à l'honneur d'un Fécial, Etrusque, 296
VEXILLA, origine de ce mot, 208
   Ce qu'il désignoit, 209
VICTOIRE en Armoiries, ce qu'elle peignoit, 175
   Sur les monnoies de Rome, 265
VIGNOBLES, leurs Symboles; 170
VILLES sacrées, leurs Symboles, 188
   Royaumes qui eurent des Armes parlantes, 159. 167
VIRGILE, chante le Bouclier d'Enée, 363
   Inférieur en cela à Homère, 364
VULCAIN, pourquoi enfumé, 201
   En Armoiries, ce qu'il peignoit, 172

W.

WACHTER, son Systême sur la monnoie, 241
WAR, lettre sur ce mot, 449
WARB, qu'elle étoit ce Pays inconnu avant nous, 41. 49
   Homère le connoissoit, 46
   De même que Pline, & Hannon, 49
WARD, ce que signifie ce nom, 306
WARN, ce que signifie ce nom, 306

Z.

ZAGROS, formé du même mot que *Dagh*, 115
ZIB, sur les Médailles de Ségeste; ce qu'il signifie, 183
ZOBA, est Nubie, 14
ZOROASTRE, 72

Fin de la Table des Matières.

www.ingramcontent.com/pod-product-compliance
Lightning Source LLC
Chambersburg PA
CBHW071657300426
44115CB00010B/1235